사도신경

전능하사 천지를 만드신 하나님 아버지를 내가 믿사오며,
그 외아들 우리 주 예수 그리스도를 믿사오니,
이는 성령으로 잉태하사 동정녀 마리아에게 나시고,
본디오 빌라도에게 고난을 받으사,
십자가에 못 박혀 죽으시고,
장사한 지 사흘 만에 죽은 자 가운데서 다시 살아나시며,
하늘에 오르사, 전능하신 하나님 우편에 앉아 계시다가,
저리로서 산 자와 죽은 자를 심판하러 오시리라.
성령을 믿사오며, 거룩한 공회와, 성도가 서로 교통하는 것과,
죄를 사하여 주시는 것과, 몸이 다시 사는 것과,
영원히 사는 것을 믿사옵나이다. 아멘.

사도신경[1]

나는 전능하신 아버지 하나님, 천지의 창조주를 믿습니다.
나는 그의 유일하신 아들,
우리 주 예수 그리스도를 믿습니다.
그는 성령으로 잉태되어 동정녀 마리아에게서 나시고,
본디오 빌라도에게 고난을 받아 십자가에 못 박혀 죽으시고,
장사된 지[2] 사흘 만에 죽은 자 가운데서 다시 살아나셨으며,
하늘에 오르시어 전능하신 아버지 하나님 우편에 앉아 계시다가,
거기로부터 살아 있는 자와 죽은 자를 심판하러 오십니다.
나는 성령을 믿으며, 거룩한 공교회와 성도의 교제와
죄를 용서받는 것과 몸의 부활과 영생을 믿습니다. 아멘.

1 '사도신조'로도 번역할 수 있다.

2 '장사되시어 지옥에 내려가신 지'가 공인된 원문〈Forma Recepta〉에는 있으나, 대다수의 본문에는 없다.

365묵상

따라쓰는 성경

개역개정

마태복음~요한계시록

4

| 필사자

| 시작일

| 마감일

| 교회명

성서원

365묵상 따라 쓰는 성경 활용법

창세기 Genesis

소제목 따라쓰기

천지 창조

테두리 내 밑글씨로 보이는 소제목을 따라 씁니다

본문 따라쓰기

각 절마다 밑글씨로 보이는 본문을 따라 씁니다

1 태초에 하나님이 천지를 창조하시
2 땅이 혼돈하고 공허하며 흑암이 깊
음 위에 있고 하나님의 영은 수면 위
에 운행하시니라
3 하나님이 이르시되 빛이 있으라 하시
니 빛이 있었고
4 빛이 하나님이 보시기에 좋았더라 하
나님이 빛과 어둠을 나누사

보시기에 좋았더라
11 하나님이 이르시되 땅
는 채소와 각기 종류
매 맺는 나무를 내라
되어
12 땅이 풀과 각기 종류
채소와 각기 종류대로
맺는 나무를 내니 하나
좋았더라
13 저녁이 되고 아침이

* 필사자 취향에 맞게 소제목을 별도 색상으로 따라 쓰셔도 됩니다.
* 성서원 필사 전용 대용량 볼펜으로 따라쓰기를 시작해 보세요.

따라쓰기 예시

창세기 Genesis

천지 창조

1 태초에 하나님이 천지를 창조하시
니라
2 땅이 혼돈하고 공허하며 흑암이 깊
음 위에 있고 하나님의 영은 수면 위
에 운행하시니라
3 하나님이 이르시되 빛이 있으라 하시
니 빛이 있었고
4 빛이 하나님이 보시기에 좋았더라 하

보시기에 좋았더라
11 하나님이 이르시되 땅은 풀과 씨 맺
는 채소와 각기 종류대로 씨 가진 열
매 맺는 나무를 내라 하시니 그대로
되어
12 땅이 풀과 각기 종류대로 씨 맺는
채소와 각기 종류대로 씨 가진 열매
맺는 나무를 내니 하나님이 보시기에
좋았더라

365묵상 따라 쓰는 성경 신약 쓰기표

마 태 복 음	1	2	3	4	5	6	7	8	9	10	11	12	13	14	15	16	17	18	19	20	21	22	23	24	25
	26	27	28																						
마 가 복 음	1	2	3	4	5	6	7	8	9	10	11	12	13	14	15	16									
누 가 복 음	1	2	3	4	5	6	7	8	9	10	11	12	13	14	15	16	17	18	19	20	21	22	23	24	
요 한 복 음	1	2	3	4	5	6	7	8	9	10	11	12	13	14	15	16	17	18	19	20	21				
사 도 행 전	1	2	3	4	5	6	7	8	9	10	11	12	13	14	15	16	17	18	19	20	21	22	23	24	25
	26	27	28																						
로 마 서	1	2	3	4	5	6	7	8	9	10	11	12	13	14	15	16									
고린도전서	1	2	3	4	5	6	7	8	9	10	11	12	13	14	15	16									
고린도후서	1	2	3	4	5	6	7	8	9	10	11	12	13												
갈라디아서	1	2	3	4	5	6																			
에 베 소 서	1	2	3	4	5	6																			
빌 립 보 서	1	2	3	4																					
골 로 새 서	1	2	3	4																					
데살로니가전서	1	2	3	4	5																				
데살로니가후서	1	2	3																						
디모데전서	1	2	3	4	5	6																			
디모데후서	1	2	3	4																					
디 도 서	1	2	3																						
빌 레 몬 서	1																								
히 브 리 서	1	2	3	4	5	6	7	8	9	10	11	12	13												
야 고 보 서	1	2	3	4	5																				
베드로전서	1	2	3	4	5																				
베드로후서	1	2	3																						
요 한 일 서	1	2	3	4	5																				
요 한 이 서	1																								
요 한 삼 서	1																								
유 다 서	1																								
요한계시록	1	2	3	4	5	6	7	8	9	10	11	12	13	14	15	16	17	18	19	20	21	22			

- 쓴 만큼 쓰기표에 펜으로 표시하세요.
- 항상 정해진 시간에 정해놓은 분량을 습관처럼 꾸준히 쓰기를 권장합니다.
- 교회나 가정에서 서로 나누어 쓰기를 하셔도 좋습니다.
- 성경이 인쇄되어 언제 어디서나 필사할 수 있습니다.

주의 말씀의 맛이 내게 어찌 그리 단지요

내 입에 꿀보다 더 다니이다
주의 법도들로 말미암아 내가 명철하게 되었으므로
모든 거짓 행위를 미워하나이다
주의 말씀은 내 발에 등이요 내 길에 빛이니이다

• 시편 119:103-105 •

The Underwriting Bible

The Holy Bible
The Old Testaments and New Testaments
New Korean Revised Version

365묵상
따라 쓰는 성경
개역개정

2021년 8월 20일 초판 1쇄 인쇄
2022년 5월 20일 초판 2쇄 발행

발행인 | 김영진
발행처 | (유)성서원
주소 | 경기도 고양시 덕양구 덕은로 60-12
전화 | 02-765-0011 / 팩스 | 02-743-6811
등록 | 제 2013-000059호
www.biblehouse.co.kr

ISBN 978-89-360-2740-7 03230 (제4권)
978-89-360-2741-4 04230 (전4권)

마태복음 Matthew

마태가 기록한 이 책은 '예수 그리스도'에 관한 이야기이다. 그가 어디서 태어났고, 무엇을 가르쳤으며, 어떻게 사람들을 도왔고, 왜 죽어야 했는지, 그리고 죽은 후에 다시 살아난 부활 및 승천에 관한 이야기이다. 특별히 이 책은 메시야에 관해 예언된 구약의 수많은 구절들이 바로 예수에게 적용되고 있음을 분명히 증거하고 있다.

제목 '마태에 의한(카타 마타이오)'이라는 헬라어 원제목에서 유래되었으며, 저자의 이름을 반영한다.

저자 세리 마태. 폴리캅, 이그나티우스 같은 교부들이 쓴 저서의 외증이 이를 뒷받침해 준다.

기록 연대 A.D. 50–70년.

기록 목적 ① 예수가 구약에 예언된 그 메시야이심을 증명하기 위해. ② 다시 율법으로 돌아가려는 팔레스타인 그리스도인들을 위해. ③ 예수를 직접 목격한 복음의 첫 세대가 점차 사라져 가는 때에, 예수의 행적을 분명한 기록으로 남기기 위해.

주제 왕이신 그리스도. 예수 그리스도는 구약에 예언된 메시야로, 이 땅에 오셔서 구속의 사명을 이루신 유대인의 왕이시다.

특징 ① 유대인을 위한 복음–구약을 자주 인용하고, '천국'이라는 유대인들 특유의 용어가 나타나는 등 유대적인 요소가 강하다. ② 정연한 강해–산상수훈, 천국 비유, 종말 강해 등 정연하고 체계적인 가르침이 계속된다. ③ '교회'에 대한 관심–복음서 중 유일하게 '교회(헬. 에클레시아)'라는 단어를 사용했다.

본서의 내용

I. 왕의 등장과 권능
① 메시아의 출현(1:1–4:11)
② 메시아의 선포와 권능 (4:12–11:1)

II. 왕의 수난과 승리
① 메시아의 가르침과 세상의 배척(11:2–25:46)
② 메시아의 수난과 부활 (26:1–28:20)

연대표

B.C.	
37년	헤롯의 통치 (37–4)
27년	가이사 아구스도의 로마 황제 즉위
5년	세례 요한 출생
	가이사 아구스도의 호적령
4년	예수 탄생
	헤롯의 유아 학살 및 사망
3년	예수의 나사렛 귀향
A.D.	
8년	소년 예수의 예루살렘 방문 (12살)
26년	본디오 빌라도의 유대 총독 부임 (A.D. 26–36)
27년	예수의 공생애 시작
	가나의 첫 이적
	갈릴리 1차 사역
28년	12제자를 키우심
	갈릴리 2차 사역
29년	오병이어의 기적
	갈릴리 3차 사역
30년	예수의 예루살렘 입성
	예수의 죽음과 부활 및 승천

· 마태복음의 주요 무대

마태복음 Matthew

예수 그리스도의 계보

1 아브라함과 다윗의 자손 예수 그
리스도의 계보라
2 아브라함이 이삭을 낳고 이삭은 야
곱을 낳고 야곱은 유다와 그의 형제
들을 낳고
3 유다는 다말에게서 베레스와 세라를
낳고 베레스는 헤스론을 낳고 헤스
론은 람을 낳고
4 람은 아미나답을 낳고 아미나답은
나손을 낳고 나손은 살몬을 낳고
5 살몬은 라합에게서 보아스를 낳고
보아스는 룻에게서 오벳을 낳고 오
벳은 이새를 낳고
6 이새는 다윗 왕을 낳으니라 다윗은
우리야의 아내에게서 솔로몬을 낳고
7 솔로몬은 르호보암을 낳고 르호보
암은 아비야를 낳고 아비야는 아사
를 낳고
8 아사는 여호사밧을 낳고 여호사밧은
요람을 낳고 요람은 웃시야를 낳고
9 웃시야는 요담을 낳고 요담은 아하
스를 낳고 아하스는 히스기야를 낳
고
10 히스기야는 므낫세를 낳고 므낫세는
아몬을 낳고 아몬은 요시야를 낳고
11 바벨론으로 사로잡혀 갈 때에 요시
야는 여고냐와 그의 형제들을 낳으
니라
12 바벨론으로 사로잡혀 간 후에 여고
냐는 스알디엘을 낳고 스알디엘은
스룹바벨을 낳고
13 스룹바벨은 아비훗을 낳고 아비훗
은 엘리아김을 낳고 엘리아김은 아
소르를 낳고
14 아소르는 사독을 낳고 사독은 아킴
을 낳고 아킴은 엘리웃을 낳고
15 엘리웃은 엘르아살을 낳고 엘르아
살은 맛단을 낳고 맛단은 야곱을 낳
고
16 야곱은 마리아의 남편 요셉을 낳았
으니 마리아에게서 그리스도라 칭하
는 예수가 나시니라
17 그런즉 모든 대 수가 아브라함부터
다윗까지 열네 대요 다윗부터 바벨
론으로 사로잡혀 갈 때까지 열네 대
요 바벨론으로 사로잡혀 간 후부터
그리스도까지 열네 대더라

예수 그리스도의 나심

18 예수 그리스도의 나심은 이러하니라
그의 어머니 마리아가 요셉과 약혼하
고 동거하기 전에 성령으로 잉태된

것이 나타났더니
19 그의 남편 요셉은 의로운 사람이라
그를 드러내지 아니하고 가만히 끊
고자 하여
20 이 일을 생각할 때에 주의 사자가 현
몽하여 이르되 다윗의 자손 요셉아
네 아내 마리아 데려오기를 무서워하
지 말라 그에게 잉태된 자는 성령으
로 된 것이라
21 아들을 낳으리니 이름을 예수라 하
라 이는 그가 자기 백성을 그들의 죄
에서 구원할 자이심이라 하니라
22 이 모든 일이 된 것은 주께서 선지자
로 하신 말씀을 이루려 하심이니 이
르시되
23 보라 처녀가 잉태하여 아들을 낳을
것이요 그의 이름은 임마누엘이라 하
리라 하셨으니 이를 번역한즉 하나님
이 우리와 함께 계시다 함이라
24 요셉이 잠에서 깨어 일어나 주의 사
자의 분부대로 행하여 그의 아내를
데려왔으나
25 아들을 낳기까지 동침하지 아니하더
니 낳으매 이름을 예수라 하니라

동방으로부터 박사들이 경배하러 오다

2 헤롯 왕 때에 예수께서 유대 베
들레헴에서 나시매 동방으로부터
박사들이 예루살렘에 이르러 말하되
2 유대인의 왕으로 나신 이가 어디 계
시냐 우리가 동방에서 그의 별을 보
고 그에게 경배하러 왔노라 하니
3 헤롯 왕과 온 예루살렘이 듣고 소동
한지라
4 왕이 모든 대제사장과 백성의 서기관
들을 모아 그리스도가 어디서 나겠
느냐 물으니
5 이르되 유대 베들레헴이오니 이는
선지자로 이렇게 기록된 바
6 또 유대 땅 베들레헴아 너는 유대
고을 중에서 가장 작지 아니하도다
네게서 한 다스리는 자가 나와서 내
백성 이스라엘의 목자가 되리라 하였
음이니이다
7 이에 헤롯이 가만히 박사들을 불러
별이 나타난 때를 자세히 묻고
8 베들레헴으로 보내며 이르되 가서
아기에 대하여 자세히 알아보고 찾
거든 내게 고하여 나도 가서 그에게
경배하게 하라
9 박사들이 왕의 말을 듣고 갈새 동방
에서 보던 그 별이 문득 앞서 인도하
여 가다가 아기 있는 곳 위에 머물러
서 있는지라
10 그들이 별을 보고 매우 크게 기뻐하
고 기뻐하더라
11 집에 들어가 아기와 그의 어머니 마

리아가 함께 있는 것을 보고 엎드려
아기께 경배하고 보배합을 열어 황
금과 유향과 몰약을 예물로 드리니
라
12 그들은 꿈에 헤롯에게로 돌아가지
말라 지시하심을 받아 다른 길로 고
국에 돌아가니라

애굽으로 피하다

13 그들이 떠난 후에 주의 사자가 요셉
에게 현몽하여 이르되 헤롯이 아기를
찾아 죽이려 하니 일어나 아기와 그
의 어머니를 데리고 애굽으로 피하여
내가 네게 이르기까지 거기 있으라
하시니
14 요셉이 일어나서 밤에 아기와 그의
어머니를 데리고 애굽으로 떠나가
15 헤롯이 죽기까지 거기 있었으니 이는
주께서 선지자를 통하여 말씀하신
바 애굽으로부터 내 아들을 불렀다
함을 이루려 하심이라
16 이에 헤롯이 박사들에게 속은 줄 알
고 심히 노하여 사람을 보내어 베들
레헴과 그 모든 지경 안에 있는 사내
아이를 박사들에게 자세히 알아본
그 때를 기준하여 두 살부터 그 아래
로 다 죽이니
17 이에 선지자 예레미야를 통하여 말씀
하신 바
18 라마에서 슬퍼하며 크게 통곡하는
소리가 들리니 라헬이 그 자식을 위
하여 애곡하는 것이라 그가 자식이
없으므로 위로 받기를 거절하였도다
함이 이루어졌느니라

애굽에서 이스라엘 땅으로

19 헤롯이 죽은 후에 주의 사자가 애굽
에서 요셉에게 현몽하여 이르되
20 일어나 아기와 그의 어머니를 데리고
이스라엘 땅으로 가라 아기의 목숨
을 찾던 자들이 죽었느니라 하시니
21 요셉이 일어나 아기와 그의 어머니를
데리고 이스라엘 땅으로 들어가니라
22 그러나 아켈라오가 그의 아버지 헤
롯을 이어 유대의 임금 됨을 듣고 거
기로 가기를 무서워하더니 꿈에 지시
하심을 받아 갈릴리 지방으로 떠나가
23 나사렛이란 동네에 가서 사니 이는
선지자로 하신 말씀에 나사렛 사람이
라 칭하리라 하심을 이루려 함이러라

세례 요한이 천국을 전파하다

3 그 때에 세례 요한이 이르러 유대
광야에서 전파하여 말하되
2 회개하라 천국이 가까이 왔느니라 하
였으니
3 그는 선지자 이사야를 통하여 말씀
하신 자라 일렀으되 광야에 외치는
자의 소리가 있어 이르되 너희는 주

의 길을 준비하라 그가 오실 길을 곧
게 하라 하였느니라
4 이 요한은 낙타털 옷을 입고 허리에
가죽 띠를 띠고 음식은 메뚜기와 석
청이었더라
5 이 때에 예루살렘과 온 유대와 요단
강 사방에서 다 그에게 나아와
6 자기들의 죄를 자복하고 요단 강에
서 그에게 세례를 받더니
7 요한이 많은 바리새인들과 사두개인
들이 세례 베푸는 데로 오는 것을
보고 이르되 독사의 자식들아 누가
너희를 가르쳐 임박한 진노를 피하라
하더냐
8 그러므로 회개에 합당한 열매를 맺
고
9 속으로 아브라함이 우리 조상이라고
생각하지 말라 내가 너희에게 이르
노니 하나님이 능히 이 돌들로도 아
브라함의 자손이 되게 하시리라
10 이미 도끼가 나무 뿌리에 놓였으니
좋은 열매를 맺지 아니하는 나무마
다 찍혀 불에 던져지리라
11 나는 너희로 회개하게 하기 위하여
물로 세례를 베풀거니와 내 뒤에 오
시는 이는 나보다 능력이 많으시니
나는 그의 신을 들기도 감당하지 못
하겠노라 그는 성령과 불로 너희에
게 세례를 베푸실 것이요
12 손에 키를 들고 자기의 타작 마당을
정하게 하사 알곡은 모아 곳간에 들
이고 쭉정이는 꺼지지 않는 불에 태
우시리라

세례를 받으시다

13 이 때에 예수께서 갈릴리로부터 요
단 강에 이르러 요한에게 세례를 받
으려 하시니
14 요한이 말려 이르되 내가 당신에게서
세례를 받아야 할 터인데 당신이 내
게로 오시나이까
15 예수께서 대답하여 이르시되 이제 허
락하라 우리가 이와 같이 하여 모든
의를 이루는 것이 합당하니라 하시니
이에 요한이 허락하는지라
16 예수께서 세례를 받으시고 곧 물에
서 올라오실새 하늘이 열리고 하나님
의 성령이 비둘기 같이 내려 자기 위
에 임하심을 보시더니
17 하늘로부터 소리가 있어 말씀하시되
이는 내 사랑하는 아들이요 내 기뻐
하는 자라 하시니라

시험을 받으시다

4 그 때에 예수께서 성령에게 이끌
리어 마귀에게 시험을 받으러 광
야로 가사
2 사십 일을 밤낮으로 금식하신 후에

주리신지라
3 시험하는 자가 예수께 나아와서 이
르되 네가 만일 하나님의 아들이어든
명하여 이 돌들로 떡덩이가 되게 하
라
4 예수께서 대답하여 이르시되 기록되
었으되 사람이 떡으로만 살 것이 아
니요 하나님의 입으로부터 나오는
모든 말씀으로 살 것이라 하였느니
라 하시니
5 이에 마귀가 예수를 거룩한 성으로
데려다가 성전 꼭대기에 세우고
6 이르되 네가 만일 하나님의 아들이어
든 뛰어내리라 기록되었으되 그가 너
를 위하여 그의 사자들을 명하시리니
그들이 손으로 너를 받들어 발이 돌
에 부딪치지 않게 하리로다 하였느니
라
7 예수께서 이르시되 또 기록되었으되
주 너의 하나님을 시험하지 말라 하
였느니라 하시니
8 마귀가 또 그를 데리고 지극히 높은
산으로 가서 천하 만국과 그 영광을
보여
9 이르되 만일 내게 엎드려 경배하면
이 모든 것을 네게 주리라
10 이에 예수께서 말씀하시되 사탄아
물러가라 기록되었으되 주 너의 하나
님께 경배하고 다만 그를 섬기라 하
였느니라
11 이에 마귀는 예수를 떠나고 천사들
이 나아와서 수종드니라

비로소 천국을 전파하시다

12 예수께서 요한이 잡혔음을 들으시고
갈릴리로 물러가셨다가
13 나사렛을 떠나 스불론과 납달리 지
경 해변에 있는 가버나움에 가서 사
시니
14 이는 선지자 이사야를 통하여 하신
말씀을 이루려 하심이라 일렀으되
15 스불론 땅과 납달리 땅과 요단 강 저
편 해변 길과 이방의 갈릴리여
16 흑암에 앉은 백성이 큰 빛을 보았고
사망의 땅과 그늘에 앉은 자들에게
빛이 비치었도다 하였느니라
17 이 때부터 예수께서 비로소 전파하
여 이르시되 회개하라 천국이 가까이
왔느니라 하시더라

어부들을 부르시다

18 갈릴리 해변에 다니시다가 두 형제
곧 베드로라 하는 시몬과 그의 형제
안드레가 바다에 그물 던지는 것을
보시니 그들은 어부라
19 말씀하시되 나를 따라오라 내가 너희
를 사람을 낚는 어부가 되게 하리라
하시니

20 그들이 곧 그물을 버려 두고 예수를
따르니라
21 거기서 더 가시다가 다른 두 형제 곧
세베대의 아들 야고보와 그의 형제
요한이 그의 아버지 세베대와 함께
배에서 그물 깁는 것을 보시고 부르
시니
22 그들이 곧 배와 아버지를 버려 두고
예수를 따르니라

가르치시며 전파하시며 고치시다

23 예수께서 온 갈릴리에 두루 다니사
그들의 회당에서 가르치시며 천국 복
음을 전파하시며 백성 중의 모든 병
과 모든 약한 것을 고치시니
24 그의 소문이 온 수리아에 퍼진지라
사람들이 모든 앓는 자 곧 각종 병
에 걸려서 고통 당하는 자, 귀신 들린
자, 간질하는 자, 중풍병자들을 데려
오니 그들을 고치시더라
25 갈릴리와 데가볼리와 예루살렘과 유
대와 요단 강 건너편에서 수많은 무
리가 따르니라

복이 있는 사람

5 예수께서 무리를 보시고 산에 올
라가 앉으시니 제자들이 나아온지
라
2 입을 열어 가르쳐 이르시되
3 심령이 가난한 자는 복이 있나니 천
국이 그들의 것임이요
4 애통하는 자는 복이 있나니 그들이
위로를 받을 것임이요
5 온유한 자는 복이 있나니 그들이 땅
을 기업으로 받을 것임이요
6 의에 주리고 목마른 자는 복이 있나
니 그들이 배부를 것임이요
7 긍휼히 여기는 자는 복이 있나니 그
들이 긍휼히 여김을 받을 것임이요
8 마음이 청결한 자는 복이 있나니 그
들이 하나님을 볼 것임이요
9 화평하게 하는 자는 복이 있나니 그
들이 하나님의 아들이라 일컬음을 받
을 것임이요
10 의를 위하여 박해를 받은 자는 복이
있나니 천국이 그들의 것임이라
11 나로 말미암아 너희를 욕하고 박해
하고 거짓으로 너희를 거슬러 모든
악한 말을 할 때에는 너희에게 복이
있나니
12 기뻐하고 즐거워하라 하늘에서 너희
의 상이 큼이라 너희 전에 있던 선지

365묵상

말씀으로 세상의 유혹을 이겨내기

예수님은 인간으로서 이 땅에 오셨다. 그래서 사탄은 예수님을 유혹할 때 인간으로서의 약점에 중점을 두었다. 그것은 바로 인간적 본능을 토대로 하고 있는 것들, 곧 욕구와 욕망, 자기 존재가 크게 인정받기를 바라는 열망, 하나님의 길보다 자신의 길을 가려는 경향 등이었다. 예수님은 사탄의 이런 유혹을 모두 이겨내셨다. 어떻게 이겨낼 수 있었을까? 각각의 경우에 예수님은 하나님의 말씀에 전적으로 의존했다(마 4:1-11). 그렇다. 말씀을 삶 속에서 적용시키는 것! 바로 이것이 세상의 유혹을 이기는 승리의 비결이다.

자들도 이같이 박해하였느니라

소금이요 빛이라

13 너희는 세상의 소금이니 소금이 만일
그 맛을 잃으면 무엇으로 짜게 하리
요 후에는 아무 쓸 데 없어 다만 밖
에 버려져 사람에게 밟힐 뿐이니라
14 너희는 세상의 빛이라 산 위에 있는
동네가 숨겨지지 못할 것이요
15 사람이 등불을 켜서 말 아래에 두지
아니하고 등경 위에 두나니 이러므로
집 안 모든 사람에게 비치느니라
16 이같이 너희 빛이 사람 앞에 비치게
하여 그들로 너희 착한 행실을 보고
하늘에 계신 너희 아버지께 영광을
돌리게 하라

예수와 율법

17 내가 율법이나 선지자를 폐하러 온
줄로 생각하지 말라 폐하러 온 것이
아니요 완전하게 하려 함이라
18 진실로 너희에게 이르노니 천지가 없
어지기 전에는 율법의 일점 일획도 결
코 없어지지 아니하고 다 이루리라
19 그러므로 누구든지 이 계명 중의 지
극히 작은 것 하나라도 버리고 또 그
같이 사람을 가르치는 자는 천국에
서 지극히 작다 일컬음을 받을 것이
요 누구든지 이를 행하며 가르치는
자는 천국에서 크다 일컬음을 받으
리라
20 내가 너희에게 이르노니 너희 의가
서기관과 바리새인보다 더 낫지 못하
면 결코 천국에 들어가지 못하리라

노하지 말라

21 옛 사람에게 말한 바 살인하지 말라
누구든지 살인하면 심판을 받게 되리
라 하였다는 것을 너희가 들었으나
22 나는 너희에게 이르노니 형제에게
노하는 자마다 심판을 받게 되고 형
제를 대하여 라가라 하는 자는 공회
에 잡혀가게 되고 미련한 놈이라 하
는 자는 지옥 불에 들어가게 되리라
23 그러므로 예물을 제단에 드리려다가
거기서 네 형제에게 원망들을 만한
일이 있는 것이 생각나거든
24 예물을 제단 앞에 두고 먼저 가서 형
제와 화목하고 그 후에 와서 예물을
드리라
25 너를 고발하는 자와 함께 길에 있을
때에 급히 사화하라 그 고발하는 자
가 너를 재판관에게 내어 주고 재판
관이 옥리에게 내어 주어 옥에 가둘
까 염려하라
26 진실로 네게 이르노니 네가 한 푼이
라도 남김이 없이 다 갚기 전에는 결
코 거기서 나오지 못하리라

간음하지 말라

27 또 간음하지 말라 하였다는 것을 너
희가 들었으나
28 나는 너희에게 이르노니 음욕을 품
고 여자를 보는 자마다 마음에 이미
간음하였느니라
29 만일 네 오른 눈이 너로 실족하게 하
거든 빼어 내버리라 네 백체 중 하나
가 없어지고 온 몸이 지옥에 던져지
지 않는 것이 유익하며
30 또한 만일 네 오른손이 너로 실족하
게 하거든 찍어 내버리라 네 백체 중
하나가 없어지고 온 몸이 지옥에 던
져지지 않는 것이 유익하니라
31 또 일렀으되 누구든지 아내를 버리려
거든 이혼 증서를 줄 것이라 하였으
나
32 나는 너희에게 이르노니 누구든지
음행한 이유 없이 아내를 버리면 이
는 그로 간음하게 함이요 또 누구든
지 버림받은 여자에게 장가드는 자
도 간음함이니라

맹세하지 말라

33 또 옛 사람에게 말한 바 헛 맹세를
하지 말고 네 맹세한 것을 주께 지키
라 하였다는 것을 너희가 들었으나
34 나는 너희에게 이르노니 도무지 맹
세하지 말지니 하늘로도 하지 말라
이는 하나님의 보좌임이요
35 땅으로도 하지 말라 이는 하나님의
발등상임이요 예루살렘으로도 하지
말라 이는 큰 임금의 성임이요
36 네 머리로도 하지 말라 이는 네가 한
터럭도 희고 검게 할 수 없음이라
37 오직 너희 말은 옳다 옳다, 아니라
아니라 하라 이에서 지나는 것은 악
으로부터 나느니라

악한 자를 대적하지 말라

38 또 눈은 눈으로, 이는 이로 갚으라
하였다는 것을 너희가 들었으나
39 나는 너희에게 이르노니 악한 자를
대적하지 말라 누구든지 네 오른편
뺨을 치거든 왼편도 돌려 대며
40 또 너를 고발하여 속옷을 가지고자
하는 자에게 겉옷까지도 가지게 하
며
41 또 누구든지 너로 억지로 오 리를 가
게 하거든 그 사람과 십 리를 동행하
고
42 네게 구하는 자에게 주며 네게 꾸고
자 하는 자에게 거절하지 말라

원수를 사랑하라

43 또 네 이웃을 사랑하고 네 원수를 미
워하라 하였다는 것을 너희가 들었으
나
44 나는 너희에게 이르노니 너희 원수를
사랑하며 너희를 박해하는 자를 위하

여 기도하라
45 이같이 한즉 하늘에 계신 너희 아버
지의 아들이 되리니 이는 하나님이
그 해를 악인과 선인에게 비추시며
비를 의로운 자와 불의한 자에게 내
려주심이라
46 너희가 너희를 사랑하는 자를 사랑하
면 무슨 상이 있으리요 세리도 이같
이 아니하느냐
47 또 너희가 너희 형제에게만 문안하면
남보다 더하는 것이 무엇이냐 이방인
들도 이같이 아니하느냐
48 그러므로 하늘에 계신 너희 아버지의
온전하심과 같이 너희도 온전하라

구제함을 은밀하게 하라

6 사람에게 보이려고 그들 앞에서
너희 의를 행하지 않도록 주의하
라 그리하지 아니하면 하늘에 계신
너희 아버지께 상을 받지 못하느니라
2 그러므로 구제할 때에 외식하는 자
가 사람에게서 영광을 받으려고 회
당과 거리에서 하는 것 같이 너희 앞
에 나팔을 불지 말라 진실로 너희에
게 이르노니 그들은 자기 상을 이미
받았느니라
3 너는 구제할 때에 오른손이 하는 것
을 왼손이 모르게 하여
4 네 구제함을 은밀하게 하라 은밀한
중에 보시는 너의 아버지께서 갚으시
리라

너희는 이렇게 기도하라

5 또 너희는 기도할 때에 외식하는 자
와 같이 하지 말라 그들은 사람에게
보이려고 회당과 큰 거리 어귀에 서
서 기도하기를 좋아하느니라 내가 진
실로 너희에게 이르노니 그들은 자기
상을 이미 받았느니라
6 너는 기도할 때에 네 골방에 들어가
문을 닫고 은밀한 중에 계신 네 아버
지께 기도하라 은밀한 중에 보시는
네 아버지께서 갚으시리라
7 또 기도할 때에 이방인과 같이 중언
부언하지 말라 그들은 말을 많이 하
여야 들으실 줄 생각하느니라
8 그러므로 그들을 본받지 말라 구하
기 전에 너희에게 있어야 할 것을 하
나님 너희 아버지께서 아시느니라
9 그러므로 너희는 이렇게 기도하라 하
늘에 계신 우리 아버지여 이름이 거
룩히 여김을 받으시오며
10 나라가 임하시오며 뜻이 하늘에서 이
루어진 것 같이 땅에서도 이루어지이
다
11 오늘 우리에게 일용할 양식을 주시
옵고
12 우리가 우리에게 죄 지은 자를 사하

여 준 것 같이 우리 죄를 사하여 주시
옵고
13 우리를 시험에 들게 하지 마시옵고
다만 악에서 구하시옵소서 (나라와
권세와 영광이 아버지께 영원히 있사
옵나이다 아멘
14 너희가 사람의 잘못을 용서하면 너희
하늘 아버지께서도 너희 잘못을 용서
하시려니와
15 너희가 사람의 잘못을 용서하지 아니
하면 너희 아버지께서도 너희 잘못을
용서하지 아니하시리라

외식으로 금식하지 말라

16 금식할 때에 너희는 외식하는 자들
과 같이 슬픈 기색을 보이지 말라 그
들은 금식하는 것을 사람에게 보이
려고 얼굴을 흉하게 하느니라 내가
진실로 너희에게 이르노니 그들은 자
기 상을 이미 받았느니라
17 너는 금식할 때에 머리에 기름을 바
르고 얼굴을 씻으라
18 이는 금식하는 자로 사람에게 보이
지 않고 오직 은밀한 중에 계신 네
아버지께 보이게 하려 함이라 은밀한
중에 보시는 네 아버지께서 갚으시리
라

보물을 하늘에 쌓아 두라

19 너희를 위하여 보물을 땅에 쌓아 두
지 말라 거기는 좀과 동록이 해하며
도둑이 구멍을 뚫고 도둑질하느니라
20 오직 너희를 위하여 보물을 하늘에
쌓아 두라 거기는 좀이나 동록이 해
하지 못하며 도둑이 구멍을 뚫지도
못하고 도둑질도 못하느니라
21 네 보물 있는 그 곳에는 네 마음도
있느니라
22 눈은 몸의 등불이니 그러므로 네 눈
이 성하면 온 몸이 밝을 것이요
23 눈이 나쁘면 온 몸이 어두울 것이니
그러므로 네게 있는 빛이 어두우면
그 어둠이 얼마나 더하겠느냐
24 한 사람이 두 주인을 섬기지 못할 것
이니 혹 이를 미워하고 저를 사랑하
거나 혹 이를 중히 여기고 저를 경히
여김이라 너희가 하나님과 재물을 겸
하여 섬기지 못하느니라
25 그러므로 내가 너희에게 이르노니
목숨을 위하여 무엇을 먹을까 무엇
을 마실까 몸을 위하여 무엇을 입을
까 염려하지 말라 목숨이 음식보다
중하지 아니하며 몸이 의복보다 중
하지 아니하냐
26 공중의 새를 보라 심지도 않고 거두
지도 않고 창고에 모아들이지도 아
니하되 너희 하늘 아버지께서 기르시
나니 너희는 이것들보다 귀하지 아니

하냐
27 너희 중에 누가 염려함으로 그 키를
한 자라도 더할 수 있겠느냐
28 또 너희가 어찌 의복을 위하여 염려
하느냐 들의 백합화가 어떻게 자라
는가 생각하여 보라 수고도 아니하
고 길쌈도 아니하느니라
29 그러나 내가 너희에게 말하노니 솔
로몬의 모든 영광으로도 입은 것이
이 꽃 하나만 같지 못하였느니라
30 오늘 있다가 내일 아궁이에 던져지는
들풀도 하나님이 이렇게 입히시거든
하물며 너희일까보냐 믿음이 작은 자
들아
31 그러므로 염려하여 이르기를 무엇을
먹을까 무엇을 마실까 무엇을 입을
까 하지 말라
32 이는 다 이방인들이 구하는 것이라
너희 하늘 아버지께서 이 모든 것이
너희에게 있어야 할 줄을 아시느니라
33 그런즉 너희는 먼저 그의 나라와 그
의 의를 구하라 그리하면 이 모든 것
을 너희에게 더하시리라
34 그러므로 내일 일을 위하여 염려하지
말라 내일 일은 내일이 염려할 것이
요 한 날의 괴로움은 그 날로 족하니
라

비판하지 말라

7 비판을 받지 아니하려거든 비판하
지 말라
2 너희가 비판하는 그 비판으로 너희가
비판을 받을 것이요 너희가 헤아리는
그 헤아림으로 너희가 헤아림을 받
을 것이니라
3 어찌하여 형제의 눈 속에 있는 티는
보고 네 눈 속에 있는 들보는 깨닫
지 못하느냐
4 보라 네 눈 속에 들보가 있는데 어
찌하여 형제에게 말하기를 나로 네
눈 속에 있는 티를 빼게 하라 하겠
느냐
5 외식하는 자여 먼저 네 눈 속에서 들
보를 빼어라 그 후에야 밝히 보고
형제의 눈 속에서 티를 빼리라
6 거룩한 것을 개에게 주지 말며 너희
진주를 돼지 앞에 던지지 말라 그들
이 그것을 발로 밟고 돌이켜 너희를
찢어 상하게 할까 염려하라

구하라 찾으라 문을 두드리라

7 구하라 그리하면 너희에게 주실 것이
요 찾으라 그리하면 찾아낼 것이요
문을 두드리라 그리하면 너희에게 열
릴 것이니
8 구하는 이마다 받을 것이요 찾는 이
는 찾아낼 것이요 두드리는 이에게
는 열릴 것이니라

9 너희 중에 누가 아들이 떡을 달라 하
는데 돌을 주며
10 생선을 달라 하는데 뱀을 줄 사람이
있겠느냐
11 너희가 악한 자라도 좋은 것으로 자
식에게 줄 줄 알거든 하물며 하늘에
계신 너희 아버지께서 구하는 자에게
좋은 것으로 주시지 않겠느냐
12 그러므로 무엇이든지 남에게 대접을
받고자 하는 대로 너희도 남을 대접
하라 이것이 율법이요 선지자니라

좁은 문

13 좁은 문으로 들어가라 멸망으로 인
도하는 문은 크고 그 길이 넓어 그리
로 들어가는 자가 많고
14 생명으로 인도하는 문은 좁고 길이
협착하여 찾는 자가 적음이라

열매로 그들을 알리라

15 거짓 선지자들을 삼가라 양의 옷을
입고 너희에게 나아오나 속에는 노
략질하는 이리라
16 그들의 열매로 그들을 알지니 가시
나무에서 포도를, 또는 엉겅퀴에서
무화과를 따겠느냐
17 이와 같이 좋은 나무마다 아름다운
열매를 맺고 못된 나무가 나쁜 열매
를 맺나니
18 좋은 나무가 나쁜 열매를 맺을 수
없고 못된 나무가 아름다운 열매를
맺을 수 없느니라
19 아름다운 열매를 맺지 아니하는 나
무마다 찍혀 불에 던져지느니라
20 이러므로 그들의 열매로 그들을 알
리라
21 나더러 주여 주여 하는 자마다 다 천
국에 들어갈 것이 아니요 다만 하늘
에 계신 내 아버지의 뜻대로 행하는
자라야 들어가리라
22 그 날에 많은 사람이 나더러 이르되
주여 주여 우리가 주의 이름으로 선
지자 노릇 하며 주의 이름으로 귀신
을 쫓아 내며 주의 이름으로 많은 권
능을 행하지 아니하였나이까 하리니
23 그 때에 내가 그들에게 밝히 말하되
내가 너희를 도무지 알지 못하니 불
법을 행하는 자들아 내게서 떠나가
라 하리라
24 그러므로 누구든지 나의 이 말을 듣
고 행하는 자는 그 집을 반석 위에
지은 지혜로운 사람 같으리니

365묵상

형제를 비판하지 말라!

형제를 비판하지 말라는 예수님의 말씀은 무엇을 뜻하는가? 형제의 잘못과 악함에 대해 그저 눈을 감으라는 뜻인가? 그건 아니다. 예수님의 가르침은 형제의 잘잘못을 떠나 무조건 받아들이라고 명하신 것이 아니라, 형제에게 최대한의 관용과 은혜를 베풀라고 말씀하신 것이다. 우리 모두는 죄인이기 때문에 다른 이들의 허물에 대하여 화를 내기보다는 먼저 자신의 허물부터 살펴보아야 한다(마 7:1-5). 자신에 대해서는 관대하게 변명하고 용서하면서도, 형제에 대해서는 가혹하게 비판하고 깎아내려서는 안 되는 것이다.

25 비가 내리고 창수가 나고 바람이 불
어 그 집에 부딪치되 무너지지 아니
하나니 이는 주추를 반석 위에 놓은
까닭이요
26 나의 이 말을 듣고 행하지 아니하는
자는 그 집을 모래 위에 지은 어리석
은 사람 같으리니
27 비가 내리고 창수가 나고 바람이 불
어 그 집에 부딪치매 무너져 그 무너
짐이 심하니라

무리들이 가르치심에 놀라다

28 예수께서 이 말씀을 마치시매 무리
들이 그의 가르치심에 놀라니
29 이는 그 가르치시는 것이 권위 있는
자와 같고 그들의 서기관들과 같지
아니함일러라

나병환자를 깨끗하게 하시다

8 예수께서 산에서 내려 오시니 수
많은 무리가 따르니라
2 한 나병환자가 나아와 절하며 이르되
주여 원하시면 저를 깨끗하게 하실
수 있나이다 하거늘
3 예수께서 손을 내밀어 그에게 대시
며 이르시되 내가 원하노니 깨끗함을
받으라 하시니 즉시 그의 나병이 깨
끗하여진지라
4 예수께서 이르시되 삼가 아무에게도
이르지 말고 다만 가서 제사장에게
네 몸을 보이고 모세가 명한 예물을
드려 그들에게 입증하라 하시니라

백부장의 하인을 고치시다

5 예수께서 가버나움에 들어가시니 한
백부장이 나아와 간구하여
6 이르되 주여 내 하인이 중풍병으로
집에 누워 몹시 괴로워하나이다
7 이르시되 내가 가서 고쳐 주리라
8 백부장이 대답하여 이르되 주여 내
집에 들어오심을 나는 감당하지 못
하겠사오니 다만 말씀으로만 하옵소
서 그러면 내 하인이 낫겠사옵나이다
9 나도 남의 수하에 있는 사람이요 내
아래에도 군사가 있으니 이더러 가라
하면 가고 저더러 오라 하면 오고 내
종더러 이것을 하라 하면 하나이다
10 예수께서 들으시고 놀랍게 여겨 따
르는 자들에게 이르시되 내가 진실
로 너희에게 이르노니 이스라엘 중
아무에게서도 이만한 믿음을 보지
못하였노라
11 또 너희에게 이르노니 동 서로부터
많은 사람이 이르러 아브라함과 이
삭과 야곱과 함께 천국에 앉으려니
와
12 그 나라의 본 자손들은 바깥 어두운
데 쫓겨나 거기서 울며 이를 갈게 되
리라

13 예수께서 백부장에게 이르시되 가라
네 믿은 대로 될지어다 하시니 그 즉
시 하인이 나으니라

많은 사람들을 다 고치시다

14 예수께서 베드로의 집에 들어가사
그의 장모가 열병으로 앓아 누운 것
을 보시고
15 그의 손을 만지시니 열병이 떠나가고
여인이 일어나서 예수께 수종들더라
16 저물매 사람들이 귀신 들린 자를 많
이 데리고 예수께 오거늘 예수께서
말씀으로 귀신들을 쫓아 내시고 병
든 자들을 다 고치시니
17 이는 선지자 이사야를 통하여 하신
말씀에 우리의 연약한 것을 친히 담
당하시고 병을 짊어지셨도다 함을 이
루려 하심이더라

나를 따르라

18 예수께서 무리가 자기를 에워싸는
것을 보시고 건너편으로 가기를 명하
시니라
19 한 서기관이 나아와 예수께 아뢰되
선생님이여 어디로 가시든지 저는 따
르리이다
20 예수께서 이르시되 여우도 굴이 있고
공중의 새도 거처가 있으되 인자는
머리 둘 곳이 없다 하시더라
21 제자 중에 또 한 사람이 이르되 주여
내가 먼저 가서 내 아버지를 장사하
게 허락하옵소서
22 예수께서 이르시되 죽은 자들이 그
들의 죽은 자들을 장사하게 하고 너
는 나를 따르라 하시니라

바람과 바다를 잔잔하게 하시다

23 배에 오르시매 제자들이 따랐더니
24 바다에 큰 놀이 일어나 배가 물결에
덮이게 되었으되 예수께서는 주무시
는지라
25 그 제자들이 나아와 깨우며 이르되
주여 구원하소서 우리가 죽겠나이다
26 예수께서 이르시되 어찌하여 무서워
하느냐 믿음이 작은 자들아 하시고
곧 일어나사 바람과 바다를 꾸짖으
시니 아주 잔잔하게 되거늘
27 그 사람들이 놀랍게 여겨 이르되 이
이가 어떠한 사람이기에 바람과 바다
도 순종하는가 하더라

귀신 들린 두 사람을 고치시다

28 또 예수께서 건너편 가다라 지방에
가시매 귀신 들린 자 둘이 무덤 사이
에서 나와 예수를 만나니 그들은 몹
시 사나워 아무도 그 길로 지나갈 수
없을 지경이더라
29 이에 그들이 소리 질러 이르되 하나
님의 아들이여 우리가 당신과 무슨
상관이 있나이까 때가 이르기 전에

우리를 괴롭게 하려고 여기 오셨나이
까 하더니
30 마침 멀리서 많은 돼지 떼가 먹고 있
는지라
31 귀신들이 예수께 간구하여 이르되 만
일 우리를 쫓아 내시려면 돼지 떼에
들여 보내 주소서 하니
32 그들에게 가라 하시니 귀신들이 나와
서 돼지에게로 들어가는지라 온 떼
가 비탈로 내리달아 바다에 들어가
서 물에서 몰사하거늘
33 치던 자들이 달아나 시내에 들어가
이 모든 일과 귀신 들린 자의 일을
고하니
34 온 시내가 예수를 만나려고 나가서
보고 그 지방에서 떠나시기를 간구
하더라

중풍병자를 고치시다

9 예수께서 배에 오르사 건너가 본
동네에 이르시니
2 침상에 누운 중풍병자를 사람들이
데리고 오거늘 예수께서 그들의 믿
음을 보시고 중풍병자에게 이르시되
작은 자야 안심하라 네 죄 사함을 받
았느니라
3 어떤 서기관들이 속으로 이르되 이
사람이 신성을 모독하도다
4 예수께서 그 생각을 아시고 이르시
되 너희가 어찌하여 마음에 악한 생
각을 하느냐
5 네 죄 사함을 받았느니라 하는 말과
일어나 걸어가라 하는 말 중에 어느
것이 쉽겠느냐
6 그러나 인자가 세상에서 죄를 사하
는 권능이 있는 줄을 너희로 알게 하
려 하노라 하시고 중풍병자에게 말
씀하시되 일어나 네 침상을 가지고
집으로 가라 하시니
7 그가 일어나 집으로 돌아가거늘
8 무리가 보고 두려워하며 이런 권능을
사람에게 주신 하나님께 영광을 돌
리니라

마태를 부르시다

9 예수께서 그 곳을 떠나 지나가시다
가 마태라 하는 사람이 세관에 앉아
있는 것을 보시고 이르시되 나를 따
르라 하시니 일어나 따르니라
10 예수께서 마태의 집에서 앉아 음식
을 잡수실 때에 많은 세리와 죄인들
이 와서 예수와 그의 제자들과 함께
앉았더니
11 바리새인들이 보고 그의 제자들에게
이르되 어찌하여 너희 선생은 세리와
죄인들과 함께 잡수시느냐
12 예수께서 들으시고 이르시되 건강한
자에게는 의사가 쓸 데 없고 병든 자

에게라야 쓸 데 있느니라
13 너희는 가서 내가 긍휼을 원하고 제
사를 원하지 아니하노라 하신 뜻이
무엇인지 배우라 나는 의인을 부르
러 온 것이 아니요 죄인을 부르러 왔
노라 하시니라

금식 논쟁

14 그 때에 요한의 제자들이 예수께 나
아와 이르되 우리와 바리새인들은
금식하는데 어찌하여 당신의 제자들
은 금식하지 아니하나이까
15 예수께서 그들에게 이르시되 혼인집
손님들이 신랑과 함께 있을 동안에
슬퍼할 수 있느냐 그러나 신랑을 빼
앗길 날이 이르리니 그 때에는 금식
할 것이니라
16 생베 조각을 낡은 옷에 붙이는 자가
없나니 이는 기운 것이 그 옷을 당기
어 해어짐이 더하게 됨이요
17 새 포도주를 낡은 가죽 부대에 넣지
아니하나니 그렇게 하면 부대가 터져
포도주도 쏟아지고 부대도 버리게
됨이라 새 포도주는 새 부대에 넣어
야 둘이 다 보전되느니라

한 관리의 딸과 예수의 옷을 만진 여자

18 예수께서 이 말씀을 하실 때에 한 관
리가 와서 절하며 이르되 내 딸이 방
금 죽었사오나 오셔서 그 몸에 손을
얹어 주소서 그러면 살아나겠나이다
하니
19 예수께서 일어나 따라가시매 제자들
도 가더니
20 열두 해 동안이나 혈루증으로 앓는
여자가 예수의 뒤로 와서 그 겉옷 가
를 만지니
21 이는 제 마음에 그 겉옷만 만져도 구
원을 받겠다 함이라
22 예수께서 돌이켜 그를 보시며 이르시
되 딸아 안심하라 네 믿음이 너를 구
원하였다 하시니 여자가 그 즉시 구
원을 받으니라
23 예수께서 그 관리의 집에 가사 피리
부는 자들과 떠드는 무리를 보시고
24 이르시되 물러가라 이 소녀가 죽은
것이 아니라 잔다 하시니 그들이 비
웃더라
25 무리를 내보낸 후에 예수께서 들어
가사 소녀의 손을 잡으시매 일어나
는지라
26 그 소문이 그 온 땅에 퍼지더라

맹인들의 눈을 뜨게 하시다

27 예수께서 거기에서 떠나가실새 두 맹
인이 따라오며 소리 질러 이르되 다윗
의 자손이여 우리를 불쌍히 여기소서
하더니
28 예수께서 집에 들어가시매 맹인들이

그에게 나아오거늘 예수께서 이르시
되 내가 능히 이 일 할 줄을 믿느냐
대답하되 주여 그러하오이다 하니
29 이에 예수께서 그들의 눈을 만지시
며 이르시되 너희 믿음대로 되라 하시
니
30 그 눈들이 밝아진지라 예수께서 엄히
경고하시되 삼가 아무에게도 알리지
말라 하셨으나
31 그들이 나가서 예수의 소문을 그 온
땅에 퍼뜨리니라

말 못하는 사람을 고치시다

32 그들이 나갈 때에 귀신 들려 말 못하
는 사람을 예수께 데려오니
33 귀신이 쫓겨나고 말 못하는 사람이
말하거늘 무리가 놀랍게 여겨 이르되
이스라엘 가운데서 이런 일을 본 적
이 없다 하되
34 바리새인들은 이르되 그가 귀신의 왕
을 의지하여 귀신을 쫓아낸다 하더라

무리를 불쌍히 여기시다

35 예수께서 모든 도시와 마을에 두루
다니사 그들의 회당에서 가르치시며
천국 복음을 전파하시며 모든 병과
모든 약한 것을 고치시니라
36 무리를 보시고 불쌍히 여기시니 이는
그들이 목자 없는 양과 같이 고생하
며 기진함이라
37 이에 제자들에게 이르시되 추수할
것은 많되 일꾼이 적으니
38 그러므로 추수하는 주인에게 청하여
추수할 일꾼들을 보내 주소서 하라
하시니라

열두 제자를 부르시다

10 예수께서 그의 열두 제자를 부
르사 더러운 귀신을 쫓아내며
모든 병과 모든 약한 것을 고치는 권
능을 주시니라

열두 제자에게 명하여 이르시다

2 열두 사도의 이름은 이러하니 베드
로라 하는 시몬을 비롯하여 그의 형
제 안드레와 세베대의 아들 야고보
와 그의 형제 요한,
3 빌립과 바돌로매, 도마와 세리 마태,
알패오의 아들 야고보와 다대오,
4 가나나인 시몬 및 가룟 유다 곧 예수
를 판 자라
5 예수께서 이 열둘을 내보내시며 명하
여 이르시되 이방인의 길로도 가지
말고 사마리아인의 고을에도 들어가
지 말고
6 오히려 이스라엘 집의 잃어버린 양에
게로 가라
7 가면서 전파하여 말하되 천국이 가까
이 왔다 하고
8 병든 자를 고치며 죽은 자를 살리며

나병환자를 깨끗하게 하며 귀신을
쫓아내되 너희가 거저 받았으니 거저
주라
9 너희 전대에 금이나 은이나 동을 가
지지 말고
10 여행을 위하여 배낭이나 두 벌 옷이
나 신이나 지팡이를 가지지 말라 이
는 일꾼이 자기의 먹을 것 받는 것이
마땅함이라
11 어떤 성이나 마을에 들어가든지 그
중에 합당한 자를 찾아내어 너희가
떠나기까지 거기서 머물라
12 또 그 집에 들어가면서 평안하기를
빌라
13 그 집이 이에 합당하면 너희 빈 평안
이 거기 임할 것이요 만일 합당하지
아니하면 그 평안이 너희에게 돌아올
것이니라
14 누구든지 너희를 영접하지도 아니하
고 너희 말을 듣지도 아니하거든 그
집이나 성에서 나가 너희 발의 먼지를
떨어 버리라
15 내가 진실로 너희에게 이르노니 심판
날에 소돔과 고모라 땅이 그 성보다
견디기 쉬우리라

미움을 받을 것이다
16 보라 내가 너희를 보냄이 양을 이리
가운데로 보냄과 같도다 그러므로
너희는 뱀 같이 지혜롭고 비둘기 같
이 순결하라
17 사람들을 삼가라 그들이 너희를 공
회에 넘겨 주겠고 그들의 회당에서
채찍질하리라
18 또 너희가 나로 말미암아 총독들과
임금들 앞에 끌려 가리니 이는 그들
과 이방인들에게 증거가 되게 하려
하심이라
19 너희를 넘겨 줄 때에 어떻게 또는 무
엇을 말할까 염려하지 말라 그 때에
너희에게 할 말을 주시리니
20 말하는 이는 너희가 아니라 너희 속
에서 말씀하시는 이 곧 너희 아버지
의 성령이시니라
21 장차 형제가 형제를, 아버지가 자식
을 죽는 데에 내주며 자식들이 부모
를 대적하여 죽게 하리라
22 또 너희가 내 이름으로 말미암아 모
든 사람에게 미움을 받을 것이나 끝
까지 견디는 자는 구원을 얻으리라
23 이 동네에서 너희를 박해하거든 저

365묵상

정예화 된 소수가 필요하다

강력한 군대는 단지 군사들의 수효가 많다는 것을 의미하지 않는다. 그것보다는 얼마나 정예화 되어 있느냐에 달려있다. 인류의 전쟁 역사를 살펴볼 때, 적은 수효의 군대로 몇 배 이상의 수많은 군대를 물리친 사례는 부지기수로 많다. 이 땅에 오신 예수님도 많은 제자들을 택하지 않으셨다. 소수의 제자들을 택하신 뒤 그들을 정예화 시켜 후일에 복음전도의 사역을 감당케 하셨다. 그래서 열두 제자를 택하여 집중적으로 가르셨다(마 10:1–15). 오늘날 우리도 그리스도의 정예군사가 될 수 있도록 잘 훈련받도록 하자.

동네로 피하라 내가 진실로 너희에
게 이르노니 이스라엘의 모든 동네
를 다 다니지 못하여서 인자가 오리
라

두려워할 분을 두려워하라

24 제자가 그 선생보다, 또는 종이 그
상전보다 높지 못하나니
25 제자가 그 선생 같고 종이 그 상전
같으면 족하도다 집 주인을 바알세
불이라 하였거든 하물며 그 집 사람
들이랴
26 그런즉 그들을 두려워하지 말라 감
추인 것이 드러나지 않을 것이 없고
숨은 것이 알려지지 않을 것이 없느
니라
27 내가 너희에게 어두운 데서 이르는
것을 광명한 데서 말하며 너희가 귓
속말로 듣는 것을 집 위에서 전파하
라
28 몸은 죽여도 영혼은 능히 죽이지 못
하는 자들을 두려워하지 말고 오직
몸과 영혼을 능히 지옥에 멸하실 수
있는 이를 두려워하라
29 참새 두 마리가 한 앗사리온에 팔리
지 않느냐 그러나 너희 아버지께서
허락하지 아니하시면 그 하나도 땅에
떨어지지 아니하리라
30 너희에게는 머리털까지 다 세신 바
되었나니
31 두려워하지 말라 너희는 많은 참새보
다 귀하니라
32 누구든지 사람 앞에서 나를 시인하면
나도 하늘에 계신 내 아버지 앞에서
그를 시인할 것이요
33 누구든지 사람 앞에서 나를 부인하
면 나도 하늘에 계신 내 아버지 앞에
서 그를 부인하리라

검을 주러 왔다

34 내가 세상에 화평을 주러 온 줄로
생각하지 말라 화평이 아니요 검을
주러 왔노라
35 내가 온 것은 사람이 그 아버지와,
딸이 어머니와, 며느리가 시어머니와
불화하게 하려 함이니
36 사람의 원수가 자기 집안 식구리라
37 아버지나 어머니를 나보다 더 사랑하
는 자는 내게 합당하지 아니하고 아
들이나 딸을 나보다 더 사랑하는 자
도 내게 합당하지 아니하며
38 또 자기 십자가를 지고 나를 따르지
않는 자도 내게 합당하지 아니하니
라
39 자기 목숨을 얻는 자는 잃을 것이요
나를 위하여 자기 목숨을 잃는 자는
얻으리라

상을 받을 사람

40 너희를 영접하는 자는 나를 영접하는
것이요 나를 영접하는 자는 나를 보
내신 이를 영접하는 것이니라
41 선지자의 이름으로 선지자를 영접하
는 자는 선지자의 상을 받을 것이요
의인의 이름으로 의인을 영접하는 자
는 의인의 상을 받을 것이요
42 또 누구든지 제자의 이름으로 이 작
은 자 중 하나에게 냉수 한 그릇이
라도 주는 자는 내가 진실로 너희에
게 이르노니 그 사람이 결단코 상을
잃지 아니하리라 하시니라

11 예수께서 열두 제자에게 명하기
를 마치시고 이에 그들의 여러
동네에서 가르치시며 전도하시려고
거기를 떠나 가시니라

세례 요한

2 요한이 옥에서 그리스도께서 하신 일
을 듣고 제자들을 보내어
3 예수께 여짜오되 오실 그이가 당신
이오니이까 우리가 다른 이를 기다리
오리이까
4 예수께서 대답하여 이르시되 너희가
가서 듣고 보는 것을 요한에게 알리
되
5 맹인이 보며 못 걷는 사람이 걸으며
나병환자가 깨끗함을 받으며 못 듣
는 자가 들으며 죽은 자가 살아나며
가난한 자에게 복음이 전파된다 하
라
6 누구든지 나로 말미암아 실족하지
아니하는 자는 복이 있도다 하시니라
7 그들이 떠나매 예수께서 무리에게
요한에 대하여 말씀하시되 너희가 무
엇을 보려고 광야에 나갔더냐 바람
에 흔들리는 갈대냐
8 그러면 너희가 무엇을 보려고 나갔더
냐 부드러운 옷 입은 사람이냐 부드
러운 옷을 입은 사람들은 왕궁에 있
느니라
9 그러면 너희가 어찌하여 나갔더냐 선
지자를 보기 위함이었더냐 옳다 내가
너희에게 이르노니 선지자보다 더 나
은 자니라
10 기록된 바 보라 내가 내 사자를 네
앞에 보내노니 그가 네 길을 네 앞
에 준비하리라 하신 것이 이 사람에
대한 말씀이니라
11 내가 진실로 너희에게 말하노니 여자
가 낳은 자 중에 세례 요한보다 큰
이가 일어남이 없도다 그러나 천국에
서는 극히 작은 자라도 그보다 크니
라
12 세례 요한의 때부터 지금까지 천국
은 침노를 당하나니 침노하는 자는
빼앗느니라

13 모든 선지자와 율법이 예언한 것은
요한까지니
14 만일 너희가 즐겨 받을진대 오리라
한 엘리야가 곧 이 사람이니라
15 귀 있는 자는 들을지어다
16 이 세대를 무엇으로 비유할까 비유
하건대 아이들이 장터에 앉아 제 동
무를 불러
17 이르되 우리가 너희를 향하여 피리를
불어도 너희가 춤추지 않고 우리가
슬피 울어도 너희가 가슴을 치지 아
니하였다 함과 같도다
18 요한이 와서 먹지도 않고 마시지도
아니하매 그들이 말하기를 귀신이 들
렸다 하더니
19 인자는 와서 먹고 마시매 말하기를
보라 먹기를 탐하고 포도주를 즐기
는 사람이요 세리와 죄인의 친구로다
하니 지혜는 그 행한 일로 인하여 옳
다 함을 얻느니라

회개하지 아니하는 도시들

20 예수께서 권능을 가장 많이 행하신
고을들이 회개하지 아니하므로 그
때에 책망하시되
21 화 있을진저 고라신아 화 있을진저
벳새다야 너희에게 행한 모든 권능
을 두로와 시돈에서 행하였더라면
그들이 벌써 베옷을 입고 재에 앉아
회개하였으리라
22 내가 너희에게 이르노니 심판 날에
두로와 시돈이 너희보다 견디기 쉬우
리라
23 가버나움아 네가 하늘에까지 높아지
겠느냐 음부에까지 낮아지리라 네게
행한 모든 권능을 소돔에서 행하였
더라면 그 성이 오늘까지 있었으리라
24 내가 너희에게 이르노니 심판 날에
소돔 땅이 너보다 견디기 쉬우리라
하시니라

짐 진 자들아 내게로 오라

25 그 때에 예수께서 대답하여 이르시
되 천지의 주재이신 아버지여 이것을
지혜롭고 슬기 있는 자들에게는 숨
기시고 어린 아이들에게는 나타내심
을 감사하나이다
26 옳소이다 이렇게 된 것이 아버지의
뜻이니이다
27 내 아버지께서 모든 것을 내게 주셨
으니 아버지 외에는 아들을 아는 자
가 없고 아들과 또 아들의 소원대로
계시를 받는 자 외에는 아버지를 아
는 자가 없느니라
28 수고하고 무거운 짐 진 자들아 다 내
게로 오라 내가 너희를 쉬게 하리라
29 나는 마음이 온유하고 겸손하니 나
의 멍에를 메고 내게 배우라 그리하

면 너희 마음이 쉼을 얻으리니
30 이는 내 멍에는 쉽고 내 짐은 가벼움
이라 하시니라

안식일에 밀 이삭을 자르다

12 그 때에 예수께서 안식일에 밀
밭 사이로 가실새 제자들이 시
장하여 이삭을 잘라 먹으니
2 바리새인들이 보고 예수께 말하되
보시오 당신의 제자들이 안식일에 하
지 못할 일을 하나이다
3 예수께서 이르시되 다윗이 자기와 그
함께 한 자들이 시장할 때에 한 일을
읽지 못하였느냐
4 그가 하나님의 전에 들어가서 제사장
외에는 자기나 그 함께 한 자들이 먹
어서는 안 되는 진설병을 먹지 아니
하였느냐
5 또 안식일에 제사장들이 성전 안에서
안식을 범하여도 죄가 없음을 너희가
율법에서 읽지 못하였느냐
6 내가 너희에게 이르노니 성전보다 더
큰 이가 여기 있느니라
7 나는 자비를 원하고 제사를 원하지
아니하노라 하신 뜻을 너희가 알았더
라면 무죄한 자를 정죄하지 아니하였
으리라
8 인자는 안식일의 주인이니라 하시니
라

안식일에 손 마른 사람을 고치시다

9 거기에서 떠나 그들의 회당에 들어가
시니
10 한쪽 손 마른 사람이 있는지라 사람
들이 예수를 고발하려 하여 물어 이
르되 안식일에 병 고치는 것이 옳으
니이까
11 예수께서 이르시되 너희 중에 어떤
사람이 양 한 마리가 있어 안식일에
구덩이에 빠졌으면 끌어내지 않겠느
냐
12 사람이 양보다 얼마나 더 귀하냐 그
러므로 안식일에 선을 행하는 것이
옳으니라 하시고
13 이에 그 사람에게 이르시되 손을 내
밀라 하시니 그가 내밀매 다른 손과
같이 회복되어 성하더라
14 바리새인들이 나가서 어떻게 하여 예
수를 죽일까 의논하거늘
15 예수께서 아시고 거기를 떠나가시니
많은 사람이 따르는지라 예수께서
그들의 병을 다 고치시고
16 자기를 나타내지 말라 경고하셨으니
17 이는 선지자 이사야를 통하여 말씀하
신 바
18 보라 내가 택한 종 곧 내 마음에 기
뻐하는 바 내가 사랑하는 자로다 내
가 내 영을 그에게 줄 터이니 그가

심판을 이방에 알게 하리라
19 그는 다투지도 아니하며 들레지도
아니하리니 아무도 길에서 그 소리를
듣지 못하리라
20 상한 갈대를 꺾지 아니하며 꺼져가는
심지를 끄지 아니하기를 심판하여 이
길 때까지 하리니
21 또한 이방들이 그의 이름을 바라리
라 함을 이루려 하심이니라

예수와 바알세불

22 그 때에 귀신 들려 눈 멀고 말 못하
는 사람을 데리고 왔거늘 예수께서
고쳐 주시매 그 말 못하는 사람이 말
하며 보게 된지라
23 무리가 다 놀라 이르되 이는 다윗의
자손이 아니냐 하니
24 바리새인들은 듣고 이르되 이가 귀신
의 왕 바알세불을 힘입지 않고는 귀
신을 쫓아내지 못하느니라 하거늘
25 예수께서 그들의 생각을 아시고 이
르시되 스스로 분쟁하는 나라마다
황폐하여질 것이요 스스로 분쟁하는
동네나 집마다 서지 못하리라
26 만일 사탄이 사탄을 쫓아내면 스스
로 분쟁하는 것이니 그리하고야 어떻
게 그의 나라가 서겠느냐
27 또 내가 바알세불을 힘입어 귀신을
쫓아내면 너희의 아들들은 누구를
힘입어 쫓아내느냐 그러므로 그들이
너희의 재판관이 되리라
28 그러나 내가 하나님의 성령을 힘입어
귀신을 쫓아내는 것이면 하나님의 나
라가 이미 너희에게 임하였느니라
29 사람이 먼저 강한 자를 결박하지 않
고서야 어떻게 그 강한 자의 집에 들
어가 그 세간을 강탈하겠느냐 결박
한 후에야 그 집을 강탈하리라
30 나와 함께 아니하는 자는 나를 반대
하는 자요 나와 함께 모으지 아니하
는 자는 헤치는 자니라
31 그러므로 내가 너희에게 이르노니
사람에 대한 모든 죄와 모독은 사하
심을 얻되 성령을 모독하는 것은 사
하심을 얻지 못하겠고
32 또 누구든지 말로 인자를 거역하면
사하심을 얻되 누구든지 말로 성령을
거역하면 이 세상과 오는 세상에서
도 사하심을 얻지 못하리라
33 나무도 좋고 열매도 좋다 하든지 나
무도 좋지 않고 열매도 좋지 않다 하
든지 하라 그 열매로 나무를 아느니
라
34 독사의 자식들아 너희는 악하니 어떻
게 선한 말을 할 수 있느냐 이는 마
음에 가득한 것을 입으로 말함이라
35 선한 사람은 그 쌓은 선에서 선한 것

을 내고 악한 사람은 그 쌓은 악에
서 악한 것을 내느니라
36 내가 너희에게 이르노니 사람이 무
슨 무익한 말을 하든지 심판 날에 이
에 대하여 심문을 받으리니
37 네 말로 의롭다 함을 받고 네 말로
정죄함을 받으리라

악한 세대가 표적을 구하나

38 그 때에 서기관과 바리새인 중 몇 사
람이 말하되 선생님이여 우리에게 표
적 보여주시기를 원하나이다
39 예수께서 대답하여 이르시되 악하고
음란한 세대가 표적을 구하나 선지
자 요나의 표적 밖에는 보일 표적이
없느니라
40 요나가 밤낮 사흘 동안 큰 물고기
뱃속에 있었던 것 같이 인자도 밤낮
사흘 동안 땅 속에 있으리라
41 심판 때에 니느웨 사람들이 일어나
이 세대 사람을 정죄하리니 이는 그
들이 요나의 전도를 듣고 회개하였
음이거니와 요나보다 더 큰 이가 여
기 있으며
42 심판 때에 남방 여왕이 일어나 이 세
대 사람을 정죄하리니 이는 그가 솔
로몬의 지혜로운 말을 들으려고 땅
끝에서 왔음이거니와 솔로몬보다 더
큰 이가 여기 있느니라
43 더러운 귀신이 사람에게서 나갔을 때
에 물 없는 곳으로 다니며 쉬기를 구
하되 쉴 곳을 얻지 못하고
44 이에 이르되 내가 나온 내 집으로 돌
아가리라 하고 와 보니 그 집이 비고
청소되고 수리되었거늘
45 이에 가서 저보다 더 악한 귀신 일곱
을 데리고 들어가서 거하니 그 사람
의 나중 형편이 전보다 더욱 심하게
되느니라 이 악한 세대가 또한 이렇
게 되리라

예수의 어머니와 형제 자매

46 예수께서 무리에게 말씀하실 때에
그의 어머니와 동생들이 예수께 말
하려고 밖에 섰더니
47 한 사람이 예수께 여짜오되 보소서
당신의 어머니와 동생들이 당신께 말
하려고 밖에 서 있나이다 하니
48 말하던 사람에게 대답하여 이르시되
누가 내 어머니이며 내 동생들이냐
하시고
49 손을 내밀어 제자들을 가리켜 이르시

365묵상

제사보다는 자비, 규정보다는 사람

안식일에 예수님의 제자들이 밀 이삭을 잘라 먹고, 예수님이 손 마른 사람을 고쳐준 일로 바리새인들이 시비를 걸어왔다(마 12:1-14) 이때 예수님은 그런 문제들로 바리새인들과 토론하느라 시간을 허비하지 않으셨다. 예수님은 단지 하나님은 제사의식보다는 이웃에 대해 자비 베푸는 것을, 율법의 규정 자체보다는 사람에게 더 관심이 있다는 사실을 뚜렷하게 부각시키실 뿐이었다. 여기에 진리가 담겨있다. 우리는 의식이나 규정도 필요하겠지만, 무엇보다도 '사람'에게 우선순위가 있다는 것을 꼭 기억해야 한다.

되 나의 어머니와 나의 동생들을 보
라
50 누구든지 하늘에 계신 내 아버지의
뜻대로 하는 자가 내 형제요 자매요
어머니이니라 하시더라

네 가지 땅에 떨어진 씨 비유

13 그 날 예수께서 집에서 나가사
바닷가에 앉으시매
2 큰 무리가 그에게로 모여 들거늘 예
수께서 배에 올라가 앉으시고 온 무
리는 해변에 서 있더니
3 예수께서 비유로 여러 가지를 그들
에게 말씀하여 이르시되 씨를 뿌리
는 자가 뿌리러 나가서
4 뿌릴새 더러는 길 가에 떨어지매 새
들이 와서 먹어버렸고
5 더러는 흙이 얕은 돌밭에 떨어지매
흙이 깊지 아니하므로 곧 싹이 나오
나
6 해가 돋은 후에 타서 뿌리가 없으므
로 말랐고
7 더러는 가시떨기 위에 떨어지매 가시
가 자라서 기운을 막았고
8 더러는 좋은 땅에 떨어지매 어떤 것
은 백 배, 어떤 것은 육십 배, 어떤 것
은 삼십 배의 결실을 하였느니라
9 귀 있는 자는 들으라 하시니라

비유를 설명하시다

10 제자들이 예수께 나아와 이르되 어
찌하여 그들에게 비유로 말씀하시나
이까
11 대답하여 이르시되 천국의 비밀을 아
는 것이 너희에게는 허락되었으나 그
들에게는 아니되었나니
12 무릇 있는 자는 받아 넉넉하게 되되
없는 자는 그 있는 것도 빼앗기리라
13 그러므로 내가 그들에게 비유로 말
하는 것은 그들이 보아도 보지 못하
며 들어도 듣지 못하며 깨닫지 못함
이니라
14 이사야의 예언이 그들에게 이루어졌
으니 일렀으되 너희가 듣기는 들어도
깨닫지 못할 것이요 보기는 보아도
알지 못하리라
15 이 백성들의 마음이 완악하여져서 그
귀는 듣기에 둔하고 눈은 감았으니
이는 눈으로 보고 귀로 듣고 마음으
로 깨달아 돌이켜 내게 고침을 받을
까 두려워함이라 하였느니라
16 그러나 너희 눈은 봄으로, 너희 귀는
들음으로 복이 있도다
17 내가 진실로 너희에게 이르노니 많은
선지자와 의인이 너희가 보는 것들을
보고자 하여도 보지 못하였고 너희
가 듣는 것들을 듣고자 하여도 듣지
못하였느니라

18 그런즉 씨 뿌리는 비유를 들으라
19 아무나 천국 말씀을 듣고 깨닫지 못
할 때는 악한 자가 와서 그 마음에
뿌려진 것을 빼앗나니 이는 곧 길 가
에 뿌려진 자요
20 돌밭에 뿌려졌다는 것은 말씀을 듣
고 즉시 기쁨으로 받되
21 그 속에 뿌리가 없어 잠시 견디다가
말씀으로 말미암아 환난이나 박해가
일어날 때에는 곧 넘어지는 자요
22 가시떨기에 뿌려졌다는 것은 말씀을
들으나 세상의 염려와 재물의 유혹
에 말씀이 막혀 결실하지 못하는 자
요
23 좋은 땅에 뿌려졌다는 것은 말씀을
듣고 깨닫는 자니 결실하여 어떤 것
은 백 배, 어떤 것은 육십 배, 어떤 것
은 삼십 배가 되느니라 하시더라
24 예수께서 그들 앞에 또 비유를 들어
이르시되 천국은 좋은 씨를 제 밭에
뿌린 사람과 같으니
25 사람들이 잘 때에 그 원수가 와서 곡
식 가운데 가라지를 덧뿌리고 갔더니
26 싹이 나고 결실할 때에 가라지도 보
이거늘
27 집 주인의 종들이 와서 말하되 주여
밭에 좋은 씨를 뿌리지 아니하였나이
까 그런데 가라지가 어디서 생겼나이
까
28 주인이 이르되 원수가 이렇게 하였구
나 종들이 말하되 그러면 우리가 가
서 이것을 뽑기를 원하시나이까
29 주인이 이르되 가만 두라 가라지를
뽑다가 곡식까지 뽑을까 염려하노라
30 둘 다 추수 때까지 함께 자라게 두
라 추수 때에 내가 추수꾼들에게 말
하기를 가라지는 먼저 거두어 불사르
게 단으로 묶고 곡식은 모아 내 곳
간에 넣으라 하리라

겨자씨와 누룩 비유

31 또 비유를 들어 이르시되 천국은 마
치 사람이 자기 밭에 갖다 심은 겨자
씨 한 알 같으니
32 이는 모든 씨보다 작은 것이로되 자
란 후에는 풀보다 커서 나무가 되매
공중의 새들이 와서 그 가지에 깃들
이느니라
33 또 비유로 말씀하시되 천국은 마치
여자가 가루 서 말 속에 갖다 넣어
전부 부풀게 한 누룩과 같으니라

비유로 말씀하신 까닭

34 예수께서 이 모든 것을 무리에게 비
유로 말씀하시고 비유가 아니면 아
무 것도 말씀하지 아니하셨으니
35 이는 선지자를 통하여 말씀하신 바
내가 입을 열어 비유로 말하고 창세

부터 감추인 것들을 드러내리라 함
을 이루려 하심이라

가라지 비유를 설명하시다

36 이에 예수께서 무리를 떠나사 집에
들어가시니 제자들이 나아와 이르되
밭의 가라지의 비유를 우리에게 설명
하여 주소서
37 대답하여 이르시되 좋은 씨를 뿌리
는 이는 인자요
38 밭은 세상이요 좋은 씨는 천국의 아
들들이요 가라지는 악한 자의 아들
들이요
39 가라지를 뿌린 원수는 마귀요 추수
때는 세상 끝이요 추수꾼은 천사들
이니
40 그런즉 가라지를 거두어 불에 사르
는 것 같이 세상 끝에도 그러하리라
41 인자가 그 천사들을 보내리니 그들
이 그 나라에서 모든 넘어지게 하는
것과 또 불법을 행하는 자들을 거두
어 내어
42 풀무 불에 던져 넣으리니 거기서 울
며 이를 갈게 되리라
43 그 때에 의인들은 자기 아버지 나라
에서 해와 같이 빛나리라 귀 있는 자
는 들으라

세 가지 비유

44 천국은 마치 밭에 감추인 보화와 같
으니 사람이 이를 발견한 후 숨겨 두
고 기뻐하며 돌아가서 자기의 소유
를 다 팔아 그 밭을 사느니라
45 또 천국은 마치 좋은 진주를 구하는
장사와 같으니
46 극히 값진 진주 하나를 발견하매 가
서 자기의 소유를 다 팔아 그 진주를
사느니라
47 또 천국은 마치 바다에 치고 각종 물
고기를 모는 그물과 같으니
48 그물에 가득하매 물 가로 끌어 내고
앉아서 좋은 것은 그릇에 담고 못된
것은 내버리느니라
49 세상 끝에도 이러하리라 천사들이 와
서 의인 중에서 악인을 갈라 내어
50 풀무 불에 던져 넣으리니 거기서 울
며 이를 갈리라

새 것과 옛 것

51 이 모든 것을 깨달았느냐 하시니 대
답하되 그러하오이다
52 예수께서 이르시되 그러므로 천국의
제자된 서기관마다 마치 새것과 옛것
을 그 곳간에서 내오는 집주인과 같
으니라

고향에서 배척을 받으시다

53 예수께서 이 모든 비유를 마치신 후
에 그 곳을 떠나서
54 고향으로 돌아가사 그들의 회당에서

가르치시니 그들이 놀라 이르되 이
사람의 이 지혜와 이런 능력이 어디서
났느냐
55 이는 그 목수의 아들이 아니냐 그 어
머니는 마리아, 그 형제들은 야고보,
요셉, 시몬, 유다라 하지 않느냐
56 그 누이들은 다 우리와 함께 있지 아
니하냐 그런즉 이 사람의 이 모든 것
이 어디서 났느냐 하고
57 예수를 배척한지라 예수께서 그들에
게 말씀하시되 선지자가 자기 고향과
자기 집 외에서는 존경을 받지 않음
이 없느니라 하시고
58 그들이 믿지 않음으로 말미암아 거기
서 많은 능력을 행하지 아니하시니라

세례 요한의 죽음

14 그 때에 분봉 왕 헤롯이 예수의
소문을 듣고
2 그 신하들에게 이르되 이는 세례 요
한이라 그가 죽은 자 가운데서 살아
났으니 그러므로 이런 능력이 그 속
에서 역사하는도다 하더라
3 전에 헤롯이 그 동생 빌립의 아내 헤
로디아의 일로 요한을 잡아 결박하
여 옥에 가두었으니
4 이는 요한이 헤롯에게 말하되 당신이
그 여자를 차지한 것이 옳지 않다 하
였음이라
5 헤롯이 요한을 죽이려 하되 무리가
그를 선지자로 여기므로 그들을 두
려워하더니
6 마침 헤롯의 생일이 되어 헤로디아의
딸이 연석 가운데서 춤을 추어 헤롯
을 기쁘게 하니
7 헤롯이 맹세로 그에게 무엇이든지
달라는 대로 주겠다고 약속하거늘
8 그가 제 어머니의 시킴을 듣고 이르
되 세례 요한의 머리를 소반에 얹어
여기서 내게 주소서 하니
9 왕이 근심하나 자기가 맹세한 것과
그 함께 앉은 사람들 때문에 주라
명하고
10 사람을 보내어 옥에서 요한의 목을
베어
11 그 머리를 소반에 얹어서 그 소녀에
게 주니 그가 자기 어머니에게로 가
져가니라
12 요한의 제자들이 와서 시체를 가져다
가 장사하고 가서 예수께 아뢰니라

오천 명을 먹이시다

13 예수께서 들으시고 배를 타고 떠나
사 따로 빈 들에 가시니 무리가 듣고
여러 고을로부터 걸어서 따라간지라
14 예수께서 나오사 큰 무리를 보시고
불쌍히 여기사 그 중에 있는 병자를
고쳐 주시니라

15 저녁이 되매 제자들이 나아와 이르되
이 곳은 빈 들이요 때도 이미 저물었
으니 무리를 보내어 마을에 들어가
먹을 것을 사 먹게 하소서
16 예수께서 이르시되 갈 것 없다 너희
가 먹을 것을 주라
17 제자들이 이르되 여기 우리에게 있는
것은 떡 다섯 개와 물고기 두 마리뿐
이니이다
18 이르시되 그것을 내게 가져오라 하시
고
19 무리를 명하여 잔디 위에 앉히시고
떡 다섯 개와 물고기 두 마리를 가지
사 하늘을 우러러 축사하시고 떡을
떼어 제자들에게 주시매 제자들이
무리에게 주니
20 다 배불리 먹고 남은 조각을 열두 바
구니에 차게 거두었으며
21 먹은 사람은 여자와 어린이 외에 오
천 명이나 되었더라

물 위로 걸으시다

22 예수께서 즉시 제자들을 재촉하사
자기가 무리를 보내는 동안에 배를
타고 앞서 건너편으로 가게 하시고
23 무리를 보내신 후에 기도하러 따로
산에 올라가시니라 저물매 거기 혼자
계시더니
24 배가 이미 육지에서 수 리나 떠나서
바람이 거스르므로 물결로 말미암아
고난을 당하더라
25 밤 사경에 예수께서 바다 위로 걸어
서 제자들에게 오시니
26 제자들이 그가 바다 위로 걸어오심
을 보고 놀라 유령이라 하며 무서워
하여 소리 지르거늘
27 예수께서 즉시 이르시되 안심하라 나
니 두려워하지 말라
28 베드로가 대답하여 이르되 주여 만
일 주님이시거든 나를 명하사 물 위
로 오라 하소서 하니
29 오라 하시니 베드로가 배에서 내려
물 위로 걸어서 예수께로 가되
30 바람을 보고 무서워 빠져 가는지라
소리 질러 이르되 주여 나를 구원하
소서 하니
31 예수께서 즉시 손을 내밀어 그를 붙
잡으시며 이르시되 믿음이 작은 자여
왜 의심하였느냐 하시고
32 배에 함께 오르매 바람이 그치는지
라
33 배에 있는 사람들이 예수께 절하며
이르되 진실로 하나님의 아들이로소
이다 하더라

게네사렛에서 병자들을 고치시다

34 그들이 건너가 게네사렛 땅에 이르니
35 그 곳 사람들이 예수이신 줄을 알고

그 근방에 두루 통지하여 모든 병든
자를 예수께 데리고 와서
36 다만 예수의 옷자락에라도 손을 대
게 하시기를 간구하니 손을 대는 자
는 다 나음을 얻으니라

장로들의 전통

15 그 때에 바리새인과 서기관들이
예루살렘으로부터 예수께 나아
와 이르되
2 당신의 제자들이 어찌하여 장로들의
전통을 범하나이까 떡 먹을 때에 손
을 씻지 아니하나이다
3 대답하여 이르시되 너희는 어찌하여
너희의 전통으로 하나님의 계명을 범
하느냐
4 하나님이 이르셨으되 네 부모를 공경
하라 하시고 또 아버지나 어머니를
비방하는 자는 반드시 죽임을 당하
리라 하셨거늘
5 너희는 이르되 누구든지 아버지에게
나 어머니에게 말하기를 내가 드려
유익하게 할 것이 하나님께 드림이
되었다고 하기만 하면
6 그 부모를 공경할 것이 없다 하여 너
희의 전통으로 하나님의 말씀을 폐
하는도다
7 외식하는 자들아 이사야가 너희에 관
하여 잘 예언하였도다 일렀으되
8 이 백성이 입술로는 나를 공경하되
마음은 내게서 멀도다
9 사람의 계명으로 교훈을 삼아 가르
치니 나를 헛되이 경배하는도다 하였
느니라 하시고
10 무리를 불러 이르시되 듣고 깨달으
라
11 입으로 들어가는 것이 사람을 더럽게
하는 것이 아니라 입에서 나오는 그
것이 사람을 더럽게 하는 것이니라
12 이에 제자들이 나아와 이르되 바리
새인들이 이 말씀을 듣고 걸림이 된
줄 아시나이까
13 예수께서 대답하여 이르시되 심은 것
마다 내 하늘 아버지께서 심으시지
않은 것은 뽑힐 것이니
14 그냥 두라 그들은 맹인이 되어 맹인
을 인도하는 자로다 만일 맹인이 맹
인을 인도하면 둘이 다 구덩이에 빠
지리라 하시니
15 베드로가 대답하여 이르되 이 비유
를 우리에게 설명하여 주옵소서

365묵상

폭풍을 뚫고 앞으로!

"오라"는 예수님의 말씀에 응하여 베드로가 배에서 내려 믿음으로 바다를 밟았을 때, 놀랍게도 그는 물 위를 걸어갈 수 있었다. 그러나 베드로가 예수님에게서 눈을 돌려 주변 환경을 바라보았을 때, 그는 두려움에 빠져 물속에 빠지기 시작했다(마 14:22-33). 마찬가지다. 우리가 주님을 바라보지 않고 우리의 문제들을 바라볼 때, 우리는 곧 의심하고 있는 자신을 발견하게 되고, 그래서 삶의 자신감을 잃고 침체하게 된다. 그러나 어떤 환경에서도 우리의 시선을 예수님께 고정한다면 폭풍을 뚫고 앞으로 나아갈 수 있다.

16 예수께서 이르시되 너희도 아직까지
깨달음이 없느냐
17 입으로 들어가는 모든 것은 배로 들
어가서 뒤로 내버려지는 줄 알지 못
하느냐
18 입에서 나오는 것들은 마음에서 나
오나니 이것이야말로 사람을 더럽게
하느니라
19 마음에서 나오는 것은 악한 생각과
살인과 간음과 음란과 도둑질과 거
짓 증언과 비방이니
20 이런 것들이 사람을 더럽게 하는 것
이요 씻지 않은 손으로 먹는 것은 사
람을 더럽게 하지 못하느니라

가나안 여자의 믿음

21 예수께서 거기서 나가사 두로와 시
돈 지방으로 들어가시니
22 가나안 여자 하나가 그 지경에서 나
와서 소리 질러 이르되 주 다윗의 자
손이여 나를 불쌍히 여기소서 내 딸
이 흉악하게 귀신 들렸나이다 하되
23 예수는 한 말씀도 대답하지 아니하
시니 제자들이 와서 청하여 말하되
그 여자가 우리 뒤에서 소리를 지르
오니 그를 보내소서
24 예수께서 대답하여 이르시되 나는 이
스라엘 집의 잃어버린 양 외에는 다
른 데로 보내심을 받지 아니하였노
라 하시니
25 여자가 와서 예수께 절하며 이르되
주여 저를 도우소서
26 대답하여 이르시되 자녀의 떡을 취하
여 개들에게 던짐이 마땅하지 아니하
니라
27 여자가 이르되 주여 옳소이다마는
개들도 제 주인의 상에서 떨어지는
부스러기를 먹나이다 하니
28 이에 예수께서 대답하여 이르시되 여
자여 네 믿음이 크도다 네 소원대로
되리라 하시니 그 때로부터 그의 딸
이 나으니라

많은 사람들을 고치시다

29 예수께서 거기서 떠나사 갈릴리 호숫
가에 이르러 산에 올라가 거기 앉으
시니
30 큰 무리가 다리 저는 사람과 장애인
과 맹인과 말 못하는 사람과 기타 여
럿을 데리고 와서 예수의 발 앞에 앉
히매 고쳐 주시니
31 말 못하는 사람이 말하고 장애인이
온전하게 되고 다리 저는 사람이 걸
으며 맹인이 보는 것을 무리가 보고
놀랍게 여겨 이스라엘의 하나님께 영
광을 돌리니라

사천 명을 먹이시다

32 예수께서 제자들을 불러 이르시되

내가 무리를 불쌍히 여기노라 그들
이 나와 함께 있은 지 이미 사흘이매
먹을 것이 없도다 길에서 기진할까
하여 굶겨 보내지 못하겠노라
33 제자들이 이르되 광야에 있어 우리가
어디서 이런 무리가 배부를 만큼 떡
을 얻으리이까
34 예수께서 이르시되 너희에게 떡이 몇
개나 있느냐 이르되 일곱 개와 작은
생선 두어 마리가 있나이다 하거늘
35 예수께서 무리에게 명하사 땅에 앉
게 하시고
36 떡 일곱 개와 그 생선을 가지사 축사
하시고 떼어 제자들에게 주시니 제
자들이 무리에게 주매
37 다 배불리 먹고 남은 조각을 일곱 광
주리에 차게 거두었으며
38 먹은 자는 여자와 어린이 외에 사천
명이었더라
39 예수께서 무리를 흩어 보내시고 배
에 오르사 마가단 지경으로 가시니
라

악한 세대가 표적을 구하나

16 바리새인과 사두개인들이 와서
예수를 시험하여 하늘로부터
오는 표적 보이기를 청하니
2 예수께서 대답하여 이르시되 너희가
저녁에 하늘이 붉으면 날이 좋겠다
하고
3 아침에 하늘이 붉고 흐리면 오늘은
날이 궂겠다 하나니 너희가 날씨는
분별할 줄 알면서 시대의 표적은 분
별할 수 없느냐
4 악하고 음란한 세대가 표적을 구하
나 요나의 표적 밖에는 보여 줄 표적
이 없느니라 하시고 그들을 떠나 가
시니라

바리새인과 사두개인들의 누룩

5 제자들이 건너편으로 갈새 떡 가져가
기를 잊었더니
6 예수께서 이르시되 삼가 바리새인과
사두개인들의 누룩을 주의하라 하시
니
7 제자들이 서로 논의하여 이르되 우리
가 떡을 가져오지 아니하였도다 하거
늘
8 예수께서 아시고 이르시되 믿음이 작
은 자들아 어찌 떡이 없으므로 서로
논의하느냐
9 너희가 아직도 깨닫지 못하느냐 떡
다섯 개로 오천 명을 먹이고 주운 것
이 몇 바구니며
10 떡 일곱 개로 사천 명을 먹이고 주운
것이 몇 광주리였는지를 기억하지 못
하느냐
11 어찌 내 말한 것이 떡에 관함이 아닌

줄을 깨닫지 못하느냐 오직 바리새
인과 사두개인들의 누룩을 주의하라
하시니
12 그제서야 제자들이 떡의 누룩이 아
니요 바리새인과 사두개인들의 교훈
을 삼가라고 말씀하신 줄을 깨달으
니라

베드로가 예수를 그리스도로 고백하다

13 예수께서 빌립보 가이사랴 지방에 이
르러 제자들에게 물어 이르시되 사
람들이 인자를 누구라 하느냐
14 이르되 더러는 세례 요한, 더러는 엘
리야, 어떤 이는 예레미야나 선지자
중의 하나라 하나이다
15 이르시되 너희는 나를 누구라 하느
냐
16 시몬 베드로가 대답하여 이르되 주
는 그리스도시요 살아 계신 하나님
의 아들이시니이다
17 예수께서 대답하여 이르시되 바요나
시몬아 네가 복이 있도다 이를 네게
알게 한 이는 혈육이 아니요 하늘에
계신 내 아버지시니라
18 또 내가 네게 이르노니 너는 베드로
라 내가 이 반석 위에 내 교회를 세
우리니 음부의 권세가 이기지 못하리
라
19 내가 천국 열쇠를 네게 주리니 네가
땅에서 무엇이든지 매면 하늘에서도
매일 것이요 네가 땅에서 무엇이든지
풀면 하늘에서도 풀리리라 하시고
20 이에 제자들에게 경고하사 자기가
그리스도인 것을 아무에게도 이르지
말라 하시니라

죽음과 부활을 처음으로 이르시다

21 이 때로부터 예수 그리스도께서 자
기가 예루살렘에 올라가 장로들과
대제사장들과 서기관들에게 많은 고
난을 받고 죽임을 당하고 제삼일에
살아나야 할 것을 제자들에게 비로
소 나타내시니
22 베드로가 예수를 붙들고 항변하여
이르되 주여 그리 마옵소서 이 일이
결코 주께 미치지 아니하리이다
23 예수께서 돌이키시며 베드로에게 이
르시되 사탄아 내 뒤로 물러 가라 너
는 나를 넘어지게 하는 자로다 네가
하나님의 일을 생각하지 아니하고 도
리어 사람의 일을 생각하는도다 하시
고
24 이에 예수께서 제자들에게 이르시되
누구든지 나를 따라오려거든 자기를
부인하고 자기 십자가를 지고 나를
따를 것이니라
25 누구든지 제 목숨을 구원하고자 하
면 잃을 것이요 누구든지 나를 위하

여 제 목숨을 잃으면 찾으리라
26 사람이 만일 온 천하를 얻고도 제 목
숨을 잃으면 무엇이 유익하리요 사람
이 무엇을 주고 제 목숨과 바꾸겠느
냐
27 인자가 아버지의 영광으로 그 천사들
과 함께 오리니 그 때에 각 사람이
행한 대로 갚으리라
28 진실로 너희에게 이르노니 여기 서 있
는 사람 중에 죽기 전에 인자가 그
왕권을 가지고 오는 것을 볼 자들도
있느니라

영광스러운 모습으로 변형되시다

17 엿새 후에 예수께서 베드로와
야고보와 그 형제 요한을 데리
시고 따로 높은 산에 올라가셨더니
2 그들 앞에서 변형되사 그 얼굴이 해
같이 빛나며 옷이 빛과 같이 희어졌더
라
3 그 때에 모세와 엘리야가 예수와 더
불어 말하는 것이 그들에게 보이거
늘
4 베드로가 예수께 여쭈어 이르되 주
여 우리가 여기 있는 것이 좋사오니
만일 주께서 원하시면 내가 여기서
초막 셋을 짓되 하나는 주님을 위하
여, 하나는 모세를 위하여, 하나는
엘리야를 위하여 하리이다
5 말할 때에 홀연히 빛난 구름이 그들
을 덮으며 구름 속에서 소리가 나서
이르시되 이는 내 사랑하는 아들이
요 내 기뻐하는 자니 너희는 그의 말
을 들으라 하시는지라
6 제자들이 듣고 엎드려 심히 두려워하
니
7 예수께서 나아와 그들에게 손을 대
시며 이르시되 일어나라 두려워하지
말라 하시니
8 제자들이 눈을 들고 보매 오직 예수
외에는 아무도 보이지 아니하더라
9 그들이 산에서 내려올 때에 예수께
서 명하여 이르시되 인자가 죽은 자
가운데서 살아나기 전에는 본 것을
아무에게도 이르지 말라 하시니
10 제자들이 물어 이르되 그러면 어찌하
여 서기관들이 엘리야가 먼저 와야
하리라 하나이까
11 예수께서 대답하여 이르시되 엘리야
가 과연 먼저 와서 모든 일을 회복하
리라
12 내가 너희에게 말하노니 엘리야가 이
미 왔으되 사람들이 알지 못하고 임
의로 대우하였도다 인자도 이와 같
이 그들에게 고난을 받으리라 하시
니
13 그제서야 제자들이 예수께서 말씀하

신 것이 세례 요한인 줄을 깨달으니
라

귀신 들린 아이를 고치시다

14 그들이 무리에게 이르매 한 사람이
예수께 와서 꿇어 엎드려 이르되
15 주여 내 아들을 불쌍히 여기소서 그
가 간질로 심히 고생하여 자주 불에
도 넘어지며 물에도 넘어지는지라
16 내가 주의 제자들에게 데리고 왔으
나 능히 고치지 못하더이다
17 예수께서 대답하여 이르시되 믿음이
없고 패역한 세대여 내가 얼마나 너
희와 함께 있으며 얼마나 너희에게
참으리요 그를 이리로 데려오라 하
시니라
18 이에 예수께서 꾸짖으시니 귀신이 나
가고 아이가 그 때부터 나으니라
19 이 때에 제자들이 조용히 예수께 나
아와 이르되 우리는 어찌하여 쫓아
내지 못하였나이까
20 이르시되 너희 믿음이 작은 까닭이니
라 진실로 너희에게 이르노니 만일
너희에게 믿음이 겨자씨 한 알 만큼
만 있어도 이 산을 명하여 여기서 저
기로 옮겨지라 하면 옮겨질 것이요
또 너희가 못할 것이 없으리라
21 (없음)

죽음과 부활을 다시 이르시다

22 갈릴리에 모일 때에 예수께서 제자
들에게 이르시되 인자가 장차 사람
들의 손에 넘겨져
23 죽임을 당하고 제삼일에 살아나리라
하시니 제자들이 매우 근심하더라

성전세를 내시다

24 가버나움에 이르니 반 세겔 받는 자
들이 베드로에게 나아와 이르되 너
의 선생은 반 세겔을 내지 아니하느
냐
25 이르되 내신다 하고 집에 들어가니
예수께서 먼저 이르시되 시몬아 네
생각은 어떠하냐 세상 임금들이 누
구에게 관세와 국세를 받느냐 자기
아들에게냐 타인에게냐
26 베드로가 이르되 타인에게니이다 예
수께서 이르시되 그렇다면 아들들은
세를 면하리라
27 그러나 우리가 그들이 실족하지 않게
하기 위하여 네가 바다에 가서 낚시
를 던져 먼저 오르는 고기를 가져 입
을 열면 돈 한 세겔을 얻을 것이니
가져다가 나와 너를 위하여 주라 하
시니라

천국에서 큰 사람

18 그 때에 제자들이 예수께 나아
와 이르되 천국에서는 누가 크
니이까

2 예수께서 한 어린 아이를 불러 그들
가운데 세우시고
3 이르시되 진실로 너희에게 이르노니
너희가 돌이켜 어린 아이들과 같이 되
지 아니하면 결단코 천국에 들어가지
못하리라
4 그러므로 누구든지 이 어린 아이와
같이 자기를 낮추는 사람이 천국에서
큰 자니라
5 또 누구든지 내 이름으로 이런 어린
아이 하나를 영접하면 곧 나를 영접
함이니
6 누구든지 나를 믿는 이 작은 자 중
하나를 실족하게 하면 차라리 연자
맷돌이 그 목에 달려서 깊은 바다에
빠뜨려지는 것이 나으니라
7 실족하게 하는 일들이 있음으로 말미
암아 세상에 화가 있도다 실족하게
하는 일이 없을 수는 없으나 실족하
게 하는 그 사람에게는 화가 있도다
8 만일 네 손이나 네 발이 너를 범죄하
게 하거든 찍어 내버리라 장애인이나
다리 저는 자로 영생에 들어가는 것
이 두 손과 두 발을 가지고 영원한
불에 던져지는 것보다 나으니라
9 만일 네 눈이 너를 범죄하게 하거든
빼어 내버리라 한 눈으로 영생에 들
어가는 것이 두 눈을 가지고 지옥 불
에 던져지는 것보다 나으니라
10 삼가 이 작은 자 중의 하나도 업신여
기지 말라 너희에게 말하노니 그들의
천사들이 하늘에서 하늘에 계신 내
아버지의 얼굴을 항상 뵈옵느니라
11 (없음)
12 너희 생각에는 어떠하냐 만일 어떤
사람이 양 백 마리가 있는데 그 중의
하나가 길을 잃었으면 그 아흔아홉
마리를 산에 두고 가서 길 잃은 양을
찾지 않겠느냐
13 진실로 너희에게 이르노니 만일 찾으
면 길을 잃지 아니한 아흔아홉 마리
보다 이것을 더 기뻐하리라
14 이와 같이 이 작은 자 중의 하나라도
잃는 것은 하늘에 계신 너희 아버지
의 뜻이 아니니라

형제가 죄를 범하거든

15 네 형제가 죄를 범하거든 가서 너와
그 사람과만 상대하여 권고하라 만
일 들으면 네가 네 형제를 얻은 것이
요

365묵상

우리를 소중하게 여기시는 주님

우리는 다른 사람들로부터 무시당하는 것을 싫어하고 두려워한다. 그래서 우리는 다른 이들보다 앞서려고 경쟁적으로 노력한다. 하지만 우리는 다른 사람들이 나를 어떻게 보느냐가 아니라, 하나님께서 우리를 어떻게 보느냐에 더 관심을 가질 필요가 있다. 주님께서는 가난하고 힘없고 못 배운 사람을 포함하여 자신의 모든 자녀들을 차별 없이 돌보신다. 물론, 어린아이와 같은 소자(小子)들에게도 관심을 가지신다(마 18:1-14). 주님께서 이처럼 우리를 중요하게 여기시므로, 그 사실로 인해 감사하며 살아갈 수 있다.

16 만일 듣지 않거든 한두 사람을 데리
고 가서 두세 증인의 입으로 말마다
확증하게 하라
17 만일 그들의 말도 듣지 않거든 교회
에 말하고 교회의 말도 듣지 않거든
이방인과 세리와 같이 여기라
18 진실로 너희에게 이르노니 무엇이든
지 너희가 땅에서 매면 하늘에서도
매일 것이요 무엇이든지 땅에서 풀면
하늘에서도 풀리리라
19 진실로 다시 너희에게 이르노니 너희
중의 두 사람이 땅에서 합심하여 무
엇이든지 구하면 하늘에 계신 내 아
버지께서 그들을 위하여 이루게 하시
리라
20 두세 사람이 내 이름으로 모인 곳에
는 나도 그들 중에 있느니라

용서할 줄 모르는 종 비유

21 그 때에 베드로가 나아와 이르되 주
여 형제가 내게 죄를 범하면 몇 번이
나 용서하여 주리이까 일곱 번까지
하오리이까
22 예수께서 이르시되 네게 이르노니 일
곱 번뿐 아니라 일곱 번을 일흔 번까
지라도 할지니라
23 그러므로 천국은 그 종들과 결산하
려 하던 어떤 임금과 같으니
24 결산할 때에 만 달란트 빚진 자 하나
를 데려오매
25 갚을 것이 없는지라 주인이 명하여
그 몸과 아내와 자식들과 모든 소유
를 다 팔아 갚게 하라 하니
26 그 종이 엎드려 절하며 이르되 내게
참으소서 다 갚으리이다 하거늘
27 그 종의 주인이 불쌍히 여겨 놓아 보
내며 그 빚을 탕감하여 주었더니
28 그 종이 나가서 자기에게 백 데나리
온 빚진 동료 한 사람을 만나 붙들어
목을 잡고 이르되 빚을 갚으라 하매
29 그 동료가 엎드려 간구하여 이르되
나에게 참아 주소서 갚으리이다 하
되
30 허락하지 아니하고 이에 가서 그가
빚을 갚도록 옥에 가두거늘
31 그 동료들이 그것을 보고 몹시 딱하
게 여겨 주인에게 가서 그 일을 다
알리니
32 이에 주인이 그를 불러다가 말하되
악한 종아 네가 빌기에 내가 네 빚을
전부 탕감하여 주었거늘
33 내가 너를 불쌍히 여김과 같이 너도
네 동료를 불쌍히 여김이 마땅하지
아니하냐 하고
34 주인이 노하여 그 빚을 다 갚도록 그
를 옥졸들에게 넘기니라
35 너희가 각각 마음으로부터 형제를

용서하지 아니하면 나의 하늘 아버지
께서도 너희에게 이와 같이 하시리라

이혼에 대하여 가르치시다

19 예수께서 이 말씀을 마치시고
갈릴리를 떠나 요단 강 건너 유
대 지경에 이르시니
2 큰 무리가 따르거늘 예수께서 거기서
그들의 병을 고치시더라
3 바리새인들이 예수께 나아와 그를
시험하여 이르되 사람이 어떤 이유가
있으면 그 아내를 버리는 것이 옳으
니이까
4 예수께서 대답하여 이르시되 사람을
지으신 이가 본래 그들을 남자와 여
자로 지으시고
5 말씀하시기를 그러므로 사람이 그
부모를 떠나서 아내에게 합하여 그
둘이 한 몸이 될지니라 하신 것을 읽
지 못하였느냐
6 그런즉 이제 둘이 아니요 한 몸이니
그러므로 하나님이 짝지어 주신 것을
사람이 나누지 못할지니라 하시니
7 여짜오되 그러면 어찌하여 모세는 이
혼 증서를 주어서 버리라 명하였나이
까
8 예수께서 이르시되 모세가 너희 마음
의 완악함 때문에 아내 버림을 허락
하였거니와 본래는 그렇지 아니하니
라
9 내가 너희에게 말하노니 누구든지
음행한 이유 외에 아내를 버리고 다
른 데 장가 드는 자는 간음함이니라
10 제자들이 이르되 만일 사람이 아내에
게 이같이 할진대 장가 들지 않는 것
이 좋겠나이다
11 예수께서 이르시되 사람마다 이 말을
받지 못하고 오직 타고난 자라야 할
지니라
12 어머니의 태로부터 된 고자도 있고
사람이 만든 고자도 있고 천국을 위
하여 스스로 된 고자도 있도다 이 말
을 받을 만한 자는 받을지어다

어린 아이들에게 안수하시다

13 그 때에 사람들이 예수께서 안수하
고 기도해 주심을 바라고 어린 아이
들을 데리고 오매 제자들이 꾸짖거
늘
14 예수께서 이르시되 어린 아이들을 용
납하고 내게 오는 것을 금하지 말라
천국이 이런 사람의 것이니라 하시고
15 그들에게 안수하시고 거기를 떠나시
니라

재물이 많은 청년

16 어떤 사람이 주께 와서 이르되 선생
님이여 내가 무슨 선한 일을 하여야
영생을 얻으리이까

17 예수께서 이르시되 어찌하여 선한 일
을 내게 묻느냐 선한 이는 오직 한
분이시니라 네가 생명에 들어 가려면
계명들을 지키라
18 이르되 어느 계명이오니이까 예수께
서 이르시되 살인하지 말라, 간음하지
말라, 도둑질하지 말라, 거짓 증언 하
지 말라,
19 네 부모를 공경하라, 네 이웃을 네
자신과 같이 사랑하라 하신 것이니라
20 그 청년이 이르되 이 모든 것을 내가
지키었사온대 아직도 무엇이 부족하
니이까
21 예수께서 이르시되 네가 온전하고자
할진대 가서 네 소유를 팔아 가난한
자들에게 주라 그리하면 하늘에서
보화가 네게 있으리라 그리고 와서
나를 따르라 하시니
22 그 청년이 재물이 많으므로 이 말씀
을 듣고 근심하며 가니라
23 예수께서 제자들에게 이르시되 내가
진실로 너희에게 이르노니 부자는 천
국에 들어가기가 어려우니라
24 다시 너희에게 말하노니 낙타가 바늘
귀로 들어가는 것이 부자가 하나님의
나라에 들어가는 것보다 쉬우니라
하시니
25 제자들이 듣고 몹시 놀라 이르되 그
렇다면 누가 구원을 얻을 수 있으리
이까
26 예수께서 그들을 보시며 이르시되
사람으로는 할 수 없으나 하나님으
로서는 다 하실 수 있느니라
27 이에 베드로가 대답하여 이르되 보
소서 우리가 모든 것을 버리고 주를
따랐사온대 그런즉 우리가 무엇을
얻으리이까
28 예수께서 이르시되 내가 진실로 너희
에게 이르노니 세상이 새롭게 되어
인자가 자기 영광의 보좌에 앉을 때
에 나를 따르는 너희도 열두 보좌에
앉아 이스라엘 열두 지파를 심판하
리라
29 또 내 이름을 위하여 집이나 형제나
자매나 부모나 자식이나 전토를 버린
자마다 여러 배를 받고 또 영생을 상
속하리라
30 그러나 먼저 된 자로서 나중 되고 나
중 된 자로서 먼저 될 자가 많으니라

포도원의 품꾼들

20 천국은 마치 품꾼을 얻어 포도
원에 들여보내려고 이른 아침에
나간 집 주인과 같으니
2 그가 하루 한 데나리온씩 품꾼들과
약속하여 포도원에 들여보내고
3 또 제삼시에 나가 보니 장터에 놀고

서 있는 사람들이 또 있는지라
4 그들에게 이르되 너희도 포도원에
들어가라 내가 너희에게 상당하게
주리라 하니 그들이 가고
5 제육시와 제구시에 또 나가 그와 같
이 하고
6 제십일시에도 나가 보니 서 있는 사
람들이 또 있는지라 이르되 너희는
어찌하여 종일토록 놀고 여기 서 있
느냐
7 이르되 우리를 품꾼으로 쓰는 이가
없음이니이다 이르되 너희도 포도원
에 들어가라 하니라
8 저물매 포도원 주인이 청지기에게 이
르되 품꾼들을 불러 나중 온 자로부
터 시작하여 먼저 온 자까지 삯을 주
라 하니
9 제십일시에 온 자들이 와서 한 데나
리온씩을 받거늘
10 먼저 온 자들이 와서 더 받을 줄 알
았더니 그들도 한 데나리온씩 받은
지라
11 받은 후 집 주인을 원망하여 이르되
12 나중 온 이 사람들은 한 시간밖에 일
하지 아니하였거늘 그들을 종일 수
고하며 더위를 견딘 우리와 같게 하
였나이다
13 주인이 그 중의 한 사람에게 대답하
여 이르되 친구여 내가 네게 잘못한
것이 없노라 네가 나와 한 데나리온
의 약속을 하지 아니하였느냐
14 네 것이나 가지고 가라 나중 온 이
사람에게 너와 같이 주는 것이 내 뜻
이니라
15 내 것을 가지고 내 뜻대로 할 것이
아니냐 내가 선하므로 네가 악하게
보느냐
16 이와 같이 나중 된 자로서 먼저 되고
먼저 된 자로서 나중 되리라

죽음과 부활을 세 번째로 이르시다

17 예수께서 예루살렘으로 올라가려 하
실 때에 열두 제자를 따로 데리시고
길에서 이르시되
18 보라 우리가 예루살렘으로 올라가노
니 인자가 대제사장들과 서기관들에
게 넘겨지매 그들이 죽이기로 결의하
고
19 이방인들에게 넘겨 주어 그를 조롱
하며 채찍질하며 십자가에 못 박게
할 것이나 제삼일에 살아나리라

한 어머니의 요구

20 그 때에 세베대의 아들의 어머니가
그 아들들을 데리고 예수께 와서 절
하며 무엇을 구하니
21 예수께서 이르시되 무엇을 원하느냐
이르되 나의 이 두 아들을 주의 나라

에서 하나는 주의 우편에, 하나는 주
의 좌편에 앉게 명하소서
22 예수께서 대답하여 이르시되 너희는
너희가 구하는 것을 알지 못하는도
다 내가 마시려는 잔을 너희가 마실
수 있느냐 그들이 말하되 할 수 있나
이다
23 이르시되 너희가 과연 내 잔을 마시
려니와 내 좌우편에 앉는 것은 내가
주는 것이 아니라 내 아버지께서 누
구를 위하여 예비하셨든지 그들이 얻
을 것이니라
24 열 제자가 듣고 그 두 형제에 대하여
분히 여기거늘
25 예수께서 제자들을 불러다가 이르시
되 이방인의 집권자들이 그들을 임의
로 주관하고 그 고관들이 그들에게
권세를 부리는 줄을 너희가 알거니와
26 너희 중에는 그렇지 않아야 하나니
너희 중에 누구든지 크고자 하는 자
는 너희를 섬기는 자가 되고
27 너희 중에 누구든지 으뜸이 되고자
하는 자는 너희의 종이 되어야 하리
라
28 인자가 온 것은 섬김을 받으려 함이
아니라 도리어 섬기려 하고 자기 목
숨을 많은 사람의 대속물로 주려 함
이니라

맹인 두 사람을 고치시다

29 그들이 여리고에서 떠나 갈 때에 큰
무리가 예수를 따르더라
30 맹인 두 사람이 길 가에 앉았다가 예
수께서 지나가신다 함을 듣고 소리
질러 이르되 주여 우리를 불쌍히 여
기소서 다윗의 자손이여 하니
31 무리가 꾸짖어 잠잠하라 하되 더욱
소리 질러 이르되 주여 우리를 불쌍
히 여기소서 다윗의 자손이여 하는지
라
32 예수께서 머물러 서서 그들을 불러
이르시되 너희에게 무엇을 하여 주기
를 원하느냐
33 이르되 주여 우리의 눈 뜨기를 원하
나이다
34 예수께서 불쌍히 여기사 그들의 눈
을 만지시니 곧 보게 되어 그들이 예
수를 따르니라

예루살렘에 들어가시다

21 그들이 예루살렘에 가까이 가
서 감람 산 벳바게에 이르렀을
때에 예수께서 두 제자를 보내시며
2 이르시되 너희는 맞은편 마을로 가라
그리하면 곧 매인 나귀와 나귀 새끼
가 함께 있는 것을 보리니 풀어 내게
로 끌고 오라
3 만일 누가 무슨 말을 하거든 주가

쓰시겠다 하라 그리하면 즉시 보내리
라 하시니
4 이는 선지자를 통하여 하신 말씀을
이루려 하심이라 일렀으되
5 시온 딸에게 이르기를 네 왕이 네게
임하나니 그는 겸손하여 나귀, 곧 멍
에 메는 짐승의 새끼를 탔도다 하라
하였느니라
6 제자들이 가서 예수께서 명하신 대
로 하여
7 나귀와 나귀 새끼를 끌고 와서 자기
들의 겉옷을 그 위에 얹으매 예수께
서 그 위에 타시니
8 무리의 대다수는 그들의 겉옷을 길
에 펴고 다른 이들은 나뭇가지를 베
어 길에 펴고
9 앞에서 가고 뒤에서 따르는 무리가
소리 높여 이르되 호산나 다윗의 자
손이여 찬송하리로다 주의 이름으로
오시는 이여 가장 높은 곳에서 호산
나 하더라
10 예수께서 예루살렘에 들어가시니 온
성이 소동하여 이르되 이는 누구냐
하거늘
11 무리가 이르되 갈릴리 나사렛에서 나
온 선지자 예수라 하니라

성전을 깨끗하게 하시다

12 예수께서 성전에 들어가사 성전 안에
서 매매하는 모든 사람들을 내쫓으
시며 돈 바꾸는 사람들의 상과 비둘
기 파는 사람들의 의자를 둘러 엎으
시고
13 그들에게 이르시되 기록된 바 내 집
은 기도하는 집이라 일컬음을 받으리
라 하였거늘 너희는 강도의 소굴을
만드는도다 하시니라
14 맹인과 저는 자들이 성전에서 예수께
나아오매 고쳐주시니
15 대제사장들과 서기관들이 예수께서
하시는 이상한 일과 또 성전에서 소
리 질러 호산나 다윗의 자손이여 하
는 어린이들을 보고 노하여
16 예수께 말하되 그들이 하는 말을 듣
느냐 예수께서 이르시되 그렇다 어린
아기와 젖먹이들의 입에서 나오는 찬
미를 온전하게 하셨나이다 함을 너희
가 읽어 본 일이 없느냐 하시고
17 그들을 떠나 성 밖으로 베다니에 가
서 거기서 유하시니라

무화과나무가 마르다

365묵상

순수한 심령의 예배를 드리자

예수님이 예루살렘 성전에 들어가셨을 때, 그곳은 이미 하나님께 예배드리는 거룩한 성전이 아니었다. 그곳은 큰 소리로 흥정하며 속고 속이는 세상의 거짓과 탐욕이 판치는 도떼기시장이 되어 있었다. 그래서 예수님은 의로운 분노가 치솟아 채찍으로 상인들과 환전상들을 성전 밖으로 쫓아내셨다(마 21:12-13). 이로써 예수님은 우리의 예배 중심에 오직 하나님만 모시고 순수한 심령으로 예배를 드려야 하며, 그 이외에 세상의 다른 잡다한 이기적 동기들이 예배에 끼어들어서는 안 된다는 점을 분명히 교훈하셨다.

18 이른 아침에 성으로 들어오실 때에
시장하신지라
19 길 가에서 한 무화과나무를 보시고
그리로 가사 잎사귀 밖에 아무 것도
찾지 못하시고 나무에게 이르시되 이
제부터 영원토록 네가 열매를 맺지
못하리라 하시니 무화과나무가 곧
마른지라
20 제자들이 보고 이상히 여겨 이르되
무화과나무가 어찌하여 곧 말랐나이
까
21 예수께서 대답하여 이르시되 내가 진
실로 너희에게 이르노니 만일 너희가
믿음이 있고 의심하지 아니하면 이
무화과나무에게 된 이런 일만 할 뿐
아니라 이 산더러 들려 바다에 던져
지라 하여도 될 것이요
22 너희가 기도할 때에 무엇이든지 믿고
구하는 것은 다 받으리라 하시니라

예수의 권위를 두고 말하다

23 예수께서 성전에 들어가 가르치실새
대제사장들과 백성의 장로들이 나아
와 이르되 네가 무슨 권위로 이런 일
을 하느냐 또 누가 이 권위를 주었느
냐
24 예수께서 대답하시되 나도 한 말을
너희에게 물으리니 너희가 대답하면
나도 무슨 권위로 이런 일을 하는지
이르리라
25 요한의 세례가 어디로부터 왔느냐
하늘로부터냐 사람으로부터냐 그들
이 서로 의논하여 이르되 만일 하늘
로부터라 하면 어찌하여 그를 믿지
아니하였느냐 할 것이요
26 만일 사람으로부터라 하면 모든 사
람이 요한을 선지자로 여기니 백성이
무섭다 하여
27 예수께 대답하여 이르되 우리가 알
지 못하노라 하니 예수께서 이르시되
나도 무슨 권위로 이런 일을 하는지
너희에게 이르지 아니하리라
28 그러나 너희 생각에는 어떠하냐 어떤
사람에게 두 아들이 있는데 맏아들
에게 가서 이르되 얘 오늘 포도원에
가서 일하라 하니
29 대답하여 이르되 아버지 가겠나이다
하더니 가지 아니하고
30 둘째 아들에게 가서 또 그와 같이
말하니 대답하여 이르되 싫소이다 하
였다가 그 후에 뉘우치고 갔으니
31 그 둘 중의 누가 아버지의 뜻대로 하
였느냐 이르되 둘째 아들이니이다
예수께서 그들에게 이르시되 내가
진실로 너희에게 이르노니 세리들과
창녀들이 너희보다 먼저 하나님의 나
라에 들어가리라

32 요한이 의의 도로 너희에게 왔거늘
너희는 그를 믿지 아니하였으되 세리
와 창녀는 믿었으며 너희는 이것을
보고도 끝내 뉘우쳐 믿지 아니하였도
다

포도원 농부 비유

33 다른 한 비유를 들으라 한 집 주인이
포도원을 만들어 산울타리로 두르고
거기에 즙 짜는 틀을 만들고 망대를
짓고 농부들에게 세로 주고 타국에
갔더니
34 열매 거둘 때가 가까우매 그 열매를
받으려고 자기 종들을 농부들에게
보내니
35 농부들이 종들을 잡아 하나는 심히
때리고 하나는 죽이고 하나는 돌로
쳤거늘
36 다시 다른 종들을 처음보다 많이 보
내니 그들에게도 그렇게 하였는지라
37 후에 자기 아들을 보내며 이르되 그
들이 내 아들은 존대하리라 하였더니
38 농부들이 그 아들을 보고 서로 말하
되 이는 상속자니 자 죽이고 그의 유
산을 차지하자 하고
39 이에 잡아 포도원 밖에 내쫓아 죽였
느니라
40 그러면 포도원 주인이 올 때에 그 농
부들을 어떻게 하겠느냐
41 그들이 말하되 그 악한 자들을 진멸
하고 포도원은 제 때에 열매를 바칠
만한 다른 농부들에게 세로 줄지니
이다
42 예수께서 이르시되 너희가 성경에 건
축자들이 버린 돌이 모퉁이의 머릿돌
이 되었나니 이것은 주로 말미암아
된 것이요 우리 눈에 기이하도다 함
을 읽어 본 일이 없느냐
43 그러므로 내가 너희에게 이르노니
하나님의 나라를 너희는 빼앗기고
그 나라의 열매 맺는 백성이 받으리
라
44 이 돌 위에 떨어지는 자는 깨지겠고
이 돌이 사람 위에 떨어지면 그를 가
루로 만들어 흩으리라 하시니
45 대제사장들과 바리새인들이 예수의
비유를 듣고 자기들을 가리켜 말씀
하심인 줄 알고
46 잡고자 하나 무리를 무서워하니 이는
그들이 예수를 선지자로 앎이었더라

혼인 잔치 비유

22

예수께서 다시 비유로 대답하여
이르시되
2 천국은 마치 자기 아들을 위하여 혼
인 잔치를 베푼 어떤 임금과 같으니
3 그 종들을 보내어 그 청한 사람들을
혼인 잔치에 오라 하였더니 오기를

싫어하거늘
4 다시 다른 종들을 보내며 이르되 청
한 사람들에게 이르기를 내가 오찬
을 준비하되 나의 소와 살진 짐승을
잡고 모든 것을 갖추었으니 혼인 잔
치에 오소서 하라 하였더니
5 그들이 돌아 보지도 않고 한 사람은
자기 밭으로, 한 사람은 자기 사업하
러 가고
6 그 남은 자들은 종들을 잡아 모욕하
고 죽이니
7 임금이 노하여 군대를 보내어 그 살
인한 자들을 진멸하고 그 동네를 불
사르고
8 이에 종들에게 이르되 혼인 잔치는
준비되었으나 청한 사람들은 합당하
지 아니하니
9 네거리 길에 가서 사람을 만나는 대
로 혼인 잔치에 청하여 오라 한대
10 종들이 길에 나가 악한 자나 선한 자
나 만나는 대로 모두 데려오니 혼인
잔치에 손님들이 가득한지라
11 임금이 손님들을 보러 들어올새 거기
서 예복을 입지 않은 한 사람을 보고
12 이르되 친구여 어찌하여 예복을 입지
않고 여기 들어왔느냐 하니 그가 아
무 말도 못하거늘
13 임금이 사환들에게 말하되 그 손발
을 묶어 바깥 어두운 데에 내던지라
거기서 슬피 울며 이를 갈게 되리라
하니라
14 청함을 받은 자는 많되 택함을 입은
자는 적으니라

가이사에게 세금을 바치는 것

15 이에 바리새인들이 가서 어떻게 하면
예수를 말의 올무에 걸리게 할까 상
의하고
16 자기 제자들을 헤롯 당원들과 함께
예수께 보내어 말하되 선생님이여 우
리가 아노니 당신은 참되시고 진리로
하나님의 도를 가르치시며 아무도 꺼
리는 일이 없으시니 이는 사람을 외
모로 보지 아니하심이니이다
17 그러면 당신의 생각에는 어떠한지 우
리에게 이르소서 가이사에게 세금을
바치는 것이 옳으니이까 옳지 아니하
니이까 하니
18 예수께서 그들의 악함을 아시고 이
르시되 외식하는 자들아 어찌하여 나
를 시험하느냐
19 세금 낼 돈을 내게 보이라 하시니 데
나리온 하나를 가져왔거늘
20 예수께서 말씀하시되 이 형상과 이
글이 누구의 것이냐
21 이르되 가이사의 것이니이다 이에 이
르시되 그런즉 가이사의 것은 가이사

에게, 하나님의 것은 하나님께 바치
라 하시니
22 그들이 이 말씀을 듣고 놀랍게 여겨
예수를 떠나가니라

부활 논쟁

23 부활이 없다 하는 사두개인들이 그
날 예수께 와서 물어 이르되
24 선생님이여 모세가 일렀으되 사람이
만일 자식이 없이 죽으면 그 동생이
그 아내에게 장가 들어 형을 위하여
상속자를 세울지니라 하였나이다
25 우리 중에 칠 형제가 있었는데 맏이
가 장가 들었다가 죽어 상속자가 없
으므로 그 아내를 그 동생에게 물려
주고
26 그 둘째와 셋째로 일곱째까지 그렇
게 하다가
27 최후에 그 여자도 죽었나이다
28 그런즉 그들이 다 그를 취하였으니
부활 때에 일곱 중의 누구의 아내가
되리이까
29 예수께서 대답하여 이르시되 너희가
성경도, 하나님의 능력도 알지 못하
는 고로 오해하였도다
30 부활 때에는 장가도 아니 가고 시집
도 아니 가고 하늘에 있는 천사들과
같으니라
31 죽은 자의 부활을 논할진대 하나님
이 너희에게 말씀하신 바
32 나는 아브라함의 하나님이요 이삭의
하나님이요 야곱의 하나님이로라 하
신 것을 읽어 보지 못하였느냐 하나
님은 죽은 자의 하나님이 아니요 살
아 있는 자의 하나님이시니라 하시니
33 무리가 듣고 그의 가르치심에 놀라
더라

가장 큰 계명

34 예수께서 사두개인들로 대답할 수
없게 하셨다 함을 바리새인들이 듣
고 모였는데
35 그 중의 한 율법사가 예수를 시험하
여 묻되
36 선생님 율법 중에서 어느 계명이 크
니이까
37 예수께서 이르시되 네 마음을 다하
고 목숨을 다하고 뜻을 다하여 주
너의 하나님을 사랑하라 하셨으니
38 이것이 크고 첫째 되는 계명이요
39 둘째도 그와 같으니 네 이웃을 네
자신 같이 사랑하라 하셨으니
40 이 두 계명이 온 율법과 선지자의 강
령이니라

그리스도와 다윗의 자손

41 바리새인들이 모였을 때에 예수께서
그들에게 물으시되
42 너희는 그리스도에 대하여 어떻게 생

각하느냐 누구의 자손이냐 대답하되
다윗의 자손이니이다
43 이르시되 그러면 다윗이 성령에 감동
되어 어찌 그리스도를 주라 칭하여
말하되
44 주께서 내 주께 이르시되 내가 네 원
수를 네 발 아래에 둘 때까지 내 우
편에 앉아 있으라 하셨도다 하였느
냐
45 다윗이 그리스도를 주라 칭하였은즉
어찌 그의 자손이 되겠느냐 하시니
46 한 마디도 능히 대답하는 자가 없고
그 날부터 감히 그에게 묻는 자도 없
더라

서기관들과 바리새인들을 꾸짖으시다

23 이에 예수께서 무리와 제자들
에게 말씀하여 이르시되
2 서기관들과 바리새인들이 모세의 자
리에 앉았으니
3 그러므로 무엇이든지 그들이 말하는
바는 행하고 지키되 그들이 하는 행
위는 본받지 말라 그들은 말만 하고
행하지 아니하며
4 또 무거운 짐을 묶어 사람의 어깨에
지우되 자기는 이것을 한 손가락으
로도 움직이려 하지 아니하며
5 그들의 모든 행위를 사람에게 보이
고자 하나니 곧 그 경문 띠를 넓게
하며 옷술을 길게 하고
6 잔치의 윗자리와 회당의 높은 자리와
7 시장에서 문안 받는 것과 사람에게
랍비라 칭함을 받는 것을 좋아하느
니라
8 그러나 너희는 랍비라 칭함을 받지
말라 너희 선생은 하나요 너희는 다
형제니라
9 땅에 있는 자를 아버지라 하지 말라
너희의 아버지는 한 분이시니 곧 하
늘에 계신 이시니라
10 또한 지도자라 칭함을 받지 말라 너
희의 지도자는 한 분이시니 곧 그리
스도시니라
11 너희 중에 큰 자는 너희를 섬기는 자
가 되어야 하리라
12 누구든지 자기를 높이는 자는 낮아
지고 누구든지 자기를 낮추는 자는
높아지리라
13 화 있을진저 외식하는 서기관들과 바
리새인들이여 너희는 천국 문을 사람
들 앞에서 닫고 너희도 들어가지 않
고 들어가려 하는 자도 들어가지 못
하게 하는도다
14 (없음)
15 화 있을진저 외식하는 서기관들과 바
리새인들이여 너희는 교인 한 사람을
얻기 위하여 바다와 육지를 두루 다

니다가 생기면 너희보다 배나 더 지
옥 자식이 되게 하는도다
16 화 있을진저 눈 먼 인도자여 너희가
말하되 누구든지 성전으로 맹세하면
아무 일 없거니와 성전의 금으로 맹
세하면 지킬지라 하는도다
17 어리석은 맹인들이여 어느 것이 크냐
그 금이냐 그 금을 거룩하게 하는 성
전이냐
18 너희가 또 이르되 누구든지 제단으
로 맹세하면 아무 일 없거니와 그 위
에 있는 예물로 맹세하면 지킬지라
하는도다
19 맹인들이여 어느 것이 크냐 그 예물
이냐 그 예물을 거룩하게 하는 제단
이냐
20 그러므로 제단으로 맹세하는 자는
제단과 그 위에 있는 모든 것으로
맹세함이요
21 또 성전으로 맹세하는 자는 성전과
그 안에 계신 이로 맹세함이요
22 또 하늘로 맹세하는 자는 하나님의
보좌와 그 위에 앉으신 이로 맹세함
이니라
23 화 있을진저 외식하는 서기관들과 바
리새인들이여 너희가 박하와 회향과
근채의 십일조는 드리되 율법의 더
중한 바 정의와 긍휼과 믿음은 버렸
도다 그러나 이것도 행하고 저것도
버리지 말아야 할지니라
24 맹인 된 인도자여 하루살이는 걸러
내고 낙타는 삼키는도다
25 화 있을진저 외식하는 서기관들과 바
리새인들이여 잔과 대접의 겉은 깨끗
이 하되 그 안에는 탐욕과 방탕으로
가득하게 하는도다
26 눈 먼 바리새인이여 너는 먼저 안을
깨끗이 하라 그리하면 겉도 깨끗하
리라
27 화 있을진저 외식하는 서기관들과 바
리새인들이여 회칠한 무덤 같으니 겉
으로는 아름답게 보이나 그 안에는
죽은 사람의 뼈와 모든 더러운 것이
가득하도다
28 이와 같이 너희도 겉으로는 사람에
게 옳게 보이되 안으로는 외식과 불
법이 가득하도다
29 화 있을진저 외식하는 서기관들과 바
리새인들이여 너희는 선지자들의 무
덤을 만들고 의인들의 비석을 꾸미며

365묵상

진실한 자아를 찾아서

예수님 당시 유대 종교지도자들은 박하와 회향과 근채의 십일조까지 바치는 눈물겨운 '종교적' 노력을 했지만 예수님에게서 '위선자(외식하는 자)'라는 평가를 받았다(마 23:13-39). 왜 그런가? 그들은 다른 이들이 자신들을 존중해주길 바랐다. 그들은 자신들만이 율법을 준수하고 있는 것처럼 자랑했으며, 그렇지 못한 사람들을 비난했다. 하지만 실상 내면적으론 그렇지 못했다. 속은 무덤처럼 부패했지만, 겉만 회 칠한 듯 번지르르했던 것이다. 정교한 위선으로 사람들을 속일 수는 있겠지만 결코 하나님까지 속일 수 없다.

이르되
30 만일 우리가 조상 때에 있었더라면
우리는 그들이 선지자의 피를 흘리는
데 참여하지 아니하였으리라 하니
31 그러면 너희가 선지자를 죽인 자의
자손임을 스스로 증명함이로다
32 너희가 너희 조상의 분량을 채우라
33 뱀들아 독사의 새끼들아 너희가 어떻
게 지옥의 판결을 피하겠느냐
34 그러므로 내가 너희에게 선지자들과
지혜 있는 자들과 서기관들을 보내
매 너희가 그 중에서 더러는 죽이거
나 십자가에 못 박고 그 중에서 더러
는 너희 회당에서 채찍질하고 이 동
네에서 저 동네로 따라다니며 박해
하리라
35 그러므로 의인 아벨의 피로부터 성전
과 제단 사이에서 너희가 죽인 바라
갸의 아들 사가랴의 피까지 땅 위에
서 흘린 의로운 피가 다 너희에게 돌
아가리라
36 내가 진실로 너희에게 이르노니 이것
이 다 이 세대에 돌아가리라

예루살렘을 두고 이르시다

37 예루살렘아 예루살렘아 선지자들을
죽이고 네게 파송된 자들을 돌로 치
는 자여 암탉이 그 새끼를 날개 아래
에 모음 같이 내가 네 자녀를 모으려
한 일이 몇 번이더냐 그러나 너희가
원하지 아니하였도다
38 보라 너희 집이 황폐하여 버려진 바
되리라
39 내가 너희에게 이르노니 이제부터 너
희는 찬송하리로다 주의 이름으로
오시는 이여 할 때까지 나를 보지 못
하리라 하시니라

성전이 무너뜨려질 것을 예언하시다

24 예수께서 성전에서 나와서 가실
때에 제자들이 성전 건물들을
가리켜 보이려고 나아오니
2 대답하여 이르시되 너희가 이 모든
것을 보지 못하느냐 내가 진실로 너
희에게 이르노니 돌 하나도 돌 위에
남지 않고 다 무너뜨려지리라

재난의 징조

3 예수께서 감람 산 위에 앉으셨을 때
에 제자들이 조용히 와서 이르되 우
리에게 이르소서 어느 때에 이런 일
이 있겠사오며 또 주의 임하심과 세
상 끝에는 무슨 징조가 있사오리이
까
4 예수께서 대답하여 이르시되 너희가
사람의 미혹을 받지 않도록 주의하
라
5 많은 사람이 내 이름으로 와서 이르
되 나는 그리스도라 하여 많은 사람

을 미혹하리라
6 난리와 난리 소문을 듣겠으나 너희
는 삼가 두려워하지 말라 이런 일이
있어야 하되 아직 끝은 아니니라
7 민족이 민족을, 나라가 나라를 대적
하여 일어나겠고 곳곳에 기근과 지진
이 있으리니
8 이 모든 것은 재난의 시작이니라
9 그 때에 사람들이 너희를 환난에 넘
겨 주겠으며 너희를 죽이리니 너희가
내 이름 때문에 모든 민족에게 미움
을 받으리라
10 그 때에 많은 사람이 실족하게 되어
서로 잡아 주고 서로 미워하겠으며
11 거짓 선지자가 많이 일어나 많은 사
람을 미혹하겠으며
12 불법이 성하므로 많은 사람의 사랑이
식어지리라
13 그러나 끝까지 견디는 자는 구원을
얻으리라
14 이 천국 복음이 모든 민족에게 증언
되기 위하여 온 세상에 전파되리니
그제야 끝이 오리라

가장 큰 환난

15 그러므로 너희가 선지자 다니엘이 말
한 바 멸망의 가증한 것이 거룩한 곳
에 선 것을 보거든 (읽는 자는 깨달
을진저)
16 그 때에 유대에 있는 자들은 산으로
도망할지어다
17 지붕 위에 있는 자는 집 안에 있는
물건을 가지러 내려 가지 말며
18 밭에 있는 자는 겉옷을 가지러 뒤로
돌이키지 말지어다
19 그 날에는 아이 밴 자들과 젖 먹이는
자들에게 화가 있으리로다
20 너희가 도망하는 일이 겨울에나 안식
일에 되지 않도록 기도하라
21 이는 그 때에 큰 환난이 있겠음이라
창세로부터 지금까지 이런 환난이 없
었고 후에도 없으리라
22 그 날들을 감하지 아니하면 모든 육
체가 구원을 얻지 못할 것이나 그러
나 택하신 자들을 위하여 그 날들을
감하시리라
23 그 때에 사람이 너희에게 말하되 보
라 그리스도가 여기 있다 혹은 저기
있다 하여도 믿지 말라
24 거짓 그리스도들과 거짓 선지자들이
일어나 큰 표적과 기사를 보여 할 수
만 있으면 택하신 자들도 미혹하리라
25 보라 내가 너희에게 미리 말하였노라
26 그러면 사람들이 너희에게 말하되 보
라 그리스도가 광야에 있다 하여도
나가지 말고 보라 골방에 있다 하여
도 믿지 말라

27 번개가 동편에서 나서 서편까지 번쩍
임 같이 인자의 임함도 그러하리라
28 주검이 있는 곳에는 독수리들이 모
일 것이니라

인자가 오는 것을 보리라

29 그 날 환난 후에 즉시 해가 어두워지
며 달이 빛을 내지 아니하며 별들이
하늘에서 떨어지며 하늘의 권능들이
흔들리리라
30 그 때에 인자의 징조가 하늘에서 보
이겠고 그 때에 땅의 모든 족속들이
통곡하며 그들이 인자가 구름을 타
고 능력과 큰 영광으로 오는 것을
보리라
31 그가 큰 나팔소리와 함께 천사들을
보내리니 그들이 그의 택하신 자들
을 하늘 이 끝에서 저 끝까지 사방에
서 모으리라

무화과나무에서 배울 교훈

32 무화과나무의 비유를 배우라 그 가
지가 연하여지고 잎사귀를 내면 여름
이 가까운 줄을 아나니
33 이와 같이 너희도 이 모든 일을 보거
든 인자가 가까이 곧 문 앞에 이른
줄 알라
34 내가 진실로 너희에게 말하노니 이
세대가 지나가기 전에 이 일이 다 일
어나리라
35 천지는 없어질지언정 내 말은 없어지
지 아니하리라
36 그러나 그 날과 그 때는 아무도 모
르나니 하늘의 천사들도, 아들도 모
르고 오직 아버지만 아시느니라
37 노아의 때와 같이 인자의 임함도 그
러하리라
38 홍수 전에 노아가 방주에 들어가던
날까지 사람들이 먹고 마시고 장가
들고 시집 가고 있으면서
39 홍수가 나서 그들을 다 멸하기까지
깨닫지 못하였으니 인자의 임함도 이
와 같으리라
40 그 때에 두 사람이 밭에 있으매 한
사람은 데려가고 한 사람은 버려둠
을 당할 것이요
41 두 여자가 맷돌질을 하고 있으매 한
사람은 데려가고 한 사람은 버려둠
을 당할 것이니라
42 그러므로 깨어 있으라 어느 날에 너
희 주가 임할는지 너희가 알지 못함
이니라
43 너희도 아는 바니 만일 집 주인이 도
둑이 어느 시각에 올 줄을 알았더라
면 깨어 있어 그 집을 뚫지 못하게
하였으리라
44 이러므로 너희도 준비하고 있으라
생각하지 않은 때에 인자가 오리라

45 충성되고 지혜 있는 종이 되어 주인
에게 그 집 사람들을 맡아 때를 따
라 양식을 나눠 줄 자가 누구냐
46 주인이 올 때에 그 종이 이렇게 하는
것을 보면 그 종이 복이 있으리로다
47 내가 진실로 너희에게 이르노니 주인
이 그의 모든 소유를 그에게 맡기리
라
48 만일 그 악한 종이 마음에 생각하기
를 주인이 더디 오리라 하여
49 동료들을 때리며 술친구들과 더불어
먹고 마시게 되면
50 생각하지 않은 날 알지 못하는 시각
에 그 종의 주인이 이르러
51 엄히 때리고 외식하는 자가 받는 벌
에 처하리니 거기서 슬피 울며 이를
갈리라

열 처녀 비유

25 그 때에 천국은 마치 등을 들고
신랑을 맞으러 나간 열 처녀와
같다 하리니
2 그 중의 다섯은 미련하고 다섯은 슬
기 있는 자라
3 미련한 자들은 등을 가지되 기름을
가지지 아니하고
4 슬기 있는 자들은 그릇에 기름을 담
아 등과 함께 가져갔더니
5 신랑이 더디 오므로 다 졸며 잘새
6 밤중에 소리가 나되 보라 신랑이로
다 맞으러 나오라 하매
7 이에 그 처녀들이 다 일어나 등을 준
비할새
8 미련한 자들이 슬기 있는 자들에게
이르되 우리 등불이 꺼져가니 너희 기
름을 좀 나눠 달라 하거늘
9 슬기 있는 자들이 대답하여 이르되
우리와 너희가 쓰기에 다 부족할까
하노니 차라리 파는 자들에게 가서
너희 쓸 것을 사라 하니
10 그들이 사러 간 사이에 신랑이 오므
로 준비하였던 자들은 함께 혼인 잔
치에 들어가고 문은 닫힌지라
11 그 후에 남은 처녀들이 와서 이르되
주여 주여 우리에게 열어 주소서
12 대답하여 이르되 진실로 너희에게 이
르노니 내가 너희를 알지 못하노라
하였느니라
13 그런즉 깨어 있으라 너희는 그 날과
그 때를 알지 못하느니라

달란트 비유

14 또 어떤 사람이 타국에 갈 때 그 종
들을 불러 자기 소유를 맡김과 같으
니
15 각각 그 재능대로 한 사람에게는 금
다섯 달란트를, 한 사람에게는 두 달
란트를, 한 사람에게는 한 달란트를

주고 떠났더니
16 다섯 달란트 받은 자는 바로 가서
그것으로 장사하여 또 다섯 달란트
를 남기고
17 두 달란트 받은 자도 그같이 하여
또 두 달란트를 남겼으되
18 한 달란트 받은 자는 가서 땅을 파
고 그 주인의 돈을 감추어 두었더니
19 오랜 후에 그 종들의 주인이 돌아와
그들과 결산할새
20 다섯 달란트 받았던 자는 다섯 달란
트를 더 가지고 와서 이르되 주인이
여 내게 다섯 달란트를 주셨는데 보
소서 내가 또 다섯 달란트를 남겼나
이다
21 그 주인이 이르되 잘하였도다 착하
고 충성된 종아 네가 적은 일에 충성
하였으매 내가 많은 것을 네게 맡기
리니 네 주인의 즐거움에 참여할지어
다 하고
22 두 달란트 받았던 자도 와서 이르되
주인이여 내게 두 달란트를 주셨는
데 보소서 내가 또 두 달란트를 남
겼나이다
23 그 주인이 이르되 잘하였도다 착하
고 충성된 종아 네가 적은 일에 충성
하였으매 내가 많은 것을 네게 맡기
리니 네 주인의 즐거움에 참여할지어
다 하고
24 한 달란트 받았던 자는 와서 이르되
주인이여 당신은 굳은 사람이라 심지
않은 데서 거두고 헤치지 않은 데서
모으는 줄을 내가 알았으므로
25 두려워하여 나가서 당신의 달란트를
땅에 감추어 두었었나이다 보소서
당신의 것을 가지셨나이다
26 그 주인이 대답하여 이르되 악하고
게으른 종아 나는 심지 않은 데서 거
두고 헤치지 않은 데서 모으는 줄로
네가 알았느냐
27 그러면 네가 마땅히 내 돈을 취리하
는 자들에게나 맡겼다가 내가 돌아
와서 내 원금과 이자를 받게 하였을
것이니라 하고
28 그에게서 그 한 달란트를 빼앗아 열
달란트 가진 자에게 주라
29 무릇 있는 자는 받아 풍족하게 되고
없는 자는 그 있는 것까지 빼앗기리
라
30 이 무익한 종을 바깥 어두운 데로
내쫓으라 거기서 슬피 울며 이를 갈
리라 하니라

인자가 모든 천사와 함께 올 때

31 인자가 자기 영광으로 모든 천사와
함께 올 때에 자기 영광의 보좌에 앉
으리니

32 모든 민족을 그 앞에 모으고 각각
구분하기를 목자가 양과 염소를 구
분하는 것 같이 하여
33 양은 그 오른편에 염소는 왼편에 두
리라
34 그 때에 임금이 그 오른편에 있는
자들에게 이르시되 내 아버지께 복
받을 자들이여 나아와 창세로부터
너희를 위하여 예비된 나라를 상속받
으라
35 내가 주릴 때에 너희가 먹을 것을 주
었고 목마를 때에 마시게 하였고 나
그네 되었을 때에 영접하였고
36 헐벗었을 때에 옷을 입혔고 병들었을
때에 돌보았고 옥에 갇혔을 때에 와
서 보았느니라
37 이에 의인들이 대답하여 이르되 주여
우리가 어느 때에 주께서 주리신 것
을 보고 음식을 대접하였으며 목마
르신 것을 보고 마시게 하였나이까
38 어느 때에 나그네 되신 것을 보고 영
접하였으며 헐벗으신 것을 보고 옷
입혔나이까
39 어느 때에 병드신 것이나 옥에 갇히
신 것을 보고 가서 뵈었나이까 하리
니
40 임금이 대답하여 이르시되 내가 진실
로 너희에게 이르노니 너희가 여기
내 형제 중에 지극히 작은 자 하나에
게 한 것이 곧 내게 한 것이니라 하시
고
41 또 왼편에 있는 자들에게 이르시되
저주를 받은 자들아 나를 떠나 마귀
와 그 사자들을 위하여 예비된 영원
한 불에 들어가라
42 내가 주릴 때에 너희가 먹을 것을 주
지 아니하였고 목마를 때에 마시게
하지 아니하였고
43 나그네 되었을 때에 영접하지 아니하
였고 헐벗었을 때에 옷 입히지 아니
하였고 병들었을 때와 옥에 갇혔을
때에 돌보지 아니하였느니라 하시니
44 그들도 대답하여 이르되 주여 우리
가 어느 때에 주께서 주리신 것이나
목마르신 것이나 나그네 되신 것이나
헐벗으신 것이나 병드신 것이나 옥에
갇히신 것을 보고 공양하지 아니하더
이까
45 이에 임금이 대답하여 이르시되 내가
진실로 너희에게 이르노니 이 지극히

365묵상

참된 성공의 잣대

달란트 비유는 본질상 '천국'에 관한 것이지만, 그것은 우리의 성공적인 삶에 대해서도 소중한 교훈을 준다. 우리가 소유하고 있는 모든 것들은 본질상 하나님에게서 주어진 것이기 때문에 하나님은 우리의 소유를 근거로 우리의 성공을 재시지 않으신다. 대신에 그분은 우리 각자가 소유한 것들을 가지고 '어떻게 살았느냐'를 근거로 우리의 성공 여부를 재신다. 이때 하나님이 주목해보시는 핵심적인 사항은 우리의 '신실함'이다(마 25:21, 23). 이렇게 하나님의 잣대로 잰 결과에 따라 우리 인생의 최종 성적표가 주어진다.

작은 자 하나에게 하지 아니한 것이
곧 내게 하지 아니한 것이니라 하시
리니
46 그들은 영벌에, 의인들은 영생에 들
어가리라 하시니라

예수를 죽이려고 의논하다

26 예수께서 이 말씀을 다 마치시
고 제자들에게 이르시되
2 너희가 아는 바와 같이 이틀이 지나
면 유월절이라 인자가 십자가에 못
박히기 위하여 팔리리라 하시더라
3 그 때에 대제사장들과 백성의 장로
들이 가야바라 하는 대제사장의 관
정에 모여
4 예수를 흉계로 잡아 죽이려고 의논
하되
5 말하기를 민란이 날까 하노니 명절에
는 하지 말자 하더라

예수의 머리에 향유를 붓다

6 예수께서 베다니 나병환자 시몬의 집
에 계실 때에
7 한 여자가 매우 귀한 향유 한 옥합을
가지고 나아와서 식사하시는 예수의
머리에 부으니
8 제자들이 보고 분개하여 이르되 무
슨 의도로 이것을 허비하느냐
9 이것을 비싼 값에 팔아 가난한 자들
에게 줄 수 있었겠도다 하거늘
10 예수께서 아시고 그들에게 이르시되
너희가 어찌하여 이 여자를 괴롭게
하느냐 그가 내게 좋은 일을 하였느
니라
11 가난한 자들은 항상 너희와 함께 있
거니와 나는 항상 함께 있지 아니하
리라
12 이 여자가 내 몸에 이 향유를 부은
것은 내 장례를 위하여 함이니라
13 내가 진실로 너희에게 이르노니 온
천하에 어디서든지 이 복음이 전파되
는 곳에서는 이 여자가 행한 일도 말
하여 그를 기억하리라 하시니라

유다가 배반하다

14 그 때에 열둘 중의 하나인 가룟 유다
라 하는 자가 대제사장들에게 가서
말하되
15 내가 예수를 너희에게 넘겨 주리니
얼마나 주려느냐 하니 그들이 은 삼
십을 달아 주거늘
16 그가 그 때부터 예수를 넘겨 줄 기회
를 찾더라

마지막 만찬

17 무교절의 첫날에 제자들이 예수께
나아와서 이르되 유월절 음식 잡수실
것을 우리가 어디서 준비하기를 원하
시나이까
18 이르시되 성안 아무에게 가서 이르되

선생님 말씀이 내 때가 가까이 왔으
니 내 제자들과 함께 유월절을 네 집
에서 지키겠다 하시더라 하라 하시니
19 제자들이 예수께서 시키신 대로 하여
유월절을 준비하였더라
20 저물 때에 예수께서 열두 제자와 함
께 앉으셨더니
21 그들이 먹을 때에 이르시되 내가 진
실로 너희에게 이르노니 너희 중의
한 사람이 나를 팔리라 하시니
22 그들이 몹시 근심하여 각각 여짜오되
주여 나는 아니지요
23 대답하여 이르시되 나와 함께 그릇
에 손을 넣는 그가 나를 팔리라
24 인자는 자기에 대하여 기록된 대로
가거니와 인자를 파는 그 사람에게
는 화가 있으리로다 그 사람은 차라
리 태어나지 아니하였더라면 제게 좋
을 뻔하였느니라
25 예수를 파는 유다가 대답하여 이르
되 랍비여 나는 아니지요 대답하시되
네가 말하였도다 하시니라
26 그들이 먹을 때에 예수께서 떡을 가
지사 축복하시고 떼어 제자들에게
주시며 이르시되 받아서 먹으라 이것
은 내 몸이니라 하시고
27 또 잔을 가지사 감사 기도 하시고 그
들에게 주시며 이르시되 너희가 다
이것을 마시라
28 이것은 죄 사함을 얻게 하려고 많은
사람을 위하여 흘리는 바 나의 피 곧
언약의 피니라
29 그러나 너희에게 이르노니 내가 포
도나무에서 난 것을 이제부터 내 아
버지의 나라에서 새것으로 너희와 함
께 마시는 날까지 마시지 아니하리라
하시니라
30 이에 그들이 찬미하고 감람 산으로
나아가니라

베드로가 부인할 것을 예언하시다

31 그 때에 예수께서 제자들에게 이르
시되 오늘 밤에 너희가 다 나를 버리
리라 기록된 바 내가 목자를 치리니
양의 떼가 흩어지리라 하였느니라
32 그러나 내가 살아난 후에 너희보다
먼저 갈릴리로 가리라
33 베드로가 대답하여 이르되 모두 주
를 버릴지라도 나는 결코 버리지 않
겠나이다
34 예수께서 이르시되 내가 진실로 네게
이르노니 오늘 밤 닭 울기 전에 네가
세 번 나를 부인하리라
35 베드로가 이르되 내가 주와 함께 죽
을지언정 주를 부인하지 않겠나이다
하고 모든 제자도 그와 같이 말하니
라

겟세마네에서 기도하시다

36 이에 예수께서 제자들과 함께 겟세
마네라 하는 곳에 이르러 제자들에
게 이르시되 내가 저기 가서 기도할
동안에 너희는 여기 앉아 있으라 하
시고
37 베드로와 세베대의 두 아들을 데리
고 가실새 고민하고 슬퍼하사
38 이에 말씀하시되 내 마음이 매우 고
민하여 죽게 되었으니 너희는 여기 머
물러 나와 함께 깨어 있으라 하시고
39 조금 나아가사 얼굴을 땅에 대시고
엎드려 기도하여 이르시되 내 아버지
여 만일 할 만하시거든 이 잔을 내게
서 지나가게 하옵소서 그러나 나의
원대로 마시옵고 아버지의 원대로 하
옵소서 하시고
40 제자들에게 오사 그 자는 것을 보시
고 베드로에게 말씀하시되 너희가
나와 함께 한 시간도 이렇게 깨어 있
을 수 없더냐
41 시험에 들지 않게 깨어 기도하라 마
음에는 원이로되 육신이 약하도다
하시고
42 다시 두 번째 나아가 기도하여 이르
시되 내 아버지여 만일 내가 마시지
않고는 이 잔이 내게서 지나갈 수 없
거든 아버지의 원대로 되기를 원하나
이다 하시고
43 다시 오사 보신즉 그들이 자니 이는
그들의 눈이 피곤함일러라
44 또 그들을 두시고 나아가 세 번째
같은 말씀으로 기도하신 후
45 이에 제자들에게 오사 이르시되 이
제는 자고 쉬라 보라 때가 가까이 왔
으니 인자가 죄인의 손에 팔리느니라
46 일어나라 함께 가자 보라 나를 파는
자가 가까이 왔느니라

잡히시다

47 말씀하실 때에 열둘 중의 하나인 유
다가 왔는데 대제사장들과 백성의
장로들에게서 파송된 큰 무리가 칼
과 몽치를 가지고 그와 함께 하였더
라
48 예수를 파는 자가 그들에게 군호를
짜 이르되 내가 입맞추는 자가 그이
니 그를 잡으라 한지라
49 곧 예수께 나아와 랍비여 안녕하시
옵니까 하고 입을 맞추니
50 예수께서 이르시되 친구여 네가 무엇
을 하려고 왔는지 행하라 하신대 이
에 그들이 나아와 예수께 손을 대어
잡는지라
51 예수와 함께 있던 자 중의 하나가 손
을 펴 칼을 빼어 대제사장의 종을 쳐
그 귀를 떨어뜨리니

52 이에 예수께서 이르시되 네 칼을 도
로 칼집에 꽂으라 칼을 가지는 자는
다 칼로 망하느니라
53 너는 내가 내 아버지께 구하여 지금
열두 군단 더 되는 천사를 보내시게
할 수 없는 줄로 아느냐
54 내가 만일 그렇게 하면 이런 일이 있
으리라 한 성경이 어떻게 이루어지겠
느냐 하시더라
55 그 때에 예수께서 무리에게 말씀하
시되 너희가 강도를 잡는 것 같이 칼
과 몽치를 가지고 나를 잡으러 나왔
느냐 내가 날마다 성전에 앉아 가르
쳤으되 너희가 나를 잡지 아니하였도
다
56 그러나 이렇게 된 것은 다 선지자들
의 글을 이루려 함이니라 하시더라
이에 제자들이 다 예수를 버리고 도
망하니라

공회 앞에 서시다

57 예수를 잡은 자들이 그를 끌고 대제
사장 가야바에게로 가니 거기 서기관
과 장로들이 모여 있더라
58 베드로가 멀찍이 예수를 따라 대제
사장의 집 뜰에까지 가서 그 결말을
보려고 안에 들어가 하인들과 함께
앉아 있더라
59 대제사장들과 온 공회가 예수를 죽
이려고 그를 칠 거짓 증거를 찾으매
60 거짓 증인이 많이 왔으나 얻지 못하
더니 후에 두 사람이 와서
61 이르되 이 사람의 말이 내가 하나님
의 성전을 헐고 사흘 동안에 지을 수
있다 하더라 하니
62 대제사장이 일어서서 예수께 묻되 아
무 대답도 없느냐 이 사람들이 너를
치는 증거가 어떠하냐 하되
63 예수께서 침묵하시거늘 대제사장이
이르되 내가 너로 살아 계신 하나님
께 맹세하게 하노니 네가 하나님의
아들 그리스도인지 우리에게 말하라
64 예수께서 이르시되 네가 말하였느니
라 그러나 내가 너희에게 이르노니
이후에 인자가 권능의 우편에 앉아
있는 것과 하늘 구름을 타고 오는
것을 너희가 보리라 하시니
65 이에 대제사장이 자기 옷을 찢으며
이르되 그가 신성 모독 하는 말을 하
였으니 어찌 더 증인을 요구하리요
보라 너희가 지금 이 신성 모독 하는
말을 들었도다
66 너희 생각은 어떠하냐 대답하여 이르
되 그는 사형에 해당하니라 하고
67 이에 예수의 얼굴에 침 뱉으며 주먹
으로 치고 어떤 사람은 손바닥으로
때리며

68 이르되 그리스도야 우리에게 선지자
노릇을 하라 너를 친 자가 누구냐 하
더라

베드로가 예수를 알지 못한다고 하다

69 베드로가 바깥 뜰에 앉았더니 한 여
종이 나아와 이르되 너도 갈릴리 사
람 예수와 함께 있었도다 하거늘
70 베드로가 모든 사람 앞에서 부인하
여 이르되 나는 네가 무슨 말을 하는
지 알지 못하겠노라 하며
71 앞문까지 나아가니 다른 여종이 그
를 보고 거기 있는 사람들에게 말하
되 이 사람은 나사렛 예수와 함께 있
었도다 하매
72 베드로가 맹세하고 또 부인하여 이
르되 나는 그 사람을 알지 못하노라
하더라
73 조금 후에 곁에 섰던 사람들이 나아
와 베드로에게 이르되 너도 진실로
그 도당이라 네 말소리가 너를 표명
한다 하거늘
74 그가 저주하며 맹세하여 이르되 나는
그 사람을 알지 못하노라 하니 곧 닭
이 울더라
75 이에 베드로가 예수의 말씀에 닭 울
기 전에 네가 세 번 나를 부인하리라
하심이 생각나서 밖에 나가서 심히
통곡하니라

예수를 빌라도에게 넘기다

27 새벽에 모든 대제사장과 백성
의 장로들이 예수를 죽이려고
함께 의논하고
2 결박하여 끌고 가서 총독 빌라도에
게 넘겨 주니라

유다가 목매어 죽다

3 그 때에 예수를 판 유다가 그의 정
죄됨을 보고 스스로 뉘우쳐 그 은 삼
십을 대제사장들과 장로들에게 도
로 갖다 주며
4 이르되 내가 무죄한 피를 팔고 죄를
범하였도다 하니 그들이 이르되 그것
이 우리에게 무슨 상관이냐 네가 당
하라 하거늘
5 유다가 은을 성소에 던져 넣고 물러
가서 스스로 목매어 죽은지라
6 대제사장들이 그 은을 거두며 이르
되 이것은 핏값이라 성전고에 넣어
둠이 옳지 않다 하고
7 의논한 후 이것으로 토기장이의 밭
을 사서 나그네의 묘지를 삼았으니
8 그러므로 오늘날까지 그 밭을 피밭
이라 일컫느니라
9 이에 선지자 예레미야를 통하여 하신
말씀이 이루어졌나니 일렀으되 그들
이 그 가격 매겨진 자 곧 이스라엘
자손 중에서 가격 매긴 자의 가격 곧

은 삼십을 가지고
10 토기장이의 밭 값으로 주었으니 이
는 주께서 내게 명하신 바와 같으니
라 하였더라

십자가에 못 박히게 예수를 넘기다

11 예수께서 총독 앞에 섰으매 총독이
물어 이르되 네가 유대인의 왕이냐
예수께서 대답하시되 네 말이 옳도
다 하시고
12 대제사장들과 장로들에게 고발을
당하되 아무 대답도 아니하시는지라
13 이에 빌라도가 이르되 그들이 너를
쳐서 얼마나 많은 것으로 증언하는지
듣지 못하느냐 하되
14 한 마디도 대답하지 아니하시니 총독
이 크게 놀라워하더라
15 명절이 되면 총독이 무리의 청원대로
죄수 한 사람을 놓아 주는 전례가 있
더니
16 그 때에 바라바라 하는 유명한 죄수
가 있는데
17 그들이 모였을 때에 빌라도가 물어
이르되 너희는 내가 누구를 너희에게
놓아 주기를 원하느냐 바라바냐 그
리스도라 하는 예수냐 하니
18 이는 그가 그들의 시기로 예수를 넘
겨 준 줄 앎이더라
19 총독이 재판석에 앉았을 때에 그의
아내가 사람을 보내어 이르되 저 옳
은 사람에게 아무 상관도 하지 마옵
소서 오늘 꿈에 내가 그 사람으로
인하여 애를 많이 태웠나이다 하더
라
20 대제사장들과 장로들이 무리를 권하
여 바라바를 달라 하게 하고 예수를
죽이자 하게 하였더니
21 총독이 대답하여 이르되 둘 중의 누
구를 너희에게 놓아 주기를 원하느
냐 이르되 바라바로소이다
22 빌라도가 이르되 그러면 그리스도라
하는 예수를 내가 어떻게 하랴 그들
이 다 이르되 십자가에 못 박혀야 하
겠나이다
23 빌라도가 이르되 어찜이냐 무슨 악한
일을 하였느냐 그들이 더욱 소리 질
러 이르되 십자가에 못 박혀야 하겠
나이다 하는지라
24 빌라도가 아무 성과도 없이 도리어
민란이 나려는 것을 보고 물을 가져
다가 무리 앞에서 손을 씻으며 이르

365묵상

제자들에게 기도를 부탁하신 예수님

십자가를 앞두고 제자들과 함께 겟세마네 동산으로 기도하러 가실 때, 예수님은 무척 고민하고 슬퍼하셨다. 그러면서 제자들에게 자신을 위해 기도해줄 것을 부탁하셨다(마 26:36-46). 이처럼 예수님은 자신의 감정을 스스럼없이 표현하셨다. 그분은 제자들에게 완벽한 모습을 위선적으로 연출하지 않으셨다. 자신의 진실한 감정을 가식 없이 표출하면서 기도를 부탁했다. 이제 우리도 완전한 삶을 살고 있는 것처럼 억지로 가장할 필요가 없다. 예수님도 제자들에게 기도를 부탁하셨는데, 하물며 나약한 우리들이야!

되 이 사람의 피에 대하여 나는 무죄
하니 너희가 당하라
25 백성이 다 대답하여 이르되 그 피를
우리와 우리 자손에게 돌릴지어다 하
거늘
26 이에 바라바는 그들에게 놓아 주고
예수는 채찍질하고 십자가에 못 박
히게 넘겨 주니라

군병들이 예수를 희롱하다

27 이에 총독의 군병들이 예수를 데리
고 관정 안으로 들어가서 온 군대를
그에게로 모으고
28 그의 옷을 벗기고 홍포를 입히며
29 가시관을 엮어 그 머리에 씌우고 갈
대를 그 오른손에 들리고 그 앞에서
무릎을 꿇고 희롱하여 이르되 유대
인의 왕이여 평안할지어다 하며
30 그에게 침 뱉고 갈대를 빼앗아 그의
머리를 치더라
31 희롱을 다 한 후 홍포를 벗기고 도
로 그의 옷을 입혀 십자가에 못 박으
려고 끌고 나가니라

십자가에 못 박히시다

32 나가다가 시몬이란 구레네 사람을
만나매 그에게 예수의 십자가를 억
지로 지워 가게 하였더라
33 골고다 즉 해골의 곳이라는 곳에 이
르러
34 쓸개 탄 포도주를 예수께 주어 마시
게 하려 하였더니 예수께서 맛보시고
마시고자 하지 아니하시더라
35 그들이 예수를 십자가에 못 박은 후
에 그 옷을 제비 뽑아 나누고
36 거기 앉아 지키더라
37 그 머리 위에 이는 유대인의 왕 예수
라 쓴 죄패를 붙였더라
38 이 때에 예수와 함께 강도 둘이 십자
가에 못 박히니 하나는 우편에, 하나
는 좌편에 있더라
39 지나가는 자들은 자기 머리를 흔들며
예수를 모욕하여
40 이르되 성전을 헐고 사흘에 짓는 자
여 네가 만일 하나님의 아들이어든
자기를 구원하고 십자가에서 내려오
라 하며
41 그와 같이 대제사장들도 서기관들과
장로들과 함께 희롱하여 이르되
42 그가 남은 구원하였으되 자기는 구
원할 수 없도다 그가 이스라엘의 왕
이로다 지금 십자가에서 내려올지어
다 그리하면 우리가 믿겠노라
43 그가 하나님을 신뢰하니 하나님이 원
하시면 이제 그를 구원하실지라 그의
말이 나는 하나님의 아들이라 하였도
다 하며
44 함께 십자가에 못 박힌 강도들도 이

와 같이 욕하더라

영혼이 떠나시다

45 제육시로부터 온 땅에 어둠이 임하여
제구시까지 계속되더니
46 제구시쯤에 예수께서 크게 소리 질
러 이르시되 엘리 엘리 라마 사박다
니 하시니 이는 곧 나의 하나님, 나의
하나님, 어찌하여 나를 버리셨나이까
하는 뜻이라
47 거기 섰던 자 중 어떤 이들이 듣고 이
르되 이 사람이 엘리야를 부른다 하
고
48 그 중의 한 사람이 곧 달려가서 해면
을 가져다가 신 포도주에 적시어 갈
대에 꿰어 마시게 하거늘
49 그 남은 사람들이 이르되 가만 두라
엘리야가 와서 그를 구원하나 보자
하더라
50 예수께서 다시 크게 소리 지르시고
영혼이 떠나시니라
51 이에 성소 휘장이 위로부터 아래까지
찢어져 둘이 되고 땅이 진동하며 바
위가 터지고
52 무덤들이 열리며 자던 성도의 몸이
많이 일어나되
53 예수의 부활 후에 그들이 무덤에서
나와서 거룩한 성에 들어가 많은 사
람에게 보이니라
54 백부장과 및 함께 예수를 지키던 자
들이 지진과 그 일어난 일들을 보고
심히 두려워하여 이르되 이는 진실로
하나님의 아들이었도다 하더라
55 예수를 섬기며 갈릴리에서부터 따라
온 많은 여자가 거기 있어 멀리서 바
라보고 있으니
56 그 중에는 막달라 마리아와 또 야고
보와 요셉의 어머니 마리아와 또 세
베대의 아들들의 어머니도 있더라

요셉이 예수의 시체를 무덤에 넣어 두다

57 저물었을 때에 아리마대의 부자 요
셉이라 하는 사람이 왔으니 그도 예
수의 제자라
58 빌라도에게 가서 예수의 시체를 달
라 하니 이에 빌라도가 내주라 명령
하거늘
59 요셉이 시체를 가져다가 깨끗한 세
마포로 싸서
60 바위 속에 판 자기 새 무덤에 넣어
두고 큰 돌을 굴려 무덤 문에 놓고
가니
61 거기 막달라 마리아와 다른 마리아가
무덤을 향하여 앉았더라

경비병이 무덤을 지키다

62 그 이튿날은 준비일 다음 날이라 대
제사장들과 바리새인들이 함께 빌라
도에게 모여 이르되

63 주여 저 속이던 자가 살아 있을 때에
말하되 내가 사흘 후에 다시 살아나
리라 한 것을 우리가 기억하노니
64 그러므로 명령하여 그 무덤을 사흘
까지 굳게 지키게 하소서 그의 제자
들이 와서 시체를 도둑질하여 가고
백성에게 말하되 그가 죽은 자 가운
데서 살아났다 하면 후의 속임이 전
보다 더 클까 하나이다 하니
65 빌라도가 이르되 너희에게 경비병이
있으니 가서 힘대로 굳게 지키라 하
거늘
66 그들이 경비병과 함께 가서 돌을 인
봉하고 무덤을 굳게 지키니라

살아나시다

28 안식일이 다 지나고 안식 후 첫
날이 되려는 새벽에 막달라 마
리아와 다른 마리아가 무덤을 보려
고 갔더니
2 큰 지진이 나며 주의 천사가 하늘로
부터 내려와 돌을 굴려 내고 그 위에
앉았는데
3 그 형상이 번개 같고 그 옷은 눈 같
이 희거늘
4 지키던 자들이 그를 무서워하여 떨며
죽은 사람과 같이 되었더라
5 천사가 여자들에게 말하여 이르되 너
희는 무서워하지 말라 십자가에 못
박히신 예수를 너희가 찾는 줄을 내
가 아노라
6 그가 여기 계시지 않고 그가 말씀 하
시던 대로 살아나셨느니라 와서 그가
누우셨던 곳을 보라
7 또 빨리 가서 그의 제자들에게 이르
되 그가 죽은 자 가운데서 살아나셨
고 너희보다 먼저 갈릴리로 가시나니
거기서 너희가 뵈오리라 하라 보라
내가 너희에게 일렀느니라 하거늘
8 그 여자들이 무서움과 큰 기쁨으로
빨리 무덤을 떠나 제자들에게 알리
려고 달음질할새
9 예수께서 그들을 만나 이르시되 평
안하냐 하시거늘 여자들이 나아가
그 발을 붙잡고 경배하니
10 이에 예수께서 이르시되 무서워하지
말라 가서 내 형제들에게 갈릴리로
가라 하라 거기서 나를 보리라 하시
니라

경비병의 보고

11 여자들이 갈 때 경비병 중 몇이 성에
들어가 모든 된 일을 대제사장들에
게 알리니
12 그들이 장로들과 함께 모여 의논하
고 군인들에게 돈을 많이 주며
13 이르되 너희는 말하기를 그의 제자들
이 밤에 와서 우리가 잘 때에 그를

도둑질하여 갔다 하라
14 만일 이 말이 총독에게 들리면 우리
가 권하여 너희로 근심하지 않게 하
리라 하니
15 군인들이 돈을 받고 가르친 대로 하
였으니 이 말이 오늘날까지 유대인
가운데 두루 퍼지니라

제자들에게 할 일을 분부하시다

16 열한 제자가 갈릴리에 가서 예수께서
지시하신 산에 이르러
17 예수를 뵈옵고 경배하나 아직도 의
심하는 사람들이 있더라
18 예수께서 나아와 말씀하여 이르시되
하늘과 땅의 모든 권세를 내게 주셨
으니
19 그러므로 너희는 가서 모든 민족을
제자로 삼아 아버지와 아들과 성령
의 이름으로 세례를 베풀고
20 내가 너희에게 분부한 모든 것을 가
르쳐 지키게 하라 볼지어다 내가 세
상 끝날까지 너희와 항상 함께 있으
리라 하시니라

마가복음 Mark

이 책은 예수님이 요단 강에서 세례를 받는 것으로부터 시작해서 갈보리 언덕의 십자가 위에서 죽으시고 부활 승천하기까지의 이야기를 들려주고 있다. 특별히 이 책은 이 세상에 '종'의 모습으로 오셔서, 자기 백성의 구원을 위하여 쉼 없이 일하시는 예수님의 생생한 활동을 간결하고도 박진감 넘치는 사실 언어로 묘사하고 있다.

제목 헬라어 원제목 '마가에 의한(카타 마르콘)'에서 유래되었으며, 저자의 이름을 반영한다.

저자 마가 요한. 당시 유대의 사정에 밝았으며, 아람어에 익숙했다(3:17;5:41). 그는 예루살렘 태생으로 베드로의 통역관으로 활동했으며 후에 베드로가 가르친 예수의 행적과 설교인 이 마가복음을 기록했다.

기록 연대 A.D. 65-70년. 베드로 순교(A.D. 65년경) 이후에 그의 통역관이었던 마가가 베드로의 설교를 기록했다는 교부 이레네우스의 주장과, 13장에 기록된 예루살렘 멸망(A.D. 70년)이 미래형으로 기록되었다는 점에서 기록 연대의 추정이 비교적 용이하다.

기록 목적 ① 그리스도의 수난을 기록함으로써 박해받는 이방(특히, 로마 교회)의 성도들을 격려하기 위하여. ② 그리스도의 지상 행적을 후대에 남기기 위하여.

주제 하나님의 아들이신 예수. 예수는 인류를 구속하기 위하여 고난과 죽임을 당하셨으나, 부활하신 하나님의 아들이다.

특징 ① 이방인을 위해서 기록했다. ② 간결함-내용과 문체가 매우 단순하고, 저자의 부연 설명이나 해석 없이 사실만을 객관적으로 기록했다. ③ 고난에 중점을 둠-전체의 4분의 1 이상을 예수의 고난 기사에 할애했다. ④ 사실적인 묘사-예수와 제자들과 군중들의 반응이나 감정을 삭제하거나 덧붙임 없이 사실 그대로 세밀하게 묘사했다.

본서의 내용

I. 종의 봉사
① 종의 출현 1:1-13
② 종의 사역과 고난 (1:14-8:26)
③ 종의 가르침(8:27-10:52)

II. 종의 희생 - 종을 거부하고 배척함(11:1-15:47)

III. 종의 승리 - 종의 부활 (16:1-16:20)

연대표

B.C.	
37년	헤롯의 통치(37-4)
27년	가이사 아구스도의 로마 황제 즉위
5년	세례 요한 출생
4년	예수 탄생
	헤롯의 유아 학살 및 사망
3년	예수의 나사렛 귀향
A.D.	
8년	소년 예수의 예루살렘 방문(12살)
12년	디베료 가이사의 로마 황제 즉위
26년	본디오 빌라도의 유대 총독 부임 (26-36년)
27년	예수의 공생애 시작
	갈릴리 1차 사역
28년	12제자를 부르심
	갈릴리 2차 사역
29년	오병이어의 기적
	갈릴리 제 3차 사역
30년	예수의 예루살렘 입성
	예수의 죽음과 부활 및 승천

· 마가복음의 주요 무대

마가복음 Mark

복음을 전파하다

1 하나님의 아들 예수 그리스도의
복음의 시작이라
2 선지자 이사야의 글에 보라 내가 내
사자를 네 앞에 보내노니 그가 네
길을 준비하리라
3 광야에 외치는 자의 소리가 있어 이
르되 너희는 주의 길을 준비하라 그
의 오실 길을 곧게 하라 기록된 것과
같이
4 세례 요한이 광야에 이르러 죄 사함
을 받게 하는 회개의 세례를 전파하
니
5 온 유대 지방과 예루살렘 사람이 다
나아가 자기 죄를 자복하고 요단 강
에서 그에게 세례를 받더라
6 요한은 낙타털 옷을 입고 허리에 가
죽 띠를 띠고 메뚜기와 석청을 먹더
라
7 그가 전파하여 이르되 나보다 능력
많으신 이가 내 뒤에 오시나니 나는
굽혀 그의 신발끈을 풀기도 감당하
지 못하겠노라
8 나는 너희에게 물로 세례를 베풀었
거니와 그는 너희에게 성령으로 세례
를 베푸시리라

세례를 받으시다

9 그 때에 예수께서 갈릴리 나사렛으
로부터 와서 요단 강에서 요한에게
세례를 받으시고
10 곧 물에서 올라오실새 하늘이 갈라
짐과 성령이 비둘기 같이 자기에게
내려오심을 보시더니
11 하늘로부터 소리가 나기를 너는 내
사랑하는 아들이라 내가 너를 기뻐
하노라 하시니라

시험을 받으시다

12 성령이 곧 예수를 광야로 몰아내신
지라
13 광야에서 사십 일을 계시면서 사탄에
게 시험을 받으시며 들짐승과 함께
계시니 천사들이 수종들더라

갈릴리에서 복음을 전파하시다

14 요한이 잡힌 후 예수께서 갈릴리에
오셔서 하나님의 복음을 전파하여
15 이르시되 때가 찼고 하나님의 나라가

365묵상

사랑의 손길을 내밀기

나병은 성경에서 가장 많이 등장하는 병이다. 고대 유대인 사회에서 나병은 천형의 끔찍한 병으로 취급되어 나병환자는 사회로부터 완전히 격리되었다. 그런 나병환자가 있었다. 어느 날, 그가 예수님께 나아와 병 낫기를 간구했는데, 예수님은 '손을 내밀어 그에게 대시며' 고쳐주셨다(막 1:40–42). 단지 말씀만으로도 고칠 수 있었지만, 예수님은 따뜻한 사랑의 손길을 내미심으로써 육체적 고통보다 더 견디기 힘들었을 마음의 상처까지 치유하셨다. 이제 우리도 예수님처럼 마음이 담긴 따뜻한 사랑의 손길을 내밀어야 한다.

가까이 왔으니 회개하고 복음을 믿
으라 하시더라

어부들을 부르시다

16 갈릴리 해변으로 지나가시다가 시몬
과 그 형제 안드레가 바다에 그물
던지는 것을 보시니 그들은 어부라
17 예수께서 이르시되 나를 따라오라
내가 너희로 사람을 낚는 어부가 되
게 하리라 하시니
18 곧 그물을 버려 두고 따르니라
19 조금 더 가시다가 세베대의 아들 야
고보와 그 형제 요한을 보시니 그들
도 배에 있어 그물을 깁는데
20 곧 부르시니 그 아버지 세베대를 품
꾼들과 함께 배에 버려 두고 예수를
따라가니라

더러운 귀신 들린 사람을 고치시다

21 그들이 가버나움에 들어가니라 예수
께서 곧 안식일에 회당에 들어가 가
르치시매
22 뭇 사람이 그의 교훈에 놀라니 이는
그가 가르치시는 것이 권위 있는 자
와 같고 서기관들과 같지 아니함일러
라
23 마침 그들의 회당에 더러운 귀신 들
린 사람이 있어 소리 질러 이르되
24 나사렛 예수여 우리가 당신과 무슨
상관이 있나이까 우리를 멸하러 왔나
이까 나는 당신이 누구인 줄 아노니
하나님의 거룩한 자니이다
25 예수께서 꾸짖어 이르시되 잠잠하고
그 사람에게서 나오라 하시니
26 더러운 귀신이 그 사람에게 경련을
일으키고 큰 소리를 지르며 나오는
지라
27 다 놀라 서로 물어 이르되 이는 어찜
이냐 권위 있는 새 교훈이로다 더러
운 귀신들에게 명한즉 순종하는도다
하더라
28 예수의 소문이 곧 온 갈릴리 사방에
퍼지더라

많은 사람을 고치시다

29 회당에서 나와 곧 야고보와 요한과
함께 시몬과 안드레의 집에 들어가
시니
30 시몬의 장모가 열병으로 누워 있는지
라 사람들이 곧 그 여자에 대하여 예
수께 여짜온대
31 나아가사 그 손을 잡아 일으키시니
열병이 떠나고 여자가 그들에게 수
종드니라
32 저물어 해 질 때에 모든 병자와 귀신
들린 자를 예수께 데려오니
33 온 동네가 그 문 앞에 모였더라
34 예수께서 각종 병이 든 많은 사람을
고치시며 많은 귀신을 내쫓으시되 귀

신이 자기를 알므로 그 말하는 것을
허락하지 아니하시니라

전도 여행을 떠나시다

35 새벽 아직도 밝기 전에 예수께서 일
어나 나가 한적한 곳으로 가사 거기
서 기도하시더니
36 시몬과 및 그와 함께 있는 자들이 예
수의 뒤를 따라가
37 만나서 이르되 모든 사람이 주를 찾
나이다
38 이르시되 우리가 다른 가까운 마을
들로 가자 거기서도 전도하리니 내가
이를 위하여 왔노라 하시고
39 이에 온 갈릴리에 다니시며 그들의
여러 회당에서 전도하시고 또 귀신들
을 내쫓으시더라

나병환자를 깨끗하게 하시다

40 한 나병환자가 예수께 와서 꿇어 엎
드려 간구하여 이르되 원하시면 저를
깨끗하게 하실 수 있나이다
41 예수께서 불쌍히 여기사 손을 내밀
어 그에게 대시며 이르시되 내가 원
하노니 깨끗함을 받으라 하시니
42 곧 나병이 그 사람에게서 떠나가고
깨끗하여진지라
43 곧 보내시며 엄히 경고하사
44 이르시되 삼가 아무에게 아무 말도
하지 말고 가서 네 몸을 제사장에게
보이고 네가 깨끗하게 되었으니 모
세가 명한 것을 드려 그들에게 입증
하라 하셨더라
45 그러나 그 사람이 나가서 이 일을 많
이 전파하여 널리 퍼지게 하니 그러
므로 예수께서 다시는 드러나게 동
네에 들어가지 못하시고 오직 바깥
한적한 곳에 계셨으나 사방에서 사
람들이 그에게로 나아오더라

중풍병자를 고치시다

2 수 일 후에 예수께서 다시 가버나
움에 들어가시니 집에 계시다는
소문이 들린지라
2 많은 사람이 모여서 문 앞까지도 들
어설 자리가 없게 되었는데 예수께서
그들에게 도를 말씀하시더니
3 사람들이 한 중풍병자를 네 사람에
게 메워 가지고 예수께로 올새
4 무리들 때문에 예수께 데려갈 수 없
으므로 그 계신 곳의 지붕을 뜯어
구멍을 내고 중풍병자가 누운 상을
달아 내리니
5 예수께서 그들의 믿음을 보시고 중
풍병자에게 이르시되 작은 자야 네
죄 사함을 받았느니라 하시니
6 어떤 서기관들이 거기 앉아서 마음에
생각하기를
7 이 사람이 어찌 이렇게 말하는가 신

성 모독이로다 오직 하나님 한 분 외
에는 누가 능히 죄를 사하겠느냐
8 그들이 속으로 이렇게 생각하는 줄
을 예수께서 곧 중심에 아시고 이르
시되 어찌하여 이것을 마음에 생각하
느냐
9 중풍병자에게 네 죄 사함을 받았느
니라 하는 말과 일어나 네 상을 가지
고 걸어가라 하는 말 중에서 어느 것
이 쉽겠느냐
10 그러나 인자가 땅에서 죄를 사하는
권세가 있는 줄을 너희로 알게 하려
하노라 하시고 중풍병자에게 말씀하
시되
11 내가 네게 이르노니 일어나 네 상을
가지고 집으로 가라 하시니
12 그가 일어나 곧 상을 가지고 모든 사
람 앞에서 나가거늘 그들이 다 놀라
하나님께 영광을 돌리며 이르되 우리
가 이런 일을 도무지 보지 못하였다
하더라

레위를 부르시다

13 예수께서 다시 바닷가에 나가시매
큰 무리가 나왔거늘 예수께서 그들
을 가르치시니라
14 또 지나가시다가 알패오의 아들 레
위가 세관에 앉아 있는 것을 보시고
그에게 이르시되 나를 따르라 하시니
일어나 따르니라
15 그의 집에 앉아 잡수실 때에 많은 세
리와 죄인들이 예수와 그의 제자들
과 함께 앉았으니 이는 그러한 사람
들이 많이 있어서 예수를 따름이러라
16 바리새인의 서기관들이 예수께서 죄
인 및 세리들과 함께 잡수시는 것을
보고 그의 제자들에게 이르되 어찌
하여 세리 및 죄인들과 함께 먹는가
17 예수께서 들으시고 그들에게 이르시
되 건강한 자에게는 의사가 쓸 데 없
고 병든 자에게라야 쓸 데 있느니라
나는 의인을 부르러 온 것이 아니요
죄인을 부르러 왔노라 하시니라

금식 논쟁

18 요한의 제자들과 바리새인들이 금식
하고 있는지라 사람들이 예수께 와
서 말하되 요한의 제자들과 바리새인
의 제자들은 금식하는데 어찌하여
당신의 제자들은 금식하지 아니하나
이까
19 예수께서 그들에게 이르시되 혼인
집 손님들이 신랑과 함께 있을 때에
금식할 수 있느냐 신랑과 함께 있을
동안에는 금식할 수 없느니라
20 그러나 신랑을 빼앗길 날이 이르리니
그 날에는 금식할 것이니라
21 생베 조각을 낡은 옷에 붙이는 자가

없나니 만일 그렇게 하면 기운 새 것
이 낡은 그것을 당기어 해어짐이 더
하게 되느니라
22 새 포도주를 낡은 가죽 부대에 넣는
자가 없나니 만일 그렇게 하면 새 포
도주가 부대를 터뜨려 포도주와 부
대를 버리게 되리라 오직 새 포도주
는 새 부대에 넣느니라 하시니라

안식일에 밀 이삭을 자르다

23 안식일에 예수께서 밀밭 사이로 지나
가실새 그의 제자들이 길을 열며 이
삭을 자르니
24 바리새인들이 예수께 말하되 보시오
저들이 어찌하여 안식일에 하지 못할
일을 하나이까
25 예수께서 이르시되 다윗이 자기와 및
함께 한 자들이 먹을 것이 없어 시장
할 때에 한 일을 읽지 못하였느냐
26 그가 아비아달 대제사장 때에 하나
님의 전에 들어가서 제사장 외에는
먹어서는 안 되는 진설병을 먹고 함
께 한 자들에게도 주지 아니하였느
냐
27 또 이르시되 안식일이 사람을 위하여
있는 것이요 사람이 안식일을 위하여
있는 것이 아니니
28 이러므로 인자는 안식일에도 주인이
니라

안식일에 손 마른 사람을 고치시다

3 예수께서 다시 회당에 들어가시니
한쪽 손 마른 사람이 거기 있는지
라
2 사람들이 예수를 고발하려 하여 안
식일에 그 사람을 고치시는가 주시
하고 있거늘
3 예수께서 손 마른 사람에게 이르시
되 한 가운데에 일어서라 하시고
4 그들에게 이르시되 안식일에 선을 행
하는 것과 악을 행하는 것, 생명을
구하는 것과 죽이는 것, 어느 것이
옳으냐 하시니 그들이 잠잠하거늘
5 그들의 마음이 완악함을 탄식하사
노하심으로 그들을 둘러 보시고 그
사람에게 이르시되 네 손을 내밀라
하시니 내밀매 그 손이 회복되었더라
6 바리새인들이 나가서 곧 헤롯당과
함께 어떻게 하여 예수를 죽일까 의
논하니라

많은 무리가 나아오다

7 예수께서 제자들과 함께 바다로 물
러가시니 갈릴리에서 큰 무리가 따르
며
8 유대와 예루살렘과 이두매와 요단
강 건너편과 또 두로와 시돈 근처에
서 많은 무리가 그가 하신 큰 일을
듣고 나아오는지라

9 예수께서 무리가 에워싸 미는 것을
피하기 위하여 작은 배를 대기하도
록 제자들에게 명하셨으니
10 이는 많은 사람을 고치셨으므로 병
으로 고생하는 자들이 예수를 만지
고자 하여 몰려왔음이더라
11 더러운 귀신들도 어느 때든지 예수
를 보면 그 앞에 엎드려 부르짖어 이
르되 당신은 하나님의 아들이니이다
하니
12 예수께서 자기를 나타내지 말라고
많이 경고하시니라

열두 제자를 세우시다

13 또 산에 오르사 자기가 원하는 자들
을 부르시니 나아온지라
14 이에 열둘을 세우셨으니 이는 자기
와 함께 있게 하시고 또 보내사 전도
도 하며
15 귀신을 내쫓는 권능도 가지게 하려
하심이러라
16 이 열둘을 세우셨으니 시몬에게는
베드로란 이름을 더하셨고
17 또 세베대의 아들 야고보와 야고보
의 형제 요한이니 이 둘에게는 보아
너게 곧 우레의 아들이란 이름을 더
하셨으며
18 또 안드레와 빌립과 바돌로매와 마
태와 도마와 알패오의 아들 야고보
와 및 다대오와 가나나인 시몬이며
19 또 가룟 유다니 이는 예수를 판 자더
라

예수와 바알세불

20 집에 들어가시니 무리가 다시 모이므
로 식사할 겨를도 없는지라
21 예수의 친족들이 듣고 그를 붙들러
나오니 이는 그가 미쳤다 함일러라
22 예루살렘에서 내려온 서기관들은 그
가 바알세불이 지폈다 하며 또 귀신
의 왕을 힘입어 귀신을 쫓아낸다 하
니
23 예수께서 그들을 불러다가 비유로
말씀하시되 사탄이 어찌 사탄을 쫓아
낼 수 있느냐
24 또 만일 나라가 스스로 분쟁하면 그
나라가 설 수 없고
25 만일 집이 스스로 분쟁하면 그 집이
설 수 없고
26 만일 사탄이 자기를 거슬러 일어나
분쟁하면 설 수 없고 망하느니라
27 사람이 먼저 강한 자를 결박하지 않
고는 그 강한 자의 집에 들어가 세간
을 강탈하지 못하리니 결박한 후에
야 그 집을 강탈하리라
28 내가 진실로 너희에게 이르노니 사람
의 모든 죄와 모든 모독하는 일은
사하심을 얻되

29 누구든지 성령을 모독하는 자는 영
원히 사하심을 얻지 못하고 영원한
죄가 되느니라 하시니
30 이는 그들이 말하기를 더러운 귀신이
들렸다 함이러라

예수의 어머니와 형제 자매

31 그 때에 예수의 어머니와 동생들이
와서 밖에 서서 사람을 보내어 예수
를 부르니
32 무리가 예수를 둘러 앉았다가 여짜
오되 보소서 당신의 어머니와 동생들
과 누이들이 밖에서 찾나이다
33 대답하시되 누가 내 어머니이며 동생
들이냐 하시고
34 둘러 앉은 자들을 보시며 이르시되
내 어머니와 내 동생들을 보라
35 누구든지 하나님의 뜻대로 행하는
자가 내 형제요 자매요 어머니이니라

네 가지 땅에 떨어진 씨 비유

4 예수께서 다시 바닷가에서 가르치
시니 큰 무리가 모여들거늘 예수
께서 바다에 떠 있는 배에 올라 앉
으시고 온 무리는 바닷가 육지에 있
더라
2 이에 예수께서 여러 가지를 비유로
가르치시니 그 가르치시는 중에 그
들에게 이르시되
3 들으라 씨를 뿌리는 자가 뿌리러 나
가서
4 뿌릴새 더러는 길 가에 떨어지매 새
들이 와서 먹어 버렸고
5 더러는 흙이 얕은 돌밭에 떨어지매
흙이 깊지 아니하므로 곧 싹이 나오
나
6 해가 돋은 후에 타서 뿌리가 없으므
로 말랐고
7 더러는 가시떨기에 떨어지매 가시가
자라 기운을 막으므로 결실하지 못
하였고
8 더러는 좋은 땅에 떨어지매 자라 무
성하여 결실하였으니 삼십 배나 육십
배나 백 배가 되었느니라 하시고
9 또 이르시되 들을 귀 있는 자는 들으
라 하시니라

비유를 설명하시다

10 예수께서 홀로 계실 때에 함께 한
사람들이 열두 제자와 더불어 그 비
유들에 대하여 물으니
11 이르시되 하나님 나라의 비밀을 너희
에게는 주었으나 외인에게는 모든

365묵상

성령을 훼방하는 죄

믿는 자들 가운데 간혹 어떤 이들은 예수님이 경고하신 용서받을 수 없는 죄 곧 '성령 훼방 죄'에 대해 크게 염려한다. "혹시 내가 그런 죄에 해당되는 것은 아닌가?"하고. 본문을 살펴보면, 유대의 종교 지도자들은 예수님의 이적을 밝히 보고서도 예수님을 인정하지 않았다. 도리어 예수님의 사역을 사탄의 사역으로 매도했다(막 3:20-30). 그것이 성령을 훼방하는 죄다. 예수님의 구원 사역을 정면으로 부정하는 자들은 자신의 죄가 무엇인지조차 알지 못하기 때문에 용서를 구하지도 않는다. 그래서 구원을 받지 못한다.

것을 비유로 하나니
12 이는 그들로 보기는 보아도 알지 못
하며 듣기는 들어도 깨닫지 못하게
하여 돌이켜 죄 사함을 얻지 못하게
하려 함이라 하시고
13 또 이르시되 너희가 이 비유를 알지
못할진대 어떻게 모든 비유를 알겠
느냐
14 뿌리는 자는 말씀을 뿌리는 것이라
15 말씀이 길 가에 뿌려졌다는 것은 이
들을 가리킴이니 곧 말씀을 들었을
때에 사탄이 즉시 와서 그들에게 뿌
려진 말씀을 빼앗는 것이요
16 또 이와 같이 돌밭에 뿌려졌다는 것
은 이들을 가리킴이니 곧 말씀을 들
을 때에 즉시 기쁨으로 받으나
17 그 속에 뿌리가 없어 잠깐 견디다가
말씀으로 인하여 환난이나 박해가
일어나는 때에는 곧 넘어지는 자요
18 또 어떤 이는 가시떨기에 뿌려진 자
니 이들은 말씀을 듣기는 하되
19 세상의 염려와 재물의 유혹과 기타
욕심이 들어와 말씀을 막아 결실하지
못하게 되는 자요
20 좋은 땅에 뿌려졌다는 것은 곧 말씀
을 듣고 받아 삼십 배나 육십 배나
백 배의 결실을 하는 자니라

등불은 등경 위에

21 또 그들에게 이르시되 사람이 등불
을 가져오는 것은 말 아래에나 평상
아래에 두려 함이냐 등경 위에 두려
함이 아니냐
22 드러내려 하지 않고는 숨긴 것이 없
고 나타내려 하지 않고는 감추인 것
이 없느니라
23 들을 귀 있는 자는 들으라
24 또 이르시되 너희가 무엇을 듣는가
스스로 삼가라 너희의 헤아리는 그
헤아림으로 너희가 헤아림을 받을
것이며 더 받으리니
25 있는 자는 받을 것이요 없는 자는 그
있는 것까지도 빼앗기리라

자라나는 씨 비유

26 또 이르시되 하나님의 나라는 사람이
씨를 땅에 뿌림과 같으니
27 그가 밤낮 자고 깨고 하는 중에 씨
가 나서 자라되 어떻게 그리 되는지
를 알지 못하느니라
28 땅이 스스로 열매를 맺되 처음에는
싹이요 다음에는 이삭이요 그 다음
에는 이삭에 충실한 곡식이라
29 열매가 익으면 곧 낫을 대나니 이는
추수 때가 이르렀음이라

겨자씨 비유

30 또 이르시되 우리가 하나님의 나라를
어떻게 비교하며 또 무슨 비유로 나

타내랴
31 겨자씨 한 알과 같으니 땅에 심길 때
에는 땅 위의 모든 씨보다 작은 것이
로되
32 심긴 후에는 자라서 모든 풀보다 커
지며 큰 가지를 내나니 공중의 새들
이 그 그늘에 깃들일 만큼 되느니라

비유로 가르치시다

33 예수께서 이러한 많은 비유로 그들
이 알아 들을 수 있는 대로 말씀을
가르치시되
34 비유가 아니면 말씀하지 아니하시고
다만 혼자 계실 때에 그 제자들에게
모든 것을 해석하시더라

바람과 바다를 잔잔하게 하시다

35 그 날 저물 때에 제자들에게 이르시
되 우리가 저편으로 건너가자 하시니
36 그들이 무리를 떠나 예수를 배에 계
신 그대로 모시고 가매 다른 배들도
함께 하더니
37 큰 광풍이 일어나며 물결이 배에 부
딪쳐 들어와 배에 가득하게 되었더라
38 예수께서는 고물에서 베개를 베고
주무시더니 제자들이 깨우며 이르되
선생님이여 우리가 죽게 된 것을 돌
보지 아니하시나이까 하니
39 예수께서 깨어 바람을 꾸짖으시며
바다더러 이르시되 잠잠하라 고요하
라 하시니 바람이 그치고 아주 잔잔
하여지더라
40 이에 제자들에게 이르시되 어찌하여
이렇게 무서워하느냐 너희가 어찌 믿
음이 없느냐 하시니
41 그들이 심히 두려워하여 서로 말하되
그가 누구이기에 바람과 바다도 순
종하는가 하였더라

귀신 들린 사람을 고치시다

5 예수께서 바다 건너편 거라사인의
지방에 이르러
2 배에서 나오시매 곧 더러운 귀신 들
린 사람이 무덤 사이에서 나와 예수
를 만나니라
3 그 사람은 무덤 사이에 거처하는데
이제는 아무도 쇠사슬로도 맬 수 없
게 되었으니
4 이는 여러 번 고랑과 쇠사슬에 매였
어도 쇠사슬을 끊고 고랑을 깨뜨렸
음이러라 그리하여 아무도 그를 제
어할 힘이 없는지라
5 밤낮 무덤 사이에서나 산에서나 늘
소리 지르며 돌로 자기의 몸을 해치
고 있었더라
6 그가 멀리서 예수를 보고 달려와 절
하며
7 큰 소리로 부르짖어 이르되 지극히
높으신 하나님의 아들 예수여 나와

당신이 무슨 상관이 있나이까 원하건
대 하나님 앞에 맹세하고 나를 괴롭
히지 마옵소서 하니
8 이는 예수께서 이미 그에게 이르시기
를 더러운 귀신아 그 사람에게서 나
오라 하셨음이라
9 이에 물으시되 네 이름이 무엇이냐
이르되 내 이름은 군대니 우리가 많
음이니이다 하고
10 자기를 그 지방에서 내보내지 마시기
를 간구하더니
11 마침 거기 돼지의 큰 떼가 산 곁에서
먹고 있는지라
12 이에 간구하여 이르되 우리를 돼지에
게로 보내어 들어가게 하소서 하니
13 허락하신대 더러운 귀신들이 나와서
돼지에게로 들어가매 거의 이천 마리
되는 떼가 바다를 향하여 비탈로 내
리달아 바다에서 몰사하거늘
14 치던 자들이 도망하여 읍내와 여러
마을에 말하니 사람들이 어떻게 되었
는지를 보러 와서
15 예수께 이르러 그 귀신 들렸던 자 곧
군대 귀신 지폈던 자가 옷을 입고 정
신이 온전하여 앉은 것을 보고 두려
워하더라
16 이에 귀신 들렸던 자가 당한 것과 돼
지의 일을 본 자들이 그들에게 알리
매
17 그들이 예수께 그 지방에서 떠나시
기를 간구하더라
18 예수께서 배에 오르실 때에 귀신 들
렸던 사람이 함께 있기를 간구하였으
나
19 허락하지 아니하시고 그에게 이르시
되 집으로 돌아가 주께서 네게 어떻
게 큰 일을 행하사 너를 불쌍히 여기
신 것을 네 가족에게 알리라 하시니
20 그가 가서 예수께서 자기에게 어떻
게 큰 일 행하셨는지를 데가볼리에
전파하니 모든 사람이 놀랍게 여기더
라

야이로의 딸과 예수의 옷에 손을 댄 여자

21 예수께서 배를 타시고 다시 맞은편
으로 건너가시니 큰 무리가 그에게
로 모이거늘 이에 바닷가에 계시더니
22 회당장 중의 하나인 야이로라 하는
이가 와서 예수를 보고 발 아래 엎
드리어
23 간곡히 구하여 이르되 내 어린 딸이
죽게 되었사오니 오셔서 그 위에 손
을 얹으사 그로 구원을 받아 살게
하소서 하거늘
24 이에 그와 함께 가실새 큰 무리가 따
라가며 에워싸 밀더라

25 열두 해를 혈루증으로 앓아 온 한
여자가 있어
26 많은 의사에게 많은 괴로움을 받았
고 가진 것도 다 허비하였으되 아무
효험이 없고 도리어 더 중하여졌던
차에
27 예수의 소문을 듣고 무리 가운데 끼
어 뒤로 와서 그의 옷에 손을 대니
28 이는 내가 그의 옷에만 손을 대어도
구원을 받으리라 생각함일러라
29 이에 그의 혈루 근원이 곧 마르매 병
이 나은 줄을 몸에 깨달으니라
30 예수께서 그 능력이 자기에게서 나
간 줄을 곧 스스로 아시고 무리 가
운데서 돌이켜 말씀하시되 누가 내
옷에 손을 대었느냐 하시니
31 제자들이 여짜오되 무리가 에워싸 미
는 것을 보시며 누가 내게 손을 대었
느냐 물으시나이까 하되
32 예수께서 이 일 행한 여자를 보려고
둘러 보시니
33 여자가 자기에게 이루어진 일을 알고
두려워하여 떨며 와서 그 앞에 엎드
려 모든 사실을 여쭈니
34 예수께서 이르시되 딸아 네 믿음이
너를 구원하였으니 평안히 가라 네
병에서 놓여 건강할지어다
35 아직 예수께서 말씀하실 때에 회당
장의 집에서 사람들이 와서 회당장에
게 이르되 당신의 딸이 죽었나이다
어찌하여 선생을 더 괴롭게 하나이까
36 예수께서 그 하는 말을 곁에서 들으
시고 회당장에게 이르시되 두려워하
지 말고 믿기만 하라 하시고
37 베드로와 야고보와 야고보의 형제
요한 외에 아무도 따라옴을 허락하
지 아니하시고
38 회당장의 집에 함께 가사 떠드는 것
과 사람들이 울며 심히 통곡함을 보
시고
39 들어가서 그들에게 이르시되 너희가
어찌하여 떠들며 우느냐 이 아이가
죽은 것이 아니라 잔다 하시니
40 그들이 비웃더라 예수께서 그들을
다 내보내신 후에 아이의 부모와 또
자기와 함께 한 자들을 데리시고 아
이 있는 곳에 들어가사
41 그 아이의 손을 잡고 이르시되 달리
다굼 하시니 번역하면 곧 내가 네게
말하노니 소녀야 일어나라 하심이라
42 소녀가 곧 일어나서 걸으니 나이가
열두 살이라 사람들이 곧 크게 놀라
고 놀라거늘
43 예수께서 이 일을 아무도 알지 못하
게 하라고 그들을 많이 경계하시고
이에 소녀에게 먹을 것을 주라 하시

니라

고향에서 배척을 받으시다

6 예수께서 거기를 떠나사 고향으로
가시니 제자들도 따르니라
2 안식일이 되어 회당에서 가르치시니
많은 사람이 듣고 놀라 이르되 이 사
람이 어디서 이런 것을 얻었느냐 이
사람이 받은 지혜와 그 손으로 이루
어지는 이런 권능이 어찌됨이냐
3 이 사람이 마리아의 아들 목수가 아
니냐 야고보와 요셉과 유다와 시몬
의 형제가 아니냐 그 누이들이 우리
와 함께 여기 있지 아니하냐 하고 예
수를 배척한지라
4 예수께서 그들에게 이르시되 선지자
가 자기 고향과 자기 친척과 자기 집
외에서는 존경을 받지 못함이 없느니
라 하시며
5 거기서는 아무 권능도 행하실 수 없
어 다만 소수의 병자에게 안수하여
고치실 뿐이었고
6 그들이 믿지 않음을 이상히 여기셨더
라

열두 제자를 부르사 둘씩 보내시다

이에 모든 촌에 두루 다니시며 가르치
시더라
7 열두 제자를 부르사 둘씩 둘씩 보내
시며 더러운 귀신을 제어하는 권능을
주시고
8 명하시되 여행을 위하여 지팡이 외에
는 양식이나 배낭이나 전대의 돈이나
아무 것도 가지지 말며
9 신만 신고 두 벌 옷도 입지 말라 하
시고
10 또 이르시되 어디서든지 누구의 집에
들어가거든 그 곳을 떠나기까지 거기
유하라
11 어느 곳에서든지 너희를 영접하지 아
니하고 너희 말을 듣지도 아니하거든
거기서 나갈 때에 발 아래 먼지를 떨
어버려 그들에게 증거를 삼으라 하
시니
12 제자들이 나가서 회개하라 전파하고
13 많은 귀신을 쫓아내며 많은 병자에
게 기름을 발라 고치더라

세례 요한의 죽음

14 이에 예수의 이름이 드러난지라 헤롯
왕이 듣고 이르되 이는 세례 요한이
죽은 자 가운데서 살아났도다 그러
므로 이런 능력이 그 속에서 일어나
느니라 하고
15 어떤 이는 그가 엘리야라 하고 또 어
떤 이는 그가 선지자니 옛 선지자 중
의 하나와 같다 하되
16 헤롯은 듣고 이르되 내가 목 벤 요
한 그가 살아났다 하더라

17 전에 헤롯이 자기가 동생 빌립의 아
내 헤로디아에게 장가 든 고로 이 여
자를 위하여 사람을 보내어 요한을
잡아 옥에 가두었으니
18 이는 요한이 헤롯에게 말하되 동생
의 아내를 취한 것이 옳지 않다 하였
음이라
19 헤로디아가 요한을 원수로 여겨 죽
이고자 하였으되 하지 못한 것은
20 헤롯이 요한을 의롭고 거룩한 사람
으로 알고 두려워하여 보호하며 또
그의 말을 들을 때에 크게 번민을
하면서도 달갑게 들음이러라
21 마침 기회가 좋은 날이 왔으니 곧 헤
롯이 자기 생일에 대신들과 천부장
들과 갈릴리의 귀인들로 더불어 잔치
할새
22 헤로디아의 딸이 친히 들어와 춤을
추어 헤롯과 그와 함께 앉은 자들을
기쁘게 한지라 왕이 그 소녀에게 이
르되 무엇이든지 네가 원하는 것을
내게 구하라 내가 주리라 하고
23 또 맹세하기를 무엇이든지 네가 내
게 구하면 내 나라의 절반까지라도
주리라 하거늘
24 그가 나가서 그 어머니에게 말하되
내가 무엇을 구하리이까 그 어머니가
이르되 세례 요한의 머리를 구하라
하니
25 그가 곧 왕에게 급히 들어가 구하여
이르되 세례 요한의 머리를 소반에
얹어 곧 내게 주기를 원하옵나이다
하니
26 왕이 심히 근심하나 자기가 맹세한
것과 그 앉은 자들로 인하여 그를 거
절할 수 없는지라
27 왕이 곧 시위병 하나를 보내어 요한
의 머리를 가져오라 명하니 그 사람
이 나가 옥에서 요한을 목 베어
28 그 머리를 소반에 얹어다가 소녀에
게 주니 소녀가 이것을 그 어머니에
게 주니라
29 요한의 제자들이 듣고 와서 시체를
가져다가 장사하니라

오천 명을 먹이시다

30 사도들이 예수께 모여 자기들이 행
한 것과 가르친 것을 낱낱이 고하니
31 이르시되 너희는 따로 한적한 곳에
가서 잠깐 쉬어라 하시니 이는 오고
가는 사람이 많아 음식 먹을 겨를도

365묵상

옳은 것을 선택하기

예수에게 사형선고를 내린 빌라도처럼, 분봉왕 헤롯 역시 세례 요한의 목을 벰으로써 역사의 큰 죄인이 되었다(막 6:21-28). 둘에게 공통점이 있었다. 다른 사람을 의식해서 자신의 본래 옳은 의도를 포기하고 악한 선택을 했다는 것이다. 빌라도는 군중을 의식했고, 헤롯은 연회에 초대된 자들을 의식했다. 혹시 당신도 자신의 옳은 생각과는 달리 다른 사람을 의식해서 악한 선택을 한 적은 없는가? 믿는 자들은 사람들이 아니라 오직 하나님을 의식하고 그분의 말씀에 근거해야 한다. 그리하여 언제나 옳은 선택을 해야 한다.

없음이라
32 이에 배를 타고 따로 한적한 곳에
갈새
33 그들이 가는 것을 보고 많은 사람이
그들인 줄 안지라 모든 고을로부터
도보로 그 곳에 달려와 그들보다 먼
저 갔더라
34 예수께서 나오사 큰 무리를 보시고
그 목자 없는 양 같음으로 인하여
불쌍히 여기사 이에 여러 가지로 가
르치시더라
35 때가 저물어가매 제자들이 예수께
나아와 여짜오되 이 곳은 빈 들이요
날도 저물어가니
36 무리를 보내어 두루 촌과 마을로 가
서 무엇을 사 먹게 하옵소서
37 대답하여 이르시되 너희가 먹을 것을
주라 하시니 여짜오되 우리가 가서
이백 데나리온의 떡을 사다 먹이리이
까
38 이르시되 너희에게 떡 몇 개나 있는
지 가서 보라 하시니 알아보고 이르
되 떡 다섯 개와 물고기 두 마리가 있
더이다 하거늘
39 제자들에게 명하사 그 모든 사람으
로 떼를 지어 푸른 잔디 위에 앉게
하시니
40 떼로 백 명씩 또는 오십 명씩 앉은지
라
41 예수께서 떡 다섯 개와 물고기 두 마
리를 가지사 하늘을 우러러 축사하시
고 떡을 떼어 제자들에게 주어 사람
들에게 나누어 주게 하시고 또 물고
기 두 마리도 모든 사람에게 나누시
매
42 다 배불리 먹고
43 남은 떡 조각과 물고기를 열두 바구
니에 차게 거두었으며
44 떡을 먹은 남자는 오천 명이었더라

바다 위로 걸으시다

45 예수께서 즉시 제자들을 재촉하사
자기가 무리를 보내는 동안에 배 타
고 앞서 건너편 벳새다로 가게 하시
고
46 무리를 작별하신 후에 기도하러 산
으로 가시니라
47 저물매 배는 바다 가운데 있고 예수
께서는 홀로 뭍에 계시다가
48 바람이 거스르므로 제자들이 힘겹게
노 젓는 것을 보시고 밤 사경쯤에 바
다 위로 걸어서 그들에게 오사 지나
가려고 하시매
49 제자들이 그가 바다 위로 걸어 오심
을 보고 유령인가 하여 소리 지르니
50 그들이 다 예수를 보고 놀람이라 이
에 예수께서 곧 그들에게 말씀하여

이르시되 안심하라 내니 두려워하지
말라 하시고
51 배에 올라 그들에게 가시니 바람이
그치는지라 제자들이 마음에 심히
놀라니
52 이는 그들이 그 떡 떼시던 일을 깨닫
지 못하고 도리어 그 마음이 둔하여
졌음이러라

게네사렛에서 병자들을 고치시다

53 건너가 게네사렛 땅에 이르러 대고
54 배에서 내리니 사람들이 곧 예수신
줄을 알고
55 그 온 지방으로 달려 돌아 다니며 예
수께서 어디 계시다는 말을 듣는 대
로 병든 자를 침상째로 메고 나아오
니
56 아무 데나 예수께서 들어가시는 지
방이나 도시나 마을에서 병자를 시장
에 두고 예수께 그의 옷 가에라도
손을 대게 하시기를 간구하니 손을
대는 자는 다 성함을 얻으니라

장로들의 전통

7 바리새인들과 또 서기관 중 몇이
예루살렘에서 와서 예수께 모여
들었다가
2 그의 제자 중 몇 사람이 부정한 손
곧 씻지 아니한 손으로 떡 먹는 것을
보았더라
3 (바리새인들과 모든 유대인들은 장
로들의 전통을 지키어 손을 잘 씻지
않고서는 음식을 먹지 아니하며
4 또 시장에서 돌아와서도 물을 뿌리
지 않고서는 먹지 아니하며 그 외에
도 여러 가지를 지키어 오는 것이 있
으니 잔과 주발과 놋그릇을 씻음이
러라)
5 이에 바리새인들과 서기관들이 예수
께 묻되 어찌하여 당신의 제자들은
장로들의 전통을 준행하지 아니하고
부정한 손으로 떡을 먹나이까
6 이르시되 이사야가 너희 외식하는 자
에 대하여 잘 예언하였도다 기록하였
으되 이 백성이 입술로는 나를 공경
하되 마음은 내게서 멀도다
7 사람의 계명으로 교훈을 삼아 가르
치니 나를 헛되이 경배하는도다 하였
느니라
8 너희가 하나님의 계명은 버리고 사람
의 전통을 지키느니라
9 또 이르시되 너희가 너희 전통을 지키
려고 하나님의 계명을 잘 저버리는도
다
10 모세는 네 부모를 공경하라 하고 또
아버지나 어머니를 모욕하는 자는
죽임을 당하리라 하였거늘
11 너희는 이르되 사람이 아버지에게거나

어머니에게나 말하기를 내가 드려 유
익하게 할 것이 고르반 곧 하나님께
드림이 되었다고 하기만 하면 그만이
라 하고
12 자기 아버지나 어머니에게 다시 아무
것도 하여 드리기를 허락하지 아니하
여
13 너희가 전한 전통으로 하나님의 말씀
을 폐하며 또 이같은 일을 많이 행하
느니라 하시고
14 무리를 다시 불러 이르시되 너희는
다 내 말을 듣고 깨달으라
15 무엇이든지 밖에서 사람에게로 들어
가는 것은 능히 사람을 더럽게 하지
못하되
16 사람 안에서 나오는 것이 사람을 더
럽게 하는 것이니라 하시고
17 무리를 떠나 집으로 들어가시니 제자
들이 그 비유를 묻자온대
18 예수께서 이르시되 너희도 이렇게 깨
달음이 없느냐 무엇이든지 밖에서 들
어가는 것이 능히 사람을 더럽게 하
지 못함을 알지 못하느냐
19 이는 마음으로 들어가지 아니하고
배로 들어가 뒤로 나감이라 이러므
로 모든 음식물을 깨끗하다 하시니
라
20 또 이르시되 사람에게서 나오는 그
것이 사람을 더럽게 하느니라
21 속에서 곧 사람의 마음에서 나오는
것은 악한 생각 곧 음란과 도둑질과
살인과
22 간음과 탐욕과 악독과 속임과 음탕
과 질투와 비방과 교만과 우매함이
니
23 이 모든 악한 것이 다 속에서 나와서
사람을 더럽게 하느니라

수로보니게 여자의 믿음

24 예수께서 일어나사 거기를 떠나 두로
지방으로 가서 한 집에 들어가 아무
도 모르게 하시려 하나 숨길 수 없더
라
25 이에 더러운 귀신 들린 어린 딸을 둔
한 여자가 예수의 소문을 듣고 곧
와서 그 발 아래에 엎드리니
26 그 여자는 헬라인이요 수로보니게
족속이라 자기 딸에게서 귀신 쫓아내
주시기를 간구하거늘
27 예수께서 이르시되 자녀로 먼저 배
불리 먹게 할지니 자녀의 떡을 취하
여 개들에게 던짐이 마땅치 아니하니
라
28 여자가 대답하여 이르되 주여 옳소이
다마는 상 아래 개들도 아이들이 먹
던 부스러기를 먹나이다
29 예수께서 이르시되 이 말을 하였으니

돌아가라 귀신이 네 딸에게서 나갔
느니라 하시매
30 여자가 집에 돌아가 본즉 아이가 침
상에 누웠고 귀신이 나갔더라

귀 먹고 말 더듬는 사람을 고치시다

31 예수께서 다시 두로 지방에서 나와
시돈을 지나고 데가볼리 지방을 통
과하여 갈릴리 호수에 이르시매
32 사람들이 귀 먹고 말 더듬는 자를 데
리고 예수께 나아와 안수하여 주시
기를 간구하거늘
33 예수께서 그 사람을 따로 데리고 무
리를 떠나사 손가락을 그의 양 귀에
넣고 침을 뱉어 그의 혀에 손을 대시
며
34 하늘을 우러러 탄식하시며 그에게 이
르시되 에바다 하시니 이는 열리라는
뜻이라
35 그의 귀가 열리고 혀가 맺힌 것이 곧
풀려 말이 분명하여졌더라
36 예수께서 그들에게 경고하사 아무에
게도 이르지 말라 하시되 경고하실수
록 그들이 더욱 널리 전파하니
37 사람들이 심히 놀라 이르되 그가 모
든 것을 잘하였도다 못 듣는 사람도
듣게 하고 말 못하는 사람도 말하게
한다 하니라

사천 명을 먹이시다

8 그 무렵에 또 큰 무리가 있어 먹을
것이 없는지라 예수께서 제자들을
불러 이르시되
2 내가 무리를 불쌍히 여기노라 그들
이 나와 함께 있은 지 이미 사흘이 지
났으나 먹을 것이 없도다
3 만일 내가 그들을 굶겨 집으로 보내
면 길에서 기진하리라 그 중에는 멀
리서 온 사람들도 있느니라
4 제자들이 대답하되 이 광야 어디서
떡을 얻어 이 사람들로 배부르게 할
수 있으리이까
5 예수께서 물으시되 너희에게 떡 몇
개나 있느냐 이르되 일곱이로소이다
하거늘
6 예수께서 무리를 명하여 땅에 앉게
하시고 떡 일곱 개를 가지사 축사하
시고 떼어 제자들에게 주어 나누어
주게 하시니 제자들이 무리에게 나
누어 주더라
7 또 작은 생선 두어 마리가 있는지라
이에 축복하시고 명하사 이것도 나
누어 주게 하시니
8 배불리 먹고 남은 조각 일곱 광주리
를 거두었으며
9 사람은 약 사천 명이었더라 예수께서
그들을 흩어 보내시고
10 곧 제자들과 함께 배에 오르사 달마

누다 지방으로 가시니라

이 세대가 표적을 구하나

11 바리새인들이 나와서 예수를 힐난하
며 그를 시험하여 하늘로부터 오는
표적을 구하거늘
12 예수께서 마음속으로 깊이 탄식하시
며 이르시되 어찌하여 이 세대가 표
적을 구하느냐 내가 진실로 너희에게
이르노니 이 세대에 표적을 주지 아
니하리라 하시고
13 그들을 떠나 다시 배에 올라 건너편
으로 가시니라

바리새인들과 헤롯의 누룩

14 제자들이 떡 가져오기를 잊었으매 배
에 떡 한 개밖에 그들에게 없더라
15 예수께서 경고하여 이르시되 삼가 바
리새인들의 누룩과 헤롯의 누룩을
주의하라 하시니
16 제자들이 서로 수군거리기를 이는
우리에게 떡이 없음이로다 하거늘
17 예수께서 아시고 이르시되 너희가 어
찌 떡이 없음으로 수군거리느냐 아직
도 알지 못하며 깨닫지 못하느냐 너
희 마음이 둔하냐
18 너희가 눈이 있어도 보지 못하며 귀
가 있어도 듣지 못하느냐 또 기억하
지 못하느냐
19 내가 떡 다섯 개를 오천 명에게 떼어
줄 때에 조각 몇 바구니를 거두었더
냐 이르되 열둘이니이다
20 또 일곱 개를 사천 명에게 떼어 줄
때에 조각 몇 광주리를 거두었더냐
이르되 일곱이니이다
21 이르시되 아직도 깨닫지 못하느냐
하시니라

벳새다에서 맹인을 고치시다

22 벳새다에 이르매 사람들이 맹인 한
사람을 데리고 예수께 나아와 손 대
시기를 구하거늘
23 예수께서 맹인의 손을 붙잡으시고
마을 밖으로 데리고 나가사 눈에 침
을 뱉으시며 그에게 안수하시고 무
엇이 보이느냐 물으시니
24 쳐다보며 이르되 사람들이 보이나이
다 나무 같은 것들이 걸어 가는 것을
보나이다 하거늘
25 이에 그 눈에 다시 안수하시매 그가
주목하여 보더니 나아서 모든 것을
밝히 보는지라
26 예수께서 그 사람을 집으로 보내시
며 이르시되 마을에는 들어가지 말라
하시니라

베드로의 고백,
죽음과 부활을 말씀하심

27 예수와 제자들이 빌립보 가이사랴 여
러 마을로 나가실새 길에서 제자들

에게 물어 이르시되 사람들이 나를
누구라고 하느냐
28 제자들이 여짜와 이르되 세례 요한
이라 하고 더러는 엘리야, 더러는 선
지자 중의 하나라 하나이다
29 또 물으시되 너희는 나를 누구라 하
느냐 베드로가 대답하여 이르되 주
는 그리스도시니이다 하매
30 이에 자기의 일을 아무에게도 말하
지 말라 경고하시고
31 인자가 많은 고난을 받고 장로들과
대제사장들과 서기관들에게 버린 바
되어 죽임을 당하고 사흘 만에 살아
나야 할 것을 비로소 그들에게 가르
치시되
32 드러내 놓고 이 말씀을 하시니 베드
로가 예수를 붙들고 항변하매
33 예수께서 돌이키사 제자들을 보시며
베드로를 꾸짖어 이르시되 사탄아
내 뒤로 물러가라 네가 하나님의 일
을 생각하지 아니하고 도리어 사람의
일을 생각하는도다 하시고
34 무리와 제자들을 불러 이르시되 누
구든지 나를 따라오려거든 자기를
부인하고 자기 십자가를 지고 나를
따를 것이니라
35 누구든지 자기 목숨을 구원하고자
하면 잃을 것이요 누구든지 나와 복
음을 위하여 자기 목숨을 잃으면 구
원하리라
36 사람이 만일 온 천하를 얻고도 자기
목숨을 잃으면 무엇이 유익하리요
37 사람이 무엇을 주고 자기 목숨과 바
꾸겠느냐
38 누구든지 이 음란하고 죄 많은 세대
에서 나와 내 말을 부끄러워하면 인
자도 아버지의 영광으로 거룩한 천사
들과 함께 올 때에 그 사람을 부끄
러워하리라

9 또 그들에게 이르시되 내가 진실
로 너희에게 이르노니 여기 서 있
는 사람 중에는 죽기 전에 하나님의
나라가 권능으로 임하는 것을 볼 자
들도 있느니라 하시니라

영광스러운 모습으로 변형되시다

2 엿새 후에 예수께서 베드로와 야고
보와 요한을 데리시고 따로 높은 산
에 올라가셨더니 그들 앞에서 변형되
사
3 그 옷이 광채가 나며 세상에서 빨래

365묵상

자기 십자가를 지고

십자가 사역을 앞둔 예수님은 제자들에게 "자기 십자가를 지고 나를 따르라"고 말씀하셨다(막 8:34). 이는 무슨 뜻인가? 이 세상에서 겪어야 하는 고난인가? 아니다. 예수님은 '십자가'라는 단어를 고난의 상징으로 사용하지 않으셨다. '하나님의 뜻'을 나타내는 비유로 사용하셨다. 즉, 우리 각자가 지고 가도록 부르심을 받은, 우리 각자의 인생에 대한 하나님의 뜻이다. 따라서 우리가 하나님의 뜻을 좇아 살아간다면, 우리는 하나님 안에서 선하고 기쁘며 온전한 삶을 살아갈 수 있다. 그것이 '자기 십자가'를 지는 것이다.

하는 자가 그렇게 희게 할 수 없을
만큼 매우 희어졌더라
4 이에 엘리야가 모세와 함께 그들에
게 나타나 예수와 더불어 말하거늘
5 베드로가 예수께 고하되 랍비여 우
리가 여기 있는 것이 좋사오니 우리
가 초막 셋을 짓되 하나는 주를 위하
여, 하나는 모세를 위하여, 하나는
엘리야를 위하여 하사이다 하니
6 이는 그들이 몹시 무서워하므로 그
가 무슨 말을 할지 알지 못함이더라
7 마침 구름이 와서 그들을 덮으며 구
름 속에서 소리가 나되 이는 내 사랑
하는 아들이니 너희는 그의 말을 들
으라 하는지라
8 문득 둘러보니 아무도 보이지 아니
하고 오직 예수와 자기들뿐이었더라
9 그들이 산에서 내려올 때에 예수께
서 경고하시되 인자가 죽은 자 가운
데서 살아날 때까지는 본 것을 아무
에게도 이르지 말라 하시니
10 그들이 이 말씀을 마음에 두며 서로
문의하되 죽은 자 가운데서 살아나
는 것이 무엇일까 하고
11 이에 예수께 묻자와 이르되 어찌하
여 서기관들이 엘리야가 먼저 와야
하리라 하나이까
12 이르시되 엘리야가 과연 먼저 와서
모든 것을 회복하거니와 어찌 인자에
대하여 기록하기를 많은 고난을 받
고 멸시를 당하리라 하였느냐
13 그러나 내가 너희에게 이르노니 엘리
야가 왔으되 기록된 바와 같이 사람
들이 함부로 대우하였느니라 하시니
라

귀신 들린 아이를 고치시다

14 이에 그들이 제자들에게 와서 보니
큰 무리가 그들을 둘러싸고 서기관
들이 그들과 더불어 변론하고 있더
라
15 온 무리가 곧 예수를 보고 매우 놀
라며 달려와 문안하거늘
16 예수께서 물으시되 너희가 무엇을
그들과 변론하느냐
17 무리 중의 하나가 대답하되 선생님
말 못하게 귀신 들린 내 아들을 선생
님께 데려왔나이다
18 귀신이 어디서든지 그를 잡으면 거꾸
러져 거품을 흘리며 이를 갈며 그리
고 파리해지는지라 내가 선생님의 제
자들에게 내쫓아 달라 하였으나 그
들이 능히 하지 못하더이다
19 대답하여 이르시되 믿음이 없는 세대
여 내가 얼마나 너희와 함께 있으며
얼마나 너희에게 참으리요 그를 내
게로 데려오라 하시매

20 이에 데리고 오니 귀신이 예수를 보
고 곧 그 아이로 심히 경련을 일으키
게 하는지라 그가 땅에 엎드러져 구
르며 거품을 흘리더라
21 예수께서 그 아버지에게 물으시되
언제부터 이렇게 되었느냐 하시니 이
르되 어릴 때부터니이다
22 귀신이 그를 죽이려고 불과 물에 자
주 던졌나이다 그러나 무엇을 하실
수 있거든 우리를 불쌍히 여기사 도
와 주옵소서
23 예수께서 이르시되 할 수 있거든이
무슨 말이냐 믿는 자에게는 능히 하
지 못할 일이 없느니라 하시니
24 곧 그 아이의 아버지가 소리를 질러
이르되 내가 믿나이다 나의 믿음 없
는 것을 도와 주소서 하더라
25 예수께서 무리가 달려와 모이는 것
을 보시고 그 더러운 귀신을 꾸짖어
이르시되 말 못하고 못 듣는 귀신아
내가 네게 명하노니 그 아이에게서
나오고 다시 들어가지 말라 하시매
26 귀신이 소리 지르며 아이로 심히 경련
을 일으키게 하고 나가니 그 아이가
죽은 것 같이 되어 많은 사람이 말하
기를 죽었다 하나
27 예수께서 그 손을 잡아 일으키시니
이에 일어서니라
28 집에 들어가시매 제자들이 조용히
묻자오되 우리는 어찌하여 능히 그
귀신을 쫓아내지 못하였나이까
29 이르시되 기도 외에 다른 것으로는
이런 종류가 나갈 수 없느니라 하시
니라

죽음과 부활을 두 번째로 말씀하시다

30 그 곳을 떠나 갈릴리 가운데로 지날
새 예수께서 아무에게도 알리고자
아니하시니
31 이는 제자들을 가르치시며 또 인자가
사람들의 손에 넘겨져 죽임을 당하
고 죽은 지 삼 일만에 살아나리라는
것을 말씀하셨기 때문이더라
32 그러나 제자들은 이 말씀을 깨닫지
못하고 묻기도 두려워하더라

누가 크냐

33 가버나움에 이르러 집에 계실새 제
자들에게 물으시되 너희가 길에서 서
로 토론한 것이 무엇이냐 하시되
34 그들이 잠잠하니 이는 길에서 서로
누가 크냐 하고 쟁론하였음이라
35 예수께서 앉으사 열두 제자를 불러
서 이르시되 누구든지 첫째가 되고자
하면 뭇 사람의 끝이 되며 뭇 사람을
섬기는 자가 되어야 하리라 하시고
36 어린 아이 하나를 데려다가 그들 가
운데 세우시고 안으시며 제자들에게

이르시되
37 누구든지 내 이름으로 이런 어린 아
이 하나를 영접하면 곧 나를 영접함
이요 누구든지 나를 영접하면 나를
영접함이 아니요 나를 보내신 이를
영접함이니라

우리를 위하는 사람

38 요한이 예수께 여짜오되 선생님 우
리를 따르지 않는 어떤 자가 주의 이
름으로 귀신을 내쫓는 것을 우리가
보고 우리를 따르지 아니하므로 금
하였나이다
39 예수께서 이르시되 금하지 말라 내
이름을 의탁하여 능한 일을 행하고
즉시로 나를 비방할 자가 없느니라
40 우리를 반대하지 않는 자는 우리를
위하는 자니라
41 누구든지 너희가 그리스도에게 속한
자라 하여 물 한 그릇이라도 주면 내
가 진실로 너희에게 이르노니 그가
결코 상을 잃지 않으리라
42 또 누구든지 나를 믿는 이 작은 자
들 중 하나라도 실족하게 하면 차라
리 연자맷돌이 그 목에 매여 바다에
던져지는 것이 나으리라
43 만일 네 손이 너를 범죄하게 하거든
찍어버리라 장애인으로 영생에 들어
가는 것이 두 손을 가지고 지옥 곧
꺼지지 않는 불에 들어가는 것보다
나으니라
44 (없음)
45 만일 네 발이 너를 범죄하게 하거든
찍어버리라 다리 저는 자로 영생에
들어가는 것이 두 발을 가지고 지옥
에 던져지는 것보다 나으니라
46 (없음)
47 만일 네 눈이 너를 범죄하게 하거든
빼버리라 한 눈으로 하나님의 나라
에 들어가는 것이 두 눈을 가지고 지
옥에 던져지는 것보다 나으니라
48 거기에서는 구더기도 죽지 않고 불
도 꺼지지 아니하느니라
49 사람마다 불로써 소금 치듯 함을 받
으리라
50 소금은 좋은 것이로되 만일 소금이
그 맛을 잃으면 무엇으로 이를 짜게
하리요 너희 속에 소금을 두고 서로
화목하라 하시니라

이혼에 대하여 가르치시다

10 예수께서 거기서 떠나 유대 지
경과 요단 강 건너편으로 가시
니 무리가 다시 모여들거늘 예수께서
다시 전례대로 가르치시더니
2 바리새인들이 예수께 나아와 그를
시험하여 묻되 사람이 아내를 버리는
것이 옳으니이까

3 대답하여 이르시되 모세가 어떻게 너
희에게 명하였느냐
4 이르되 모세는 이혼 증서를 써주어
버리기를 허락하였나이다
5 예수께서 그들에게 이르시되 너희 마
음이 완악함으로 말미암아 이 명령을
기록하였거니와
6 창조 때로부터 사람을 남자와 여자
로 지으셨으니
7 이러므로 사람이 그 부모를 떠나서
8 그 둘이 한 몸이 될지니라 이러한즉
이제 둘이 아니요 한 몸이니
9 그러므로 하나님이 짝지어 주신 것을
사람이 나누지 못할지니라 하시더라
10 집에서 제자들이 다시 이 일을 물으
니
11 이르시되 누구든지 그 아내를 버리
고 다른 데에 장가 드는 자는 본처
에게 간음을 행함이요
12 또 아내가 남편을 버리고 다른 데로
시집 가면 간음을 행함이니라

어린 아이들을 축복하시다

13 사람들이 예수께서 만져 주심을 바
라고 어린 아이들을 데리고 오매 제
자들이 꾸짖거늘
14 예수께서 보시고 노하시어 이르시되
어린 아이들이 내게 오는 것을 용납
하고 금하지 말라 하나님의 나라가
이런 자의 것이니라
15 내가 진실로 너희에게 이르노니 누구
든지 하나님의 나라를 어린 아이와
같이 받들지 않는 자는 결단코 그 곳
에 들어가지 못하리라 하시고
16 그 어린 아이들을 안고 그들 위에 안
수하시고 축복하시니라

재물이 많은 사람

17 예수께서 길에 나가실새 한 사람이
달려와서 꿇어 앉아 묻자오되 선한
선생님이여 내가 무엇을 하여야 영생
을 얻으리이까
18 예수께서 이르시되 네가 어찌하여 나
를 선하다 일컫느냐 하나님 한 분 외
에는 선한 이가 없느니라
19 네가 계명을 아나니 살인하지 말라,
간음하지 말라, 도둑질하지 말라, 거
짓 증언 하지 말라, 속여 빼앗지 말
라, 네 부모를 공경하라 하였느니라
20 그가 여짜오되 선생님이여 이것은 내
가 어려서부터 다 지켰나이다
21 예수께서 그를 보시고 사랑하사 이
르시되 네게 아직도 한 가지 부족한
것이 있으니 가서 네게 있는 것을 다
팔아 가난한 자들에게 주라 그리하
면 하늘에서 보화가 네게 있으리라
그리고 와서 나를 따르라 하시니
22 그 사람은 재물이 많은 고로 이 말

쓺으로 인하여 슬픈 기색을 띠고 근
심하며 가니라
23 예수께서 둘러 보시고 제자들에게
이르시되 재물이 있는 자는 하나님의
나라에 들어가기가 심히 어렵도다 하
시니
24 제자들이 그 말씀에 놀라는지라 예
수께서 다시 대답하여 이르시되 얘들
아 하나님의 나라에 들어가기가 얼마
나 어려운지
25 낙타가 바늘귀로 나가는 것이 부자
가 하나님의 나라에 들어가는 것보
다 쉬우니라 하시니
26 제자들이 매우 놀라 서로 말하되 그
런즉 누가 구원을 얻을 수 있는가 하
니
27 예수께서 그들을 보시며 이르시되
사람으로는 할 수 없으되 하나님으
로는 그렇지 아니하니 하나님으로서
는 다 하실 수 있느니라
28 베드로가 여짜와 이르되 보소서 우
리가 모든 것을 버리고 주를 따랐나
이다
29 예수께서 이르시되 내가 진실로 너희
에게 이르노니 나와 복음을 위하여
집이나 형제나 자매나 어머니나 아버
지나 자식이나 전토를 버린 자는
30 현세에 있어 집과 형제와 자매와 어
머니와 자식과 전토를 백 배나 받되
박해를 겸하여 받고 내세에 영생을
받지 못할 자가 없느니라
31 그러나 먼저 된 자로서 나중 되고 나
중 된 자로서 먼저 될 자가 많으니라

죽음과 부활을 세 번째로 이르시다

32 예루살렘으로 올라가는 길에 예수
께서 그들 앞에 서서 가시는데 그들
이 놀라고 따르는 자들은 두려워하
더라 이에 다시 열두 제자를 데리시
고 자기가 당할 일을 말씀하여 이르
시되
33 보라 우리가 예루살렘에 올라가노니
인자가 대제사장들과 서기관들에게
넘겨지매 그들이 죽이기로 결의하고
이방인들에게 넘겨 주겠고
34 그들은 능욕하며 침 뱉으며 채찍질
하고 죽일 것이나 그는 삼 일 만에
살아나리라 하시니라

야고보와 요한이 구하는 것

35 세베대의 아들 야고보와 요한이 주
께 나아와 여짜오되 선생님이여 무엇
이든지 우리가 구하는 바를 우리에
게 하여 주시기를 원하옵나이다
36 이르시되 너희에게 무엇을 하여 주기
를 원하느냐
37 여짜오되 주의 영광중에서 우리를
하나는 주의 우편에, 하나는 좌편에

않게 하여 주옵소서
38 예수께서 이르시되 너희는 너희가 구
하는 것을 알지 못하는도다 내가 마
시는 잔을 너희가 마실 수 있으며 내
가 받는 세례를 너희가 받을 수 있느
냐
39 그들이 말하되 할 수 있나이다 예수
께서 이르시되 너희는 내가 마시는
잔을 마시며 내가 받는 세례를 받으
려니와
40 내 좌우편에 앉는 것은 내가 줄 것이
아니라 누구를 위하여 준비되었든지
그들이 얻을 것이니라
41 열 제자가 듣고 야고보와 요한에 대
하여 화를 내거늘
42 예수께서 불러다가 이르시되 이방인
의 집권자들이 그들을 임의로 주관
하고 그 고관들이 그들에게 권세를
부리는 줄을 너희가 알거니와
43 너희 중에는 그렇지 않을지니 너희
중에 누구든지 크고자 하는 자는 너
희를 섬기는 자가 되고
44 너희 중에 누구든지 으뜸이 되고자
하는 자는 모든 사람의 종이 되어야
하리라
45 인자가 온 것은 섬김을 받으려 함이
아니라 도리어 섬기려 하고 자기 목
숨을 많은 사람의 대속물로 주려 함
이니라

맹인 바디매오가 고침을 받다

46 그들이 여리고에 이르렀더니 예수께
서 제자들과 허다한 무리와 함께 여
리고에서 나가실 때에 디매오의 아들
인 맹인 거지 바디매오가 길 가에 앉
았다가
47 나사렛 예수시란 말을 듣고 소리 질
러 이르되 다윗의 자손 예수여 나를
불쌍히 여기소서 하거늘
48 많은 사람이 꾸짖어 잠잠하라 하되
그가 더욱 크게 소리 질러 이르되 다
윗의 자손이여 나를 불쌍히 여기소서
하는지라
49 예수께서 머물러 서서 그를 부르라
하시니 그들이 그 맹인을 부르며 이
르되 안심하고 일어나라 그가 너를
부르신다 하매
50 맹인이 겉옷을 내버리고 뛰어 일어나
예수께 나아오거늘
51 예수께서 말씀하여 이르시되 네게
무엇을 하여 주기를 원하느냐 맹인이

365묵상

소리쳐 힘껏 구하라!

당시 예수님의 명성은 유대 땅 전역에 퍼져 있었다. 여리고 성의 맹인 바디매오도 예수님에 관해 익히 들었다. 어느 날, 그는 예수께서 자신이 살고 있는 여리고 성을 지나가신다는 말을 듣게 되었다. 바디매오는 그 날을 손꼽아 기다렸고, 마침내 예수님 일행의 발자국 소리를 듣자 주위의 만류에도 불구하고 힘껏 간구했다. 그 결과, 그는 꿈에도 그리던 눈을 뜨게 되었다(막 10:46-52). 우리의 삶에도 예수님의 치유를 필요로 하는 여러 문제가 있을 것이다. 그렇다면 바디매오처럼 그분께 소리쳐 구하기를 주저하지 말라!

이르되 선생님이여 보기를 원하나이
다
52 예수께서 이르시되 가라 네 믿음이
너를 구원하였느니라 하시니 그가 곧
보게 되어 예수를 길에서 따르니라

예루살렘에 들어가시다

11 그들이 예루살렘에 가까이 와
서 감람 산 벳바게와 베다니에
이르렀을 때에 예수께서 제자 중 둘
을 보내시며
2 이르시되 너희는 맞은편 마을로 가라
그리로 들어가면 곧 아직 아무도 타
보지 않은 나귀 새끼가 매여 있는 것
을 보리니 풀어 끌고 오라
3 만일 누가 너희에게 왜 이렇게 하느
냐 묻거든 주가 쓰시겠다 하라 그리
하면 즉시 이리로 보내리라 하시니
4 제자들이 가서 본즉 나귀 새끼가 문
앞 거리에 매여 있는지라 그것을 푸
니
5 거기 서 있는 사람 중 어떤 이들이 이
르되 나귀 새끼를 풀어 무엇 하려느
냐 하매
6 제자들이 예수께서 이르신 대로 말
한대 이에 허락하는지라
7 나귀 새끼를 예수께로 끌고 와서 자
기들의 겉옷을 그 위에 얹어 놓으매
예수께서 타시니
8 많은 사람들은 자기들의 겉옷을, 또
다른 이들은 들에서 벤 나뭇가지를
길에 펴며
9 앞에서 가고 뒤에서 따르는 자들이
소리 지르되 호산나 찬송하리로다
주의 이름으로 오시는 이여
10 찬송하리로다 오는 우리 조상 다윗
의 나라여 가장 높은 곳에서 호산나
하더라
11 예수께서 예루살렘에 이르러 성전에
들어가사 모든 것을 둘러 보시고 때
가 이미 저물매 열두 제자를 데리시
고 베다니에 나가시니라

무화과나무에게 이르시다

12 이튿날 그들이 베다니에서 나왔을
때에 예수께서 시장하신지라
13 멀리서 잎사귀 있는 한 무화과나무를
보시고 혹 그 나무에 무엇이 있을까
하여 가셨더니 가서 보신즉 잎사귀 외
에 아무 것도 없더라 이는 무화과의
때가 아님이라
14 예수께서 나무에게 말씀하여 이르시
되 이제부터 영원토록 사람이 네게서
열매를 따 먹지 못하리라 하시니 제
자들이 이를 듣더라

성전을 깨끗하게 하시다

15 그들이 예루살렘에 들어가니라 예수
께서 성전에 들어가사 성전 안에서

매매하는 자들을 내쫓으시며 돈 바
꾸는 자들의 상과 비둘기 파는 자들
의 의자를 둘러 엎으시며
16 아무나 물건을 가지고 성전 안으로
지나다님을 허락하지 아니하시고
17 이에 가르쳐 이르시되 기록된 바 내
집은 만민이 기도하는 집이라 칭함을
받으리라고 하지 아니하였느냐 너희
는 강도의 소굴을 만들었도다 하시
매
18 대제사장들과 서기관들이 듣고 예수
를 어떻게 죽일까 하고 꾀하니 이는
무리가 다 그의 교훈을 놀랍게 여기
므로 그를 두려워함일러라
19 그리고 날이 저물매 그들이 성 밖으
로 나가더라

무화과나무가 마르다

20 그들이 아침에 지나갈 때에 무화과
나무가 뿌리째 마른 것을 보고
21 베드로가 생각이 나서 여짜오되 랍
비여 보소서 저주하신 무화과나무가
말랐나이다
22 예수께서 그들에게 대답하여 이르시
되 하나님을 믿으라
23 내가 진실로 너희에게 이르노니 누구
든지 이 산더러 들리어 바다에 던져지
라 하며 그 말하는 것이 이루어질 줄
믿고 마음에 의심하지 아니하면 그대
로 되리라
24 그러므로 내가 너희에게 말하노니
무엇이든지 기도하고 구하는 것은
받은 줄로 믿으라 그리하면 너희에
게 그대로 되리라
25 서서 기도할 때에 아무에게나 혐의가
있거든 용서하라 그리하여야 하늘에
계신 너희 아버지께서도 너희 허물을
사하여 주시리라 하시니라
26 (없음)

예수의 권위를 두고 말하다

27 그들이 다시 예루살렘에 들어가니라
예수께서 성전에서 거니실 때에 대제
사장들과 서기관들과 장로들이 나아
와
28 이르되 무슨 권위로 이런 일을 하느
냐 누가 이런 일 할 권위를 주었느냐
29 예수께서 이르시되 나도 한 말을 너
희에게 물으리니 대답하라 그리하면
나도 무슨 권위로 이런 일을 하는지
이르리라
30 요한의 세례가 하늘로부터냐 사람으
로부터냐 내게 대답하라
31 그들이 서로 의논하여 이르되 만일
하늘로부터라 하면 어찌하여 그를 믿
지 아니하였느냐 할 것이니
32 그러면 사람으로부터라 할까 하였으
나 모든 사람이 요한을 참 선지자로

여기므로 그들이 백성을 두려워하는
지라
33 이에 예수께 대답하여 이르되 우리
가 알지 못하노라 하니 예수께서 이
르시되 나도 무슨 권위로 이런 일을
하는지 너희에게 이르지 아니하리라
하시니라

포도원 농부 비유

12 예수께서 비유로 그들에게 말
씀하시되 한 사람이 포도원을
만들어 산울타리로 두르고 즙 짜는
틀을 만들고 망대를 지어서 농부들
에게 세로 주고 타국에 갔더니
2 때가 이르매 농부들에게 포도원 소
출 얼마를 받으려고 한 종을 보내니
3 그들이 종을 잡아 심히 때리고 거저
보내었거늘
4 다시 다른 종을 보내니 그의 머리에
상처를 내고 능욕하였거늘
5 또 다른 종을 보내니 그들이 그를
죽이고 또 그 외 많은 종들도 더러는
때리고 더러는 죽인지라
6 이제 한 사람이 남았으니 곧 그가 사
랑하는 아들이라 최후로 이를 보내
며 이르되 내 아들은 존대하리라 하
였더니
7 그 농부들이 서로 말하되 이는 상속
자니 자 죽이자 그러면 그 유산이 우
리 것이 되리라 하고
8 이에 잡아 죽여 포도원 밖에 내던졌
느니라
9 포도원 주인이 어떻게 하겠느냐 와서
그 농부들을 진멸하고 포도원을 다
른 사람들에게 주리라
10 너희가 성경에 건축자들이 버린 돌이
모퉁이의 머릿돌이 되었나니
11 이것은 주로 말미암아 된 것이요 우
리 눈에 놀랍도다 함을 읽어 보지도
못하였느냐 하시니라
12 그들이 예수의 이 비유가 자기들을
가리켜 말씀하심인 줄 알고 잡고자
하되 무리를 두려워하여 예수를 두
고 가니라

가이사에게 세금을 바치는 것

13 그들이 예수의 말씀을 책잡으려 하
여 바리새인과 헤롯당 중에서 사람
을 보내매
14 와서 이르되 선생님이여 우리가 아노
니 당신은 참되시고 아무도 꺼리는
일이 없으시니 이는 사람을 외모로
보지 않고 오직 진리로써 하나님의
도를 가르치심이니이다 가이사에게
세금을 바치는 것이 옳으니이까 옳
지 아니하니이까
15 우리가 바치리이까 말리이까 한대 예
수께서 그 외식함을 아시고 이르시되

어찌하여 나를 시험하느냐 데나리온
하나를 가져다가 내게 보이라 하시니
16 가져왔거늘 예수께서 이르시되 이 형
상과 이 글이 누구의 것이냐 이르되
가이사의 것이니이다
17 이에 예수께서 이르시되 가이사의 것
은 가이사에게, 하나님의 것은 하나
님께 바치라 하시니 그들이 예수께
대하여 매우 놀랍게 여기더라

부활 논쟁

18 부활이 없다 하는 사두개인들이 예
수께 와서 물어 이르되
19 선생님이여 모세가 우리에게 써 주기
를 어떤 사람의 형이 자식이 없이 아
내를 두고 죽으면 그 동생이 그 아
내를 취하여 형을 위하여 상속자를
세울지니라 하였나이다
20 칠 형제가 있었는데 맏이가 아내를
취하였다가 상속자가 없이 죽고
21 둘째도 그 여자를 취하였다가 상속
자가 없이 죽고 셋째도 그렇게 하여
22 일곱이 다 상속자가 없었고 최후에
여자도 죽었나이다
23 일곱 사람이 다 그를 아내로 취하였
으니 부활 때 곧 그들이 살아날 때
에 그 중의 누구의 아내가 되리이까
24 예수께서 이르시되 너희가 성경도 하
나님의 능력도 알지 못하므로 오해
함이 아니냐
25 사람이 죽은 자 가운데서 살아날 때
에는 장가도 아니 가고 시집도 아니
가고 하늘에 있는 천사들과 같으니
라
26 죽은 자가 살아난다는 것을 말할진
대 너희가 모세의 책 중 가시나무 떨
기에 관한 글에 하나님께서 모세에
게 이르시되 나는 아브라함의 하나님
이요 이삭의 하나님이요 야곱의 하나
님이로라 하신 말씀을 읽어보지 못하
였느냐
27 하나님은 죽은 자의 하나님이 아니요
산 자의 하나님이시라 너희가 크게
오해하였도다 하시니라

가장 큰 계명

28 서기관 중 한 사람이 그들이 변론하
는 것을 듣고 예수께서 잘 대답하신
줄을 알고 나아와 묻되 모든 계명
중에 첫째가 무엇이니이까
29 예수께서 대답하시되 첫째는 이것이
니 이스라엘아 들으라 주 곧 우리 하
나님은 유일한 주시라
30 네 마음을 다하고 목숨을 다하고 뜻
을 다하고 힘을 다하여 주 너의 하나
님을 사랑하라 하신 것이요
31 둘째는 이것이니 네 이웃을 네 자신
과 같이 사랑하라 하신 것이라 이보

다 더 큰 계명이 없느니라
32 서기관이 이르되 선생님이여 옳소이
다 하나님은 한 분이시요 그 외에 다
른 이가 없다 하신 말씀이 참이니이
다
33 또 마음을 다하고 지혜를 다하고 힘
을 다하여 하나님을 사랑하는 것과
또 이웃을 자기 자신과 같이 사랑하
는 것이 전체로 드리는 모든 번제물
과 기타 제물보다 나으니이다
34 예수께서 그가 지혜 있게 대답함을
보시고 이르시되 네가 하나님의 나라
에서 멀지 않도다 하시니 그 후에 감
히 묻는 자가 없더라

그리스도와 다윗의 자손

35 예수께서 성전에서 가르치실새 대답
하여 이르시되 어찌하여 서기관들이
그리스도를 다윗의 자손이라 하느냐
36 다윗이 성령에 감동되어 친히 말하되
주께서 내 주께 이르시되 내가 네 원
수를 네 발 아래에 둘 때까지 내 우
편에 앉았으라 하셨도다 하였느니라
37 다윗이 그리스도를 주라 하였은즉
어찌 그의 자손이 되겠느냐 하시니
많은 사람들이 즐겁게 듣더라

서기관들을 삼가라

38 예수께서 가르치실 때에 이르시되 긴
옷을 입고 다니는 것과 시장에서 문
안 받는 것과
39 회당의 높은 자리와 잔치의 윗자리를
원하는 서기관들을 삼가라
40 그들은 과부의 가산을 삼키며 외식
으로 길게 기도하는 자니 그 받는 판
결이 더욱 중하리라 하시니라

가난한 과부의 헌금

41 예수께서 헌금함을 대하여 앉으사
무리가 어떻게 헌금함에 돈 넣는가
를 보실새 여러 부자는 많이 넣는데
42 한 가난한 과부는 와서 두 렙돈 곧
한 고드란트를 넣는지라
43 예수께서 제자들을 불러다가 이르시
되 내가 진실로 너희에게 이르노니
이 가난한 과부는 헌금함에 넣는 모
든 사람보다 많이 넣었도다
44 그들은 다 그 풍족한 중에서 넣었거
니와 이 과부는 그 가난한 중에서 자
기의 모든 소유 곧 생활비 전부를 넣
었느니라 하시니라

성전이 무너뜨려질 것을 이르시다

13 예수께서 성전에서 나가실 때에
제자 중 하나가 이르되 선생님
이여 보소서 이 돌들이 어떠하며 이
건물들이 어떠하니이까
2 예수께서 이르시되 네가 이 큰 건물
들을 보느냐 돌 하나도 돌 위에 남
지 않고 다 무너뜨려지리라 하시니라

재난의 징조

3 예수께서 감람 산에서 성전을 마주
대하여 앉으셨을 때에 베드로와 야
고보와 요한과 안드레가 조용히 묻
되
4 우리에게 이르소서 어느 때에 이런
일이 있겠사오며 이 모든 일이 이루
어지려 할 때에 무슨 징조가 있사오
리이까
5 예수께서 이르시되 너희가 사람의 미
혹을 받지 않도록 주의하라
6 많은 사람이 내 이름으로 와서 이르
되 내가 그라 하여 많은 사람을 미혹
하리라
7 난리와 난리의 소문을 들을 때에 두
려워하지 말라 이런 일이 있어야 하되
아직 끝은 아니니라
8 민족이 민족을, 나라가 나라를 대적
하여 일어나겠고 곳곳에 지진이 있으
며 기근이 있으리니 이는 재난의 시작
이니라
9 너희는 스스로 조심하라 사람들이
너희를 공회에 넘겨 주겠고 너희를
회당에서 매질하겠으며 나로 말미암
아 너희가 권력자들과 임금들 앞에
서리니 이는 그들에게 증거가 되려
함이라
10 또 복음이 먼저 만국에 전파되어야
할 것이니라
11 사람들이 너희를 끌어다가 넘겨 줄
때에 무슨 말을 할까 미리 염려하지
말고 무엇이든지 그 때에 너희에게
주시는 그 말을 하라 말하는 이는 너
희가 아니요 성령이시니라
12 형제가 형제를, 아버지가 자식을 죽
는 데에 내주며 자식들이 부모를 대
적하여 죽게 하리라
13 또 너희가 내 이름으로 말미암아 모
든 사람에게 미움을 받을 것이나 끝
까지 견디는 자는 구원을 받으리라

가장 큰 환난

14 멸망의 가증한 것이 서지 못할 곳에
선 것을 보거든 (읽는 자는 깨달을진
저) 그 때에 유대에 있는 자들은 산
으로 도망할지어다
15 지붕 위에 있는 자는 내려가지도 말
고 집에 있는 무엇을 가지러 들어가
지도 말며
16 밭에 있는 자는 겉옷을 가지러 뒤로
돌이키지 말지어다

365묵상

하나님과 이웃 사랑

크리스천으로 살아간다는 것이 힘들다고 생각하는가? 왜 그렇게 "해야 할 일들"은 많고, 왜 그렇게 "하지 말아야 할 일들"은 많은지에 대해 고민되는가? 하지만 고민할 필요가 없다. 우리는 사실상 두 가지 삶의 원리만 알면 되기 때문이다. 그 두 가지 원리는 무엇인가? 한 서기관의 질문에 예수님이 밝히 대답하셨다. 첫째는 '하나님 사랑'이고, 둘째는 '이웃 사랑'이다(막 12:28-31). 크리스천으로 살아간다는 것은 바로 이것이다. 위로는 하나님을 사랑하고, 옆으로는 이웃을 사랑하는 삶! 이것이 '십자가'의 삶이다.

17 그 날에는 아이 밴 자들과 젖먹이는
자들에게 화가 있으리로다
18 이 일이 겨울에 일어나지 않도록 기
도하라
19 이는 그 날들이 환난의 날이 되겠음
이라 하나님께서 창조하신 시초부터
지금까지 이런 환난이 없었고 후에도
없으리라
20 만일 주께서 그 날들을 감하지 아니
하셨더라면 모든 육체가 구원을 얻지
못할 것이거늘 자기가 택하신 자들을
위하여 그 날들을 감하셨느니라
21 그 때에 어떤 사람이 너희에게 말하
되 보라 그리스도가 여기 있다 보라
저기 있다 하여도 믿지 말라
22 거짓 그리스도들과 거짓 선지자들이
일어나서 이적과 기사를 행하여 할
수만 있으면 택하신 자들을 미혹하려
하리라
23 너희는 삼가라 내가 모든 일을 너희
에게 미리 말하였노라

인자가 오는 것을 보리라

24 그 때에 그 환난 후 해가 어두워지며
달이 빛을 내지 아니하며
25 별들이 하늘에서 떨어지며 하늘에 있
는 권능들이 흔들리리라
26 그 때에 인자가 구름을 타고 큰 권
능과 영광으로 오는 것을 사람들이
보리라
27 또 그 때에 그가 천사들을 보내어
자기가 택하신 자들을 땅 끝으로부
터 하늘 끝까지 사방에서 모으리라

무화과나무 비유에서 배울 교훈

28 무화과나무의 비유를 배우라 그 가
지가 연하여지고 잎사귀를 내면 여름
이 가까운 줄 아나니
29 이와 같이 너희가 이런 일이 일어나는
것을 보거든 인자가 가까이 곧 문 앞
에 이른 줄 알라
30 내가 진실로 너희에게 말하노니 이
세대가 지나가기 전에 이 일이 다 일
어나리라
31 천지는 없어지겠으나 내 말은 없어지
지 아니하리라
32 그러나 그 날과 그 때는 아무도 모
르나니 하늘에 있는 천사들도, 아들
도 모르고 아버지만 아시느니라
33 주의하라 깨어 있으라 그 때가 언제
인지 알지 못함이라
34 가령 사람이 집을 떠나 타국으로 갈
때에 그 종들에게 권한을 주어 각각
사무를 맡기며 문지기에게 깨어 있으
라 명함과 같으니
35 그러므로 깨어 있으라 집 주인이 언
제 올는지 혹 저물 때일는지, 밤중일
는지, 닭 울 때일는지, 새벽일는지 너

희가 알지 못함이라
36 그가 홀연히 와서 너희가 자는 것을
보지 않도록 하라
37 깨어 있으라 내가 너희에게 하는 이
말은 모든 사람에게 하는 말이니라
하시니라

예수를 죽일 방도를 찾다

14 이틀이 지나면 유월절과 무교절
이라 대제사장들과 서기관들이
예수를 흉계로 잡아 죽일 방도를 구
하며
2 이르되 민란이 날까 하노니 명절에는
하지 말자 하더라

예수의 머리에 향유를 붓다

3 예수께서 베다니 나병환자 시몬의 집
에서 식사하실 때에 한 여자가 매우
값진 향유 곧 순전한 나드 한 옥합을
가지고 와서 그 옥합을 깨뜨려 예수
의 머리에 부으니
4 어떤 사람들이 화를 내어 서로 말하
되 어찌하여 이 향유를 허비하는가
5 이 향유를 삼백 데나리온 이상에 팔
아 가난한 자들에게 줄 수 있었겠도
다 하며 그 여자를 책망하는지라
6 예수께서 이르시되 가만 두라 너희가
어찌하여 그를 괴롭게 하느냐 그가
내게 좋은 일을 하였느니라
7 가난한 자들은 항상 너희와 함께 있
으니 아무 때라도 원하는 대로 도울
수 있거니와 나는 너희와 항상 함께
있지 아니하리라
8 그는 힘을 다하여 내 몸에 향유를
부어 내 장례를 미리 준비하였느니라
9 내가 진실로 너희에게 이르노니 온
천하에 어디서든지 복음이 전파되는
곳에는 이 여자가 행한 일도 말하여
그를 기억하리라 하시니라

유다가 배반하다

10 열둘 중의 하나인 가룟 유다가 예수
를 넘겨 주려고 대제사장들에게 가
매
11 그들이 듣고 기뻐하여 돈을 주기로
약속하니 유다가 예수를 어떻게 넘
겨 줄까 하고 그 기회를 찾더라

제자들과 함께 유월절을 지키시다

12 무교절의 첫날 곧 유월절 양 잡는 날
에 제자들이 예수께 여짜오되 우리
가 어디로 가서 선생님께서 유월절
음식을 잡수시게 준비하기를 원하시
나이까 하매
13 예수께서 제자 중의 둘을 보내시며
이르시되 성내로 들어가라 그리하면
물 한 동이를 가지고 가는 사람을
만나리니 그를 따라가서
14 어디든지 그가 들어가는 그 집 주인
에게 이르되 선생님의 말씀이 내가

내 제자들과 함께 유월절 음식을 먹
을 나의 객실이 어디 있느냐 하시더
라 하라
15 그리하면 자리를 펴고 준비한 큰 다
락방을 보이리니 거기서 우리를 위하
여 준비하라 하시니
16 제자들이 나가 성내로 들어가서 예
수께서 하시던 말씀대로 만나 유월
절 음식을 준비하니라
17 저물매 그 열둘을 데리시고 가서
18 다 앉아 먹을 때에 예수께서 이르시
되 내가 진실로 너희에게 이르노니
너희 중의 한 사람 곧 나와 함께 먹
는 자가 나를 팔리라 하신대
19 그들이 근심하며 하나씩 하나씩 나
는 아니지요 하고 말하기 시작하니
20 그들에게 이르시되 열둘 중의 하나
곧 나와 함께 그릇에 손을 넣는 자
니라
21 인자는 자기에 대하여 기록된 대로
가거니와 인자를 파는 그 사람에게
는 화가 있으리로다 그 사람은 차라
리 나지 아니하였더라면 자기에게 좋
을 뻔하였느니라 하시니라

마지막 만찬

22 그들이 먹을 때에 예수께서 떡을 가
지사 축복하시고 떼어 제자들에게
주시며 이르시되 받으라 이것은 내
몸이니라 하시고
23 또 잔을 가지사 감사 기도 하시고 그
들에게 주시니 다 이를 마시매
24 이르시되 이것은 많은 사람을 위하여
흘리는 나의 피 곧 언약의 피니라
25 진실로 너희에게 이르노니 내가 포도
나무에서 난 것을 하나님 나라에서
새 것으로 마시는 날까지 다시 마시
지 아니하리라 하시니라
26 이에 그들이 찬미하고 감람 산으로
가니라

베드로가 부인할 것을 예언하시다

27 예수께서 제자들에게 이르시되 너희
가 다 나를 버리리라 이는 기록된 바
내가 목자를 치리니 양들이 흩어지리
라 하였음이니라
28 그러나 내가 살아난 후에 너희보다
먼저 갈릴리로 가리라
29 베드로가 여짜오되 다 버릴지라도
나는 그리하지 않겠나이다
30 예수께서 이르시되 내가 진실로 네게
이르노니 오늘 이 밤 닭이 두 번 울
기 전에 네가 세 번 나를 부인하리라
31 베드로가 힘있게 말하되 내가 주와
함께 죽을지언정 주를 부인하지 않
겠나이다 하고 모든 제자도 이와 같
이 말하니라

겟세마네에서 기도하시다

32 그들이 겟세마네라 하는 곳에 이르
매 예수께서 제자들에게 이르시되
내가 기도할 동안에 너희는 여기 앉
아 있으라 하시고
33 베드로와 야고보와 요한을 데리고
가실새 심히 놀라시며 슬퍼하사
34 말씀하시되 내 마음이 심히 고민하여
죽게 되었으니 너희는 여기 머물러
깨어 있으라 하시고
35 조금 나아가사 땅에 엎드리어 될 수
있는 대로 이 때가 자기에게서 지나
가기를 구하여
36 이르시되 아빠 아버지여 아버지께는
모든 것이 가능하오니 이 잔을 내게
서 옮기시옵소서 그러나 나의 원대로
마시옵고 아버지의 원대로 하옵소서
하시고
37 돌아오사 제자들이 자는 것을 보시
고 베드로에게 말씀하시되 시몬아
자느냐 네가 한 시간도 깨어 있을 수
없더냐
38 시험에 들지 않게 깨어 있어 기도하
라 마음에는 원이로되 육신이 약하
도다 하시고
39 다시 나아가 동일한 말씀으로 기도
하시고
40 다시 오사 보신즉 그들이 자니 이는
그들의 눈이 심히 피곤함이라 그들이
예수께 무엇으로 대답할 줄을 알지
못하더라
41 세 번째 오사 그들에게 이르시되 이
제는 자고 쉬라 그만 되었다 때가 왔
도다 보라 인자가 죄인의 손에 팔리
느니라
42 일어나라 함께 가자 보라 나를 파는
자가 가까이 왔느니라

잡히시다

43 예수께서 말씀하실 때에 곧 열둘 중
의 하나인 유다가 왔는데 대제사장
들과 서기관들과 장로들에게서 파송
된 무리가 검과 몽치를 가지고 그와
함께 하였더라
44 예수를 파는 자가 이미 그들과 군호
를 짜 이르되 내가 입맞추는 자가 그
이니 그를 잡아 단단히 끌어 가라 하
였는지라
45 이에 와서 곧 예수께 나아와 랍비여
하고 입을 맞추니
46 그들이 예수께 손을 대어 잡거늘
47 곁에 서 있는 자 중의 한 사람이 칼
을 빼어 대제사장의 종을 쳐 그 귀를
떨어뜨리니라
48 예수께서 무리에게 말씀하여 이르시
되 너희가 강도를 잡는 것 같이 검과
몽치를 가지고 나를 잡으러 나왔느
냐

49 내가 날마다 너희와 함께 성전에 있
으면서 가르쳤으되 너희가 나를 잡지
아니하였도다 그러나 이는 성경을 이
루려 함이니라 하시더라
50 제자들이 다 예수를 버리고 도망하
니라

한 청년이 벗은 몸으로 도망하다

51 한 청년이 벗은 몸에 베 홑이불을 두
르고 예수를 따라가다가 무리에게
잡히매
52 베 홑이불을 버리고 벗은 몸으로 도
망하니라

공회 앞에 서시다

53 그들이 예수를 끌고 대제사장에게
로 가니 대제사장들과 장로들과 서
기관들이 다 모이더라
54 베드로가 예수를 멀찍이 따라 대제
사장의 집 뜰 안까지 들어가서 아랫
사람들과 함께 앉아 불을 쬐더라
55 대제사장들과 온 공회가 예수를 죽
이려고 그를 칠 증거를 찾되 얻지 못
하니
56 이는 예수를 쳐서 거짓 증언 하는 자
가 많으나 그 증언이 서로 일치하지
못함이라
57 어떤 사람들이 일어나 예수를 쳐서
거짓 증언 하여 이르되
58 우리가 그의 말을 들으니 손으로 지
은 이 성전을 내가 헐고 손으로 짓지
아니한 다른 성전을 사흘 동안에 지
으리라 하더라 하되
59 그 증언도 서로 일치하지 않더라
60 대제사장이 가운데 일어서서 예수에
게 물어 이르되 너는 아무 대답도 없
느냐 이 사람들이 너를 치는 증거가
어떠하냐 하되
61 침묵하고 아무 대답도 아니하시거늘
대제사장이 다시 물어 이르되 네가
찬송 받을 이의 아들 그리스도냐
62 예수께서 이르시되 내가 그니라 인자
가 권능자의 우편에 앉은 것과 하늘
구름을 타고 오는 것을 너희가 보리
라 하시니
63 대제사장이 자기 옷을 찢으며 이르되
우리가 어찌 더 증인을 요구하리요
64 그 신성 모독 하는 말을 너희가 들었
도다 너희는 어떻게 생각하느냐 하니
그들이 다 예수를 사형에 해당한 자
로 정죄하고
65 어떤 사람은 그에게 침을 뱉으며 그
의 얼굴을 가리고 주먹으로 치며 이
르되 선지자 노릇을 하라 하고 하인
들은 손바닥으로 치더라

베드로가 예수를 알지 못한다고 하다

66 베드로는 아랫뜰에 있더니 대제사장
의 여종 하나가 와서

67 베드로가 불 쬐고 있는 것을 보고
주목하여 이르되 너도 나사렛 예수
와 함께 있었도다 하거늘
68 베드로가 부인하여 이르되 나는 네
가 말하는 것이 무엇인지 알지도 못
하고 깨닫지도 못하겠노라 하며 앞
뜰로 나갈새
69 여종이 그를 보고 곁에 서 있는 자들
에게 다시 이르되 이 사람은 그 도당
이라 하되
70 또 부인하더라 조금 후에 곁에 서 있
는 사람들이 다시 베드로에게 말하
되 너도 갈릴리 사람이니 참으로 그
도당이니라
71 그러나 베드로가 저주하며 맹세하되
나는 너희가 말하는 이 사람을 알지
못하노라 하니
72 닭이 곧 두 번째 울더라 이에 베드로
가 예수께서 자기에게 하신 말씀 곧
닭이 두 번 울기 전에 네가 세 번 나
를 부인하리라 하심이 기억되어 그
일을 생각하고 울었더라

빌라도가 예수께 묻다

15 새벽에 대제사장들이 즉시 장
로들과 서기관들 곧 온 공회와
더불어 의논하고 예수를 결박하여
끌고 가서 빌라도에게 넘겨 주니
2 빌라도가 묻되 네가 유대인의 왕이냐
예수께서 대답하여 이르시되 네 말이
옳도다 하시매
3 대제사장들이 여러 가지로 고발하는
지라
4 빌라도가 또 물어 이르되 아무 대답
도 없느냐 그들이 얼마나 많은 것으
로 너를 고발하는가 보라 하되
5 예수께서 다시 아무 말씀으로도 대
답하지 아니하시니 빌라도가 놀랍게
여기더라

십자가에 못 박히게 예수를 넘기다

6 명절이 되면 백성들이 요구하는 대로
죄수 한 사람을 놓아 주는 전례가 있
더니
7 민란을 꾸미고 그 민란중에 살인하
고 체포된 자 중에 바라바라 하는
자가 있는지라
8 무리가 나아가서 전례대로 하여 주기
를 요구한대
9 빌라도가 대답하여 이르되 너희는 내
가 유대인의 왕을 너희에게 놓아 주
기를 원하느냐 하니

365묵상

베드로의 부인(否認)

십자가를 앞둔 예수님이 제자들의 배신에 관해 말했을 때, 누구보다도 베드로는 강력히 부인했다. 그러나 결과는 예수님의 예언대로 되었다. 베드로는 자신의 헌신을 강조한 그 강력함으로 예수님을 부인했다(막 14:66-72). 우리가 베드로를 정죄하기란 쉽다. 하지만 우리도 우리의 삶에서 주님을 인정하는 데 자주 실패한다. 베드로가 무너진 것은 자기 힘에 근거를 두었기 때문이다. 하지만 오순절 성령강림 이후 베드로는 변했다. 우리도 자신의 힘이 아니라 성령을 힘입어야 예수님을 인정하는 믿음의 삶을 살게 된다.

10 이는 그가 대제사장들이 시기로 예
수를 넘겨 준 줄 앎이러라
11 그러나 대제사장들이 무리를 충동하
여 도리어 바라바를 놓아 달라 하게
하니
12 빌라도가 또 대답하여 이르되 그러면
너희가 유대인의 왕이라 하는 이를
내가 어떻게 하랴
13 그들이 다시 소리 지르되 그를 십자
가에 못 박게 하소서
14 빌라도가 이르되 어찜이냐 무슨 악한
일을 하였느냐 하니 더욱 소리 지르
되 십자가에 못 박게 하소서 하는지
라
15 빌라도가 무리에게 만족을 주고자
하여 바라바는 놓아 주고 예수는 채
찍질하고 십자가에 못 박히게 넘겨
주니라

군인들이 예수를 희롱하다

16 군인들이 예수를 끌고 브라이도리온
이라는 뜰 안으로 들어가서 온 군대
를 모으고
17 예수에게 자색 옷을 입히고 가시관
을 엮어 씌우고
18 경례하여 이르되 유대인의 왕이여 평
안할지어다 하고
19 갈대로 그의 머리를 치며 침을 뱉으
며 꿇어 절하더라
20 희롱을 다 한 후 자색 옷을 벗기고
도로 그의 옷을 입히고 십자가에 못
박으려고 끌고 나가니라

십자가에 못 박히시다

21 마침 알렉산더와 루포의 아버지인 구
레네 사람 시몬이 시골로부터 와서
지나가는데 그들이 그를 억지로 같
이 가게 하여 예수의 십자가를 지우
고
22 예수를 끌고 골고다라 하는 곳(번역
하면 해골의 곳)에 이르러
23 몰약을 탄 포도주를 주었으나 예수
께서 받지 아니하시니라
24 십자가에 못 박고 그 옷을 나눌새
누가 어느 것을 가질까 하여 제비를
뽑더라
25 때가 제삼시가 되어 십자가에 못 박
으니라
26 그 위에 있는 죄패에 유대인의 왕이
라 썼고
27 강도 둘을 예수와 함께 십자가에 못
박으니 하나는 그의 우편에, 하나는
좌편에 있더라
28 (없음)
29 지나가는 자들은 자기 머리를 흔들며
예수를 모욕하여 이르되 아하 성전
을 헐고 사흘에 짓는다는 자여
30 네가 너를 구원하여 십자가에서 내려

오라 하고
31 그와 같이 대제사장들도 서기관들과
함께 희롱하며 서로 말하되 그가 남
은 구원하였으되 자기는 구원할 수
없도다
32 이스라엘의 왕 그리스도가 지금 십
자가에서 내려와 우리가 보고 믿게
할지어다 하며 함께 십자가에 못 박
힌 자들도 예수를 욕하더라

숨지시다

33 제육시가 되매 온 땅에 어둠이 임하
여 제구시까지 계속하더니
34 제구시에 예수께서 크게 소리 지르
시되 엘리 엘리 라마 사박다니 하시
니 이를 번역하면 나의 하나님, 나의
하나님 어찌하여 나를 버리셨나이까
하는 뜻이라
35 곁에 섰던 자 중 어떤 이들이 듣고 이
르되 보라 엘리야를 부른다 하고
36 한 사람이 달려가서 해면에 신 포도
주를 적시어 갈대에 꿰어 마시게 하
고 이르되 가만 두라 엘리야가 와서
그를 내려 주나 보자 하더라
37 예수께서 큰 소리를 지르시고 숨지
시니라
38 이에 성소 휘장이 위로부터 아래까지
찢어져 둘이 되니라
39 예수를 향하여 섰던 백부장이 그렇
게 숨지심을 보고 이르되 이 사람은
진실로 하나님의 아들이었도다 하더
라
40 멀리서 바라보는 여자들도 있었는데
그 중에 막달라 마리아와 또 작은
야고보와 요세의 어머니 마리아와
또 살로메가 있었으니
41 이들은 예수께서 갈릴리에 계실 때
에 따르며 섬기던 자들이요 또 이 외
에 예수와 함께 예루살렘에 올라온
여자들도 많이 있었더라

요셉이 예수의 시체를
무덤에 넣어 두다

42 이 날은 준비일 곧 안식일 전날이므
로 저물었을 때에
43 아리마대 사람 요셉이 와서 당돌히
빌라도에게 들어가 예수의 시체를
달라 하니 이 사람은 존경 받는 공회
원이요 하나님의 나라를 기다리는 자
라
44 빌라도는 예수께서 벌써 죽었을까
하고 이상히 여겨 백부장을 불러 죽
은 지가 오래냐 묻고
45 백부장에게 알아 본 후에 요셉에게
시체를 내주는지라
46 요셉이 세마포를 사서 예수를 내려
다가 그것으로 싸서 바위 속에 판
무덤에 넣어 두고 돌을 굴려 무덤 문

에 놓으매
47 막달라 마리아와 요세의 어머니 마리
아가 예수 둔 곳을 보더라

살아나시다

16 안식일이 지나매 막달라 마리아
와 야고보의 어머니 마리아와
또 살로메가 가서 예수께 바르기 위
하여 향품을 사다 두었다가
2 안식 후 첫날 매우 일찍이 해 돋을
때에 그 무덤으로 가며
3 서로 말하되 누가 우리를 위하여 무
덤 문에서 돌을 굴려 주리요 하더니
4 눈을 들어본즉 벌써 돌이 굴려져 있
는데 그 돌이 심히 크더라
5 무덤에 들어가서 흰 옷을 입은 한 청
년이 우편에 앉은 것을 보고 놀라매
6 청년이 이르되 놀라지 말라 너희가 십
자가에 못 박히신 나사렛 예수를 찾
는구나 그가 살아나셨고 여기 계시지
아니하니라 보라 그를 두었던 곳이니
라
7 가서 그의 제자들과 베드로에게 이
르기를 예수께서 너희보다 먼저 갈릴
리로 가시나니 전에 너희에게 말씀하
신 대로 너희가 거기서 뵈오리라 하
라 하는지라
8 여자들이 몹시 놀라 떨며 나와 무덤
에서 도망하고 무서워하여 아무에게
아무 말도 하지 못하더라

막달라 마리아에게 보이시다

9 [예수께서 안식 후 첫날 이른 아침에
살아나신 후 전에 일곱 귀신을 쫓아
내어 주신 막달라 마리아에게 먼저
보이시니
10 마리아가 가서 예수와 함께 하던 사
람들이 슬퍼하며 울고 있는 중에 이
일을 알리매
11 그들은 예수께서 살아나셨다는 것과
마리아에게 보이셨다는 것을 듣고도
믿지 아니하니라

두 제자에게 나타나시다

12 그 후에 그들 중 두 사람이 걸어서
시골로 갈 때에 예수께서 다른 모양
으로 그들에게 나타나시니
13 두 사람이 가서 남은 제자들에게 알
리었으되 역시 믿지 아니하니라

만민에게 복음을 전파하라

14 그 후에 열한 제자가 음식 먹을 때에
예수께서 그들에게 나타나사 그들의
믿음 없는 것과 마음이 완악한 것을
꾸짖으시니 이는 자기가 살아난 것을
본 자들의 말을 믿지 아니함일러라
15 또 이르시되 너희는 온 천하에 다니
며 만민에게 복음을 전파하라
16 믿고 세례를 받는 사람은 구원을 얻
을 것이요 믿지 않는 사람은 정죄를

받으리라
17 믿는 자들에게는 이런 표적이 따르리
니 곧 그들이 내 이름으로 귀신을 쫓
아내며 새 방언을 말하며
18 뱀을 집어올리며 무슨 독을 마실지라
도 해를 받지 아니하며 병든 사람에
게 손을 얹은즉 나으리라 하시더라

하늘로 올려지시다
19 주 예수께서 말씀을 마치신 후에 하
늘로 올려지사 하나님 우편에 앉으
시니라
20 제자들이 나가 두루 전파할새 주께
서 함께 역사하사 그 따르는 표적으
로 말씀을 확실히 증언하시니라]

누가복음 Luke

'사랑받는 의원'(골 4:14)으로 불리는 누가에 의해 기록된 이 책은 마태복음 및 마가복음과는 또다른 관점에서 예수의 생애에 관해 들려주고 있다. 마태가 '왕'이신 예수를 묘사하고, 마가가 '종'으로서 섬기는 예수상을 부각시키고 있는데 비해, 누가는 사람의 아들 곧 '인자(人子)' 되신 예수의 모습에 초점을 맞추어 묘사하고 있다.

제목 '누가에 의한(카타 루칸)'이라는 헬라어 원제목에서 유래되었으며, 저자의 이름을 반영한다.

저자 의사 누가.

기록 연대 A.D. 62년경. 누가가 기록한 또 다른 저서 사도행전(A.D. 63-64년경에 기록)보다 조금 앞선 시기인 A.D. 62년경에 기록되었으리라고 추정된다.

기록 목적 ① 로마의 관리 데오빌로의 믿음을 굳게 하기 위하여. ② 데오빌로와 같은 모든 성도에게 그리스도의 올바른 모습을 깨우쳐 주기 위하여.

주제 인자이신 그리스도. 예수는 인성을 지닌 진정한 사람으로, 다른 사람들과 똑같이 세상에 살면서 하나님의 뜻을 이루셨다.

특징 ① 전기적 가치-연대적 순서를 따른 배열과 여러 문서를 참고하여 저술한 사실의 기록은, 역사성과 예수의 전기로서 그 가치를 지닌다. ② 인자의 복음-그리스도의 족보, 출생과 성장, 감정 상태 등을 기술함으로써 그분의 인성을 강조했다. ③ 보편성-이방인 여자들, 가난한 자 등 유대 사회에서 소외된 자들을 복음의 빛 아래로 불러모으고 있다.

본서의 내용

I. 잃은 자를 찾으시는 예수
① 인자의 소개(1:1-4:13)
② 인자의 출현과 사역(4:14-9:50)
③ 인자의 배척당하심(9:51-19:27)

II. 잃은 자를 구원하시는 예수
① 인자의 수난과 죽음(19:28-23:56)
② 인자의 부활(24:1-53)

연대표

B.C.	
37년	헤롯 대왕의 통치(37-4)
27년	아구스도의 로마 황제 즉위(27- A.D. 12)
5년	세례 요한 출생
	아구스도의 호적령
4년	예수 탄생 및 할례
	예수의 애굽 피난
	헤롯 대왕 사망
3년	예수의 나사렛 귀환
A.D.	
8년	소년 예수의 성전 방문(12세)
12년	디베료의 로마 황제 즉위(12-37년)
26년	빌라도의 유대 총독 부임(26-36년)
	세례 요한의 사역
27년	예수의 공생애(30세)
28년	12제자를 세우심
29년	오병이어의 기적
30년	마지막 전도 여행
	예수의 죽음과 부활
	예수의 승천(5월)

· 누가복음의 주요 무대

누가복음 Luke

데오빌로 각하에게

1 우리 중에 이루어진 사실에 대하
여
2 처음부터 목격자와 말씀의 일꾼 된
자들이 전하여 준 그대로 내력을 저
술하려고 붓을 든 사람이 많은지라
3 그 모든 일을 근원부터 자세히 미루
어 살핀 나도 데오빌로 각하에게 차
례대로 써 보내는 것이 좋은 줄 알
았노니
4 이는 각하가 알고 있는 바를 더 확실
하게 하려 함이로라

세례 요한의 출생을 예고하다

5 유대 왕 헤롯 때에 아비야 반열에
제사장 한 사람이 있었으니 이름은
사가랴요 그의 아내는 아론의 자손
이니 이름은 엘리사벳이라
6 이 두 사람이 하나님 앞에 의인이니
주의 모든 계명과 규례대로 흠이 없
이 행하더라
7 엘리사벳이 잉태를 못하므로 그들에
게 자식이 없고 두 사람의 나이가 많
더라
8 마침 사가랴가 그 반열의 차례대로
하나님 앞에서 제사장의 직무를 행
할새
9 제사장의 전례를 따라 제비를 뽑아
주의 성전에 들어가 분향하고
10 모든 백성은 그 분향하는 시간에 밖
에서 기도하더니
11 주의 사자가 그에게 나타나 향단 우
편에 선지라
12 사가랴가 보고 놀라며 무서워하니
13 천사가 그에게 이르되 사가랴여 무서
워하지 말라 너의 간구함이 들린지라
네 아내 엘리사벳이 네게 아들을 낳
아 주리니 그 이름을 요한이라 하라
14 너도 기뻐하고 즐거워할 것이요 많은
사람도 그의 태어남을 기뻐하리니
15 이는 그가 주 앞에 큰 자가 되며 포
도주나 독한 술을 마시지 아니하며
모태로부터 성령의 충만함을 받아
16 이스라엘 자손을 주 곧 그들의 하나
님께로 많이 돌아오게 하겠음이라
17 그가 또 엘리야의 심령과 능력으로
주 앞에 먼저 와서 아버지의 마음을

365묵상

믿음은 믿는 자의 것!

오래 신앙생활을 한 사람이 성숙한 믿음의 소유자일까? 하나님의 천사가 사가랴에게 나타났을 때, 그는 오랜 신앙 연륜을 가진 제사장이었지만 하나님의 메시지를 의심했다(눅 1:18). 하지만 하나님의 천사가 더 어려운 메시지, 곧 '동정녀 잉태'라는 메시지를 가지고 나사렛 처녀 마리아를 찾아갔을 때, 그녀는 즉각 믿음으로 응답했다(눅 1:38). 이처럼 오랜 신앙 연륜이 성숙한 믿음을 보장해주지 않는다. 신앙 연륜을 떠나, 우리에게 필요한 것은 말씀을 그대로 받아들이는 순수한 믿음이다. 믿음은 믿는 자의 것이다!

자식에게, 거스르는 자를 의인의 슬
기에 돌아오게 하고 주를 위하여 세
운 백성을 준비하리라
18 사가랴가 천사에게 이르되 내가 이것
을 어떻게 알리요 내가 늙고 아내도
나이가 많으니이다
19 천사가 대답하여 이르되 나는 하나님
앞에 서 있는 가브리엘이라 이 좋은
소식을 전하여 네게 말하라고 보내
심을 받았노라
20 보라 이 일이 되는 날까지 네가 말
못하는 자가 되어 능히 말을 못하리
니 이는 네가 내 말을 믿지 아니함이
거니와 때가 이르면 내 말이 이루어
지리라 하더라
21 백성들이 사가랴를 기다리며 그가 성
전 안에서 지체함을 이상히 여기더라
22 그가 나와서 그들에게 말을 못하니
백성들이 그가 성전 안에서 환상을
본 줄 알았더라 그가 몸짓으로 뜻을
표시하며 그냥 말 못하는 대로 있더
니
23 그 직무의 날이 다 되매 집으로 돌아
가니라
24 이후에 그의 아내 엘리사벳이 잉태
하고 다섯 달 동안 숨어 있으며 이르
되
25 주께서 나를 돌보시는 날에 사람들
앞에서 내 부끄러움을 없게 하시려
고 이렇게 행하심이라 하더라

예수의 나심을 예고하다

26 여섯째 달에 천사 가브리엘이 하나님
의 보내심을 받아 갈릴리 나사렛이란
동네에 가서
27 다윗의 자손 요셉이라 하는 사람과
약혼한 처녀에게 이르니 그 처녀의
이름은 마리아라
28 그에게 들어가 이르되 은혜를 받은
자여 평안할지어다 주께서 너와 함께
하시도다 하니
29 처녀가 그 말을 듣고 놀라 이런 인사
가 어찌함인가 생각하매
30 천사가 이르되 마리아여 무서워하지
말라 네가 하나님께 은혜를 입었느
니라
31 보라 네가 잉태하여 아들을 낳으리
니 그 이름을 예수라 하라
32 그가 큰 자가 되고 지극히 높으신 이
의 아들이라 일컬어질 것이요 주 하
나님께서 그 조상 다윗의 왕위를 그
에게 주시리니
33 영원히 야곱의 집을 왕으로 다스리실
것이며 그 나라가 무궁하리라
34 마리아가 천사에게 말하되 나는 남
자를 알지 못하니 어찌 이 일이 있으
리이까

35 천사가 대답하여 이르되 성령이 네게
임하시고 지극히 높으신 이의 능력이
너를 덮으시리니 이러므로 나실 바
거룩한 이는 하나님의 아들이라 일컬
어지리라
36 보라 네 친족 엘리사벳도 늙어서 아
들을 배었느니라 본래 임신하지 못
한다고 알려진 이가 이미 여섯 달이
되었나니
37 대저 하나님의 모든 말씀은 능하지
못하심이 없느니라
38 마리아가 이르되 주의 여종이오니 말
씀대로 내게 이루어지이다 하매 천사
가 떠나가니라

마리아가 엘리사벳을 방문하다

39 이 때에 마리아가 일어나 빨리 산골
로 가서 유대 한 동네에 이르러
40 사가랴의 집에 들어가 엘리사벳에게
문안하니
41 엘리사벳이 마리아가 문안함을 들으
매 아이가 복중에서 뛰노는지라 엘
리사벳이 성령의 충만함을 받아
42 큰 소리로 불러 이르되 여자 중에 네
가 복이 있으며 네 태중의 아이도 복
이 있도다
43 내 주의 어머니가 내게 나아오니 이
어찌 된 일인가
44 보라 네 문안하는 소리가 내 귀에
들릴 때에 아이가 내 복중에서 기쁨
으로 뛰놀았도다
45 주께서 하신 말씀이 반드시 이루어지
리라고 믿은 그 여자에게 복이 있도
다

마리아의 찬가

46 마리아가 이르되 내 영혼이 주를 찬
양하며
47 내 마음이 하나님 내 구주를 기뻐하
였음은
48 그의 여종의 비천함을 돌보셨음이라
보라 이제 후로는 만세에 나를 복이
있다 일컬으리로다
49 능하신 이가 큰 일을 내게 행하셨으
니 그 이름이 거룩하시며
50 긍휼하심이 두려워하는 자에게 대대
로 이르는도다
51 그의 팔로 힘을 보이사 마음의 생각
이 교만한 자들을 흩으셨고
52 권세 있는 자를 그 위에서 내리치셨
으며 비천한 자를 높이셨고
53 주리는 자를 좋은 것으로 배불리셨
으며 부자는 빈 손으로 보내셨도다
54 그 종 이스라엘을 도우사 긍휼히 여
기시고 기억하시되
55 우리 조상에게 말씀하신 것과 같이
아브라함과 그 자손에게 영원히 하
시리로다 하니라

56 마리아가 석 달쯤 함께 있다가 집으
로 돌아가니라

세례 요한의 출생

57 엘리사벳이 해산할 기한이 차서 아들
을 낳으니
58 이웃과 친족이 주께서 그를 크게 긍
휼히 여기심을 듣고 함께 즐거워하더
라
59 팔 일이 되매 아이를 할례하러 와서
그 아버지의 이름을 따라 사가랴라
하고자 하더니
60 그 어머니가 대답하여 이르되 아니라
요한이라 할 것이라 하매
61 그들이 이르되 네 친족 중에 이 이름
으로 이름한 이가 없다 하고
62 그의 아버지께 몸짓하여 무엇으로 이
름을 지으려 하는가 물으니
63 그가 서판을 달라 하여 그 이름을 요
한이라 쓰매 다 놀랍게 여기더라
64 이에 그 입이 곧 열리고 혀가 풀리며
말을 하여 하나님을 찬송하니
65 그 근처에 사는 자가 다 두려워하고
이 모든 말이 온 유대 산골에 두루
퍼지매
66 듣는 사람이 다 이 말을 마음에 두며
이르되 이 아이가 장차 어찌 될까 하
니 이는 주의 손이 그와 함께 하심이
러라

사가랴의 예언

67 그 부친 사가랴가 성령의 충만함을
받아 예언하여 이르되
68 찬송하리로다 주 이스라엘의 하나님
이여 그 백성을 돌보사 속량하시며
69 우리를 위하여 구원의 뿔을 그 종 다
윗의 집에 일으키셨으니
70 이것은 주께서 예로부터 거룩한 선지
자의 입으로 말씀하신 바와 같이
71 우리 원수에게서와 우리를 미워하는
모든 자의 손에서 구원하시는 일이라
72 우리 조상을 긍휼히 여기시며 그 거
룩한 언약을 기억하셨으니
73 곧 우리 조상 아브라함에게 하신 맹
세라
74 우리가 원수의 손에서 건지심을 받고
75 종신토록 주의 앞에서 성결과 의로
두려움이 없이 섬기게 하리라 하셨도
다
76 이 아이여 네가 지극히 높으신 이의
선지자라 일컬음을 받고 주 앞에 앞
서 가서 그 길을 준비하여
77 주의 백성에게 그 죄 사함으로 말미
암는 구원을 알게 하리니
78 이는 우리 하나님의 긍휼로 인함이라
이로써 돋는 해가 위로부터 우리에
게 임하여
79 어둠과 죽음의 그늘에 앉은 자에게

비치고 우리 발을 평강의 길로 인도
하시리로다 하니라
80 아이가 자라며 심령이 강하여지며 이
스라엘에게 나타나는 날까지 빈 들
에 있으니라

예수의 나심

2 그 때에 가이사 아구스도가 영을
내려 천하로 다 호적하라 하였으
니
2 이 호적은 구레뇨가 수리아 총독이
되었을 때에 처음 한 것이라
3 모든 사람이 호적하러 각각 고향으
로 돌아가매
4 요셉도 다윗의 집 족속이므로 갈릴리
나사렛 동네에서 유대를 향하여 베
들레헴이라 하는 다윗의 동네로
5 그 약혼한 마리아와 함께 호적하러
올라가니 마리아가 이미 잉태하였더
라
6 거기 있을 그 때에 해산할 날이 차서
7 첫아들을 낳아 강보로 싸서 구유에
뉘었으니 이는 여관에 있을 곳이 없
음이러라

목자들이 예수 탄생 소식을 듣다

8 그 지역에 목자들이 밤에 밖에서 자
기 양 떼를 지키더니
9 주의 사자가 곁에 서고 주의 영광이
그들을 두루 비추매 크게 무서워하
는지라
10 천사가 이르되 무서워하지 말라 보라
내가 온 백성에게 미칠 큰 기쁨의 좋
은 소식을 너희에게 전하노라
11 오늘 다윗의 동네에 너희를 위하여
구주가 나셨으니 곧 그리스도 주시
니라
12 너희가 가서 강보에 싸여 구유에 뉘
어 있는 아기를 보리니 이것이 너희에
게 표적이니라 하더니
13 홀연히 수많은 천군이 그 천사와 함
께 하나님을 찬송하여 이르되
14 지극히 높은 곳에서는 하나님께 영
광이요 땅에서는 하나님이 기뻐하신
사람들 중에 평화로다 하니라
15 천사들이 떠나 하늘로 올라가니 목
자가 서로 말하되 이제 베들레헴으
로 가서 주께서 우리에게 알리신 바
이 이루어진 일을 보자 하고
16 빨리 가서 마리아와 요셉과 구유에
누인 아기를 찾아서
17 보고 천사가 자기들에게 이 아기에
대하여 말한 것을 전하니
18 듣는 자가 다 목자들이 그들에게 말
한 것들을 놀랍게 여기되
19 마리아는 이 모든 말을 마음에 새기
어 생각하니라
20 목자들은 자기들에게 이르던 바와

갈이 듣고 본 그 모든 것으로 인하여
하나님께 영광을 돌리고 찬송하며
돌아가니라
21 할례할 팔 일이 되매 그 이름을 예수
라 하니 곧 잉태하기 전에 천사가 일
컬은 바러라

아기 예수의 정결예식

22 모세의 법대로 정결예식의 날이 차매
아기를 데리고 예루살렘에 올라가니
23 이는 주의 율법에 쓴 바 첫 태에 처
음 난 남자마다 주의 거룩한 자라 하
리라 한 대로 아기를 주께 드리고
24 또 주의 율법에 말씀하신 대로 산비
둘기 한 쌍이나 혹은 어린 집비둘기
둘로 제사하려 함이더라
25 예루살렘에 시므온이라 하는 사람이
있으니 이 사람은 의롭고 경건하여
이스라엘의 위로를 기다리는 자라 성
령이 그 위에 계시더라
26 그가 주의 그리스도를 보기 전에는
죽지 아니하리라 하는 성령의 지시를
받았더니
27 성령의 감동으로 성전에 들어가매 마
침 부모가 율법의 관례대로 행하고
자 하여 그 아기 예수를 데리고 오는
지라
28 시므온이 아기를 안고 하나님을 찬
송하여 이르되
29 주재여 이제는 말씀하신 대로 종을
평안히 놓아 주시는도다
30 내 눈이 주의 구원을 보았사오니
31 이는 만민 앞에 예비하신 것이요
32 이방을 비추는 빛이요 주의 백성 이
스라엘의 영광이니이다 하니
33 그의 부모가 그에 대한 말들을 놀랍
게 여기더라
34 시므온이 그들에게 축복하고 그의
어머니 마리아에게 말하여 이르되 보
라 이는 이스라엘 중 많은 사람을
패하거나 흥하게 하며 비방을 받는
표적이 되기 위하여 세움을 받았고
35 또 칼이 네 마음을 찌르듯 하리니 이
는 여러 사람의 마음의 생각을 드러
내려 함이니라 하더라
36 또 아셀 지파 바누엘의 딸 안나라
하는 선지자가 있어 나이가 매우 많
았더라 그가 결혼한 후 일곱 해 동안
남편과 함께 살다가
37 과부가 되고 팔십사 세가 되었더라
이 사람이 성전을 떠나지 아니하고
주야로 금식하며 기도함으로 섬기더
니
38 마침 이 때에 나아와서 하나님께 감
사하고 예루살렘의 속량을 바라는
모든 사람에게 그에 대하여 말하니
라

39 주의 율법을 따라 모든 일을 마치고
갈릴리로 돌아가 본 동네 나사렛에
이르니라
40 아기가 자라며 강하여지고 지혜가 충
만하며 하나님의 은혜가 그의 위에
있더라

열두 살 시절의 예수

41 그의 부모가 해마다 유월절이 되면
예루살렘으로 가더니
42 예수께서 열두 살 되었을 때에 그들
이 이 절기의 관례를 따라 올라갔다
가
43 그 날들을 마치고 돌아갈 때에 아이
예수는 예루살렘에 머무셨더라 그
부모는 이를 알지 못하고
44 동행 중에 있는 줄로 생각하고 하룻
길을 간 후 친족과 아는 자 중에서
찾되
45 만나지 못하매 찾으면서 예루살렘에
돌아갔더니
46 사흘 후에 성전에서 만난즉 그가 선
생들 중에 앉으사 그들에게 듣기도
하시며 묻기도 하시니
47 듣는 자가 다 그 지혜와 대답을 놀
랍게 여기더라
48 그의 부모가 보고 놀라며 그의 어머
니는 이르되 아이야 어찌하여 우리에
게 이렇게 하였느냐 보라 네 아버지
와 내가 근심하여 너를 찾았노라
49 예수께서 이르시되 어찌하여 나를 찾
으셨나이까 내가 내 아버지 집에 있
어야 될 줄을 알지 못하셨나이까 하
시니
50 그 부모가 그가 하신 말씀을 깨닫지
못하더라
51 예수께서 함께 내려가사 나사렛에
이르러 순종하여 받드시더라 그 어머
니는 이 모든 말을 마음에 두니라
52 예수는 지혜와 키가 자라가며 하나님
과 사람에게 더욱 사랑스러워 가시더
라

세례 요한의 전파

3 디베료 황제가 통치한 지 열다섯
해 곧 본디오 빌라도가 유대의 총
독으로, 헤롯이 갈릴리의 분봉 왕으
로, 그 동생 빌립이 이두래와 드라고
닛 지방의 분봉 왕으로, 루사니아가
아빌레네의 분봉 왕으로,
2 안나스와 가야바가 대제사장으로 있
을 때에 하나님의 말씀이 빈 들에서

365묵상

이방을 비추는 빛

요셉과 마리아는 출산 40일째에 정결의식을 치르기 위해 아기 예수를 데리고 성전에 올라갔다. 그때 의인 시므온은 성령에 의해 아기 예수가 '메시아'란 사실을 직감했다. 그는 메시아를 만난 기쁨에 겨워 아기 예수를 안고 감사 찬송을 드렸다. 놀랍게도 시므온은 아기 예수에게 이사야 42장 6절의 말씀을 적용하여 메시아를 '이방의 빛'으로 묘사했다(눅 2:32). 이처럼 시므온은 하나님의 궁극적인 계획을 놀랍도록 꿰뚫어보고 있었다. 그렇다! 메시아 예수는 정녕 온 세상을 비추는 '이방의 빛'으로 이 땅에 오셨다.

사가랴의 아들 요한에게 임한지라
3 요한이 요단 강 부근 각처에 와서 죄
사함을 받게 하는 회개의 세례를 전
파하니
4 선지자 이사야의 책에 쓴 바 광야에
서 외치는 자의 소리가 있어 이르되
너희는 주의 길을 준비하라 그의 오
실 길을 곧게 하라
5 모든 골짜기가 메워지고 모든 산과
작은 산이 낮아지고 굽은 것이 곧아
지고 험한 길이 평탄하여질 것이요
6 모든 육체가 하나님의 구원하심을
보리라 함과 같으니라
7 요한이 세례 받으러 나아오는 무리
에게 이르되 독사의 자식들아 누가
너희에게 일러 장차 올 진노를 피하
라 하더냐
8 그러므로 회개에 합당한 열매를 맺
고 속으로 아브라함이 우리 조상이
라 말하지 말라 내가 너희에게 이르
노니 하나님이 능히 이 돌들로도 아
브라함의 자손이 되게 하시리라
9 이미 도끼가 나무 뿌리에 놓였으니
좋은 열매 맺지 아니하는 나무마다
찍혀 불에 던져지리라
10 무리가 물어 이르되 그러면 우리가
무엇을 하리이까
11 대답하여 이르되 옷 두 벌 있는 자는
옷 없는 자에게 나눠 줄 것이요 먹을
것이 있는 자도 그렇게 할 것이니라
하고
12 세리들도 세례를 받고자 하여 와서
이르되 선생이여 우리는 무엇을 하리
이까 하매
13 이르되 부과된 것 외에는 거두지 말
라 하고
14 군인들도 물어 이르되 우리는 무엇
을 하리이까 하매 이르되 사람에게서
강탈하지 말며 거짓으로 고발하지 말
고 받는 급료를 족한 줄로 알라 하
니라
15 백성들이 바라고 기다리므로 모든
사람들이 요한을 혹 그리스도신가
심중에 생각하니
16 요한이 모든 사람에게 대답하여 이
르되 나는 물로 너희에게 세례를 베
풀거니와 나보다 능력이 많으신 이가
오시나니 나는 그의 신발끈을 풀기
도 감당하지 못하겠노라 그는 성령
과 불로 너희에게 세례를 베푸실 것
이요
17 손에 키를 들고 자기의 타작 마당을
정하게 하사 알곡은 모아 곳간에 들
이고 쭉정이는 꺼지지 않는 불에 태
우시리라
18 또 그 밖에 여러 가지로 권하여 백성

에게 좋은 소식을 전하였으나
19 분봉 왕 헤롯은 그의 동생의 아내
헤로디아의 일과 또 자기가 행한 모
든 악한 일로 말미암아 요한에게 책
망을 받고
20 그 위에 한 가지 악을 더하여 요한을
옥에 가두니라

세례를 받으시다

21 백성이 다 세례를 받을새 예수도 세
례를 받으시고 기도하실 때에 하늘
이 열리며
22 성령이 비둘기 같은 형체로 그의 위
에 강림하시더니 하늘로부터 소리가
나기를 너는 내 사랑하는 아들이라
내가 너를 기뻐하노라 하시니라

예수의 족보

23 예수께서 가르치심을 시작하실 때에
삼십 세쯤 되시니라 사람들이 아는
대로는 요셉의 아들이니 요셉의 위
는 헬리요
24 그 위는 맛닷이요 그 위는 레위요 그
위는 멜기요 그 위는 얀나요 그 위는
요셉이요
25 그 위는 맛다디아요 그 위는 아모스
요 그 위는 나훔이요 그 위는 에슬리
요 그 위는 낙개요
26 그 위는 마앗이요 그 위는 맛다디아
요 그 위는 서머인이요 그 위는 요섹
이요 그 위는 요다요
27 그 위는 요아난이요 그 위는 레사요
그 위는 스룹바벨이요 그 위는 스알
디엘이요 그 위는 네리요
28 그 위는 멜기요 그 위는 앗디요 그
위는 고삼이요 그 위는 엘마담이요
그 위는 에르요
29 그 위는 예수요 그 위는 엘리에서요
그 위는 요림이요 그 위는 맛닷이요
그 위는 레위요
30 그 위는 시므온이요 그 위는 유다요
그 위는 요셉이요 그 위는 요남이요
그 위는 엘리아김이요
31 그 위는 멜레아요 그 위는 멘나요
그 위는 맛다다요 그 위는 나단이요
그 위는 다윗이요
32 그 위는 이새요 그 위는 오벳이요
그 위는 보아스요 그 위는 살몬이요
그 위는 나손이요
33 그 위는 아미나답이요 그 위는 아니
요 그 위는 헤스론이요 그 위는 베
레스요 그 위는 유다요
34 그 위는 야곱이요 그 위는 이삭이요
그 위는 아브라함이요 그 위는 데라
요 그 위는 나홀이요
35 그 위는 스룩이요 그 위는 르우요
그 위는 벨렉이요 그 위는 헤버요
그 위는 살라요

36 그 위는 가이난이요 그 위는 아박삿이요 그 위는 셈이요 그 위는 노아요 그 위는 레멕이요
37 그 위는 므두셀라요 그 위는 에녹이요 그 위는 야렛이요 그 위는 마할랄렐이요 그 위는 가이난이요
38 그 위는 에노스요 그 위는 셋이요 그 위는 아담이요 그 위는 하나님이시니라

시험을 받으시다

4 예수께서 성령의 충만함을 입어 요단 강에서 돌아오사 광야에서 사십 일 동안 성령에게 이끌리시며
2 마귀에게 시험을 받으시더라 이 모든 날에 아무 것도 잡수시지 아니하시니 날 수가 다하매 주리신지라
3 마귀가 이르되 네가 만일 하나님의 아들이어든 이 돌들에게 명하여 떡이 되게 하라
4 예수께서 대답하시되 기록된 바 사람이 떡으로만 살 것이 아니라 하였느니라
5 마귀가 또 예수를 이끌고 올라가서 순식간에 천하 만국을 보이며
6 이르되 이 모든 권위와 그 영광을 내가 네게 주리라 이것은 내게 넘겨 준 것이므로 내가 원하는 자에게 주노라
7 그러므로 네가 만일 내게 절하면 다 네 것이 되리라
8 예수께서 대답하여 이르시되 기록된 바 주 너의 하나님께 경배하고 다만 그를 섬기라 하였느니라
9 또 이끌고 예루살렘으로 가서 성전 꼭대기에 세우고 이르되 네가 만일 하나님의 아들이어든 여기서 뛰어내리라
10 기록되었으되 하나님이 너를 위하여 그 사자들을 명하사 너를 지키게 하시리라 하였고
11 또한 그들이 손으로 너를 받들어 네 발이 돌에 부딪치지 않게 하시리라 하였느니라
12 예수께서 대답하여 이르시되 주 너의 하나님을 시험하지 말라 하였느니라
13 마귀가 모든 시험을 다 한 후에 얼마 동안 떠나니라

갈릴리 여러 회당에서 가르치시다

14 예수께서 성령의 능력으로 갈릴리에 돌아가시니 그 소문이 사방에 퍼졌고
15 친히 그 여러 회당에서 가르치시매 뭇 사람에게 칭송을 받으시더라

나사렛에서 배척을 받으시다

16 예수께서 그 자라나신 곳 나사렛에 이르사 안식일에 늘 하시던 대로 회

당에 들어가사 성경을 읽으려고 서시
매
17 선지자 이사야의 글을 드리거늘 책을
펴서 이렇게 기록된 데를 찾으시니
곧
18 주의 성령이 내게 임하셨으니 이는
가난한 자에게 복음을 전하게 하시
려고 내게 기름을 부으시고 나를 보
내사 포로 된 자에게 자유를, 눈 먼
자에게 다시 보게 함을 전파하며 눌
린 자를 자유롭게 하고
19 주의 은혜의 해를 전파하게 하려 하
심이라 하였더라
20 책을 덮어 그 맡은 자에게 주시고 앉
으시니 회당에 있는 자들이 다 주목
하여 보더라
21 이에 예수께서 그들에게 말씀하시되
이 글이 오늘 너희 귀에 응하였느니
라 하시니
22 그들이 다 그를 증언하고 그 입으로
나오는 바 은혜로운 말을 놀랍게 여
겨 이르되 이 사람이 요셉의 아들이
아니냐
23 예수께서 그들에게 이르시되 너희가
반드시 의사야 너 자신을 고치라 하
는 속담을 인용하여 내게 말하기를
우리가 들은 바 가버나움에서 행한
일을 네 고향 여기서도 행하라 하리
라
24 또 이르시되 내가 진실로 너희에게
이르노니 선지자가 고향에서는 환영
을 받는 자가 없느니라
25 내가 참으로 너희에게 이르노니 엘
리야 시대에 하늘이 삼 년 육 개월간
닫히어 온 땅에 큰 흉년이 들었을 때
에 이스라엘에 많은 과부가 있었으
되
26 엘리야가 그 중 한 사람에게도 보내
심을 받지 않고 오직 시돈 땅에 있는
사렙다의 한 과부에게 뿐이었으며
27 또 선지자 엘리사 때에 이스라엘에
많은 나병환자가 있었으되 그 중의
한 사람도 깨끗함을 얻지 못하고 오
직 수리아 사람 나아만뿐이었느니라
28 회당에 있는 자들이 이것을 듣고 다
크게 화가 나서
29 일어나 동네 밖으로 쫓아내어 그 동
네가 건설된 산 낭떠러지까지 끌고
가서 밀쳐 떨어뜨리고자 하되
30 예수께서 그들 가운데로 지나서 가
시니라

더러운 귀신 들린 사람을 고치시다

31 갈릴리의 가버나움 동네에 내려오사
안식일에 가르치시매
32 그들이 그 가르치심에 놀라니 이는
그 말씀이 권위가 있음이러라

33 회당에 더러운 귀신 들린 사람이 있어
크게 소리 질러 이르되
34 아 나사렛 예수여 우리가 당신과 무
슨 상관이 있나이까 우리를 멸하러
왔나이까 나는 당신이 누구인 줄 아
노니 하나님의 거룩한 자니이다
35 예수께서 꾸짖어 이르시되 잠잠하고
그 사람에게서 나오라 하시니 귀신이
그 사람을 무리 중에 넘어뜨리고 나
오되 그 사람은 상하지 아니한지라
36 다 놀라 서로 말하여 이르되 이 어떠
한 말씀인고 권위와 능력으로 더러운
귀신을 명하매 나가는도다 하더라
37 이에 예수의 소문이 그 근처 사방에
퍼지니라

온갖 병자들을 고치시다

38 예수께서 일어나 회당에서 나가사 시
몬의 집에 들어가시니 시몬의 장모가
중한 열병을 앓고 있는지라 사람들
이 그를 위하여 예수께 구하니
39 예수께서 가까이 서서 열병을 꾸짖으
신대 병이 떠나고 여자가 곧 일어나
그들에게 수종드니라
40 해 질 무렵에 사람들이 온갖 병자들
을 데리고 나아오매 예수께서 일일
이 그 위에 손을 얹으사 고치시니
41 여러 사람에게서 귀신들이 나가며 소
리 질러 이르되 당신은 하나님의 아
들이니이다 예수께서 꾸짖으사 그들
이 말함을 허락하지 아니하시니 이는
자기를 그리스도인 줄 앎이러라

복음을 전하러 떠나시다

42 날이 밝으매 예수께서 나오사 한적
한 곳에 가시니 무리가 찾다가 만나
서 자기들에게서 떠나시지 못하게 만
류하려 하매
43 예수께서 이르시되 내가 다른 동네
들에서도 하나님의 나라 복음을 전
하여야 하리니 나는 이 일을 위해 보
내심을 받았노라 하시고
44 갈릴리 여러 회당에서 전도하시더라

어부들이 예수를 따르다

5 무리가 몰려와서 하나님의 말씀을
들을새 예수는 게네사렛 호숫가
에 서서
2 호숫가에 배 두 척이 있는 것을 보시
니 어부들은 배에서 나와서 그물을
씻는지라
3 예수께서 한 배에 오르시니 그 배는
시몬의 배라 육지에서 조금 떼기를
청하시고 앉으사 배에서 무리를 가
르치시더니
4 말씀을 마치시고 시몬에게 이르시되
깊은 데로 가서 그물을 내려 고기를
잡으라
5 시몬이 대답하여 이르되 선생님 우리

들이 밤이 새도록 수고하였으되 잡
은 것이 없지마는 말씀에 의지하여
내가 그물을 내리리이다 하고
6 그렇게 하니 고기를 잡은 것이 심히
많아 그물이 찢어지는지라
7 이에 다른 배에 있는 동무들에게 손
짓하여 와서 도와 달라 하니 그들이
와서 두 배에 채우매 잠기게 되었더
라
8 시몬 베드로가 이를 보고 예수의 무
릎 아래에 엎드려 이르되 주여 나를
떠나소서 나는 죄인이로소이다 하니
9 이는 자기 및 자기와 함께 있는 모든
사람이 고기 잡힌 것으로 말미암아
놀라고
10 세베대의 아들로서 시몬의 동업자인
야고보와 요한도 놀랐음이라 예수
께서 시몬에게 이르시되 무서워하지
말라 이제 후로는 네가 사람을 취하
리라 하시니
11 그들이 배들을 육지에 대고 모든 것
을 버려 두고 예수를 따르니라

나병 들린 사람을 깨끗하게 하시다

12 예수께서 한 동네에 계실 때에 온
몸에 나병 들린 사람이 있어 예수를
보고 엎드려 구하여 이르되 주여 원
하시면 나를 깨끗하게 하실 수 있나
이다 하니
13 예수께서 손을 내밀어 그에게 대시
며 이르시되 내가 원하노니 깨끗함을
받으라 하신대 나병이 곧 떠나니라
14 예수께서 그를 경고하시되 아무에게
도 이르지 말고 가서 제사장에게 네
몸을 보이고 또 네가 깨끗하게 됨으
로 인하여 모세가 명한 대로 예물을
드려 그들에게 입증하라 하셨더니
15 예수의 소문이 더욱 퍼지매 수많은
무리가 말씀도 듣고 자기 병도 고침
을 받고자 하여 모여 오되
16 예수는 물러가사 한적한 곳에서 기
도하시니라

중풍병자를 고치시다

17 하루는 가르치실 때에 갈릴리의 각
마을과 유대와 예루살렘에서 온 바
리새인과 율법교사들이 앉았는데 병
을 고치는 주의 능력이 예수와 함께
하더라
18 한 중풍병자를 사람들이 침상에 메
고 와서 예수 앞에 들여놓고자 하였
으나

365묵상

예수님의 좋은 제자가 되어

공생애를 시작하시면서 예수님은 함께 일할 제자들을 부르셨다. 그리하여 갈릴리 바다의 네 어부들 곧 베드로, 안드레, 야고보, 요한이 맨 처음 제자들이 되었다(눅 5:1–11). 그렇다면 예수님은 어떤 자들을 자신의 제자로 부르셨을까? 적어도 3가지 공통점이 있다. 첫째, 그들은 자신들의 일터에서 열심히 땀 흘리며 일하는 사람들이었다. 둘째, 그들은 다른 사람들과 팀을 이루어 일하는데 익숙한 사람들이었다. 셋째, 그들은 예수님의 부르심에 즉각 순종한 사람들이었다. 이 점에 주목하여, 오늘날 우리도 좋은 제자가 되자.

19 무리 때문에 메고 들어갈 길을 얻지
못한지라 지붕에 올라가 기와를 벗기
고 병자를 침상째 무리 가운데로 예
수 앞에 달아 내리니
20 예수께서 그들의 믿음을 보시고 이
르시되 이 사람아 네 죄 사함을 받았
느니라 하시니
21 서기관과 바리새인들이 생각하여 이
르되 이 신성 모독 하는 자가 누구냐
오직 하나님 외에 누가 능히 죄를 사
하겠느냐
22 예수께서 그 생각을 아시고 대답하
여 이르시되 너희 마음에 무슨 생각
을 하느냐
23 네 죄 사함을 받았느니라 하는 말과
일어나 걸어가라 하는 말이 어느 것
이 쉽겠느냐
24 그러나 인자가 땅에서 죄를 사하는
권세가 있는 줄을 너희로 알게 하리
라 하시고 중풍병자에게 말씀하시되
내가 네게 이르노니 일어나 네 침상
을 가지고 집으로 가라 하시매
25 그 사람이 그들 앞에서 곧 일어나 그
누웠던 것을 가지고 하나님께 영광을
돌리며 자기 집으로 돌아가니
26 모든 사람이 놀라 하나님께 영광을
돌리며 심히 두려워하여 이르되 오늘
우리가 놀라운 일을 보았다 하니라

레위가 예수를 따르다

27 그 후에 예수께서 나가사 레위라 하
는 세리가 세관에 앉아 있는 것을 보
시고 나를 따르라 하시니
28 그가 모든 것을 버리고 일어나 따르
니라
29 레위가 예수를 위하여 자기 집에서
큰 잔치를 하니 세리와 다른 사람이
많이 함께 앉아 있는지라
30 바리새인과 그들의 서기관들이 그 제
자들을 비방하여 이르되 너희가 어찌
하여 세리와 죄인과 함께 먹고 마시
느냐
31 예수께서 대답하여 이르시되 건강한
자에게는 의사가 쓸 데 없고 병든 자
에게라야 쓸 데 있나니
32 내가 의인을 부르러 온 것이 아니요
죄인을 불러 회개시키러 왔노라
33 그들이 예수께 말하되 요한의 제자
는 자주 금식하며 기도하고 바리새
인의 제자들도 또한 그리하되 당신의
제자들은 먹고 마시나이다
34 예수께서 그들에게 이르시되 혼인
집 손님들이 신랑과 함께 있을 때에
너희가 그 손님으로 금식하게 할 수
있느냐
35 그러나 그 날에 이르러 그들이 신랑
을 빼앗기리니 그 날에는 금식할 것

이니라
36 또 비유하여 이르시되 새 옷에서 한
조각을 찢어 낡은 옷에 붙이는 자가
없나니 만일 그렇게 하면 새 옷을 찢
을 뿐이요 또 새 옷에서 찢은 조각
이 낡은 것에 어울리지 아니하리라
37 새 포도주를 낡은 가죽 부대에 넣는
자가 없나니 만일 그렇게 하면 새 포
도주가 부대를 터뜨려 포도주가 쏟
아지고 부대도 못쓰게 되리라
38 새 포도주는 새 부대에 넣어야 할
것이니라
39 묵은 포도주를 마시고 새 것을 원하
는 자가 없나니 이는 묵은 것이 좋다
함이니라

안식일에 밀 이삭을 자르다

6 안식일에 예수께서 밀밭 사이로
지나가실새 제자들이 이삭을 잘라
손으로 비비어 먹으니
2 어떤 바리새인들이 말하되 어찌하여
안식일에 하지 못할 일을 하느냐
3 예수께서 대답하여 이르시되 다윗이
자기 및 자기와 함께 한 자들이 시장
할 때에 한 일을 읽지 못하였느냐
4 그가 하나님의 전에 들어가서 다만
제사장 외에는 먹어서는 안 되는 진
설병을 먹고 함께 한 자들에게도 주
지 아니하였느냐
5 또 이르시되 인자는 안식일의 주인이
니라 하시더라

안식일에 손 마른 사람을 고치시다

6 또 다른 안식일에 예수께서 회당에
들어가사 가르치실새 거기 오른손
마른 사람이 있는지라
7 서기관과 바리새인들이 예수를 고발
할 증거를 찾으려 하여 안식일에 병
을 고치시는가 엿보니
8 예수께서 그들의 생각을 아시고 손
마른 사람에게 이르시되 일어나 한가
운데 서라 하시니 그가 일어나 서거
늘
9 예수께서 그들에게 이르시되 내가
너희에게 묻노니 안식일에 선을 행하
는 것과 악을 행하는 것, 생명을 구
하는 것과 죽이는 것, 어느 것이 옳
으냐 하시며
10 무리를 둘러보시고 그 사람에게 이
르시되 네 손을 내밀라 하시니 그가
그리하매 그 손이 회복된지라
11 그들은 노기가 가득하여 예수를 어
떻게 할까 하고 서로 의논하니라

열두 제자를 사도로 택하시다

12 이 때에 예수께서 기도하시려 산으
로 가사 밤이 새도록 하나님께 기도
하시고
13 밝으매 그 제자들을 부르사 그 중에

서 열둘을 택하여 사도라 칭하셨으니
14 곧 베드로라고도 이름을 주신 시몬
과 그의 동생 안드레와 야고보와 요
한과 빌립과 바돌로매와
15 마태와 도마와 알패오의 아들 야고
보와 셀롯이라는 시몬과
16 야고보의 아들 유다와 예수를 파는
자 될 가룟 유다라
17 예수께서 그들과 함께 내려오사 평
지에 서시니 그 제자의 많은 무리와
예수의 말씀도 듣고 병 고침을 받으
려고 유대 사방과 예루살렘과 두로
와 시돈의 해안으로부터 온 많은 백
성도 있더라
18 더러운 귀신에게 고난 받는 자들도
고침을 받은지라
19 온 무리가 예수를 만지려고 힘쓰니
이는 능력이 예수께로부터 나와서
모든 사람을 낫게 함이러라

복과 화를 선포하시다

20 예수께서 눈을 들어 제자들을 보시
고 이르시되 너희 가난한 자는 복이
있나니 하나님의 나라가 너희 것임이
요
21 지금 주린 자는 복이 있나니 너희가
배부름을 얻을 것임이요 지금 우는
자는 복이 있나니 너희가 웃을 것임
이요
22 인자로 말미암아 사람들이 너희를 미
워하며 멀리하고 욕하고 너희 이름을
악하다 하여 버릴 때에는 너희에게
복이 있도다
23 그 날에 기뻐하고 뛰놀라 하늘에서
너희 상이 큼이라 그들의 조상들이
선지자들에게 이와 같이 하였느니라
24 그러나 화 있을진저 너희 부요한 자
여 너희는 너희의 위로를 이미 받았
도다
25 화 있을진저 너희 지금 배부른 자여
너희는 주리리로다 화 있을진저 너희
지금 웃는 자여 너희가 애통하며 울
리로다
26 모든 사람이 너희를 칭찬하면 화가
있도다 그들의 조상들이 거짓 선지자
들에게 이와 같이 하였느니라

원수를 사랑하라

27 그러나 너희 듣는 자에게 내가 이르
노니 너희 원수를 사랑하며 너희를
미워하는 자를 선대하며
28 너희를 저주하는 자를 위하여 축복
하며 너희를 모욕하는 자를 위하여
기도하라
29 너의 이 뺨을 치는 자에게 저 뺨도
돌려대며 네 겉옷을 빼앗는 자에게
속옷도 거절하지 말라
30 네게 구하는 자에게 주며 네 것을

가져가는 자에게 다시 달라 하지 말
며
31 남에게 대접을 받고자 하는 대로 너
희도 남을 대접하라
32 너희가 만일 너희를 사랑하는 자만을
사랑하면 칭찬 받을 것이 무엇이냐
죄인들도 사랑하는 자는 사랑하느니
라
33 너희가 만일 선대하는 자만을 선대하
면 칭찬 받을 것이 무엇이냐 죄인들
도 이렇게 하느니라
34 너희가 받기를 바라고 사람들에게
꾸어 주면 칭찬 받을 것이 무엇이냐
죄인들도 그만큼 받고자 하여 죄인
에게 꾸어 주느니라
35 오직 너희는 원수를 사랑하고 선대하
며 아무 것도 바라지 말고 꾸어 주라
그리하면 너희 상이 클 것이요 또 지
극히 높으신 이의 아들이 되리니 그
는 은혜를 모르는 자와 악한 자에게
도 인자하시니라
36 너희 아버지의 자비로우심 같이 너희
도 자비로운 자가 되라
37 비판하지 말라 그리하면 너희가 비판
을 받지 않을 것이요 정죄하지 말라
그리하면 너희가 정죄를 받지 않을
것이요 용서하라 그리하면 너희가 용
서를 받을 것이요
38 주라 그리하면 너희에게 줄 것이니
곧 후히 되어 누르고 흔들어 넘치도
록 하여 너희에게 안겨 주리라 너희
가 헤아리는 그 헤아림으로 너희도
헤아림을 도로 받을 것이니라

네 눈 속에 있는 들보

39 또 비유로 말씀하시되 맹인이 맹인을
인도할 수 있느냐 둘이 다 구덩이에
빠지지 아니하겠느냐
40 제자가 그 선생보다 높지 못하나 무
릇 온전하게 된 자는 그 선생과 같으
리라
41 어찌하여 형제의 눈 속에 있는 티는
보고 네 눈 속에 있는 들보는 깨닫
지 못하느냐
42 너는 네 눈 속에 있는 들보를 보지
못하면서 어찌하여 형제에게 말하기
를 형제여 나로 네 눈 속에 있는 티
를 빼게 하라 할 수 있느냐 외식하는
자여 먼저 네 눈 속에서 들보를 빼라
그 후에야 네가 밝히 보고 형제의 눈
속에 있는 티를 빼리라
43 못된 열매 맺는 좋은 나무가 없고 또
좋은 열매 맺는 못된 나무가 없느니
라
44 나무는 각각 그 열매로 아나니 가시
나무에서 무화과를, 또는 찔레에서
포도를 따지 못하느니라

45 선한 사람은 마음에 쌓은 선에서 선
을 내고 악한 자는 그 쌓은 악에서
악을 내나니 이는 마음에 가득한 것
을 입으로 말함이니라

듣고 행하는 자와 행하지 아니하는 자

46 너희는 나를 불러 주여 주여 하면서
도 어찌하여 내가 말하는 것을 행하
지 아니하느냐
47 내게 나아와 내 말을 듣고 행하는
자마다 누구와 같은 것을 너희에게
보이리라
48 집을 짓되 깊이 파고 주추를 반석 위
에 놓은 사람과 같으니 큰 물이 나서
탁류가 그 집에 부딪치되 잘 지었기
때문에 능히 요동하지 못하게 하였
거니와
49 듣고 행하지 아니하는 자는 주추 없
이 흙 위에 집 지은 사람과 같으니
탁류가 부딪치매 집이 곧 무너져 파
괴됨이 심하니라 하시니라

백부장의 종을 고치시다

7 예수께서 모든 말씀을 백성에게
들려 주시기를 마치신 후에 가버
나움으로 들어가시니라
2 어떤 백부장의 사랑하는 종이 병들어
죽게 되었더니
3 예수의 소문을 듣고 유대인의 장로
몇 사람을 예수께 보내어 오셔서 그
종을 구해 주시기를 청한지라
4 이에 그들이 예수께 나아와 간절히
구하여 이르되 이 일을 하시는 것이
이 사람에게는 합당하니이다
5 그가 우리 민족을 사랑하고 또한 우
리를 위하여 회당을 지었나이다 하니
6 예수께서 함께 가실새 이에 그 집이
멀지 아니하여 백부장이 벗들을 보내
어 이르되 주여 수고하시지 마옵소서
내 집에 들어오심을 나는 감당하지
못하겠나이다
7 그러므로 내가 주께 나아가기도 감
당하지 못할 줄을 알았나이다 말씀
만 하사 내 하인을 낫게 하소서
8 나도 남의 수하에 든 사람이요 내
아래에도 병사가 있으니 이더러 가라
하면 가고 저더러 오라 하면 오고 내
종더러 이것을 하라 하면 하나이다
9 예수께서 들으시고 그를 놀랍게 여
겨 돌이키사 따르는 무리에게 이르시
되 내가 너희에게 이르노니 이스라엘
중에서도 이만한 믿음은 만나보지
못하였노라 하시더라
10 보내었던 사람들이 집으로 돌아가
보매 종이 이미 나아 있었더라

과부의 아들을 살리시다

11 그 후에 예수께서 나인이란 성으로
가실새 제자와 많은 무리가 동행하

더니
12 성문에 가까이 이르실 때에 사람들
이 한 죽은 자를 메고 나오니 이는
한 어머니의 독자요 그의 어머니는
과부라 그 성의 많은 사람도 그와
함께 나오거늘
13 주께서 과부를 보시고 불쌍히 여기
사 울지 말라 하시고
14 가까이 가서 그 관에 손을 대시니 멘
자들이 서는지라 예수께서 이르시되
청년아 내가 네게 말하노니 일어나라
하시매
15 죽었던 자가 일어나 앉고 말도 하거
늘 예수께서 그를 어머니에게 주시
니
16 모든 사람이 두려워하며 하나님께 영
광을 돌려 이르되 큰 선지자가 우리
가운데 일어나셨다 하고 또 하나님
께서 자기 백성을 돌보셨다 하더라
17 예수께 대한 이 소문이 온 유대와
사방에 두루 퍼지니라

세례 요한의 제자들에게 대답하시다

18 요한의 제자들이 이 모든 일을 그에
게 알리니
19 요한이 그 제자 중 둘을 불러 주께
보내어 이르되 오실 그이가 당신이오
니이까 우리가 다른 이를 기다리오리
이까 하라 하매
20 그들이 예수께 나아가 이르되 세례
요한이 우리를 보내어 당신께 여쭈어
보라고 하기를 오실 그이가 당신이
오니이까 우리가 다른 이를 기다리오
리이까 하더이다 하니
21 마침 그 때에 예수께서 질병과 고통
과 및 악귀 들린 자를 많이 고치시며
또 많은 맹인을 보게 하신지라
22 예수께서 대답하여 이르시되 너희가
가서 보고 들은 것을 요한에게 알리
되 맹인이 보며 못 걷는 사람이 걸으
며 나병환자가 깨끗함을 받으며 귀먹
은 사람이 들으며 죽은 자가 살아나
며 가난한 자에게 복음이 전파된다
하라
23 누구든지 나로 말미암아 실족하지
아니하는 자는 복이 있도다 하시니라
24 요한이 보낸 자가 떠난 후에 예수께
서 무리에게 요한에 대하여 말씀하
시되 너희가 무엇을 보려고 광야에
나갔더냐 바람에 흔들리는 갈대냐
25 그러면 너희가 무엇을 보려고 나갔더

365묵상

악순환의 고리를 끊자

예수님은 한 가지 소중한 인생의 진리를 가르쳐주셨다. 그것은 '순환의 진리'다. 예컨대 내가 다른 이를 판단하면, 그 또한 나를 판단할 것이다. 내가 그의 행동을 정죄하면, 그도 나의 행동을 정죄할 기회를 찾을 것이다(눅 6:38). 사람들은 악이 악을 낳는 악순환의 고리에서 쉽게 벗어나지 못한다. 그러나 "원수를 사랑하고, 나를 미워하는 자를 선대하라"(눅 6:27)는 예수님의 가르침에 순종한다면 악순환의 고리를 능히 끊을 수 있다. 믿는 자들은 지긋지긋한 악순환의 고리를 끊고 선순환의 고리를 만들어내야 한다.

냐 부드러운 옷 입은 사람이냐 보라
화려한 옷을 입고 사치하게 지내는
자는 왕궁에 있느니라
26 그러면 너희가 무엇을 보려고 나갔더
냐 선지자냐 옳다 내가 너희에게 이
르노니 선지자보다도 훌륭한 자니라
27 기록된 바 보라 내가 내 사자를 네
앞에 보내노니 그가 네 앞에서 네 길
을 준비하리라 한 것이 이 사람에 대
한 말씀이라
28 내가 너희에게 말하노니 여자가 낳은
자 중에 요한보다 큰 자가 없도다
그러나 하나님의 나라에서는 극히 작
은 자라도 그보다 크니라 하시니
29 모든 백성과 세리들은 이미 요한의
세례를 받은지라 이 말씀을 듣고 하
나님을 의롭다 하되
30 바리새인과 율법교사들은 그의 세례
를 받지 아니함으로 그들 자신을 위
한 하나님의 뜻을 저버리니라
31 또 이르시되 이 세대의 사람을 무엇
으로 비유할까 무엇과 같은가
32 비유하건대 아이들이 장터에 앉아 서
로 불러 이르되 우리가 너희를 향하
여 피리를 불어도 너희가 춤추지 않
고 우리가 곡하여도 너희가 울지 아
니하였다 함과 같도다
33 세례 요한이 와서 떡도 먹지 아니하
며 포도주도 마시지 아니하매 너희
말이 귀신이 들렸다 하더니
34 인자는 와서 먹고 마시매 너희 말이
보라 먹기를 탐하고 포도주를 즐기
는 사람이요 세리와 죄인의 친구로다
하니
35 지혜는 자기의 모든 자녀로 인하여
옳다 함을 얻느니라

한 여자가 예수께 향유를 붓다

36 한 바리새인이 예수께 자기와 함께
잡수시기를 청하니 이에 바리새인의
집에 들어가 앉으셨을 때에
37 그 동네에 죄를 지은 한 여자가 있어
예수께서 바리새인의 집에 앉아 계심
을 알고 향유 담은 옥합을 가지고
와서
38 예수의 뒤로 그 발 곁에 서서 울며
눈물로 그 발을 적시고 자기 머리털
로 닦고 그 발에 입맞추고 향유를
부으니
39 예수를 청한 바리새인이 그것을 보
고 마음에 이르되 이 사람이 만일 선
지자라면 자기를 만지는 이 여자가
누구며 어떠한 자 곧 죄인인 줄을 알
았으리라 하거늘
40 예수께서 대답하여 이르시되 시몬아
내가 네게 이를 말이 있다 하시니 그
가 이르되 선생님 말씀하소서

41 이르시되 빚 주는 사람에게 빚진 자
가 둘이 있어 하나는 오백 데나리온
을 졌고 하나는 오십 데나리온을 졌
는데
42 갚을 것이 없으므로 둘 다 탕감하여
주었으니 둘 중에 누가 그를 더 사
랑하겠느냐
43 시몬이 대답하여 이르되 내 생각에
는 많이 탕감함을 받은 자니이다 이
르시되 네 판단이 옳다 하시고
44 그 여자를 돌아보시며 시몬에게 이
르시되 이 여자를 보느냐 내가 네 집
에 들어올 때 너는 내게 발 씻을 물
도 주지 아니하였으되 이 여자는 눈
물로 내 발을 적시고 그 머리털로 닦
았으며
45 너는 내게 입맞추지 아니하였으되 그
는 내가 들어올 때로부터 내 발에
입맞추기를 그치지 아니하였으며
46 너는 내 머리에 감람유도 붓지 아니
하였으되 그는 향유를 내 발에 부었
느니라
47 이러므로 내가 네게 말하노니 그의
많은 죄가 사하여졌도다 이는 그의
사랑함이 많음이라 사함을 받은 일
이 적은 자는 적게 사랑하느니라
48 이에 여자에게 이르시되 네 죄 사함
을 받았느니라 하시니
49 함께 앉아 있는 자들이 속으로 말하
되 이가 누구이기에 죄도 사하는가
하더라
50 예수께서 여자에게 이르시되 네 믿음
이 너를 구원하였으니 평안히 가라
하시니라

여자들이 예수의 활동을 돕다

8 그 후에 예수께서 각 성과 마을에
두루 다니시며 하나님의 나라를 선
포하시며 그 복음을 전하실새 열두
제자가 함께 하였고
2 또한 악귀를 쫓아내심과 병 고침을
받은 어떤 여자들 곧 일곱 귀신이 나
간 자 막달라인이라 하는 마리아와
3 헤롯의 청지기 구사의 아내 요안나와
수산나와 다른 여러 여자가 함께 하
여 자기들의 소유로 그들을 섬기더라

네 가지 땅에 떨어진 씨 비유

4 각 동네 사람들이 예수께로 나아와
큰 무리를 이루니 예수께서 비유로
말씀하시되
5 씨를 뿌리는 자가 그 씨를 뿌리러 나
가서 뿌릴새 더러는 길 가에 떨어지
매 밟히며 공중의 새들이 먹어버렸고
6 더러는 바위 위에 떨어지매 싹이 났
다가 습기가 없으므로 말랐고
7 더러는 가시떨기 속에 떨어지매 가시
가 함께 자라서 기운을 막았고

8 더러는 좋은 땅에 떨어지매 나서 백
배의 결실을 하였느니라 이 말씀을
하시고 외치시되 들을 귀 있는 자는
들을지어다

비유를 설명하시다

9 제자들이 이 비유의 뜻을 물으니
10 이르시되 하나님 나라의 비밀을 아는
것이 너희에게는 허락되었으나 다른
사람에게는 비유로 하나니 이는 그
들로 보아도 보지 못하고 들어도 깨
닫지 못하게 하려 함이라
11 이 비유는 이러하니라 씨는 하나님의
말씀이요
12 길 가에 있다는 것은 말씀을 들은 자
니 이에 마귀가 가서 그들이 믿어 구
원을 얻지 못하게 하려고 말씀을 그
마음에서 빼앗는 것이요
13 바위 위에 있다는 것은 말씀을 들을
때에 기쁨으로 받으나 뿌리가 없어
잠깐 믿다가 시련을 당할 때에 배반
하는 자요
14 가시떨기에 떨어졌다는 것은 말씀을
들은 자이나 지내는 중 이생의 염려
와 재물과 향락에 기운이 막혀 온전
히 결실하지 못하는 자요
15 좋은 땅에 있다는 것은 착하고 좋은
마음으로 말씀을 듣고 지키어 인내
로 결실하는 자니라

등불은 등경 위에

16 누구든지 등불을 켜서 그릇으로 덮
거나 평상 아래에 두지 아니하고 등
경 위에 두나니 이는 들어가는 자들
로 그 빛을 보게 하려 함이라
17 숨은 것이 장차 드러나지 아니할 것
이 없고 감추인 것이 장차 알려지고
나타나지 않을 것이 없느니라
18 그러므로 너희가 어떻게 들을까 스
스로 삼가라 누구든지 있는 자는 받
겠고 없는 자는 그 있는 줄로 아는
것까지도 빼앗기리라 하시니라

예수의 어머니와 동생들

19 예수의 어머니와 그 동생들이 왔으
나 무리로 인하여 가까이 하지 못하
니
20 어떤 이가 알리되 당신의 어머니와 동
생들이 당신을 보려고 밖에 서 있나
이다
21 예수께서 대답하여 이르시되 내 어머
니와 내 동생들은 곧 하나님의 말씀
을 듣고 행하는 이 사람들이라 하시
니라

바람과 물결을 잔잔하게 하시다

22 하루는 제자들과 함께 배에 오르사
그들에게 이르시되 호수 저편으로
건너가자 하시매 이에 떠나
23 행선할 때에 예수께서 잠이 드셨더니

마침 광풍이 호수로 내리치매 배에
물이 가득하게 되어 위태한지라
24 제자들이 나아와 깨워 이르되 주여
주여 우리가 죽겠나이다 한대 예수
께서 잠을 깨사 바람과 물결을 꾸짖
으시니 이에 그쳐 잔잔하여지더라
25 제자들에게 이르시되 너희 믿음이 어
디 있느냐 하시니 그들이 두려워하고
놀랍게 여겨 서로 말하되 그가 누구
이기에 바람과 물을 명하매 순종하
는가 하더라

귀신 들린 사람을 고치시다

26 그들이 갈릴리 맞은편 거라사인의 땅
에 이르러
27 예수께서 육지에 내리시매 그 도시
사람으로서 귀신 들린 자 하나가 예
수를 만나니 그 사람은 오래 옷을
입지 아니하며 집에 거하지도 아니하
고 무덤 사이에 거하는 자라
28 예수를 보고 부르짖으며 그 앞에 엎
드려 큰 소리로 불러 이르되 지극히
높으신 하나님의 아들 예수여 당신이
나와 무슨 상관이 있나이까 당신께
구하노니 나를 괴롭게 하지 마옵소
서 하니
29 이는 예수께서 이미 더러운 귀신을
명하사 그 사람에게서 나오라 하셨
음이라 (귀신이 가끔 그 사람을 붙잡
으므로 그를 쇠사슬과 고랑에 매어
지켰으되 그 맨 것을 끊고 귀신에게
몰려 광야로 나갔더라)
30 예수께서 네 이름이 무엇이냐 물으
신즉 이르되 군대라 하니 이는 많은
귀신이 들렸음이라
31 무저갱으로 들어가라 하지 마시기를
간구하더니
32 마침 그 곳에 많은 돼지 떼가 산에서
먹고 있는지라 귀신들이 그 돼지에게
로 들어가게 허락하심을 간구하니 이
에 허락하시니
33 귀신들이 그 사람에게서 나와 돼지에
게로 들어가니 그 떼가 비탈로 내리
달아 호수에 들어가 몰사하거늘
34 치던 자들이 그 이루어진 일을 보고
도망하여 성내와 마을에 알리니
35 사람들이 그 이루어진 일을 보러 나
와서 예수께 이르러 귀신 나간 사람
이 옷을 입고 정신이 온전하여 예수
의 발치에 앉아 있는 것을 보고 두려
워하거늘
36 귀신 들렸던 자가 어떻게 구원 받았
는지를 본 자들이 그들에게 이르매
37 거라사인의 땅 근방 모든 백성이 크
게 두려워하여 예수께 떠나가시기를
구하더라 예수께서 배에 올라 돌아
가실새

38 귀신 나간 사람이 함께 있기를 구하
였으나 예수께서 그를 보내시며 이
르시되
39 집으로 돌아가 하나님이 네게 어떻게
큰 일을 행하셨는지를 말하라 하시니
그가 가서 예수께서 자기에게 어떻
게 큰 일을 행하셨는지를 온 성내에
전파하니라

야이로의 딸과 예수의 옷에 손 댄 여자

40 예수께서 돌아오시매 무리가 환영하
니 이는 다 기다렸음이러라
41 이에 회당장인 야이로라 하는 사람이
와서 예수의 발 아래에 엎드려 자기
집에 오시기를 간구하니
42 이는 자기에게 열두 살 된 외딸이 있
어 죽어감이러라 예수께서 가실 때에
무리가 밀려들더라
43 이에 열두 해를 혈루증으로 앓는 중
에 아무에게도 고침을 받지 못하던
여자가
44 예수의 뒤로 와서 그의 옷 가에 손을
대니 혈루증이 즉시 그쳤더라
45 예수께서 이르시되 내게 손을 댄 자
가 누구냐 하시니 다 아니라 할 때에
베드로가 이르되 주여 무리가 밀려들
어 미나이다
46 예수께서 이르시되 내게 손을 댄 자
가 있도다 이는 내게서 능력이 나간
줄 앎이로다 하신대
47 여자가 스스로 숨기지 못할 줄 알고
떨며 나아와 엎드리어 그 손 댄 이유
와 곧 나은 것을 모든 사람 앞에서
말하니
48 예수께서 이르시되 딸아 네 믿음이
너를 구원하였으니 평안히 가라 하시
더라
49 아직 말씀하실 때에 회당장의 집에서
사람이 와서 말하되 당신의 딸이 죽
었나이다 선생님을 더 괴롭게 하지
마소서 하거늘
50 예수께서 들으시고 이르시되 두려워
하지 말고 믿기만 하라 그리하면 딸
이 구원을 얻으리라 하시고
51 그 집에 이르러 베드로와 요한과 야
고보와 아이의 부모 외에는 함께 들
어가기를 허락하지 아니하시니라
52 모든 사람이 아이를 위하여 울며 통
곡하매 예수께서 이르시되 울지 말
라 죽은 것이 아니라 잔다 하시니
53 그들이 그 죽은 것을 아는 고로 비
웃더라
54 예수께서 아이의 손을 잡고 불러 이
르시되 아이야 일어나라 하시니
55 그 영이 돌아와 아이가 곧 일어나거
늘 예수께서 먹을 것을 주라 명하시
니

56 그 부모가 놀라는지라 예수께서 경
고하사 이 일을 아무에게도 말하지
말라 하시니라

열두 제자를 내보내시다

9 예수께서 열두 제자를 불러 모으
사 모든 귀신을 제어하며 병을 고
치는 능력과 권위를 주시고
2 하나님의 나라를 전파하며 앓는 자
를 고치게 하려고 내보내시며
3 이르시되 여행을 위하여 아무 것도
가지지 말라 지팡이나 배낭이나 양식
이나 돈이나 두 벌 옷을 가지지 말며
4 어느 집에 들어가든지 거기서 머물다
가 거기서 떠나라
5 누구든지 너희를 영접하지 아니하거
든 그 성에서 떠날 때에 너희 발에서
먼지를 떨어 버려 그들에게 증거를
삼으라 하시니
6 제자들이 나가 각 마을에 두루 다니
며 곳곳에 복음을 전하며 병을 고치
더라

헤롯이 듣고 심히 당황하다

7 분봉 왕 헤롯이 이 모든 일을 듣고
심히 당황하니 이는 어떤 사람은 요
한이 죽은 자 가운데서 살아났다고
도 하며
8 어떤 사람은 엘리야가 나타났다고도
하며 어떤 사람은 옛 선지자 한 사람
이 다시 살아났다고도 함이라
9 헤롯이 이르되 요한은 내가 목을 베
었거늘 이제 이런 일이 들리니 이 사
람이 누군가 하며 그를 보고자 하더
라

오천 명을 먹이시다

10 사도들이 돌아와 자기들이 행한 모
든 것을 예수께 여쭈니 데리시고 따
로 벳새다라는 고을로 떠나 가셨으
나
11 무리가 알고 따라왔거늘 예수께서
그들을 영접하사 하나님 나라의 일을
이야기하시며 병 고칠 자들은 고치시
더라
12 날이 저물어 가매 열두 사도가 나아
와 여짜오되 무리를 보내어 두루 마
을과 촌으로 가서 유하며 먹을 것을
얻게 하소서 우리가 있는 여기는 빈
들이니이다
13 예수께서 이르시되 너희가 먹을 것을
주라 하시니 여짜오되 우리에게 떡
다섯 개와 물고기 두 마리밖에 없으

365묵상

예수님의 은총의 옷자락

열두 해를 혈루증으로 고생하던 한 가련한 여인이 있었다. 그 병을 고치려고 무진 애를 썼으나 전부 허사였다. 그러나 마지막 소망이 하나 남아있었다. 바로 예수님! 결국 예수님의 옷자락을 만졌을 때 그 지긋지긋하던 병에서 해방되었다(눅 8:43–48). 오늘날 우리도 삶의 절망에 처한 경험이 있다. 하지만 그 알량한 자존심 때문에 예수님 면전에 나아가지 못하고 머뭇거린 적이 한두 번이었는가! 그러나 해결은 오직 예수님의 '은총의 옷자락을 만지는 것' 외에는 다른 방법이 없다. 당장 나아가, 그 옷자락을 잡아라.

니 이 모든 사람을 위하여 먹을 것을
사지 아니하고서는 할 수 없사옵나이
다 하니
14 이는 남자가 한 오천 명 됨이러라 제
자들에게 이르시되 떼를 지어 한 오
십 명씩 앉히라 하시니
15 제자들이 이렇게 하여 다 앉힌 후
16 예수께서 떡 다섯 개와 물고기 두 마
리를 가지사 하늘을 우러러 축사하시
고 떼어 제자들에게 주어 무리에게
나누어 주게 하시니
17 먹고 다 배불렀더라 그 남은 조각을
열두 바구니에 거두니라

베드로의 고백, 죽음과 부활 예고

18 예수께서 따로 기도하실 때에 제자
들이 주와 함께 있더니 물어 이르시
되 무리가 나를 누구라고 하느냐
19 대답하여 이르되 세례 요한이라 하
고 더러는 엘리야라, 더러는 옛 선지
자 중의 한 사람이 살아났다 하나이
다
20 예수께서 이르시되 너희는 나를 누
구라 하느냐 베드로가 대답하여 이
르되 하나님의 그리스도시니이다 하
니
21 경고하사 이 말을 아무에게도 이르
지 말라 명하시고
22 이르시되 인자가 많은 고난을 받고
장로들과 대제사장들과 서기관들에
게 버린 바 되어 죽임을 당하고 제삼
일에 살아나야 하리라 하시고
23 또 무리에게 이르시되 아무든지 나
를 따라오려거든 자기를 부인하고
날마다 제 십자가를 지고 나를 따를
것이니라
24 누구든지 제 목숨을 구원하고자 하
면 잃을 것이요 누구든지 나를 위하
여 제 목숨을 잃으면 구원하리라
25 사람이 만일 온 천하를 얻고도 자기
를 잃든지 빼앗기든지 하면 무엇이
유익하리요
26 누구든지 나와 내 말을 부끄러워하
면 인자도 자기와 아버지와 거룩한
천사들의 영광으로 올 때에 그 사람
을 부끄러워하리라
27 내가 참으로 너희에게 이르노니 여기
서 있는 사람 중에 죽기 전에 하나님
의 나라를 볼 자들도 있느니라

영광스러운 모습으로 변화되시다

28 이 말씀을 하신 후 팔 일쯤 되어 예
수께서 베드로와 요한과 야고보를
데리고 기도하시러 산에 올라가사
29 기도하실 때에 용모가 변화되고 그
옷이 희어져 광채가 나더라
30 문득 두 사람이 예수와 함께 말하니
이는 모세와 엘리야라

31 영광중에 나타나서 장차 예수께서
예루살렘에서 별세하실 것을 말할새
32 베드로와 및 함께 있는 자들이 깊이
졸다가 온전히 깨어나 예수의 영광
과 및 함께 선 두 사람을 보더니
33 두 사람이 떠날 때에 베드로가 예수
께 여짜오되 주여 우리가 여기 있는
것이 좋사오니 우리가 초막 셋을 짓
되 하나는 주를 위하여, 하나는 모세
를 위하여, 하나는 엘리야를 위하여
하사이다 하되 자기가 하는 말을 자
기도 알지 못하더라
34 이 말 할 즈음에 구름이 와서 그들
을 덮는지라 구름 속으로 들어갈 때
에 그들이 무서워하더니
35 구름 속에서 소리가 나서 이르되 이
는 나의 아들 곧 택함을 받은 자니
너희는 그의 말을 들으라 하고
36 소리가 그치매 오직 예수만 보이더
라 제자들이 잠잠하여 그 본 것을 무
엇이든지 그 때에는 아무에게도 이
르지 아니하니라

귀신 들린 아이를 낫게 하시다

37 이튿날 산에서 내려오시니 큰 무리가
맞을새
38 무리 중의 한 사람이 소리 질러 이르
되 선생님 청컨대 내 아들을 돌보아
주옵소서 이는 내 외아들이니이다
39 귀신이 그를 잡아 갑자기 부르짖게
하고 경련을 일으켜 거품을 흘리게
하며 몹시 상하게 하고야 겨우 떠나
가나이다
40 당신의 제자들에게 내쫓아 주기를
구하였으나 그들이 능히 못하더이다
41 예수께서 대답하여 이르시되 믿음이
없고 패역한 세대여 내가 얼마나 너
희와 함께 있으며 너희에게 참으리요
네 아들을 이리로 데리고 오라 하시
니
42 올 때에 귀신이 그를 거꾸러뜨리고
심한 경련을 일으키게 하는지라 예수
께서 더러운 귀신을 꾸짖으시고 아이
를 낫게 하사 그 아버지에게 도로
주시니
43 사람들이 다 하나님의 위엄에 놀라니
라

인자가 사람들의 손에 넘겨지리라

그들이 다 그 행하시는 모든 일을 놀
랍게 여길새 예수께서 제자들에게
이르시되
44 이 말을 너희 귀에 담아 두라 인자가
장차 사람들의 손에 넘겨지리라 하시
되
45 그들이 이 말씀을 알지 못하니 이는
그들로 깨닫지 못하게 숨긴 바 되었
음이라 또 그들은 이 말씀을 묻기도

두려워하더라

누가 크냐

46 제자 중에서 누가 크냐 하는 변론이
일어나니
47 예수께서 그 마음에 변론하는 것을
아시고 어린 아이 하나를 데려다가
자기 곁에 세우시고
48 그들에게 이르시되 누구든지 내 이
름으로 이런 어린 아이를 영접하면
곧 나를 영접함이요 또 누구든지 나
를 영접하면 곧 나를 보내신 이를 영
접함이라 너희 모든 사람 중에 가장
작은 그가 큰 자니라

너희를 위하는 사람

49 요한이 여짜오되 주여 어떤 사람이
주의 이름으로 귀신을 내쫓는 것을
우리가 보고 우리와 함께 따르지 아
니하므로 금하였나이다
50 예수께서 이르시되 금하지 말라 너희
를 반대하지 않는 자는 너희를 위하
는 자니라 하시니라

사마리아의 마을에서
예수를 받아들이지 않다

51 예수께서 승천하실 기약이 차가매 예
루살렘을 향하여 올라가기로 굳게
결심하시고
52 사자들을 앞서 보내시매 그들이 가
서 예수를 위하여 준비하려고 사마리
아인의 한 마을에 들어갔더니
53 예수께서 예루살렘을 향하여 가시기
때문에 그들이 받아들이지 아니 하
는지라
54 제자 야고보와 요한이 이를 보고 이
르되 주여 우리가 불을 명하여 하늘
로부터 내려 저들을 멸하라 하기를
원하시나이까
55 예수께서 돌아보시며 꾸짖으시고
56 함께 다른 마을로 가시니라

나를 따르라

57 길 가실 때에 어떤 사람이 여짜오되
어디로 가시든지 나는 따르리이다
58 예수께서 이르시되 여우도 굴이 있고
공중의 새도 집이 있으되 인자는 머
리 둘 곳이 없도다 하시고
59 또 다른 사람에게 나를 따르라 하시
니 그가 이르되 나로 먼저 가서 내 아
버지를 장사하게 허락하옵소서
60 이르시되 죽은 자들로 자기의 죽은
자들을 장사하게 하고 너는 가서 하
나님의 나라를 전파하라 하시고
61 또 다른 사람이 이르되 주여 내가 주
를 따르겠나이다마는 나로 먼저 내
가족을 작별하게 허락하소서
62 예수께서 이르시되 손에 쟁기를 잡
고 뒤를 돌아보는 자는 하나님의 나
라에 합당하지 아니하니라 하시니라

칠십 인을 세워서 보내시다

10 그 후에 주께서 따로 칠십 인을
세우사 친히 가시려는 각 동네
와 각 지역으로 둘씩 앞서 보내시며
2 이르시되 추수할 것은 많되 일꾼이
적으니 그러므로 추수하는 주인에게
청하여 추수할 일꾼들을 보내 주소
서 하라
3 갈지어다 내가 너희를 보냄이 어린
양을 이리 가운데로 보냄과 같도다
4 전대나 배낭이나 신발을 가지지 말며
길에서 아무에게도 문안하지 말며
5 어느 집에 들어가든지 먼저 말하되
이 집이 평안할지어다 하라
6 만일 평안을 받을 사람이 거기 있으
면 너희의 평안이 그에게 머물 것이
요 그렇지 않으면 너희에게로 돌아
오리라
7 그 집에 유하며 주는 것을 먹고 마시
라 일꾼이 그 삯을 받는 것이 마땅하
니라 이 집에서 저 집으로 옮기지 말
라
8 어느 동네에 들어가든지 너희를 영접
하거든 너희 앞에 차려놓는 것을 먹
고
9 거기 있는 병자들을 고치고 또 말하
기를 하나님의 나라가 너희에게 가까
이 왔다 하라
10 어느 동네에 들어가든지 너희를 영접
하지 아니하거든 그 거리로 나와서
말하되
11 너희 동네에서 우리 발에 묻은 먼지
도 너희에게 떨어버리노라 그러나 하
나님의 나라가 가까이 온 줄을 알라
하라
12 내가 너희에게 말하노니 그 날에 소
돔이 그 동네보다 견디기 쉬우리라
13 화 있을진저 고라신아, 화 있을진저
벳새다야, 너희에게 행한 모든 권능
을 두로와 시돈에서 행하였더라면
그들이 벌써 베옷을 입고 재에 앉아
회개하였으리라
14 심판 때에 두로와 시돈이 너희보다
견디기 쉬우리라
15 가버나움아 네가 하늘에까지 높아지
겠느냐 음부에까지 낮아지리라
16 너희 말을 듣는 자는 곧 내 말을 듣
는 것이요 너희를 저버리는 자는 곧
나를 저버리는 것이요 나를 저버리는
자는 나 보내신 이를 저버리는 것이
라 하시니라

칠십 인이 돌아오다

17 칠십 인이 기뻐하며 돌아와 이르되
주여 주의 이름이면 귀신들도 우리에
게 항복하더이다
18 예수께서 이르시되 사탄이 하늘로부

터 번개 같이 떨어지는 것을 내가 보
았노라
19 내가 너희에게 뱀과 전갈을 밟으며
원수의 모든 능력을 제어할 권능을
주었으니 너희를 해칠 자가 결코 없
으리라
20 그러나 귀신들이 너희에게 항복하는
것으로 기뻐하지 말고 너희 이름이
하늘에 기록된 것으로 기뻐하라 하시
니라

예수의 감사 기도

21 그 때에 예수께서 성령으로 기뻐하
시며 이르시되 천지의 주재이신 아버
지여 이것을 지혜롭고 슬기 있는 자
들에게는 숨기시고 어린 아이들에게
는 나타내심을 감사하나이다 옳소이
다 이렇게 된 것이 아버지의 뜻이니이
다
22 내 아버지께서 모든 것을 내게 주셨
으니 아버지 외에는 아들이 누구인지
아는 자가 없고 아들과 또 아들의
소원대로 계시를 받는 자 외에는 아
버지가 누구인지 아는 자가 없나이다
하시고
23 제자들을 돌아 보시며 조용히 이르
시되 너희가 보는 것을 보는 눈은 복
이 있도다
24 내가 너희에게 말하노니 많은 선지자
와 임금이 너희가 보는 바를 보고자
하였으되 보지 못하였으며 너희가 듣
는 바를 듣고자 하였으되 듣지 못하
였느니라

자비를 베푼 사마리아 사람

25 어떤 율법교사가 일어나 예수를 시험
하여 이르되 선생님 내가 무엇을 하
여야 영생을 얻으리이까
26 예수께서 이르시되 율법에 무엇이라
기록되었으며 네가 어떻게 읽느냐
27 대답하여 이르되 네 마음을 다하며
목숨을 다하며 힘을 다하며 뜻을 다
하여 주 너의 하나님을 사랑하고 또
한 네 이웃을 네 자신 같이 사랑하라
하였나이다
28 예수께서 이르시되 네 대답이 옳도
다 이를 행하라 그러면 살리라 하시
니
29 그 사람이 자기를 옳게 보이려고 예
수께 여짜오되 그러면 내 이웃이 누
구니이까
30 예수께서 대답하여 이르시되 어떤 사
람이 예루살렘에서 여리고로 내려가
다가 강도를 만나매 강도들이 그 옷
을 벗기고 때려 거의 죽은 것을 버리
고 갔더라
31 마침 한 제사장이 그 길로 내려가다
가 그를 보고 피하여 지나가고

32 또 이와 같이 한 레위인도 그 곳에
이르러 그를 보고 피하여 지나가되
33 어떤 사마리아 사람은 여행하는 중
거기 이르러 그를 보고 불쌍히 여겨
34 가까이 가서 기름과 포도주를 그 상
처에 붓고 싸매고 자기 짐승에 태워
주막으로 데리고 가서 돌보아 주니
라
35 그 이튿날 그가 주막 주인에게 데나
리온 둘을 내어 주며 이르되 이 사람
을 돌보아 주라 비용이 더 들면 내가
돌아올 때에 갚으리라 하였으니
36 네 생각에는 이 세 사람 중에 누가
강도 만난 자의 이웃이 되겠느냐
37 이르되 자비를 베푼 자니이다 예수
께서 이르시되 가서 너도 이와 같이
하라 하시니라

마르다와 마리아

38 그들이 길 갈 때에 예수께서 한 마을
에 들어가시매 마르다라 이름하는
한 여자가 자기 집으로 영접하더라
39 그에게 마리아라 하는 동생이 있어
주의 발치에 앉아 그의 말씀을 듣더
니
40 마르다는 준비하는 일이 많아 마음
이 분주한지라 예수께 나아가 이르
되 주여 내 동생이 나 혼자 일하게
두는 것을 생각하지 아니하시나이까
그를 명하사 나를 도와 주라 하소서
41 주께서 대답하여 이르시되 마르다야
마르다야 네가 많은 일로 염려하고
근심하나
42 몇 가지만 하든지 혹은 한 가지만이
라도 족하니라 마리아는 이 좋은 편
을 택하였으니 빼앗기지 아니하리라
하시니라

기도를 가르치시다

11 예수께서 한 곳에서 기도하시
고 마치시매 제자 중 하나가 여
짜오되 주여 요한이 자기 제자들에
게 기도를 가르친 것과 같이 우리에
게도 가르쳐 주옵소서
2 예수께서 이르시되 너희는 기도할 때
에 이렇게 하라 아버지여 이름이 거
룩히 여김을 받으시오며 나라가 임하
시오며
3 우리에게 날마다 일용할 양식을 주
시옵고
4 우리가 우리에게 죄 지은 모든 사람
을 용서하오니 우리 죄도 사하여 주

365묵상

봉사보다 귀한 말씀

마르다는 예수님 일행을 접대하기 위한 음식 준비에 항상 분주했다. 그래서 그녀는 예수님의 말씀을 듣고 있던 동생 마리아를 불러 함께 일하길 원했다. 그러나 예수님은 마리아가 좋은 편을 택했다고 말씀하셨다(눅 10:38-42). 교훈을 배우자. 예수님은 단지 마르다의 친구가 아니고 그녀의 '메시아'였다. 그러므로 마르다는 자신이 섬기고 있는 분이 누구시며, 왜 섬기는지를 이해해야 했다. 오늘날 우리도 마찬가지다. 봉사만이 능사가 아니다. 왜, 누구를 섬기는지 깨달아, 봉사보다 귀한 말씀에 더욱 집중해야 한다.

시옵고 우리를 시험에 들게 하지 마
시옵소서 하라
5 또 이르시되 너희 중에 누가 벗이 있
는데 밤중에 그에게 가서 말하기를
벗이여 떡 세 덩이를 내게 꾸어 달라
6 내 벗이 여행중에 내게 왔으나 내가
먹일 것이 없노라 하면
7 그가 안에서 대답하여 이르되 나를
괴롭게 하지 말라 문이 이미 닫혔고
아이들이 나와 함께 침실에 누웠으니
일어나 네게 줄 수가 없노라 하겠느
냐
8 내가 너희에게 말하노니 비록 벗 됨
으로 인하여서는 일어나서 주지 아니
할지라도 그 간청함을 인하여 일어나
그 요구대로 주리라
9 내가 또 너희에게 이르노니 구하라
그러면 너희에게 주실 것이요 찾으라
그러면 찾아낼 것이요 문을 두드리
라 그러면 너희에게 열릴 것이니
10 구하는 이마다 받을 것이요 찾는 이
는 찾아낼 것이요 두드리는 이에게
는 열릴 것이니라
11 너희 중에 아버지 된 자로서 누가 아
들이 생선을 달라 하는데 생선 대신
에 뱀을 주며
12 알을 달라 하는데 전갈을 주겠느냐
13 너희가 악할지라도 좋은 것을 자식에
게 줄 줄 알거든 하물며 너희 하늘
아버지께서 구하는 자에게 성령을
주시지 않겠느냐 하시니라

예수와 바알세불

14 예수께서 한 말 못하게 하는 귀신을
쫓아내시니 귀신이 나가매 말 못하는
사람이 말하는지라 무리들이 놀랍게
여겼으나
15 그 중에 더러는 말하기를 그가 귀신
의 왕 바알세불을 힘입어 귀신을 쫓
아낸다 하고
16 또 더러는 예수를 시험하여 하늘로
부터 오는 표적을 구하니
17 예수께서 그들의 생각을 아시고 이
르시되 스스로 분쟁하는 나라마다
황폐하여지며 스스로 분쟁하는 집은
무너지느니라
18 너희 말이 내가 바알세불을 힘입어
귀신을 쫓아낸다 하니 만일 사탄이
스스로 분쟁하면 그의 나라가 어떻
게 서겠느냐
19 내가 바알세불을 힘입어 귀신을 쫓
아내면 너희 아들들은 누구를 힘입
어 쫓아내느냐 그러므로 그들이 너
희 재판관이 되리라
20 그러나 내가 만일 하나님의 손을 힘
입어 귀신을 쫓아낸다면 하나님의 나
라가 이미 너희에게 임하였느니라

21 강한 자가 무장을 하고 자기 집을 지
킬 때에는 그 소유가 안전하되
22 더 강한 자가 와서 그를 굴복시킬 때
에는 그가 믿던 무장을 빼앗고 그의
재물을 나누느니라
23 나와 함께 하지 아니하는 자는 나를
반대하는 자요 나와 함께 모으지 아
니하는 자는 헤치는 자니라
24 더러운 귀신이 사람에게서 나갔을 때
에 물 없는 곳으로 다니며 쉬기를 구
하되 얻지 못하고 이에 이르되 내가
나온 내 집으로 돌아가리라 하고
25 가서 보니 그 집이 청소되고 수리되
었거늘
26 이에 가서 저보다 더 악한 귀신 일곱
을 데리고 들어가서 거하니 그 사람
의 나중 형편이 전보다 더 심하게 되
느니라

복이 있는 자

27 이 말씀을 하실 때에 무리 중에서 한
여자가 음성을 높여 이르되 당신을
밴 태와 당신을 먹인 젖이 복이 있나
이다 하니
28 예수께서 이르시되 오히려 하나님의
말씀을 듣고 지키는 자가 복이 있느
니라 하시니라

악한 세대가 표적을 구하나

29 무리가 모였을 때에 예수께서 말씀
하시되 이 세대는 악한 세대라 표적
을 구하되 요나의 표적 밖에는 보일
표적이 없나니
30 요나가 니느웨 사람들에게 표적이
됨과 같이 인자도 이 세대에 그러하
리라
31 심판 때에 남방 여왕이 일어나 이 세
대 사람을 정죄하리니 이는 그가 솔
로몬의 지혜로운 말을 들으려고 땅
끝에서 왔음이거니와 솔로몬보다 더
큰 이가 여기 있으며
32 심판 때에 니느웨 사람들이 일어나
이 세대 사람을 정죄하리니 이는 그
들이 요나의 전도를 듣고 회개하였
음이거니와 요나보다 더 큰 이가 여
기 있느니라

눈은 몸의 등불

33 누구든지 등불을 켜서 움 속에나 말
아래에 두지 아니하고 등경 위에 두
나니 이는 들어가는 자로 그 빛을 보
게 하려 함이라
34 네 몸의 등불은 눈이라 네 눈이 성하
면 온 몸이 밝을 것이요 만일 나쁘면
네 몸도 어두우리라
35 그러므로 네 속에 있는 빛이 어둡지
아니한가 보라
36 네 온 몸이 밝아 조금도 어두운 데
가 없으면 등불의 빛이 너를 비출 때

와 같이 온전히 밝으리라 하시니라

바리새인과 율법교사

37 예수께서 말씀하실 때에 한 바리새
인이 자기와 함께 점심 잡수시기를
청하므로 들어가 앉으셨더니
38 잡수시기 전에 손 씻지 아니하심을
그 바리새인이 보고 이상히 여기는지
라
39 주께서 이르시되 너희 바리새인은 지
금 잔과 대접의 겉은 깨끗이 하나 너
희 속에는 탐욕과 악독이 가득하도
다
40 어리석은 자들아 겉을 만드신 이가
속도 만들지 아니하셨느냐
41 그러나 그 안에 있는 것으로 구제하
라 그리하면 모든 것이 너희에게 깨
끗하리라
42 화 있을진저 너희 바리새인이여 너희
가 박하와 운향과 모든 채소의 십일
조는 드리되 공의와 하나님께 대한
사랑은 버리는도다 그러나 이것도
행하고 저것도 버리지 말아야 할지니
라
43 화 있을진저 너희 바리새인이여 너희
가 회당의 높은 자리와 시장에서 문
안 받는 것을 기뻐하는도다
44 화 있을진저 너희여 너희는 평토장한
무덤 같아서 그 위를 밟는 사람이 알
지 못하느니라
45 한 율법교사가 예수께 대답하여 이
르되 선생님 이렇게 말씀하시니 우리
까지 모욕하심이니이다
46 이르시되 화 있을진저 또 너희 율법
교사여 지기 어려운 짐을 사람에게
지우고 너희는 한 손가락도 이 짐에
대지 않는도다
47 화 있을진저 너희는 선지자들의 무덤
을 만드는도다 그들을 죽인 자도 너
희 조상들이로다
48 이와 같이 그들은 죽이고 너희는 무
덤을 만드니 너희가 너희 조상의 행
한 일에 증인이 되어 옳게 여기는도
다
49 그러므로 하나님의 지혜가 일렀으되
내가 선지자와 사도들을 그들에게
보내리니 그 중에서 더러는 죽이며
또 박해하리라 하였느니라
50 창세 이후로 흘린 모든 선지자의 피
를 이 세대가 담당하되
51 곧 아벨의 피로부터 제단과 성전 사
이에서 죽임을 당한 사가랴의 피까지
하리라 내가 너희에게 이르노니 과연
이 세대가 담당하리라
52 화 있을진저 너희 율법교사여 너희가
지식의 열쇠를 가져가서 너희도 들어
가지 않고 또 들어가고자 하는 자도

막았느니라 하시니라
53 거기서 나오실 때에 서기관과 바리새
인들이 거세게 달려들어 여러 가지
일을 따져 묻고
54 그 입에서 나오는 말을 책잡고자 하
여 노리고 있더라

바리새인들의 외식을 주의하라

12 그 동안에 무리 수만 명이 모여
서로 밟힐 만큼 되었더니 예수
께서 먼저 제자들에게 말씀하여 이
르시되 바리새인들의 누룩 곧 외식을
주의하라
2 감추인 것이 드러나지 않을 것이 없
고 숨긴 것이 알려지지 않을 것이 없
나니
3 이러므로 너희가 어두운 데서 말한
모든 것이 광명한 데서 들리고 너희
가 골방에서 귀에 대고 말한 것이 지
붕 위에서 전파되리라
4 내가 내 친구 너희에게 말하노니 몸
을 죽이고 그 후에는 능히 더 못하
는 자들을 두려워하지 말라
5 마땅히 두려워할 자를 내가 너희에게
보이리니 곧 죽인 후에 또한 지옥에
던져 넣는 권세 있는 그를 두려워하
라 내가 참으로 너희에게 이르노니
그를 두려워하라
6 참새 다섯 마리가 두 앗사리온에 팔
리는 것이 아니냐 그러나 하나님 앞
에는 그 하나도 잊어버리시는 바 되
지 아니하는도다
7 너희에게는 심지어 머리털까지도 다
세신 바 되었나니 두려워하지 말라
너희는 많은 참새보다 더 귀하니라
8 내가 또한 너희에게 말하노니 누구
든지 사람 앞에서 나를 시인하면 인
자도 하나님의 사자들 앞에서 그를
시인할 것이요
9 사람 앞에서 나를 부인하는 자는 하
나님의 사자들 앞에서 부인을 당하리
라
10 누구든지 말로 인자를 거역하면 사하
심을 받으려니와 성령을 모독하는
자는 사하심을 받지 못하리라
11 사람이 너희를 회당이나 위정자나 권
세 있는 자 앞에 끌고 가거든 어떻게
무엇으로 대답하며 무엇으로 말할까
염려하지 말라
12 마땅히 할 말을 성령이 곧 그 때에
너희에게 가르치시리라 하시니라

한 부자 비유

13 무리 중에 한 사람이 이르되 선생님
내 형을 명하여 유산을 나와 나누게
하소서 하니
14 이르시되 이 사람아 누가 나를 너희
의 재판장이나 물건 나누는 자로 세

욌느냐 하시고
15 그들에게 이르시되 삼가 모든 탐심
을 물리치라 사람의 생명이 그 소유
의 넉넉한 데 있지 아니하니라 하시
고
16 또 비유로 그들에게 말하여 이르시
되 한 부자가 그 밭에 소출이 풍성하
매
17 심중에 생각하여 이르되 내가 곡식
쌓아 둘 곳이 없으니 어찌할까 하고
18 또 이르되 내가 이렇게 하리라 내 곳
간을 헐고 더 크게 짓고 내 모든 곡
식과 물건을 거기 쌓아 두리라
19 또 내가 내 영혼에게 이르되 영혼아
여러 해 쓸 물건을 많이 쌓아 두었으
니 평안히 쉬고 먹고 마시고 즐거워
하자 하리라 하되
20 하나님은 이르시되 어리석은 자여 오
늘 밤에 네 영혼을 도로 찾으리니
그러면 네 준비한 것이 누구의 것이
되겠느냐 하셨으니
21 자기를 위하여 재물을 쌓아 두고 하
나님께 대하여 부요하지 못한 자가
이와 같으니라

목숨과 몸을 위하여 염려하지 말라

22 또 제자들에게 이르시되 그러므로
내가 너희에게 이르노니 너희 목숨을
위하여 무엇을 먹을까 몸을 위하여
무엇을 입을까 염려하지 말라
23 목숨이 음식보다 중하고 몸이 의복
보다 중하니라
24 까마귀를 생각하라 심지도 아니하고
거두지도 아니하며 골방도 없고 창
고도 없으되 하나님이 기르시나니 너
희는 새보다 얼마나 더 귀하냐
25 또 너희 중에 누가 염려함으로 그 키
를 한 자라도 더할 수 있느냐
26 그런즉 가장 작은 일도 하지 못하면
서 어찌 다른 일들을 염려하느냐
27 백합화를 생각하여 보라 실도 만들
지 않고 짜지도 아니하느니라 그러
나 내가 너희에게 말하노니 솔로몬
의 모든 영광으로도 입은 것이 이 꽃
하나만큼 훌륭하지 못하였느니라
28 오늘 있다가 내일 아궁이에 던져지는
들풀도 하나님이 이렇게 입히시거든
하물며 너희일까보냐 믿음이 작은 자
들아
29 너희는 무엇을 먹을까 무엇을 마실
까 하여 구하지 말며 근심하지도 말
라
30 이 모든 것은 세상 백성들이 구하는
것이라 너희 아버지께서는 이런 것이
너희에게 있어야 할 것을 아시느니라
31 다만 너희는 그의 나라를 구하라 그
리하면 이런 것들을 너희에게 더하시

리라
32 적은 무리여 무서워 말라 너희 아버
지께서 그 나라를 너희에게 주시기를
기뻐하시느니라
33 너희 소유를 팔아 구제하여 낡아지
지 아니하는 배낭을 만들라 곧 하늘
에 둔 바 다함이 없는 보물이니 거기
는 도둑도 가까이 하는 일이 없고 좀
도 먹는 일이 없느니라
34 너희 보물 있는 곳에는 너희 마음도
있으리라

깨어 준비하고 있으라

35 허리에 띠를 띠고 등불을 켜고 서 있
으라
36 너희는 마치 그 주인이 혼인 집에서
돌아와 문을 두드리면 곧 열어 주려
고 기다리는 사람과 같이 되라
37 주인이 와서 깨어 있는 것을 보면 그
종들은 복이 있으리로다 내가 진실
로 너희에게 이르노니 주인이 띠를
띠고 그 종들을 자리에 앉히고 나아
와 수종들리라
38 주인이 혹 이경에나 혹 삼경에 이르
러서도 종들이 그같이 하고 있는 것
을 보면 그 종들은 복이 있으리로다
39 너희도 아는 바니 집 주인이 만일 도
둑이 어느 때에 이를 줄 알았더라면
그 집을 뚫지 못하게 하였으리라
40 그러므로 너희도 준비하고 있으라
생각하지 않은 때에 인자가 오리라
하시니라
41 베드로가 여짜오되 주께서 이 비유
를 우리에게 하심이니이까 모든 사
람에게 하심이니이까
42 주께서 이르시되 지혜 있고 진실한
청지기가 되어 주인에게 그 집 종들
을 맡아 때를 따라 양식을 나누어
줄 자가 누구냐
43 주인이 이를 때에 그 종이 그렇게 하
는 것을 보면 그 종은 복이 있으리로
다
44 내가 참으로 너희에게 이르노니 주
인이 그 모든 소유를 그에게 맡기리
라
45 만일 그 종이 마음에 생각하기를 주
인이 더디 오리라 하여 남녀 종들을
때리며 먹고 마시고 취하게 되면
46 생각하지 않은 날 알지 못하는 시각
에 그 종의 주인이 이르러 엄히 때리
고 신실하지 아니한 자의 받는 벌에

365묵상

걱정하지 말라!

인생을 살아가면서 우리는 이런저런 걱정들을 한다. 그런데 걱정하는 것은 문제 해결에 전혀 도움이 되지 않는다. 예수님은 자연의 예화를 통해 모든 생물들이 어떻게 살아가고 있는지 교훈하셨다(눅 12:22-31). 만일 걱정거리가 생겼다면, 우리가 취해야 할 첫 번째 조치는 하나님께 나아가 어려움을 아뢰고 도움을 요청하는 것이다. 다음으로는 문제를 해결할 수 있는 건설적인 방도들을 찾아야 한다. 믿음의 눈을 크게 뜨고 실제적인 방도들을 찾아야 한다. 하나님을 떠나 혼자 걱정하는 것은 에너지 낭비일 뿐이다.

처하리니
47 주인의 뜻을 알고도 준비하지 아니
하고 그 뜻대로 행하지 아니한 종은
많이 맞을 것이요
48 알지 못하고 맞을 일을 행한 종은 적
게 맞으리라 무릇 많이 받은 자에게
는 많이 요구할 것이요 많이 맡은 자
에게는 많이 달라 할 것이니라

불을 던지러, 분쟁을 일으키러 왔다

49 내가 불을 땅에 던지러 왔노니 이 불
이 이미 붙었으면 내가 무엇을 원하
리요
50 나는 받을 세례가 있으니 그것이 이
루어지기까지 나의 답답함이 어떠하
겠느냐
51 내가 세상에 화평을 주려고 온 줄로
아느냐 내가 너희에게 이르노니 아
니라 도리어 분쟁하게 하려 함이로라
52 이후부터 한 집에 다섯 사람이 있어
분쟁하되 셋이 둘과, 둘이 셋과 하리
니
53 아버지가 아들과, 아들이 아버지와,
어머니가 딸과, 딸이 어머니와, 시어
머니가 며느리와, 며느리가 시어머니
와 분쟁하리라 하시니라

시대를 분간하고, 화해하기를 힘쓰라

54 또 무리에게 이르시되 너희가 구름이
서쪽에서 이는 것을 보면 곧 말하기
를 소나기가 오리라 하나니 과연 그
러하고
55 남풍이 부는 것을 보면 말하기를 심
히 더우리라 하나니 과연 그러하니라
56 외식하는 자여 너희가 천지의 기상은
분간할 줄 알면서 어찌 이 시대는 분
간하지 못하느냐
57 또 어찌하여 옳은 것을 스스로 판단
하지 아니하느냐
58 네가 너를 고발하는 자와 함께 법관
에게 갈 때에 길에서 화해하기를 힘
쓰라 그가 너를 재판장에게 끌어 가
고 재판장이 너를 옥졸에게 넘겨 주
어 옥졸이 옥에 가둘까 염려하라
59 네게 이르노니 한 푼이라도 남김이
없이 갚지 아니하고서는 결코 거기서
나오지 못하리라 하시니라

회개하지 아니하면 망하리라

13 그 때 마침 두어 사람이 와서 빌
라도가 어떤 갈릴리 사람들의
피를 그들의 제물에 섞은 일로 예수
께 아뢰니
2 대답하여 이르시되 너희는 이 갈릴리
사람들이 이같이 해 받으므로 다른
모든 갈릴리 사람보다 죄가 더 있는
줄 아느냐
3 너희에게 이르노니 아니라 너희도 만
일 회개하지 아니하면 다 이와 같이

망하리라
4 또 실로암에서 망대가 무너져 치어
죽은 열여덟 사람이 예루살렘에 거한
다른 모든 사람보다 죄가 더 있는 줄
아느냐
5 너희에게 이르노니 아니라 너희도 만
일 회개하지 아니하면 다 이와 같이
망하리라

열매 맺지 못하는 무화과나무 비유

6 이에 비유로 말씀하시되 한 사람이
포도원에 무화과나무를 심은 것이
있더니 와서 그 열매를 구하였으나
얻지 못한지라
7 포도원지기에게 이르되 내가 삼 년을
와서 이 무화과나무에서 열매를 구
하되 얻지 못하니 찍어버리라 어찌 땅
만 버리게 하겠느냐
8 대답하여 이르되 주인이여 금년에도
그대로 두소서 내가 두루 파고 거름
을 주리니
9 이후에 만일 열매가 열면 좋거니와
그렇지 않으면 찍어버리소서 하였다
하시니라

안식일에 꼬부라진 여자를 고치시다

10 예수께서 안식일에 한 회당에서 가
르치실 때에
11 열여덟 해 동안이나 귀신 들려 앓으
며 꼬부라져 조금도 펴지 못하는 한
여자가 있더라
12 예수께서 보시고 불러 이르시되 여자
여 네가 네 병에서 놓였다 하시고
13 안수하시니 여자가 곧 펴고 하나님
께 영광을 돌리는지라
14 회당장이 예수께서 안식일에 병 고치
시는 것을 분 내어 무리에게 이르되
일할 날이 엿새가 있으니 그 동안에
와서 고침을 받을 것이요 안식일에는
하지 말 것이니라 하거늘
15 주께서 대답하여 이르시되 외식하는
자들아 너희가 각각 안식일에 자기의
소나 나귀를 외양간에서 풀어내어 이
끌고 가서 물을 먹이지 아니하느냐
16 그러면 열여덟 해 동안 사탄에게 매
인 바 된 이 아브라함의 딸을 안식일
에 이 매임에서 푸는 것이 합당하지
아니하냐
17 예수께서 이 말씀을 하시매 모든 반
대하는 자들은 부끄러워하고 온 무
리는 그가 하시는 모든 영광스러운
일을 기뻐하니라

겨자씨와 누룩 비유

18 그러므로 예수께서 이르시되 하나님
의 나라가 무엇과 같을까 내가 무엇
으로 비교할까
19 마치 사람이 자기 채소밭에 갖다 심
은 겨자씨 한 알 같으니 자라 나무가

되어 공중의 새들이 그 가지에 깃들
였느니라
20 또 이르시되 내가 하나님의 나라를
무엇으로 비교할까
21 마치 여자가 가루 서 말 속에 갖다
넣어 전부 부풀게 한 누룩과 같으니
라 하셨더라

좁은 문으로 들어가기를 힘쓰라

22 예수께서 각 성 각 마을로 다니사 가
르치시며 예루살렘으로 여행하시더
니
23 어떤 사람이 여짜오되 주여 구원을
받는 자가 적으니이까 그들에게 이
르시되
24 좁은 문으로 들어가기를 힘쓰라 내
가 너희에게 이르노니 들어가기를 구
하여도 못하는 자가 많으리라
25 집 주인이 일어나 문을 한 번 닫은
후에 너희가 밖에 서서 문을 두드리
며 주여 열어 주소서 하면 그가 대답
하여 이르되 나는 너희가 어디에서
온 자인지 알지 못하노라 하리니
26 그 때에 너희가 말하되 우리는 주 앞
에서 먹고 마셨으며 주는 또한 우리
의 길거리에서 가르치셨나이다 하나
27 그가 너희에게 말하여 이르되 나는
너희가 어디에서 왔는지 알지 못하노
라 행악하는 모든 자들아 나를 떠나
가라 하리라
28 너희가 아브라함과 이삭과 야곱과
모든 선지자는 하나님 나라에 있고
오직 너희는 밖에 쫓겨난 것을 볼 때
에 거기서 슬피 울며 이를 갈리라
29 사람들이 동서남북으로부터 와서 하
나님의 나라 잔치에 참여하리니
30 보라 나중 된 자로서 먼저 될 자도 있
고 먼저 된 자로서 나중 될 자도 있
느니라 하시더라

선지자들을 죽이는 예루살렘아

31 곧 그 때에 어떤 바리새인들이 나아
와서 이르되 나가서 여기를 떠나소서
헤롯이 당신을 죽이고자 하나이다
32 이르시되 너희는 가서 저 여우에게
이르되 오늘과 내일은 내가 귀신을
쫓아내며 병을 고치다가 제삼일에는
완전하여지리라 하라
33 그러나 오늘과 내일과 모레는 내가
갈 길을 가야 하리니 선지자가 예루
살렘 밖에서는 죽는 법이 없느니라
34 예루살렘아 예루살렘아 선지자들을
죽이고 네게 파송된 자들을 돌로 치
는 자여 암탉이 제 새끼를 날개 아래
에 모음 같이 내가 너희의 자녀를 모
으려 한 일이 몇 번이냐 그러나 너희
가 원하지 아니하였도다
35 보라 너희 집이 황폐하여 버린 바 되

리라 내가 너희에게 이르노니 너희가
주의 이름으로 오시는 이를 찬송하
리로다 할 때까지는 나를 보지 못하
리라 하시니라

수종병 든 사람을 고치시다

14 안식일에 예수께서 한 바리새인
지도자의 집에 떡 잡수시러 들
어가시니 그들이 엿보고 있더라
2 주의 앞에 수종병 든 한 사람이 있는
지라
3 예수께서 대답하여 율법교사들과 바
리새인들에게 이르시되 안식일에 병
고쳐 주는 것이 합당하냐 아니하냐
4 그들이 잠잠하거늘 예수께서 그 사
람을 데려다가 고쳐 보내시고
5 또 그들에게 이르시되 너희 중에 누
가 그 아들이나 소가 우물에 빠졌으
면 안식일에라도 곧 끌어내지 않겠
느냐 하시니
6 그들이 이에 대하여 대답하지 못하니
라

끝자리에 앉으라

7 청함을 받은 사람들이 높은 자리 택
함을 보시고 그들에게 비유로 말씀
하여 이르시되
8 네가 누구에게나 혼인 잔치에 청함
을 받았을 때에 높은 자리에 앉지
말라 그렇지 않으면 너보다 더 높은
사람이 청함을 받은 경우에
9 너와 그를 청한 자가 와서 너더러 이
사람에게 자리를 내주라 하리니 그
때에 네가 부끄러워 끝자리로 가게
되리라
10 청함을 받았을 때에 차라리 가서 끝
자리에 앉으라 그러면 너를 청한 자
가 와서 너더러 벗이여 올라 앉으라
하리니 그 때에야 함께 앉은 모든
사람 앞에서 영광이 있으리라
11 무릇 자기를 높이는 자는 낮아지고
자기를 낮추는 자는 높아지리라
12 또 자기를 청한 자에게 이르시되 네
가 점심이나 저녁이나 베풀거든 벗이
나 형제나 친척이나 부한 이웃을 청
하지 말라 두렵건대 그 사람들이 너
를 도로 청하여 네게 갚음이 될까 하
노라
13 잔치를 베풀거든 차라리 가난한 자
들과 몸 불편한 자들과 저는 자들과
맹인들을 청하라
14 그리하면 그들이 갚을 것이 없으므로
네게 복이 되리니 이는 의인들의 부
활시에 네가 갚음을 받겠음이라 하
시더라

큰 잔치 비유

15 함께 먹는 사람 중의 하나가 이 말을
듣고 이르되 무릇 하나님의 나라에

서 떡을 먹는 자는 복되도다 하니
16 이르시되 어떤 사람이 큰 잔치를 베
풀고 많은 사람을 청하였더니
17 잔치할 시각에 그 청하였던 자들에게
종을 보내어 이르되 오소서 모든 것
이 준비되었나이다 하매
18 다 일치하게 사양하여 한 사람은 이
르되 나는 밭을 샀으매 아무래도 나
가 보아야 하겠으니 청컨대 나를 양
해하도록 하라 하고
19 또 한 사람은 이르되 나는 소 다섯
겨리를 샀으매 시험하러 가니 청컨대
나를 양해하도록 하라 하고
20 또 한 사람은 이르되 나는 장가 들었
으니 그러므로 가지 못하겠노라 하
는지라
21 종이 돌아와 주인에게 그대로 고하
니 이에 집 주인이 노하여 그 종에게
이르되 빨리 시내의 거리와 골목으로
나가서 가난한 자들과 몸 불편한 자
들과 맹인들과 저는 자들을 데려오
라 하니라
22 종이 이르되 주인이여 명하신 대로
하였으되 아직도 자리가 있나이다
23 주인이 종에게 이르되 길과 산울타리
가로 나가서 사람을 강권하여 데려다
가 내 집을 채우라
24 내가 너희에게 말하노니 전에 청하였
던 그 사람들은 하나도 내 잔치를 맛
보지 못하리라 하였다 하시니라

제자가 되는 길

25 수많은 무리가 함께 갈새 예수께서
돌이키사 이르시되
26 무릇 내게 오는 자가 자기 부모와
처자와 형제와 자매와 더욱이 자기
목숨까지 미워하지 아니하면 능히 내
제자가 되지 못하고
27 누구든지 자기 십자가를 지고 나를
따르지 않는 자도 능히 내 제자가 되
지 못하리라
28 너희 중의 누가 망대를 세우고자 할
진대 자기의 가진 것이 준공하기까지
에 족할는지 먼저 앉아 그 비용을 계
산하지 아니하겠느냐
29 그렇게 아니하여 그 기초만 쌓고 능
히 이루지 못하면 보는 자가 다 비웃
어
30 이르되 이 사람이 공사를 시작하고
능히 이루지 못하였다 하리라
31 또 어떤 임금이 다른 임금과 싸우러
갈 때에 먼저 앉아 일만 명으로써 저
이만 명을 거느리고 오는 자를 대적
할 수 있을까 헤아리지 아니하겠느
냐
32 만일 못할 터이면 그가 아직 멀리 있
을 때에 사신을 보내어 화친을 청할

지니라
33 이와 같이 너희 중의 누구든지 자기
의 모든 소유를 버리지 아니하면 능
히 내 제자가 되지 못하리라
34 소금이 좋은 것이나 소금도 만일 그
맛을 잃으면 무엇으로 짜게 하리요
35 땅에도, 거름에도 쓸 데 없어 내버리
느니라 들을 귀가 있는 자는 들을지
어다 하시니라

잃은 양을 찾은 목자 비유

15 모든 세리와 죄인들이 말씀을
들으러 가까이 나아오니
2 바리새인과 서기관들이 수군거려 이
르되 이 사람이 죄인을 영접하고 음
식을 같이 먹는다 하더라
3 예수께서 그들에게 이 비유로 이르
시되
4 너희 중에 어떤 사람이 양 백 마리가
있는데 그 중의 하나를 잃으면 아흔
아홉 마리를 들에 두고 그 잃은 것
을 찾아내기까지 찾아다니지 아니하
겠느냐
5 또 찾아낸즉 즐거워 어깨에 메고
6 집에 와서 그 벗과 이웃을 불러 모으
고 말하되 나와 함께 즐기자 나의 잃
은 양을 찾아내었노라 하리라
7 내가 너희에게 이르노니 이와 같이
죄인 한 사람이 회개하면 하늘에서는
회개할 것 없는 의인 아흔아홉으로
말미암아 기뻐하는 것보다 더하리라

잃은 드라크마를 찾은 여인 비유

8 어떤 여자가 열 드라크마가 있는데
하나를 잃으면 등불을 켜고 집을 쓸
며 찾아내기까지 부지런히 찾지 아니
하겠느냐
9 또 찾아낸즉 벗과 이웃을 불러 모으
고 말하되 나와 함께 즐기자 잃은 드
라크마를 찾아내었노라 하리라
10 내가 너희에게 이르노니 이와 같이
죄인 한 사람이 회개하면 하나님의
사자들 앞에 기쁨이 되느니라

잃은 아들을 되찾은 아버지 비유

11 또 이르시되 어떤 사람에게 두 아들
이 있는데
12 그 둘째가 아버지에게 말하되 아버
지여 재산 중에서 내게 돌아올 분깃
을 내게 주소서 하는지라 아버지가
그 살림을 각각 나눠 주었더니
13 그 후 며칠이 안 되어 둘째 아들이
재물을 다 모아 가지고 먼 나라에 가

365묵상

주님의 제자가 되려는 자

예수님은 자기 제자가 되려면 자기 부모와 처자와 형제자매, 심지어 자기 목숨까지 미워해야 한다고 말씀하셨다(눅 14:26-27). 이것은 일종의 강조법이다. 이런 강조법을 통해 예수님은 자기 제자들에게 요구되는 온전한 사랑과 충성을 교훈하셨다. 사실, 예수님은 부모를 공경하고 가족을 돌보라고 명하신다. 단지 예수님은 하나님 사랑과 가족 사랑의 우선순위를 확실히 해두고자 하셨다. 우리는 우선적으로 주님께 온전한 사랑과 충성을 바쳐야 한다. 그런 후에 우리는 가족을 사랑해야 한다. 이 둘은 우선순위의 문제다.

거기서 허랑방탕하여 그 재산을 낭비
하더니
14 다 없앤 후 그 나라에 크게 흉년이
들어 그가 비로소 궁핍한지라
15 가서 그 나라 백성 중 한 사람에게
붙여 사니 그가 그를 들로 보내어
돼지를 치게 하였는데
16 그가 돼지 먹는 쥐엄 열매로 배를 채
우고자 하되 주는 자가 없는지라
17 이에 스스로 돌이켜 이르되 내 아버
지에게는 양식이 풍족한 품꾼이 얼
마나 많은가 나는 여기서 주려 죽는
구나
18 내가 일어나 아버지께 가서 이르기를
아버지 내가 하늘과 아버지께 죄를
지었사오니
19 지금부터는 아버지의 아들이라 일컬
음을 감당하지 못하겠나이다 나를
품꾼의 하나로 보소서 하리라 하고
20 이에 일어나서 아버지께로 돌아가니
라 아직도 거리가 먼데 아버지가 그
를 보고 측은히 여겨 달려가 목을 안
고 입을 맞추니
21 아들이 이르되 아버지 내가 하늘과
아버지께 죄를 지었사오니 지금부터
는 아버지의 아들이라 일컬음을 감당
하지 못하겠나이다 하나
22 아버지는 종들에게 이르되 제일 좋
은 옷을 내어다가 입히고 손에 가락
지를 끼우고 발에 신을 신기라
23 그리고 살진 송아지를 끌어다가 잡
으라 우리가 먹고 즐기자
24 이 내 아들은 죽었다가 다시 살아났
으며 내가 잃었다가 다시 얻었노라
하니 그들이 즐거워하더라
25 맏아들은 밭에 있다가 돌아와 집에
가까이 왔을 때에 풍악과 춤추는 소
리를 듣고
26 한 종을 불러 이 무슨 일인가 물은대
27 대답하되 당신의 동생이 돌아왔으매
당신의 아버지가 건강한 그를 다시
맞아들이게 됨으로 인하여 살진 송
아지를 잡았나이다 하니
28 그가 노하여 들어가고자 하지 아니
하거늘 아버지가 나와서 권한대
29 아버지께 대답하여 이르되 내가 여러
해 아버지를 섬겨 명을 어김이 없거늘
내게는 염소 새끼라도 주어 나와 내
벗으로 즐기게 하신 일이 없더니
30 아버지의 살림을 창녀들과 함께 삼켜
버린 이 아들이 돌아오매 이를 위하
여 살진 송아지를 잡으셨나이다
31 아버지가 이르되 얘 너는 항상 나와
함께 있으니 내 것이 다 네 것이로되
32 이 네 동생은 죽었다가 살아났으며
내가 잃었다가 얻었기로 우리가 즐거

위하고 기뻐하는 것이 마땅하다 하니
라

옳지 않은 청지기 비유

16 또한 제자들에게 이르시되 어떤
부자에게 청지기가 있는데 그가
주인의 소유를 낭비한다는 말이 그
주인에게 들린지라
2 주인이 그를 불러 이르되 내가 네게
대하여 들은 이 말이 어찌 됨이냐 네
가 보던 일을 셈하라 청지기 직무를
계속하지 못하리라 하니
3 청지기가 속으로 이르되 주인이 내
직분을 빼앗으니 내가 무엇을 할까
땅을 파자니 힘이 없고 빌어 먹자니
부끄럽구나
4 내가 할 일을 알았도다 이렇게 하면
직분을 빼앗긴 후에 사람들이 나를
자기 집으로 영접하리라 하고
5 주인에게 빚진 자를 일일이 불러다가
먼저 온 자에게 이르되 네가 내 주인
에게 얼마나 빚졌느냐
6 말하되 기름 백 말이니이다 이르되
여기 네 증서를 가지고 빨리 앉아 오
십이라 쓰라 하고
7 또 다른 이에게 이르되 너는 얼마나
빚졌느냐 이르되 밀 백 석이니이다 이
르되 여기 네 증서를 가지고 팔십이
라 쓰라 하였는지라
8 주인이 이 옳지 않은 청지기가 일을
지혜 있게 하였으므로 칭찬하였으니
이 세대의 아들들이 자기 시대에 있
어서는 빛의 아들들보다 더 지혜로
움이니라
9 내가 너희에게 말하노니 불의의 재물
로 친구를 사귀라 그리하면 그 재물
이 없어질 때에 그들이 너희를 영주
할 처소로 영접하리라
10 지극히 작은 것에 충성된 자는 큰 것
에도 충성되고 지극히 작은 것에 불
의한 자는 큰 것에도 불의하니라
11 너희가 만일 불의한 재물에도 충성하
지 아니하면 누가 참된 것으로 너희
에게 맡기겠느냐
12 너희가 만일 남의 것에 충성하지 아
니하면 누가 너희의 것을 너희에게
주겠느냐
13 집 하인이 두 주인을 섬길 수 없나니
혹 이를 미워하고 저를 사랑하거나
혹 이를 중히 여기고 저를 경히 여길
것임이니라 너희는 하나님과 재물을
겸하여 섬길 수 없느니라

율법과 하나님 나라의 복음

14 바리새인들은 돈을 좋아하는 자들이
라 이 모든 것을 듣고 비웃거늘
15 예수께서 이르시되 너희는 사람 앞에
서 스스로 옳다 하는 자들이나 너희

마음을 하나님께서 아시나니 사람
중에 높임을 받는 그것은 하나님 앞
에 미움을 받는 것이니라
16 율법과 선지자는 요한의 때까지요
그 후부터는 하나님 나라의 복음이
전파되어 사람마다 그리로 침입하느
니라
17 그러나 율법의 한 획이 떨어짐보다
천지가 없어짐이 쉬우리라
18 무릇 자기 아내를 버리고 다른 데 장
가 드는 자도 간음함이요 무릇 버림
당한 여자에게 장가드는 자도 간음
함이니라

부자와 거지

19 한 부자가 있어 자색 옷과 고운 베
옷을 입고 날마다 호화롭게 즐기더
라
20 그런데 나사로라 이름하는 한 거지
가 헌데 투성이로 그의 대문 앞에 버
려진 채
21 그 부자의 상에서 떨어지는 것으로
배불리려 하매 심지어 개들이 와서
그 헌데를 핥더라
22 이에 그 거지가 죽어 천사들에게 받
들려 아브라함의 품에 들어가고 부
자도 죽어 장사되매
23 그가 음부에서 고통중에 눈을 들어
멀리 아브라함과 그의 품에 있는 나
사로를 보고
24 불러 이르되 아버지 아브라함이여 나
를 긍휼히 여기사 나사로를 보내어
그 손가락 끝에 물을 찍어 내 혀를
서늘하게 하소서 내가 이 불꽃 가운
데서 괴로워하나이다
25 아브라함이 이르되 얘 너는 살았을
때에 좋은 것을 받았고 나사로는 고
난을 받았으니 이것을 기억하라 이제
그는 여기서 위로를 받고 너는 괴로
움을 받느니라
26 그뿐 아니라 너희와 우리 사이에 큰
구렁텅이가 놓여 있어 여기서 너희에
게 건너가고자 하되 갈 수 없고 거기
서 우리에게 건너올 수도 없게 하였
느니라
27 이르되 그러면 아버지여 구하노니 나
사로를 내 아버지의 집에 보내소서
28 내 형제 다섯이 있으니 그들에게 증
언하게 하여 그들로 이 고통 받는
곳에 오지 않게 하소서
29 아브라함이 이르되 그들에게 모세와
선지자들이 있으니 그들에게 들을지
니라
30 이르되 그렇지 아니하니이다 아버지
아브라함이여 만일 죽은 자에게서
그들에게 가는 자가 있으면 회개하
리이다

31 이르되 모세와 선지자들에게 듣지
아니하면 비록 죽은 자 가운데서 살
아나는 자가 있을지라도 권함을 받
지 아니하리라 하였다 하시니라

용서, 믿음, 종이 할 일

17 예수께서 제자들에게 이르시되
실족하게 하는 것이 없을 수는
없으나 그렇게 하게 하는 자에게는
화로다
2 그가 이 작은 자 중의 하나를 실족하
게 할진대 차라리 연자맷돌이 그 목
에 매여 바다에 던져지는 것이 나으
리라
3 너희는 스스로 조심하라 만일 네 형
제가 죄를 범하거든 경고하고 회개하
거든 용서하라
4 만일 하루에 일곱 번이라도 네게 죄
를 짓고 일곱 번 네게 돌아와 내가
회개하노라 하거든 너는 용서하라
하시더라
5 사도들이 주께 여짜오되 우리에게
믿음을 더하소서 하니
6 주께서 이르시되 너희에게 겨자씨 한
알만한 믿음이 있었더라면 이 뽕나무
더러 뿌리가 뽑혀 바다에 심기어라
하였을 것이요 그것이 너희에게 순종
하였으리라
7 너희 중 누구에게 밭을 갈거나 양을
치거나 하는 종이 있어 밭에서 돌아
오면 그더러 곧 와 앉아서 먹으라 말
할 자가 있느냐
8 도리어 그더러 내 먹을 것을 준비하
고 띠를 띠고 내가 먹고 마시는 동안
에 수종들고 너는 그 후에 먹고 마
시라 하지 않겠느냐
9 명한 대로 하였다고 종에게 감사하
겠느냐
10 이와 같이 너희도 명령 받은 것을 다
행한 후에 이르기를 우리는 무익한
종이라 우리가 하여야 할 일을 한 것
뿐이라 할지니라

나병환자 열 명이 깨끗함을 받다

11 예수께서 예루살렘으로 가실 때에
사마리아와 갈릴리 사이로 지나가시
다가
12 한 마을에 들어가시니 나병환자 열
명이 예수를 만나 멀리 서서
13 소리를 높여 이르되 예수 선생님이여
우리를 불쌍히 여기소서 하거늘
14 보시고 이르시되 가서 제사장들에게
너희 몸을 보이라 하셨더니 그들이
가다가 깨끗함을 받은지라
15 그 중의 한 사람이 자기가 나은 것을
보고 큰 소리로 하나님께 영광을 돌
리며 돌아와
16 예수의 발 아래에 엎드리어 감사하니

그는 사마리아 사람이라
17 예수께서 대답하여 이르시되 열 사람
이 다 깨끗함을 받지 아니하였느냐
그 아홉은 어디 있느냐
18 이 이방인 외에는 하나님께 영광을
돌리러 돌아온 자가 없느냐 하시고
19 그에게 이르시되 일어나 가라 네 믿
음이 너를 구원하였느니라 하시더라

하나님의 나라는 너희 안에 있다

20 바리새인들이 하나님의 나라가 어느
때에 임하나이까 묻거늘 예수께서
대답하여 이르시되 하나님의 나라는
볼 수 있게 임하는 것이 아니요
21 또 여기 있다 저기 있다고도 못하리
니 하나님의 나라는 너희 안에 있느
니라
22 또 제자들에게 이르시되 때가 이르
리니 너희가 인자의 날 하루를 보고
자 하되 보지 못하리라
23 사람이 너희에게 말하되 보라 저기
있다 보라 여기 있다 하리라 그러나
너희는 가지도 말고 따르지도 말라
24 번개가 하늘 아래 이쪽에서 번쩍이어
하늘 아래 저쪽까지 비침같이 인자도
자기 날에 그러하리라
25 그러나 그가 먼저 많은 고난을 받으
며 이 세대에게 버린 바 되어야 할지
니라
26 노아의 때에 된 것과 같이 인자의 때
에도 그러하리라
27 노아가 방주에 들어가던 날까지 사
람들이 먹고 마시고 장가 들고 시집
가더니 홍수가 나서 그들을 다 멸망
시켰으며
28 또 롯의 때와 같으리니 사람들이 먹
고 마시고 사고 팔고 심고 집을 짓더
니
29 롯이 소돔에서 나가던 날에 하늘로
부터 불과 유황이 비오듯 하여 그들
을 멸망시켰느니라
30 인자가 나타나는 날에도 이러하리라
31 그 날에 만일 사람이 지붕 위에 있고
그의 세간이 그 집 안에 있으면 그것
을 가지러 내려가지 말 것이요 밭에
있는 자도 그와 같이 뒤로 돌이키지
말 것이니라
32 롯의 처를 기억하라
33 무릇 자기 목숨을 보전하고자 하는
자는 잃을 것이요 잃는 자는 살리리
라
34 내가 너희에게 이르노니 그 밤에 둘
이 한 자리에 누워 있으매 하나는 데
려감을 얻고 하나는 버려둠을 당할
것이요
35 두 여자가 함께 맷돌을 갈고 있으매
하나는 데려감을 얻고 하나는 버려

둠을 당할 것이니라
36 (없음)
37 그들이 대답하여 이르되 주여 어디오
니이까 이르시되 주검 있는 곳에는
독수리가 모이느니라 하시니라

과부와 재판장 비유

18 예수께서 그들에게 항상 기도
하고 낙심하지 말아야 할 것을
비유로 말씀하여
2 이르시되 어떤 도시에 하나님을 두려
워하지 않고 사람을 무시하는 한 재
판장이 있는데
3 그 도시에 한 과부가 있어 자주 그에
게 가서 내 원수에 대한 나의 원한을
풀어 주소서 하되
4 그가 얼마 동안 듣지 아니하다가 후
에 속으로 생각하되 내가 하나님을
두려워하지 않고 사람을 무시하나
5 이 과부가 나를 번거롭게 하니 내가
그 원한을 풀어 주리라 그렇지 않으
면 늘 와서 나를 괴롭게 하리라 하였
느니라
6 주께서 또 이르시되 불의한 재판장이
말한 것을 들으라
7 하물며 하나님께서 그 밤낮 부르짖
는 택하신 자들의 원한을 풀어 주지
아니하시겠느냐 그들에게 오래 참으
시겠느냐
8 내가 너희에게 이르노니 속히 그 원
한을 풀어 주시리라 그러나 인자가
올 때에 세상에서 믿음을 보겠느냐
하시니라

바리새인과 세리 비유

9 또 자기를 의롭다고 믿고 다른 사람
을 멸시하는 자들에게 이 비유로 말
씀하시되
10 두 사람이 기도하러 성전에 올라가니
하나는 바리새인이요 하나는 세리라
11 바리새인은 서서 따로 기도하여 이르
되 하나님이여 나는 다른 사람들 곧
토색, 불의, 간음을 하는 자들과 같
지 아니하고 이 세리와도 같지 아니
함을 감사하나이다
12 나는 이레에 두 번씩 금식하고 또 소
득의 십일조를 드리나이다 하고
13 세리는 멀리 서서 감히 눈을 들어 하
늘을 쳐다보지도 못하고 다만 가슴
을 치며 이르되 하나님이여 불쌍히
여기소서 나는 죄인이로소이다 하였
느니라

365묵상

어느 날 주님은 다시 오신다!

우리의 일상 삶은 거의 비슷하게 반복된다. 그리고 내일도 별로 달라질 것이 없다고 생각한다. 정말 그럴까? 하지만 어느 날 다시 오시겠다고 말하신 주님의 약속을 진지하게 받아들인다면(눅 17:24-30), 우리의 삶의 자세는 크게 달라진다. 오늘 혹은 내일이 바로 주님께서 약속하신 재림의 날이 될 수도 있기 때문이다. 그래서 어쩌면 내일 아침엔 자명종 소리가 아니라 재림의 나팔소리가 나를 깨울 수도 있기 때문이다. 주의 재림을 기다리는 신앙을 가져라. 나날이 새롭고, 매시간이 소중한 의미를 지닐 것이다.

14 내가 너희에게 이르노니 이에 저 바
리새인이 아니고 이 사람이 의롭다
하심을 받고 그의 집으로 내려갔느
니라 무릇 자기를 높이는 자는 낮아
지고 자기를 낮추는 자는 높아지리
라 하시니라

어린 아이들을 금하지 말라

15 사람들이 예수께서 만져 주심을 바
라고 자기 어린 아기를 데리고 오매
제자들이 보고 꾸짖거늘
16 예수께서 그 어린 아이들을 불러 가
까이 하시고 이르시되 어린 아이들이
내게 오는 것을 용납하고 금하지 말
라 하나님의 나라가 이런 자의 것이니
라
17 내가 진실로 너희에게 이르노니 누구
든지 하나님의 나라를 어린 아이와
같이 받아들이지 않는 자는 결단코
거기 들어가지 못하리라 하시니라

부자 관리

18 어떤 관리가 물어 이르되 선한 선생님
이여 내가 무엇을 하여야 영생을 얻
으리이까
19 예수께서 이르시되 네가 어찌하여 나
를 선하다 일컫느냐 하나님 한 분 외
에는 선한 이가 없느니라
20 네가 계명을 아나니 간음하지 말라,
살인하지 말라, 도둑질하지 말라, 거
짓 증언 하지 말라, 네 부모를 공경
하라 하였느니라
21 여짜오되 이것은 내가 어려서부터 다
지키었나이다
22 예수께서 이 말을 들으시고 이르시
되 네게 아직도 한 가지 부족한 것이
있으니 네게 있는 것을 다 팔아 가난
한 자들에게 나눠 주라 그리하면 하
늘에서 네게 보화가 있으리라 그리
고 와서 나를 따르라 하시니
23 그 사람이 큰 부자이므로 이 말씀을
듣고 심히 근심하더라
24 예수께서 그를 보시고 이르시되 재
물이 있는 자는 하나님의 나라에 들
어가기가 얼마나 어려운지
25 낙타가 바늘귀로 들어가는 것이 부
자가 하나님의 나라에 들어가는 것
보다 쉬우니라 하시니
26 듣는 자들이 이르되 그런즉 누가 구
원을 얻을 수 있나이까
27 이르시되 무릇 사람이 할 수 없는 것
을 하나님은 하실 수 있느니라
28 베드로가 여짜오되 보옵소서 우리가
우리의 것을 다 버리고 주를 따랐나
이다
29 이르시되 내가 진실로 너희에게 이르
노니 하나님의 나라를 위하여 집이나
아내나 형제나 부모나 자녀를 버린

자는
30 현세에 여러 배를 받고 내세에 영생
을 받지 못할 자가 없느니라 하시니라

죽음과 부활을 다시 이르시다

31 예수께서 열두 제자를 데리시고 이
르시되 보라 우리가 예루살렘으로
올라가노니 선지자들을 통하여 기록
된 모든 것이 인자에게 응하리라
32 인자가 이방인들에게 넘겨져 희롱을
당하고 능욕을 당하고 침 뱉음을 당
하겠으며
33 그들은 채찍질하고 그를 죽일 것이
나 그는 삼 일 만에 살아나리라 하시
되
34 제자들이 이것을 하나도 깨닫지 못
하였으니 그 말씀이 감취었으므로
그들이 그 이르신 바를 알지 못하였
더라

맹인을 고치시다

35 여리고에 가까이 가셨을 때에 한 맹
인이 길 가에 앉아 구걸하다가
36 무리가 지나감을 듣고 이 무슨 일이
냐고 물은대
37 그들이 나사렛 예수께서 지나가신다
하니
38 맹인이 외쳐 이르되 다윗의 자손 예
수여 나를 불쌍히 여기소서 하거늘
39 앞서 가는 자들이 그를 꾸짖어 잠잠
하라 하되 그가 더욱 크게 소리 질러
다윗의 자손이여 나를 불쌍히 여기소
서 하는지라
40 예수께서 머물러 서서 명하여 데려오
라 하셨더니 그가 가까이 오매 물어
이르시되
41 네게 무엇을 하여 주기를 원하느냐
이르되 주여 보기를 원하나이다
42 예수께서 그에게 이르시되 보라 네
믿음이 너를 구원하였느니라 하시매
43 곧 보게 되어 하나님께 영광을 돌리
며 예수를 따르니 백성이 다 이를 보
고 하나님을 찬양하니라

예수와 삭개오

19 예수께서 여리고로 들어가 지나
가시더라
2 삭개오라 이름하는 자가 있으니 세
리장이요 또한 부자라
3 그가 예수께서 어떠한 사람인가 하여
보고자 하되 키가 작고 사람이 많아
할 수 없어
4 앞으로 달려가서 보기 위하여 돌무
화과나무에 올라가니 이는 예수께서
그리로 지나가시게 됨이러라
5 예수께서 그 곳에 이르사 쳐다 보시
고 이르시되 삭개오야 속히 내려오
라 내가 오늘 네 집에 유하여야 하겠
다 하시니

6 급히 내려와 즐거워하며 영접하거늘
7 뭇 사람이 보고 수군거려 이르되 저
가 죄인의 집에 유하러 들어갔도다
하더라
8 삭개오가 서서 주께 여짜오되 주여
보시옵소서 내 소유의 절반을 가난
한 자들에게 주겠사오며 만일 누구
의 것을 속여 빼앗은 일이 있으면 네
갑절이나 갚겠나이다
9 예수께서 이르시되 오늘 구원이 이
집에 이르렀으니 이 사람도 아브라
함의 자손임이로다
10 인자가 온 것은 잃어버린 자를 찾아
구원하려 함이니라

은 열 므나 비유

11 그들이 이 말씀을 듣고 있을 때에
비유를 더하여 말씀하시니 이는 자기
가 예루살렘에 가까이 오셨고 그들
은 하나님의 나라가 당장에 나타날
줄로 생각함이더라
12 이르시되 어떤 귀인이 왕위를 받아가
지고 오려고 먼 나라로 갈 때에
13 그 종 열을 불러 은화 열 므나를 주
며 이르되 내가 돌아올 때까지 장사
하라 하니라
14 그런데 그 백성이 그를 미워하여 사
자를 뒤로 보내어 이르되 우리는 이
사람이 우리의 왕 됨을 원하지 아니
하나이다 하였더라
15 귀인이 왕위를 받아가지고 돌아와서
은화를 준 종들이 각각 어떻게 장사
하였는지를 알고자 하여 그들을 부
르니
16 그 첫째가 나아와 이르되 주인이여
당신의 한 므나로 열 므나를 남겼나
이다
17 주인이 이르되 잘하였다 착한 종이여
네가 지극히 작은 것에 충성하였으니
열 고을 권세를 차지하라 하고
18 그 둘째가 와서 이르되 주인이여 당
신의 한 므나로 다섯 므나를 만들었
나이다
19 주인이 그에게도 이르되 너도 다섯
고을을 차지하라 하고
20 또 한 사람이 와서 이르되 주인이여
보소서 당신의 한 므나가 여기 있나
이다 내가 수건으로 싸 두었었나이
다
21 이는 당신이 엄한 사람인 것을 내가
무서워함이라 당신은 두지 않은 것을
취하고 심지 않은 것을 거두나이다
22 주인이 이르되 악한 종아 내가 네 말
로 너를 심판하노니 너는 내가 두지
않은 것을 취하고 심지 않은 것을 거
두는 엄한 사람인 줄로 알았느냐
23 그러면 어찌하여 내 돈을 은행에 맡

기지 아니하였느냐 그리하였으면 내
가 와서 그 이자와 함께 그 돈을 찾
았으리라 하고
24 곁에 섰는 자들에게 이르되 그 한 므
나를 빼앗아 열 므나 있는 자에게
주라 하니
25 그들이 이르되 주여 그에게 이미 열
므나가 있나이다
26 주인이 이르되 내가 너희에게 말하노
니 무릇 있는 자는 받겠고 없는 자
는 그 있는 것도 빼앗기리라
27 그리고 내가 왕 됨을 원하지 아니하
던 저 원수들을 이리로 끌어다가 내
앞에서 죽이라 하였느니라

예루살렘을 향하여 가시다

28 예수께서 이 말씀을 하시고 예루살
렘을 향하여 앞서서 가시더라
29 감람원이라 불리는 산쪽에 있는 벳
바게와 베다니에 가까이 가셨을 때
에 제자 중 둘을 보내시며
30 이르시되 너희는 맞은편 마을로 가라
그리로 들어가면 아직 아무도 타 보
지 않은 나귀 새끼가 매여 있는 것을
보리니 풀어 끌고 오라
31 만일 누가 너희에게 어찌하여 푸느냐
묻거든 말하기를 주가 쓰시겠다 하
라 하시매
32 보내심을 받은 자들이 가서 그 말씀
하신 대로 만난지라
33 나귀 새끼를 풀 때에 그 임자들이 이
르되 어찌하여 나귀 새끼를 푸느냐
34 대답하되 주께서 쓰시겠다 하고
35 그것을 예수께로 끌고 와서 자기들
의 겉옷을 나귀 새끼 위에 걸쳐 놓고
예수를 태우니
36 가실 때에 그들이 자기의 겉옷을 길
에 펴더라
37 이미 감람 산 내리막길에 가까이 오
시매 제자의 온 무리가 자기들이 본
바 모든 능한 일로 인하여 기뻐하며
큰 소리로 하나님을 찬양하여
38 이르되 찬송하리로다 주의 이름으로
오시는 왕이여 하늘에는 평화요 가
장 높은 곳에는 영광이로다 하니
39 무리 중 어떤 바리새인들이 말하되
선생이여 당신의 제자들을 책망하소
서 하거늘
40 대답하여 이르시되 내가 너희에게 말
하노니 만일 이 사람들이 침묵하면
돌들이 소리 지르리라 하시니라
41 가까이 오사 성을 보시고 우시며
42 이르시되 너도 오늘 평화에 관한 일
을 알았더라면 좋을 뻔하였거니와 지
금 네 눈에 숨겨졌도다
43 날이 이를지라 네 원수들이 토둔을
쌓고 너를 둘러 사면으로 가두고

44 또 너와 및 그 가운데 있는 네 자식
들을 땅에 메어치며 돌 하나도 돌 위
에 남기지 아니하리니 이는 네가 보
살핌 받는 날을 알지 못함을 인함이
니라 하시니라

성전에 들어가신 예수

45 성전에 들어가사 장사하는 자들을
내쫓으시며
46 그들에게 이르시되 기록된 바 내 집
은 기도하는 집이 되리라 하였거늘
너희는 강도의 소굴을 만들었도다
하시니라
47 예수께서 날마다 성전에서 가르치시
니 대제사장들과 서기관들과 백성의
지도자들이 그를 죽이려고 꾀하되
48 백성이 다 그에게 귀를 기울여 들으
므로 어찌할 방도를 찾지 못하였더
라

예수의 권위를 두고 말하다

20 하루는 예수께서 성전에서 백성
을 가르치시며 복음을 전하실새
대제사장들과 서기관들이 장로들과
함께 가까이 와서
2 말하여 이르되 당신이 무슨 권위로
이런 일을 하는지 이 권위를 준 이가
누구인지 우리에게 말하라
3 대답하여 이르시되 나도 한 말을 너
희에게 물으리니 내게 말하라
4 요한의 세례가 하늘로부터냐 사람으
로부터냐
5 그들이 서로 의논하여 이르되 만일
하늘로부터라 하면 어찌하여 그를 믿
지 아니하였느냐 할 것이요
6 만일 사람으로부터라 하면 백성이 요
한을 선지자로 인정하니 그들이 다
우리를 돌로 칠 것이라 하고
7 대답하되 어디로부터인지 알지 못하
노라 하니
8 예수께서 이르시되 나도 무슨 권위
로 이런 일을 하는지 너희에게 이르
지 아니하리라 하시니라

포도원 농부 비유

9 그가 또 이 비유로 백성에게 말씀하
시기 시작하시니라 한 사람이 포도원
을 만들어 농부들에게 세로 주고 타
국에 가서 오래 있다가
10 때가 이르매 포도원 소출 얼마를 바
치게 하려고 한 종을 농부들에게 보
내니 농부들이 종을 몹시 때리고 거
저 보내었거늘
11 다시 다른 종을 보내니 그도 몹시
때리고 능욕하고 거저 보내었거늘
12 다시 세 번째 종을 보내니 이 종도
상하게 하고 내쫓은지라
13 포도원 주인이 이르되 어찌할까 내
사랑하는 아들을 보내리니 그들이

혹 그는 존대하리라 하였더니
14 농부들이 그를 보고 서로 의논하여
이르되 이는 상속자니 죽이고 그 유
산을 우리의 것으로 만들자 하고
15 포도원 밖에 내쫓아 죽였느니라 그
런즉 포도원 주인이 이 사람들을 어
떻게 하겠느냐
16 와서 그 농부들을 진멸하고 포도원
을 다른 사람들에게 주리라 하시니
사람들이 듣고 이르되 그렇게 되지
말아지이다 하거늘
17 그들을 보시며 이르시되 그러면 기록
된 바 건축자들의 버린 돌이 모퉁이
의 머릿돌이 되었느니라 함이 어찜이
냐
18 무릇 이 돌 위에 떨어지는 자는 깨어
지겠고 이 돌이 사람 위에 떨어지면
그를 가루로 만들어 흩으리라 하시
니라

가이사에게 세를 바치는 것

19 서기관들과 대제사장들이 예수의 이
비유는 자기들을 가리켜 말씀하심인
줄 알고 즉시 잡고자 하되 백성을 두
려워하더라
20 이에 그들이 엿보다가 예수를 총독
의 다스림과 권세 아래에 넘기려 하
여 정탐들을 보내어 그들로 스스로
의인인 체하며 예수의 말을 책잡게
하니
21 그들이 물어 이르되 선생님이여 우리
가 아노니 당신은 바로 말씀하시고
가르치시며 사람을 외모로 취하지 아
니하시고 오직 진리로써 하나님의 도
를 가르치시나이다
22 우리가 가이사에게 세를 바치는 것이
옳으니이까 옳지 않으니이까 하니
23 예수께서 그 간계를 아시고 이르시
되
24 데나리온 하나를 내게 보이라 누구
의 형상과 글이 여기 있느냐 대답하
되 가이사의 것이니이다
25 이르시되 그런즉 가이사의 것은 가이
사에게, 하나님의 것은 하나님께 바
치라 하시니
26 그들이 백성 앞에서 그의 말을 능히
책잡지 못하고 그의 대답을 놀랍게
여겨 침묵하니라

부활 논쟁

27 부활이 없다고 주장하는 사두개인
중 어떤 이들이 와서

365묵상

가이사의 것과 하나님의 것

유대의 종교 지도자들은 민감한 납세 문제를 가지고 예수님을 올무에 빠뜨리려 했다. 하지만 예수님의 대답은 지혜로웠다. "가이사의 것은 가이사에게, 하나님의 것은 하나님께!"(눅 20:25). 모든 것이 다 하나님의 것이지만, 하나님은 이중 일부를 사람에게 맡기셨다. 가이사, 즉 이 땅의 국가들은 사회질서를 유지하기 위해 세금을 걷는다. 그래서 시민들은 국가에 세금을 내야 한다. 하지만 궁극적으로 우리의 최고 충성 대상은 하나님이시다. 이 땅의 모든 국가와 정부 권력은 더 높으신 하나님의 권세 아래에 있다.

28 물어 이르되 선생님이여 모세가 우리
에게 써 주기를 만일 어떤 사람의 형
이 아내를 두고 자식이 없이 죽으면
그 동생이 그 아내를 취하여 형을 위
하여 상속자를 세울지니라 하였나이
다
29 그런데 칠 형제가 있었는데 맏이가
아내를 취하였다가 자식이 없이 죽고
30 그 둘째와 셋째가 그를 취하고
31 일곱이 다 그와 같이 자식이 없이 죽
고
32 그 후에 여자도 죽었나이다
33 일곱이 다 그를 아내로 취하였으니
부활 때에 그 중에 누구의 아내가
되리이까
34 예수께서 이르시되 이 세상의 자녀들
은 장가도 가고 시집도 가되
35 저 세상과 및 죽은 자 가운데서 부활
함을 얻기에 합당히 여김을 받은 자
들은 장가 가고 시집 가는 일이 없으
며
36 그들은 다시 죽을 수도 없나니 이는
천사와 동등이요 부활의 자녀로서
하나님의 자녀임이라
37 죽은 자가 살아난다는 것은 모세도
가시나무 떨기에 관한 글에서 주를
아브라함의 하나님이요 이삭의 하나
님이요 야곱의 하나님이시라 칭하였
나니
38 하나님은 죽은 자의 하나님이 아니요
살아 있는 자의 하나님이시라 하나님
에게는 모든 사람이 살았느니라 하
시니
39 서기관 중 어떤 이들이 말하되 선생
님 잘 말씀하셨나이다 하니
40 그들은 아무 것도 감히 더 물을 수
없음이더라

그리스도와 다윗의 자손

41 예수께서 그들에게 이르시되 사람들
이 어찌하여 그리스도를 다윗의 자손
이라 하느냐
42 시편에 다윗이 친히 말하였으되 주
께서 내 주께 이르시되
43 내가 네 원수를 네 발등상으로 삼을
때까지 내 우편에 앉았으라 하셨도
다 하였느니라
44 그런즉 다윗이 그리스도를 주라 칭
하였으니 어찌 그의 자손이 되겠느냐
하시니라

서기관들을 삼가라

45 모든 백성이 들을 때에 예수께서 그
제자들에게 이르시되
46 긴 옷을 입고 다니는 것을 원하며 시
장에서 문안 받는 것과 회당의 높은
자리와 잔치의 윗자리를 좋아하는 서
기관들을 삼가라

47 그들은 과부의 가산을 삼키며 외식
으로 길게 기도하니 그들이 더 엄중
한 심판을 받으리라 하시니라

가난한 과부의 헌금

21 예수께서 눈을 들어 부자들이
헌금함에 헌금 넣는 것을 보시
고
2 또 어떤 가난한 과부가 두 렙돈 넣는
것을 보시고
3 이르시되 내가 참으로 너희에게 말하
노니 이 가난한 과부가 다른 모든 사
람보다 많이 넣었도다
4 저들은 그 풍족한 중에서 헌금을 넣
었거니와 이 과부는 그 가난한 중에
서 자기가 가지고 있는 생활비 전부
를 넣었느니라 하시니라

성전이 무너뜨려질 것을 이르시다

5 어떤 사람들이 성전을 가리켜 그 아
름다운 돌과 헌물로 꾸민 것을 말하
매 예수께서 이르시되
6 너희 보는 이것들이 날이 이르면 돌
하나도 돌 위에 남지 않고 다 무너뜨
려지리라
7 그들이 물어 이르되 선생님이여 그러
면 어느 때에 이런 일이 있겠사오며
이런 일이 일어나려 할 때에 무슨 징
조가 있사오리이까
8 이르시되 미혹을 받지 않도록 주의하
라 많은 사람이 내 이름으로 와서 이
르되 내가 그라 하며 때가 가까이 왔
다 하겠으나 그들을 따르지 말라
9 난리와 소요의 소문을 들을 때에 두
려워하지 말라 이 일이 먼저 있어야
하되 끝은 곧 되지 아니하리라

환난의 징조

10 또 이르시되 민족이 민족을, 나라가
나라를 대적하여 일어나겠고
11 곳곳에 큰 지진과 기근과 전염병이
있겠고 또 무서운 일과 하늘로부터
큰 징조들이 있으리라
12 이 모든 일 전에 내 이름으로 말미암
아 너희에게 손을 대어 박해하며 회
당과 옥에 넘겨 주며 임금들과 집권
자들 앞에 끌어 가려니와
13 이 일이 도리어 너희에게 증거가 되리
라
14 그러므로 너희는 변명할 것을 미리
궁리하지 않도록 명심하라
15 내가 너희의 모든 대적이 능히 대항
하거나 변박할 수 없는 구변과 지혜
를 너희에게 주리라
16 심지어 부모와 형제와 친척과 벗이
너희를 넘겨 주어 너희 중의 몇을 죽
이게 하겠고
17 또 너희가 내 이름으로 말미암아 모
든 사람에게 미움을 받을 것이나

18 너희 머리털 하나도 상하지 아니하리
라
19 너희의 인내로 너희 영혼을 얻으리라

예루살렘의 환난과 인자의 오심

20 너희가 예루살렘이 군대들에게 에워
싸이는 것을 보거든 그 멸망이 가까
운 줄을 알라
21 그 때에 유대에 있는 자들은 산으로
도망갈 것이며 성내에 있는 자들은
나갈 것이며 촌에 있는 자들은 그리
로 들어가지 말지어다
22 이 날들은 기록된 모든 것을 이루는
징벌의 날이니라
23 그 날에는 아이 밴 자들과 젖먹이는
자들에게 화가 있으리니 이는 땅에
큰 환난과 이 백성에게 진노가 있겠
음이로다
24 그들이 칼날에 죽임을 당하며 모든
이방에 사로잡혀 가겠고 예루살렘은
이방인의 때가 차기까지 이방인들에
게 밟히리라
25 일월 성신에는 징조가 있겠고 땅에서
는 민족들이 바다와 파도의 성난 소
리로 인하여 혼란한 중에 곤고하리
라
26 사람들이 세상에 임할 일을 생각하
고 무서워하므로 기절하리니 이는 하
늘의 권능들이 흔들리겠음이라
27 그 때에 사람들이 인자가 구름을 타
고 능력과 큰 영광으로 오는 것을
보리라
28 이런 일이 되기를 시작하거든 일어나
머리를 들라 너희 속량이 가까웠느니
라 하시더라

무화과나무에서 배울 교훈

29 이에 비유로 이르시되 무화과나무와
모든 나무를 보라
30 싹이 나면 너희가 보고 여름이 가까
운 줄을 자연히 아나니
31 이와 같이 너희가 이런 일이 일어나는
것을 보거든 하나님의 나라가 가까이
온 줄을 알라
32 내가 진실로 너희에게 말하노니 이
세대가 지나가기 전에 모든 일이 다
이루어지리라
33 천지는 없어지겠으나 내 말은 없어지
지 아니하리라

항상 기도하며 깨어 있으라

34 너희는 스스로 조심하라 그렇지 않
으면 방탕함과 술취함과 생활의 염려
로 마음이 둔하여지고 뜻밖에 그 날
이 덫과 같이 너희에게 임하리라
35 이 날은 온 지구상에 거하는 모든 사
람에게 임하리라
36 이러므로 너희는 장차 올 이 모든 일
을 능히 피하고 인자 앞에 서도록 항

상 기도하며 깨어 있으라 하시니라
37 예수께서 낮에는 성전에서 가르치시
고 밤에는 나가 감람원이라 하는 산
에서 쉬시니
38 모든 백성이 그 말씀을 들으려고 이
른 아침에 성전에 나아가더라

유다가 배반하다

22
유월절이라 하는 무교절이 다가
오매
2 대제사장들과 서기관들이 예수를 무
슨 방도로 죽일까 궁리하니 이는 그
들이 백성을 두려워함이더라
3 열둘 중의 하나인 가룟인이라 부르
는 유다에게 사탄이 들어가니
4 이에 유다가 대제사장들과 성전 경비
대장들에게 가서 예수를 넘겨 줄 방
도를 의논하매
5 그들이 기뻐하여 돈을 주기로 언약
하는지라
6 유다가 허락하고 예수를 무리가 없
을 때에 넘겨 줄 기회를 찾더라

유월절을 준비하다

7 유월절 양을 잡을 무교절날이 이른지
라
8 예수께서 베드로와 요한을 보내시며
이르시되 가서 우리를 위하여 유월절
을 준비하여 우리로 먹게 하라
9 여짜오되 어디서 준비하기를 원하시
나이까
10 이르시되 보라 너희가 성내로 들어가
면 물 한 동이를 가지고 가는 사람을
만나리니 그가 들어가는 집으로 따
라 들어가서
11 그 집 주인에게 이르되 선생님이 네
게 하는 말씀이 내가 내 제자들과
함께 유월절을 먹을 객실이 어디 있
느냐 하시더라 하라
12 그리하면 그가 자리를 마련한 큰 다
락방을 보이리니 거기서 준비하라 하
시니
13 그들이 나가 그 하신 말씀대로 만나
유월절을 준비하니라

마지막 만찬

14 때가 이르매 예수께서 사도들과 함
께 앉으사
15 이르시되 내가 고난을 받기 전에 너
희와 함께 이 유월절 먹기를 원하고
원하였노라
16 내가 너희에게 이르노니 이 유월절이
하나님의 나라에서 이루기까지 다시
먹지 아니하리라 하시고
17 이에 잔을 받으사 감사 기도 하시고
이르시되 이것을 갖다가 너희끼리 나
누라
18 내가 너희에게 이르노니 내가 이제
부터 하나님의 나라가 임할 때까지

포도나무에서 난 것을 다시 마시지
아니하리라 하시고
19 또 떡을 가져 감사 기도 하시고 떼어
그들에게 주시며 이르시되 이것은 너
희를 위하여 주는 내 몸이라 너희가
이를 행하여 나를 기념하라 하시고
20 저녁 먹은 후에 잔도 그와 같이 하여
이르시되 이 잔은 내 피로 세우는 새
언약이니 곧 너희를 위하여 붓는 것
이라
21 그러나 보라 나를 파는 자의 손이 나
와 함께 상 위에 있도다
22 인자는 이미 작정된 대로 가거니와
그를 파는 그 사람에게는 화가 있으
리로다 하시니
23 그들이 서로 묻되 우리 중에서 이 일
을 행할 자가 누구일까 하더라

베드로가 부인할 것을 이르시다

24 또 그들 사이에 그 중 누가 크냐 하
는 다툼이 난지라
25 예수께서 이르시되 이방인의 임금들
은 그들을 주관하며 그 집권자들은
은인이라 칭함을 받으나
26 너희는 그렇지 않을지니 너희 중에
큰 자는 젊은 자와 같고 다스리는
자는 섬기는 자와 같을지니라
27 앉아서 먹는 자가 크냐 섬기는 자가
크냐 앉아서 먹는 자가 아니냐 그러
나 나는 섬기는 자로 너희 중에 있노
라
28 너희는 나의 모든 시험 중에 항상 나
와 함께 한 자들인즉
29 내 아버지께서 나라를 내게 맡기신
것 같이 나도 너희에게 맡겨
30 너희로 내 나라에 있어 내 상에서 먹
고 마시며 또는 보좌에 앉아 이스라
엘 열두 지파를 다스리게 하려 하노
라
31 시몬아, 시몬아, 보라 사탄이 너희를
밀 까부르듯 하려고 요구하였으나
32 그러나 내가 너를 위하여 네 믿음이
떨어지지 않기를 기도하였노니 너는
돌이킨 후에 네 형제를 굳게 하라
33 그가 말하되 주여 내가 주와 함께
옥에도, 죽는 데에도 가기를 각오하
였나이다
34 이르시되 베드로야 내가 네게 말하
노니 오늘 닭 울기 전에 네가 세 번
나를 모른다고 부인하리라 하시니라

전대와 배낭과 검

35 그들에게 이르시되 내가 너희를 전대
와 배낭과 신발도 없이 보내었을 때
에 부족한 것이 있더냐 이르되 없었
나이다
36 이르시되 이제는 전대 있는 자는 가
질 것이요 배낭도 그리하고 검 없는

자는 겉옷을 팔아 살지어다
37 내가 너희에게 말하노니 기록된 바
그는 불법자의 동류로 여김을 받았
다 한 말이 내게 이루어져야 하리니
내게 관한 일이 이루어져 감이니라
38 그들이 여짜오되 주여 보소서 여기
검 둘이 있나이다 대답하시되 족하다
하시니라

감람 산에서 기도하시다

39 예수께서 나가사 습관을 따라 감람
산에 가시매 제자들도 따라갔더니
40 그 곳에 이르러 그들에게 이르시되
유혹에 빠지지 않게 기도하라 하시
고
41 그들을 떠나 돌 던질 만큼 가서 무릎
을 꿇고 기도하여
42 이르시되 아버지여 만일 아버지의 뜻
이거든 이 잔을 내게서 옮기시옵소서
그러나 내 원대로 마시옵고 아버지의
원대로 되기를 원하나이다 하시니
43 천사가 하늘로부터 예수께 나타나
힘을 더하더라
44 예수께서 힘쓰고 애써 더욱 간절히
기도하시니 땀이 땅에 떨어지는 핏방
울 같이 되더라
45 기도 후에 일어나 제자들에게 가서
슬픔으로 인하여 잠든 것을 보시고
46 이르시되 어찌하여 자느냐 시험에 들
지 않게 일어나 기도하라 하시니라

잡히시다

47 말씀하실 때에 한 무리가 오는데 열
둘 중의 하나인 유다라 하는 자가 그
들을 앞장서 와서
48 예수께 입을 맞추려고 가까이 하는
지라 예수께서 이르시되 유다야 네가
입맞춤으로 인자를 파느냐 하시니
49 그의 주위 사람들이 그 된 일을 보고
여짜오되 주여 우리가 칼로 치리이까
하고
50 그 중의 한 사람이 대제사장의 종을
쳐 그 오른쪽 귀를 떨어뜨린지라
51 예수께서 일러 이르시되 이것까지 참
으라 하시고 그 귀를 만져 낫게 하시
더라
52 예수께서 그 잡으러 온 대제사장들
과 성전의 경비대장들과 장로들에게
이르시되 너희가 강도를 잡는 것 같
이 검과 몽치를 가지고 나왔느냐
53 내가 날마다 너희와 함께 성전에 있
을 때에 내게 손을 대지 아니하였도

365묵상

시험에 들지 않게 기도하라

십자가 수난을 앞둔 예수님은 기도하러 감람산에 올라가셨다. 그 때 예수님은 제자들도 기도할 것을 촉구하셨다(눅 22:39-46). 시험을 받는 것은 죄가 아니다. 시험은 우리의 영적 훈련을 위해 때로는 필요하기도 하다. 문제는 '시험에 들지 않는 것'이다. 시험에 들지 않으려면 무엇보다 기도로써 하나님께 우리의 연약함을 아뢰고 적절한 도움을 받아야 한다. 또한 함께 기도할 신앙의 동료들을 가지는 것도 중요하다. 아무튼 시험을 이기는 비결은 '기도하는 것'이다. 만일 나의 삶에 기도가 없다면, 이미 시험에 든 상태다.

다 그러나 이제는 너희 때요 어둠의
권세로다 하시더라

베드로가 예수를 모른다고 하다

54 예수를 잡아 끌고 대제사장의 집으
로 들어갈새 베드로가 멀찍이 따라
가니라
55 사람들이 뜰 가운데 불을 피우고 함
께 앉았는지라 베드로도 그 가운데
앉았더니
56 한 여종이 베드로의 불빛을 향하여
앉은 것을 보고 주목하여 이르되 이
사람도 그와 함께 있었느니라 하니
57 베드로가 부인하여 이르되 이 여자여
내가 그를 알지 못하노라 하더라
58 조금 후에 다른 사람이 보고 이르되
너도 그 도당이라 하거늘 베드로가
이르되 이 사람아 나는 아니로라 하
더라
59 한 시간쯤 있다가 또 한 사람이 장담
하여 이르되 이는 갈릴리 사람이니
참으로 그와 함께 있었느니라
60 베드로가 이르되 이 사람아 나는 네
가 하는 말을 알지 못하노라고 아직
말하고 있을 때에 닭이 곧 울더라
61 주께서 돌이켜 베드로를 보시니 베
드로가 주의 말씀 곧 오늘 닭 울기
전에 네가 세 번 나를 부인하리라 하
심이 생각나서
62 밖에 나가서 심히 통곡하니라

예수를 희롱하고 때리다

63 지키는 사람들이 예수를 희롱하고
때리며
64 그의 눈을 가리고 물어 이르되 선지
자 노릇 하라 너를 친 자가 누구냐
하고
65 이 외에도 많은 말로 욕하더라

공회 앞에 서시다

66 날이 새매 백성의 장로들 곧 대제사
장들과 서기관들이 모여서 예수를
그 공회로 끌어들여
67 이르되 네가 그리스도이거든 우리에
게 말하라 대답하시되 내가 말할지라
도 너희가 믿지 아니할 것이요
68 내가 물어도 너희가 대답하지 아니할
것이니라
69 그러나 이제부터는 인자가 하나님의
권능의 우편에 앉아 있으리라 하시니
70 다 이르되 그러면 네가 하나님의 아
들이냐 대답하시되 너희들이 내가 그
라고 말하고 있느니라
71 그들이 이르되 어찌 더 증거를 요구
하리요 우리가 친히 그 입에서 들었
노라 하더라

빌라도가 예수께 묻다

23 무리가 다 일어나 예수를 빌라
도에게 끌고 가서

2 고발하여 이르되 우리가 이 사람을
보매 우리 백성을 미혹하고 가이사
에게 세금 바치는 것을 금하며 자칭
왕 그리스도라 하더이다 하니
3 빌라도가 예수께 물어 이르되 네가
유대인의 왕이냐 대답하여 이르시되
네 말이 옳도다
4 빌라도가 대제사장들과 무리에게 이
르되 내가 보니 이 사람에게 죄가 없
도다 하니
5 무리가 더욱 강하게 말하되 그가 온
유대에서 가르치고 갈릴리에서부터
시작하여 여기까지 와서 백성을 소동
하게 하나이다
6 빌라도가 듣고 그가 갈릴리 사람이
냐 물어
7 헤롯의 관할에 속한 줄을 알고 헤롯
에게 보내니 그 때에 헤롯이 예루살
렘에 있더라

헤롯 앞에 서시다

8 헤롯이 예수를 보고 매우 기뻐하니
이는 그의 소문을 들었으므로 보고
자 한 지 오래였고 또한 무엇이나 이
적 행하심을 볼까 바랐던 연고러라
9 여러 말로 물으나 아무 말도 대답하
지 아니하시니
10 대제사장들과 서기관들이 서서 힘써
고발하더라
11 헤롯이 그 군인들과 함께 예수를 업
신여기며 희롱하고 빛난 옷을 입혀
빌라도에게 도로 보내니
12 헤롯과 빌라도가 전에는 원수였으나
당일에 서로 친구가 되니라

십자가에 못 박히게 예수를 넘기다

13 빌라도가 대제사장들과 관리들과 백
성을 불러 모으고
14 이르되 너희가 이 사람이 백성을 미
혹하는 자라 하여 내게 끌고 왔도다
보라 내가 너희 앞에서 심문하였으되
너희가 고발하는 일에 대하여 이 사
람에게서 죄를 찾지 못하였고
15 헤롯이 또한 그렇게 하여 그를 우리
에게 도로 보내었도다 보라 그가 행
한 일에는 죽일 일이 없느니라
16 그러므로 때려서 놓겠노라
17 (없음)
18 무리가 일제히 소리 질러 이르되 이
사람을 없이하고 바라바를 우리에게
놓아 주소서 하니
19 이 바라바는 성중에서 일어난 민란과
살인으로 말미암아 옥에 갇힌 자러
라
20 빌라도는 예수를 놓고자 하여 다시
그들에게 말하되
21 그들은 소리 질러 이르되 그를 십자
가에 못 박게 하소서 십자가에 못 박

게 하소서 하는지라
22 빌라도가 세 번째 말하되 이 사람이
무슨 악한 일을 하였느냐 나는 그에
게서 죽일 죄를 찾지 못하였나니 때
려서 놓으리라 하니
23 그들이 큰 소리로 재촉하여 십자가
에 못 박기를 구하니 그들의 소리가
이긴지라
24 이에 빌라도가 그들이 구하는 대로
하기를 언도하고
25 그들이 요구하는 자 곧 민란과 살인
으로 말미암아 옥에 갇힌 자를 놓아
주고 예수는 넘겨 주어 그들의 뜻대
로 하게 하니라

십자가에 못 박히시다

26 그들이 예수를 끌고 갈 때에 시몬이
라는 구레네 사람이 시골에서 오는
것을 붙들어 그에게 십자가를 지워
예수를 따르게 하더라
27 또 백성과 및 그를 위하여 가슴을 치
며 슬피 우는 여자의 큰 무리가 따라
오는지라
28 예수께서 돌이켜 그들을 향하여 이
르시되 예루살렘의 딸들아 나를 위
하여 울지 말고 너희와 너희 자녀를
위하여 울라
29 보라 날이 이르면 사람이 말하기를
잉태하지 못하는 이와 해산하지 못
한 배와 먹이지 못한 젖이 복이 있다
하리라
30 그 때에 사람이 산들을 대하여 우리
위에 무너지라 하며 작은 산들을 대
하여 우리를 덮으라 하리라
31 푸른 나무에도 이같이 하거든 마른
나무에는 어떻게 되리요 하시니라
32 또 다른 두 행악자도 사형을 받게
되어 예수와 함께 끌려 가니라
33 해골이라 하는 곳에 이르러 거기서
예수를 십자가에 못 박고 두 행악자
도 그렇게 하니 하나는 우편에, 하나
는 좌편에 있더라
34 이에 예수께서 이르시되 아버지 저들
을 사하여 주옵소서 자기들이 하는
것을 알지 못함이니이다 하시더라 그
들이 그의 옷을 나눠 제비 뽑을새
35 백성은 서서 구경하는데 관리들은 비
웃어 이르되 저가 남을 구원하였으니
만일 하나님이 택하신 자 그리스도이
면 자신도 구원할지어다 하고
36 군인들도 희롱하면서 나아와 신 포
도주를 주며
37 이르되 네가 만일 유대인의 왕이면
네가 너를 구원하라 하더라
38 그의 위에 이는 유대인의 왕이라 쓴
패가 있더라
39 달린 행악자 중 하나는 비방하여 이

르되 네가 그리스도가 아니냐 너와
우리를 구원하라 하되
40 하나는 그 사람을 꾸짖어 이르되 네
가 동일한 정죄를 받고서도 하나님
을 두려워하지 아니하느냐
41 우리는 우리가 행한 일에 상당한 보
응을 받는 것이니 이에 당연하거니와
이 사람이 행한 것은 옳지 않은 것이
없느니라 하고
42 이르되 예수여 당신의 나라에 임하실
때에 나를 기억하소서 하니
43 예수께서 이르시되 내가 진실로 네게
이르노니 오늘 네가 나와 함께 낙원
에 있으리라 하시니라

숨지시다

44 때가 제육시쯤 되어 해가 빛을 잃고
온 땅에 어둠이 임하여 제구시까지
계속하며
45 성소의 휘장이 한가운데가 찢어지더
라
46 예수께서 큰 소리로 불러 이르시되
아버지 내 영혼을 아버지 손에 부탁
하나이다 하고 이 말씀을 하신 후 숨
지시니라
47 백부장이 그 된 일을 보고 하나님께
영광을 돌려 이르되 이 사람은 정녕
의인이었도다 하고
48 이를 구경하러 모인 무리도 그 된 일
을 보고 다 가슴을 치며 돌아가고
49 예수를 아는 자들과 갈릴리로부터
따라온 여자들도 다 멀리 서서 이 일
을 보니라

요셉이 예수의 시체를 무덤에 넣어 두다

50 공회 의원으로 선하고 의로운 요셉
이라 하는 사람이 있으니
51 (그들의 결의와 행사에 찬성하지 아
니한 자라) 그는 유대인의 동네 아리
마대 사람이요 하나님의 나라를 기다
리는 자라
52 그가 빌라도에게 가서 예수의 시체
를 달라 하여
53 이를 내려 세마포로 싸고 아직 사람
을 장사한 일이 없는 바위에 판 무덤
에 넣어 두니
54 이 날은 준비일이요 안식일이 거의 되
었더라
55 갈릴리에서 예수와 함께 온 여자들
이 뒤를 따라 그 무덤과 그의 시체를
어떻게 두었는지를 보고
56 돌아가 향품과 향유를 준비하더라

살아나시다

계명을 따라 안식일에 쉬더라
24 안식 후 첫날 새벽에 이 여자들
이 그 준비한 향품을 가지고 무
덤에 가서
2 돌이 무덤에서 굴려 옮겨진 것을 보고

3 들어가니 주 예수의 시체가 보이지
아니하더라
4 이로 인하여 근심할 때에 문득 찬란
한 옷을 입은 두 사람이 곁에 섰는지
라
5 여자들이 두려워 얼굴을 땅에 대니
두 사람이 이르되 어찌하여 살아 있
는 자를 죽은 자 가운데서 찾느냐
6 여기 계시지 않고 살아나셨느니라 갈
릴리에 계실 때에 너희에게 어떻게
말씀하셨는지를 기억하라
7 이르시기를 인자가 죄인의 손에 넘겨
져 십자가에 못 박히고 제삼일에 다
시 살아나야 하리라 하셨느니라 한대
8 그들이 예수의 말씀을 기억하고
9 무덤에서 돌아가 이 모든 것을 열한
사도와 다른 모든 이에게 알리니
10 (이 여자들은 막달라 마리아와 요안
나와 야고보의 모친 마리아라 또 그
들과 함께 한 다른 여자들도 이것을
사도들에게 알리니라)
11 사도들은 그들의 말이 허탄한 듯이
들려 믿지 아니하나
12 베드로는 일어나 무덤에 달려가서
구부려 들여다 보니 세마포만 보이
는지라 그 된 일을 놀랍게 여기며 집
으로 돌아가니라

엠마오 길에서 제자들에게 나타나시다

13 그 날에 그들 중 둘이 예루살렘에서
이십오 리 되는 엠마오라 하는 마을
로 가면서
14 이 모든 된 일을 서로 이야기하더라
15 그들이 서로 이야기하며 문의할 때에
예수께서 가까이 이르러 그들과 동
행하시나
16 그들의 눈이 가리어져서 그인 줄 알
아보지 못하거늘
17 예수께서 이르시되 너희가 길 가면서
서로 주고받고 하는 이야기가 무엇
이냐 하시니 두 사람이 슬픈 빛을 띠
고 머물러 서더라
18 그 한 사람인 글로바라 하는 자가
대답하여 이르되 당신이 예루살렘에
체류하면서도 요즘 거기서 된 일을
혼자만 알지 못하느냐
19 이르시되 무슨 일이냐 이르되 나사렛
예수의 일이니 그는 하나님과 모든
백성 앞에서 말과 일에 능하신 선지
자이거늘
20 우리 대제사장들과 관리들이 사형
판결에 넘겨 주어 십자가에 못 박았
느니라
21 우리는 이 사람이 이스라엘을 속량
할 자라고 바랐노라 이뿐 아니라 이
일이 일어난 지가 사흘째요
22 또한 우리 중에 어떤 여자들이 우리

로 놀라게 하였으니 이는 그들이 새
벽에 무덤에 갔다가
23 그의 시체는 보지 못하고 와서 그가
살아나셨다 하는 천사들의 나타남을
보았다 함이라
24 또 우리와 함께 한 자 중에 두어 사
람이 무덤에 가 과연 여자들이 말한
바와 같음을 보았으나 예수는 보지
못하였느니라 하거늘
25 이르시되 미련하고 선지자들이 말한
모든 것을 마음에 더디 믿는 자들이
여
26 그리스도가 이런 고난을 받고 자기
의 영광에 들어가야 할 것이 아니냐
하시고
27 이에 모세와 모든 선지자의 글로 시
작하여 모든 성경에 쓴 바 자기에 관
한 것을 자세히 설명하시니라
28 그들이 가는 마을에 가까이 가매 예
수는 더 가려 하는 것 같이 하시니
29 그들이 강권하여 이르되 우리와 함께
유하사이다 때가 저물어가고 날이 이
미 기울었나이다 하니 이에 그들과
함께 유하러 들어가시니라
30 그들과 함께 음식 잡수실 때에 떡을
가지사 축사하시고 떼어 그들에게
주시니
31 그들의 눈이 밝아져 그인 줄 알아 보
더니 예수는 그들에게 보이지 아니
하시는지라
32 그들이 서로 말하되 길에서 우리에게
말씀하시고 우리에게 성경을 풀어
주실 때에 우리 속에서 마음이 뜨겁
지 아니하더냐 하고
33 곧 그 때로 일어나 예루살렘에 돌아
가 보니 열한 제자 및 그들과 함께
한 자들이 모여 있어
34 말하기를 주께서 과연 살아나시고 시
몬에게 보이셨다 하는지라
35 두 사람도 길에서 된 일과 예수께서
떡을 떼심으로 자기들에게 알려지신
것을 말하더라

열한 제자에게 나타나시다

36 이 말을 할 때에 예수께서 친히 그들
가운데 서서 이르시되 너희에게 평강
이 있을지어다 하시니
37 그들이 놀라고 무서워하여 그 보는
것을 영으로 생각하는지라
38 예수께서 이르시되 어찌하여 두려워
하며 어찌하여 마음에 의심이 일어나

365묵상

우리와 함께 걸으시는 예수님

부활하신 그 날에, 예수님은 엠마오 도상의 두 제자에게 나타나셨다. 그리고 함께 길을 걸으면서 이야기를 나누셨다. 처음에 두 제자는 깨닫지 못했지만, 그분과 함께 떡을 먹을 때에 비로소 그분이 이전에 자신들과 함께 떡을 떼시던 바로 그분, 곧 예수님인 것을 상기하였다(눅 24:13-35). 오늘날 예수님은 비록 육신의 형태로는 우리와 함께 계시지 않지만 그분께서 보내신 보혜사 성령을 통해 매일 매순간 우리와 함께하신다. 그러므로 우리는 우리 안에 계시는 성령의 도움을 통해 인생길을 올바르게 걸을 수 있다.

느냐
39 내 손과 발을 보고 나인 줄 알라 또
나를 만져 보라 영은 살과 뼈가 없으
되 너희 보는 바와 같이 나는 있느니
라
40 이 말씀을 하시고 손과 발을 보이시
나
41 그들이 너무 기쁘므로 아직도 믿지
못하고 놀랍게 여길 때에 이르시되
여기 무슨 먹을 것이 있느냐 하시니
42 이에 구운 생선 한 토막을 드리니
43 받으사 그 앞에서 잡수시더라
44 또 이르시되 내가 너희와 함께 있을
때에 너희에게 말한 바 곧 모세의 율
법과 선지자의 글과 시편에 나를 가
리켜 기록된 모든 것이 이루어져야
하리라 한 말이 이것이라 하시고
45 이에 그들의 마음을 열어 성경을 깨
닫게 하시고
46 또 이르시되 이같이 그리스도가 고난
을 받고 제삼일에 죽은 자 가운데서
살아날 것과
47 또 그의 이름으로 죄 사함을 받게 하
는 회개가 예루살렘에서 시작하여
모든 족속에게 전파될 것이 기록되었
으니
48 너희는 이 모든 일의 증인이라
49 볼지어다 내가 내 아버지께서 약속
하신 것을 너희에게 보내리니 너희는
위로부터 능력으로 입혀질 때까지 이
성에 머물라 하시니라

하늘로 올려지시다

50 예수께서 그들을 데리고 베다니 앞
까지 나가사 손을 들어 그들에게 축
복하시더니
51 축복하실 때에 그들을 떠나 [하늘로
올려지시니]
52 그들이 [그에게 경배하고] 큰 기쁨
으로 예루살렘에 돌아가
53 늘 성전에서 하나님을 찬송하니라

요한복음 John

세 공관복음서(마태복음, 마가복음, 누가복음)와는 달리, 본서는 독특한 관점과 문체로서 예수가 본질상 신성(神性)을 지니신 '하나님의 아들'이심을 증거한다. 즉 요한은 예수가 처음부터 아버지 하나님과 함께 계셨고, 아버지의 보냄을 받고 이 땅에 오셔서 구원 사역을 모두 마치신 후에 다시 아버지께로 돌아갔음을 말해주고 있다.

제목 '요한에 의한(카타 요안넨)'이라는 헬라어 원제목에서 유래되었으며, 저자의 이름을 반영한다.

저자 사도 요한. 유대 지리에 밝은 것으로 보아 본서의 사건을 목격한 유대 사람인데, 21:24은 '이 사람'으로, 21:20은 '예수의 사랑하시는 제자'라고 증거하고 있다. 또한 요한을 뒤이은 폴리캅의 제자 이레네우스와 이그나티우스 등 대부분의 교부가 요한의 저작임을 인정했다.

기록 연대 A.D. 85–90년. 유세비우스의 주장에 의하면, 공관복음이 완성된 후 A.D. 95년 밧모섬으로 유배되기 전에 기록한 것으로 추정된다.

기록 목적 ① 예수가 하나님의 아들이심을 믿어 영생을 얻게 하기 위하여(20:31). ② '가현설'과 같이 당시 만연했던 그리스도에 대한 영지주의의 그릇된 논리를 반박하기 위하여.

주제 하나님의 말씀이신 예수 그리스도. 예수는 태초부터 하나님과 함께 계셨던 독생자이시며, 이 세상을 구원하기 위하여 성육신하신 인격적인 하나님의 말씀이시다.

특징 ① 단순한 문체–본서에 쓰인 헬라어의 단어 수가 매우 적고 문체가 간결 명료하다. ② 독특한 표현 기법–'나는 ~이다'(63:35; 8:12 등)라는 정언적인 선포와 표현이 반복적으로 사용되었으며 '진실로'가 반복 사용되는 등 독특한 표현 기법을 썼다. ③ 그리스도의 신성 강조–'나는 ~이다'와 같이 주로 신에게 사용하는 구문법을 예수에게 적용하여 그의 신성을 드러냈다. ④ 풍부한 강해–대화, 설교, 해설 등 강해적인 요소가 많이 나타난다.

본서의 내용

- I. 하나님 아들의 성육신 및 출현(1:1–4:54)
- II. 하나님 아들의 사역 및 배척당하심(5:1–12:50)
- III. 하나님 아들의 가르침(13:1–17:26)
- IV. 하나님 아들의 수난과 부활(18:1–21:25)

연대표

B.C.	
37년	헤롯 대왕의 통치(~4년)
27년	가이사 아구스도의 로마 황제 즉위
4년	예수 탄생
A.D.	
8년	소년 예수의 예루살렘 방문(12세)
12년	디베료의 로마 황제 즉위(~37년)
26년	본디오 빌라도의 유대 총독 부임
27년	예수의 공생애 시작
	첫 유월절(2:13)
28년	2차 유월절(5:1)
	12제자를 세우심
29년	3차 유월절(6:4)
	초막절(7:2)
	수전절(10:22)
	후기 유대 사역
30년	후기 베레아 사역
	4차 유월절/예수의 수난과 죽음
	예수의 부활과 승천

· 요한복음의 주요 무대

요한복음 John

말씀이 육신이 되시다

1 태초에 말씀이 계시니라 이 말씀이 하나님과 함께 계셨으니 이 말씀은 곧 하나님이시니라

2 그가 태초에 하나님과 함께 계셨고

3 만물이 그로 말미암아 지은 바 되었으니 지은 것이 하나도 그가 없이는 된 것이 없느니라

4 그 안에 생명이 있었으니 이 생명은 사람들의 빛이라

5 빛이 어둠에 비치되 어둠이 깨닫지 못하더라

6 하나님께로부터 보내심을 받은 사람이 있으니 그의 이름은 요한이라

7 그가 증언하러 왔으니 곧 빛에 대하여 증언하고 모든 사람이 자기로 말미암아 믿게 하려 함이라

8 그는 이 빛이 아니요 이 빛에 대하여 증언하러 온 자라

9 참 빛 곧 세상에 와서 각 사람에게 비추는 빛이 있었나니

10 그가 세상에 계셨으며 세상은 그로 말미암아 지은 바 되었으되 세상이 그를 알지 못하였고

11 자기 땅에 오매 자기 백성이 영접하지 아니하였으나

12 영접하는 자 곧 그 이름을 믿는 자들에게는 하나님의 자녀가 되는 권세를 주셨으니

13 이는 혈통으로나 육정으로나 사람의 뜻으로 나지 아니하고 오직 하나님께로부터 난 자들이니라

14 말씀이 육신이 되어 우리 가운데 거하시매 우리가 그의 영광을 보니 아버지의 독생자의 영광이요 은혜와 진리가 충만하더라

15 요한이 그에 대하여 증언하여 외쳐 이르되 내가 전에 말하기를 내 뒤에 오시는 이가 나보다 앞선 것은 나보다 먼저 계심이라 한 것이 이 사람을 가리킴이라 하니라

16 우리가 다 그의 충만한 데서 받으니 은혜 위에 은혜러라

17 율법은 모세로 말미암아 주어진 것이요 은혜와 진리는 예수 그리스도로 말미암아 온 것이라

18 본래 하나님을 본 사람이 없으되 아버지 품 속에 있는 독생하신 하나님이 나타내셨느니라

세례 요한의 증언

19 유대인들이 예루살렘에서 제사장들과 레위인들을 요한에게 보내어 네

가 누구냐 물을 때에 요한의 증언이
이러하니라
20 요한이 드러내어 말하고 숨기지 아니
하니 드러내어 하는 말이 나는 그리
스도가 아니라 한대
21 또 묻되 그러면 누구냐 네가 엘리야
냐 이르되 나는 아니라 또 묻되 네가
그 선지자냐 대답하되 아니라
22 또 말하되 누구냐 우리를 보낸 이들
에게 대답하게 하라 너는 네게 대하
여 무엇이라 하느냐
23 이르되 나는 선지자 이사야의 말과
같이 주의 길을 곧게 하라고 광야에
서 외치는 자의 소리로라 하니라
24 그들은 바리새인들이 보낸 자라
25 또 물어 이르되 네가 만일 그리스도
도 아니요 엘리야도 아니요 그 선지
자도 아닐진대 어찌하여 세례를 베
푸느냐
26 요한이 대답하되 나는 물로 세례를
베풀거니와 너희 가운데 너희가 알지
못하는 한 사람이 섰으니
27 곧 내 뒤에 오시는 그이라 나는 그의
신발끈을 풀기도 감당하지 못하겠노
라 하더라
28 이 일은 요한이 세례 베풀던 곳 요단
강 건너편 베다니에서 일어난 일이니
라

하나님의 어린 양을 보라

29 이튿날 요한이 예수께서 자기에게
나아오심을 보고 이르되 보라 세상
죄를 지고 가는 하나님의 어린 양이
로다
30 내가 전에 말하기를 내 뒤에 오는 사
람이 있는데 나보다 앞선 것은 그가
나보다 먼저 계심이라 한 것이 이 사
람을 가리킴이라
31 나도 그를 알지 못하였으나 내가 와
서 물로 세례를 베푸는 것은 그를
이스라엘에 나타내려 함이라 하니라
32 요한이 또 증언하여 이르되 내가 보
매 성령이 비둘기 같이 하늘로부터
내려와서 그의 위에 머물렀더라
33 나도 그를 알지 못하였으나 나를 보
내어 물로 세례를 베풀라 하신 그이
가 나에게 말씀하시되 성령이 내려서
누구 위에든지 머무는 것을 보거든
그가 곧 성령으로 세례를 베푸는 이
인 줄 알라 하셨기에
34 내가 보고 그가 하나님의 아들이심
을 증언하였노라 하니라

요한의 두 제자

35 또 이튿날 요한이 자기 제자 중 두
사람과 함께 섰다가
36 예수께서 거니심을 보고 말하되 보
라 하나님의 어린 양이로다

37 두 제자가 그의 말을 듣고 예수를
따르거늘
38 예수께서 돌이켜 그 따르는 것을 보
시고 물어 이르시되 무엇을 구하느
냐 이르되 랍비여 어디 계시오니이까
하니 (랍비는 번역하면 선생이라)
39 예수께서 이르시되 와서 보라 그러
므로 그들이 가서 계신 데를 보고
그 날 함께 거하니 때가 열 시쯤 되
었더라
40 요한의 말을 듣고 예수를 따르는 두
사람 중의 하나는 시몬 베드로의 형
제 안드레라
41 그가 먼저 자기의 형제 시몬을 찾아
말하되 우리가 메시야를 만났다 하
고 (메시야는 번역하면 그리스도라)
42 데리고 예수께로 오니 예수께서 보
시고 이르시되 네가 요한의 아들 시
몬이니 장차 게바라 하리라 하시니라
(게바는 번역하면 베드로라)

빌립과 나다나엘을 부르시다

43 이튿날 예수께서 갈릴리로 나가려 하
시다가 빌립을 만나 이르시되 나를
따르라 하시니
44 빌립은 안드레와 베드로와 한 동네
벳새다 사람이라
45 빌립이 나다나엘을 찾아 이르되 모
세가 율법에 기록하였고 여러 선지자
가 기록한 그이를 우리가 만났으니
요셉의 아들 나사렛 예수니라
46 나다나엘이 이르되 나사렛에서 무슨
선한 것이 날 수 있느냐 빌립이 이르
되 와서 보라 하니라
47 예수께서 나다나엘이 자기에게 오는
것을 보시고 그를 가리켜 이르시되
보라 이는 참으로 이스라엘 사람이
라 그 속에 간사한 것이 없도다
48 나다나엘이 이르되 어떻게 나를 아시
나이까 예수께서 대답하여 이르시되
빌립이 너를 부르기 전에 네가 무화
과나무 아래에 있을 때에 보았노라
49 나다나엘이 대답하되 랍비여 당신은
하나님의 아들이시요 당신은 이스라
엘의 임금이로소이다
50 예수께서 대답하여 이르시되 내가 너
를 무화과나무 아래에서 보았다 하
므로 믿느냐 이보다 더 큰 일을 보리
라
51 또 이르시되 진실로 진실로 너희에게
이르노니 하늘이 열리고 하나님의 사
자들이 인자 위에 오르락 내리락 하
는 것을 보리라 하시니라

가나의 혼례

2 사흘째 되던 날 갈릴리 가나에 혼
례가 있어 예수의 어머니도 거기
계시고

2 예수와 그 제자들도 혼례에 청함을
받았더니
3 포도주가 떨어진지라 예수의 어머니
가 예수에게 이르되 저들에게 포도
주가 없다 하니
4 예수께서 이르시되 여자여 나와 무슨
상관이 있나이까 내 때가 아직 이르
지 아니하였나이다
5 그의 어머니가 하인들에게 이르되 너
희에게 무슨 말씀을 하시든지 그대
로 하라 하니라
6 거기에 유대인의 정결 예식을 따라
두세 통 드는 돌항아리 여섯이 놓였
는지라
7 예수께서 그들에게 이르시되 항아리
에 물을 채우라 하신즉 아귀까지 채
우니
8 이제는 떠서 연회장에게 갖다 주라
하시매 갖다 주었더니
9 연회장은 물로 된 포도주를 맛보고
도 어디서 났는지 알지 못하되 물 떠
온 하인들은 알더라 연회장이 신랑을
불러
10 말하되 사람마다 먼저 좋은 포도주
를 내고 취한 후에 낮은 것을 내거늘
그대는 지금까지 좋은 포도주를 두
었도다 하니라
11 예수께서 이 첫 표적을 갈릴리 가나
에서 행하여 그의 영광을 나타내시매
제자들이 그를 믿으니라
12 그 후에 예수께서 그 어머니와 형제
들과 제자들과 함께 가버나움으로
내려가셨으나 거기에 여러 날 계시지
는 아니하시니라

성전을 깨끗하게 하시다

13 유대인의 유월절이 가까운지라 예수
께서 예루살렘으로 올라가셨더니
14 성전 안에서 소와 양과 비둘기 파는
사람들과 돈 바꾸는 사람들이 앉아
있는 것을 보시고
15 노끈으로 채찍을 만드사 양이나 소
를 다 성전에서 내쫓으시고 돈 바꾸
는 사람들의 돈을 쏟으시며 상을 엎
으시고
16 비둘기 파는 사람들에게 이르시되 이
것을 여기서 가져가라 내 아버지의 집
으로 장사하는 집을 만들지 말라 하
시니
17 제자들이 성경 말씀에 주의 전을 사
모하는 열심이 나를 삼키리라 한 것

365묵상

결혼식 파티에 참석하신 예수님

이 땅에 오신 중차대한 사명을 고려할 때, 예수님이 공생애 초기에 결혼식 파티에 참석하셔서, 거기서 첫 이적을 행하신 것은 우리를 조금 당황케 만든다. 더군다나 그분은 결혼식 파티가 즐겁게 유지되도록 좋은 포도주까지 제공해주셨다(요 2:1-11). 가끔 우리는 골고다 언덕처럼 슬프고 고통스러운 장소만이 예수님께 대해 묵상할 수 있는 유일한 장소라고 생각한다. 하지만 예수님은 즐겁고 행복한 장소도 자신에 대해 생각할 수 있는 좋은 시간이라는 사실을 알려주셨다. 우리, 예수님과 함께 기뻐하고 즐거워하자!

을 기억하더라
18 이에 유대인들이 대답하여 예수께
말하기를 네가 이런 일을 행하니 무
슨 표적을 우리에게 보이겠느냐
19 예수께서 대답하여 이르시되 너희가
이 성전을 헐라 내가 사흘 동안에 일
으키리라
20 유대인들이 이르되 이 성전은 사십육
년 동안에 지었거늘 네가 삼 일 동안
에 일으키겠느냐 하더라
21 그러나 예수는 성전된 자기 육체를
가리켜 말씀하신 것이라
22 죽은 자 가운데서 살아나신 후에야
제자들이 이 말씀하신 것을 기억하고
성경과 예수께서 하신 말씀을 믿었더
라

예수는 사람의 마음속을 아신다

23 유월절에 예수께서 예루살렘에 계시
니 많은 사람이 그의 행하시는 표적
을 보고 그의 이름을 믿었으나
24 예수는 그의 몸을 그들에게 의탁하
지 아니하셨으니 이는 친히 모든 사
람을 아심이요
25 또 사람에 대하여 누구의 증언도 받
으실 필요가 없었으니 이는 그가 친
히 사람의 속에 있는 것을 아셨음이
니라

예수와 니고데모

3

그런데 바리새인 중에 니고데모라
하는 사람이 있으니 유대인의 지
도자라
2 그가 밤에 예수께 와서 이르되 랍비
여 우리가 당신은 하나님께로부터
오신 선생인 줄 아나이다 하나님이
함께 하시지 아니하시면 당신이 행하
시는 이 표적을 아무도 할 수 없음이
니이다
3 예수께서 대답하여 이르시되 진실로
진실로 네게 이르노니 사람이 거듭나
지 아니하면 하나님의 나라를 볼 수
없느니라
4 니고데모가 이르되 사람이 늙으면 어
떻게 날 수 있사옵나이까 두 번째 모
태에 들어갔다가 날 수 있사옵나이
까
5 예수께서 대답하시되 진실로 진실로
네게 이르노니 사람이 물과 성령으
로 나지 아니하면 하나님의 나라에
들어갈 수 없느니라
6 육으로 난 것은 육이요 영으로 난 것
은 영이니
7 내가 네게 거듭나야 하겠다 하는 말
을 놀랍게 여기지 말라
8 바람이 임의로 불매 네가 그 소리는
들어도 어디서 와서 어디로 가는지
알지 못하나니 성령으로 난 사람도

다 그러하니라
9 니고데모가 대답하여 이르되 어찌 그
러한 일이 있을 수 있나이까
10 예수께서 그에게 대답하여 이르시되
너는 이스라엘의 선생으로서 이러한
것들을 알지 못하느냐
11 진실로 진실로 네게 이르노니 우리는
아는 것을 말하고 본 것을 증언하노
라 그러나 너희가 우리의 증언을 받
지 아니하는도다
12 내가 땅의 일을 말하여도 너희가 믿
지 아니하거든 하물며 하늘의 일을
말하면 어떻게 믿겠느냐
13 하늘에서 내려온 자 곧 인자 외에는
하늘에 올라간 자가 없느니라
14 모세가 광야에서 뱀을 든 것 같이 인
자도 들려야 하리니
15 이는 그를 믿는 자마다 영생을 얻게
하려 하심이니라
16 하나님이 세상을 이처럼 사랑하사 독
생자를 주셨으니 이는 그를 믿는 자
마다 멸망하지 않고 영생을 얻게 하
려 하심이라
17 하나님이 그 아들을 세상에 보내신
것은 세상을 심판하려 하심이 아니요
그로 말미암아 세상이 구원을 받게
하려 하심이라
18 그를 믿는 자는 심판을 받지 아니하
는 것이요 믿지 아니하는 자는 하나
님의 독생자의 이름을 믿지 아니하므
로 벌써 심판을 받은 것이니라
19 그 정죄는 이것이니 곧 빛이 세상에
왔으되 사람들이 자기 행위가 악하
므로 빛보다 어둠을 더 사랑한 것이
니라
20 악을 행하는 자마다 빛을 미워하여
빛으로 오지 아니하나니 이는 그 행
위가 드러날까 함이요
21 진리를 따르는 자는 빛으로 오나니
이는 그 행위가 하나님 안에서 행한
것임을 나타내려 함이라 하시니라
그는 흥하고 나는 쇠하여야 하리라
22 그 후에 예수께서 제자들과 유대 땅
으로 가서 거기 함께 유하시며 세례
를 베푸시더라
23 요한도 살렘 가까운 애논에서 세례
를 베푸니 거기 물이 많음이라 그러
므로 사람들이 와서 세례를 받더라
24 요한이 아직 옥에 갇히지 아니하였더
라
25 이에 요한의 제자 중에서 한 유대인
과 더불어 정결예식에 대하여 변론이
되었더니
26 그들이 요한에게 가서 이르되 랍비여
선생님과 함께 요단 강 저편에 있던
이 곧 선생님이 증언하시던 이가 세

례를 베풀매 사람이 다 그에게로 가
더이다
27 요한이 대답하여 이르되 만일 하늘에
서 주신 바 아니면 사람이 아무 것도
받을 수 없느니라
28 내가 말한 바 나는 그리스도가 아니
요 그의 앞에 보내심을 받은 자라고
한 것을 증언할 자는 너희니라
29 신부를 취하는 자는 신랑이나 서서
신랑의 음성을 듣는 친구가 크게 기
뻐하나니 나는 이러한 기쁨으로 충
만하였노라
30 그는 흥하여야 하겠고 나는 쇠하여
야 하리라 하니라

하늘로부터 오시는 이

31 위로부터 오시는 이는 만물 위에 계
시고 땅에서 난 이는 땅에 속하여 땅
에 속한 것을 말하느니라 하늘로부
터 오시는 이는 만물 위에 계시나니
32 그가 친히 보고 들은 것을 증언하되
그의 증언을 받는 자가 없도다
33 그의 증언을 받는 자는 하나님이 참
되시다는 것을 인쳤느니라
34 하나님이 보내신 이는 하나님의 말씀
을 하나니 이는 하나님이 성령을 한
량 없이 주심이니라
35 아버지께서 아들을 사랑하사 만물을
다 그의 손에 주셨으니
36 아들을 믿는 자에게는 영생이 있고
아들에게 순종하지 아니하는 자는
영생을 보지 못하고 도리어 하나님의
진노가 그 위에 머물러 있느니라

사마리아 여자와 말씀하시다

4 예수께서 제자를 삼고 세례를 베
푸시는 것이 요한보다 많다 하는
말을 바리새인들이 들은 줄을 주께
서 아신지라
2 (예수께서 친히 세례를 베푸신 것이
아니요 제자들이 베푼 것이라)
3 유대를 떠나사 다시 갈릴리로 가실새
4 사마리아를 통과하여야 하겠는지라
5 사마리아에 있는 수가라 하는 동네
에 이르시니 야곱이 그 아들 요셉에
게 준 땅이 가깝고
6 거기 또 야곱의 우물이 있더라 예수
께서 길 가시다가 피곤하여 우물 곁
에 그대로 앉으시니 때가 여섯 시쯤
되었더라
7 사마리아 여자 한 사람이 물을 길으
러 왔으매 예수께서 물을 좀 달라
하시니
8 이는 제자들이 먹을 것을 사러 그 동
네에 들어갔음이러라
9 사마리아 여자가 이르되 당신은 유대
인으로서 어찌하여 사마리아 여자인
나에게 물을 달라 하나이까 하니 이

는 유대인이 사마리아인과 상종하지
아니함이러라
10 예수께서 대답하여 이르시되 네가 만
일 하나님의 선물과 또 네게 물 좀
달라 하는 이가 누구인 줄 알았더라
면 네가 그에게 구하였을 것이요 그
가 생수를 네게 주었으리라
11 여자가 이르되 주여 물 길을 그릇도
없고 이 우물은 깊은데 어디서 당신
이 그 생수를 얻겠사옵나이까
12 우리 조상 야곱이 이 우물을 우리에
게 주셨고 또 여기서 자기와 자기 아
들들과 짐승이 다 마셨는데 당신이
야곱보다 더 크니이까
13 예수께서 대답하여 이르시되 이 물을
마시는 자마다 다시 목마르려니와
14 내가 주는 물을 마시는 자는 영원히
목마르지 아니하리니 내가 주는 물
은 그 속에서 영생하도록 솟아나는
샘물이 되리라
15 여자가 이르되 주여 그런 물을 내게
주사 목마르지도 않고 또 여기 물 길
으러 오지도 않게 하옵소서
16 이르시되 가서 네 남편을 불러 오라
17 여자가 대답하여 이르되 나는 남편이
없나이다 예수께서 이르시되 네가 남
편이 없다 하는 말이 옳도다
18 너에게 남편 다섯이 있었고 지금 있
는 자도 네 남편이 아니니 네 말이
참되도다
19 여자가 이르되 주여 내가 보니 선지
자로소이다
20 우리 조상들은 이 산에서 예배하였
는데 당신들의 말은 예배할 곳이 예
루살렘에 있다 하더이다
21 예수께서 이르시되 여자여 내 말을
믿으라 이 산에서도 말고 예루살렘
에서도 말고 너희가 아버지께 예배
할 때가 이르리라
22 너희는 알지 못하는 것을 예배하고
우리는 아는 것을 예배하노니 이는
구원이 유대인에게서 남이라
23 아버지께 참되게 예배하는 자들은
영과 진리로 예배할 때가 오나니 곧
이 때라 아버지께서는 자기에게 이렇
게 예배하는 자들을 찾으시느니라
24 하나님은 영이시니 예배하는 자가 영
과 진리로 예배할지니라
25 여자가 이르되 메시야 곧 그리스도
라 하는 이가 오실 줄을 내가 아노니
그가 오시면 모든 것을 우리에게 알
려 주시리이다
26 예수께서 이르시되 네게 말하는 내
가 그라 하시니라
27 이 때에 제자들이 돌아와서 예수께
서 여자와 말씀하시는 것을 이상히

여겼으나 무엇을 구하시나이까 어찌
하여 그와 말씀하시나이까 묻는 자
가 없더라
28 여자가 물동이를 버려 두고 동네로
들어가서 사람들에게 이르되
29 내가 행한 모든 일을 내게 말한 사
람을 와서 보라 이는 그리스도가 아
니냐 하니
30 그들이 동네에서 나와 예수께로 오
더라
31 그 사이에 제자들이 청하여 이르되
랍비여 잡수소서
32 이르시되 내게는 너희가 알지 못하는
먹을 양식이 있느니라
33 제자들이 서로 말하되 누가 잡수실
것을 갖다 드렸는가 하니
34 예수께서 이르시되 나의 양식은 나를
보내신 이의 뜻을 행하며 그의 일을
온전히 이루는 이것이니라
35 너희는 넉 달이 지나야 추수할 때가
이르겠다 하지 아니하느냐 그러나
나는 너희에게 이르노니 너희 눈을
들어 밭을 보라 희어져 추수하게 되
었도다
36 거두는 자가 이미 삯도 받고 영생에
이르는 열매를 모으나니 이는 뿌리
는 자와 거두는 자가 함께 즐거워하
게 하려 함이라
37 그런즉 한 사람이 심고 다른 사람이
거둔다 하는 말이 옳도다
38 내가 너희로 노력하지 아니한 것을
거두러 보내었노니 다른 사람들은
노력하였고 너희는 그들이 노력한 것
에 참여하였느니라
39 여자의 말이 내가 행한 모든 것을 그
가 내게 말하였다 증언하므로 그 동
네 중에 많은 사마리아인이 예수를
믿는지라
40 사마리아인들이 예수께 와서 자기들
과 함께 유하시기를 청하니 거기서
이틀을 유하시매
41 예수의 말씀으로 말미암아 믿는 자
가 더욱 많아
42 그 여자에게 말하되 이제 우리가 믿
는 것은 네 말로 인함이 아니니 이는
우리가 친히 듣고 그가 참으로 세상
의 구주신 줄 앎이라 하였더라

왕의 신하의 아들을 고치시다

43 이틀이 지나매 예수께서 거기를 떠나
갈릴리로 가시며
44 친히 증언하시기를 선지자가 고향에
서는 높임을 받지 못한다 하시고
45 갈릴리에 이르시매 갈릴리인들이 그
를 영접하니 이는 자기들도 명절에
갔다가 예수께서 명절중 예루살렘에
서 하신 모든 일을 보았음이더라

46 예수께서 다시 갈릴리 가나에 이르시
니 전에 물로 포도주를 만드신 곳이
라 왕의 신하가 있어 그의 아들이 가
버나움에서 병들었더니
47 그가 예수께서 유대로부터 갈릴리로
오셨다는 것을 듣고 가서 청하되 내
려오셔서 내 아들의 병을 고쳐 주소
서 하니 그가 거의 죽게 되었음이라
48 예수께서 이르시되 너희는 표적과 기
사를 보지 못하면 도무지 믿지 아니
하리라
49 신하가 이르되 주여 내 아이가 죽기
전에 내려오소서
50 예수께서 이르시되 가라 네 아들이
살아 있다 하시니 그 사람이 예수께
서 하신 말씀을 믿고 가더니
51 내려가는 길에서 그 종들이 오다가
만나서 아이가 살아 있다 하거늘
52 그 낫기 시작한 때를 물은즉 어제 일
곱 시에 열기가 떨어졌나이다 하는지
라
53 그의 아버지가 예수께서 네 아들이
살아 있다 말씀하신 그 때인 줄 알고
자기와 그 온 집안이 다 믿으니라
54 이것은 예수께서 유대에서 갈릴리로
오신 후에 행하신 두 번째 표적이니
라

오래된 병을 고치시다

5 그 후에 유대인의 명절이 되어 예
수께서 예루살렘에 올라가시니라
2 예루살렘에 있는 양문 곁에 히브리
말로 베데스다라 하는 못이 있는데
거기 행각 다섯이 있고
3 그 안에 많은 병자, 맹인, 다리 저는
사람, 혈기 마른 사람들이 누워 [물
의 움직임을 기다리니
4 이는 천사가 가끔 못에 내려와 물을
움직이게 하는데 움직인 후에 먼저
들어가는 자는 어떤 병에 걸렸든지
낫게 됨이러라]
5 거기 서른여덟 해 된 병자가 있더라
6 예수께서 그 누운 것을 보시고 병이
벌써 오래된 줄 아시고 이르시되 네
가 낫고자 하느냐
7 병자가 대답하되 주여 물이 움직일
때에 나를 못에 넣어 주는 사람이 없
어 내가 가는 동안에 다른 사람이 먼
저 내려가나이다
8 예수께서 이르시되 일어나 네 자리를
들고 걸어가라 하시니

365묵상

네가 낫고자 하느냐?

예수님이 38년 된 병자에게 물으셨다. "네가 낫고자 하느냐?"(요 5:5-6). 너무나도 당연한 질문이다. 하지만 곰곰 생각하면, 예수님의 이 질문은 심각한 도전이다. 지금까지 그 병자는 다른 사람들에게 의존해서 살아왔다. 그것은 익숙한 생활환경이었다. 그러나 이제 낫게 된다면, 그때부터 자신의 삶을 스스로 책임져야 했다. 예수님이 우리의 병든 육신과 영혼을 낫게 해주실 수 있다는 데에는 의문의 여지가 없다. 그렇다면 남은 질문은 이것이다. "진정 낫기를 원하는가?" 즉, "새 삶을 살아갈 마음의 준비는 되었는가?"

9 그 사람이 곧 나아서 자리를 들고 걸
어가니라 이 날은 안식일이니
10 유대인들이 병 나은 사람에게 이르
되 안식일인데 네가 자리를 들고 가
는 것이 옳지 아니하니라
11 대답하되 나를 낫게 한 그가 자리를
들고 걸어가라 하더라 하니
12 그들이 묻되 너에게 자리를 들고 걸
어가라 한 사람이 누구냐 하되
13 고침을 받은 사람은 그가 누구인지
알지 못하니 이는 거기 사람이 많으
므로 예수께서 이미 피하셨음이라
14 그 후에 예수께서 성전에서 그 사람
을 만나 이르시되 보라 네가 나았으
니 더 심한 것이 생기지 않게 다시는
죄를 범하지 말라 하시니
15 그 사람이 유대인들에게 가서 자기
를 고친 이는 예수라 하니라
16 그러므로 안식일에 이러한 일을 행하
신다 하여 유대인들이 예수를 박해
하게 된지라
17 예수께서 그들에게 이르시되 내 아
버지께서 이제까지 일하시니 나도 일
한다 하시매
18 유대인들이 이로 말미암아 더욱 예
수를 죽이고자 하니 이는 안식일을
범할 뿐만 아니라 하나님을 자기의
친 아버지라 하여 자기를 하나님과
동등으로 삼으심이러라

아들의 권한

19 그러므로 예수께서 그들에게 이르시
되 내가 진실로 진실로 너희에게 이
르노니 아들이 아버지께서 하시는 일
을 보지 않고는 아무 것도 스스로
할 수 없나니 아버지께서 행하시는
그것을 아들도 그와 같이 행하느니
라
20 아버지께서 아들을 사랑하사 자기가
행하시는 것을 다 아들에게 보이시
고 또 그보다 더 큰 일을 보이사 너
희로 놀랍게 여기게 하시리라
21 아버지께서 죽은 자들을 일으켜 살리
심 같이 아들도 자기가 원하는 자들
을 살리느니라
22 아버지께서 아무도 심판하지 아니하
시고 심판을 다 아들에게 맡기셨으
니
23 이는 모든 사람으로 아버지를 공경
하는 것 같이 아들을 공경하게 하려
하심이라 아들을 공경하지 아니하는
자는 그를 보내신 아버지도 공경하
지 아니하느니라
24 내가 진실로 진실로 너희에게 이르노
니 내 말을 듣고 또 나 보내신 이를
믿는 자는 영생을 얻었고 심판에 이
르지 아니하나니 사망에서 생명으로

옮겼느니라
25 진실로 진실로 너희에게 이르노니 죽
은 자들이 하나님의 아들의 음성을
들을 때가 오나니 곧 이 때라 듣는
자는 살아나리라
26 아버지께서 자기 속에 생명이 있음
같이 아들에게도 생명을 주어 그 속
에 있게 하셨고
27 또 인자됨으로 말미암아 심판하는
권한을 주셨느니라
28 이를 놀랍게 여기지 말라 무덤 속에
있는 자가 다 그의 음성을 들을 때가
오나니
29 선한 일을 행한 자는 생명의 부활로,
악한 일을 행한 자는 심판의 부활로
나오리라

예수를 믿게 하는 증언

30 내가 아무 것도 스스로 할 수 없노
라 듣는 대로 심판하노니 나는 나의
뜻대로 하려 하지 않고 나를 보내신
이의 뜻대로 하려 하므로 내 심판은
의로우니라
31 내가 만일 나를 위하여 증언하면 내
증언은 참되지 아니하되
32 나를 위하여 증언하시는 이가 따로
있으니 나를 위하여 증언하시는 그
증언이 참인 줄 아노라
33 너희가 요한에게 사람을 보내매 요
한이 진리에 대하여 증언하였느니라
34 그러나 나는 사람에게서 증언을 취
하지 아니하노라 다만 이 말을 하는
것은 너희로 구원을 받게 하려 함이
니라
35 요한은 켜서 비추이는 등불이라 너희
가 한때 그 빛에 즐거이 있기를 원하
였거니와
36 내게는 요한의 증거보다 더 큰 증거
가 있으니 아버지께서 내게 주사 이
루게 하시는 역사 곧 내가 하는 그
역사가 아버지께서 나를 보내신 것을
나를 위하여 증언하는 것이요
37 또한 나를 보내신 아버지께서 친히
나를 위하여 증언하셨느니라 너희는
아무 때에도 그 음성을 듣지 못하였
고 그 형상을 보지 못하였으며
38 그 말씀이 너희 속에 거하지 아니하
니 이는 그가 보내신 이를 믿지 아니
함이라
39 너희가 성경에서 영생을 얻는 줄 생
각하고 성경을 연구하거니와 이 성경
이 곧 내게 대하여 증언하는 것이니
라
40 그러나 너희가 영생을 얻기 위하여
내게 오기를 원하지 아니하는도다
41 나는 사람에게서 영광을 취하지 아니
하노라

42 다만 하나님을 사랑하는 것이 너희
속에 없음을 알았노라
43 나는 내 아버지의 이름으로 왔으매
너희가 영접하지 아니하나 만일 다른
사람이 자기 이름으로 오면 영접하리
라
44 너희가 서로 영광을 취하고 유일하신
하나님께로부터 오는 영광은 구하지
아니하니 어찌 나를 믿을 수 있느냐
45 내가 너희를 아버지께 고발할까 생
각하지 말라 너희를 고발하는 이가
있으니 곧 너희가 바라는 자 모세니
라
46 모세를 믿었더라면 또 나를 믿었으리
니 이는 그가 내게 대하여 기록하였
음이라
47 그러나 그의 글도 믿지 아니하거든
어찌 내 말을 믿겠느냐 하시니라

오천 명을 먹이시다

6 그 후에 예수께서 디베랴의 갈릴
리 바다 건너편으로 가시매
2 큰 무리가 따르니 이는 병자들에게
행하시는 표적을 보았음이러라
3 예수께서 산에 오르사 제자들과 함
께 거기 앉으시니
4 마침 유대인의 명절인 유월절이 가까
운지라
5 예수께서 눈을 들어 큰 무리가 자기
에게로 오는 것을 보시고 빌립에게
이르시되 우리가 어디서 떡을 사서 이
사람들을 먹이겠느냐 하시니
6 이렇게 말씀하심은 친히 어떻게 하실
지를 아시고 빌립을 시험하고자 하심
이라
7 빌립이 대답하되 각 사람으로 조금
씩 받게 할지라도 이백 데나리온의
떡이 부족하리이다
8 제자 중 하나 곧 시몬 베드로의 형제
안드레가 예수께 여짜오되
9 여기 한 아이가 있어 보리떡 다섯 개
와 물고기 두 마리를 가지고 있나이
다 그러나 그것이 이 많은 사람에게
얼마나 되겠사옵나이까
10 예수께서 이르시되 이 사람들로 앉
게 하라 하시니 그 곳에 잔디가 많은
지라 사람들이 앉으니 수가 오천 명
쯤 되더라
11 예수께서 떡을 가져 축사하신 후에
앉아 있는 자들에게 나눠 주시고 물
고기도 그렇게 그들의 원대로 주시
니라
12 그들이 배부른 후에 예수께서 제자
들에게 이르시되 남은 조각을 거두
고 버리는 것이 없게 하라 하시므로
13 이에 거두니 보리떡 다섯 개로 먹고
남은 조각이 열두 바구니에 찼더라

14 그 사람들이 예수께서 행하신 이 표
적을 보고 말하되 이는 참으로 세상
에 오실 그 선지자라 하더라
15 그러므로 예수께서 그들이 와서 자
기를 억지로 붙들어 임금으로 삼으
려는 줄 아시고 다시 혼자 산으로 떠
나 가시니라

바다 위로 걸어오시다

16 저물매 제자들이 바다에 내려가서
17 배를 타고 바다를 건너 가버나움으
로 가는데 이미 어두웠고 예수는 아
직 그들에게 오시지 아니하셨더니
18 큰 바람이 불어 파도가 일어나더라
19 제자들이 노를 저어 십여 리쯤 가다
가 예수께서 바다 위로 걸어 배에 가
까이 오심을 보고 두려워하거늘
20 이르시되 내니 두려워하지 말라 하신
대
21 이에 기뻐서 배로 영접하니 배는 곧
그들이 가려던 땅에 이르렀더라

생명의 떡

22 이튿날 바다 건너편에 서 있던 무리
가 배 한 척 외에 다른 배가 거기 없
는 것과 또 어제 예수께서 제자들과
함께 그 배에 오르지 아니하시고 제
자들만 가는 것을 보았더니
23 (그러나 디베랴에서 배들이 주께서
축사하신 후 여럿이 떡 먹던 그 곳에
가까이 왔더라)
24 무리가 거기에 예수도 안 계시고 제
자들도 없음을 보고 곧 배들을 타고
예수를 찾으러 가버나움으로 가서
25 바다 건너편에서 만나 랍비여 언제
여기 오셨나이까 하니
26 예수께서 대답하여 이르시되 내가 진
실로 진실로 너희에게 이르노니 너희
가 나를 찾는 것은 표적을 본 까닭이
아니요 떡을 먹고 배부른 까닭이로
다
27 썩을 양식을 위하여 일하지 말고 영
생하도록 있는 양식을 위하여 하라
이 양식은 인자가 너희에게 주리니
인자는 아버지 하나님께서 인치신 자
니라
28 그들이 묻되 우리가 어떻게 하여야
하나님의 일을 하오리이까
29 예수께서 대답하여 이르시되 하나님
께서 보내신 이를 믿는 것이 하나님
의 일이니라 하시니
30 그들이 묻되 그러면 우리가 보고 당
신을 믿도록 행하시는 표적이 무엇이
니이까, 하시는 일이 무엇이니이까
31 기록된 바 하늘에서 그들에게 떡을
주어 먹게 하였다 함과 같이 우리 조
상들은 광야에서 만나를 먹었나이다
32 예수께서 이르시되 내가 진실로 진실

로 너희에게 이르노니 모세가 너희에
게 하늘로부터 떡을 준 것이 아니라
내 아버지께서 너희에게 하늘로부터
참 떡을 주시나니
33 하나님의 떡은 하늘에서 내려 세상에
생명을 주는 것이니라
34 그들이 이르되 주여 이 떡을 항상 우
리에게 주소서
35 예수께서 이르시되 나는 생명의 떡이
니 내게 오는 자는 결코 주리지 아니
할 터이요 나를 믿는 자는 영원히 목
마르지 아니하리라
36 그러나 내가 너희에게 이르기를 너희
는 나를 보고도 믿지 아니하는도다
하였느니라
37 아버지께서 내게 주시는 자는 다 내
게로 올 것이요 내게 오는 자는 내
가 결코 내쫓지 아니하리라
38 내가 하늘에서 내려온 것은 내 뜻을
행하려 함이 아니요 나를 보내신 이
의 뜻을 행하려 함이니라
39 나를 보내신 이의 뜻은 내게 주신 자
중에 내가 하나도 잃어버리지 아니하
고 마지막 날에 다시 살리는 이것이
니라
40 내 아버지의 뜻은 아들을 보고 믿는
자마다 영생을 얻는 이것이니 마지막
날에 내가 이를 다시 살리리라 하시
니라
41 자기가 하늘에서 내려온 떡이라 하시
므로 유대인들이 예수에 대하여 수
군거려
42 이르되 이는 요셉의 아들 예수가 아
니냐 그 부모를 우리가 아는데 자기
가 지금 어찌하여 하늘에서 내려왔다
하느냐
43 예수께서 대답하여 이르시되 너희는
서로 수군거리지 말라
44 나를 보내신 아버지께서 이끌지 아니
하시면 아무도 내게 올 수 없으니 오
는 그를 내가 마지막 날에 다시 살리
리라
45 선지자의 글에 그들이 다 하나님의
가르치심을 받으리라 기록되었은즉
아버지께 듣고 배운 사람마다 내게
로 오느니라
46 이는 아버지를 본 자가 있다는 것이
아니니라 오직 하나님에게서 온 자만
아버지를 보았느니라
47 진실로 진실로 너희에게 이르노니 믿
는 자는 영생을 가졌나니
48 내가 곧 생명의 떡이니라
49 너희 조상들은 광야에서 만나를 먹었
어도 죽었거니와
50 이는 하늘에서 내려오는 떡이니 사람
으로 하여금 먹고 죽지 아니하게 하

는 것이니라
51 나는 하늘에서 내려온 살아 있는 떡
이니 사람이 이 떡을 먹으면 영생하리
라 내가 줄 떡은 곧 세상의 생명을
위한 내 살이니라 하시니라
52 그러므로 유대인들이 서로 다투어
이르되 이 사람이 어찌 능히 자기 살
을 우리에게 주어 먹게 하겠느냐
53 예수께서 이르시되 내가 진실로 진실
로 너희에게 이르노니 인자의 살을
먹지 아니하고 인자의 피를 마시지
아니하면 너희 속에 생명이 없느니라
54 내 살을 먹고 내 피를 마시는 자는
영생을 가졌고 마지막 날에 내가 그
를 다시 살리리니
55 내 살은 참된 양식이요 내 피는 참된
음료로다
56 내 살을 먹고 내 피를 마시는 자는
내 안에 거하고 나도 그의 안에 거하
나니
57 살아 계신 아버지께서 나를 보내시
매 내가 아버지로 말미암아 사는 것
같이 나를 먹는 그 사람도 나로 말미
암아 살리라
58 이것은 하늘에서 내려온 떡이니 조상
들이 먹고도 죽은 그것과 같지 아니
하여 이 떡을 먹는 자는 영원히 살리
라
59 이 말씀은 예수께서 가버나움 회당
에서 가르치실 때에 하셨느니라

영생의 말씀

60 제자 중 여럿이 듣고 말하되 이 말씀
은 어렵도다 누가 들을 수 있느냐 한
대
61 예수께서 스스로 제자들이 이 말씀
에 대하여 수군거리는 줄 아시고 이
르시되 이 말이 너희에게 걸림이 되느
냐
62 그러면 너희는 인자가 이전에 있던
곳으로 올라가는 것을 본다면 어떻
게 하겠느냐
63 살리는 것은 영이니 육은 무익하니라
내가 너희에게 이른 말은 영이요 생
명이라
64 그러나 너희 중에 믿지 아니하는 자
들이 있느니라 하시니 이는 예수께서
믿지 아니하는 자들이 누구며 자기를
팔 자가 누구인지 처음부터 아심이러
라
65 또 이르시되 그러므로 전에 너희에게

365묵상

생명의 떡이신 예수님

'떡'은 생명을 유지하게 하는 모든 것, 그리고 일을 하기 위한 에너지를 주는 모든 것을 대표한다. 그래서 우리의 매일 삶이 '떡'을 얻기 위해 얼마나 애쓰는가? 참으로 우리 몸은 떡을 필요로 한다. 이에 근거하여, 예수님은 자신을 '생명의 떡'에 비유하셨다(요 6:48–51). 생명의 떡이신 그분은 우리의 육신뿐 아니라 영혼의 필요까지 채워주신다. 우리 영혼의 영적 배고픔을 해결해주신다. 그러므로 이 생명의 떡 없이는 우리가 한시라도 살아갈 수 없다. 우리는 매일 매순간 생명의 떡이신 주님을 간절히 사모해야 한다.

말하기를 내 아버지께서 오게 하여
주지 아니하시면 누구든지 내게 올
수 없다 하였노라 하시니라
66 그 때부터 그의 제자 중에서 많은 사
람이 떠나가고 다시 그와 함께 다니
지 아니하더라
67 예수께서 열두 제자에게 이르시되 너
희도 가려느냐
68 시몬 베드로가 대답하되 주여 영생
의 말씀이 주께 있사오니 우리가 누
구에게로 가오리이까
69 우리가 주는 하나님의 거룩하신 자이
신 줄 믿고 알았사옵나이다
70 예수께서 대답하시되 내가 너희 열둘
을 택하지 아니하였느냐 그러나 너희
중의 한 사람은 마귀니라 하시니
71 이 말씀은 가룟 시몬의 아들 유다를
가리키심이라 그는 열둘 중의 하나로
예수를 팔 자러라

형제들까지도 예수를 믿지 아니하다

7 그 후에 예수께서 갈릴리에서 다
니시고 유대에서 다니려 아니하심
은 유대인들이 죽이려 함이러라
2 유대인의 명절인 초막절이 가까운지
라
3 그 형제들이 예수께 이르되 당신이
행하는 일을 제자들도 보게 여기를
떠나 유대로 가소서
4 스스로 나타나기를 구하면서 묻혀서
일하는 사람이 없나니 이 일을 행하
려 하거든 자신을 세상에 나타내소
서 하니
5 이는 그 형제들까지도 예수를 믿지
아니함이러라
6 예수께서 이르시되 내 때는 아직 이
르지 아니하였거니와 너희 때는 늘
준비되어 있느니라
7 세상이 너희를 미워하지 아니하되 나
를 미워하나니 이는 내가 세상의 일
들을 악하다고 증언함이라
8 너희는 명절에 올라가라 내 때가 아
직 차지 못하였으니 나는 이 명절에
아직 올라가지 아니하노라
9 이 말씀을 하시고 갈릴리에 머물러
계시니라

명절을 지키러 올라가시다

10 그 형제들이 명절에 올라간 후에 자
기도 올라가시되 나타내지 않고 은밀
히 가시니라
11 명절중에 유대인들이 예수를 찾으면
서 그가 어디 있느냐 하고
12 예수에 대하여 무리 중에서 수군거
림이 많아 어떤 사람은 좋은 사람이
라 하며 어떤 사람은 아니라 무리를
미혹한다 하나
13 그러나 유대인들을 두려워하므로 드

러나게 그에 대하여 말하는 자가 없
더라
14 이미 명절의 중간이 되어 예수께서 성
전에 올라가사 가르치시니
15 유대인들이 놀랍게 여겨 이르되 이
사람은 배우지 아니하였거늘 어떻게
글을 아느냐 하니
16 예수께서 대답하여 이르시되 내 교
훈은 내 것이 아니요 나를 보내신 이
의 것이니라
17 사람이 하나님의 뜻을 행하려 하면
이 교훈이 하나님께로부터 왔는지
내가 스스로 말함인지 알리라
18 스스로 말하는 자는 자기 영광만 구
하되 보내신 이의 영광을 구하는 자
는 참되니 그 속에 불의가 없느니라
19 모세가 너희에게 율법을 주지 아니
하였느냐 너희 중에 율법을 지키는
자가 없도다 너희가 어찌하여 나를
죽이려 하느냐
20 무리가 대답하되 당신은 귀신이 들렸
도다 누가 당신을 죽이려 하나이까
21 예수께서 대답하여 이르시되 내가 한
가지 일을 행하매 너희가 다 이로 말
미암아 이상히 여기는도다
22 모세가 너희에게 할례를 행했으니
(그러나 할례는 모세에게서 난 것이
아니요 조상들에게서 난 것이라) 그
러므로 너희가 안식일에도 사람에게
할례를 행하느니라
23 모세의 율법을 범하지 아니하려고 사
람이 안식일에도 할례를 받는 일이
있거든 내가 안식일에 사람의 전신을
건전하게 한 것으로 너희가 내게 노
여워하느냐
24 외모로 판단하지 말고 공의롭게 판
단하라 하시니라

예수를 잡고자 하나

25 예루살렘 사람 중에서 어떤 사람이
말하되 이는 그들이 죽이고자 하는
그 사람이 아니냐
26 보라 드러나게 말하되 그들이 아무
말도 아니하는도다 당국자들은 이
사람을 참으로 그리스도인 줄 알았
는가
27 그러나 우리는 이 사람이 어디서 왔
는지 아노라 그리스도께서 오실 때
에는 어디서 오시는지 아는 자가 없
으리라 하는지라
28 예수께서 성전에서 가르치시며 외쳐
이르시되 너희가 나를 알고 내가 어
디서 온 것도 알거니와 내가 스스로
온 것이 아니니라 나를 보내신 이는
참되시니 너희는 그를 알지 못하나
29 나는 아노니 이는 내가 그에게서 났
고 그가 나를 보내셨음이라 하시니

30 그들이 예수를 잡고자 하나 손을 대
는 자가 없으니 이는 그의 때가 아직
이르지 아니하였음이러라
31 무리 중의 많은 사람이 예수를 믿고
말하되 그리스도께서 오실지라도 그
행하실 표적이 이 사람이 행한 것보
다 더 많으랴 하니
32 예수에 대하여 무리가 수군거리는
것이 바리새인들에게 들린지라 대제
사장들과 바리새인들이 그를 잡으려
고 아랫사람들을 보내니
33 예수께서 이르시되 내가 너희와 함께
조금 더 있다가 나를 보내신 이에게
로 돌아가겠노라
34 너희가 나를 찾아도 만나지 못할 터
이요 나 있는 곳에 오지도 못하리라
하시니
35 이에 유대인들이 서로 묻되 이 사람
이 어디로 가기에 우리가 그를 만나
지 못하리요 헬라인 중에 흩어져 사
는 자들에게로 가서 헬라인을 가르
칠 터인가
36 나를 찾아도 만나지 못할 터이요 나
있는 곳에 오지도 못하리라 한 이 말
이 무슨 말이냐 하니라

배에서 생수의 강이 흘러나오리라

37 명절 끝날 곧 큰 날에 예수께서 서서
외쳐 이르시되 누구든지 목마르거든
내게로 와서 마시라
38 나를 믿는 자는 성경에 이름과 같이
그 배에서 생수의 강이 흘러나오리
라 하시니
39 이는 그를 믿는 자들이 받을 성령을
가리켜 말씀하신 것이라 (예수께서
아직 영광을 받지 않으셨으므로 성령
이 아직 그들에게 계시지 아니하시더
라)
40 이 말씀을 들은 무리 중에서 어떤 사
람은 이 사람이 참으로 그 선지자라
하며
41 어떤 사람은 그리스도라 하며 어떤
이들은 그리스도가 어찌 갈릴리에서
나오겠느냐
42 성경에 이르기를 그리스도는 다윗의
씨로 또 다윗이 살던 마을 베들레헴
에서 나오리라 하지 아니하였느냐 하
며
43 예수로 말미암아 무리 중에서 쟁론
이 되니
44 그 중에는 그를 잡고자 하는 자들도
있으나 손을 대는 자가 없었더라

대제사장들과 바리새인들은 믿지 않다

45 아랫사람들이 대제사장들과 바리새
인들에게로 오니 그들이 묻되 어찌
하여 잡아오지 아니하였느냐
46 아랫사람들이 대답하되 그 사람이

말하는 것처럼 말한 사람은 이 때까
지 없었나이다 하니
47 바리새인들이 대답하되 너희도 미혹
되었느냐
48 당국자들이나 바리새인 중에 그를
믿는 자가 있느냐
49 율법을 알지 못하는 이 무리는 저주
를 받은 자로다
50 그 중의 한 사람 곧 전에 예수께 왔
던 니고데모가 그들에게 말하되
51 우리 율법은 사람의 말을 듣고 그
행한 것을 알기 전에 심판하느냐
52 그들이 대답하여 이르되 너도 갈릴리
에서 왔느냐 찾아 보라 갈릴리에서
는 선지자가 나지 못하느니라 하였더
라

음행중에 잡혀온 여자가 용서 받다

53 [다 각각 집으로 돌아가고
8 예수는 감람 산으로 가시니라
2 아침에 다시 성전으로 들어오시
니 백성이 다 나아오는지라 앉으사
그들을 가르치시더니
3 서기관들과 바리새인들이 음행중에
잡힌 여자를 끌고 와서 가운데 세우
고
4 예수께 말하되 선생이여 이 여자가
간음하다가 현장에서 잡혔나이다
5 모세는 율법에 이러한 여자를 돌로
치라 명하였거니와 선생은 어떻게 말
하겠나이까
6 그들이 이렇게 말함은 고발할 조건
을 얻고자 하여 예수를 시험함이러라
예수께서 몸을 굽히사 손가락으로
땅에 쓰시니
7 그들이 묻기를 마지 아니하는지라 이
에 일어나 이르시되 너희 중에 죄 없
는 자가 먼저 돌로 치라 하시고
8 다시 몸을 굽혀 손가락으로 땅에 쓰
시니
9 그들이 이 말씀을 듣고 양심에 가책
을 느껴 어른으로 시작하여 젊은이
까지 하나씩 하나씩 나가고 오직 예
수와 그 가운데 섰는 여자만 남았더
라
10 예수께서 일어나사 여자 외에 아무
도 없는 것을 보시고 이르시되 여자
여 너를 고발하던 그들이 어디 있느
냐 너를 정죄한 자가 없느냐
11 대답하되 주여 없나이다 예수께서 이
르시되 나도 너를 정죄하지 아니하노
니 가서 다시는 죄를 범하지 말라 하
시니라]

나는 세상의 빛

12 예수께서 또 말씀하여 이르시되 나
는 세상의 빛이니 나를 따르는 자는
어둠에 다니지 아니하고 생명의 빛을

얻으리라
13 바리새인들이 이르되 네가 너를 위하
여 증언하니 네 증언은 참되지 아니
하도다
14 예수께서 대답하여 이르시되 내가 나
를 위하여 증언하여도 내 증언이 참
되니 나는 내가 어디서 오며 어디로
가는 것을 알거니와 너희는 내가 어
디서 오며 어디로 가는 것을 알지 못
하느니라
15 너희는 육체를 따라 판단하나 나는
아무도 판단하지 아니하노라
16 만일 내가 판단하여도 내 판단이 참
되니 이는 내가 혼자 있는 것이 아니
요 나를 보내신 이가 나와 함께 계심
이라
17 너희 율법에도 두 사람의 증언이 참
되다 기록되었으니
18 내가 나를 위하여 증언하는 자가 되
고 나를 보내신 아버지도 나를 위하
여 증언하시느니라
19 이에 그들이 묻되 네 아버지가 어디
있느냐 예수께서 대답하시되 너희는
나를 알지 못하고 내 아버지도 알지
못하는도다 나를 알았더라면 내 아
버지도 알았으리라
20 이 말씀은 성전에서 가르치실 때에
헌금함 앞에서 하셨으나 잡는 사람
이 없으니 이는 그의 때가 아직 이르
지 아니하였음이러라

내가 가는 곳

21 다시 이르시되 내가 가리니 너희가 나
를 찾다가 너희 죄 가운데서 죽겠고
내가 가는 곳에는 너희가 오지 못하
리라
22 유대인들이 이르되 그가 말하기를
내가 가는 곳에는 너희가 오지 못하
리라 하니 그가 자결하려는가
23 예수께서 이르시되 너희는 아래에서
났고 나는 위에서 났으며 너희는 이
세상에 속하였고 나는 이 세상에 속
하지 아니하였느니라
24 그러므로 내가 너희에게 말하기를 너
희가 너희 죄 가운데서 죽으리라 하
였노라 너희가 만일 내가 그인 줄 믿
지 아니하면 너희 죄 가운데서 죽으
리라
25 그들이 말하되 네가 누구냐 예수께
서 이르시되 나는 처음부터 너희에게
말하여 온 자니라
26 내가 너희에게 대하여 말하고 판단
할 것이 많으나 나를 보내신 이가 참
되시매 내가 그에게 들은 그것을 세
상에 말하노라 하시되
27 그들은 아버지를 가리켜 말씀하신
줄을 깨닫지 못하더라

28 이에 예수께서 이르시되 너희가 인자
를 든 후에 내가 그인 줄을 알고 또
내가 스스로 아무 것도 하지 아니하
고 오직 아버지께서 가르치신 대로
이런 것을 말하는 줄도 알리라
29 나를 보내신 이가 나와 함께 하시도
다 나는 항상 그가 기뻐하시는 일을
행하므로 나를 혼자 두지 아니하셨
느니라
30 이 말씀을 하시매 많은 사람이 믿더
라

진리가 너희를 자유롭게 하리라

31 그러므로 예수께서 자기를 믿은 유
대인들에게 이르시되 너희가 내 말에
거하면 참으로 내 제자가 되고
32 진리를 알지니 진리가 너희를 자유롭
게 하리라
33 그들이 대답하되 우리가 아브라함의
자손이라 남의 종이 된 적이 없거늘
어찌하여 우리가 자유롭게 되리라 하
느냐
34 예수께서 대답하시되 진실로 진실로
너희에게 이르노니 죄를 범하는 자마
다 죄의 종이라
35 종은 영원히 집에 거하지 못하되 아
들은 영원히 거하나니
36 그러므로 아들이 너희를 자유롭게
하면 너희가 참으로 자유로우리라
37 나도 너희가 아브라함의 자손인 줄
아노라 그러나 내 말이 너희 안에 있
을 곳이 없으므로 나를 죽이려 하는
도다
38 나는 내 아버지에게서 본 것을 말하
고 너희는 너희 아비에게서 들은 것
을 행하느니라
39 대답하여 이르되 우리 아버지는 아브
라함이라 하니 예수께서 이르시되 너
희가 아브라함의 자손이면 아브라함
이 행한 일들을 할 것이거늘
40 지금 하나님께 들은 진리를 너희에게
말한 사람인 나를 죽이려 하는도다
아브라함은 이렇게 하지 아니하였느
니라
41 너희는 너희 아비가 행한 일들을 하
는도다 대답하되 우리가 음란한 데
서 나지 아니하였고 아버지는 한 분
뿐이시니 곧 하나님이시로다
42 예수께서 이르시되 하나님이 너희 아
버지였으면 너희가 나를 사랑하였으
리니 이는 내가 하나님께로부터 나와

365묵상

진리가 너희를 자유롭게 하리라

우리를 자유롭게 하는 그 '진리'는 바로 예수님이다(요 8:32). 예수님이 진리인 것은, 본래 하나님이신 그분은 속성상 모든 옳은 것의 완전한 척도로서 진리의 근원이시고 진리 자체이시기 때문이다. 진리이신 예수님이 우리에게 주시는 자유는, 우리가 원하는 것을 마음대로 할 수 있는 방종의 자유가 아니다. 그것은 죄와 사망의 길에서 벗어나 생명과 진리의 길을 걸을 수 있게 하는 참 자유다. 하나님의 독생자이신 예수님은 생명과 성령의 법을 통해 죄와 사망의 법에서 우리를 해방시켜 주심으로써 참 자유를 주신다.

서 왔음이라 나는 스스로 온 것이 아
니요 아버지께서 나를 보내신 것이니
라
43 어찌하여 내 말을 깨닫지 못하느냐
이는 내 말을 들을 줄 알지 못함이
로다
44 너희는 너희 아비 마귀에게서 났으니
너희 아비의 욕심대로 너희도 행하고
자 하느니라 그는 처음부터 살인한
자요 진리가 그 속에 없으므로 진리
에 서지 못하고 거짓을 말할 때마다
제 것으로 말하나니 이는 그가 거짓
말쟁이요 거짓의 아비가 되었음이라
45 내가 진리를 말하므로 너희가 나를
믿지 아니하는도다
46 너희 중에 누가 나를 죄로 책잡겠느
냐 내가 진리를 말하는데도 어찌하여
나를 믿지 아니하느냐
47 하나님께 속한 자는 하나님의 말씀
을 듣나니 너희가 듣지 아니함은 하
나님께 속하지 아니하였음이로다
48 유대인들이 대답하여 이르되 우리가
너를 사마리아 사람이라 또는 귀신이
들렸다 하는 말이 옳지 아니하냐
49 예수께서 대답하시되 나는 귀신 들린
것이 아니라 오직 내 아버지를 공경
함이거늘 너희가 나를 무시하는도다
50 나는 내 영광을 구하지 아니하나 구
하고 판단하시는 이가 계시니라
51 진실로 진실로 너희에게 이르노니 사
람이 내 말을 지키면 영원히 죽음을
보지 아니하리라
52 유대인들이 이르되 지금 네가 귀신
들린 줄을 아노라 아브라함과 선지
자들도 죽었거늘 네 말은 사람이 내
말을 지키면 영원히 죽음을 맛보지
아니하리라 하니
53 너는 이미 죽은 우리 조상 아브라함
보다 크냐 또 선지자들도 죽었거늘
너는 너를 누구라 하느냐
54 예수께서 대답하시되 내가 내게 영
광을 돌리면 내 영광이 아무 것도 아
니거니와 내게 영광을 돌리시는 이는
내 아버지시니 곧 너희가 너희 하나님
이라 칭하는 그이시라
55 너희는 그를 알지 못하되 나는 아노
니 만일 내가 알지 못한다 하면 나도
너희 같이 거짓말쟁이가 되리라 나는
그를 알고 또 그의 말씀을 지키노라
56 너희 조상 아브라함은 나의 때 볼 것
을 즐거워하다가 보고 기뻐하였느니
라
57 유대인들이 이르되 네가 아직 오십
세도 못되었는데 아브라함을 보았느
냐
58 예수께서 이르시되 진실로 진실로 너

희에게 이르노니 아브라함이 나기 전
부터 내가 있느니라 하시니
59 그들이 돌을 들어 치려 하거늘 예수
께서 숨어 성전에서 나가시니라

날 때부터 맹인 된 사람을 고치시다

9 예수께서 길을 가실 때에 날 때부
터 맹인 된 사람을 보신지라
2 제자들이 물어 이르되 랍비여 이 사
람이 맹인으로 난 것이 누구의 죄로
인함이니이까 자기니이까 그의 부모
니이까
3 예수께서 대답하시되 이 사람이나 그
부모의 죄로 인한 것이 아니라 그에
게서 하나님이 하시는 일을 나타내고
자 하심이라
4 때가 아직 낮이매 나를 보내신 이의
일을 우리가 하여야 하리라 밤이 오
리니 그 때는 아무도 일할 수 없느니
라
5 내가 세상에 있는 동안에는 세상의
빛이로라
6 이 말씀을 하시고 땅에 침을 뱉어 진
흙을 이겨 그의 눈에 바르시고
7 이르시되 실로암 못에 가서 씻으라
하시니 (실로암은 번역하면 보냄을
받았다는 뜻이라) 이에 가서 씻고 밝
은 눈으로 왔더라
8 이웃 사람들과 전에 그가 걸인인 것
을 보았던 사람들이 이르되 이는 앉
아서 구걸하던 자가 아니냐
9 어떤 사람은 그 사람이라 하며 어떤
사람은 아니라 그와 비슷하다 하거
늘 자기 말은 내가 그라 하니
10 그들이 묻되 그러면 네 눈이 어떻게
떠졌느냐
11 대답하되 예수라 하는 그 사람이 진
흙을 이겨 내 눈에 바르고 나더러 실
로암에 가서 씻으라 하기에 가서 씻
었더니 보게 되었노라
12 그들이 이르되 그가 어디 있느냐 이
르되 알지 못하노라 하니라

보게 된 맹인과 바리새인들

13 그들이 전에 맹인이었던 사람을 데리
고 바리새인들에게 갔더라
14 예수께서 진흙을 이겨 눈을 뜨게 하
신 날은 안식일이라
15 그러므로 바리새인들도 그가 어떻게
보게 되었는지를 물으니 이르되 그
사람이 진흙을 내 눈에 바르매 내가
씻고 보나이다 하니
16 바리새인 중에 어떤 사람은 말하되
이 사람이 안식일을 지키지 아니하니
하나님께로부터 온 자가 아니라 하
며 어떤 사람은 말하되 죄인으로서
어떻게 이러한 표적을 행하겠느냐 하
여 그들 중에 분쟁이 있었더니

17 이에 맹인되었던 자에게 다시 묻되
그 사람이 네 눈을 뜨게 하였으니 너
는 그를 어떠한 사람이라 하느냐 대
답하되 선지자니이다 하니
18 유대인들이 그가 맹인으로 있다가
보게 된 것을 믿지 아니하고 그 부모
를 불러 묻되
19 이는 너희 말에 맹인으로 났다 하는
너희 아들이냐 그러면 지금은 어떻게
해서 보느냐
20 그 부모가 대답하여 이르되 이 사람
이 우리 아들인 것과 맹인으로 난 것
을 아나이다
21 그러나 지금 어떻게 해서 보는지 또
는 누가 그 눈을 뜨게 하였는지 우
리는 알지 못하나이다 그에게 물어
보소서 그가 장성하였으니 자기 일을
말하리이다
22 그 부모가 이렇게 말한 것은 이미 유
대인들이 누구든지 예수를 그리스도
로 시인하는 자는 출교하기로 결의
하였으므로 그들을 무서워함이러라
23 이러므로 그 부모가 말하기를 그가
장성하였으니 그에게 물어 보소서
하였더라
24 이에 그들이 맹인이었던 사람을 두
번째 불러 이르되 너는 하나님께 영
광을 돌리라 우리는 이 사람이 죄인
인 줄 아노라
25 대답하되 그가 죄인인지 내가 알지
못하나 한 가지 아는 것은 내가 맹인
으로 있다가 지금 보는 그것이니이다
26 그들이 이르되 그 사람이 네게 무엇
을 하였느냐 어떻게 네 눈을 뜨게 하
였느냐
27 대답하되 내가 이미 일렀어도 듣지
아니하고 어찌하여 다시 듣고자 하나
이까 당신들도 그의 제자가 되려 하
나이까
28 그들이 욕하여 이르되 너는 그의 제
자이나 우리는 모세의 제자라
29 하나님이 모세에게는 말씀하신 줄을
우리가 알거니와 이 사람은 어디서
왔는지 알지 못하노라
30 그 사람이 대답하여 이르되 이상하다
이 사람이 내 눈을 뜨게 하였으되 당
신들은 그가 어디서 왔는지 알지 못
하는도다
31 하나님이 죄인의 말을 듣지 아니하시
고 경건하여 그의 뜻대로 행하는 자
의 말은 들으시는 줄을 우리가 아나
이다
32 창세 이후로 맹인으로 난 자의 눈을
뜨게 하였다 함을 듣지 못하였으니
33 이 사람이 하나님께로부터 오지 아니
하였으면 아무 일도 할 수 없으리이

다
34 그들이 대답하여 이르되 네가 온전히
죄 가운데서 나서 우리를 가르치느냐
하고 이에 쫓아내어 보내니라
맹인이 되었더라면 죄가 없으려니와
35 예수께서 그들이 그 사람을 쫓아냈
다 하는 말을 들으셨더니 그를 만나
사 이르시되 네가 인자를 믿느냐
36 대답하여 이르되 주여 그가 누구시
오니이까 내가 믿고자 하나이다
37 예수께서 이르시되 네가 그를 보았
거니와 지금 너와 말하는 자가 그이
니라
38 이르되 주여 내가 믿나이다 하고 절
하는지라
39 예수께서 이르시되 내가 심판하러 이
세상에 왔으니 보지 못하는 자들은
보게 하고 보는 자들은 맹인이 되게
하려 함이라 하시니
40 바리새인 중에 예수와 함께 있던 자
들이 이 말씀을 듣고 이르되 우리도
맹인인가
41 예수께서 이르시되 너희가 맹인이 되
었더라면 죄가 없으려니와 본다고 하
니 너희 죄가 그대로 있느니라

양의 우리 비유

10 내가 진실로 진실로 너희에게
이르노니 문을 통하여 양의 우
리에 들어가지 아니하고 다른 데로
넘어가는 자는 절도며 강도요
2 문으로 들어가는 이는 양의 목자라
3 문지기는 그를 위하여 문을 열고 양
은 그의 음성을 듣나니 그가 자기 양
의 이름을 각각 불러 인도하여 내느
니라
4 자기 양을 다 내놓은 후에 앞서 가면
양들이 그의 음성을 아는 고로 따라
오되
5 타인의 음성은 알지 못하는 고로 타
인을 따르지 아니하고 도리어 도망
하느니라
6 예수께서 이 비유로 그들에게 말씀
하셨으나 그들은 그가 하신 말씀이
무엇인지 알지 못하니라

선한 목자

7 그러므로 예수께서 다시 이르시되
내가 진실로 진실로 너희에게 말하노
니 나는 양의 문이라
8 나보다 먼저 온 자는 다 절도요 강도
니 양들이 듣지 아니하였느니라
9 내가 문이니 누구든지 나로 말미암
아 들어가면 구원을 받고 또는 들어
가며 나오며 꼴을 얻으리라
10 도둑이 오는 것은 도둑질하고 죽이
고 멸망시키려는 것뿐이요 내가 온
것은 양으로 생명을 얻게 하고 더 풍

성히 얻게 하려는 것이라
11 나는 선한 목자라 선한 목자는 양들
을 위하여 목숨을 버리거니와
12 삯꾼은 목자가 아니요 양도 제 양이
아니라 이리가 오는 것을 보면 양을
버리고 달아나나니 이리가 양을 물어
가고 또 헤치느니라
13 달아나는 것은 그가 삯꾼인 까닭에
양을 돌보지 아니함이나
14 나는 선한 목자라 나는 내 양을 알
고 양도 나를 아는 것이
15 아버지께서 나를 아시고 내가 아버지
를 아는 것 같으니 나는 양을 위하여
목숨을 버리노라
16 또 이 우리에 들지 아니한 다른 양들
이 내게 있어 내가 인도하여야 할 터
이니 그들도 내 음성을 듣고 한 무리
가 되어 한 목자에게 있으리라
17 내가 내 목숨을 버리는 것은 그것을
내가 다시 얻기 위함이니 이로 말미
암아 아버지께서 나를 사랑하시느니
라
18 이를 내게서 빼앗는 자가 있는 것이
아니라 내가 스스로 버리노라 나는
버릴 권세도 있고 다시 얻을 권세도
있으니 이 계명은 내 아버지에게서
받았노라 하시니라
19 이 말씀으로 말미암아 유대인 중에
다시 분쟁이 일어나니
20 그 중에 많은 사람이 말하되 그가 귀
신 들려 미쳤거늘 어찌하여 그 말을
듣느냐 하며
21 어떤 사람은 말하되 이 말은 귀신 들
린 자의 말이 아니라 귀신이 맹인의
눈을 뜨게 할 수 있느냐 하더라

유대인들이 예수를 돌로 치려 하다

22 예루살렘에 수전절이 이르니 때는 겨
울이라
23 예수께서 성전 안 솔로몬 행각에서
거니시니
24 유대인들이 에워싸고 이르되 당신이
언제까지나 우리 마음을 의혹하게
하려 하나이까 그리스도이면 밝히 말
씀하소서 하니
25 예수께서 대답하시되 내가 너희에게
말하였으되 믿지 아니하는도다 내가
내 아버지의 이름으로 행하는 일들
이 나를 증거하는 것이거늘
26 너희가 내 양이 아니므로 믿지 아니
하는도다
27 내 양은 내 음성을 들으며 나는 그
들을 알며 그들은 나를 따르느니라
28 내가 그들에게 영생을 주노니 영원
히 멸망하지 아니할 것이요 또 그들
을 내 손에서 빼앗을 자가 없느니라
29 그들을 주신 내 아버지는 만물보다

크시매 아무도 아버지 손에서 빼앗
을 수 없느니라
30 나와 아버지는 하나이니라 하신대
31 유대인들이 다시 돌을 들어 치려 하
거늘
32 예수께서 대답하시되 내가 아버지로
말미암아 여러 가지 선한 일로 너희
에게 보였거늘 그 중에 어떤 일로 나
를 돌로 치려 하느냐
33 유대인들이 대답하되 선한 일로 말미
암아 우리가 너를 돌로 치려는 것이
아니라 신성모독으로 인함이니 네가
사람이 되어 자칭 하나님이라 함이로
라
34 예수께서 이르시되 너희 율법에 기록
된 바 내가 너희를 신이라 하였노라
하지 아니하였느냐
35 성경은 폐하지 못하나니 하나님의 말
씀을 받은 사람들을 신이라 하셨거
든
36 하물며 아버지께서 거룩하게 하사 세
상에 보내신 자가 나는 하나님의 아
들이라 하는 것으로 너희가 어찌 신
성모독이라 하느냐
37 만일 내가 내 아버지의 일을 행하지
아니하거든 나를 믿지 말려니와
38 내가 행하거든 나를 믿지 아니할지라
도 그 일은 믿으라 그러면 너희가 아
버지께서 내 안에 계시고 내가 아버
지 안에 있음을 깨달아 알리라 하시
니
39 그들이 다시 예수를 잡고자 하였으
나 그 손에서 벗어나 나가시니라
40 다시 요단 강 저편 요한이 처음으로
세례 베풀던 곳에 가사 거기 거하시
니
41 많은 사람이 왔다가 말하되 요한은
아무 표적도 행하지 아니하였으나
요한이 이 사람을 가리켜 말한 것은
다 참이라 하더라
42 그리하여 거기서 많은 사람이 예수를
믿으니라

죽은 나사로를 살리시다

11 어떤 병자가 있으니 이는 마리
아와 그 자매 마르다의 마을 베
다니에 사는 나사로라
2 이 마리아는 향유를 주께 붓고 머리
털로 주의 발을 닦던 자요 병든 나사
로는 그의 오라버니더라
3 이에 그 누이들이 예수께 사람을 보

365묵상

예수님이 우리를 부르신다

어렸을 때, 엄마가 세상에서 가장 다정한 목소리로 내 이름을 부르시던 때를 기억하는가? 그런 엄마의 목소리는 얼마나 사랑스럽고 온유하던가! 이처럼 모든 사람은 자신을 사랑하고 보살피며 자기 이름을 알고 있는 특별한 사람의 목소리를 알고 있다. 선한 목자이신 예수님은 그분의 양이 된 우리를 사랑으로 보살피시며 우리의 이름을 일일이 알고 부르신다(요 10:1-5). 예수님이 우리를 부르시는 것은 우리를 보호하시고 우리의 필요를 채워주시기 위해서다. 예수님의 목소리에 귀를 기울이자. 항상 대답할 수 있도록.

내어 이르되 주여 보시옵소서 사랑하
시는 자가 병들었나이다 하니
4 예수께서 들으시고 이르시되 이 병은
죽을 병이 아니라 하나님의 영광을
위함이요 하나님의 아들이 이로 말미
암아 영광을 받게 하려 함이라 하시
더라
5 예수께서 본래 마르다와 그 동생과
나사로를 사랑하시더니
6 나사로가 병들었다 함을 들으시고
그 계시던 곳에 이틀을 더 유하시고
7 그 후에 제자들에게 이르시되 유대
로 다시 가자 하시니
8 제자들이 말하되 랍비여 방금도 유
대인들이 돌로 치려 하였는데 또 그
리로 가시려 하나이까
9 예수께서 대답하시되 낮이 열두 시간
이 아니냐 사람이 낮에 다니면 이 세
상의 빛을 보므로 실족하지 아니하
고
10 밤에 다니면 빛이 그 사람 안에 없는
고로 실족하느니라
11 이 말씀을 하신 후에 또 이르시되 우
리 친구 나사로가 잠들었도다 그러
나 내가 깨우러 가노라
12 제자들이 이르되 주여 잠들었으면 낫
겠나이다 하더라
13 예수는 그의 죽음을 가리켜 말씀하
신 것이나 그들은 잠들어 쉬는 것을
가리켜 말씀하심인 줄 생각하는지라
14 이에 예수께서 밝히 이르시되 나사로
가 죽었느니라
15 내가 거기 있지 아니한 것을 너희를
위하여 기뻐하노니 이는 너희로 믿게
하려 함이라 그러나 그에게로 가자
하시니
16 디두모라고도 하는 도마가 다른 제
자들에게 말하되 우리도 주와 함께
죽으러 가자 하니라

나는 부활이요 생명이니

17 예수께서 와서 보시니 나사로가 무
덤에 있은 지 이미 나흘이라
18 베다니는 예루살렘에서 가깝기가 한
오 리쯤 되매
19 많은 유대인이 마르다와 마리아에게
그 오라비의 일로 위문하러 왔더니
20 마르다는 예수께서 오신다는 말을
듣고 곧 나가 맞이하되 마리아는 집
에 앉았더라
21 마르다가 예수께 여짜오되 주께서
여기 계셨더라면 내 오라버니가 죽지
아니하였겠나이다
22 그러나 나는 이제라도 주께서 무엇
이든지 하나님께 구하시는 것을 하나
님이 주실 줄을 아나이다
23 예수께서 이르시되 네 오라비가 다시

살아나리라
24 마르다가 이르되 마지막 날 부활 때
에는 다시 살아날 줄을 내가 아나이
다
25 예수께서 이르시되 나는 부활이요
생명이니 나를 믿는 자는 죽어도 살
겠고
26 무릇 살아서 나를 믿는 자는 영원히
죽지 아니하리니 이것을 네가 믿느냐
27 이르되 주여 그러하외다 주는 그리스
도시요 세상에 오시는 하나님의 아
들이신 줄 내가 믿나이다
28 이 말을 하고 돌아가서 가만히 그 자
매 마리아를 불러 말하되 선생님이
오셔서 너를 부르신다 하니
29 마리아가 이 말을 듣고 급히 일어나
예수께 나아가매
30 예수는 아직 마을로 들어오지 아니
하시고 마르다가 맞이했던 곳에 그
대로 계시더라
31 마리아와 함께 집에 있어 위로하던
유대인들은 그가 급히 일어나 나가
는 것을 보고 곡하러 무덤에 가는
줄로 생각하고 따라가더니
32 마리아가 예수 계신 곳에 가서 뵈옵
고 그 발 앞에 엎드리어 이르되 주께
서 여기 계셨더라면 내 오라버니가
죽지 아니하였겠나이다 하더라

33 예수께서 그가 우는 것과 또 함께
온 유대인들이 우는 것을 보시고 심
령에 비통히 여기시고 불쌍히 여기사
34 이르시되 그를 어디 두었느냐 이르되
주여 와서 보옵소서 하니
35 예수께서 눈물을 흘리시더라
36 이에 유대인들이 말하되 보라 그를
얼마나 사랑하셨는가 하며
37 그 중 어떤 이는 말하되 맹인의 눈을
뜨게 한 이 사람이 그 사람은 죽지
않게 할 수 없었더냐 하더라
38 이에 예수께서 다시 속으로 비통히
여기시며 무덤에 가시니 무덤이 굴이
라 돌로 막았거늘
39 예수께서 이르시되 돌을 옮겨 놓으
라 하시니 그 죽은 자의 누이 마르다
가 이르되 주여 죽은 지가 나흘이 되
었으매 벌써 냄새가 나나이다
40 예수께서 이르시되 내 말이 네가 믿
으면 하나님의 영광을 보리라 하지
아니하였느냐 하시니
41 돌을 옮겨 놓으니 예수께서 눈을 들
어 우러러 보시고 이르시되 아버지여
내 말을 들으신 것을 감사하나이다
42 항상 내 말을 들으시는 줄을 내가
알았나이다 그러나 이 말씀 하옵는
것은 둘러선 무리를 위함이니 곧 아
버지께서 나를 보내신 것을 그들로

믿게 하려 함이니이다
43 이 말씀을 하시고 큰 소리로 나사로
야 나오라 부르시니
44 죽은 자가 수족을 베로 동인 채로
나오는데 그 얼굴은 수건에 싸였더
라 예수께서 이르시되 풀어 놓아 다
니게 하라 하시니라

예수를 죽이려고 모의하다

45 마리아에게 와서 예수께서 하신 일
을 본 많은 유대인이 그를 믿었으나
46 그 중에 어떤 자는 바리새인들에게
가서 예수께서 하신 일을 알리니라
47 이에 대제사장들과 바리새인들이 공
회를 모으고 이르되 이 사람이 많은
표적을 행하니 우리가 어떻게 하겠느
냐
48 만일 그를 이대로 두면 모든 사람이
그를 믿을 것이요 그리고 로마인들
이 와서 우리 땅과 민족을 빼앗아 가
리라 하니
49 그 중의 한 사람 그 해의 대제사장인
가야바가 그들에게 말하되 너희가
아무 것도 알지 못하는도다
50 한 사람이 백성을 위하여 죽어서 온
민족이 망하지 않게 되는 것이 너희
에게 유익한 줄을 생각하지 아니하
는도다 하였으니
51 이 말은 스스로 함이 아니요 그 해의
대제사장이므로 예수께서 그 민족을
위하시고
52 또 그 민족만 위할 뿐 아니라 흩어진
하나님의 자녀를 모아 하나가 되게
하기 위하여 죽으실 것을 미리 말함
이러라
53 이 날부터는 그들이 예수를 죽이려
고 모의하니라
54 그러므로 예수께서 다시 유대인 가
운데 드러나게 다니지 아니하시고 거
기를 떠나 빈 들 가까운 곳인 에브라
임이라는 동네에 가서 제자들과 함
께 거기 머무르시니라
55 유대인의 유월절이 가까우매 많은
사람이 자기를 성결하게 하기 위하여
유월절 전에 시골에서 예루살렘으로
올라갔더니
56 그들이 예수를 찾으며 성전에 서서
서로 말하되 너희 생각에는 어떠하냐
그가 명절에 오지 아니하겠느냐 하니
57 이는 대제사장들과 바리새인들이 누
구든지 예수 있는 곳을 알거든 신고
하여 잡게 하라 명령하였음이러라

예수의 발에 향유를 붓다

12 유월절 엿새 전에 예수께서 베
다니에 이르시니 이 곳은 예수
께서 죽은 자 가운데서 살리신 나사
로가 있는 곳이라

2 거기서 예수를 위하여 잔치할새 마르
다는 일을 하고 나사로는 예수와 함
께 앉은 자 중에 있더라
3 마리아는 지극히 비싼 향유 곧 순전
한 나드 한 근을 가져다가 예수의 발
에 붓고 자기 머리털로 그의 발을 닦
으니 향유 냄새가 집에 가득하더라
4 제자 중 하나로서 예수를 잡아 줄
가룟 유다가 말하되
5 이 향유를 어찌하여 삼백 데나리온
에 팔아 가난한 자들에게 주지 아니
하였느냐 하니
6 이렇게 말함은 가난한 자들을 생각
함이 아니요 그는 도둑이라 돈궤를
맡고 거기 넣는 것을 훔쳐 감이러라
7 예수께서 이르시되 그를 가만 두어
나의 장례할 날을 위하여 그것을 간
직하게 하라
8 가난한 자들은 항상 너희와 함께 있
거니와 나는 항상 있지 아니하리라
하시니라

나사로까지 죽이려고 모의하다

9 유대인의 큰 무리가 예수께서 여기
계신 줄을 알고 오니 이는 예수만
보기 위함이 아니요 죽은 자 가운데
서 살리신 나사로도 보려 함이러라
10 대제사장들이 나사로까지 죽이려고
모의하니
11 나사로 때문에 많은 유대인이 가서
예수를 믿음이러라

예루살렘으로 가시다

12 그 이튿날에는 명절에 온 큰 무리가
예수께서 예루살렘으로 오신다는 것
을 듣고
13 종려나무 가지를 가지고 맞으러 나
가 외치되 호산나 찬송하리로다 주의
이름으로 오시는 이 곧 이스라엘의
왕이시여 하더라
14 예수는 한 어린 나귀를 보고 타시니
15 이는 기록된 바 시온 딸아 두려워하
지 말라 보라 너의 왕이 나귀 새끼를
타고 오신다 함과 같더라
16 제자들은 처음에 이 일을 깨닫지 못
하였다가 예수께서 영광을 얻으신
후에야 이것이 예수께 대하여 기록된
것임과 사람들이 예수께 이같이 한
것임이 생각났더라
17 나사로를 무덤에서 불러내어 죽은
자 가운데서 살리실 때에 함께 있던
무리가 증언한지라
18 이에 무리가 예수를 맞음은 이 표적
행하심을 들었음이러라
19 바리새인들이 서로 말하되 볼지어다
너희 하는 일이 쓸 데 없다 보라 온
세상이 그를 따르는도다 하니라

인자가 들려야 하리라

20 명절에 예배하러 올라온 사람 중에
헬라인 몇이 있는데
21 그들이 갈릴리 벳새다 사람 빌립에게
가서 청하여 이르되 선생이여 우리가
예수를 뵈옵고자 하나이다 하니
22 빌립이 안드레에게 가서 말하고 안
드레와 빌립이 예수께 가서 여쭈니
23 예수께서 대답하여 이르시되 인자가
영광을 얻을 때가 왔도다
24 내가 진실로 진실로 너희에게 이르노
니 한 알의 밀이 땅에 떨어져 죽지 아
니하면 한 알 그대로 있고 죽으면 많
은 열매를 맺느니라
25 자기의 생명을 사랑하는 자는 잃어버
릴 것이요 이 세상에서 자기의 생명
을 미워하는 자는 영생하도록 보전
하리라
26 사람이 나를 섬기려면 나를 따르라
나 있는 곳에 나를 섬기는 자도 거기
있으리니 사람이 나를 섬기면 내 아
버지께서 그를 귀히 여기시리라
27 지금 내 마음이 괴로우니 무슨 말을
하리요 아버지여 나를 구원하여 이
때를 면하게 하여 주옵소서 그러나
내가 이를 위하여 이 때에 왔나이다
28 아버지여, 아버지의 이름을 영광스럽
게 하옵소서 하시니 이에 하늘에서
소리가 나서 이르되 내가 이미 영광
스럽게 하였고 또다시 영광스럽게
하리라 하시니
29 곁에 서서 들은 무리는 천둥이 울었
다고도 하며 또 어떤 이들은 천사가
그에게 말하였다고도 하니
30 예수께서 대답하여 이르시되 이 소리
가 난 것은 나를 위한 것이 아니요 너
희를 위한 것이니라
31 이제 이 세상에 대한 심판이 이르렀
으니 이 세상의 임금이 쫓겨나리라
32 내가 땅에서 들리면 모든 사람을 내
게로 이끌겠노라 하시니
33 이렇게 말씀하심은 자기가 어떠한 죽
음으로 죽을 것을 보이심이러라
34 이에 무리가 대답하되 우리는 율법
에서 그리스도가 영원히 계신다 함을
들었거늘 너는 어찌하여 인자가 들려
야 하리라 하느냐 이 인자는 누구냐
35 예수께서 이르시되 아직 잠시 동안
빛이 너희 중에 있으니 빛이 있을 동
안에 다녀 어둠에 붙잡히지 않게 하
라 어둠에 다니는 자는 그 가는 곳
을 알지 못하느니라
36 너희에게 아직 빛이 있을 동안에 빛
을 믿으라 그리하면 빛의 아들이 되
리라

그들이 예수를 믿지 아니하다

예수께서 이 말씀을 하시고 그들을 떠

나가서 숨으시니라
37 이렇게 많은 표적을 그들 앞에서 행
하셨으나 그를 믿지 아니하니
38 이는 선지자 이사야의 말씀을 이루려
하심이라 이르되 주여 우리에게서 들
은 바를 누가 믿었으며 주의 팔이 누
구에게 나타났나이까 하였더라
39 그들이 능히 믿지 못한 것은 이 때문
이니 곧 이사야가 다시 일렀으되
40 그들의 눈을 멀게 하시고 그들의 마
음을 완고하게 하셨으니 이는 그들
로 하여금 눈으로 보고 마음으로 깨
닫고 돌이켜 내게 고침을 받지 못하
게 하려 함이라 하였음이더라
41 이사야가 이렇게 말한 것은 주의 영
광을 보고 주를 가리켜 말한 것이라
42 그러나 관리 중에도 그를 믿는 자가
많되 바리새인들 때문에 드러나게
말하지 못하니 이는 출교를 당할까
두려워함이라
43 그들은 사람의 영광을 하나님의 영
광보다 더 사랑하였더라

마지막 날과 심판

44 예수께서 외쳐 이르시되 나를 믿는
자는 나를 믿는 것이 아니요 나를 보
내신 이를 믿는 것이며
45 나를 보는 자는 나를 보내신 이를
보는 것이니라
46 나는 빛으로 세상에 왔나니 무릇 나
를 믿는 자로 어둠에 거하지 않게 하
려 함이로라
47 사람이 내 말을 듣고 지키지 아니할
지라도 내가 그를 심판하지 아니하
노라 내가 온 것은 세상을 심판하려
함이 아니요 세상을 구원하려 함이
로라
48 나를 저버리고 내 말을 받지 아니하
는 자를 심판할 이가 있으니 곧 내가
한 그 말이 마지막 날에 그를 심판하
리라
49 내가 내 자의로 말한 것이 아니요 나
를 보내신 아버지께서 내가 말할 것
과 이를 것을 친히 명령하여 주셨으니
50 나는 그의 명령이 영생인 줄 아노라
그러므로 내가 이르는 것은 내 아버
지께서 내게 말씀하신 그대로니라
하시니라

제자들의 발을 씻으시다

13 유월절 전에 예수께서 자기가
세상을 떠나 아버지께로 돌아

365묵상

기적을 통해 일하신 예수님

예수님은 공생애 기간 중에 많은 기적을 행하셨다(요 12:37-40). 예수님은 자신의 활동을 드러내기 위해 기적을 행하신 것이 아니었다. 주님의 기적은 천국의 진리를 시각적으로 알려주는 하나의 실물교육과 같은 것이었다. 그래서 사람들로 하여금 자연이나 질병, 사탄과 귀신, 심지어 죽음까지도 지배하시는 예수님을 구주로 믿고 영접하도록 이끌기 위함이었다. 따라서 예수님의 기적에 마음을 연 사람들에게는 그것이 하나의 새로운 출발점이 되었고, 그것을 단지 호기심으로 접한 사람들에게는 거치는 것이 되었다.

가실 때가 이른 줄 아시고 세상에 있
는 자기 사람들을 사랑하시되 끝까
지 사랑하시니라
2 마귀가 벌써 시몬의 아들 가룟 유다
의 마음에 예수를 팔려는 생각을 넣
었더라
3 저녁 먹는 중 예수는 아버지께서 모
든 것을 자기 손에 맡기신 것과 또
자기가 하나님께로부터 오셨다가 하
나님께로 돌아가실 것을 아시고
4 저녁 잡수시던 자리에서 일어나 겉옷
을 벗고 수건을 가져다가 허리에 두
르시고
5 이에 대야에 물을 떠서 제자들의 발
을 씻으시고 그 두르신 수건으로 닦
기를 시작하여
6 시몬 베드로에게 이르시니 베드로가
이르되 주여 주께서 내 발을 씻으시
나이까
7 예수께서 대답하여 이르시되 내가 하
는 것을 네가 지금은 알지 못하나 이
후에는 알리라
8 베드로가 이르되 내 발을 절대로 씻
지 못하시리이다 예수께서 대답하시
되 내가 너를 씻어 주지 아니하면 네
가 나와 상관이 없느니라
9 시몬 베드로가 이르되 주여 내 발뿐
아니라 손과 머리도 씻어 주옵소서
10 예수께서 이르시되 이미 목욕한 자는
발밖에 씻을 필요가 없느니라 온 몸
이 깨끗하니라 너희가 깨끗하나 다
는 아니니라 하시니
11 이는 자기를 팔 자가 누구인지 아심
이라 그러므로 다는 깨끗하지 아니
하다 하시니라
12 그들의 발을 씻으신 후에 옷을 입으
시고 다시 앉아 그들에게 이르시되
내가 너희에게 행한 것을 너희가 아
느냐
13 너희가 나를 선생이라 또는 주라 하
니 너희 말이 옳도다 내가 그러하다
14 내가 주와 또는 선생이 되어 너희 발
을 씻었으니 너희도 서로 발을 씻어
주는 것이 옳으니라
15 내가 너희에게 행한 것 같이 너희도
행하게 하려 하여 본을 보였노라
16 내가 진실로 진실로 너희에게 이르노
니 종이 주인보다 크지 못하고 보냄
을 받은 자가 보낸 자보다 크지 못
하나니
17 너희가 이것을 알고 행하면 복이 있
으리라
18 내가 너희 모두를 가리켜 말하는 것
이 아니니라 나는 내가 택한 자들이
누구인지 앎이라 그러나 내 떡을 먹
는 자가 내게 발꿈치를 들었다 한 성

경을 응하게 하려는 것이니라
19 지금부터 일이 일어나기 전에 미리 너
희에게 일러 둠은 일이 일어날 때에
내가 그인 줄 너희가 믿게 하려 함이
로라
20 내가 진실로 진실로 너희에게 이르노
니 내가 보낸 자를 영접하는 자는 나
를 영접하는 것이요 나를 영접하는
자는 나를 보내신 이를 영접하는 것
이니라

너희 중 하나가 나를 팔리라

21 예수께서 이 말씀을 하시고 심령이
괴로워 증언하여 이르시되 내가 진실
로 진실로 너희에게 이르노니 너희
중 하나가 나를 팔리라 하시니
22 제자들이 서로 보며 누구에게 대하
여 말씀하시는지 의심하더라
23 예수의 제자 중 하나 곧 그가 사랑
하시는 자가 예수의 품에 의지하여
누웠는지라
24 시몬 베드로가 머릿짓을 하여 말하되
말씀하신 자가 누구인지 말하라 하니
25 그가 예수의 가슴에 그대로 의지하
여 말하되 주여 누구니이까
26 예수께서 대답하시되 내가 떡 한 조
각을 적셔다 주는 자가 그니라 하시
고 곧 한 조각을 적셔서 가룟 시몬의
아들 유다에게 주시니
27 조각을 받은 후 곧 사탄이 그 속에
들어간지라 이에 예수께서 유다에게
이르시되 네가 하는 일을 속히 하라
하시니
28 이 말씀을 무슨 뜻으로 하셨는지 그
앉은 자 중에 아는 자가 없고
29 어떤 이들은 유다가 돈궤를 맡았으
므로 명절에 우리가 쓸 물건을 사라
하시는지 혹은 가난한 자들에게 무
엇을 주라 하시는 줄로 생각하더라
30 유다가 그 조각을 받고 곧 나가니
밤이러라

새 계명

31 그가 나간 후에 예수께서 이르시되
지금 인자가 영광을 받았고 하나님
도 인자로 말미암아 영광을 받으셨
도다
32 만일 하나님이 그로 말미암아 영광을
받으셨으면 하나님도 자기로 말미암
아 그에게 영광을 주시리니 곧 주시
리라
33 작은 자들아 내가 아직 잠시 너희와
함께 있겠노라 너희가 나를 찾을 것
이나 일찍이 내가 유대인들에게 너희
는 내가 가는 곳에 올 수 없다고 말
한 것과 같이 지금 너희에게도 이르
노라
34 새 계명을 너희에게 주노니 서로 사

랑하라 내가 너희를 사랑한 것 같이
너희도 서로 사랑하라
35 너희가 서로 사랑하면 이로써 모든
사람이 너희가 내 제자인 줄 알리라

베드로가 부인할 것을 이르시다

36 시몬 베드로가 이르되 주여 어디로
가시나이까 예수께서 대답하시되 내
가 가는 곳에 네가 지금은 따라올
수 없으나 후에는 따라오리라
37 베드로가 이르되 주여 내가 지금은
어찌하여 따라갈 수 없나이까 주를
위하여 내 목숨을 버리겠나이다
38 예수께서 대답하시되 네가 나를 위
하여 네 목숨을 버리겠느냐 내가 진
실로 진실로 네게 이르노니 닭 울기
전에 네가 세 번 나를 부인하리라

내가 곧 길이요 진리요 생명이니

14 너희는 마음에 근심하지 말라
하나님을 믿으니 또 나를 믿으
라
2 내 아버지 집에 거할 곳이 많도다 그
렇지 않으면 너희에게 일렀으리라 내
가 너희를 위하여 거처를 예비하러
가노니
3 가서 너희를 위하여 거처를 예비하면
내가 다시 와서 너희를 내게로 영접
하여 나 있는 곳에 너희도 있게 하리
라
4 내가 어디로 가는지 그 길을 너희가
아느니라
5 도마가 이르되 주여 주께서 어디로
가시는지 우리가 알지 못하거늘 그
길을 어찌 알겠사옵나이까
6 예수께서 이르시되 내가 곧 길이요
진리요 생명이니 나로 말미암지 않고
는 아버지께로 올 자가 없느니라
7 너희가 나를 알았더라면 내 아버지도
알았으리로다 이제부터는 너희가 그
를 알았고 또 보았느니라
8 빌립이 이르되 주여 아버지를 우리에
게 보여 주옵소서 그리하면 족하겠
나이다
9 예수께서 이르시되 빌립아 내가 이렇
게 오래 너희와 함께 있으되 네가 나
를 알지 못하느냐 나를 본 자는 아
버지를 보았거늘 어찌하여 아버지를
보이라 하느냐
10 내가 아버지 안에 거하고 아버지는
내 안에 계신 것을 네가 믿지 아니하
느냐 내가 너희에게 이르는 말은 스
스로 하는 것이 아니라 아버지께서
내 안에 계셔서 그의 일을 하시는 것
이라
11 내가 아버지 안에 거하고 아버지께서
내 안에 계심을 믿으라 그렇지 못하
겠거든 행하는 그 일로 말미암아 나

를 믿으라
12 내가 진실로 진실로 너희에게 이르노
니 나를 믿는 자는 내가 하는 일을
그도 할 것이요 또한 그보다 큰 일
도 하리니 이는 내가 아버지께로 감
이라
13 너희가 내 이름으로 무엇을 구하든
지 내가 행하리니 이는 아버지로 하
여금 아들로 말미암아 영광을 받으
시게 하려 함이라
14 내 이름으로 무엇이든지 내게 구하
면 내가 행하리라
15 너희가 나를 사랑하면 나의 계명을
지키리라
16 내가 아버지께 구하겠으니 그가 또
다른 보혜사를 너희에게 주사 영원
토록 너희와 함께 있게 하리니
17 그는 진리의 영이라 세상은 능히 그
를 받지 못하나니 이는 그를 보지도
못하고 알지도 못함이라 그러나 너희
는 그를 아나니 그는 너희와 함께 거
하심이요 또 너희 속에 계시겠음이라
18 내가 너희를 고아와 같이 버려두지
아니하고 너희에게로 오리라
19 조금 있으면 세상은 다시 나를 보지
못할 것이로되 너희는 나를 보리니
이는 내가 살아 있고 너희도 살아 있
겠음이라
20 그 날에는 내가 아버지 안에, 너희가
내 안에, 내가 너희 안에 있는 것을
너희가 알리라
21 나의 계명을 지키는 자라야 나를 사
랑하는 자니 나를 사랑하는 자는 내
아버지께 사랑을 받을 것이요 나도
그를 사랑하여 그에게 나를 나타내
리라
22 가룟인 아닌 유다가 이르되 주여 어
찌하여 자기를 우리에게는 나타내시
고 세상에는 아니하려 하시나이까
23 예수께서 대답하여 이르시되 사람이
나를 사랑하면 내 말을 지키리니 내
아버지께서 그를 사랑하실 것이요 우
리가 그에게 가서 거처를 그와 함께
하리라
24 나를 사랑하지 아니하는 자는 내 말
을 지키지 아니하나니 너희가 듣는
말은 내 말이 아니요 나를 보내신 아
버지의 말씀이니라

보혜사

25 내가 아직 너희와 함께 있어서 이 말
을 너희에게 하였거니와
26 보혜사 곧 아버지께서 내 이름으로
보내실 성령 그가 너희에게 모든 것
을 가르치고 내가 너희에게 말한 모
든 것을 생각나게 하리라
27 평안을 너희에게 끼치노니 곧 나의

평안을 너희에게 주노라 내가 너희
에게 주는 것은 세상이 주는 것과 같
지 아니하니라 너희는 마음에 근심하
지도 말고 두려워하지도 말라
28 내가 갔다가 너희에게로 온다 하는
말을 너희가 들었나니 나를 사랑하였
더라면 내가 아버지께로 감을 기뻐하
였으리라 아버지는 나보다 크심이라
29 이제 일이 일어나기 전에 너희에게 말
한 것은 일이 일어날 때에 너희로 믿
게 하려 함이라
30 이후에는 내가 너희와 말을 많이 하
지 아니하리니 이 세상의 임금이 오
겠음이라 그러나 그는 내게 관계할
것이 없으니
31 오직 내가 아버지를 사랑하는 것과
아버지께서 명하신 대로 행하는 것을
세상이 알게 하려 함이로라 일어나라
여기를 떠나자 하시니라

나는 포도나무요 너희는 가지라

15 나는 참포도나무요 내 아버지
는 농부라
2 무릇 내게 붙어 있어 열매를 맺지 아
니하는 가지는 아버지께서 그것을 제
거해 버리시고 무릇 열매를 맺는 가
지는 더 열매를 맺게 하려 하여 그것
을 깨끗하게 하시느니라
3 너희는 내가 일러준 말로 이미 깨끗
하여졌으니
4 내 안에 거하라 나도 너희 안에 거하
리라 가지가 포도나무에 붙어 있지
아니하면 스스로 열매를 맺을 수 없
음 같이 너희도 내 안에 있지 아니하
면 그러하리라
5 나는 포도나무요 너희는 가지라 그
가 내 안에, 내가 그 안에 거하면 사
람이 열매를 많이 맺나니 나를 떠나
서는 너희가 아무 것도 할 수 없음이
라
6 사람이 내 안에 거하지 아니하면 가
지처럼 밖에 버려져 마르나니 사람들
이 그것을 모아다가 불에 던져 사르
느니라
7 너희가 내 안에 거하고 내 말이 너희
안에 거하면 무엇이든지 원하는 대로
구하라 그리하면 이루리라
8 너희가 열매를 많이 맺으면 내 아버
지께서 영광을 받으실 것이요 너희는
내 제자가 되리라
9 아버지께서 나를 사랑하신 것 같이
나도 너희를 사랑하였으니 나의 사랑
안에 거하라
10 내가 아버지의 계명을 지켜 그의 사
랑 안에 거하는 것 같이 너희도 내
계명을 지키면 내 사랑 안에 거하리
라

11 내가 이것을 너희에게 이름은 내 기
뻠이 너희 안에 있어 너희 기쁨을 충
만하게 하려 함이라
12 내 계명은 곧 내가 너희를 사랑한 것
같이 너희도 서로 사랑하라 하는 이
것이니라
13 사람이 친구를 위하여 자기 목숨을
버리면 이보다 더 큰 사랑이 없나니
14 너희는 내가 명하는 대로 행하면 곧
나의 친구라
15 이제부터는 너희를 종이라 하지 아니
하리니 종은 주인이 하는 것을 알지
못함이라 너희를 친구라 하였노니 내
가 내 아버지께 들은 것을 다 너희에
게 알게 하였음이라
16 너희가 나를 택한 것이 아니요 내가
너희를 택하여 세웠나니 이는 너희로
가서 열매를 맺게 하고 또 너희 열매
가 항상 있게 하여 내 이름으로 아버
지께 무엇을 구하든지 다 받게 하려
함이라
17 내가 이것을 너희에게 명함은 너희로
서로 사랑하게 하려 함이라
18 세상이 너희를 미워하면 너희보다 먼
저 나를 미워한 줄을 알라
19 너희가 세상에 속하였으면 세상이 자
기의 것을 사랑할 것이나 너희는 세
상에 속한 자가 아니요 도리어 내가
너희를 세상에서 택하였기 때문에
세상이 너희를 미워하느니라
20 내가 너희에게 종이 주인보다 더 크
지 못하다 한 말을 기억하라 사람들
이 나를 박해하였은즉 너희도 박해
할 것이요 내 말을 지켰은즉 너희 말
도 지킬 것이라
21 그러나 사람들이 내 이름으로 말미
암아 이 모든 일을 너희에게 하리니
이는 나를 보내신 이를 알지 못함이
라
22 내가 와서 그들에게 말하지 아니하
였더라면 죄가 없었으려니와 지금은
그 죄를 핑계할 수 없느니라
23 나를 미워하는 자는 또 내 아버지를
미워하느니라
24 내가 아무도 못한 일을 그들 중에서
하지 아니하였더라면 그들에게 죄가
없었으려니와 지금은 그들이 나와 내
아버지를 보았고 또 미워하였도다
25 그러나 이는 그들의 율법에 기록된
바 그들이 이유 없이 나를 미워하였

365묵상

주님 내 안에, 내가 주님 안에

연합과 교통의 관계에 있어서, 포도나무와 그 가지의 비유는 생생하다. 가지는 그 줄기로부터 힘을 인출해내듯, 만일 우리가 그리스도 안에 머물러 그분과 연합한다면 우리는 그분에게서 각종 자양분을 인출해 낼 수 있다. 그리하여 그분의 생명이 우리를 통해 흐를 때, 우리의 인격 속에서 성령의 열매가 풍성하게 산출하게 된다(요 15:1–17). 그러므로 가지 된 우리의 참 신자 됨의 표지(標識)는 '포도나무이신 예수님께 제대로 붙어있는가?'하는 것이다. 신자에게 있어 예수님이야말로 존재와 생명의 원천이기 때문이다.

다 한 말을 응하게 하려 함이라
26 내가 아버지께로부터 너희에게 보낼
보혜사 곧 아버지께로부터 나오시는
진리의 성령이 오실 때에 그가 나를
증언하실 것이요
27 너희도 처음부터 나와 함께 있었으므
로 증언하느니라

성령의 일

16 내가 이것을 너희에게 이름은
너희로 실족하지 않게 하려 함
이니
2 사람들이 너희를 출교할 뿐 아니라
때가 이르면 무릇 너희를 죽이는 자
가 생각하기를 이것이 하나님을 섬기
는 일이라 하리라
3 그들이 이런 일을 할 것은 아버지와
나를 알지 못함이라
4 오직 너희에게 이 말을 한 것은 너희
로 그 때를 당하면 내가 너희에게 말
한 이것을 기억나게 하려 함이요 처
음부터 이 말을 하지 아니한 것은 내
가 너희와 함께 있었음이라
5 지금 내가 나를 보내신 이에게로 가
는데 너희 중에서 나더러 어디로 가
는지 묻는 자가 없고
6 도리어 내가 이 말을 하므로 너희 마
음에 근심이 가득하였도다
7 그러나 내가 너희에게 실상을 말하
노니 내가 떠나가는 것이 너희에게
유익이라 내가 떠나가지 아니하면 보
혜사가 너희에게로 오시지 아니할 것
이요 가면 내가 그를 너희에게로 보
내리니
8 그가 와서 죄에 대하여, 의에 대하여,
심판에 대하여 세상을 책망하시리라
9 죄에 대하여라 함은 그들이 나를 믿
지 아니함이요
10 의에 대하여라 함은 내가 아버지께
로 가니 너희가 다시 나를 보지 못함
이요
11 심판에 대하여라 함은 이 세상 임금
이 심판을 받았음이라
12 내가 아직도 너희에게 이를 것이 많
으나 지금은 너희가 감당하지 못하리
라
13 그러나 진리의 성령이 오시면 그가 너
희를 모든 진리 가운데로 인도하시리
니 그가 스스로 말하지 않고 오직 들
은 것을 말하며 장래 일을 너희에게
알리시리라
14 그가 내 영광을 나타내리니 내 것을
가지고 너희에게 알리시겠음이라
15 무릇 아버지께 있는 것은 다 내 것이
라 그러므로 내가 말하기를 그가 내
것을 가지고 너희에게 알리시리라 하
였노라

16 조금 있으면 너희가 나를 보지 못하
겠고 또 조금 있으면 나를 보리라 하
시니
17 제자 중에서 서로 말하되 우리에게
말씀하신 바 조금 있으면 나를 보지
못하겠고 또 조금 있으면 나를 보리
라 하시며 또 내가 아버지께로 감이
라 하신 것이 무슨 말씀이냐 하고
18 또 말하되 조금 있으면이라 하신 말
씀이 무슨 말씀이냐 무엇을 말씀하
시는지 알지 못하노라 하거늘
19 예수께서 그 묻고자 함을 아시고 이
르시되 내 말이 조금 있으면 나를 보
지 못하겠고 또 조금 있으면 나를
보리라 하므로 서로 문의하느냐
20 내가 진실로 진실로 너희에게 이르노
니 너희는 곡하고 애통하겠으나 세
상은 기뻐하리라 너희는 근심하겠으
나 너희 근심이 도리어 기쁨이 되리라
21 여자가 해산하게 되면 그 때가 이르
렀으므로 근심하나 아기를 낳으면
세상에 사람 난 기쁨으로 말미암아
그 고통을 다시 기억하지 아니하느니
라
22 지금은 너희가 근심하나 내가 다시
너희를 보리니 너희 마음이 기쁠 것이
요 너희 기쁨을 빼앗을 자가 없으리
라
23 그 날에는 너희가 아무 것도 내게 묻
지 아니하리라 내가 진실로 진실로
너희에게 이르노니 너희가 무엇이든
지 아버지께 구하는 것을 내 이름으
로 주시리라
24 지금까지는 너희가 내 이름으로 아
무 것도 구하지 아니하였으나 구하
라 그리하면 받으리니 너희 기쁨이
충만하리라

내가 세상을 이기었다

25 이것을 비유로 너희에게 일렀거니와
때가 이르면 다시는 비유로 너희에게
이르지 않고 아버지에 대한 것을 밝
히 이르리라
26 그 날에 너희가 내 이름으로 구할 것
이요 내가 너희를 위하여 아버지께
구하겠다 하는 말이 아니니
27 이는 너희가 나를 사랑하고 또 내가
하나님께로부터 온 줄 믿었으므로
아버지께서 친히 너희를 사랑하심이
라
28 내가 아버지에게서 나와 세상에 왔
고 다시 세상을 떠나 아버지께로 가
노라 하시니
29 제자들이 말하되 지금은 밝히 말씀
하시고 아무 비유로도 하지 아니하
시니
30 우리가 지금에야 주께서 모든 것을

아시고 또 사람의 물음을 기다리시지
않는 줄 아나이다 이로써 하나님께
로부터 나오심을 우리가 믿사옵나이
다
31 예수께서 대답하시되 이제는 너희가
믿느냐
32 보라 너희가 다 각각 제 곳으로 흩어
지고 나를 혼자 둘 때가 오나니 벌써
왔도다 그러나 내가 혼자 있는 것이
아니라 아버지께서 나와 함께 계시
느니라
33 이것을 너희에게 이르는 것은 너희로
내 안에서 평안을 누리게 하려 함이
라 세상에서는 너희가 환난을 당하
나 담대하라 내가 세상을 이기었노
라

기도하시다

17 예수께서 이 말씀을 하시고 눈
을 들어 하늘을 우러러 이르시
되 아버지여 때가 이르렀사오니 아들
을 영화롭게 하사 아들로 아버지를
영화롭게 하게 하옵소서
2 아버지께서 아들에게 주신 모든 사
람에게 영생을 주게 하시려고 만민
을 다스리는 권세를 아들에게 주셨
음이로소이다
3 영생은 곧 유일하신 참 하나님과 그
가 보내신 자 예수 그리스도를 아는
것이니이다
4 아버지께서 내게 하라고 주신 일을
내가 이루어 아버지를 이 세상에서
영화롭게 하였사오니
5 아버지여 창세 전에 내가 아버지와
함께 가졌던 영화로써 지금도 아버지
와 함께 나를 영화롭게 하옵소서
6 세상 중에서 내게 주신 사람들에게
내가 아버지의 이름을 나타내었나이
다 그들은 아버지의 것이었는데 내게
주셨으며 그들은 아버지의 말씀을
지키었나이다
7 지금 그들은 아버지께서 내게 주신
것이 다 아버지로부터 온 것인 줄 알
았나이다
8 나는 아버지께서 내게 주신 말씀들
을 그들에게 주었사오며 그들은 이
것을 받고 내가 아버지께로부터 나
온 줄을 참으로 아오며 아버지께서
나를 보내신 줄도 믿었사옵나이다
9 내가 그들을 위하여 비옵나니 내가
비옵는 것은 세상을 위함이 아니요
내게 주신 자들을 위함이니이다 그
들은 아버지의 것이로소이다
10 내 것은 다 아버지의 것이요 아버지
의 것은 내 것이온데 내가 그들로 말
미암아 영광을 받았나이다
11 나는 세상에 더 있지 아니하오나 그

들은 세상에 있사옵고 나는 아버지
께로 가옵나니 거룩하신 아버지여 내
게 주신 아버지의 이름으로 그들을
보전하사 우리와 같이 그들도 하나
가 되게 하옵소서
12 내가 그들과 함께 있을 때에 내게
주신 아버지의 이름으로 그들을 보
전하고 지키었나이다 그 중의 하나도
멸망하지 않고 다만 멸망의 자식뿐이
오니 이는 성경을 응하게 함이니이다
13 지금 내가 아버지께로 가오니 내가
세상에서 이 말을 하옵는 것은 그들
로 내 기쁨을 그들 안에 충만히 가지
게 하려 함이니이다
14 내가 아버지의 말씀을 그들에게 주
었사오매 세상이 그들을 미워하였사
오니 이는 내가 세상에 속하지 아니
함 같이 그들도 세상에 속하지 아니
함으로 인함이니이다
15 내가 비옵는 것은 그들을 세상에서
데려가시기를 위함이 아니요 다만 악
에 빠지지 않게 보전하시기를 위함이
니이다
16 내가 세상에 속하지 아니함 같이 그
들도 세상에 속하지 아니하였사옵나
이다
17 그들을 진리로 거룩하게 하옵소서
아버지의 말씀은 진리니이다
18 아버지께서 나를 세상에 보내신 것
같이 나도 그들을 세상에 보내었고
19 또 그들을 위하여 내가 나를 거룩하
게 하오니 이는 그들도 진리로 거룩
함을 얻게 하려 함이니이다
20 내가 비옵는 것은 이 사람들만 위함
이 아니요 또 그들의 말로 말미암아
나를 믿는 사람들도 위함이니
21 아버지여, 아버지께서 내 안에, 내가
아버지 안에 있는 것 같이 그들도 다
하나가 되어 우리 안에 있게 하사 세
상으로 아버지께서 나를 보내신 것
을 믿게 하옵소서
22 내게 주신 영광을 내가 그들에게 주
었사오니 이는 우리가 하나가 된 것
같이 그들도 하나가 되게 하려 함이
니이다
23 곧 내가 그들 안에 있고 아버지께서
내 안에 계시어 그들로 온전함을 이
루어 하나가 되게 하려 함은 아버지
께서 나를 보내신 것과 또 나를 사랑
하심 같이 그들도 사랑하신 것을 세
상으로 알게 하려 함이로소이다
24 아버지여 내게 주신 자도 나 있는 곳
에 나와 함께 있어 아버지께서 창세
전부터 나를 사랑하시므로 내게 주
신 나의 영광을 그들로 보게 하시기
를 원하옵나이다

25 의로우신 아버지여 세상이 아버지를
알지 못하여도 나는 아버지를 알았
사옵고 그들도 아버지께서 나를 보
내신 줄 알았사옵나이다
26 내가 아버지의 이름을 그들에게 알
게 하였고 또 알게 하리니 이는 나를
사랑하신 사랑이 그들 안에 있고 나
도 그들 안에 있게 하려 함이니이다

잡히시다

18 예수께서 이 말씀을 하시고 제
자들과 함께 기드론 시내 건너
편으로 나가시니 그 곳에 동산이 있
는데 제자들과 함께 들어가시니라
2 그 곳은 가끔 예수께서 제자들과 모
이시는 곳이므로 예수를 파는 유다
도 그 곳을 알더라
3 유다가 군대와 대제사장들과 바리새
인들에게서 얻은 아랫사람들을 데리
고 등과 횃불과 무기를 가지고 그리
로 오는지라
4 예수께서 그 당할 일을 다 아시고 나
아가 이르시되 너희가 누구를 찾느
냐
5 대답하되 나사렛 예수라 하거늘 이
르시되 내가 그니라 하시니라 그를
파는 유다도 그들과 함께 섰더라
6 예수께서 그들에게 내가 그니라 하
실 때에 그들이 물러가서 땅에 엎드
러지는지라
7 이에 다시 누구를 찾느냐고 물으신
대 그들이 말하되 나사렛 예수라 하
거늘
8 예수께서 대답하시되 너희에게 내가
그니라 하였으니 나를 찾거든 이 사
람들이 가는 것은 용납하라 하시니
9 이는 아버지께서 내게 주신 자 중에
서 하나도 잃지 아니하였사옵나이다
하신 말씀을 응하게 하려 함이러라
10 이에 시몬 베드로가 칼을 가졌는데
그것을 빼어 대제사장의 종을 쳐서
오른편 귀를 베어버리니 그 종의 이
름은 말고라
11 예수께서 베드로더러 이르시되 칼을
칼집에 꽂으라 아버지께서 주신 잔
을 내가 마시지 아니하겠느냐 하시니
라

안나스에게로 끌고 가다

12 이에 군대와 천부장과 유대인의 아
랫사람들이 예수를 잡아 결박하여
13 먼저 안나스에게로 끌고 가니 안나
스는 그 해의 대제사장인 가야바의
장인이라
14 가야바는 유대인들에게 한 사람이
백성을 위하여 죽는 것이 유익하다고
권고하던 자러라

베드로가 제자가 아니라고 하다

15 시몬 베드로와 또 다른 제자 한 사
람이 예수를 따르니 이 제자는 대제
사장과 아는 사람이라 예수와 함께
대제사장의 집 뜰에 들어가고
16 베드로는 문 밖에 서 있는지라 대제
사장을 아는 그 다른 제자가 나가서
문 지키는 여자에게 말하여 베드로
를 데리고 들어오니
17 문 지키는 여종이 베드로에게 말하
되 너도 이 사람의 제자 중 하나가
아니냐 하니 그가 말하되 나는 아니
라 하고
18 그 때가 추운 고로 종과 아랫사람들
이 불을 피우고 서서 쬐니 베드로도
함께 서서 쬐더라

대제사장이 예수에게 묻다

19 대제사장이 예수에게 그의 제자들과
그의 교훈에 대하여 물으니
20 예수께서 대답하시되 내가 드러내
놓고 세상에 말하였노라 모든 유대
인들이 모이는 회당과 성전에서 항상
가르쳤고 은밀하게는 아무 것도 말
하지 아니하였거늘
21 어찌하여 내게 묻느냐 내가 무슨 말
을 하였는지 들은 자들에게 물어 보
라 그들이 내가 하던 말을 아느니라
22 이 말씀을 하시매 곁에 섰던 아랫사
람 하나가 손으로 예수를 쳐 이르되
네가 대제사장에게 이같이 대답하느
냐 하니
23 예수께서 대답하시되 내가 말을 잘
못하였으면 그 잘못한 것을 증언하
라 바른 말을 하였으면 네가 어찌하
여 나를 치느냐 하시더라
24 안나스가 예수를 결박한 그대로 대
제사장 가야바에게 보내니라

베드로가 다시 제자가 아니라고 하다

25 시몬 베드로가 서서 불을 쬐더니 사
람들이 묻되 너도 그 제자 중 하나가
아니냐 베드로가 부인하여 이르되
나는 아니라 하니
26 대제사장의 종 하나는 베드로에게
귀를 잘린 사람의 친척이라 이르되
네가 그 사람과 함께 동산에 있는
것을 내가 보지 아니하였느냐
27 이에 베드로가 또 부인하니 곧 닭이
울더라

빌라도 앞에 서시다

28 그들이 예수를 가야바에게서 관정으
로 끌고 가니 새벽이라 그들은 더럽

365묵상

자신의 힘이 아니라 하나님의 능력으로!

예수님의 수석 제자인 베드로는 결코 주님을 버리지 않겠다고 확언했다. 하지만 몇 시간 후, 그는 대제사장 집의 문을 지키던 한 여종 앞에서 예수님을 전혀 알지 못한다고 말했다(요 18:17). 베드로의 연약함을 드러내는 데는 작은 여종 한 명이면 충분했다. 그러므로 주님의 일을 하려는 자가 자신의 힘을 의지한다는 것은 아주 무모하다. 작은 여종에게 무너진 베드로의 연약함을 통해 오늘날 우리는 스스로의 용기나 힘으로써가 아닌, 오직 하나님의 능력과 성령님의 인도하심을 의지하는 법을 겸손히 배워야 한다.

힘을 받지 아니하고 유월절 잔치를
먹고자 하여 관정에 들어가지 아니하
더라
29 그러므로 빌라도가 밖으로 나가서
그들에게 말하되 너희가 무슨 일로
이 사람을 고발하느냐
30 대답하여 이르되 이 사람이 행악자가
아니었더라면 우리가 당신에게 넘기
지 아니하였겠나이다
31 빌라도가 이르되 너희가 그를 데려다
가 너희 법대로 재판하라 유대인들
이 이르되 우리에게는 사람을 죽이
는 권한이 없나이다 하니
32 이는 예수께서 자기가 어떠한 죽음
으로 죽을 것을 가리켜 하신 말씀을
응하게 하려 함이러라
33 이에 빌라도가 다시 관정에 들어가
예수를 불러 이르되 네가 유대인의
왕이냐
34 예수께서 대답하시되 이는 네가 스
스로 하는 말이냐 다른 사람들이 나
에 대하여 네게 한 말이냐
35 빌라도가 대답하되 내가 유대인이냐
네 나라 사람과 대제사장들이 너를
내게 넘겼으니 네가 무엇을 하였느
냐
36 예수께서 대답하시되 내 나라는 이
세상에 속한 것이 아니니라 만일 내
나라가 이 세상에 속한 것이었더라면
내 종들이 싸워 나로 유대인들에게
넘겨지지 않게 하였으리라 이제 내
나라는 여기에 속한 것이 아니니라
37 빌라도가 이르되 그러면 네가 왕이
아니냐 예수께서 대답하시되 네 말
과 같이 내가 왕이니라 내가 이를 위
하여 태어났으며 이를 위하여 세상에
왔나니 곧 진리에 대하여 증언하려
함이로라 무릇 진리에 속한 자는 내
음성을 듣느니라 하신대
38 빌라도가 이르되 진리가 무엇이냐 하
더라

십자가에 못 박도록 예수를 넘겨 주다

이 말을 하고 다시 유대인들에게 나가
서 이르되 나는 그에게서 아무 죄도
찾지 못하였노라
39 유월절이면 내가 너희에게 한 사람을
놓아 주는 전례가 있으니 그러면 너
희는 내가 유대인의 왕을 너희에게
놓아 주기를 원하느냐 하니
40 그들이 또 소리 질러 이르되 이 사람
이 아니라 바라바라 하니 바라바는
강도였더라

19

이에 빌라도가 예수를 데려다
가 채찍질하더라
2 군인들이 가시나무로 관을 엮어 그
의 머리에 씌우고 자색 옷을 입히고

3 앞에 가서 이르되 유대인의 왕이여
평안할지어다 하며 손으로 때리더라
4 빌라도가 다시 밖에 나가 말하되 보
라 이 사람을 데리고 너희에게 나오
나니 이는 내가 그에게서 아무 죄도
찾지 못한 것을 너희로 알게 하려 함
이로라 하더라
5 이에 예수께서 가시관을 쓰고 자색
옷을 입고 나오시니 빌라도가 그들
에게 말하되 보라 이 사람이로다 하
매
6 대제사장들과 아랫사람들이 예수를
보고 소리 질러 이르되 십자가에 못
박으소서 십자가에 못 박으소서 하
는지라 빌라도가 이르되 너희가 친히
데려다가 십자가에 못 박으라 나는
그에게서 죄를 찾지 못하였노라
7 유대인들이 대답하되 우리에게 법이
있으니 그 법대로 하면 그가 당연히
죽을 것은 그가 자기를 하나님의 아
들이라 함이니이다
8 빌라도가 이 말을 듣고 더욱 두려워
하여
9 다시 관정에 들어가서 예수께 말하되
너는 어디로부터냐 하되 예수께서 대
답하여 주지 아니하시는지라
10 빌라도가 이르되 내게 말하지 아니하
느냐 내가 너를 놓을 권한도 있고 십
자가에 못 박을 권한도 있는 줄 알지
못하느냐
11 예수께서 대답하시되 위에서 주지 아
니하셨더라면 나를 해할 권한이 없었
으리니 그러므로 나를 네게 넘겨 준
자의 죄는 더 크다 하시니라
12 이러하므로 빌라도가 예수를 놓으려
고 힘썼으나 유대인들이 소리 질러
이르되 이 사람을 놓으면 가이사의
충신이 아니니이다 무릇 자기를 왕이
라 하는 자는 가이사를 반역하는 것
이니이다
13 빌라도가 이 말을 듣고 예수를 끌고
나가서 돌을 깐 뜰(히브리 말로 가바
다)에 있는 재판석에 앉아 있더라
14 이 날은 유월절의 준비일이요 때는
제육시라 빌라도가 유대인들에게 이
르되 보라 너희 왕이로다
15 그들이 소리 지르되 없이 하소서 없
이 하소서 그를 십자가에 못 박게 하
소서 빌라도가 이르되 내가 너희 왕
을 십자가에 못 박으랴 대제사장들
이 대답하되 가이사 외에는 우리에게
왕이 없나이다 하니
16 이에 예수를 십자가에 못 박도록 그
들에게 넘겨 주니라

십자가에 못 박히시다

17 그들이 예수를 맡으매 예수께서 자

기의 십자가를 지시고 해골(히브리
말로 골고다)이라 하는 곳에 나가시
니
18 그들이 거기서 예수를 십자가에 못
박을새 다른 두 사람도 그와 함께
좌우편에 못 박으니 예수는 가운데
있더라
19 빌라도가 패를 써서 십자가 위에 붙
이니 나사렛 예수 유대인의 왕이라
기록되었더라
20 예수께서 못 박히신 곳이 성에서 가
까운 고로 많은 유대인이 이 패를 읽
는데 히브리와 로마와 헬라 말로 기
록되었더라
21 유대인의 대제사장들이 빌라도에게
이르되 유대인의 왕이라 쓰지 말고
자칭 유대인의 왕이라 쓰라 하니
22 빌라도가 대답하되 내가 쓸 것을 썼
다 하니라
23 군인들이 예수를 십자가에 못 박고
그의 옷을 취하여 네 깃에 나눠 각각
한 깃씩 얻고 속옷도 취하니 이 속옷
은 호지 아니하고 위에서부터 통으
로 짠 것이라
24 군인들이 서로 말하되 이것을 찢지
말고 누가 얻나 제비 뽑자 하니 이는
성경에 그들이 내 옷을 나누고 내
옷을 제비 뽑나이다 한 것을 응하게
하려 함이러라 군인들은 이런 일을
하고
25 예수의 십자가 곁에는 그 어머니와
이모와 글로바의 아내 마리아와 막
달라 마리아가 섰는지라
26 예수께서 자기의 어머니와 사랑하시
는 제자가 곁에 서 있는 것을 보시고
자기 어머니께 말씀하시되 여자여 보
소서 아들이니이다 하시고
27 또 그 제자에게 이르시되 보라 네 어
머니라 하신대 그 때부터 그 제자가
자기 집에 모시니라

영혼이 떠나가시다

28 그 후에 예수께서 모든 일이 이미 이
루어진 줄 아시고 성경을 응하게 하
려 하사 이르시되 내가 목마르다 하
시니
29 거기 신 포도주가 가득히 담긴 그릇
이 있는지라 사람들이 신 포도주를
적신 해면을 우슬초에 매어 예수의
입에 대니
30 예수께서 신 포도주를 받으신 후에
이르시되 다 이루었다 하시고 머리를
숙이니 영혼이 떠나가시니라

창으로 옆구리를 찌르다

31 이 날은 준비일이라 유대인들은 그
안식일이 큰 날이므로 그 안식일에
시체들을 십자가에 두지 아니하려 하

여 빌라도에게 그들의 다리를 꺾어
시체를 치워 달라 하니
32 군인들이 가서 예수와 함께 못 박힌
첫째 사람과 또 그 다른 사람의 다리
를 꺾고
33 예수께 이르러서는 이미 죽으신 것을
보고 다리를 꺾지 아니하고
34 그 중 한 군인이 창으로 옆구리를 찌
르니 곧 피와 물이 나오더라
35 이를 본 자가 증언하였으니 그 증언
이 참이라 그가 자기의 말하는 것이
참인 줄 알고 너희로 믿게 하려 함이
니라
36 이 일이 일어난 것은 그 뼈가 하나도
꺾이지 아니하리라 한 성경을 응하게
하려 함이라
37 또 다른 성경에 그들이 그 찌른 자를
보리라 하였느니라

새 무덤에 예수를 두다

38 아리마대 사람 요셉은 예수의 제자
이나 유대인이 두려워 그것을 숨기더
니 이 일 후에 빌라도에게 예수의 시
체를 가져가기를 구하매 빌라도가
허락하는지라 이에 가서 예수의 시체
를 가져가니라
39 일찍이 예수께 밤에 찾아왔던 니고
데모도 몰약과 침향 섞은 것을 백 리
트라쯤 가지고 온지라
40 이에 예수의 시체를 가져다가 유대
인의 장례 법대로 그 향품과 함께 세
마포로 쌌더라
41 예수께서 십자가에 못 박히신 곳에
동산이 있고 동산 안에 아직 사람을
장사한 일이 없는 새 무덤이 있는지
라
42 이 날은 유대인의 준비일이요 또 무
덤이 가까운 고로 예수를 거기 두니
라

살아나시다

20 안식 후 첫날 일찍이 아직 어두
울 때에 막달라 마리아가 무덤
에 와서 돌이 무덤에서 옮겨진 것을
보고
2 시몬 베드로와 예수께서 사랑하시던
그 다른 제자에게 달려가서 말하되
사람들이 주님을 무덤에서 가져다가
어디 두었는지 우리가 알지 못하겠다
하니
3 베드로와 그 다른 제자가 나가서 무
덤으로 갈새
4 둘이 같이 달음질하더니 그 다른 제
자가 베드로보다 더 빨리 달려가서
먼저 무덤에 이르러
5 구부려 세마포 놓인 것을 보았으나
들어가지는 아니하였더니
6 시몬 베드로는 따라와서 무덤에 들

어가 보니 세마포가 놓였고
7 또 머리를 쌌던 수건은 세마포와 함
께 놓이지 않고 딴 곳에 쌌던 대로
놓여 있더라
8 그 때에야 무덤에 먼저 갔던 그 다른
제자도 들어가 보고 믿더라
9 (그들은 성경에 그가 죽은 자 가운
데서 다시 살아나야 하리라 하신 말
씀을 아직 알지 못하더라)
10 이에 두 제자가 자기들의 집으로 돌
아가니라

막달라 마리아에게 나타나시다

11 마리아는 무덤 밖에 서서 울고 있더
니 울면서 구부려 무덤 안을 들여다
보니
12 흰 옷 입은 두 천사가 예수의 시체
뉘었던 곳에 하나는 머리 편에, 하나
는 발 편에 앉았더라
13 천사들이 이르되 여자여 어찌하여 우
느냐 이르되 사람들이 내 주님을 옮
겨다가 어디 두었는지 내가 알지 못
함이니이다
14 이 말을 하고 뒤로 돌이켜 예수께서
서 계신 것을 보았으나 예수이신 줄
은 알지 못하더라
15 예수께서 이르시되 여자여 어찌하여
울며 누구를 찾느냐 하시니 마리아
는 그가 동산지기인 줄 알고 이르되
주여 당신이 옮겼거든 어디 두었는지
내게 이르소서 그리하면 내가 가져가
리이다
16 예수께서 마리아야 하시거늘 마리아
가 돌이켜 히브리 말로 랍오니 하니
(이는 선생님이라는 말이라)
17 예수께서 이르시되 나를 붙들지 말
라 내가 아직 아버지께로 올라가지
아니하였노라 너는 내 형제들에게
가서 이르되 내가 내 아버지 곧 너희
아버지, 내 하나님 곧 너희 하나님께
로 올라간다 하라 하시니
18 막달라 마리아가 가서 제자들에게
내가 주를 보았다 하고 또 주께서
자기에게 이렇게 말씀하셨다 이르니
라

제자들에게 나타나시다

19 이 날 곧 안식 후 첫날 저녁 때에 제
자들이 유대인들을 두려워하여 모인
곳의 문들을 닫았더니 예수께서 오
사 가운데 서서 이르시되 너희에게
평강이 있을지어다
20 이 말씀을 하시고 손과 옆구리를 보
이시니 제자들이 주를 보고 기뻐하더
라
21 예수께서 또 이르시되 너희에게 평강
이 있을지어다 아버지께서 나를 보내
신 것 같이 나도 너희를 보내노라

22 이 말씀을 하시고 그들을 향하사 숨
을 내쉬며 이르시되 성령을 받으라
23 너희가 누구의 죄든지 사하면 사하여
질 것이요 누구의 죄든지 그대로 두
면 그대로 있으리라 하시니라

도마가 의심하다

24 열두 제자 중의 하나로서 디두모라
불리는 도마는 예수께서 오셨을 때
에 함께 있지 아니한지라
25 다른 제자들이 그에게 이르되 우리
가 주를 보았노라 하니 도마가 이르
되 내가 그의 손의 못 자국을 보며
내 손가락을 그 못 자국에 넣으며
내 손을 그 옆구리에 넣어 보지 않고
는 믿지 아니하겠노라 하니라
26 여드레를 지나서 제자들이 다시 집
안에 있을 때에 도마도 함께 있고
문들이 닫혔는데 예수께서 오사 가
운데 서서 이르시되 너희에게 평강이
있을지어다 하시고
27 도마에게 이르시되 네 손가락을 이
리 내밀어 내 손을 보고 네 손을 내
밀어 내 옆구리에 넣어 보라 그리하
여 믿음 없는 자가 되지 말고 믿는 자
가 되라
28 도마가 대답하여 이르되 나의 주님이
시요 나의 하나님이시니이다
29 예수께서 이르시되 너는 나를 본 고
로 믿느냐 보지 못하고 믿는 자들은
복되도다 하시니라

이 책을 기록한 목적

30 예수께서 제자들 앞에서 이 책에 기
록되지 아니한 다른 표적도 많이 행
하셨으나
31 오직 이것을 기록함은 너희로 예수
께서 하나님의 아들 그리스도이심을
믿게 하려 함이요 또 너희로 믿고 그
이름을 힘입어 생명을 얻게 하려 함
이니라

일곱 제자에게 나타나시다

21 그 후에 예수께서 디베랴 호수
에서 또 제자들에게 자기를 나
타내셨으니 나타내신 일은 이러하니
라
2 시몬 베드로와 디두모라 하는 도마
와 갈릴리 가나 사람 나다나엘과 세
베대의 아들들과 또 다른 제자 둘이
함께 있더니
3 시몬 베드로가 나는 물고기 잡으러
가노라 하니 그들이 우리도 함께 가

365묵상

직접 보아야 믿겠다고요?

부활하신 예수님이 첫 번째로 제자들을 찾아가셨을 때 도마는 그 자리에 없었다. 그래서 도마는 예수님의 부활을 증언하는 다른 제자들의 말을 믿지 않았다. 하지만 8일 후, 다시 찾아오신 부활의 예수님을 직접 보았을 때, 도마는 무릎을 꿇고 예수님을 찬양했다(요 20:24-29). 오늘날 우리는 성경을 통해 예수님을 볼 수 있다. 성경을 보면, 무리들을 가르치시고 병자들을 고쳐주시고 십자가에 못 박히신 예수님의 모습을 생생하게 볼 수 있다. 성경에 기록된 예수님을 보고도 믿지 않는다면 직접 보아도 믿지 않을 것이다.

겠다 하고 나가서 배에 올랐으나
그 날 밤에 아무 것도 잡지 못하였
더니
4 날이 새어갈 때에 예수께서 바닷가
에 서셨으나 제자들이 예수이신 줄
알지 못하는지라
5 예수께서 이르시되 얘들아 너희에게
고기가 있느냐 대답하되 없나이다
6 이르시되 그물을 배 오른편에 던지
라 그리하면 잡으리라 하시니 이에
던졌더니 물고기가 많아 그물을 들
수 없더라
7 예수께서 사랑하시는 그 제자가 베
드로에게 이르되 주님이시라 하니 시
몬 베드로가 벗고 있다가 주님이라
하는 말을 듣고 겉옷을 두른 후에
바다로 뛰어 내리더라
8 다른 제자들은 육지에서 거리가 불
과 한 오십 칸쯤 되므로 작은 배를
타고 물고기 든 그물을 끌고 와서
9 육지에 올라보니 숯불이 있는데 그
위에 생선이 놓였고 떡도 있더라
10 예수께서 이르시되 지금 잡은 생선
을 좀 가져오라 하시니
11 시몬 베드로가 올라가서 그물을 육
지에 끌어 올리니 가득히 찬 큰 물고
기가 백쉰세 마리라 이같이 많으나
그물이 찢어지지 아니하였더라
12 예수께서 이르시되 와서 조반을 먹
으라 하시니 제자들이 주님이신 줄
아는 고로 당신이 누구냐 감히 묻는
자가 없더라
13 예수께서 가셔서 떡을 가져다가 그
들에게 주시고 생선도 그와 같이 하
시니라
14 이것은 예수께서 죽은 자 가운데서
살아나신 후에 세 번째로 제자들에
게 나타나신 것이라

내 양을 먹이라

15 그들이 조반 먹은 후에 예수께서 시
몬 베드로에게 이르시되 요한의 아
들 시몬아 네가 이 사람들보다 나를
더 사랑하느냐 하시니 이르되 주님
그러하나이다 내가 주님을 사랑하는
줄 주님께서 아시나이다 이르시되 내
어린 양을 먹이라 하시고
16 또 두 번째 이르시되 요한의 아들 시
몬아 네가 나를 사랑하느냐 하시니
이르되 주님 그러하나이다 내가 주님
을 사랑하는 줄 주님께서 아시나이
다 이르시되 내 양을 치라 하시고
17 세 번째 이르시되 요한의 아들 시몬
아 네가 나를 사랑하느냐 하시니 주
께서 세 번째 네가 나를 사랑하느냐
하시므로 베드로가 근심하여 이르되
주님 모든 것을 아시오매 내가 주님

을 사랑하는 줄을 주님께서 아시나
이다 예수께서 이르시되 내 양을 먹
이라
18 내가 진실로 진실로 네게 이르노니
네가 젊어서는 스스로 띠 띠고 원하
는 곳으로 다녔거니와 늙어서는 네
팔을 벌리리니 남이 네게 띠 띠우고
원하지 아니하는 곳으로 데려가리라
19 이 말씀을 하심은 베드로가 어떠한
죽음으로 하나님께 영광을 돌릴 것
을 가리키심이러라 이 말씀을 하시고
베드로에게 이르시되 나를 따르라
하시니
20 베드로가 돌이켜 예수께서 사랑하시
는 그 제자가 따르는 것을 보니 그
는 만찬석에서 예수의 품에 의지하여
주님 주님을 파는 자가 누구오니이
까 묻던 자더라
21 이에 베드로가 그를 보고 예수께 여
짜오되 주님 이 사람은 어떻게 되겠
사옵나이까
22 예수께서 이르시되 내가 올 때까지
그를 머물게 하고자 할지라도 네게
무슨 상관이냐 너는 나를 따르라 하
시더라
23 이 말씀이 형제들에게 나가서 그 제
자는 죽지 아니하겠다 하였으나 예
수의 말씀은 그가 죽지 않겠다 하신
것이 아니라 내가 올 때까지 그를 머
물게 하고자 할지라도 네게 무슨 상
관이냐 하신 것이러라
24 이 일들을 증언하고 이 일들을 기록
한 제자가 이 사람이라 우리는 그의
증언이 참된 줄 아노라
25 예수께서 행하신 일이 이 외에도 많
으니 만일 낱낱이 기록된다면 이 세
상이라도 이 기록된 책을 두기에 부
족할 줄 아노라

사도행전 Acts

이 책은 부활하신 예수님이 하늘로 승천하시고, 그 대신에 오순절에 예수님이 약속하신 성령이 이 땅에 내려오는 것으로부터 시작되는, 신약의 유일한 역사 기록이다. 교회와 사도들 위에 성령이 임한 후에, 어떻게 예수의 복음 즉 기독교가 예루살렘으로부터 유다와 사마리아를 거쳐 로마 제국 전역으로 퍼져 나갔는지를 보여주고 있다.

제목 '사도들의 행적(프락세이스 아포스톨론)'이라는 헬라어 원제목에서 유래되었으며, 책의 내용을 반영한다.

저자 의사 누가. 20:4-5에 나오는 '우리'는 바울과 누가를 가리키며, 본서에 나타나는 의학 용어들은 저자가 의사였던 누가임을 뒷받침해 준다.

기록 연대 A.D. 63년경. 본서가 누가복음의 후속편인 것과 A.D. 64년의 대화재에 대한 언급이 없는 두 가지 사실로 보아, 바울의 로마 도착(A.D. 61년) 이후 '온 이태'(28:30)의 마지막 시기에 저술한 것으로 추정된다.

기록 목적 ① 예루살렘에서부터 시작되어 로마에까지 퍼져 나간 교회의 발전 과정을 기록하기 위하여. ② 유대인들에게 기독교를 변증하기 위하여. ③ 헬라의 신비적 다신교에 대하여 기독교를 변증하기 위하여.

주제 교회의 생성과 성장. 하나님의 구원 계획에 의하여 교회가 생성되고, 성령께 감화된 사도들의 전도로 당시 세계의 중심지인 로마에까지 교회가 확장되는 과정을 서술했다.

특징 ① 역사서-초대교회의 발전상을 역사적인 증거를 들어가며 경험자의 시각에서 서술했다. ② 선교 보고서-예루살렘에서부터 로마에 이르기까지의 선교 과정을 세밀히 기록했다. ③ 성령 행전적인 성격-교회의 성장을 이룬 원초적인 근거로서 배후의 성령을 크게 부각시키고 있다. ④ 바울 서신의 배경을 설명하는 역할을 한다.

본서의 내용

I. 예루살렘 교회
① 교회의 탄생(1:1-2:47)
② 교회의 성장(3:1-7:60)

II. 유대와 사마리아 교회
– 교회의 확장(8:1-12:25)

III. 이방 교회
① 바울의 전도여행 (13:1-21:16)
② 바울의 로마여행 (21:17-28:31)

연대표

A.D.	
30년	예수의 부활 승천
	오순절 성령 강림
	스데반의 순교
34년	사울의 회심(回心)
37년	사울의 예루살렘 방문과 다소 행(行)
44년	사도 야고보의 순교
45년	유대 땅의 대기근
47년	바울의 1차 전도 여행(47-49년)
49년	예루살렘 총회
50년	바울의 2차 전도 여행(50-52년)
53년	바울의 3차 전도 여행(53-58년)
54년	네로 황제의 통치(54-68년)
58년	결박당한 바울
59년	베스도의 유대 총독 부임(59-61년)
	바울의 로마행
61년	바울의 로마 투옥
63년	바울의 재판과 석방
64년	로마 대화재 사건
	네로의 대박해
67년	바울의 순교
68년	베드로의 순교
70년	예루살렘 멸망

· 사도행전의 주요 무대

사도행전 Acts

성령으로 세례를 받으리라

1 데오빌로여 내가 먼저 쓴 글에는
무릇 예수께서 행하시며 가르치시
기를 시작하심부터
2 그가 택하신 사도들에게 성령으로
명하시고 승천하신 날까지의 일을 기
록하였노라
3 그가 고난 받으신 후에 또한 그들에
게 확실한 많은 증거로 친히 살아 계
심을 나타내사 사십 일 동안 그들에
게 보이시며 하나님 나라의 일을 말
씀하시니라
4 사도와 함께 모이사 그들에게 분부
하여 이르시되 예루살렘을 떠나지 말
고 내게서 들은 바 아버지께서 약속
하신 것을 기다리라
5 요한은 물로 세례를 베풀었으나 너
희는 몇 날이 못되어 성령으로 세례
를 받으리라 하셨느니라

예수께서 하늘로 올려지시다

6 그들이 모였을 때에 예수께 여쭈어
이르되 주께서 이스라엘 나라를 회
복하심이 이 때니이까 하니
7 이르시되 때와 시기는 아버지께서 자
기의 권한에 두셨으니 너희가 알 바
아니요
8 오직 성령이 너희에게 임하시면 너희
가 권능을 받고 예루살렘과 온 유대
와 사마리아와 땅 끝까지 이르러 내
증인이 되리라 하시니라
9 이 말씀을 마치시고 그들이 보는데
올려져 가시니 구름이 그를 가리어
보이지 않게 하더라
10 올라가실 때에 제자들이 자세히 하
늘을 쳐다보고 있는데 흰 옷 입은 두
사람이 그들 곁에 서서
11 이르되 갈릴리 사람들아 어찌하여 서
서 하늘을 쳐다보느냐 너희 가운데서
하늘로 올려지신 이 예수는 하늘로
가심을 본 그대로 오시리라 하였느
니라

유다 대신에 맛디아를 세우다

12 제자들이 감람원이라 하는 산으로부
터 예루살렘에 돌아오니 이 산은 예
루살렘에서 가까워 안식일에 가기 알
맞은 길이라
13 들어가 그들이 유하는 다락방으로
올라가니 베드로, 요한, 야고보, 안
드레와 빌립, 도마와 바돌로매, 마태
와 및 알패오의 아들 야고보, 셀롯인
시몬, 야고보의 아들 유다가 다 거기
있어

14 여자들과 예수의 어머니 마리아와 예
수의 아우들과 더불어 마음을 같이
하여 오로지 기도에 힘쓰더라
15 모인 무리의 수가 약 백이십 명이나
되더라 그 때에 베드로가 그 형제들
가운데 일어서서 이르되
16 형제들아 성령이 다윗의 입을 통하여
예수 잡는 자들의 길잡이가 된 유다
를 가리켜 미리 말씀하신 성경이 응
하였으니 마땅하도다
17 이 사람은 본래 우리 수 가운데 참여
하여 이 직무의 한 부분을 맡았던 자
라
18 (이 사람이 불의의 삯으로 밭을 사고
후에 몸이 곤두박질하여 배가 터져
창자가 다 흘러 나온지라
19 이 일이 예루살렘에 사는 모든 사람
에게 알리어져 그들의 말로는 그 밭
을 아겔다마라 하니 이는 피밭이라
는 뜻이라)
20 시편에 기록하였으되 그의 거처를 황
폐하게 하시며 거기 거하는 자가 없
게 하소서 하였고 또 일렀으되 그의
직분을 타인이 취하게 하소서 하였도
다
21 이러하므로 요한의 세례로부터 우리
가운데서 올려져 가신 날까지 주 예
수께서 우리 가운데 출입하실 때에
22 항상 우리와 함께 다니던 사람 중에
하나를 세워 우리와 더불어 예수께
서 부활하심을 증언할 사람이 되게
하여야 하리라 하거늘
23 그들이 두 사람을 내세우니 하나는
바사바라고도 하고 별명은 유스도라
고 하는 요셉이요 하나는 맛디아라
24 그들이 기도하여 이르되 뭇 사람의
마음을 아시는 주여 이 두 사람 중에
누가 주님께 택하신 바 되어
25 봉사와 및 사도의 직무를 대신할 자
인지를 보이시옵소서 유다는 이 직무
를 버리고 제 곳으로 갔나이다 하고
26 제비 뽑아 맛디아를 얻으니 그가 열
한 사도의 수에 들어가니라

성령이 임하시다

2 오순절 날이 이미 이르매 그들이
다같이 한 곳에 모였더니
2 홀연히 하늘로부터 급하고 강한 바
람 같은 소리가 있어 그들이 앉은 온
집에 가득하며
3 마치 불의 혀처럼 갈라지는 것들이
그들에게 보여 각 사람 위에 하나씩
임하여 있더니
4 그들이 다 성령의 충만함을 받고 성
령이 말하게 하심을 따라 다른 언어
들로 말하기를 시작하니라
5 그 때에 경건한 유대인들이 천하 각

국으로부터 와서 예루살렘에 머물러
있더니
6 이 소리가 나매 큰 무리가 모여 각각
자기의 방언으로 제자들이 말하는
것을 듣고 소동하여
7 다 놀라 신기하게 여겨 이르되 보라
이 말하는 사람들이 다 갈릴리 사람
이 아니냐
8 우리가 우리 각 사람이 난 곳 방언으
로 듣게 되는 것이 어찌 됨이냐
9 우리는 바대인과 메대인과 엘람인과
또 메소보다미아, 유대와 갑바도기
아, 본도와 아시아,
10 브루기아와 밤빌리아, 애굽과 및 구
레네에 가까운 리비야 여러 지방에
사는 사람들과 로마로부터 온 나그
네 곧 유대인과 유대교에 들어온 사
람들과
11 그레데인과 아라비아인들이라 우리
가 다 우리의 각 언어로 하나님의 큰
일을 말함을 듣는도다 하고
12 다 놀라며 당황하여 서로 이르되 이
어찌 된 일이냐 하며
13 또 어떤 이들은 조롱하여 이르되 그
들이 새 술에 취하였다 하더라

베드로의 오순절 설교

14 베드로가 열한 사도와 함께 서서 소
리를 높여 이르되 유대인들과 예루
살렘에 사는 모든 사람들아 이 일을
너희로 알게 할 것이니 내 말에 귀를
기울이라
15 때가 제 삼 시니 너희 생각과 같이 이
사람들이 취한 것이 아니라
16 이는 곧 선지자 요엘을 통하여 말씀
하신 것이니 일렀으되
17 하나님이 말씀하시기를 말세에 내가
내 영을 모든 육체에 부어 주리니 너
희의 자녀들은 예언할 것이요 너희의
젊은이들은 환상을 보고 너희의 늙
은이들은 꿈을 꾸리라
18 그 때에 내가 내 영을 내 남종과 여
종들에게 부어 주리니 그들이 예언
할 것이요
19 또 내가 위로 하늘에서는 기사를 아
래로 땅에서는 징조를 베풀리니 곧
피와 불과 연기로다
20 주의 크고 영화로운 날이 이르기 전
에 해가 변하여 어두워지고 달이 변
하여 피가 되리라
21 누구든지 주의 이름을 부르는 자는

365묵상

성령님이 임하셨다!

우리는 하나님의 독생자이신 제2위 하나님, 곧 예수님의 탄생일은 크게 기뻐하며 여러 기념행사를 치른다. 하지만 제3위 하나님, 곧 성령님이 이 땅에 오신 것에 대해서는 잘 모르거나 혹은 무심코 지나친다. 신약시대의 성령 강림은 구약시대와는 달리 영구적인 것이다. 성령님의 강림에는 굉장한 현상이 뒤따랐다. 강한 바람소리, 불꽃같은 화염, 방언 등(행 2:1-36). 우리에게 임한 성령님은 우리 속에 거하셔서 우리로 성경을 깨닫게 하고, 죄를 회개케 하며, 위로와 평강을 주고, 새로운 변화의 삶을 살아가게 한다.

구원을 받으리라 하였느니라
22 이스라엘 사람들아 이 말을 들으라
너희도 아는 바와 같이 하나님께서
나사렛 예수로 큰 권능과 기사와 표
적을 너희 가운데서 베푸사 너희 앞
에서 그를 증언하셨느니라
23 그가 하나님께서 정하신 뜻과 미리
아신 대로 내준 바 되었거늘 너희가
법 없는 자들의 손을 빌려 못 박아
죽였으나
24 하나님께서 그를 사망의 고통에서
풀어 살리셨으니 이는 그가 사망에
매여 있을 수 없었음이라
25 다윗이 그를 가리켜 이르되 내가 항
상 내 앞에 계신 주를 뵈었음이여 나
로 요동하지 않게 하기 위하여 그가
내 우편에 계시도다
26 그러므로 내 마음이 기뻐하였고 내
혀도 즐거워하였으며 육체도 희망에
거하리니
27 이는 내 영혼을 음부에 버리지 아니
하시며 주의 거룩한 자로 썩음을 당
하지 않게 하실 것임이로다
28 주께서 생명의 길을 내게 보이셨으니
주 앞에서 내게 기쁨이 충만하게 하
시리로다 하였으므로
29 형제들아 내가 조상 다윗에 대하여
담대히 말할 수 있노니 다윗이 죽어
장사되어 그 묘가 오늘까지 우리 중
에 있도다
30 그는 선지자라 하나님이 이미 맹세하
사 그 자손 중에서 한 사람을 그 위
에 앉게 하리라 하심을 알고
31 미리 본 고로 그리스도의 부활을 말
하되 그가 음부에 버림이 되지 않고
그의 육신이 썩음을 당하지 아니하시
리라 하더니
32 이 예수를 하나님이 살리신지라 우리
가 다 이 일에 증인이로다
33 하나님이 오른손으로 예수를 높이시
매 그가 약속하신 성령을 아버지께
받아서 너희가 보고 듣는 이것을 부
어 주셨느니라
34 다윗은 하늘에 올라가지 못하였으나
친히 말하여 이르되 주께서 내 주에
게 말씀하시기를
35 내가 네 원수로 네 발등상이 되게 하
기까지 너는 내 우편에 앉아 있으라
하셨도다 하였으니
36 그런즉 이스라엘 온 집은 확실히 알
지니 너희가 십자가에 못 박은 이 예
수를 하나님이 주와 그리스도가 되
게 하셨느니라 하니라
37 그들이 이 말을 듣고 마음에 찔려 베
드로와 다른 사도들에게 물어 이르
되 형제들아 우리가 어찌할꼬 하거늘

38 베드로가 이르되 너희가 회개하여 각
각 예수 그리스도의 이름으로 세례
를 받고 죄 사함을 받으라 그리하면
성령의 선물을 받으리니
39 이 약속은 너희와 너희 자녀와 모든
먼 데 사람 곧 주 우리 하나님이 얼
마든지 부르시는 자들에게 하신 것
이라 하고
40 또 여러 말로 확증하며 권하여 이르
되 너희가 이 패역한 세대에서 구원
을 받으라 하니
41 그 말을 받은 사람들은 세례를 받으
매 이 날에 신도의 수가 삼천이나 더
하더라
42 그들이 사도의 가르침을 받아 서로
교제하고 떡을 떼며 오로지 기도하
기를 힘쓰니라

믿는 사람이 모든 물건을 통용하다

43 사람마다 두려워하는데 사도들로 말
미암아 기사와 표적이 많이 나타나니
44 믿는 사람이 다 함께 있어 모든 물건
을 서로 통용하고
45 또 재산과 소유를 팔아 각 사람의
필요를 따라 나눠 주며
46 날마다 마음을 같이하여 성전에 모이
기를 힘쓰고 집에서 떡을 떼며 기쁨
과 순전한 마음으로 음식을 먹고
47 하나님을 찬미하며 또 온 백성에게
칭송을 받으니 주께서 구원 받는 사
람을 날마다 더하게 하시니라

베드로와 요한이 못 걷게 된 이를 고치다

3 제 구 시 기도 시간에 베드로와
요한이 성전에 올라갈새
2 나면서 못 걷게 된 이를 사람들이 메
고 오니 이는 성전에 들어가는 사람
들에게 구걸하기 위하여 날마다 미문
이라는 성전 문에 두는 자라
3 그가 베드로와 요한이 성전에 들어
가려 함을 보고 구걸하거늘
4 베드로가 요한과 더불어 주목하여
이르되 우리를 보라 하니
5 그가 그들에게서 무엇을 얻을까 하
여 바라보거늘
6 베드로가 이르되 은과 금은 내게 없
거니와 내게 있는 이것을 네게 주노
니 나사렛 예수 그리스도의 이름으
로 일어나 걸으라 하고
7 오른손을 잡아 일으키니 발과 발목
이 곧 힘을 얻고
8 뛰어 서서 걸으며 그들과 함께 성전
으로 들어가면서 걷기도 하고 뛰기도
하며 하나님을 찬송하니
9 모든 백성이 그 걷는 것과 하나님을
찬송함을 보고
10 그가 본래 성전 미문에 앉아 구걸하
던 사람인 줄 알고 그에게 일어난 일

로 인하여 심히 놀랍게 여기며 놀라
니라

베드로가 솔로몬의 행각에서 설교하다

11 나은 사람이 베드로와 요한을 붙잡
으니 모든 백성이 크게 놀라며 달려
나아가 솔로몬의 행각이라 불리우는
행각에 모이거늘
12 베드로가 이것을 보고 백성에게 말
하되 이스라엘 사람들아 이 일을 왜
놀랍게 여기느냐 우리 개인의 권능과
경건으로 이 사람을 걷게 한 것처럼
왜 우리를 주목하느냐
13 아브라함과 이삭과 야곱의 하나님
곧 우리 조상의 하나님이 그의 종 예
수를 영화롭게 하셨느니라 너희가
그를 넘겨 주고 빌라도가 놓아 주기
로 결의한 것을 너희가 그 앞에서 거
부하였으니
14 너희가 거룩하고 의로운 이를 거부하
고 도리어 살인한 사람을 놓아 주기
를 구하여
15 생명의 주를 죽였도다 그러나 하나
님이 죽은 자 가운데서 그를 살리셨
으니 우리가 이 일에 증인이라
16 그 이름을 믿으므로 그 이름이 너희
가 보고 아는 이 사람을 성하게 하였
나니 예수로 말미암아 난 믿음이 너
희 모든 사람 앞에서 이같이 완전히
낫게 하였느니라
17 형제들아 너희가 알지 못하여서 그리
하였으며 너희 관리들도 그리한 줄
아노라
18 그러나 하나님이 모든 선지자의 입을
통하여 자기의 그리스도께서 고난
받으실 일을 미리 알게 하신 것을 이
와 같이 이루셨느니라
19 그러므로 너희가 회개하고 돌이켜 너
희 죄 없이 함을 받으라 이같이 하면
새롭게 되는 날이 주 앞으로부터 이
를 것이요
20 또 주께서 너희를 위하여 예정하신
그리스도 곧 예수를 보내시리니
21 하나님이 영원 전부터 거룩한 선지자
들의 입을 통하여 말씀하신 바 만물
을 회복하실 때까지는 하늘이 마땅
히 그를 받아 두리라
22 모세가 말하되 주 하나님이 너희를
위하여 너희 형제 가운데서 나 같은
선지자 하나를 세울 것이니 너희가
무엇이든지 그의 모든 말을 들을 것
이라
23 누구든지 그 선지자의 말을 듣지 아
니하는 자는 백성 중에서 멸망 받으
리라 하였고
24 또한 사무엘 때부터 이어 말한 모든
선지자도 이 때를 가리켜 말하였느

니라
25 너희는 선지자들의 자손이요 또 하나
님이 너희 조상과 더불어 세우신 언
약의 자손이라 아브라함에게 이르시
기를 땅 위의 모든 족속이 너의 씨로
말미암아 복을 받으리라 하셨으니
26 하나님이 그 종을 세워 복 주시려고
너희에게 먼저 보내사 너희로 하여금
돌이켜 각각 그 악함을 버리게 하셨
느니라

베드로와 요한이 공회 앞에 서다

4 사도들이 백성에게 말할 때에 제
사장들과 성전 맡은 자와 사두개
인들이 이르러
2 예수 안에 죽은 자의 부활이 있다고
백성을 가르치고 전함을 싫어하여
3 그들을 잡으매 날이 이미 저물었으
므로 이튿날까지 가두었으나
4 말씀을 들은 사람 중에 믿는 자가
많으니 남자의 수가 약 오천이나 되
었더라
5 이튿날 관리들과 장로들과 서기관들
이 예루살렘에 모였는데
6 대제사장 안나스와 가야바와 요한과
알렉산더와 및 대제사장의 문중이
다 참여하여
7 사도들을 가운데 세우고 묻되 너희
가 무슨 권세와 누구의 이름으로 이
일을 행하였느냐
8 이에 베드로가 성령이 충만하여 이르
되 백성의 관리들과 장로들아
9 만일 병자에게 행한 착한 일에 대하
여 이 사람이 어떻게 구원을 받았느
냐고 오늘 우리에게 질문한다면
10 너희와 모든 이스라엘 백성들은 알
라 너희가 십자가에 못 박고 하나님
이 죽은 자 가운데서 살리신 나사렛
예수 그리스도의 이름으로 이 사람
이 건강하게 되어 너희 앞에 섰느니
라
11 이 예수는 너희 건축자들의 버린 돌
로서 집 모퉁이의 머릿돌이 되었느니
라
12 다른 이로써는 구원을 받을 수 없나
니 천하 사람 중에 구원을 받을 만한
다른 이름을 우리에게 주신 일이 없
음이라 하였더라
13 그들이 베드로와 요한이 담대하게
말함을 보고 그들을 본래 학문 없는
범인으로 알았다가 이상히 여기며 또
전에 예수와 함께 있던 줄도 알고
14 또 병 나은 사람이 그들과 함께 서
있는 것을 보고 비난할 말이 없는지
라
15 명하여 공회에서 나가라 하고 서로
의논하여 이르되

16 이 사람들을 어떻게 할까 그들로 말
미암아 유명한 표적 나타난 것이 예
루살렘에 사는 모든 사람에게 알려
졌으니 우리도 부인할 수 없는지라
17 이것이 민간에 더 퍼지지 못하게 그
들을 위협하여 이후에는 이 이름으
로 아무에게도 말하지 말게 하자 하
고
18 그들을 불러 경고하여 도무지 예수
의 이름으로 말하지도 말고 가르치
지도 말라 하니
19 베드로와 요한이 대답하여 이르되
하나님 앞에서 너희의 말을 듣는 것
이 하나님의 말씀을 듣는 것보다 옳
은가 판단하라
20 우리는 보고 들은 것을 말하지 아니
할 수 없다 하니
21 관리들이 백성들 때문에 그들을 어
떻게 처벌할지 방법을 찾지 못하고
다시 위협하여 놓아 주었으니 이는
모든 사람이 그 된 일을 보고 하나님
께 영광을 돌림이라
22 이 표적으로 병 나은 사람은 사십여
세나 되었더라

한마음으로 하나님께 기도하다

23 사도들이 놓이매 그 동료에게 가서
제사장들과 장로들의 말을 다 알리
니
24 그들이 듣고 한마음으로 하나님께
소리를 높여 이르되 대주재여 천지와
바다와 그 가운데 만물을 지은 이시
요
25 또 주의 종 우리 조상 다윗의 입을
통하여 성령으로 말씀하시기를 어찌
하여 열방이 분노하며 족속들이 허사
를 경영하였는고
26 세상의 군왕들이 나서며 관리들이 함
께 모여 주와 그의 그리스도를 대적
하도다 하신 이로소이다
27 과연 헤롯과 본디오 빌라도는 이방
인과 이스라엘 백성과 합세하여 하
나님께서 기름 부으신 거룩한 종 예
수를 거슬러
28 하나님의 권능과 뜻대로 이루려고
예정하신 그것을 행하려고 이 성에
모였나이다
29 주여 이제도 그들의 위협함을 굽어
보시옵고 또 종들로 하여금 담대히
하나님의 말씀을 전하게 하여 주시오
며
30 손을 내밀어 병을 낫게 하시옵고 표
적과 기사가 거룩한 종 예수의 이름
으로 이루어지게 하옵소서 하더라
31 빌기를 다하매 모인 곳이 진동하더니
무리가 다 성령이 충만하여 담대히
하나님의 말씀을 전하니라

물건을 서로 통용하다

32 믿는 무리가 한마음과 한 뜻이 되어
모든 물건을 서로 통용하고 자기 재
물을 조금이라도 자기 것이라 하는
이가 하나도 없더라
33 사도들이 큰 권능으로 주 예수의 부
활을 증언하니 무리가 큰 은혜를 받
아
34 그 중에 가난한 사람이 없으니 이는
밭과 집 있는 자는 팔아 그 판 것의
값을 가져다가
35 사도들의 발 앞에 두매 그들이 각
사람의 필요를 따라 나누어 줌이라
36 구브로에서 난 레위족 사람이 있으
니 이름은 요셉이라 사도들이 일컬어
바나바라(번역하면 위로의 아들이
라) 하니
37 그가 밭이 있으매 팔아 그 값을 가지
고 사도들의 발 앞에 두니라

아나니아와 삽비라

5 아나니아라 하는 사람이 그의 아
내 삽비라와 더불어 소유를 팔아
2 그 값에서 얼마를 감추매 그 아내도
알더라 얼마만 가져다가 사도들의 발
앞에 두니
3 베드로가 이르되 아나니아야 어찌하
여 사탄이 네 마음에 가득하여 네가
성령을 속이고 땅 값 얼마를 감추었
느냐
4 땅이 그대로 있을 때에는 네 땅이
아니며 판 후에도 네 마음대로 할
수가 없더냐 어찌하여 이 일을 네 마
음에 두었느냐 사람에게 거짓말한
것이 아니요 하나님께로다
5 아나니아가 이 말을 듣고 엎드러져
혼이 떠나니 이 일을 듣는 사람이 다
크게 두려워하더라
6 젊은 사람들이 일어나 시신을 싸서
메고 나가 장사하니라
7 세 시간쯤 지나 그의 아내가 그 일어
난 일을 알지 못하고 들어오니
8 베드로가 이르되 그 땅 판 값이 이것
뿐이냐 내게 말하라 하니 이르되 예
이것뿐이라 하더라
9 베드로가 이르되 너희가 어찌 함께
꾀하여 주의 영을 시험하려 하느냐
보라 네 남편을 장사하고 오는 사람
들의 발이 문 앞에 이르렀으니 또 너
를 메어 내가리라 하니
10 곧 그가 베드로의 발 앞에 엎드러져

365묵상

믿음 위에서 강하고 담대하라!

예수님은 선한 일을 많이 행하셨지만 십자가에서 죽임당하셨다. 예수님의 제자들인 베드로와 요한도 병자를 치유해주었지만 역시 체포당하고 위협을 당했다(행 4:1-22). 이들뿐만 아니라, 오늘날 세계 도처에서 복음을 전하는 자들에게 이런 일이 일어나고 있다. 그들이 사회에 해를 끼치는 일 없이 돕고 고쳐주고 위로해주는데도, 왜 이런 핍박과 환난이 닥치는 걸까? 이 세상은 공중 권세 잡은 사탄의 영향력 하에 놓여있기 때문이다. 그러므로 믿는 일은 '영적 전투'다. 예수님을 의지하고 담대히 믿음의 싸움을 싸우라!

혼이 떠나는지라 젊은 사람들이 들어
와 죽은 것을 보고 메어다가 그의 남
편 곁에 장사하니
11 온 교회와 이 일을 듣는 사람들이 다
크게 두려워하니라

사도들이 표적을 일으키다

12 사도들의 손을 통하여 민간에 표적
과 기사가 많이 일어나매 믿는 사람
이 다 마음을 같이하여 솔로몬 행각
에 모이고
13 그 나머지는 감히 그들과 상종하는
사람이 없으나 백성이 칭송하더라
14 믿고 주께로 나아오는 자가 더 많으
니 남녀의 큰 무리더라
15 심지어 병든 사람을 메고 거리에 나
가 침대와 요 위에 누이고 베드로가
지날 때에 혹 그의 그림자라도 누구
에게 덮일까 바라고
16 예루살렘 부근의 수많은 사람들도
모여 병든 사람과 더러운 귀신에게
괴로움 받는 사람을 데리고 와서 다
나음을 얻으니라

사도들이 능욕을 받다

17 대제사장과 그와 함께 있는 사람 즉
사두개인의 당파가 다 마음에 시기
가 가득하여 일어나서
18 사도들을 잡아다가 옥에 가두었더니
19 주의 사자가 밤에 옥문을 열고 끌어
내어 이르되
20 가서 성전에 서서 이 생명의 말씀을
다 백성에게 말하라 하매
21 그들이 듣고 새벽에 성전에 들어가
서 가르치더니 대제사장과 그와 함
께 있는 사람들이 와서 공회와 이스
라엘 족속의 원로들을 다 모으고 사
람을 옥에 보내어 사도들을 잡아오
라 하니
22 부하들이 가서 옥에서 사도들을 보
지 못하고 돌아와
23 이르되 우리가 보니 옥은 든든하게
잠기고 지키는 사람들이 문에 서 있
으되 문을 열고 본즉 그 안에는 한
사람도 없더이다 하니
24 성전 맡은 자와 제사장들이 이 말을
듣고 의혹하여 이 일이 어찌 될까 하
더니
25 사람이 와서 알리되 보소서 옥에 가
두었던 사람들이 성전에 서서 백성을
가르치더이다 하니
26 성전 맡은 자가 부하들과 같이 가서
그들을 잡아왔으나 강제로 못함은
백성들이 돌로 칠까 두려워함이더라
27 그들을 끌어다가 공회 앞에 세우니
대제사장이 물어
28 이르되 우리가 이 이름으로 사람을
가르치지 말라고 엄금하였으되 너희

가 너희 가르침을 예루살렘에 가득
하게 하니 이 사람의 피를 우리에게
로 돌리고자 함이로다
29 베드로와 사도들이 대답하여 이르되
사람보다 하나님께 순종하는 것이
마땅하니라
30 너희가 나무에 달아 죽인 예수를 우
리 조상의 하나님이 살리시고
31 이스라엘에게 회개함과 죄 사함을
주시려고 그를 오른손으로 높이사
임금과 구주로 삼으셨느니라
32 우리는 이 일에 증인이요 하나님이
자기에게 순종하는 사람들에게 주신
성령도 그러하니라 하더라
33 그들이 듣고 크게 노하여 사도들을
없이하고자 할새
34 바리새인 가말리엘은 율법교사로 모
든 백성에게 존경을 받는 자라 공회
중에 일어나 명하여 사도들을 잠깐
밖에 나가게 하고
35 말하되 이스라엘 사람들아 너희가 이
사람들에게 대하여 어떻게 하려는지
조심하라
36 이전에 드다가 일어나 스스로 선전하
매 사람이 약 사백 명이나 따르더니
그가 죽임을 당하매 따르던 모든 사
람들이 흩어져 없어졌고
37 그 후 호적할 때에 갈릴리의 유다가
일어나 백성을 꾀어 따르게 하다가
그도 망한즉 따르던 모든 사람들이
흩어졌느니라
38 이제 내가 너희에게 말하노니 이 사
람들을 상관하지 말고 버려 두라 이
사상과 이 소행이 사람으로부터 났
으면 무너질 것이요
39 만일 하나님께로부터 났으면 너희가
그들을 무너뜨릴 수 없겠고 도리어
하나님을 대적하는 자가 될까 하노
라 하니
40 그들이 옳게 여겨 사도들을 불러들
여 채찍질하며 예수의 이름으로 말하
는 것을 금하고 놓으니
41 사도들은 그 이름을 위하여 능욕 받
는 일에 합당한 자로 여기심을 기뻐
하면서 공회 앞을 떠나니라
42 그들이 날마다 성전에 있든지 집에
있든지 예수는 그리스도라고 가르치
기와 전도하기를 그치지 아니하니라

일곱 일꾼을 택하다

6 그 때에 제자가 더 많아졌는데 헬
라파 유대인들이 자기의 과부들이
매일의 구제에 빠지므로 히브리파
사람을 원망하니
2 열두 사도가 모든 제자를 불러 이르
되 우리가 하나님의 말씀을 제쳐 놓
고 접대를 일삼는 것이 마땅하지 아

니하니
3 형제들아 너희 가운데서 성령과 지혜
가 충만하여 칭찬 받는 사람 일곱을
택하라 우리가 이 일을 그들에게 맡
기고
4 우리는 오로지 기도하는 일과 말씀
사역에 힘쓰리라 하니
5 온 무리가 이 말을 기뻐하여 믿음과
성령이 충만한 사람 스데반과 또 빌
립과 브로고로와 니가노르와 디몬과
바메나와 유대교에 입교했던 안디옥
사람 니골라를 택하여
6 사도들 앞에 세우니 사도들이 기도
하고 그들에게 안수하니라
7 하나님의 말씀이 점점 왕성하여 예루
살렘에 있는 제자의 수가 더 심히 많
아지고 허다한 제사장의 무리도 이
도에 복종하니라

스데반이 잡히다

8 스데반이 은혜와 권능이 충만하여
큰 기사와 표적을 민간에 행하니
9 이른 바 자유민들 즉 구레네인, 알렉
산드리아인, 길리기아와 아시아에서
온 사람들의 회당에서 어떤 자들이
일어나 스데반과 더불어 논쟁할새
10 스데반이 지혜와 성령으로 말함을
그들이 능히 당하지 못하여
11 사람들을 매수하여 말하게 하되 이
사람이 모세와 하나님을 모독하는
말을 하는 것을 우리가 들었노라 하
게 하고
12 백성과 장로와 서기관들을 충동시켜
와서 잡아가지고 공회에 이르러
13 거짓 증인들을 세우니 이르되 이 사
람이 이 거룩한 곳과 율법을 거슬러
말하기를 마지 아니하는도다
14 그의 말에 이 나사렛 예수가 이 곳을
헐고 또 모세가 우리에게 전하여 준
규례를 고치겠다 함을 우리가 들었
노라 하거늘
15 공회 중에 앉은 사람들이 다 스데반
을 주목하여 보니 그 얼굴이 천사의
얼굴과 같더라

스데반이 설교하다

7 대제사장이 이르되 이것이 사실이
냐
2 스데반이 이르되 여러분 부형들이여
들으소서 우리 조상 아브라함이 하
란에 있기 전 메소보다미아에 있을
때에 영광의 하나님이 그에게 보여
3 이르시되 네 고향과 친척을 떠나 내
가 네게 보일 땅으로 가라 하시니
4 아브라함이 갈대아 사람의 땅을 떠
나 하란에 거하다가 그의 아버지가
죽으매 하나님이 그를 거기서 너희
지금 사는 이 땅으로 옮기셨느니라

5 그러나 여기서 발 붙일 만한 땅도 유
업으로 주지 아니하시고 다만 이 땅
을 아직 자식도 없는 그와 그의 후손
에게 소유로 주신다고 약속하셨으며
6 하나님이 또 이같이 말씀하시되 그
후손이 다른 땅에서 나그네가 되리니
그 땅 사람들이 종으로 삼아 사백
년 동안을 괴롭게 하리라 하시고
7 또 이르시되 종 삼는 나라를 내가 심
판하리니 그 후에 그들이 나와서 이
곳에서 나를 섬기리라 하시고
8 할례의 언약을 아브라함에게 주셨더
니 그가 이삭을 낳아 여드레 만에 할
례를 행하고 이삭이 야곱을, 야곱이
우리 열두 조상을 낳으니라
9 여러 조상이 요셉을 시기하여 애굽에
팔았더니 하나님이 그와 함께 계셔
10 그 모든 환난에서 건져내사 애굽 왕
바로 앞에서 은총과 지혜를 주시매
바로가 그를 애굽과 자기 온 집의
통치자로 세웠느니라
11 그 때에 애굽과 가나안 온 땅에 흉
년이 들어 큰 환난이 있을새 우리 조
상들이 양식이 없는지라
12 야곱이 애굽에 곡식 있다는 말을 듣
고 먼저 우리 조상들을 보내고
13 또 재차 보내매 요셉이 자기 형제들
에게 알려지게 되고 또 요셉의 친족
이 바로에게 드러나게 되니라
14 요셉이 사람을 보내어 그의 아버지
야곱과 온 친족 일흔다섯 사람을 청
하였더니
15 야곱이 애굽으로 내려가 자기와 우
리 조상들이 거기서 죽고
16 세겜으로 옮겨져 아브라함이 세겜
하몰의 자손에게서 은으로 값 주고
산 무덤에 장사되니라
17 하나님이 아브라함에게 약속하신 때
가 가까우매 이스라엘 백성이 애굽
에서 번성하여 많아졌더니
18 요셉을 알지 못하는 새 임금이 애굽
왕위에 오르매
19 그가 우리 족속에게 교활한 방법을
써서 조상들을 괴롭게 하여 그 어린
아이들을 내버려 살지 못하게 하려
할새
20 그 때에 모세가 났는데 하나님 보시
기에 아름다운지라 그의 아버지의 집
에서 석 달 동안 길리더니
21 버려진 후에 바로의 딸이 그를 데려
다가 자기 아들로 기르매
22 모세가 애굽 사람의 모든 지혜를 배
워 그의 말과 하는 일들이 능하더라
23 나이가 사십이 되매 그 형제 이스라
엘 자손을 돌볼 생각이 나더니
24 한 사람이 원통한 일 당함을 보고 보

호하여 압제 받는 자를 위하여 원수
를 갚아 애굽 사람을 쳐 죽이니라
25 그는 그의 형제들이 하나님께서 자기
의 손을 통하여 구원해 주시는 것을
깨달으리라고 생각하였으나 그들이
깨닫지 못하였더라
26 이튿날 이스라엘 사람끼리 싸울 때
에 모세가 와서 화해시키려 하여 이
르되 너희는 형제인데 어찌 서로 해
치느냐 하니
27 그 동무를 해치는 사람이 모세를 밀
어뜨려 이르되 누가 너를 관리와 재
판장으로 우리 위에 세웠느냐
28 네가 어제는 애굽 사람을 죽임과 같
이 또 나를 죽이려느냐 하니
29 모세가 이 말 때문에 도주하여 미디
안 땅에서 나그네 되어 거기서 아들
둘을 낳으니라
30 사십 년이 차매 천사가 시내 산 광야
가시나무 떨기 불꽃 가운데서 그에
게 보이거늘
31 모세가 그 광경을 보고 놀랍게 여겨
알아보려고 가까이 가니 주의 소리
가 있어
32 나는 네 조상의 하나님 즉 아브라함
과 이삭과 야곱의 하나님이라 하신대
모세가 무서워 감히 바라보지 못하더
라
33 주께서 이르시되 네 발의 신을 벗으
라 네가 서 있는 곳은 거룩한 땅이니
라
34 내 백성이 애굽에서 괴로움 받음을
내가 확실히 보고 그 탄식하는 소리
를 듣고 그들을 구원하려고 내려왔
노니 이제 내가 너를 애굽으로 보내
리라 하시니라
35 그들의 말이 누가 너를 관리와 재판
장으로 세웠느냐 하며 거절하던 그
모세를 하나님은 가시나무 떨기 가
운데서 보이던 천사의 손으로 관리와
속량하는 자로서 보내셨으니
36 이 사람이 백성을 인도하여 나오게
하고 애굽과 홍해와 광야에서 사십
년간 기사와 표적을 행하였느니라
37 이스라엘 자손에 대하여 하나님이 너
희 형제 가운데서 나와 같은 선지자
를 세우리라 하던 자가 곧 이 모세라
38 시내 산에서 말하던 그 천사와 우리
조상들과 함께 광야 교회에 있었고
또 살아 있는 말씀을 받아 우리에게
주던 자가 이 사람이라
39 우리 조상들이 모세에게 복종하지
아니하고자 하여 거절하며 그 마음이
도리어 애굽으로 향하여
40 아론더러 이르되 우리를 인도할 신들
을 우리를 위하여 만들라 애굽 땅에

서 우리를 인도하던 이 모세는 어떻
게 되었는지 알지 못하노라 하고
41 그 때에 그들이 송아지를 만들어 그
우상 앞에 제사하며 자기 손으로 만
든 것을 기뻐하더니
42 하나님이 외면하사 그들을 그 하늘의
군대 섬기는 일에 버려 두셨으니 이
는 선지자의 책에 기록된 바 이스라
엘의 집이여 너희가 광야에서 사십 년
간 희생과 제물을 내게 드린 일이 있
었느냐
43 몰록의 장막과 신 레판의 별을 받들
었음이여 이것은 너희가 절하고자 하
여 만든 형상이로다 내가 너희를 바
벨론 밖으로 옮기리라 함과 같으니
라
44 광야에서 우리 조상들에게 증거의
장막이 있었으니 이것은 모세에게 말
씀하신 이가 명하사 그가 본 그 양식
대로 만들게 하신 것이라
45 우리 조상들이 그것을 받아 하나님
이 그들 앞에서 쫓아내신 이방인의
땅을 점령할 때에 여호수아와 함께
가지고 들어가서 다윗 때까지 이르니
라
46 다윗이 하나님 앞에서 은혜를 받아
야곱의 집을 위하여 하나님의 처소를
준비하게 하여 달라고 하더니
47 솔로몬이 그를 위하여 집을 지었느니
라
48 그러나 지극히 높으신 이는 손으로
지은 곳에 계시지 아니하시나니 선지
자가 말한 바
49 주께서 이르시되 하늘은 나의 보좌
요 땅은 나의 발등상이니 너희가 나
를 위하여 무슨 집을 짓겠으며 나의
안식할 처소가 어디냐
50 이 모든 것이 다 내 손으로 지은 것
이 아니냐 함과 같으니라
51 목이 곧고 마음과 귀에 할례를 받지
못한 사람들아 너희도 너희 조상과
같이 항상 성령을 거스르는도다
52 너희 조상들이 선지자들 중의 누구를
박해하지 아니하였느냐 의인이 오시
리라 예고한 자들을 그들이 죽였고
이제 너희는 그 의인을 잡아 준 자요
살인한 자가 되나니
53 너희는 천사가 전한 율법을 받고도
지키지 아니하였도다 하니라

스데반이 순교하다

365묵상

우리도 스데반 집사처럼

스데반의 설교는 가슴속에 파고든다. 그는 초대교회의 평신도 집사로서 교회의 재정 일을 맡은 사람이었다. 하지만 그는 성령이 충만한 인물이었다. 그래서 스데반은 성난 유대 지도자들이 모인 공회 앞에서도 전혀 위축당하지 않고 힘 있고 능력 있게 복음을 전파했다. 스데반이 행한 설교의 요점은 "이제 회개하고 예수님을 구주로 믿어 구원을 받으라"는 것이었다(행 7장). 스데반 집사를 보면서, 우리 직분이 어떠하든 '성령 충만한 사람'이 되면, 죽음조차 두려워하지 않는 위대한 복음 전사가 될 수 있음을 알게 된다.

54 그들이 이 말을 듣고 마음에 찔려 그
를 향하여 이를 갈거늘
55 스데반이 성령 충만하여 하늘을 우
러러 주목하여 하나님의 영광과 및
예수께서 하나님 우편에 서신 것을
보고
56 말하되 보라 하늘이 열리고 인자가
하나님 우편에 서신 것을 보노라 한
대
57 그들이 큰 소리를 지르며 귀를 막고
일제히 그에게 달려들어
58 성 밖으로 내치고 돌로 칠새 증인들
이 옷을 벗어 사울이라 하는 청년의
발 앞에 두니라
59 그들이 돌로 스데반을 치니 스데반
이 부르짖어 이르되 주 예수여 내 영
혼을 받으시옵소서 하고
60 무릎을 꿇고 크게 불러 이르되 주여
이 죄를 그들에게 돌리지 마옵소서
이 말을 하고 자니라

8

사울은 그가 죽임 당함을 마땅히
여기더라

사울이 교회를 박해하다

그 날에 예루살렘에 있는 교회에 큰
박해가 있어 사도 외에는 다 유대와
사마리아 모든 땅으로 흩어지니라
2 경건한 사람들이 스데반을 장사하고
위하여 크게 울더라
3 사울이 교회를 잔멸할새 각 집에 들
어가 남녀를 끌어다가 옥에 넘기니라

사마리아에 복음을 전하다

4 그 흩어진 사람들이 두루 다니며 복
음의 말씀을 전할새
5 빌립이 사마리아 성에 내려가 그리스
도를 백성에게 전파하니
6 무리가 빌립의 말도 듣고 행하는 표
적도 보고 한마음으로 그가 하는 말
을 따르더라
7 많은 사람에게 붙었던 더러운 귀신들
이 크게 소리를 지르며 나가고 또 많
은 중풍병자와 못 걷는 사람이 나으
니
8 그 성에 큰 기쁨이 있더라
9 그 성에 시몬이라 하는 사람이 전부
터 있어 마술을 행하여 사마리아 백
성을 놀라게 하며 자칭 큰 자라 하니
10 낮은 사람부터 높은 사람까지 다 따
르며 이르되 이 사람은 크다 일컫는
하나님의 능력이라 하더라
11 오랫동안 그 마술에 놀랐으므로 그
들이 따르더니
12 빌립이 하나님 나라와 및 예수 그리
스도의 이름에 관하여 전도함을 그
들이 믿고 남녀가 다 세례를 받으니
13 시몬도 믿고 세례를 받은 후에 전심
으로 빌립을 따라다니며 그 나타나

는 표적과 큰 능력을 보고 놀라니라
14 예루살렘에 있는 사도들이 사마리아
도 하나님의 말씀을 받았다 함을 듣
고 베드로와 요한을 보내매
15 그들이 내려가서 그들을 위하여 성령
받기를 기도하니
16 이는 아직 한 사람에게도 성령 내리
신 일이 없고 오직 주 예수의 이름으
로 세례만 받을 뿐이더라
17 이에 두 사도가 그들에게 안수하매
성령을 받는지라
18 시몬이 사도들의 안수로 성령 받는
것을 보고 돈을 드려
19 이르되 이 권능을 내게도 주어 누구
든지 내가 안수하는 사람은 성령을
받게 하여 주소서 하니
20 베드로가 이르되 네가 하나님의 선
물을 돈 주고 살 줄로 생각하였으니
네 은과 네가 함께 망할지어다
21 하나님 앞에서 네 마음이 바르지 못
하니 이 도에는 네가 관계도 없고 분
깃 될 것도 없느니라
22 그러므로 너의 이 악함을 회개하고
주께 기도하라 혹 마음에 품은 것을
사하여 주시리라
23 내가 보니 너는 악독이 가득하며 불
의에 매인 바 되었도다
24 시몬이 대답하여 이르되 나를 위하여
주께 기도하여 말한 것이 하나도 내
게 임하지 않게 하소서 하니라
25 두 사도가 주의 말씀을 증언하여 말
한 후 예루살렘으로 돌아갈새 사마
리아인의 여러 마을에서 복음을 전하
니라

빌립과 에디오피아 내시

26 주의 사자가 빌립에게 말하여 이르되
일어나서 남쪽으로 향하여 예루살렘
에서 가사로 내려가는 길까지 가라
하니 그 길은 광야라
27 일어나 가서 보니 에디오피아 사람
곧 에디오피아 여왕 간다게의 모든
국고를 맡은 관리인 내시가 예배하
러 예루살렘에 왔다가
28 돌아가는데 수레를 타고 선지자 이
사야의 글을 읽더라
29 성령이 빌립더러 이르시되 이 수레로
가까이 나아가라 하시거늘
30 빌립이 달려가서 선지자 이사야의 글
읽는 것을 듣고 말하되 읽는 것을 깨
닫느냐
31 대답하되 지도해 주는 사람이 없으니
어찌 깨달을 수 있느냐 하고 빌립을
청하여 수레에 올라 같이 앉으라 하
니라
32 읽는 성경 구절은 이것이니 일렀으되
그가 도살자에게로 가는 양과 같이

끌려갔고 털 깎는 자 앞에 있는 어린
양이 조용함과 같이 그의 입을 열지
아니하였도다
33 그가 굴욕을 당했을 때 공정한 재판
도 받지 못하였으니 누가 그의 세대
를 말하리요 그의 생명이 땅에서 빼
앗김이로다 하였거늘
34 그 내시가 빌립에게 말하되 청컨대
내가 묻노니 선지자가 이 말한 것이
누구를 가리킴이냐 자기를 가리킴이
냐 타인을 가리킴이냐
35 빌립이 입을 열어 이 글에서 시작하여
예수를 가르쳐 복음을 전하니
36 길 가다가 물 있는 곳에 이르러 그
내시가 말하되 보라 물이 있으니 내
가 세례를 받음에 무슨 거리낌이 있
느냐
37 (없음)
38 이에 명하여 수레를 멈추고 빌립과
내시가 둘 다 물에 내려가 빌립이 세
례를 베풀고
39 둘이 물에서 올라올새 주의 영이 빌
립을 이끌어간지라 내시는 기쁘게 길
을 가므로 그를 다시 보지 못하니라
40 빌립은 아소도에 나타나 여러 성을
지나 다니며 복음을 전하고 가이사랴
에 이르니라

사울이 회개하다

9 사울이 주의 제자들에 대하여 여
전히 위협과 살기가 등등하여 대제
사장에게 가서
2 다메섹 여러 회당에 가져갈 공문을
청하니 이는 만일 그 도를 따르는 사
람을 만나면 남녀를 막론하고 결박
하여 예루살렘으로 잡아오려 함이라
3 사울이 길을 가다가 다메섹에 가까
이 이르더니 홀연히 하늘로부터 빛이
그를 둘러 비추는지라
4 땅에 엎드러져 들으매 소리가 있어
이르시되 사울아 사울아 네가 어찌
하여 나를 박해하느냐 하시거늘
5 대답하되 주여 누구시니이까 이르시
되 나는 네가 박해하는 예수라
6 너는 일어나 시내로 들어가라 네가
행할 것을 네게 이를 자가 있느니라
하시니
7 같이 가던 사람들은 소리만 듣고 아
무도 보지 못하여 말을 못하고 서 있
더라
8 사울이 땅에서 일어나 눈은 떴으나
아무 것도 보지 못하고 사람의 손에
끌려 다메섹으로 들어가서
9 사흘 동안 보지 못하고 먹지도 마시
지도 아니하니라
10 그 때에 다메섹에 아나니아라 하는
제자가 있더니 주께서 환상 중에 불

려 이르시되 아나니아야 하시거늘 대
답하되 주여 내가 여기 있나이다 하
니
11 주께서 이르시되 일어나 직가라 하는
거리로 가서 유다의 집에서 다소 사
람 사울이라 하는 사람을 찾으라 그
가 기도하는 중이니라
12 그가 아나니아라 하는 사람이 들어
와서 자기에게 안수하여 다시 보게
하는 것을 보았느니라 하시거늘
13 아나니아가 대답하되 주여 이 사람에
대하여 내가 여러 사람에게 듣사온
즉 그가 예루살렘에서 주의 성도에
게 적지 않은 해를 끼쳤다 하더니
14 여기서도 주의 이름을 부르는 모든
사람을 결박할 권한을 대제사장들에
게서 받았나이다 하거늘
15 주께서 이르시되 가라 이 사람은 내
이름을 이방인과 임금들과 이스라엘
자손들에게 전하기 위하여 택한 나의
그릇이라
16 그가 내 이름을 위하여 얼마나 고난
을 받아야 할 것을 내가 그에게 보
이리라 하시니
17 아나니아가 떠나 그 집에 들어가서
그에게 안수하여 이르되 형제 사울
아 주 곧 네가 오는 길에서 나타나셨
던 예수께서 나를 보내어 너로 다시
보게 하시고 성령으로 충만하게 하
신다 하니
18 즉시 사울의 눈에서 비늘 같은 것이
벗어져 다시 보게 된지라 일어나 세
례를 받고
19 음식을 먹으매 강건하여지니라

사울이 다메섹에서 전도하다

사울이 다메섹에 있는 제자들과 함께
며칠 있을새
20 즉시로 각 회당에서 예수가 하나님의
아들이심을 전파하니
21 듣는 사람이 다 놀라 말하되 이 사람
이 예루살렘에서 이 이름을 부르는
사람을 멸하려던 자가 아니냐 여기
온 것도 그들을 결박하여 대제사장
들에게 끌어 가고자 함이 아니냐 하
더라
22 사울은 힘을 더 얻어 예수를 그리스
도라 증언하여 다메섹에 사는 유대
인들을 당혹하게 하니라

사울이 피신하다

23 여러 날이 지나매 유대인들이 사울
죽이기를 공모하더니
24 그 계교가 사울에게 알려지니라 그
들이 그를 죽이려고 밤낮으로 성문
까지 지키거늘
25 그의 제자들이 밤에 사울을 광주리
에 담아 성벽에서 달아 내리니라

사울이 예루살렘에 가다

26 사울이 예루살렘에 가서 제자들을
사귀고자 하나 다 두려워하여 그가
제자 됨을 믿지 아니하니
27 바나바가 데리고 사도들에게 가서
그가 길에서 어떻게 주를 보았는지
와 주께서 그에게 말씀하신 일과 다
메섹에서 그가 어떻게 예수의 이름
으로 담대히 말하였는지를 전하니라
28 사울이 제자들과 함께 있어 예루살
렘에 출입하며
29 또 주 예수의 이름으로 담대히 말하
고 헬라파 유대인들과 함께 말하며
변론하니 그 사람들이 죽이려고 힘쓰
거늘
30 형제들이 알고 가이사랴로 데리고
내려가서 다소로 보내니라
31 그리하여 온 유대와 갈릴리와 사마리
아 교회가 평안하여 든든히 서 가고
주를 경외함과 성령의 위로로 진행하
여 수가 더 많아지니라

베드로가 중풍병자를 고치다

32 그 때에 베드로가 사방으로 두루 다
니다가 룻다에 사는 성도들에게도
내려갔더니
33 거기서 애니아라 하는 사람을 만나매
그는 중풍병으로 침상 위에 누운 지
여덟 해라
34 베드로가 이르되 애니아야 예수 그
리스도께서 너를 낫게 하시니 일어나
네 자리를 정돈하라 한대 곧 일어나
니
35 룻다와 사론에 사는 사람들이 다 그
를 보고 주께로 돌아오니라

베드로가 도르가를 살리다

36 욥바에 다비다라 하는 여제자가 있
으니 그 이름을 번역하면 도르가라
선행과 구제하는 일이 심히 많더니
37 그 때에 병들어 죽으매 시체를 씻어
다락에 누이니라
38 룻다가 욥바에서 가까운지라 제자들
이 베드로가 거기 있음을 듣고 두 사
람을 보내어 지체 말고 와 달라고 간
청하여
39 베드로가 일어나 그들과 함께 가서
이르매 그들이 데리고 다락방에 올
라가니 모든 과부가 베드로 곁에 서
서 울며 도르가가 그들과 함께 있을
때에 지은 속옷과 겉옷을 다 내보이
거늘
40 베드로가 사람을 다 내보내고 무릎
을 꿇고 기도하고 돌이켜 시체를 향
하여 이르되 다비다야 일어나라 하니
그가 눈을 떠 베드로를 보고 일어나
앉는지라
41 베드로가 손을 내밀어 일으키고 성

도들과 과부들을 불러 들여 그가 살
아난 것을 보이니
42 온 욥바 사람이 알고 많은 사람이
주를 믿더라
43 베드로가 욥바에 여러 날 있어 시몬
이라 하는 무두장이의 집에서 머무니
라

고넬료가 베드로를 청하다

10 가이사랴에 고넬료라 하는 사
람이 있으니 이달리야 부대라
하는 군대의 백부장이라
2 그가 경건하여 온 집안과 더불어 하
나님을 경외하며 백성을 많이 구제하
고 하나님께 항상 기도하더니
3 하루는 제 구 시쯤 되어 환상 중에
밝히 보매 하나님의 사자가 들어와
이르되 고넬료야 하니
4 고넬료가 주목하여 보고 두려워 이
르되 주여 무슨 일이니이까 천사가
이르되 네 기도와 구제가 하나님 앞
에 상달되어 기억하신 바가 되었으니
5 네가 지금 사람들을 욥바에 보내어
베드로라 하는 시몬을 청하라
6 그는 무두장이 시몬의 집에 유숙하
니 그 집은 해변에 있다 하더라
7 마침 말하던 천사가 떠나매 고넬료가
집안 하인 둘과 부하 가운데 경건한
사람 하나를 불러
8 이 일을 다 이르고 욥바로 보내니라
9 이튿날 그들이 길을 가다가 그 성에
가까이 갔을 그 때에 베드로가 기도
하려고 지붕에 올라가니 그 시각은
제 육 시더라
10 그가 시장하여 먹고자 하매 사람들이
준비할 때에 황홀한 중에
11 하늘이 열리며 한 그릇이 내려오는
것을 보니 큰 보자기 같고 네 귀를
매어 땅에 드리웠더라
12 그 안에는 땅에 있는 각종 네 발 가
진 짐승과 기는 것과 공중에 나는 것
들이 있더라
13 또 소리가 있으되 베드로야 일어나
잡아 먹어라 하거늘
14 베드로가 이르되 주여 그럴 수 없나
이다 속되고 깨끗하지 아니한 것을
내가 결코 먹지 아니하였나이다 한대
15 또 두 번째 소리가 있으되 하나님께
서 깨끗하게 하신 것을 네가 속되다
하지 말라 하더라
16 이런 일이 세 번 있은 후 그 그릇이

365묵상

내가 그를 만났을 때

초대교회 집사인 빌립은 유명한 복음 전도자였다. 그는 특히 사마리아에서 큰 성공을 거두었다. 그런데 언젠가 하나님의 천사는 빌립에게 사람이 뜸한 남쪽의 광야 길로 가게 했다. 빌립은 순종하여 거기로 갔고, 그곳에서 어떤 이를 만나 그에게 개인적으로 복음을 전했다(행 8:26-40). 오늘날 우리도 빌립처럼 인생의 길에서 복음을 필요로 하는 누군가를 만난다. 어떻게 할 것인가? 그는 온 우주보다 소중한 한 영혼임을 기억하고, 그에게 정성껏 복음을 전하라. 하나님은 그 사람에게 그렇게 하도록 나를 그곳에 두셨다.

곧 하늘로 올려져 가니라
17 베드로가 본 바 환상이 무슨 뜻인지
속으로 의아해 하더니 마침 고넬료
가 보낸 사람들이 시몬의 집을 찾아
문 밖에 서서
18 불러 묻되 베드로라 하는 시몬이 여
기 유숙하느냐 하거늘
19 베드로가 그 환상에 대하여 생각할
때에 성령께서 그에게 말씀하시되
두 사람이 너를 찾으니
20 일어나 내려가 의심하지 말고 함께
가라 내가 그들을 보내었느니라 하
시니
21 베드로가 내려가 그 사람들을 보고
이르되 내가 곧 너희가 찾는 사람인
데 너희가 무슨 일로 왔느냐
22 그들이 대답하되 백부장 고넬료는
의인이요 하나님을 경외하는 사람이
라 유대 온 족속이 칭찬하더니 그가
거룩한 천사의 지시를 받아 당신을
그 집으로 청하여 말을 들으려 하느
니라 한대
23 베드로가 불러 들여 유숙하게 하니
라

베드로가 고넬료의 집에서 설교하다

이튿날 일어나 그들과 함께 갈새 욥바
에서 온 어떤 형제들도 함께 가니라
24 이튿날 가이사랴에 들어가니 고넬료
가 그의 친척과 가까운 친구들을 모
아 기다리더니
25 마침 베드로가 들어올 때에 고넬료
가 맞아 발 앞에 엎드리어 절하니
26 베드로가 일으켜 이르되 일어서라 나
도 사람이라 하고
27 더불어 말하며 들어가 여러 사람이
모인 것을 보고
28 이르되 유대인으로서 이방인과 교제
하며 가까이 하는 것이 위법인 줄은
너희도 알거니와 하나님께서 내게 지
시하사 아무도 속되다 하거나 깨끗
하지 않다 하지 말라 하시기로
29 부름을 사양하지 아니하고 왔노라
묻노니 무슨 일로 나를 불렀느냐
30 고넬료가 이르되 내가 나흘 전 이맘
때까지 내 집에서 제 구 시 기도를
하는데 갑자기 한 사람이 빛난 옷을
입고 내 앞에 서서
31 말하되 고넬료야 하나님이 네 기도
를 들으시고 네 구제를 기억하셨으
니
32 사람을 욥바에 보내어 베드로라 하
는 시몬을 청하라 그가 바닷가 무두
장이 시몬의 집에 유숙하느니라 하시
기로
33 내가 곧 당신에게 사람을 보내었는
데 오셨으니 잘하였나이다 이제 우리

는 주께서 당신에게 명하신 모든 것
을 듣고자 하여 다 하나님 앞에 있나
이다
34 베드로가 입을 열어 말하되 내가 참
으로 하나님은 사람의 외모를 보지
아니하시고
35 각 나라 중 하나님을 경외하며 의를
행하는 사람은 다 받으시는 줄 깨달
았도다
36 만유의 주 되신 예수 그리스도로 말
미암아 화평의 복음을 전하사 이스
라엘 자손들에게 보내신 말씀
37 곧 요한이 그 세례를 반포한 후에
갈릴리에서 시작하여 온 유대에 두루
전파된 그것을 너희도 알거니와
38 하나님이 나사렛 예수에게 성령과
능력을 기름 붓듯 하셨으매 그가 두
루 다니시며 선한 일을 행하시고 마
귀에게 눌린 모든 사람을 고치셨으
니 이는 하나님이 함께 하셨음이라
39 우리는 유대인의 땅과 예루살렘에서
그가 행하신 모든 일에 증인이라 그
를 그들이 나무에 달아 죽였으나
40 하나님이 사흘 만에 다시 살리사 나
타내시되
41 모든 백성에게 하신 것이 아니요 오
직 미리 택하신 증인 곧 죽은 자 가
운데서 부활하신 후 그를 모시고 음
식을 먹은 우리에게 하신 것이라
42 우리에게 명하사 백성에게 전도하되
하나님이 살아 있는 자와 죽은 자의
재판장으로 정하신 자가 곧 이 사람
인 것을 증언하게 하셨고
43 그에 대하여 모든 선지자도 증언하
되 그를 믿는 사람들이 다 그의 이름
을 힘입어 죄 사함을 받는다 하였느
니라

이방인들도 성령을 받다

44 베드로가 이 말을 할 때에 성령이 말
씀 듣는 모든 사람에게 내려오시니
45 베드로와 함께 온 할례 받은 신자들
이 이방인들에게도 성령 부어 주심으
로 말미암아 놀라니
46 이는 방언을 말하며 하나님 높임을
들음이러라
47 이에 베드로가 이르되 이 사람들이
우리와 같이 성령을 받았으니 누가
능히 물로 세례 베풂을 금하리요 하
고
48 명하여 예수 그리스도의 이름으로
세례를 베풀라 하니라 그들이 베드
로에게 며칠 더 머물기를 청하니라

베드로가 예루살렘 교회에 보고하다

11 유대에 있는 사도들과 형제들
이 이방인들도 하나님의 말씀을
받았다 함을 들었더니

2 베드로가 예루살렘에 올라갔을 때
에 할례자들이 비난하여
3 이르되 네가 무할례자의 집에 들어가
함께 먹었다 하니
4 베드로가 그들에게 이 일을 차례로
설명하여
5 이르되 내가 욥바 시에서 기도할 때
에 황홀한 중에 환상을 보니 큰 보
자기 같은 그릇이 네 귀에 매어 하늘
로부터 내리어 내 앞에까지 드리워지
거늘
6 이것을 주목하여 보니 땅에 네 발 가
진 것과 들짐승과 기는 것과 공중에
나는 것들이 보이더라
7 또 들으니 소리 있어 내게 이르되 베
드로야 일어나 잡아 먹으라 하거늘
8 내가 이르되 주님 그럴 수 없나이다
속되거나 깨끗하지 아니한 것은 결코
내 입에 들어간 일이 없나이다 하니
9 또 하늘로부터 두 번째 소리 있어 내
게 이르되 하나님이 깨끗하게 하신
것을 네가 속되다고 하지 말라 하더
라
10 이런 일이 세 번 있은 후에 모든 것이
다시 하늘로 끌려 올라가더라
11 마침 세 사람이 내가 유숙한 집 앞에
서 있으니 가이사랴에서 내게로 보낸
사람이라
12 성령이 내게 명하사 아무 의심 말고
함께 가라 하시매 이 여섯 형제도 나
와 함께 가서 그 사람의 집에 들어가
니
13 그가 우리에게 말하기를 천사가 내
집에 서서 말하되 네가 사람을 욥바
에 보내어 베드로라 하는 시몬을 청
하라
14 그가 너와 네 온 집이 구원 받을 말
씀을 네게 이르리라 함을 보았다 하
거늘
15 내가 말을 시작할 때에 성령이 그들
에게 임하시기를 처음 우리에게 하신
것과 같이 하는지라
16 내가 주의 말씀에 요한은 물로 세례
를 베풀었으나 너희는 성령으로 세
례를 받으리라 하신 것이 생각났노
라
17 그런즉 하나님이 우리가 주 예수 그
리스도를 믿을 때에 주신 것과 같은
선물을 그들에게도 주셨으니 내가
누구이기에 하나님을 능히 막겠느냐
하더라
18 그들이 이 말을 듣고 잠잠하여 하나
님께 영광을 돌려 이르되 그러면 하
나님께서 이방인에게도 생명 얻는 회
개를 주셨도다 하니라

안디옥 교회

19 그 때에 스데반의 일로 일어난 환난
으로 말미암아 흩어진 자들이 베니
게와 구브로와 안디옥까지 이르러
유대인에게만 말씀을 전하는데
20 그 중에 구브로와 구레네 몇 사람이
안디옥에 이르러 헬라인에게도 말하
여 주 예수를 전파하니
21 주의 손이 그들과 함께 하시매 수많
은 사람들이 믿고 주께 돌아오더라
22 예루살렘 교회가 이 사람들의 소문
을 듣고 바나바를 안디옥까지 보내
니
23 그가 이르러 하나님의 은혜를 보고
기뻐하여 모든 사람에게 굳건한 마
음으로 주와 함께 머물러 있으라 권
하니
24 바나바는 착한 사람이요 성령과 믿
음이 충만한 사람이라 이에 큰 무리
가 주께 더하여지더라
25 바나바가 사울을 찾으러 다소에 가
서
26 만나매 안디옥에 데리고 와서 둘이
교회에 일 년간 모여 있어 큰 무리를
가르쳤고 제자들이 안디옥에서 비로
소 그리스도인이라 일컬음을 받게 되
었더라
27 그 때에 선지자들이 예루살렘에서
안디옥에 이르니
28 그 중에 아가보라 하는 한 사람이 일
어나 성령으로 말하되 천하에 큰 흉
년이 들리라 하더니 글라우디오 때에
그렇게 되니라
29 제자들이 각각 그 힘대로 유대에 사
는 형제들에게 부조를 보내기로 작
정하고
30 이를 실행하여 바나바와 사울의 손
으로 장로들에게 보내니라

야고보의 순교와 베드로의 투옥

12 그 때에 헤롯 왕이 손을 들어
교회 중에서 몇 사람을 해하려
하여
2 요한의 형제 야고보를 칼로 죽이니
3 유대인들이 이 일을 기뻐하는 것을
보고 베드로도 잡으려 할새 때는 무
교절 기간이라
4 잡으매 옥에 가두어 군인 넷씩인 네
패에게 맡겨 지키고 유월절 후에 백
성 앞에 끌어 내고자 하더라
5 이에 베드로는 옥에 갇혔고 교회는
그를 위하여 간절히 하나님께 기도하
더라
6 헤롯이 잡아 내려고 하는 그 전날 밤
에 베드로가 두 군인 틈에서 두 쇠
사슬에 매여 누워 자는데 파수꾼들
이 문 밖에서 옥을 지키더니
7 홀연히 주의 사자가 나타나매 옥중

에 광채가 빛나며 또 베드로의 옆구
리를 쳐 깨워 이르되 급히 일어나라
하니 쇠사슬이 그 손에서 벗어지더라
8 천사가 이르되 띠를 띠고 신을 신으
라 하거늘 베드로가 그대로 하니 천
사가 또 이르되 겉옷을 입고 따라오
라 한대
9 베드로가 나와서 따라갈새 천사가
하는 것이 생시인 줄 알지 못하고 환
상을 보는가 하니라
10 이에 첫째와 둘째 파수를 지나 시내
로 통한 쇠문에 이르니 문이 저절로
열리는지라 나와서 한 거리를 지나매
천사가 곧 떠나더라
11 이에 베드로가 정신이 들어 이르되
내가 이제야 참으로 주께서 그의 천
사를 보내어 나를 헤롯의 손과 유대
백성의 모든 기대에서 벗어나게 하신
줄 알겠노라 하여
12 깨닫고 마가라 하는 요한의 어머니
마리아의 집에 가니 여러 사람이 거기
에 모여 기도하고 있더라
13 베드로가 대문을 두드린대 로데라
하는 여자 아이가 영접하러 나왔다가
14 베드로의 음성인 줄 알고 기뻐하여
문을 미처 열지 못하고 달려 들어가
말하되 베드로가 대문 밖에 섰더라
하니
15 그들이 말하되 네가 미쳤다 하나 여
자 아이는 힘써 말하되 참말이라 하
니 그들이 말하되 그러면 그의 천사
라 하더라
16 베드로가 문 두드리기를 그치지 아
니하니 그들이 문을 열어 베드로를
보고 놀라는지라
17 베드로가 그들에게 손짓하여 조용하
게 하고 주께서 자기를 이끌어 옥에
서 나오게 하던 일을 말하고 또 야고
보와 형제들에게 이 말을 전하라 하
고 떠나 다른 곳으로 가니라
18 날이 새매 군인들은 베드로가 어떻
게 되었는지 알지 못하여 적지 않게
소동하니
19 헤롯이 그를 찾아도 보지 못하매 파
수꾼들을 심문하고 죽이라 명하니라
헤롯이 유대를 떠나 가이사랴로 내
려가서 머무니라

헤롯이 죽다

20 헤롯이 두로와 시돈 사람들을 대단
히 노여워하니 그들의 지방이 왕국에
서 나는 양식을 먹는 까닭에 한마음
으로 그에게 나아와 왕의 침소 맡은
신하 블라스도를 설득하여 화목하기
를 청한지라
21 헤롯이 날을 택하여 왕복을 입고 단
상에 앉아 백성에게 연설하니

22 백성들이 크게 부르되 이것은 신의
소리요 사람의 소리가 아니라 하거늘
23 헤롯이 영광을 하나님께로 돌리지
아니하므로 주의 사자가 곧 치니 벌
레에게 먹혀 죽으니라
24 하나님의 말씀은 흥왕하여 더하더라
25 바나바와 사울이 부조하는 일을 마
치고 마가라 하는 요한을 데리고 예
루살렘에서 돌아오니라

바나바와 사울을 보내다

13 안디옥 교회에 선지자들과 교사
들이 있으니 곧 바나바와 니게
르라 하는 시므온과 구레네 사람 루
기오와 분봉 왕 헤롯의 젖동생 마나
엔과 및 사울이라
2 주를 섬겨 금식할 때에 성령이 이르
시되 내가 불러 시키는 일을 위하여
바나바와 사울을 따로 세우라 하시
니
3 이에 금식하며 기도하고 두 사람에
게 안수하여 보내니라

바나바와 사울이 구브로에서 전도하다

4 두 사람이 성령의 보내심을 받아 실
루기아에 내려가 거기서 배 타고 구
브로에 가서
5 살라미에 이르러 하나님의 말씀을 유
대인의 여러 회당에서 전할새 요한을
수행원으로 두었더라
6 온 섬 가운데로 지나서 바보에 이르
러 바예수라 하는 유대인 거짓 선지
자인 마술사를 만나니
7 그가 총독 서기오 바울과 함께 있으
니 서기오 바울은 지혜 있는 사람이
라 바나바와 사울을 불러 하나님의
말씀을 듣고자 하더라
8 이 마술사 엘루마는 (이 이름을 번역
하면 마술사라) 그들을 대적하여 총
독으로 믿지 못하게 힘쓰니
9 바울이라고 하는 사울이 성령이 충
만하여 그를 주목하고
10 이르되 모든 거짓과 악행이 가득한
자요 마귀의 자식이요 모든 의의 원
수여 주의 바른 길을 굽게 하기를 그
치지 아니하겠느냐
11 보라 이제 주의 손이 네 위에 있으니
네가 맹인이 되어 얼마 동안 해를 보
지 못하리라 하니 즉시 안개와 어둠
이 그를 덮어 인도할 사람을 두루 구
하는지라
12 이에 총독이 그렇게 된 것을 보고 믿

365묵상

헤롯의 충격적인 죽음

분봉왕 헤롯 아그립바 1세의 갑작스럽고 충격적인 죽음은 두 가지 질문을 불러일으킨다. '누가' 그리고 '왜'이다. '누가'란 질문에 대해 본서의 저자는 그것이 주님의 천사를 통한 하나님의 심판이라는 것을 알려준다. 또한 저자는 헤롯에게 '왜' 심판이 임했는지를 말한다. 그것은 헤롯이 하나님의 영광을 가로챈 교만 때문이었다. 결국 헤롯은 벌레에게 먹혀 고통스럽게 죽었다(행 12:23). 교훈을 배우자. 마치 신인 양 하나님의 영광을 가로챈 헤롯은 실상은 '벌레'에게 죽임당하는 지극히 나약한 인생에 불과하다는 사실이다.

으며 주의 가르치심을 놀랍게 여기니
라

바울과 바나바가
비시디아 안디옥에서 전도하다

13 바울과 및 동행하는 사람들이 바보
에서 배 타고 밤빌리아에 있는 버가
에 이르니 요한은 그들에게서 떠나
예루살렘으로 돌아가고
14 그들은 버가에서 더 나아가 비시디아
안디옥에 이르러 안식일에 회당에 들
어가 앉으니라
15 율법과 선지자의 글을 읽은 후에 회
당장들이 사람을 보내어 물어 이르
되 형제들아 만일 백성을 권할 말이
있거든 말하라 하니
16 바울이 일어나 손짓하며 말하되 이스
라엘 사람들과 및 하나님을 경외하
는 사람들아 들으라
17 이 이스라엘 백성의 하나님이 우리
조상들을 택하시고 애굽 땅에서 나
그네 된 그 백성을 높여 큰 권능으
로 인도하여 내사
18 광야에서 약 사십 년간 그들의 소행
을 참으시고
19 가나안 땅 일곱 족속을 멸하사 그 땅
을 기업으로 주시기까지 약 사백오십
년간이라
20 그 후에 선지자 사무엘 때까지 사사
를 주셨더니
21 그 후에 그들이 왕을 구하거늘 하나
님이 베냐민 지파 사람 기스의 아들
사울을 사십 년간 주셨다가
22 폐하시고 다윗을 왕으로 세우시고
증언하여 이르시되 내가 이새의 아들
다윗을 만나니 내 마음에 맞는 사람
이라 내 뜻을 다 이루리라 하시더니
23 하나님이 약속하신 대로 이 사람의
후손에서 이스라엘을 위하여 구주를
세우셨으니 곧 예수라
24 그가 오시기에 앞서 요한이 먼저 회
개의 세례를 이스라엘 모든 백성에
게 전파하니라
25 요한이 그 달려갈 길을 마칠 때에 말
하되 너희가 나를 누구로 생각하느
냐 나는 그리스도가 아니라 내 뒤에
오시는 이가 있으니 나는 그 발의 신
발끈을 풀기도 감당하지 못하리라
하였으니
26 형제들아 아브라함의 후손과 너희
중 하나님을 경외하는 사람들아 이
구원의 말씀을 우리에게 보내셨거늘
27 예루살렘에 사는 자들과 그들 관리
들이 예수와 및 안식일마다 외우는
바 선지자들의 말을 알지 못하므로
예수를 정죄하여 선지자들의 말을 응
하게 하였도다

28 죽일 죄를 하나도 찾지 못하였으나
빌라도에게 죽여 달라 하였으니
29 성경에 그를 가리켜 기록한 말씀을
다 응하게 한 것이라 후에 나무에서
내려다가 무덤에 두었으나
30 하나님이 죽은 자 가운데서 그를 살
리신지라
31 갈릴리로부터 예루살렘에 함께 올라
간 사람들에게 여러 날 보이셨으니
그들이 이제 백성 앞에서 그의 증인
이라
32 우리도 조상들에게 주신 약속을 너
희에게 전파하노니
33 곧 하나님이 예수를 일으키사 우리
자녀들에게 이 약속을 이루게 하셨
다 함이라 시편 둘째 편에 기록한 바
와 같이 너는 내 아들이라 오늘 너를
낳았다 하셨고
34 또 하나님께서 죽은 자 가운데서 그
를 일으키사 다시 썩음을 당하지 않
게 하실 것을 가르쳐 이르시되 내가
다윗의 거룩하고 미쁜 은사를 너희에
게 주리라 하셨으며
35 또 다른 시편에 일렀으되 주의 거룩
한 자로 썩음을 당하지 않게 하시리
라 하셨느니라
36 다윗은 당시에 하나님의 뜻을 따라
섬기다가 잠들어 그 조상들과 함께
묻혀 썩음을 당하였으되
37 하나님께서 살리신 이는 썩음을 당하
지 아니하였나니
38 그러므로 형제들아 너희가 알 것은
이 사람을 힘입어 죄 사함을 너희에
게 전하는 이것이며
39 또 모세의 율법으로 너희가 의롭다
하심을 얻지 못하던 모든 일에도 이
사람을 힘입어 믿는 자마다 의롭다
하심을 얻는 이것이라
40 그런즉 너희는 선지자들을 통하여 말
씀하신 것이 너희에게 미칠까 삼가라
41 일렀으되 보라 멸시하는 사람들아 너
희는 놀라고 멸망하라 내가 너희 때
를 당하여 한 일을 행할 것이니 사람
이 너희에게 일러줄지라도 도무지 믿
지 못할 일이라 하였느니라 하니라
42 그들이 나갈새 사람들이 청하되 다
음 안식일에도 이 말씀을 하라 하더
라
43 회당의 모임이 흩어진 후에 유대인과
유대교에 입교한 경건한 사람들이
많이 바울과 바나바를 따르니 두 사
도가 더불어 말하고 항상 하나님의
은혜 가운데 있으라 권하니라
44 그 다음 안식일에는 온 시민이 거의
다 하나님의 말씀을 듣고자 하여 모
이니

45 유대인들이 그 무리를 보고 시기가
가득하여 바울이 말한 것을 반박하
고 비방하거늘
46 바울과 바나바가 담대히 말하여 이
르되 하나님의 말씀을 마땅히 먼저
너희에게 전할 것이로되 너희가 그것
을 버리고 영생을 얻기에 합당하지
않은 자로 자처하기로 우리가 이방인
에게로 향하노라
47 주께서 이같이 우리에게 명하시되 내
가 너를 이방의 빛으로 삼아 너로 땅
끝까지 구원하게 하리라 하셨느니라
하니
48 이방인들이 듣고 기뻐하여 하나님의
말씀을 찬송하며 영생을 주시기로
작정된 자는 다 믿더라
49 주의 말씀이 그 지방에 두루 퍼지니
라
50 이에 유대인들이 경건한 귀부인들과
그 시내 유력자들을 선동하여 바울
과 바나바를 박해하게 하여 그 지역
에서 쫓아내니
51 두 사람이 그들을 향하여 발의 티끌
을 떨어 버리고 이고니온으로 가거늘
52 제자들은 기쁨과 성령이 충만하니라

바울과 바나바가 이고니온에서 전도하다

14 이에 이고니온에서 두 사도가
함께 유대인의 회당에 들어가
말하니 유대와 헬라의 허다한 무리가
믿더라
2 그러나 순종하지 아니하는 유대인들
이 이방인들의 마음을 선동하여 형제
들에게 악감을 품게 하거늘
3 두 사도가 오래 있어 주를 힘입어 담
대히 말하니 주께서 그들의 손으로
표적과 기사를 행하게 하여 주사 자
기 은혜의 말씀을 증언하시니
4 그 시내의 무리가 나뉘어 유대인을
따르는 자도 있고 두 사도를 따르는
자도 있는지라
5 이방인과 유대인과 그 관리들이 두
사도를 모욕하며 돌로 치려고 달려
드니
6 그들이 알고 도망하여 루가오니아의
두 성 루스드라와 더베와 그 근방으
로 가서
7 거기서 복음을 전하니라

바울과 바나바가 루스드라에서 전도하다

8 루스드라에 발을 쓰지 못하는 한 사
람이 앉아 있는데 나면서 걷지 못하
게 되어 걸어 본 적이 없는 자라
9 바울이 말하는 것을 듣거늘 바울이
주목하여 구원 받을 만한 믿음이 그
에게 있는 것을 보고
10 큰 소리로 이르되 네 발로 바로 일어
서라 하니 그 사람이 일어나 걷는지라

11 무리가 바울이 한 일을 보고 루가오
니아 방언으로 소리 질러 이르되 신
들이 사람의 형상으로 우리 가운데
내려오셨다 하여
12 바나바는 제우스라 하고 바울은 그
중에 말하는 자이므로 헤르메스라
하더라
13 시외 제우스 신당의 제사장이 소와
화환들을 가지고 대문 앞에 와서 무
리와 함께 제사하고자 하니
14 두 사도 바나바와 바울이 듣고 옷을
찢고 무리 가운데 뛰어 들어가서 소
리 질러
15 이르되 여러분이여 어찌하여 이러한
일을 하느냐 우리도 여러분과 같은
성정을 가진 사람이라 여러분에게 복
음을 전하는 것은 이런 헛된 일을 버
리고 천지와 바다와 그 가운데 만물
을 지으시고 살아 계신 하나님께로
돌아오게 함이라
16 하나님이 지나간 세대에는 모든 민
족으로 자기들의 길들을 가게 방임
하셨으나
17 그러나 자기를 증언하지 아니하신 것
이 아니니 곧 여러분에게 하늘로부터
비를 내리시며 결실기를 주시는 선한
일을 하사 음식과 기쁨으로 여러분의
마음에 만족하게 하셨느니라 하고
18 이렇게 말하여 겨우 무리를 말려 자
기들에게 제사를 못하게 하니라
19 유대인들이 안디옥과 이고니온에서
와서 무리를 충동하니 그들이 돌로
바울을 쳐서 죽은 줄로 알고 시외로
끌어 내치니라
20 제자들이 둘러섰을 때에 바울이 일어
나 그 성에 들어갔다가 이튿날 바나
바와 함께 더베로 가서
21 복음을 그 성에서 전하여 많은 사람
을 제자로 삼고 루스드라와 이고니
온과 안디옥으로 돌아가서
22 제자들의 마음을 굳게 하여 이 믿음
에 머물러 있으라 권하고 또 우리가
하나님의 나라에 들어가려면 많은 환
난을 겪어야 할 것이라 하고
23 각 교회에서 장로들을 택하여 금식
기도 하며 그들이 믿는 주께 그들을
위탁하고
24 비시디아 가운데로 지나서 밤빌리아
에 이르러
25 말씀을 버가에서 전하고 앗달리아로
내려가서
26 거기서 배 타고 안디옥에 이르니 이
곳은 두 사도가 이룬 그 일을 위하여
전에 하나님의 은혜에 부탁하던 곳이
라
27 그들이 이르러 교회를 모아 하나님이

함께 행하신 모든 일과 이방인들에
게 믿음의 문을 여신 것을 보고하고
28 제자들과 함께 오래 있으니라

예루살렘 회의

15 어떤 사람들이 유대로부터 내려
와서 형제들을 가르치되 너희가
모세의 법대로 할례를 받지 아니하
면 능히 구원을 받지 못하리라 하니
2 바울 및 바나바와 그들 사이에 적지
아니한 다툼과 변론이 일어난지라 형
제들이 이 문제에 대하여 바울과 바
나바와 및 그 중의 몇 사람을 예루살
렘에 있는 사도와 장로들에게 보내
기로 작정하니라
3 그들이 교회의 전송을 받고 베니게
와 사마리아로 다니며 이방인들이 주
께 돌아온 일을 말하여 형제들을 다
크게 기쁘게 하더라
4 예루살렘에 이르러 교회와 사도와
장로들에게 영접을 받고 하나님이
자기들과 함께 계셔 행하신 모든 일
을 말하매
5 바리새파 중에 어떤 믿는 사람들이
일어나 말하되 이방인에게 할례를 행
하고 모세의 율법을 지키라 명하는
것이 마땅하다 하니라
6 사도와 장로들이 이 일을 의논하러
모여
7 많은 변론이 있은 후에 베드로가 일
어나 말하되 형제들아 너희도 알거니
와 하나님이 이방인들로 내 입에서
복음의 말씀을 들어 믿게 하시려고
오래 전부터 너희 가운데서 나를 택
하시고
8 또 마음을 아시는 하나님이 우리에
게와 같이 그들에게도 성령을 주어
증언하시고
9 믿음으로 그들의 마음을 깨끗이 하
사 그들이나 우리나 차별하지 아니하
셨느니라
10 그런데 지금 너희가 어찌하여 하나님
을 시험하여 우리 조상과 우리도 능
히 메지 못하던 멍에를 제자들의 목
에 두려느냐
11 그러나 우리는 그들이 우리와 동일
하게 주 예수의 은혜로 구원 받는
줄을 믿노라 하니라
12 온 무리가 가만히 있어 바나바와 바
울이 하나님께서 자기들로 말미암아
이방인 중에서 행하신 표적과 기사에
관하여 말하는 것을 듣더니
13 말을 마치매 야고보가 대답하여 이
르되 형제들아 내 말을 들으라
14 하나님이 처음으로 이방인 중에서 자
기 이름을 위할 백성을 취하시려고
그들을 돌보신 것을 시므온이 말하

였으니
15 선지자들의 말씀이 이와 일치하도다
기록된 바
16 이후에 내가 돌아와서 다윗의 무너진
장막을 다시 지으며 또 그 허물어진
것을 다시 지어 일으키리니
17 이는 그 남은 사람들과 내 이름으로
일컬음을 받는 모든 이방인들로 주
를 찾게 하려 함이라 하셨으니
18 즉 예로부터 이것을 알게 하시는 주
의 말씀이라 함과 같으니라
19 그러므로 내 의견에는 이방인 중에
서 하나님께로 돌아오는 자들을 괴
롭게 하지 말고
20 다만 우상의 더러운 것과 음행과 목
매어 죽인 것과 피를 멀리하라고 편
지하는 것이 옳으니
21 이는 예로부터 각 성에서 모세를 전
하는 자가 있어 안식일마다 회당에서
그 글을 읽음이라 하더라

이방인 신자들에게 보내는 편지

22 이에 사도와 장로와 온 교회가 그
중에서 사람들을 택하여 바울과 바
나바와 함께 안디옥으로 보내기를
결정하니 곧 형제 중에 인도자인 바
사바라 하는 유다와 실라더라
23 그 편에 편지를 부쳐 이르되 사도와
장로 된 형제들은 안디옥과 수리아
와 길리기아에 있는 이방인 형제들에
게 문안하노라
24 들은즉 우리 가운데서 어떤 사람들
이 우리의 지시도 없이 나가서 말로
너희를 괴롭게 하고 마음을 혼란하
게 한다 하기로
25-26 사람을 택하여 우리 주 예수 그리
스도의 이름을 위하여 생명을 아끼지
아니하며 우리가 사랑하는 바나바와
바울과 함께 너희에게 보내기를 만
장일치로 결정하였노라
27 그리하여 유다와 실라를 보내니 그
들도 이 일을 말로 전하리라
28 성령과 우리는 이 요긴한 것들 외에
는 아무 짐도 너희에게 지우지 아니
하는 것이 옳은 줄 알았노니
29 우상의 제물과 피와 목매어 죽인 것
과 음행을 멀리할지니라 이에 스스
로 삼가면 잘되리라 평안함을 원하노
라 하였더라
30 그들이 작별하고 안디옥에 내려가
무리를 모은 후에 편지를 전하니

365묵상

비록 다투고 갈라설지라도

당황스럽게도 초대교회 이방 선교의 선구자들인 바울과 바나바가 크게 다투었다. '마가' 때문이었다. 바나바는 그를 전도 팀에 합류시키려 했고, 바울은 반대했다. 결국 둘은 갈라섰고, 각각 따로 전도여행을 떠났다(행 15:36-41). 둘이 다툰 것은 모두 복음 전파에 대한 열정 때문이었다. 그래서 비록 다투고 갈라서게 되었지만, 결과적으로 더욱 넓은 지역에 복음이 확산되는 선한 결과를 낳았다. 우리에게 인간적인 결함이 있다고 해도 주님께 대한 순수한 열정이 있다면, 주님은 그런 부족한 사람을 들어 선한 일을 이루신다.

31 읽고 그 위로한 말을 기뻐하더라
32 유다와 실라도 선지자라 여러 말로
형제를 권면하여 굳게 하고
33 얼마 있다가 평안히 가라는 전송을
형제들에게 받고 자기를 보내던 사
람들에게로 돌아가되
34 (없음)
35 바울과 바나바는 안디옥에서 유하며
수다한 다른 사람들과 함께 주의 말
씀을 가르치며 전파하니라

바울과 바나바가 갈라서다

36 며칠 후에 바울이 바나바더러 말하되
우리가 주의 말씀을 전한 각 성으로
다시 가서 형제들이 어떠한가 방문하
자 하고
37 바나바는 마가라 하는 요한도 데리
고 가고자 하나
38 바울은 밤빌리아에서 자기들을 떠나
함께 일하러 가지 아니한 자를 데리
고 가는 것이 옳지 않다 하여
39 서로 심히 다투어 피차 갈라서니 바
나바는 마가를 데리고 배 타고 구브
로로 가고
40 바울은 실라를 택한 후에 형제들에
게 주의 은혜에 부탁함을 받고 떠나
41 수리아와 길리기아로 다니며 교회들
을 견고하게 하니라

바울이 디모데를 데리고 가다

16 바울이 더베와 루스드라에도
이르매 거기 디모데라 하는 제
자가 있으니 그 어머니는 믿는 유대
여자요 아버지는 헬라인이라
2 디모데는 루스드라와 이고니온에 있
는 형제들에게 칭찬 받는 자니
3 바울이 그를 데리고 떠나고자 할새
그 지역에 있는 유대인으로 말미암
아 그를 데려다가 할례를 행하니 이
는 그 사람들이 그의 아버지는 헬라
인인 줄 다 앎이러라
4 여러 성으로 다녀 갈 때에 예루살렘
에 있는 사도와 장로들이 작정한 규
례를 그들에게 주어 지키게 하니
5 이에 여러 교회가 믿음이 더 굳건해
지고 수가 날마다 늘어가니라

바울이 환상을 보다

6 성령이 아시아에서 말씀을 전하지 못
하게 하시거늘 그들이 브루기아와
갈라디아 땅으로 다녀가
7 무시아 앞에 이르러 비두니아로 가
고자 애쓰되 예수의 영이 허락하지
아니하시는지라
8 무시아를 지나 드로아로 내려갔는데
9 밤에 환상이 바울에게 보이니 마게
도냐 사람 하나가 서서 그에게 청하
여 이르되 마게도냐로 건너와서 우리
를 도우라 하거늘

10 바울이 그 환상을 보았을 때 우리가
곧 마게도냐로 떠나기를 힘쓰니 이
는 하나님이 저 사람들에게 복음을
전하라고 우리를 부르신 줄로 인정
함이러라

루디아가 믿다

11 우리가 드로아에서 배로 떠나 사모
드라게로 직행하여 이튿날 네압볼리
로 가고
12 거기서 빌립보에 이르니 이는 마게도
냐 지방의 첫 성이요 또 로마의 식민
지라 이 성에서 수일을 유하다가
13 안식일에 우리가 기도할 곳이 있을까
하여 문 밖 강가에 나가 거기 앉아서
모인 여자들에게 말하는데
14 두아디라 시에 있는 자색 옷감 장사
로서 하나님을 섬기는 루디아라 하는
한 여자가 말을 듣고 있을 때 주께서
그 마음을 열어 바울의 말을 따르게
하신지라
15 그와 그 집이 다 세례를 받고 우리에
게 청하여 이르되 만일 나를 주 믿는
자로 알거든 내 집에 들어와 유하라
하고 강권하여 머물게 하니라

바울과 실라가 갇히다

16 우리가 기도하는 곳에 가다가 점치
는 귀신 들린 여종 하나를 만나니 점
으로 그 주인들에게 큰 이익을 주는
자라
17 그가 바울과 우리를 따라와 소리 질
러 이르되 이 사람들은 지극히 높은
하나님의 종으로서 구원의 길을 너희
에게 전하는 자라 하며
18 이같이 여러 날을 하는지라 바울이
심히 괴로워하여 돌이켜 그 귀신에게
이르되 예수 그리스도의 이름으로
내가 네게 명하노니 그에게서 나오
라 하니 귀신이 즉시 나오니라
19 여종의 주인들은 자기 수익의 소망이
끊어진 것을 보고 바울과 실라를 붙
잡아 장터로 관리들에게 끌어 갔다
가
20 상관들 앞에 데리고 가서 말하되 이
사람들이 유대인인데 우리 성을 심히
요란하게 하여
21 로마 사람인 우리가 받지도 못하고
행하지도 못할 풍속을 전한다 하거
늘
22 무리가 일제히 일어나 고발하니 상관
들이 옷을 찢어 벗기고 매로 치라 하
여
23 많이 친 후에 옥에 가두고 간수에게
명하여 든든히 지키라 하니
24 그가 이러한 명령을 받아 그들을 깊
은 옥에 가두고 그 발을 차꼬에 든
든히 채웠더니

25 한밤중에 바울과 실라가 기도하고
하나님을 찬송하매 죄수들이 듣더라
26 이에 갑자기 큰 지진이 나서 옥터가
움직이고 문이 곧 다 열리며 모든 사
람의 매인 것이 다 벗어진지라
27 간수가 자다가 깨어 옥문들이 열린
것을 보고 죄수들이 도망한 줄 생각
하고 칼을 빼어 자결하려 하거늘
28 바울이 크게 소리 질러 이르되 네 몸
을 상하지 말라 우리가 다 여기 있노
라 하니
29 간수가 등불을 달라고 하며 뛰어 들
어가 무서워 떨며 바울과 실라 앞에
엎드리고
30 그들을 데리고 나가 이르되 선생들
이여 내가 어떻게 하여야 구원을 받
으리이까 하거늘
31 이르되 주 예수를 믿으라 그리하면
너와 네 집이 구원을 받으리라 하고
32 주의 말씀을 그 사람과 그 집에 있는
모든 사람에게 전하더라
33 그 밤 그 시각에 간수가 그들을 데
려다가 그 맞은 자리를 씻어 주고 자
기와 그 온 가족이 다 세례를 받은
후
34 그들을 데리고 자기 집에 올라가서
음식을 차려 주고 그와 온 집안이 하
나님을 믿으므로 크게 기뻐하니라
35 날이 새매 상관들이 부하를 보내어
이 사람들을 놓으라 하니
36 간수가 그 말대로 바울에게 말하되
상관들이 사람을 보내어 너희를 놓
으라 하였으니 이제는 나가서 평안히
가라 하거늘
37 바울이 이르되 로마 사람인 우리를
죄도 정하지 아니하고 공중 앞에서
때리고 옥에 가두었다가 이제는 가
만히 내보내고자 하느냐 아니라 그
들이 친히 와서 우리를 데리고 나가
야 하리라 한대
38 부하들이 이 말을 상관들에게 보고
하니 그들이 로마 사람이라 하는 말
을 듣고 두려워하여
39 와서 권하여 데리고 나가 그 성에서
떠나기를 청하니
40 두 사람이 옥에서 나와 루디아의 집
에 들어가서 형제들을 만나 보고 위
로하고 가니라

바울이 데살로니가에서 전도하다

17 그들이 암비볼리와 아볼로니아
로 다녀가 데살로니가에 이르니
거기 유대인의 회당이 있는지라
2 바울이 자기의 관례대로 그들에게로
들어가서 세 안식일에 성경을 가지고
강론하며
3 뜻을 풀어 그리스도가 해를 받고 죽

은 자 가운데서 다시 살아나야 할 것
을 증언하고 이르되 내가 너희에게
전하는 이 예수가 곧 그리스도라 하
니
4 그 중의 어떤 사람 곧 경건한 헬라인
의 큰 무리와 적지 않은 귀부인도 권
함을 받고 바울과 실라를 따르나
5 그러나 유대인들은 시기하여 저자의
어떤 불량한 사람들을 데리고 떼를
지어 성을 소동하게 하여 야손의 집
에 침입하여 그들을 백성에게 끌어
내려고 찾았으나
6 발견하지 못하매 야손과 몇 형제들
을 끌고 읍장들 앞에 가서 소리 질러
이르되 천하를 어지럽게 하던 이 사
람들이 여기도 이르매
7 야손이 그들을 맞아 들였도다 이 사
람들이 다 가이사의 명을 거역하여
말하되 다른 임금 곧 예수라 하는 이
가 있다 하더이다 하니
8 무리와 읍장들이 이 말을 듣고 소동
하여
9 야손과 그 나머지 사람들에게 보석
금을 받고 놓아 주니라

베뢰아 사람들이 말씀을 받다

10 밤에 형제들이 곧 바울과 실라를 베
뢰아로 보내니 그들이 이르러 유대
인의 회당에 들어가니라
11 베뢰아에 있는 사람들은 데살로니가
에 있는 사람들보다 더 너그러워서
간절한 마음으로 말씀을 받고 이것
이 그러한가 하여 날마다 성경을 상
고하므로
12 그 중에 믿는 사람이 많고 또 헬라의
귀부인과 남자가 적지 아니하나
13 데살로니가에 있는 유대인들은 바울
이 하나님의 말씀을 베뢰아에서도 전
하는 줄을 알고 거기도 가서 무리를
움직여 소동하게 하거늘
14 형제들이 곧 바울을 내보내어 바다
까지 가게 하되 실라와 디모데는 아
직 거기 머물더라
15 바울을 인도하는 사람들이 그를 데
리고 아덴까지 이르러 그에게서 실라
와 디모데를 자기에게로 속히 오게
하라는 명령을 받고 떠나니라

바울이 아덴에서 전도하다

16 바울이 아덴에서 그들을 기다리다가
그 성에 우상이 가득한 것을 보고 마
음에 격분하여
17 회당에서는 유대인과 경건한 사람들
과 또 장터에서는 날마다 만나는 사
람들과 변론하니
18 어떤 에피쿠로스와 스토아 철학자들
도 바울과 쟁론할새 어떤 사람은 이
르되 이 말쟁이가 무슨 말을 하고자

하느냐 하고 어떤 사람은 이르되 이
방 신들을 전하는 사람인가보다 하
니 이는 바울이 예수와 부활을 전하
기 때문이러라
19 그를 붙들어 아레오바고로 가며 말
하기를 네가 말하는 이 새로운 가르
침이 무엇인지 우리가 알 수 있겠느
냐
20 네가 어떤 이상한 것을 우리 귀에 들
려 주니 그 무슨 뜻인지 알고자 하노
라 하니
21 모든 아덴 사람과 거기서 나그네 된
외국인들이 가장 새로운 것을 말하
고 듣는 것 이외에는 달리 시간을 쓰
지 않음이더라
22 바울이 아레오바고 가운데 서서 말
하되 아덴 사람들아 너희를 보니 범
사에 종교심이 많도다
23 내가 두루 다니며 너희가 위하는 것
들을 보다가 알지 못하는 신에게라
고 새긴 단도 보았으니 그런즉 너희
가 알지 못하고 위하는 그것을 내가
너희에게 알게 하리라
24 우주와 그 가운데 있는 만물을 지으
신 하나님께서는 천지의 주재시니 손
으로 지은 전에 계시지 아니하시고
25 또 무엇이 부족한 것처럼 사람의 손
으로 섬김을 받으시는 것이 아니니
이는 만민에게 생명과 호흡과 만물
을 친히 주시는 이심이라
26 인류의 모든 족속을 한 혈통으로 만
드사 온 땅에 살게 하시고 그들의 연
대를 정하시며 거주의 경계를 한정하
셨으니
27 이는 사람으로 혹 하나님을 더듬어
찾아 발견하게 하려 하심이로되 그는
우리 각 사람에게서 멀리 계시지 아
니하도다
28 우리가 그를 힘입어 살며 기동하며
존재하느니라 너희 시인 중 어떤 사
람들의 말과 같이 우리가 그의 소생
이라 하니
29 이와 같이 하나님의 소생이 되었은즉
하나님을 금이나 은이나 돌에다 사
람의 기술과 고안으로 새긴 것들과
같이 여길 것이 아니니라
30 알지 못하던 시대에는 하나님이 간과
하셨거니와 이제는 어디든지 사람에
게 다 명하사 회개하라 하셨으니
31 이는 정하신 사람으로 하여금 천하를
공의로 심판할 날을 작정하시고 이
에 그를 죽은 자 가운데서 다시 살리
신 것으로 모든 사람에게 믿을 만한
증거를 주셨음이니라 하니라
32 그들이 죽은 자의 부활을 듣고 어떤
사람은 조롱도 하고 어떤 사람은 이

일에 대하여 네 말을 다시 듣겠다 하
니
33 이에 바울이 그들 가운데서 떠나매
34 몇 사람이 그를 가까이하여 믿으니
그 중에는 아레오바고 관리 디오누
시오와 다마리라 하는 여자와 또 다
른 사람들도 있었더라

바울이 고린도에서 전도하다

18 그 후에 바울이 아덴을 떠나 고
린도에 이르러
2 아굴라라 하는 본도에서 난 유대인
한 사람을 만나니 글라우디오가 모
든 유대인을 명하여 로마에서 떠나라
한 고로 그가 그 아내 브리스길라와
함께 이달리야로부터 새로 온지라
바울이 그들에게 가매
3 생업이 같으므로 함께 살며 일을 하
니 그 생업은 천막을 만드는 것이더
라
4 안식일마다 바울이 회당에서 강론하
고 유대인과 헬라인을 권면하니라
5 실라와 디모데가 마게도냐로부터 내
려오매 바울이 하나님의 말씀에 붙
잡혀 유대인들에게 예수는 그리스도
라 밝히 증언하니
6 그들이 대적하여 비방하거늘 바울이
옷을 털면서 이르되 너희 피가 너희
머리로 돌아갈 것이요 나는 깨끗하
니라 이후에는 이방인에게로 가리라
하고
7 거기서 옮겨 하나님을 경외하는 디도
유스도라 하는 사람의 집에 들어가
니 그 집은 회당 옆이라
8 또 회당장 그리스보가 온 집안과 더
불어 주를 믿으며 수많은 고린도 사
람도 듣고 믿어 세례를 받더라
9 밤에 주께서 환상 가운데 바울에게
말씀하시되 두려워하지 말며 침묵하
지 말고 말하라
10 내가 너와 함께 있으매 어떤 사람도
너를 대적하여 해롭게 할 자가 없을
것이니 이는 이 성중에 내 백성이 많
음이라 하시더라
11 일 년 육 개월을 머물며 그들 가운데
서 하나님의 말씀을 가르치니라
12 갈리오가 아가야 총독 되었을 때에
유대인이 일제히 일어나 바울을 대적
하여 법정으로 데리고 가서
13 말하되 이 사람이 율법을 어기면서
하나님을 경외하라고 사람들을 권한

365묵상

죄가 많은 곳에 은혜도 많은 법

바울의 아덴 선교는 몇 명의 결신자만 얻었다. 그들은 바울의 설교를 지적 호기심으로만 들었을 뿐, 믿음으로 반응하지 않았다. 이후 바울은 고린도에 갔는데, 상업도시인 고린도는 부패한 도시였다. 하지만 고린도 사람들은 복음을 잘 받아들였다(행 18:1–10). 이는 죄가 많은 곳에 은혜도 많다는 교훈을 준다. 이처럼 복음은 병든 자, 가난한 자, 소외된 자, 죄 많은 자에게 효과가 있다. 그것은 자신의 죄인 됨과 연약함을 깨닫는 자가 자신을 치유와 회복으로 이끄는 십자가 복음의 필요성을 더욱 느끼기 때문이리라!

다 하거늘
14 바울이 입을 열고자 할 때에 갈리오
가 유대인들에게 이르되 너희 유대인
들아 만일 이것이 무슨 부정한 일이
나 불량한 행동이었으면 내가 너희
말을 들어 주는 것이 옳거니와
15 만일 문제가 언어와 명칭과 너희 법
에 관한 것이면 너희가 스스로 처리
하라 나는 이러한 일에 재판장 되기
를 원하지 아니하노라 하고
16 그들을 법정에서 쫓아내니
17 모든 사람이 회당장 소스데네를 잡
아 법정 앞에서 때리되 갈리오가 이
일을 상관하지 아니하니라

바울이 안디옥으로 내려가다

18 바울은 더 여러 날 머물다가 형제들
과 작별하고 배 타고 수리아로 떠나
갈새 브리스길라와 아굴라도 함께
하더라 바울이 일찍이 서원이 있었으
므로 겐그레아에서 머리를 깎았더
라
19 에베소에 와서 그들을 거기 머물게
하고 자기는 회당에 들어가서 유대인
들과 변론하니
20 여러 사람이 더 오래 있기를 청하되
허락하지 아니하고
21 작별하여 이르되 만일 하나님의 뜻이
면 너희에게 돌아오리라 하고 배를
타고 에베소를 떠나
22 가이사랴에 상륙하여 올라가 교회의
안부를 물은 후에 안디옥으로 내려
가서
23 얼마 있다가 떠나 갈라디아와 브루기
아 땅을 차례로 다니며 모든 제자를
굳건하게 하니라

아볼로가 담대히 전도하다

24 알렉산드리아에서 난 아볼로라 하는
유대인이 에베소에 이르니 이 사람
은 언변이 좋고 성경에 능통한 자라
25 그가 일찍이 주의 도를 배워 열심으
로 예수에 관한 것을 자세히 말하며
가르치나 요한의 세례만 알 따름이
라
26 그가 회당에서 담대히 말하기 시작하
거늘 브리스길라와 아굴라가 듣고
데려다가 하나님의 도를 더 정확하게
풀어 이르더라
27 아볼로가 아가야로 건너가고자 함으
로 형제들이 그를 격려하며 제자들
에게 편지를 써 영접하라 하였더니
그가 가매 은혜로 말미암아 믿은 자
들에게 많은 유익을 주니
28 이는 성경으로써 예수는 그리스도라
고 증언하여 공중 앞에서 힘있게 유
대인의 말을 이김이러라

바울이 에베소에서 전도하다

19 아볼로가 고린도에 있을 때에
바울이 윗지방으로 다녀 에베
소에 와서 어떤 제자들을 만나
2 이르되 너희가 믿을 때에 성령을 받
았느냐 이르되 아니라 우리는 성령이
계심도 듣지 못하였노라
3 바울이 이르되 그러면 너희가 무슨
세례를 받았느냐 대답하되 요한의
세례니라
4 바울이 이르되 요한이 회개의 세례를
베풀며 백성에게 말하되 내 뒤에 오
시는 이를 믿으라 하였으니 이는 곧
예수라 하거늘
5 그들이 듣고 주 예수의 이름으로 세
례를 받으니
6 바울이 그들에게 안수하매 성령이
그들에게 임하시므로 방언도 하고
예언도 하니
7 모두 열두 사람쯤 되니라
8 바울이 회당에 들어가 석 달 동안 담
대히 하나님 나라에 관하여 강론하며
권면하되
9 어떤 사람들은 마음이 굳어 순종하
지 않고 무리 앞에서 이 도를 비방하
거늘 바울이 그들을 떠나 제자들을
따로 세우고 두란노 서원에서 날마
다 강론하니라
10 두 해 동안 이같이 하니 아시아에 사
는 자는 유대인이나 헬라인이나 다
주의 말씀을 듣더라
11 하나님이 바울의 손으로 놀라운 능
력을 행하게 하시니
12 심지어 사람들이 바울의 몸에서 손수
건이나 앞치마를 가져다가 병든 사람
에게 얹으면 그 병이 떠나고 악귀도
나가더라
13 이에 돌아다니며 마술하는 어떤 유
대인들이 시험삼아 악귀 들린 자들에
게 주 예수의 이름을 불러 말하되 내
가 바울이 전파하는 예수를 의지하
여 너희에게 명하노라 하더라
14 유대의 한 제사장 스게와의 일곱 아
들도 이 일을 행하더니
15 악귀가 대답하여 이르되 내가 예수
도 알고 바울도 알거니와 너희는 누
구냐 하며
16 악귀 들린 사람이 그들에게 뛰어올
라 눌러 이기니 그들이 상하여 벗은
몸으로 그 집에서 도망하는지라
17 에베소에 사는 유대인과 헬라인들이
다 이 일을 알고 두려워하며 주 예수
의 이름을 높이고
18 믿은 사람들이 많이 와서 자복하여
행한 일을 알리며
19 또 마술을 행하던 많은 사람이 그
책을 모아 가지고 와서 모든 사람

앞에서 불사르니 그 책 값을 계산한
즉 은 오만이나 되더라
20 이와 같이 주의 말씀이 힘이 있어 흥
왕하여 세력을 얻으니라

에베소에서 일어난 소동

21 이 일이 있은 후에 바울이 마게도냐
와 아가야를 거쳐 예루살렘에 가기
로 작정하여 이르되 내가 거기 갔다
가 후에 로마도 보아야 하리라 하고
22 자기를 돕는 사람 중에서 디모데와
에라스도 두 사람을 마게도냐로 보
내고 자기는 아시아에 얼마 동안 더
있으니라
23 그 때쯤 되어 이 도로 말미암아 적지
않은 소동이 있었으니
24 즉 데메드리오라 하는 어떤 은장색
이 은으로 아데미의 신상 모형을 만
들어 직공들에게 적지 않은 벌이를
하게 하더니
25 그가 그 직공들과 그러한 영업하는
자들을 모아 이르되 여러분도 알거니
와 우리의 풍족한 생활이 이 생업에
있는데
26 이 바울이 에베소뿐 아니라 거의 전
아시아를 통하여 수많은 사람을 권
유하여 말하되 사람의 손으로 만든
것들은 신이 아니라 하니 이는 그대
들도 보고 들은 것이라
27 우리의 이 영업이 천하여질 위험이 있
을 뿐 아니라 큰 여신 아데미의 신전
도 무시 당하게 되고 온 아시아와 천
하가 위하는 그의 위엄도 떨어질까
하노라 하더라
28 그들이 이 말을 듣고 분노가 가득하
여 외쳐 이르되 크다 에베소 사람의
아데미여 하니
29 온 시내가 요란하여 바울과 같이 다
니는 마게도냐 사람 가이오와 아리
스다고를 붙들어 일제히 연극장으로
달려 들어가는지라
30 바울이 백성 가운데로 들어가고자
하나 제자들이 말리고
31 또 아시아 관리 중에 바울의 친구된
어떤 이들이 그에게 통지하여 연극장
에 들어가지 말라 권하더라
32 사람들이 외쳐 어떤 이는 이런 말을,
어떤 이는 저런 말을 하니 모인 무리
가 분란하여 태반이나 어찌하여 모였
는지 알지 못하더라
33 유대인들이 무리 가운데서 알렉산더
를 권하여 앞으로 밀어내니 알렉산더
가 손짓하며 백성에게 변명하려 하나
34 그들은 그가 유대인인 줄 알고 다
한 소리로 외쳐 이르되 크다 에베소
사람의 아데미여 하기를 두 시간이나
하더니

35 서기장이 무리를 진정시키고 이르되
에베소 사람들아 에베소 시가 큰 아
데미와 제우스에게서 내려온 우상의
신전지기가 된 줄을 누가 알지 못하
겠느냐
36 이 일이 그렇지 않다 할 수 없으니 너
희가 가만히 있어서 무엇이든지 경솔
히 아니하여야 하리라
37 신전의 물건을 도둑질하지도 아니하
였고 우리 여신을 비방하지도 아니한
이 사람들을 너희가 붙잡아 왔으니
38 만일 데메드리오와 그와 함께 있는
직공들이 누구에게 고발할 것이 있
으면 재판 날도 있고 총독들도 있으
니 피차 고소할 것이요
39 만일 그 외에 무엇을 원하면 정식으
로 민회에서 결정할지라
40 오늘 아무 까닭도 없는 이 일에 우리
가 소요 사건으로 책망 받을 위험이
있고 우리는 이 불법 집회에 관하여
보고할 자료가 없다 하고
41 이에 그 모임을 흩어지게 하니라

바울이 마게도냐와 헬라를 다니다

20 소요가 그치매 바울은 제자들
을 불러 권한 후에 작별하고 떠
나 마게도냐로 가니라
2 그 지방으로 다녀가며 여러 말로 제
자들에게 권하고 헬라에 이르러
3 거기 석 달 동안 있다가 배 타고 수
리아로 가고자 할 그 때에 유대인들
이 자기를 해하려고 공모하므로 마
게도냐를 거쳐 돌아가기로 작정하니
4 아시아까지 함께 가는 자는 베뢰아
사람 부로의 아들 소바더와 데살로
니가 사람 아리스다고와 세군도와
더베 사람 가이오와 및 디모데와 아
시아 사람 두기고와 드로비모라
5 그들은 먼저 가서 드로아에서 우리
를 기다리더라
6 우리는 무교절 후에 빌립보에서 배
로 떠나 닷새 만에 드로아에 있는
그들에게 가서 이레를 머무니라

유두고를 살리다

7 그 주간의 첫날에 우리가 떡을 떼려
하여 모였더니 바울이 이튿날 떠나고
자 하여 그들에게 강론할새 말을 밤
중까지 계속하매
8 우리가 모인 윗다락에 등불을 많이
켰는데
9 유두고라 하는 청년이 창에 걸터 앉
아 있다가 깊이 졸더니 바울이 강론
하기를 더 오래 하매 졸음을 이기지
못하여 삼 층에서 떨어지거늘 일으켜
보니 죽었는지라
10 바울이 내려가서 그 위에 엎드려 그
몸을 안고 말하되 떠들지 말라 생명

이 그에게 있다 하고
11 올라가 떡을 떼어 먹고 오랫동안 곧
날이 새기까지 이야기하고 떠나니라
12 사람들이 살아난 청년을 데리고 가서
적지 않게 위로를 받았더라

드로아에서 밀레도까지 항해하다

13 우리는 앞서 배를 타고 앗소에서 바
울을 태우려고 그리로 가니 이는 바
울이 걸어서 가고자 하여 그렇게 정
하여 준 것이라
14 바울이 앗소에서 우리를 만나니 우
리가 배에 태우고 미둘레네로 가서
15 거기서 떠나 이튿날 기오 앞에 오고
그 이튿날 사모에 들르고 또 그 다
음 날 밀레도에 이르니라
16 바울이 아시아에서 지체하지 않기 위
하여 에베소를 지나 배 타고 가기로
작정하였으니 이는 될 수 있는 대로
오순절 안에 예루살렘에 이르려고
급히 감이러라

에베소 장로들에게 고별 설교를 하다

17 바울이 밀레도에서 사람을 에베소로
보내어 교회 장로들을 청하니
18 오매 그들에게 말하되 아시아에 들
어온 첫날부터 지금까지 내가 항상
여러분 가운데서 어떻게 행하였는지
를 여러분도 아는 바니
19 곧 모든 겸손과 눈물이며 유대인의
간계로 말미암아 당한 시험을 참고
주를 섬긴 것과
20 유익한 것은 무엇이든지 공중 앞에
서나 각 집에서나 거리낌이 없이 여러
분에게 전하여 가르치고
21 유대인과 헬라인들에게 하나님께 대
한 회개와 우리 주 예수 그리스도께
대한 믿음을 증언한 것이라
22 보라 이제 나는 성령에 매여 예루살
렘으로 가는데 거기서 무슨 일을 당
할는지 알지 못하노라
23 오직 성령이 각 성에서 내게 증언하
여 결박과 환난이 나를 기다린다 하
시나
24 내가 달려갈 길과 주 예수께 받은
사명 곧 하나님의 은혜의 복음을 증
언하는 일을 마치려 함에는 나의 생
명조차 조금도 귀한 것으로 여기지
아니하노라
25 보라 내가 여러분 중에 왕래하며 하
나님의 나라를 전파하였으나 이제는
여러분이 다 내 얼굴을 다시 보지 못
할 줄 아노라
26 그러므로 오늘 여러분에게 증언하거
니와 모든 사람의 피에 대하여 내가
깨끗하니
27 이는 내가 꺼리지 않고 하나님의 뜻
을 다 여러분에게 전하였음이라

28 여러분은 자기를 위하여 또는 온 양
떼를 위하여 삼가라 성령이 그들 가
운데 여러분을 감독자로 삼고 하나
님이 자기 피로 사신 교회를 보살피
게 하셨느니라
29 내가 떠난 후에 사나운 이리가 여러
분에게 들어와서 그 양 떼를 아끼지
아니하며
30 또한 여러분 중에서도 제자들을 끌
어 자기를 따르게 하려고 어그러진
말을 하는 사람들이 일어날 줄을 내
가 아노라
31 그러므로 여러분이 일깨어 내가 삼
년이나 밤낮 쉬지 않고 눈물로 각 사
람을 훈계하던 것을 기억하라
32 지금 내가 여러분을 주와 및 그 은혜
의 말씀에 부탁하노니 그 말씀이 여
러분을 능히 든든히 세우사 거룩하
게 하심을 입은 모든 자 가운데 기업
이 있게 하시리라
33 내가 아무의 은이나 금이나 의복을
탐하지 아니하였고
34 여러분이 아는 바와 같이 이 손으로
나와 내 동행들이 쓰는 것을 충당하
여
35 범사에 여러분에게 모본을 보여준
바와 같이 수고하여 약한 사람들을
돕고 또 주 예수께서 친히 말씀하신
바 주는 것이 받는 것보다 복이 있다
하심을 기억하여야 할지니라
36 이 말을 한 후 무릎을 꿇고 그 모든
사람들과 함께 기도하니
37 다 크게 울며 바울의 목을 안고 입
을 맞추고
38 다시 그 얼굴을 보지 못하리라 한 말
로 말미암아 더욱 근심하고 배에까
지 그를 전송하니라

바울이 예루살렘으로 가다

21 우리가 그들을 작별하고 배를
타고 바로 고스로 가서 이튿날
로도에 이르러 거기서부터 바다라로
가서
2 베니게로 건너가는 배를 만나서 타
고 가다가
3 구브로를 바라보고 이를 왼편에 두
고 수리아로 항해하여 두로에서 상
륙하니 거기서 배의 짐을 풀려 함이
러라
4 제자들을 찾아 거기서 이레를 머물더
니 그 제자들이 성령의 감동으로 바

365묵상

선한 목자가 되기

에베소 교회의 지도자들을 향한 바울의 권면은 목양자의 참 자세를 깨우쳐준다(행 20:26-31). 오늘날 우리도 다른 이들을 목양할 수 있다. 부모는 자녀를, 선생님은 학생을, 주일학교 교사는 아이를 목양한다. 목양자의 임무는 맡은 양들을 돌보는 일이다. 따라서 우리는 맡고 있는 양들에게 세심한 관심을 가져야 한다. 혹 아프지 않은지, 혹 나쁜 풀을 먹고 있지 않는지. 뿐만 아니라 양을 대하는 자신의 태도를 주의 깊게 살펴야 한다. 그런 세심한 배려로 맡겨진 양들을 잘 돌본다면, 우리는 선한 목자가 될 수 있다.

울더러 예루살렘에 들어가지 말라
하더라
5 이 여러 날을 지낸 후 우리가 떠나갈
새 그들이 다 그 처자와 함께 성문
밖까지 전송하거늘 우리가 바닷가에
서 무릎을 꿇어 기도하고
6 서로 작별한 후 우리는 배에 오르고
그들은 집으로 돌아가니라
7 두로를 떠나 항해를 다 마치고 돌레
마이에 이르러 형제들에게 안부를
묻고 그들과 함께 하루를 있다가
8 이튿날 떠나 가이사랴에 이르러 일곱
집사 중 하나인 전도자 빌립의 집에
들어가서 머무르니라
9 그에게 딸 넷이 있으니 처녀로 예언
하는 자라
10 여러 날 머물러 있더니 아가보라 하
는 한 선지자가 유대로부터 내려와
11 우리에게 와서 바울의 띠를 가져다가
자기 수족을 잡아매고 말하기를 성
령이 말씀하시되 예루살렘에서 유대
인들이 이같이 이 띠 임자를 결박하
여 이방인의 손에 넘겨 주리라 하거
늘
12 우리가 그 말을 듣고 그 곳 사람들
과 더불어 바울에게 예루살렘으로
올라가지 말라 권하니
13 바울이 대답하되 여러분이 어찌하여
울어 내 마음을 상하게 하느냐 나는
주 예수의 이름을 위하여 결박 당할
뿐 아니라 예루살렘에서 죽을 것도
각오하였노라 하니
14 그가 권함을 받지 아니하므로 우리
가 주의 뜻대로 이루어지이다 하고
그쳤노라
15 이 여러 날 후에 여장을 꾸려 예루살
렘으로 올라갈새
16 가이사랴의 몇 제자가 함께 가며 한
오랜 제자 구브로 사람 나손을 데리
고 가니 이는 우리가 그의 집에 머물
려 함이라

바울이 야고보를 방문하다

17 예루살렘에 이르니 형제들이 우리를
기꺼이 영접하거늘
18 그 이튿날 바울이 우리와 함께 야고
보에게로 들어가니 장로들도 다 있
더라
19 바울이 문안하고 하나님이 자기의 사
역으로 말미암아 이방 가운데서 하신
일을 낱낱이 말하니
20 그들이 듣고 하나님께 영광을 돌리
고 바울더러 이르되 형제여 그대도
보는 바에 유대인 중에 믿는 자 수
만 명이 있으니 다 율법에 열성을 가
진 자라
21 네가 이방에 있는 모든 유대인을 가

르치되 모세를 배반하고 아들들에
게 할례를 행하지 말고 또 관습을
지키지 말라 한다 함을 그들이 들었
도다
22 그러면 어찌할꼬 그들이 필연 그대가
온 것을 들으리니
23 우리가 말하는 이대로 하라 서원한
네 사람이 우리에게 있으니
24 그들을 데리고 함께 결례를 행하고
그들을 위하여 비용을 내어 머리를
깎게 하라 그러면 모든 사람이 그대
에 대하여 들은 것이 사실이 아니고
그대도 율법을 지켜 행하는 줄로 알
것이라
25 주를 믿는 이방인에게는 우리가 우
상의 제물과 피와 목매어 죽인 것과
음행을 피할 것을 결의하고 편지하였
느니라 하니
26 바울이 이 사람들을 데리고 이튿날
그들과 함께 결례를 행하고 성전에
들어가서 각 사람을 위하여 제사 드
릴 때까지의 결례 기간이 만기된 것을
신고하니라

바울이 잡히다

27 그 이레가 거의 차매 아시아로부터
온 유대인들이 성전에서 바울을 보
고 모든 무리를 충동하여 그를 붙들
고
28 외치되 이스라엘 사람들아 도우라
이 사람은 각처에서 우리 백성과 율
법과 이 곳을 비방하여 모든 사람을
가르치는 그 자인데 또 헬라인을 데
리고 성전에 들어가서 이 거룩한 곳
을 더럽혔다 하니
29 이는 그들이 전에 에베소 사람 드로
비모가 바울과 함께 시내에 있음을
보고 바울이 그를 성전에 데리고 들
어간 줄로 생각함이러라
30 온 성이 소동하여 백성이 달려와 모
여 바울을 잡아 성전 밖으로 끌고
나가니 문들이 곧 닫히더라
31 그들이 그를 죽이려 할 때에 온 예
루살렘이 요란하다는 소문이 군대의
천부장에게 들리매
32 그가 급히 군인들과 백부장들을 거
느리고 달려 내려가니 그들이 천부장
과 군인들을 보고 바울 치기를 그치
는지라
33 이에 천부장이 가까이 가서 바울을
잡아 두 쇠사슬로 결박하라 명하고
그가 누구이며 그가 무슨 일을 하였
느냐 물으니
34 무리 가운데서 어떤 이는 이런 말로,
어떤 이는 저런 말로 소리 치거늘 천
부장이 소동으로 말미암아 진상을
알 수 없어 그를 영내로 데려가라 명

하니라
35 바울이 층대에 이를 때에 무리의 폭
행으로 말미암아 군사들에게 들려가
니
36 이는 백성의 무리가 그를 없이하자고
외치며 따라 감이러라

바울이 백성에게 말하다

37 바울을 데리고 영내로 들어가려 할
그 때에 바울이 천부장에게 이르되
내가 당신에게 말할 수 있느냐 이르
되 네가 헬라 말을 아느냐
38 그러면 네가 이전에 소요를 일으켜
자객 사천 명을 거느리고 광야로 가
던 애굽인이 아니냐
39 바울이 이르되 나는 유대인이라 소
읍이 아닌 길리기아 다소 시의 시민이
니 청컨대 백성에게 말하기를 허락하
라 하니
40 천부장이 허락하거늘 바울이 층대 위
에 서서 백성에게 손짓하여 매우 조
용히 한 후에 히브리 말로 말하니라

22

부형들아 내가 지금 여러분 앞
에서 변명하는 말을 들으라

바울이 변명하다

2 그들이 그가 히브리 말로 말함을 듣
고 더욱 조용한지라 이어 이르되
3 나는 유대인으로 길리기아 다소에서
났고 이 성에서 자라 가말리엘의 문
하에서 우리 조상들의 율법의 엄한
교훈을 받았고 오늘 너희 모든 사람
처럼 하나님께 대하여 열심이 있는
자라
4 내가 이 도를 박해하여 사람을 죽이
기까지 하고 남녀를 결박하여 옥에
넘겼노니
5 이에 대제사장과 모든 장로들이 내
증인이라 또 내가 그들에게서 다메
섹 형제들에게 가는 공문을 받아 가
지고 거기 있는 자들도 결박하여 예
루살렘으로 끌어다가 형벌 받게 하
려고 가더니
6 가는 중 다메섹에 가까이 갔을 때에
오정쯤 되어 홀연히 하늘로부터 큰
빛이 나를 둘러 비치매
7 내가 땅에 엎드러져 들으니 소리 있
어 이르되 사울아 사울아 네가 왜 나
를 박해하느냐 하시거늘
8 내가 대답하되 주님 누구시니이까 하
니 이르시되 나는 네가 박해하는 나
사렛 예수라 하시더라
9 나와 함께 있는 사람들이 빛은 보면
서도 나에게 말씀하시는 이의 소리
는 듣지 못하더라
10 내가 이르되 주님 무엇을 하리이까
주께서 이르시되 일어나 다메섹으로
들어가라 네가 해야 할 모든 것을 거

기서 누가 이르리라 하시거늘
11 나는 그 빛의 광채로 말미암아 볼 수
없게 되었으므로 나와 함께 있는 사
람들의 손에 끌려 다메섹에 들어갔
노라
12 율법에 따라 경건한 사람으로 거기
사는 모든 유대인들에게 칭찬을 듣
는 아나니아라 하는 이가
13 내게 와 곁에 서서 말하되 형제 사울
아 다시 보라 하거늘 즉시 그를 쳐다
보았노라
14 그가 또 이르되 우리 조상들의 하나
님이 너를 택하여 너로 하여금 자기
뜻을 알게 하시며 그 의인을 보게 하
시고 그 입에서 나오는 음성을 듣게
하셨으니
15 네가 그를 위하여 모든 사람 앞에서
네가 보고 들은 것에 증인이 되리라
16 이제는 왜 주저하느냐 일어나 주의
이름을 불러 세례를 받고 너의 죄를
씻으라 하더라
17 후에 내가 예루살렘으로 돌아와서
성전에서 기도할 때에 황홀한 중에
18 보매 주께서 내게 말씀하시되 속히
예루살렘에서 나가라 그들은 네가
내게 대하여 증언하는 말을 듣지 아
니하리라 하시거늘
19 내가 말하기를 주님 내가 주를 믿는
사람들을 가두고 또 각 회당에서 때
리고
20 또 주의 증인 스데반이 피를 흘릴 때
에 내가 곁에 서서 찬성하고 그 죽이
는 사람들의 옷을 지킨 줄 그들도
아나이다
21 나더러 또 이르시되 떠나가라 내가
너를 멀리 이방인에게로 보내리라 하
셨느니라
22 이 말하는 것까지 그들이 듣다가 소
리 질러 이르되 이러한 자는 세상에
서 없애 버리자 살려 둘 자가 아니라
하여
23 떠들며 옷을 벗어 던지고 티끌을 공
중에 날리니
24 천부장이 바울을 영내로 데려가라 명
하고 그들이 무슨 일로 그에 대하여
떠드는지 알고자 하여 채찍질하며 심
문하라 한대
25 가죽 줄로 바울을 매니 바울이 곁에
서 있는 백부장더러 이르되 너희가
로마 시민 된 자를 죄도 정하지 아니
하고 채찍질할 수 있느냐 하니
26 백부장이 듣고 가서 천부장에게 전
하여 이르되 어찌하려 하느냐 이는
로마 시민이라 하니
27 천부장이 와서 바울에게 말하되 네
가 로마 시민이냐 내게 말하라 이르

되 그러하다
28 천부장이 대답하되 나는 돈을 많이
들여 이 시민권을 얻었노라 바울이
이르되 나는 나면서부터라 하니
29 심문하려던 사람들이 곧 그에게서
물러가고 천부장도 그가 로마 시민
인 줄 알고 또 그 결박한 것 때문에
두려워하니라

바울이 공회 앞에서 증언하다

30 이튿날 천부장은 유대인들이 무슨
일로 그를 고발하는지 진상을 알고
자 하여 그 결박을 풀고 명하여 제사
장들과 온 공회를 모으고 바울을 데
리고 내려가서 그들 앞에 세우니라

23

바울이 공회를 주목하여 이르되
여러분 형제들아 오늘까지 나
는 범사에 양심을 따라 하나님을 섬
겼노라 하거늘
2 대제사장 아나니아가 바울 곁에 서
있는 사람들에게 그 입을 치라 명하
니
3 바울이 이르되 회칠한 담이여 하나님
이 너를 치시리로다 네가 나를 율법
대로 심판한다고 앉아서 율법을 어
기고 나를 치라 하느냐 하니
4 곁에 선 사람들이 말하되 하나님의
대제사장을 네가 욕하느냐
5 바울이 이르되 형제들아 나는 그가
대제사장인 줄 알지 못하였노라 기
록하였으되 너의 백성의 관리를 비방
하지 말라 하였느니라 하더라
6 바울이 그 중 일부는 사두개인이요
다른 일부는 바리새인인 줄 알고 공
회에서 외쳐 이르되 여러분 형제들아
나는 바리새인이요 또 바리새인의 아
들이라 죽은 자의 소망 곧 부활로
말미암아 내가 심문을 받노라
7 그 말을 한즉 바리새인과 사두개인
사이에 다툼이 생겨 무리가 나누어지
니
8 이는 사두개인은 부활도 없고 천사
도 없고 영도 없다 하고 바리새인은
다 있다 함이라
9 크게 떠들새 바리새인 편에서 몇 서
기관이 일어나 다투어 이르되 우리가
이 사람을 보니 악한 것이 없도다 혹
영이나 혹 천사가 그에게 말하였으면
어찌 하겠느냐 하여
10 큰 분쟁이 생기니 천부장은 바울이
그들에게 찢겨질까 하여 군인을 명
하여 내려가 무리 가운데서 빼앗아
가지고 영내로 들어가라 하니라
11 그 날 밤에 주께서 바울 곁에 서서
이르시되 담대하라 네가 예루살렘에
서 나의 일을 증언한 것 같이 로마에
서도 증언하여야 하리라 하시니라

바울을 죽이려는 간계

12 날이 새매 유대인들이 당을 지어 맹
세하되 바울을 죽이기 전에는 먹지도
아니하고 마시지도 아니하겠다 하고
13 이같이 동맹한 자가 사십여 명이더라
14 대제사장들과 장로들에게 가서 말하
되 우리가 바울을 죽이기 전에는 아
무 것도 먹지 않기로 굳게 맹세하였
으니
15 이제 너희는 그의 사실을 더 자세히
물어보려는 척하면서 공회와 함께 천
부장에게 청하여 바울을 너희에게로
데리고 내려오게 하라 우리는 그가
가까이 오기 전에 죽이기로 준비하였
노라 하더니
16 바울의 생질이 그들이 매복하여 있다
함을 듣고 와서 영내에 들어가 바울
에게 알린지라
17 바울이 한 백부장을 청하여 이르되
이 청년을 천부장에게로 인도하라
그에게 무슨 할 말이 있다 하니
18 천부장에게로 데리고 가서 이르되 죄
수 바울이 나를 불러 이 청년이 당신
께 할 말이 있다 하여 데리고 가기를
청하더이다 하매
19 천부장이 그의 손을 잡고 물러가서
조용히 묻되 내게 할 말이 무엇이냐
20 대답하되 유대인들이 공모하기를 그
들이 바울에 대하여 더 자세한 것을
묻기 위함이라 하고 내일 그를 데리
고 공회로 내려오기를 당신께 청하
자 하였으니
21 당신은 그들의 청함을 따르지 마옵
소서 그들 중에서 바울을 죽이기 전
에는 먹지도 않고 마시지도 않기로
맹세한 자 사십여 명이 그를 죽이려
고 숨어서 지금 다 준비하고 당신의
허락만 기다리나이다 하니
22 이에 천부장이 청년을 보내며 경계하
되 이 일을 내게 알렸다고 아무에게
도 이르지 말라 하고
23 백부장 둘을 불러 이르되 밤 제 삼
시에 가이사랴까지 갈 보병 이백 명
과 기병 칠십 명과 창병 이백 명을 준
비하라 하고
24 또 바울을 태워 총독 벨릭스에게로
무사히 보내기 위하여 짐승을 준비하
라 명하며
25 또 이 아래와 같이 편지하니 일렀으
되

365묵상

힘든 시기에 용기를 내기

사도 바울은 복음을 전파했다는 이유로 붙잡혀 핍박당하고 감옥에 갇혔다. 그러나 그날 밤에 주님은 바울 곁에 서서 담대하라고 말씀하셨다(행 23:11). 모든 일들이 잘 풀려나갈 때 활기찬 기분을 갖는 것은 어려운 일이 아니다. 하지만 바울과 같은 힘든 날들을 가질 때는 어떨까? 믿는 자들은 어려운 시기에도 용기를 내야 한다. 우리의 모든 환경이 주님께로부터 주어진 것이라면, 힘든 날이라도 절망할 필요가 없다. 용기를 낸다는 것은 주님을 더욱 굳게 의뢰한다는 것이다. 주님을 의뢰할 때, 우리를 대적할 자는 없다!

26 글라우디오 루시아는 총독 벨릭스
각하께 문안하나이다
27 이 사람이 유대인들에게 잡혀 죽게
된 것을 내가 로마 사람인 줄 들어
알고 군대를 거느리고 가서 구원하
여다가
28 유대인들이 무슨 일로 그를 고발하
는지 알고자 하여 그들의 공회로 데
리고 내려갔더니
29 고발하는 것이 그들의 율법 문제에
관한 것뿐이요 한 가지도 죽이거나
결박할 사유가 없음을 발견하였나이
다
30 그러나 이 사람을 해하려는 간계가
있다고 누가 내게 알려 주기로 곧 당
신께로 보내며 또 고발하는 사람들
도 당신 앞에서 그에 대하여 말하라
하였나이다 하였더라

바울을 벨릭스 총독 앞에 세우다

31 보병이 명을 받은 대로 밤에 바울을
데리고 안디바드리에 이르러
32 이튿날 기병으로 바울을 호송하게
하고 영내로 돌아가니라
33 그들이 가이사랴에 들어가서 편지를
총독에게 드리고 바울을 그 앞에 세
우니
34 총독이 읽고 바울더러 어느 영지 사
람이냐 물어 길리기아 사람인 줄 알
고
35 이르되 너를 고발하는 사람들이 오
거든 네 말을 들으리라 하고 헤롯
궁에 그를 지키라 명하니라

바울을 고발하다

24 닷새 후에 대제사장 아나니아
가 어떤 장로들과 한 변호사 더
둘로와 함께 내려와서 총독 앞에서
바울을 고발하니라
2 바울을 부르매 더둘로가 고발하여
이르되
3 벨릭스 각하여 우리가 당신을 힘입어
태평을 누리고 또 이 민족이 당신의
선견으로 말미암아 여러 가지로 개선
된 것을 우리가 어느 모양으로나 어
느 곳에서나 크게 감사하나이다
4 당신을 더 괴롭게 아니하려 하여 우
리가 대강 여짜옵나니 관용하여 들
으시기를 원하나이다
5 우리가 보니 이 사람은 전염병 같은
자라 천하에 흩어진 유대인을 다 소
요하게 하는 자요 나사렛 이단의 우
두머리라
6 그가 또 성전을 더럽게 하려 하므로
우리가 잡았사오니 (6하반-8상반
없음)
8 당신이 친히 그를 심문하시면 우리가
고발하는 이 모든 일을 아실 수 있나

이다 하니
9 유대인들도 이에 참가하여 이 말이
옳다 주장하니라

바울이 변명하다

10 총독이 바울에게 머리로 표시하여
말하라 하니 그가 대답하되 당신이
여러 해 전부터 이 민족의 재판장 된
것을 내가 알고 내 사건에 대하여 기
꺼이 변명하나이다
11 당신이 아실 수 있는 바와 같이 내가
예루살렘에 예배하러 올라간 지 열
이틀밖에 안 되었고
12 그들은 내가 성전에서 누구와 변론
하는 것이나 회당 또는 시중에서 무
리를 소동하게 하는 것을 보지 못하
였으니
13 이제 나를 고발하는 모든 일에 대하
여 그들이 능히 당신 앞에 내세울 것
이 없나이다
14 그러나 이것을 당신께 고백하리이다
나는 그들이 이단이라 하는 도를 따
라 조상의 하나님을 섬기고 율법과
선지자들의 글에 기록된 것을 다 믿
으며
15 그들이 기다리는 바 하나님께 향한
소망을 나도 가졌으니 곧 의인과 악
인의 부활이 있으리라 함이니이다
16 이것으로 말미암아 나도 하나님과
사람에 대하여 항상 양심에 거리낌이
없기를 힘쓰나이다
17 여러 해 만에 내가 내 민족을 구제할
것과 제물을 가지고 와서
18 드리는 중에 내가 결례를 행하였고
모임도 없고 소동도 없이 성전에 있
는 것을 그들이 보았나이다 그러나
아시아로부터 온 어떤 유대인들이 있
었으니
19 그들이 만일 나를 반대할 사건이 있
으면 마땅히 당신 앞에 와서 고발하
였을 것이요
20 그렇지 않으면 이 사람들이 내가 공
회 앞에 섰을 때에 무슨 옳지 않은
것을 보았는가 말하라 하소서
21 오직 내가 그들 가운데 서서 외치기
를 내가 죽은 자의 부활에 대하여
오늘 너희 앞에 심문을 받는다고 한
이 한 소리만 있을 따름이니이다 하
니
22 벨릭스가 이 도에 관한 것을 더 자세
히 아는 고로 연기하여 이르되 천부
장 루시아가 내려오거든 너희 일을
처결하리라 하고
23 백부장에게 명하여 바울을 지키되 자
유를 주고 그의 친구들이 그를 돌보
아 주는 것을 금하지 말라 하니라

바울이 감옥에 갇혀 지내다

24 수일 후에 벨릭스가 그 아내 유대
여자 드루실라와 함께 와서 바울을
불러 그리스도 예수 믿는 도를 듣거
늘
25 바울이 의와 절제와 장차 오는 심판
을 강론하니 벨릭스가 두려워하여 대
답하되 지금은 가라 내가 틈이 있으
면 너를 부르리라 하고
26 동시에 또 바울에게서 돈을 받을까
바라는 고로 더 자주 불러 같이 이야
기하더라
27 이태가 지난 후 보르기오 베스도가
벨릭스의 소임을 이어받으니 벨릭스
가 유대인의 마음을 얻고자 하여 바
울을 구류하여 두니라

바울이 가이사에게 상소하다

25 베스도가 부임한 지 삼 일 후에
가이사랴에서 예루살렘으로 올
라가니
2 대제사장들과 유대인 중 높은 사람
들이 바울을 고소할새
3 베스도의 호의로 바울을 예루살렘
으로 옮기기를 청하니 이는 길에 매
복하였다가 그를 죽이고자 함이더라
4 베스도가 대답하여 바울이 가이사랴
에 구류된 것과 자기도 멀지 않아 떠
나갈 것을 말하고
5 또 이르되 너희 중 유력한 자들은 나
와 함께 내려가서 그 사람에게 만일
옳지 아니한 일이 있거든 고발하라
하니라
6 베스도가 그들 가운데서 팔 일 혹은
십 일을 지낸 후 가이사랴로 내려가
서 이튿날 재판 자리에 앉고 바울을
데려오라 명하니
7 그가 나오매 예루살렘에서 내려온
유대인들이 둘러서서 여러 가지 중대
한 사건으로 고발하되 능히 증거를
대지 못한지라
8 바울이 변명하여 이르되 유대인의 율
법이나 성전이나 가이사에게나 내가
도무지 죄를 범하지 아니하였노라 하
니
9 베스도가 유대인의 마음을 얻고자
하여 바울더러 묻되 네가 예루살렘
에 올라가서 이 사건에 대하여 내 앞
에서 심문을 받으려느냐
10 바울이 이르되 내가 가이사의 재판
자리 앞에 섰으니 마땅히 거기서 심
문을 받을 것이라 당신도 잘 아시는
바와 같이 내가 유대인들에게 불의
를 행한 일이 없나이다
11 만일 내가 불의를 행하여 무슨 죽을
죄를 지었으면 죽기를 사양하지 아니
할 것이나 만일 이 사람들이 나를 고
발하는 것이 다 사실이 아니면 아무

도 나를 그들에게 내줄 수 없나이다
내가 가이사께 상소하노라 한대
12 베스도가 배석자들과 상의하고 이르
되 네가 가이사에게 상소하였으니
가이사에게 갈 것이라 하니라

바울이 아그립바 왕과 버니게 앞에 서다

13 수일 후에 아그립바 왕과 버니게가
베스도에게 문안하러 가이사랴에 와
서
14 여러 날을 있더니 베스도가 바울의
일로 왕에게 고하여 이르되 벨릭스
가 한 사람을 구류하여 두었는데
15 내가 예루살렘에 있을 때에 유대인
의 대제사장들과 장로들이 그를 고
소하여 정죄하기를 청하기에
16 내가 대답하되 무릇 피고가 원고들
앞에서 고소 사건에 대하여 변명할
기회가 있기 전에 내주는 것은 로마
사람의 법이 아니라 하였노라
17 그러므로 그들이 나와 함께 여기 오
매 내가 지체하지 아니하고 이튿날
재판 자리에 앉아 명하여 그 사람을
데려왔으나
18 원고들이 서서 내가 짐작하던 것 같
은 악행의 혐의는 하나도 제시하지
아니하고
19 오직 자기들의 종교와 또는 예수라
하는 이가 죽은 것을 살아 있다고 바
울이 주장하는 그 일에 관한 문제로
고발하는 것뿐이라
20 내가 이 일에 대하여 어떻게 심리할
는지 몰라서 바울에게 묻되 예루살
렘에 올라가서 이 일에 심문을 받으
려느냐 한즉
21 바울은 황제의 판결을 받도록 자기
를 지켜 주기를 호소하므로 내가 그
를 가이사에게 보내기까지 지켜 두라
명하였노라 하니
22 아그립바가 베스도에게 이르되 나도
이 사람의 말을 듣고자 하노라 베스
도가 이르되 내일 들으시리이다 하더
라
23 이튿날 아그립바와 버니게가 크게
위엄을 갖추고 와서 천부장들과 시
중의 높은 사람들과 함께 접견 장소
에 들어오고 베스도의 명으로 바울
을 데려오니
24 베스도가 말하되 아그립바 왕과 여
기 같이 있는 여러분이여 당신들이
보는 이 사람은 유대의 모든 무리가
크게 외치되 살려 두지 못할 사람이
라고 하여 예루살렘에서와 여기서도
내게 청원하였으나
25 내가 살피건대 죽일 죄를 범한 일이
없더이다 그러나 그가 황제에게 상
소한 고로 보내기로 결정하였나이다

26 그에 대하여 황제께 확실한 사실을
아뢸 것이 없으므로 심문한 후 상소
할 자료가 있을까 하여 당신들 앞 특
히 아그립바 왕 당신 앞에 그를 내세
웠나이다
27 그 죄목도 밝히지 아니하고 죄수를
보내는 것이 무리한 일인 줄 아나이
다 하였더라

바울이 변명하다

26 아그립바가 바울에게 이르되 너
를 위하여 말하기를 네게 허락
하노라 하니 이에 바울이 손을 들어
변명하되
2 아그립바 왕이여 유대인이 고발하는
모든 일을 오늘 당신 앞에서 변명하
게 된 것을 다행히 여기나이다
3 특히 당신이 유대인의 모든 풍속과
문제를 아심이니이다 그러므로 내
말을 너그러이 들으시기를 바라나이
다
4 내가 처음부터 내 민족과 더불어 예
루살렘에서 젊었을 때 생활한 상황
을 유대인이 다 아는 바라
5 일찍부터 나를 알았으니 그들이 증
언하려 하면 내가 우리 종교의 가장
엄한 파를 따라 바리새인의 생활을
하였다고 할 것이라
6 이제도 여기 서서 심문 받는 것은 하
나님이 우리 조상에게 약속하신 것을
바라는 까닭이니
7 이 약속은 우리 열두 지파가 밤낮으
로 간절히 하나님을 받들어 섬김으로
얻기를 바라는 바인데 아그립바 왕
이여 이 소망으로 말미암아 내가 유
대인들에게 고소를 당하는 것이니이
다
8 당신들은 하나님이 죽은 사람을 살
리심을 어찌하여 못 믿을 것으로 여
기나이까
9 나도 나사렛 예수의 이름을 대적하
여 많은 일을 행하여야 될 줄 스스로
생각하고
10 예루살렘에서 이런 일을 행하여 대제
사장들에게서 권한을 받아 가지고
많은 성도를 옥에 가두며 또 죽일
때에 내가 찬성 투표를 하였고
11 또 모든 회당에서 여러 번 형벌하여
강제로 모독하는 말을 하게 하고 그
들에 대하여 심히 격분하여 외국 성
에까지 가서 박해하였고
12 그 일로 대제사장들의 권한과 위임
을 받고 다메섹으로 갔나이다
13 왕이여 정오가 되어 길에서 보니 하
늘로부터 해보다 더 밝은 빛이 나와
내 동행들을 둘러 비추는지라
14 우리가 다 땅에 엎드러지매 내가 소

리를 들으니 히브리 말로 이르되 사
울아 사울아 네가 어찌하여 나를 박
해하느냐 가시채를 뒷발질하기가 네
게 고생이니라
15 내가 대답하되 주님 누구시니이까
주께서 이르시되 나는 네가 박해하
는 예수라
16 일어나 너의 발로 서라 내가 네게 나
타난 것은 곧 네가 나를 본 일과 장
차 내가 네게 나타날 일에 너로 종과
증인을 삼으려 함이니
17 이스라엘과 이방인들에게서 내가 너
를 구원하여 그들에게 보내어
18 그 눈을 뜨게 하여 어둠에서 빛으로,
사탄의 권세에서 하나님께로 돌아오
게 하고 죄 사함과 나를 믿어 거룩하
게 된 무리 가운데서 기업을 얻게 하
리라 하더이다
19 아그립바 왕이여 그러므로 하늘에서
보이신 것을 내가 거스르지 아니하고
20 먼저 다메섹과 예루살렘에 있는 사
람과 유대 온 땅과 이방인에게까지
회개하고 하나님께로 돌아와서 회개
에 합당한 일을 하라 전하므로
21 유대인들이 성전에서 나를 잡아 죽이
고자 하였으나
22 하나님의 도우심을 받아 내가 오늘
까지 서서 높고 낮은 사람 앞에서 증
언하는 것은 선지자들과 모세가 반
드시 되리라고 말한 것밖에 없으니
23 곧 그리스도가 고난을 받으실 것과
죽은 자 가운데서 먼저 다시 살아나
사 이스라엘과 이방인들에게 빛을
전하시리라 함이니이다 하니라

바울이 아그립바 왕에게 전도하다

24 바울이 이같이 변명하매 베스도가
크게 소리 내어 이르되 바울아 네가
미쳤도다 네 많은 학문이 너를 미치
게 한다 하니
25 바울이 이르되 베스도 각하여 내가
미친 것이 아니요 참되고 온전한 말
을 하나이다
26 왕께서는 이 일을 아시기로 내가 왕
께 담대히 말하노니 이 일에 하나라
도 아시지 못함이 없는 줄 믿나이다
이 일은 한쪽 구석에서 행한 것이 아
니니이다
27 아그립바 왕이여 선지자를 믿으시나
이까 믿으시는 줄 아나이다
28 아그립바가 바울에게 이르되 네가

365묵상

핵심 문제는 '예수의 부활'이다

유대의 종교지도자들은 로마 당국이 바울을 죄인으로 정죄할 수 있도록 여러 술책을 시도했다. 하지만 바울에 대한 그들의 모든 고소는 종교적인 것이고 정치적인 것은 없었다. 고소의 핵심은 '그리스도의 부활'과 관련된 것이었다(행 25:18-19). 세상 사람들은 온갖 거짓되고 공교한 말들로 연막을 치고 복음에 저항한다. 그들은 신앙의 핵심 문제를 회피한다. 그러나 마침내 연기는 사라지고 책상 위엔 한 가지 문제만 뚜렷이 남는다. 그것은 '예수의 부활을 믿느냐, 믿지 않느냐'다. 모든 사람은 이 문제에 답변해야 한다.

적은 말로 나를 권하여 그리스도인이
되게 하려 하는도다
29 바울이 이르되 말이 적으나 많으나
당신뿐만 아니라 오늘 내 말을 듣는
모든 사람도 다 이렇게 결박된 것 외
에는 나와 같이 되기를 하나님께 원
하나이다 하니라
30 왕과 총독과 버니게와 그 함께 앉은
사람들이 다 일어나서
31 물러가 서로 말하되 이 사람은 사형
이나 결박을 당할 만한 행위가 없다
하더라
32 이에 아그립바가 베스도에게 이르되
이 사람이 만일 가이사에게 상소하지
아니하였더라면 석방될 수 있을 뻔하
였다 하니라

바울이 로마로 압송되다

27 우리가 배를 타고 이달리야에
가기로 작정되매 바울과 다른
죄수 몇 사람을 아구스도대의 백부
장 율리오란 사람에게 맡기니
2 아시아 해변 각처로 가려 하는 아드
라뭇데노 배에 우리가 올라 항해할
새 마게도냐의 데살로니가 사람 아
리스다고도 함께 하니라
3 이튿날 시돈에 대니 율리오가 바울
을 친절히 대하여 친구들에게 가서
대접 받기를 허락하더니
4 또 거기서 우리가 떠나가다가 맞바람
을 피하여 구브로 해안을 의지하고
항해하여
5 길리기아와 밤빌리아 바다를 건너 루
기아의 무라 시에 이르러
6 거기서 백부장이 이달리야로 가려 하
는 알렉산드리아 배를 만나 우리를
오르게 하니
7 배가 더디 가 여러 날 만에 간신히 니
도 맞은편에 이르러 풍세가 더 허락
하지 아니하므로 살모네 앞을 지나
그레데 해안을 바람막이로 항해하여
8 간신히 그 연안을 지나 미항이라는
곳에 이르니 라새아 시에서 가깝더
라
9 여러 날이 걸려 금식하는 절기가 이미
지났으므로 항해하기가 위태한지라
바울이 그들을 권하여
10 말하되 여러분이여 내가 보니 이번
항해가 하물과 배만 아니라 우리 생
명에도 타격과 많은 손해를 끼치리라
하되
11 백부장이 선장과 선주의 말을 바울
의 말보다 더 믿더라
12 그 항구가 겨울을 지내기에 불편하
므로 거기서 떠나 아무쪼록 뵈닉스
에 가서 겨울을 지내자 하는 자가 더
많으니 뵈닉스는 그레데 항구라 한

쪽은 서남을, 한쪽은 서북을 향하였
더라
13 남풍이 순하게 불매 그들이 뜻을 이
룬 줄 알고 닻을 감아 그레데 해변
을 끼고 항해하더니
14 얼마 안 되어 섬 가운데로부터 유라
굴로라는 광풍이 크게 일어나니
15 배가 밀려 바람을 맞추어 갈 수 없어
가는 대로 두고 쫓겨가다가
16 가우다라는 작은 섬 아래로 지나 간
신히 거루를 잡아
17 끌어 올리고 줄을 가지고 선체를 둘
러 감고 스르디스에 걸릴까 두려워하
여 연장을 내리고 그냥 쫓겨가더니
18 우리가 풍랑으로 심히 애쓰다가 이
튿날 사공들이 짐을 바다에 풀어 버
리고
19 사흘째 되는 날에 배의 기구를 그들
의 손으로 내버리니라
20 여러 날 동안 해도 별도 보이지 아니
하고 큰 풍랑이 그대로 있으매 구원
의 여망마저 없어졌더라
21 여러 사람이 오래 먹지 못하였으매
바울이 가운데 서서 말하되 여러분이
여 내 말을 듣고 그레데에서 떠나지
아니하여 이 타격과 손상을 면하였더
라면 좋을 뻔하였느니라
22 내가 너희를 권하노니 이제는 안심하
라 너희 중 아무도 생명에는 아무런
손상이 없겠고 오직 배뿐이리라
23 내가 속한 바 곧 내가 섬기는 하나님
의 사자가 어제 밤에 내 곁에 서서
말하되
24 바울아 두려워하지 말라 네가 가이
사 앞에 서야 하겠고 또 하나님께서
너와 함께 항해하는 자를 다 네게
주셨다 하였으니
25 그러므로 여러분이여 안심하라 나는
내게 말씀하신 그대로 되리라고 하
나님을 믿노라
26 그런즉 우리가 반드시 한 섬에 걸리
리라 하더라

풍랑으로 배가 깨어지다

27 열나흘째 되는 날 밤에 우리가 아드
리아 바다에서 이리 저리 쫓겨가다가
자정쯤 되어 사공들이 어느 육지에
가까워지는 줄을 짐작하고
28 물을 재어 보니 스무 길이 되고 조금
가다가 다시 재니 열다섯 길이라
29 암초에 걸릴까 하여 고물로 닻 넷을
내리고 날이 새기를 고대하니라
30 사공들이 도망하고자 하여 이물에서
닻을 내리는 체하고 거룻배를 바다
에 내려 놓거늘
31 바울이 백부장과 군인들에게 이르되
이 사람들이 배에 있지 아니하면 너

희가 구원을 얻지 못하리라 하니
32 이에 군인들이 거룻줄을 끊어 떼어
버리니라
33 날이 새어 가매 바울이 여러 사람에
게 음식 먹기를 권하여 이르되 너희가
기다리고 기다리며 먹지 못하고 주린
지가 오늘까지 열나흘인즉
34 음식 먹기를 권하노니 이것이 너희의
구원을 위하는 것이요 너희 중 머리
카락 하나도 잃을 자가 없으리라 하
고
35 떡을 가져다가 모든 사람 앞에서 하
나님께 축사하고 떼어 먹기를 시작하
매
36 그들도 다 안심하고 받아 먹으니
37 배에 있는 우리의 수는 전부 이백칠
십육 명이더라
38 배부르게 먹고 밀을 바다에 버려 배
를 가볍게 하였더니
39 날이 새매 어느 땅인지 알지 못하나
경사진 해안으로 된 항만이 눈에 띄
거늘 배를 거기에 들여다 댈 수 있는
가 의논한 후
40 닻을 끊어 바다에 버리는 동시에 키
를 풀어 늦추고 돛을 달고 바람에
맞추어 해안을 향하여 들어가다가
41 두 물이 합하여 흐르는 곳을 만나
배를 걸매 이물은 부딪쳐 움직일 수
없이 붙고 고물은 큰 물결에 깨어져
가니
42 군인들은 죄수가 헤엄쳐서 도망할까
하여 그들을 죽이는 것이 좋다 하였
으나
43 백부장이 바울을 구원하려 하여 그
들의 뜻을 막고 헤엄칠 줄 아는 사람
들을 명하여 물에 뛰어내려 먼저 육
지에 나가게 하고
44 그 남은 사람들은 널조각 혹은 배
물건에 의지하여 나가게 하니 마침내
사람들이 다 상륙하여 구조되니라

멜리데 섬에 오르다

28 우리가 구조된 후에 안즉 그 섬
은 멜리데라 하더라
2 비가 오고 날이 차매 원주민들이 우
리에게 특별한 동정을 하여 불을 피
워 우리를 다 영접하더라
3 바울이 나무 한 묶음을 거두어 불에
넣으니 뜨거움으로 말미암아 독사가
나와 그 손을 물고 있는지라
4 원주민들이 이 짐승이 그 손에 매달
려 있음을 보고 서로 말하되 진실로
이 사람은 살인한 자로다 바다에서
는 구조를 받았으나 공의가 그를 살
지 못하게 함이로다 하더니
5 바울이 그 짐승을 불에 떨어 버리매
조금도 상함이 없더라

6 그들은 그가 붓든지 혹은 갑자기 쓰
러져 죽을 줄로 기다렸다가 오래 기
다려도 그에게 아무 이상이 없음을
보고 돌이켜 생각하여 말하되 그를
신이라 하더라
7 이 섬에서 가장 높은 사람 보블리오
라 하는 이가 그 근처에 토지가 있는
지라 그가 우리를 영접하여 사흘이나
친절히 머물게 하더니
8 보블리오의 부친이 열병과 이질에 걸
려 누워 있거늘 바울이 들어가서 기
도하고 그에게 안수하여 낫게 하매
9 이러므로 섬 가운데 다른 병든 사람
들이 와서 고침을 받고
10 후한 예로 우리를 대접하고 떠날 때
에 우리 쓸 것을 배에 실었더라

바울이 로마로 가다

11 석 달 후에 우리가 그 섬에서 겨울을
난 알렉산드리아 배를 타고 떠나니
그 배의 머리 장식은 디오스구로라
12 수라구사에 대고 사흘을 있다가
13 거기서 둘러가서 레기온에 이르러 하
루를 지낸 후 남풍이 일어나므로 이
튿날 보디올에 이르러
14 거기서 형제들을 만나 그들의 청함을
받아 이레를 함께 머무니라 그래서
우리는 이와 같이 로마로 가니라
15 그 곳 형제들이 우리 소식을 듣고 압
비오 광장과 트레이스 타베르네까지
맞으러 오니 바울이 그들을 보고 하
나님께 감사하고 담대한 마음을 얻
으니라

바울이 로마에서 전도하다

16 우리가 로마에 들어가니 바울에게는
자기를 지키는 한 군인과 함께 따로
있게 허락하더라
17 사흘 후에 바울이 유대인 중 높은
사람들을 청하여 그들이 모인 후에
이르되 여러분 형제들아 내가 이스라
엘 백성이나 우리 조상의 관습을 배
척한 일이 없는데 예루살렘에서 로마
인의 손에 죄수로 내준 바 되었으니
18 로마인은 나를 심문하여 죽일 죄목이
없으므로 석방하려 하였으나
19 유대인들이 반대하기로 내가 마지
못하여 가이사에게 상소함이요 내
민족을 고발하려는 것이 아니니라
20 이러므로 너희를 보고 함께 이야기하
려고 청하였으니 이스라엘의 소망으
로 말미암아 내가 이 쇠사슬에 매인
바 되었노라
21 그들이 이르되 우리가 유대에서 네
게 대한 편지도 받은 일이 없고 또
형제 중 누가 와서 네게 대하여 좋지
못한 것을 전하든지 이야기한 일도
없느니라

22 이에 우리가 너의 사상이 어떠한가
듣고자 하니 이 파에 대하여는 어디
서든지 반대를 받는 줄 알기 때문이
라 하더라
23 그들이 날짜를 정하고 그가 유숙하
는 집에 많이 오니 바울이 아침부터
저녁까지 강론하여 하나님의 나라를
증언하고 모세의 율법과 선지자의 말
을 가지고 예수에 대하여 권하더라
24 그 말을 믿는 사람도 있고 믿지 아니
하는 사람도 있어
25 서로 맞지 아니하여 흩어질 때에 바
울이 한 말로 이르되 성령이 선지자
이사야를 통하여 너희 조상들에게
말씀하신 것이 옳도다
26 일렀으되 이 백성에게 가서 말하기를
너희가 듣기는 들어도 도무지 깨닫지
못하며 보기는 보아도 도무지 알지
못하는도다
27 이 백성들의 마음이 우둔하여져서 그
귀로는 둔하게 듣고 그 눈은 감았으
니 이는 눈으로 보고 귀로 듣고 마
음으로 깨달아 돌아오면 내가 고쳐
줄까 함이라 하였으니
28 그런즉 하나님의 이 구원이 이방인에
게로 보내어진 줄 알라 그들은 그것
을 들으리라 하더라
29 (없음)
30 바울이 온 이태를 자기 셋집에 머물
면서 자기에게 오는 사람을 다 영접
하고
31 하나님의 나라를 전파하며 주 예수
그리스도에 관한 모든 것을 담대하
게 거침없이 가르치더라

로마서 Romans

이 책은 사도 바울이 예수 그리스도의 죽음과 부활에 근거하여, 기독교의 중심 교리인 선택과 구원과 칭의와 성화 등의 문제를 심도 있게 서술한 훌륭한 교리 서신이다. 요점은, 예수 그리스도 안에서 하나님과 화목을 이루는 것이 구원의 유일한 길임을 강조한다. 이런 바탕에서 바울은 성도의 거룩한 삶에 관해서도 아울러 권면한다.

제목 '로마인들에게 보낸 편지(프로스 로마이우스)'라는 헬라어 원제목에서 유래되었다.

저자 바울. 본서의 내증(1:1)과 내포되어 있는 교훈적인 성격, 그리고 폴리캅과 순교자 유스티누스 등 많은 교부들이 쓴 저서의 외증이 그의 저작설을 뒷받침해 준다.

기록 연대 A.D. 57년. 예루살렘의 가난한 성도들을 위하여 마게도냐와 아가야 교인들의 헌금을 모은 다음 고린도에 머무르는 3개월 동안에 썼다(15:25–26). 3차 전도 여행의 끝무렵이다.

기록 목적 ① 바울의 로마 방문을 준비케 하기 위하여. ② 구원의 교리를 자세히 가르쳐 바른 믿음 위에 서게 하기 위하여. ③ 유대인과 이방인 간의 바른 관계를 가르치기 위하여. ④ 그릇된 유대교적 영향에 물들지 않게 하기 위하여.

주제 이신칭의(以信稱義). 인간은 스스로의 힘이나 율법으로는 의에 이르지 못하며, 오직 택함받은 자들만이 믿음을 통하여 하나님께 의롭다 하심을 얻는다.

특징 ① 교리서 – 죄, 구원, 은혜, 화목 등 기독교 교리의 기본적이고 중점적인 내용을 지녔다. ② 정교한 체계 – 서신들 중 가장 돋보이는 논리적 체계와 정교한 서술을 갖추었다. ③ 이스라엘에 대한 관심 – 이스라엘에 대한 저자의 민족애와 그들도 틀림없이 회개한다는 확신이 담긴 민족적인 서신이다.

본서의 내용

I. 하나님 의(義)의 계시
① 정죄(1:1–3:20)
② 칭의(3:21–5:21)
③ 성화(6:1–8:39)

II. 하나님 의(義)의 변론
① 이스라엘의 과거
 – 선택(9:1–29)
② 이스라엘의 현재
 – 배척(9:30–10:21)
③ 이스라엘의 미래
 – 회복(11:1–36)

III. 하나님 의(義)의 적용
① 성도의 의무(12:1–13:14)
② 성도의 자유(14:1–15:13)
③ 결론 및 송영
(15:14–16:27)

연대표

A.D.	
30년	오순절 성령 강림
34년	사울의 회심(回心)
45년	대기근(글라우디오 치하, 41–54년)
47년	바울의 1차 전도 여행(47–49년)
49년	예루살렘 총회
50년	바울의 2차 전도 여행(50–52년)
53년	바울의 3차 전도 여행(53–58년)
57년	로마서 기록(3차 전도 여행 말엽)
58년	결박당한 바울
59년	바울의 로마여행
61년	바울의 로마 투옥
63년	바울의 석방
64년	로마 대화재 사건
	네로의 대박해
67년	바울의 순교
70년	예루살렘 함락

· 로마서의 주요 무대

로마서 Romans

인사

1 예수 그리스도의 종 바울은 사도
로 부르심을 받아 하나님의 복음
을 위하여 택정함을 입었으니
2 이 복음은 하나님이 선지자들을 통
하여 그의 아들에 관하여 성경에 미
리 약속하신 것이라
3 그의 아들에 관하여 말하면 육신으
로는 다윗의 혈통에서 나셨고
4 성결의 영으로는 죽은 자들 가운데
서 부활하사 능력으로 하나님의 아
들로 선포되셨으니 곧 우리 주 예수
그리스도시니라
5 그로 말미암아 우리가 은혜와 사도
의 직분을 받아 그의 이름을 위하여
모든 이방인 중에서 믿어 순종하게
하나니
6 너희도 그들 중에서 예수 그리스도
의 것으로 부르심을 받은 자니라
7 로마에서 하나님의 사랑하심을 받고
성도로 부르심을 받은 모든 자에게
하나님 우리 아버지와 주 예수 그리
스도로부터 은혜와 평강이 있기를
원하노라

바울의 로마 방문 계획

8 먼저 내가 예수 그리스도로 말미암
아 너희 모든 사람에 관하여 내 하나
님께 감사함은 너희 믿음이 온 세상
에 전파됨이로다
9 내가 그의 아들의 복음 안에서 내 심
령으로 섬기는 하나님이 나의 증인이
되시거니와 항상 내 기도에 쉬지 않
고 너희를 말하며
10 어떻게 하든지 이제 하나님의 뜻 안
에서 너희에게로 나아갈 좋은 길 얻
기를 구하노라
11 내가 너희 보기를 간절히 원하는 것
은 어떤 신령한 은사를 너희에게 나
누어 주어 너희를 견고하게 하려 함
이니
12 이는 곧 내가 너희 가운데서 너희와
나의 믿음으로 말미암아 피차 안위함
을 얻으려 함이라
13 형제들아 내가 여러 번 너희에게 가
고자 한 것을 너희가 모르기를 원하
지 아니하노니 이는 너희 중에서도
다른 이방인 중에서와 같이 열매를
맺게 하려 함이로되 지금까지 길이
막혔도다
14 헬라인이나 야만인이나 지혜 있는 자
나 어리석은 자에게 다 내가 빚진 자
라

15 그러므로 나는 할 수 있는 대로 로
마에 있는 너희에게도 복음 전하기
를 원하노라
16 내가 복음을 부끄러워하지 아니하노
니 이 복음은 모든 믿는 자에게 구원
을 주시는 하나님의 능력이 됨이라
먼저는 유대인에게요 그리고 헬라인
에게로다
17 복음에는 하나님의 의가 나타나서 믿
음으로 믿음에 이르게 하나니 기록
된 바 오직 의인은 믿음으로 말미암
아 살리라 함과 같으니라

모든 경건하지 않음과 불의

18 하나님의 진노가 불의로 진리를 막는
사람들의 모든 경건하지 않음과 불
의에 대하여 하늘로부터 나타나나니
19 이는 하나님을 알 만한 것이 그들 속
에 보임이라 하나님께서 이를 그들
에게 보이셨느니라
20 창세로부터 그의 보이지 아니하는 것
들 곧 그의 영원하신 능력과 신성이
그가 만드신 만물에 분명히 보여 알
려졌나니 그러므로 그들이 핑계하지
못할지니라
21 하나님을 알되 하나님을 영화롭게도
아니하며 감사하지도 아니하고 오히
려 그 생각이 허망하여지며 미련한 마
음이 어두워졌나니
22 스스로 지혜 있다 하나 어리석게 되
어
23 썩어지지 아니하는 하나님의 영광을
썩어질 사람과 새와 짐승과 기어다니
는 동물 모양의 우상으로 바꾸었느
니라
24 그러므로 하나님께서 그들을 마음의
정욕대로 더러움에 내버려 두사 그
들의 몸을 서로 욕되게 하게 하셨으
니
25 이는 그들이 하나님의 진리를 거짓
것으로 바꾸어 피조물을 조물주보
다 더 경배하고 섬김이라 주는 곧 영
원히 찬송할 이시로다 아멘
26 이 때문에 하나님께서 그들을 부끄
러운 욕심에 내버려 두셨으니 곧 그
들의 여자들도 순리대로 쓸 것을 바
꾸어 역리로 쓰며
27 그와 같이 남자들도 순리대로 여자
쓰기를 버리고 서로 향하여 음욕이
불 일듯 하매 남자가 남자와 더불어
부끄러운 일을 행하여 그들의 그릇

365묵상

복음 전하기를 갈망하기

복음이란 '좋은 소식'이다. 그것은 마치 하나님이 죽을 인간들에게 사형 집행을 면제해준 사면장과 같다. 다만 예수 그리스도를 믿는 자에 한해서 주어진 놀라운 은총의 사면장이다. 복음의 핵심은 이렇다. 하나님의 독생자 그리스도가 인간의 죗값을 대신 치렀으므로, 그 사실을 믿으면 죄를 용서하고 영생을 누리도록 해줄 것이라는 것이다. 실로 기쁘고 좋은 소식이다! 복음이란 이토록 좋고 기쁜 것이기에 사도 바울은 모든 이들에게 복음 전하기를 갈망했다(롬 1:15-17). 오늘날 우리도 바울 같은 심정을 가져야 한다.

됨에 상당한 보응을 그들 자신이 받
았느니라
28 또한 그들이 마음에 하나님 두기를
싫어하매 하나님께서 그들을 그 상실
한 마음대로 내버려 두사 합당하지
못한 일을 하게 하셨으니
29 곧 모든 불의, 추악, 탐욕, 악의가 가
득한 자요 시기, 살인, 분쟁, 사기, 악
독이 가득한 자요 수군수군하는 자
요
30 비방하는 자요 하나님께서 미워하시
는 자요 능욕하는 자요 교만한 자요
자랑하는 자요 악을 도모하는 자요
부모를 거역하는 자요
31 우매한 자요 배약하는 자요 무정한
자요 무자비한 자라
32 그들이 이같은 일을 행하는 자는 사
형에 해당한다고 하나님께서 정하심
을 알고도 자기들만 행할 뿐 아니라
또한 그런 일을 행하는 자들을 옳다
하느니라

하나님의 심판

2 그러므로 남을 판단하는 사람아,
누구를 막론하고 네가 핑계하지
못할 것은 남을 판단하는 것으로 네
가 너를 정죄함이니 판단하는 네가
같은 일을 행함이니라
2 이런 일을 행하는 자에게 하나님의
심판이 진리대로 되는 줄 우리가 아
노라
3 이런 일을 행하는 자를 판단하고도
같은 일을 행하는 사람아, 네가 하나
님의 심판을 피할 줄로 생각하느냐
4 혹 네가 하나님의 인자하심이 너를
인도하여 회개하게 하심을 알지 못하
여 그의 인자하심과 용납하심과 길이
참으심이 풍성함을 멸시하느냐
5 다만 네 고집과 회개하지 아니한 마
음을 따라 진노의 날 곧 하나님의 의
로우신 심판이 나타나는 그 날에 임
할 진노를 네게 쌓는도다
6 하나님께서 각 사람에게 그 행한 대
로 보응하시되
7 참고 선을 행하여 영광과 존귀와 썩
지 아니함을 구하는 자에게는 영생
으로 하시고
8 오직 당을 지어 진리를 따르지 아니
하고 불의를 따르는 자에게는 진노
와 분노로 하시리라
9 악을 행하는 각 사람의 영에는 환난
과 곤고가 있으리니 먼저는 유대인에
게요 그리고 헬라인에게며
10 선을 행하는 각 사람에게는 영광과
존귀와 평강이 있으리니 먼저는 유대
인에게요 그리고 헬라인에게라
11 이는 하나님께서 외모로 사람을 취

하지 아니하심이라
12 무릇 율법 없이 범죄한 자는 또한 율
법 없이 망하고 무릇 율법이 있고 범
죄한 자는 율법으로 말미암아 심판
을 받으리라
13 하나님 앞에서는 율법을 듣는 자가
의인이 아니요 오직 율법을 행하는
자라야 의롭다 하심을 얻으리니
14 (율법 없는 이방인이 본성으로 율법
의 일을 행할 때에는 이 사람은 율법
이 없어도 자기가 자기에게 율법이
되나니
15 이런 이들은 그 양심이 증거가 되어
그 생각들이 서로 혹은 고발하며 혹
은 변명하여 그 마음에 새긴 율법의
행위를 나타내느니라)
16 곧 나의 복음에 이른 바와 같이 하나
님이 예수 그리스도로 말미암아 사
람들의 은밀한 것을 심판하시는 그
날이라

유대인과 율법

17 유대인이라 불리는 네가 율법을 의지
하며 하나님을 자랑하며
18 율법의 교훈을 받아 하나님의 뜻을
알고 지극히 선한 것을 분간하며
19 맹인의 길을 인도하는 자요 어둠에
있는 자의 빛이요
20 율법에 있는 지식과 진리의 모본을
가진 자로서 어리석은 자의 교사요
어린 아이의 선생이라고 스스로 믿으
니
21 그러면 다른 사람을 가르치는 네가
네 자신은 가르치지 아니하느냐 도
둑질하지 말라 선포하는 네가 도둑
질하느냐
22 간음하지 말라 말하는 네가 간음하
느냐 우상을 가증히 여기는 네가 신
전 물건을 도둑질하느냐
23 율법을 자랑하는 네가 율법을 범함
으로 하나님을 욕되게 하느냐
24 기록된 바와 같이 하나님의 이름이
너희 때문에 이방인 중에서 모독을
받는도다
25 네가 율법을 행하면 할례가 유익하
나 만일 율법을 범하면 네 할례는 무
할례가 되느니라
26 그런즉 무할례자가 율법의 규례를
지키면 그 무할례를 할례와 같이 여
길 것이 아니냐
27 또한 본래 무할례자가 율법을 온전
히 지키면 율법 조문과 할례를 가지
고 율법을 범하는 너를 정죄하지 아
니하겠느냐
28 무릇 표면적 유대인이 유대인이 아니
요 표면적 육신의 할례가 할례가 아
니니라

29 오직 이면적 유대인이 유대인이며 할
례는 마음에 할지니 영에 있고 율법
조문에 있지 아니한 것이라 그 칭찬
이 사람에게서가 아니요 다만 하나님
에게서니라

3 그런즉 유대인의 나음이 무엇이며
할례의 유익이 무엇이냐
2 범사에 많으니 우선은 그들이 하나
님의 말씀을 맡았음이니라
3 어떤 자들이 믿지 아니하였으면 어찌
하리요 그 믿지 아니함이 하나님의
미쁘심을 폐하겠느냐
4 그럴 수 없느니라 사람은 다 거짓되
되 오직 하나님은 참되시다 할지어다
기록된 바 주께서 주의 말씀에 의롭
다 함을 얻으시고 판단 받으실 때에
이기려 하심이라 함과 같으니라
5 그러나 우리 불의가 하나님의 의를
드러나게 하면 무슨 말 하리요 [내가
사람의 말하는 대로 말하노니] 진노
를 내리시는 하나님이 불의하시냐
6 결코 그렇지 아니하니라 만일 그러하
면 하나님께서 어찌 세상을 심판하시
리요
7 그러나 나의 거짓말로 하나님의 참되
심이 더 풍성하여 그의 영광이 되었다
면 어찌 내가 죄인처럼 심판을 받으
리요
8 또는 그러면 선을 이루기 위하여 악
을 행하자 하지 않겠느냐 어떤 이들
이 이렇게 비방하여 우리가 이런 말
을 한다고 하니 그들은 정죄 받는 것
이 마땅하니라

다 죄 아래에 있다

9 그러면 어떠하냐 우리는 나으냐 결코
아니라 유대인이나 헬라인이나 다 죄
아래에 있다고 우리가 이미 선언하였
느니라
10 기록된 바 의인은 없나니 하나도 없
으며
11 깨닫는 자도 없고 하나님을 찾는 자
도 없고
12 다 치우쳐 함께 무익하게 되고 선을
행하는 자는 없나니 하나도 없도다
13 그들의 목구멍은 열린 무덤이요 그
혀로는 속임을 일삼으며 그 입술에
는 독사의 독이 있고
14 그 입에는 저주와 악독이 가득하고
15 그 발은 피 흘리는 데 빠른지라
16 파멸과 고생이 그 길에 있어
17 평강의 길을 알지 못하였고
18 그들의 눈 앞에 하나님을 두려워함
이 없느니라 함과 같으니라

하나님의 의

19 우리가 알거니와 무릇 율법이 말하
는 바는 율법 아래에 있는 자들에게

말하는 것이니 이는 모든 입을 막고
온 세상으로 하나님의 심판 아래에
있게 하려 함이라
20 그러므로 율법의 행위로 그의 앞에
의롭다 하심을 얻을 육체가 없나니
율법으로는 죄를 깨달음이니라
21 이제는 율법 외에 하나님의 한 의가
나타났으니 율법과 선지자들에게 증
거를 받은 것이라
22 곧 예수 그리스도를 믿음으로 말미
암아 모든 믿는 자에게 미치는 하나
님의 의니 차별이 없느니라
23 모든 사람이 죄를 범하였으매 하나님
의 영광에 이르지 못하더니
24 그리스도 예수 안에 있는 속량으로
말미암아 하나님의 은혜로 값 없이
의롭다 하심을 얻은 자 되었느니라
25 이 예수를 하나님이 그의 피로써 믿
음으로 말미암는 화목제물로 세우셨
으니 이는 하나님께서 길이 참으시는
중에 전에 지은 죄를 간과하심으로
자기의 의로우심을 나타내려 하심이
니
26 곧 이 때에 자기의 의로우심을 나타
내사 자기도 의로우시며 또한 예수
믿는 자를 의롭다 하려 하심이라
27 그런즉 자랑할 데가 어디냐 있을 수
가 없느니라 무슨 법으로냐 행위로
냐 아니라 오직 믿음의 법으로니라
28 그러므로 사람이 의롭다 하심을 얻
는 것은 율법의 행위에 있지 않고 믿
음으로 되는 줄 우리가 인정하노라
29 하나님은 다만 유대인의 하나님이시
냐 또한 이방인의 하나님은 아니시냐
진실로 이방인의 하나님도 되시느니
라
30 할례자도 믿음으로 말미암아 또한
무할례자도 믿음으로 말미암아 의롭
다 하실 하나님은 한 분이시니라
31 그런즉 우리가 믿음으로 말미암아
율법을 파기하느냐 그럴 수 없느니
라 도리어 율법을 굳게 세우느니라

아브라함의 믿음과 그로 말미암은 언약

4 그런즉 육신으로 우리 조상인 아
브라함이 무엇을 얻었다 하리요
2 만일 아브라함이 행위로써 의롭다
하심을 받았으면 자랑할 것이 있으려
니와 하나님 앞에서는 없느니라
3 성경이 무엇을 말하느냐 아브라함이
하나님을 믿으매 그것이 그에게 의
로 여겨진 바 되었느니라
4 일하는 자에게는 그 삯이 은혜로 여
겨지지 아니하고 보수로 여겨지거니
와
5 일을 아니할지라도 경건하지 아니한
자를 의롭다 하시는 이를 믿는 자에

게는 그의 믿음을 의로 여기시나니
6 일한 것이 없이 하나님께 의로 여기심
을 받는 사람의 복에 대하여 다윗이
말한 바
7 불법이 사함을 받고 죄가 가리어짐을
받는 사람들은 복이 있고
8 주께서 그 죄를 인정하지 아니하실
사람은 복이 있도다 함과 같으니라
9 그런즉 이 복이 할례자에게냐 혹은
무할례자에게도냐 무릇 우리가 말하
기를 아브라함에게는 그 믿음이 의
로 여겨졌다 하노라
10 그런즉 그것이 어떻게 여겨졌느냐 할
례시냐 무할례시냐 할례시가 아니요
무할례시니라
11 그가 할례의 표를 받은 것은 무할례
시에 믿음으로 된 의를 인친 것이니
이는 무할례자로서 믿는 모든 자의
조상이 되어 그들도 의로 여기심을
얻게 하려 하심이라
12 또한 할례자의 조상이 되었나니 곧
할례 받을 자에게뿐 아니라 우리 조
상 아브라함이 무할례시에 가졌던 믿
음의 자취를 따르는 자들에게도 그
러하니라
13 아브라함이나 그 후손에게 세상의
상속자가 되리라고 하신 언약은 율법
으로 말미암은 것이 아니요 오직 믿
음의 의로 말미암은 것이니라
14 만일 율법에 속한 자들이 상속자이
면 믿음은 헛것이 되고 약속은 파기
되었느니라
15 율법은 진노를 이루게 하나니 율법
이 없는 곳에는 범법도 없느니라
16 그러므로 상속자가 되는 그것이 은
혜에 속하기 위하여 믿음으로 되나니
이는 그 약속을 그 모든 후손에게
굳게 하려 하심이라 율법에 속한 자
에게뿐만 아니라 아브라함의 믿음에
속한 자에게도 그러하니 아브라함은
우리 모든 사람의 조상이라
17 기록된 바 내가 너를 많은 민족의 조
상으로 세웠다 하심과 같으니 그가
믿은 바 하나님은 죽은 자를 살리시
며 없는 것을 있는 것으로 부르시는
이시니라
18 아브라함이 바랄 수 없는 중에 바라
고 믿었으니 이는 네 후손이 이같으
리라 하신 말씀대로 많은 민족의 조
상이 되게 하려 하심이라
19 그가 백 세나 되어 자기 몸이 죽은
것 같고 사라의 태가 죽은 것 같음을
알고도 믿음이 약하여지지 아니하고
20 믿음이 없어 하나님의 약속을 의심하
지 않고 믿음으로 견고하여져서 하나
님께 영광을 돌리며

21 약속하신 그것을 또한 능히 이루실
줄을 확신하였으니
22 그러므로 그것이 그에게 의로 여겨졌
느니라
23 그에게 의로 여겨졌다 기록된 것은
아브라함만 위한 것이 아니요
24 의로 여기심을 받을 우리도 위함이니
곧 예수 우리 주를 죽은 자 가운데
서 살리신 이를 믿는 자니라
25 예수는 우리가 범죄한 것 때문에 내
줌이 되고 또한 우리를 의롭다 하시
기 위하여 살아나셨느니라

의롭다 하심을 받은 사람의 삶

5 그러므로 우리가 믿음으로 의롭다
하심을 받았으니 우리 주 예수 그
리스도로 말미암아 하나님과 화평을
누리자
2 또한 그로 말미암아 우리가 믿음으
로 서 있는 이 은혜에 들어감을 얻었
으며 하나님의 영광을 바라고 즐거워
하느니라
3 다만 이뿐 아니라 우리가 환난 중에
도 즐거워하나니 이는 환난은 인내
를,
4 인내는 연단을, 연단은 소망을 이루
는 줄 앎이로다
5 소망이 우리를 부끄럽게 하지 아니
함은 우리에게 주신 성령으로 말미
암아 하나님의 사랑이 우리 마음에
부은 바 됨이니
6 우리가 아직 연약할 때에 기약대로
그리스도께서 경건하지 않은 자를 위
하여 죽으셨도다
7 의인을 위하여 죽는 자가 쉽지 않고
선인을 위하여 용감히 죽는 자가 혹
있거니와
8 우리가 아직 죄인 되었을 때에 그리
스도께서 우리를 위하여 죽으심으로
하나님께서 우리에 대한 자기의 사랑
을 확증하셨느니라
9 그러면 이제 우리가 그의 피로 말미
암아 의롭다 하심을 받았으니 더욱
그로 말미암아 진노하심에서 구원을
받을 것이니
10 곧 우리가 원수 되었을 때에 그의 아
들의 죽으심으로 말미암아 하나님과
화목하게 되었은즉 화목하게 된 자
로서는 더욱 그의 살아나심으로 말
미암아 구원을 받을 것이니라
11 그뿐 아니라 이제 우리로 화목하게

365묵상

아브라함의 믿음

왜 아브라함을 '믿음의 조상'이라 부를까? 성경은 그 이유를 말해 준다. "아브라함이 바랄 수 없는 중에 바라고 믿었으니"(롬 4:18). 아브라함은 나이가 많아 더는 아이를 가질 수 없다는 것을 잘 알았지만, 하나님이 아들을 갖게 될 것이라고 말씀하셨을 때 그 사실을 믿었다. 충분히 바랄 수 있을 때 바라고, 상식적으로 믿을 수 있을 때 믿는 것은 진정한 믿음이 아니다. 믿음은 도저히 믿을 수 없는 상황에서도, 그것이 하나님의 말씀이기 때문에 전적으로 믿는 것을 말한다. 하나님이 원하시는 믿음은 바로 그런 것이다.

하신 우리 주 예수 그리스도로 말미
암아 하나님 안에서 또한 즐거워하
느니라

아담과 그리스도

12 그러므로 한 사람으로 말미암아 죄
가 세상에 들어오고 죄로 말미암아
사망이 들어왔나니 이와 같이 모든
사람이 죄를 지었으므로 사망이 모
든 사람에게 이르렀느니라
13 죄가 율법 있기 전에도 세상에 있었
으나 율법이 없었을 때에는 죄를 죄
로 여기지 아니하였느니라
14 그러나 아담으로부터 모세까지 아담
의 범죄와 같은 죄를 짓지 아니한 자
들까지도 사망이 왕 노릇 하였나니
아담은 오실 자의 모형이라
15 그러나 이 은사는 그 범죄와 같지 아
니하니 곧 한 사람의 범죄를 인하여
많은 사람이 죽었은즉 더욱 하나님
의 은혜와 또한 한 사람 예수 그리
스도의 은혜로 말미암은 선물은 많
은 사람에게 넘쳤느니라
16 또 이 선물은 범죄한 한 사람으로 말
미암은 것과 같지 아니하니 심판은
한 사람으로 말미암아 정죄에 이르렀
으나 은사는 많은 범죄로 말미암아
의롭다 하심에 이름이니라
17 한 사람의 범죄로 말미암아 사망이
그 한 사람을 통하여 왕 노릇 하였
은즉 더욱 은혜와 의의 선물을 넘치
게 받는 자들은 한 분 예수 그리스
도를 통하여 생명 안에서 왕 노릇 하
리로다
18 그런즉 한 범죄로 많은 사람이 정죄
에 이른 것 같이 한 의로운 행위로
말미암아 많은 사람이 의롭다 하심
을 받아 생명에 이르렀느니라
19 한 사람이 순종하지 아니함으로 많
은 사람이 죄인 된 것 같이 한 사람이
순종하심으로 많은 사람이 의인이 되
리라
20 율법이 들어온 것은 범죄를 더하게
하려 함이라 그러나 죄가 더한 곳에
은혜가 더욱 넘쳤나니
21 이는 죄가 사망 안에서 왕 노릇 한
것 같이 은혜도 또한 의로 말미암아
왕 노릇 하여 우리 주 예수 그리스
도로 말미암아 영생에 이르게 하려
함이라

그리스도와 함께 죽고 함께 산다

6 그런즉 우리가 무슨 말을 하리요
은혜를 더하게 하려고 죄에 거하
겠느냐
2 그럴 수 없느니라 죄에 대하여 죽은
우리가 어찌 그 가운데 더 살리요
3 무릇 그리스도 예수와 합하여 세례

를 받은 우리는 그의 죽으심과 합하
여 세례를 받은 줄을 알지 못하느냐
4 그러므로 우리가 그의 죽으심과 합
하여 세례를 받음으로 그와 함께 장
사되었나니 이는 아버지의 영광으로
말미암아 그리스도를 죽은 자 가운
데서 살리심과 같이 우리로 또한 새
생명 가운데서 행하게 하려 함이라
5 만일 우리가 그의 죽으심과 같은 모
양으로 연합한 자가 되었으면 또한
그의 부활과 같은 모양으로 연합한
자도 되리라
6 우리가 알거니와 우리의 옛 사람이
예수와 함께 십자가에 못 박힌 것은
죄의 몸이 죽어 다시는 우리가 죄에
게 종 노릇 하지 아니하려 함이니
7 이는 죽은 자가 죄에서 벗어나 의롭
다 하심을 얻었음이라
8 만일 우리가 그리스도와 함께 죽었
으면 또한 그와 함께 살 줄을 믿노니
9 이는 그리스도께서 죽은 자 가운데
서 살아나셨으매 다시 죽지 아니하시
고 사망이 다시 그를 주장하지 못할
줄을 앎이로라
10 그가 죽으심은 죄에 대하여 단번에
죽으심이요 그가 살아 계심은 하나
님께 대하여 살아 계심이니
11 이와 같이 너희도 너희 자신을 죄에
대하여는 죽은 자요 그리스도 예수
안에서 하나님께 대하여는 살아 있
는 자로 여길지어다
12 그러므로 너희는 죄가 너희 죽을 몸
을 지배하지 못하게 하여 몸의 사욕
에 순종하지 말고
13 또한 너희 지체를 불의의 무기로 죄
에게 내주지 말고 오직 너희 자신을
죽은 자 가운데서 다시 살아난 자 같
이 하나님께 드리며 너희 지체를 의
의 무기로 하나님께 드리라
14 죄가 너희를 주장하지 못하리니 이는
너희가 법 아래에 있지 아니하고 은
혜 아래에 있음이라

의의 종

15 그런즉 어찌하리요 우리가 법 아래에
있지 아니하고 은혜 아래에 있으니
죄를 지으리요 그럴 수 없느니라
16 너희 자신을 종으로 내주어 누구에
게 순종하든지 그 순종함을 받는 자
의 종이 되는 줄을 너희가 알지 못하
느냐 혹은 죄의 종으로 사망에 이르
고 혹은 순종의 종으로 의에 이르느
니라
17 하나님께 감사하리로다 너희가 본래
죄의 종이더니 너희에게 전하여 준
바 교훈의 본을 마음으로 순종하여
18 죄로부터 해방되어 의에게 종이 되었

느니라
19 너희 육신이 연약하므로 내가 사람의
예대로 말하노니 전에 너희가 너희
지체를 부정과 불법에 내주어 불법
에 이른 것 같이 이제는 너희 지체를
의에게 종으로 내주어 거룩함에 이
르라
20 너희가 죄의 종이 되었을 때에는 의
에 대하여 자유로웠느니라
21 너희가 그 때에 무슨 열매를 얻었느
냐 이제는 너희가 그 일을 부끄러워
하나니 이는 그 마지막이 사망임이
라
22 그러나 이제는 너희가 죄로부터 해방
되고 하나님께 종이 되어 거룩함에
이르는 열매를 맺었으니 그 마지막
은 영생이라
23 죄의 삯은 사망이요 하나님의 은사는
그리스도 예수 우리 주 안에 있는 영
생이니라

혼인 관계로 비유한 율법과 죄

7 형제들아 내가 법 아는 자들에게
말하노니 너희는 그 법이 사람이
살 동안만 그를 주관하는 줄 알지
못하느냐
2 남편 있는 여인이 그 남편 생전에는
법으로 그에게 매인 바 되나 만일 그
남편이 죽으면 남편의 법에서 벗어나
느니라
3 그러므로 만일 그 남편 생전에 다른
남자에게 가면 음녀라 그러나 만일
남편이 죽으면 그 법에서 자유롭게
되나니 다른 남자에게 갈지라도 음
녀가 되지 아니하느니라
4 그러므로 내 형제들아 너희도 그리
스도의 몸으로 말미암아 율법에 대
하여 죽임을 당하였으니 이는 다른
이 곧 죽은 자 가운데서 살아나신 이
에게 가서 우리가 하나님을 위하여
열매를 맺게 하려 함이라
5 우리가 육신에 있을 때에는 율법으
로 말미암는 죄의 정욕이 우리 지체
중에 역사하여 우리로 사망을 위하여
열매를 맺게 하였더니
6 이제는 우리가 얽매였던 것에 대하여
죽었으므로 율법에서 벗어났으니 이
러므로 우리가 영의 새로운 것으로
섬길 것이요 율법 조문의 묵은 것으
로 아니할지니라
7 그런즉 우리가 무슨 말을 하리요 율
법이 죄냐 그럴 수 없느니라 율법으
로 말미암지 않고는 내가 죄를 알지
못하였으니 곧 율법이 탐내지 말라
하지 아니하였더라면 내가 탐심을 알
지 못하였으리라
8 그러나 죄가 기회를 타서 계명으로

말미암아 내 속에서 온갖 탐심을 이
루었나니 이는 율법이 없으면 죄가
죽은 것임이라
9 전에 율법을 깨닫지 못했을 때에는
내가 살았더니 계명이 이르매 죄는
살아나고 나는 죽었도다
10 생명에 이르게 할 그 계명이 내게 대
하여 도리어 사망에 이르게 하는 것
이 되었도다
11 죄가 기회를 타서 계명으로 말미암아
나를 속이고 그것으로 나를 죽였는
지라
12 이로 보건대 율법은 거룩하고 계명
도 거룩하고 의로우며 선하도다
13 그런즉 선한 것이 내게 사망이 되었
느냐 그럴 수 없느니라 오직 죄가 죄
로 드러나기 위하여 선한 그것으로
말미암아 나를 죽게 만들었으니 이
는 계명으로 말미암아 죄로 심히 죄
되게 하려 함이라
14 우리가 율법은 신령한 줄 알거니와
나는 육신에 속하여 죄 아래에 팔렸
도다
15 내가 행하는 것을 내가 알지 못하노
니 곧 내가 원하는 것은 행하지 아니
하고 도리어 미워하는 것을 행함이
라
16 만일 내가 원하지 아니하는 그것을
행하면 내가 이로써 율법이 선한 것
을 시인하노니
17 이제는 그것을 행하는 자가 내가 아
니요 내 속에 거하는 죄니라
18 내 속 곧 내 육신에 선한 것이 거하
지 아니하는 줄을 아노니 원함은 내
게 있으나 선을 행하는 것은 없노라
19 내가 원하는 바 선은 행하지 아니하
고 도리어 원하지 아니하는 바 악을
행하는도다
20 만일 내가 원하지 아니하는 그것을
하면 이를 행하는 자는 내가 아니요
내 속에 거하는 죄니라
21 그러므로 내가 한 법을 깨달았노니
곧 선을 행하기 원하는 나에게 악이
함께 있는 것이로다
22 내 속사람으로는 하나님의 법을 즐
거워하되
23 내 지체 속에서 한 다른 법이 내 마
음의 법과 싸워 내 지체 속에 있는
죄의 법으로 나를 사로잡는 것을 보
는도다
24 오호라 나는 곤고한 사람이로다 이
사망의 몸에서 누가 나를 건져내랴
25 우리 주 예수 그리스도로 말미암아
하나님께 감사하리로다 그런즉 내
자신이 마음으로는 하나님의 법을
육신으로는 죄의 법을 섬기노라

생명의 성령의 법

8 그러므로 이제 그리스도 예수 안
에 있는 자에게는 결코 정죄함이
없나니
2 이는 그리스도 예수 안에 있는 생명
의 성령의 법이 죄와 사망의 법에서
너를 해방하였음이라
3 율법이 육신으로 말미암아 연약하여
할 수 없는 그것을 하나님은 하시나
니 곧 죄로 말미암아 자기 아들을 죄
있는 육신의 모양으로 보내어 육신
에 죄를 정하사
4 육신을 따르지 않고 그 영을 따라 행
하는 우리에게 율법의 요구가 이루
어지게 하려 하심이니라
5 육신을 따르는 자는 육신의 일을, 영
을 따르는 자는 영의 일을 생각하나
니
6 육신의 생각은 사망이요 영의 생각
은 생명과 평안이니라
7 육신의 생각은 하나님과 원수가 되나
니 이는 하나님의 법에 굴복하지 아
니할 뿐 아니라 할 수도 없음이라
8 육신에 있는 자들은 하나님을 기쁘
시게 할 수 없느니라
9 만일 너희 속에 하나님의 영이 거하시
면 너희가 육신에 있지 아니하고 영
에 있나니 누구든지 그리스도의 영이
없으면 그리스도의 사람이 아니라
10 또 그리스도께서 너희 안에 계시면
몸은 죄로 말미암아 죽은 것이나 영
은 의로 말미암아 살아 있는 것이니
라
11 예수를 죽은 자 가운데서 살리신 이
의 영이 너희 안에 거하시면 그리스
도 예수를 죽은 자 가운데서 살리신
이가 너희 안에 거하시는 그의 영으
로 말미암아 너희 죽을 몸도 살리시
리라
12 그러므로 형제들아 우리가 빚진 자
로되 육신에게 져서 육신대로 살 것
이 아니니라
13 너희가 육신대로 살면 반드시 죽을
것이로되 영으로써 몸의 행실을 죽이
면 살리니
14 무릇 하나님의 영으로 인도함을 받
는 사람은 곧 하나님의 아들이라
15 너희는 다시 무서워하는 종의 영을
받지 아니하고 양자의 영을 받았으
므로 우리가 아빠 아버지라고 부르
짖느니라
16 성령이 친히 우리의 영과 더불어 우리
가 하나님의 자녀인 것을 증언하시나
니
17 자녀이면 또한 상속자 곧 하나님의
상속자요 그리스도와 함께 한 상속

자니 우리가 그와 함께 영광을 받기
위하여 고난도 함께 받아야 할 것이
니라

모든 피조물이 구원을 고대하다

18 생각하건대 현재의 고난은 장차 우
리에게 나타날 영광과 비교할 수 없
도다
19 피조물이 고대하는 바는 하나님의
아들들이 나타나는 것이니
20 피조물이 허무한 데 굴복하는 것은
자기 뜻이 아니요 오직 굴복하게 하
시는 이로 말미암음이라
21 그 바라는 것은 피조물도 썩어짐의
종 노릇 한 데서 해방되어 하나님의
자녀들의 영광의 자유에 이르는 것이
니라
22 피조물이 다 이제까지 함께 탄식하며
함께 고통을 겪고 있는 것을 우리가
아느니라
23 그뿐 아니라 또한 우리 곧 성령의 처
음 익은 열매를 받은 우리까지도 속
으로 탄식하여 양자 될 것 곧 우리
몸의 속량을 기다리느니라
24 우리가 소망으로 구원을 얻었으매
보이는 소망이 소망이 아니니 보는
것을 누가 바라리요
25 만일 우리가 보지 못하는 것을 바라
면 참음으로 기다릴지니라
26 이와 같이 성령도 우리의 연약함을
도우시나니 우리는 마땅히 기도할 바
를 알지 못하나 오직 성령이 말할 수
없는 탄식으로 우리를 위하여 친히
간구하시느니라
27 마음을 살피시는 이가 성령의 생각을
아시나니 이는 성령이 하나님의 뜻대
로 성도를 위하여 간구하심이니라
28 우리가 알거니와 하나님을 사랑하는
자 곧 그의 뜻대로 부르심을 입은
자들에게는 모든 것이 합력하여 선
을 이루느니라
29 하나님이 미리 아신 자들을 또한 그
아들의 형상을 본받게 하기 위하여
미리 정하셨으니 이는 그로 많은 형
제 중에서 맏아들이 되게 하려 하심
이니라
30 또 미리 정하신 그들을 또한 부르시
고 부르신 그들을 또한 의롭다 하시
고 의롭다 하신 그들을 또한 영화롭
게 하셨느니라

그리스도의 사랑 하나님의 사랑

365묵상

하나님은 합력하여 선을 이루신다

바울은 믿는 자들에게 항상 좋은 일만 일어난다고 말하지 않는다. 하지만 믿는 자들에게는 하나님의 섭리와 경륜 안에서 모든 일이 궁극적으로는 유익함을 가져다주는 선한 쪽으로 작용한다고 말한다(롬 8:28). 여기서 선(善)이란 것은 '우리가 원하는 것'을 뜻하지 않는다. 하나님의 선은 우리로 하여금 더욱 그리스도를 닮게 만드는 것이다. 이것이 믿는 자들에게 정녕 선한 것이다. 그러므로 내 삶에 나쁜 일이 생긴다고 낙심하지 말자. 하나님이 우리의 삶속에서 선을 이루어 내시도록 인내심을 갖고 그분께 시간을 드리자.

31 그런즉 이 일에 대하여 우리가 무슨
말 하리요 만일 하나님이 우리를 위
하시면 누가 우리를 대적하리요
32 자기 아들을 아끼지 아니하시고 우리
모든 사람을 위하여 내주신 이가 어
찌 그 아들과 함께 모든 것을 우리
에게 주시지 아니하겠느냐
33 누가 능히 하나님께서 택하신 자들
을 고발하리요 의롭다 하신 이는 하
나님이시니
34 누가 정죄하리요 죽으실 뿐 아니라
다시 살아나신 이는 그리스도 예수
시니 그는 하나님 우편에 계신 자요
우리를 위하여 간구하시는 자시니라
35 누가 우리를 그리스도의 사랑에서
끊으리요 환난이나 곤고나 박해나
기근이나 적신이나 위험이나 칼이랴
36 기록된 바 우리가 종일 주를 위하여
죽임을 당하게 되며 도살 당할 양 같
이 여김을 받았나이다 함과 같으니라
37 그러나 이 모든 일에 우리를 사랑하
시는 이로 말미암아 우리가 넉넉히
이기느니라
38 내가 확신하노니 사망이나 생명이나
천사들이나 권세자들이나 현재 일이
나 장래 일이나 능력이나
39 높음이나 깊음이나 다른 어떤 피조
물이라도 우리를 우리 주 그리스도
예수 안에 있는 하나님의 사랑에서
끊을 수 없으리라

약속의 자녀 약속의 말씀

9

1-2 내가 그리스도 안에서 참말을
하고 거짓말을 아니하노라 나에게
큰 근심이 있는 것과 마음에 그치지
않는 고통이 있는 것을 내 양심이 성
령 안에서 나와 더불어 증언하노니
3 나의 형제 곧 골육의 친척을 위하여
내 자신이 저주를 받아 그리스도에
게서 끊어질지라도 원하는 바로라
4 그들은 이스라엘 사람이라 그들에게
는 양자 됨과 영광과 언약들과 율법
을 세우신 것과 예배와 약속들이 있
고
5 조상들도 그들의 것이요 육신으로
하면 그리스도가 그들에게서 나셨으
니 그는 만물 위에 계셔서 세세에 찬
양을 받으실 하나님이시니라 아멘
6 그러나 하나님의 말씀이 폐하여진 것
같지 않도다 이스라엘에게서 난 그
들이 다 이스라엘이 아니요
7 또한 아브라함의 씨가 다 그의 자녀
가 아니라 오직 이삭으로부터 난 자
라야 네 씨라 불리리라 하셨으니
8 곧 육신의 자녀가 하나님의 자녀가
아니요 오직 약속의 자녀가 씨로 여
기심을 받느니라

9 약속의 말씀은 이것이니 명년 이 때
에 내가 이르리니 사라에게 아들이
있으리라 하심이라
10 그뿐 아니라 또한 리브가가 우리 조
상 이삭 한 사람으로 말미암아 임신
하였는데
11 그 자식들이 아직 나지도 아니하고
무슨 선이나 악을 행하지 아니한 때
에 택하심을 따라 되는 하나님의 뜻
이 행위로 말미암지 않고 오직 부르
시는 이로 말미암아 서게 하려 하사
12 리브가에게 이르시되 큰 자가 어린
자를 섬기리라 하셨나니
13 기록된 바 내가 야곱은 사랑하고 에
서는 미워하였다 하심과 같으니라
14 그런즉 우리가 무슨 말을 하리요 하
나님께 불의가 있느냐 그럴 수 없느
니라
15 모세에게 이르시되 내가 긍휼히 여길
자를 긍휼히 여기고 불쌍히 여길 자
를 불쌍히 여기리라 하셨으니
16 그런즉 원하는 자로 말미암음도 아
니요 달음박질하는 자로 말미암음도
아니요 오직 긍휼히 여기시는 하나님
으로 말미암음이니라
17 성경이 바로에게 이르시되 내가 이
일을 위하여 너를 세웠으니 곧 너로
말미암아 내 능력을 보이고 내 이름
이 온 땅에 전파되게 하려 함이라 하
셨으니
18 그런즉 하나님께서 하고자 하시는
자를 긍휼히 여기시고 하고자 하시
는 자를 완악하게 하시느니라

하나님의 진노와 긍휼

19 혹 네가 내게 말하기를 그러면 하나
님이 어찌하여 허물하시느냐 누가 그
뜻을 대적하느냐 하리니
20 이 사람아 네가 누구이기에 감히 하
나님께 반문하느냐 지음을 받은 물
건이 지은 자에게 어찌 나를 이같이
만들었느냐 말하겠느냐
21 토기장이가 진흙 한 덩이로 하나는
귀히 쓸 그릇을, 하나는 천히 쓸 그
릇을 만들 권한이 없느냐
22 만일 하나님이 그의 진노를 보이시고
그의 능력을 알게 하고자 하사 멸하
기로 준비된 진노의 그릇을 오래 참
으심으로 관용하시고
23 또한 영광 받기로 예비하신 바 긍휼
의 그릇에 대하여 그 영광의 풍성함
을 알게 하고자 하셨을지라도 무슨
말을 하리요
24 이 그릇은 우리니 곧 유대인 중에서
뿐 아니라 이방인 중에서도 부르신
자니라
25 호세아의 글에도 이르기를 내가 내

백성 아닌 자를 내 백성이라, 사랑하
지 아니한 자를 사랑한 자라 부르리
라
26 너희는 내 백성이 아니라 한 그 곳에
서 그들이 살아 계신 하나님의 아들
이라 일컬음을 받으리라 함과 같으니
라
27 또 이사야가 이스라엘에 관하여 외치
되 이스라엘 자손들의 수가 비록 바
다의 모래 같을지라도 남은 자만 구
원을 받으리니
28 주께서 땅 위에서 그 말씀을 이루고
속히 시행하시리라 하셨느니라
29 또한 이사야가 미리 말한 바 만일 만
군의 주께서 우리에게 씨를 남겨 두
지 아니하셨더라면 우리가 소돔과 같
이 되고 고모라와 같았으리로다 함
과 같으니라

믿음에서 난 의

30 그런즉 우리가 무슨 말을 하리요 의
를 따르지 아니한 이방인들이 의를
얻었으니 곧 믿음에서 난 의요
31 의의 법을 따라간 이스라엘은 율법
에 이르지 못하였으니
32 어찌 그러하냐 이는 그들이 믿음을
의지하지 않고 행위를 의지함이라 부
딪칠 돌에 부딪쳤느니라
33 기록된 바 보라 내가 걸림돌과 거치
는 바위를 시온에 두노니 그를 믿는
자는 부끄러움을 당하지 아니하리라
함과 같으니라

10 형제들아 내 마음에 원하는 바
와 하나님께 구하는 바는 이스
라엘을 위함이니 곧 그들로 구원을
받게 함이라
2 내가 증언하노니 그들이 하나님께
열심이 있으나 올바른 지식을 따른
것이 아니니라
3 하나님의 의를 모르고 자기 의를 세
우려고 힘써 하나님의 의에 복종하지
아니하였느니라
4 그리스도는 모든 믿는 자에게 의를
이루기 위하여 율법의 마침이 되시니
라
5 모세가 기록하되 율법으로 말미암는
의를 행하는 사람은 그 의로 살리라
하였거니와
6 믿음으로 말미암는 의는 이같이 말하
되 네 마음에 누가 하늘에 올라가겠
느냐 하지 말라 하니 올라가겠느냐
함은 그리스도를 모셔 내리려는 것이
요
7 혹은 누가 무저갱에 내려가겠느냐
하지 말라 하니 내려가겠느냐 함은
그리스도를 죽은 자 가운데서 모셔
올리려는 것이라

8 그러면 무엇을 말하느냐 말씀이 네
게 가까워 네 입에 있으며 네 마음에
있다 하였으니 곧 우리가 전파하는
믿음의 말씀이라
9 네가 만일 네 입으로 예수를 주로
시인하며 또 하나님께서 그를 죽은
자 가운데서 살리신 것을 네 마음에
믿으면 구원을 받으리라
10 사람이 마음으로 믿어 의에 이르고
입으로 시인하여 구원에 이르느니라
11 성경에 이르되 누구든지 그를 믿는
자는 부끄러움을 당하지 아니하리라
하니
12 유대인이나 헬라인이나 차별이 없음
이라 한 분이신 주께서 모든 사람의
주가 되사 그를 부르는 모든 사람에
게 부요하시도다
13 누구든지 주의 이름을 부르는 자는
구원을 받으리라
14 그런즉 그들이 믿지 아니하는 이를
어찌 부르리요 듣지도 못한 이를 어
찌 믿으리요 전파하는 자가 없이 어
찌 들으리요
15 보내심을 받지 아니하였으면 어찌 전
파하리요 기록된 바 아름답도다 좋
은 소식을 전하는 자들의 발이여 함
과 같으니라

믿음과 들음과 그리스도의 말씀

16 그러나 그들이 다 복음을 순종하지
아니하였도다 이사야가 이르되 주여
우리가 전한 것을 누가 믿었나이까
하였으니
17 그러므로 믿음은 들음에서 나며 들
음은 그리스도의 말씀으로 말미암았
느니라
18 그러나 내가 말하노니 그들이 듣지
아니하였느냐 그렇지 아니하니 그 소
리가 온 땅에 퍼졌고 그 말씀이 땅
끝까지 이르렀도다 하였느니라
19 그러나 내가 말하노니 이스라엘이
알지 못하였느냐 먼저 모세가 이르되
내가 백성 아닌 자로써 너희를 시기
하게 하며 미련한 백성으로써 너희를
노엽게 하리라 하였고
20 이사야는 매우 담대하여 내가 나를
찾지 아니한 자들에게 찾은 바 되고
내게 묻지 아니한 자들에게 나타났
노라 말하였고
21 이스라엘에 대하여 이르되 순종하지
아니하고 거슬러 말하는 백성에게
내가 종일 내 손을 벌렸노라 하였느
니라

이스라엘의 남은 자

11 그러므로 내가 말하노니 하나님
이 자기 백성을 버리셨느냐 그
럴 수 없느니라 나도 이스라엘인이요

아브라함의 씨에서 난 자요 베냐민
지파라
2 하나님이 그 미리 아신 자기 백성을
버리지 아니하셨나니 너희가 성경이
엘리야를 가리켜 말한 것을 알지 못
하느냐 그가 이스라엘을 하나님께
고발하되
3 주여 그들이 주의 선지자들을 죽였
으며 주의 제단들을 헐어 버렸고 나
만 남았는데 내 목숨도 찾나이다 하
니
4 그에게 하신 대답이 무엇이냐 내가
나를 위하여 바알에게 무릎을 꿇지
아니한 사람 칠천 명을 남겨 두었다
하셨으니
5 그런즉 이와 같이 지금도 은혜로 택
하심을 따라 남은 자가 있느니라
6 만일 은혜로 된 것이면 행위로 말미
암지 않음이니 그렇지 않으면 은혜가
은혜 되지 못하느니라
7 그런즉 어떠하냐 이스라엘이 구하는
그것을 얻지 못하고 오직 택하심을
입은 자가 얻었고 그 남은 자들은 우
둔하여졌느니라
8 기록된 바 하나님이 오늘까지 그들
에게 혼미한 심령과 보지 못할 눈과
듣지 못할 귀를 주셨다 함과 같으니
라
9 또 다윗이 이르되 그들의 밥상이 올
무와 덫과 거치는 것과 보응이 되게
하시옵고
10 그들의 눈은 흐려 보지 못하고 그들
의 등은 항상 굽게 하옵소서 하였느
니라
11 그러므로 내가 말하노니 그들이 넘
어지기까지 실족하였느냐 그럴 수 없
느니라 그들이 넘어짐으로 구원이 이
방인에게 이르러 이스라엘로 시기나
게 함이니라
12 그들의 넘어짐이 세상의 풍성함이 되
며 그들의 실패가 이방인의 풍성함이
되거든 하물며 그들의 충만함이리요

이방인의 구원

13 내가 이방인인 너희에게 말하노라 내
가 이방인의 사도인 만큼 내 직분을
영광스럽게 여기노니
14 이는 혹 내 골육을 아무쪼록 시기하
게 하여 그들 중에서 얼마를 구원하
려 함이라
15 그들을 버리는 것이 세상의 화목이
되거든 그 받아들이는 것이 죽은 자
가운데서 살아나는 것이 아니면 무엇
이리요
16 제사하는 처음 익은 곡식 가루가 거
룩한즉 떡덩이도 그러하고 뿌리가 거
룩한즉 가지도 그러하니라

17 또한 가지 얼마가 꺾이었는데 돌감람
나무인 네가 그들 중에 접붙임이 되
어 참감람나무 뿌리의 진액을 함께
받는 자가 되었은즉
18 그 가지들을 향하여 자랑하지 말라
자랑할지라도 네가 뿌리를 보전하는
것이 아니요 뿌리가 너를 보전하는
것이니라
19 그러면 네 말이 가지들이 꺾인 것은
나로 접붙임을 받게 하려 함이라 하
리니
20 옳도다 그들은 믿지 아니하므로 꺾
이고 너는 믿으므로 섰느니라 높은
마음을 품지 말고 도리어 두려워하
라
21 하나님이 원 가지들도 아끼지 아니하
셨은즉 너도 아끼지 아니하시리라
22 그러므로 하나님의 인자하심과 준엄
하심을 보라 넘어지는 자들에게는
준엄하심이 있으니 너희가 만일 하나
님의 인자하심에 머물러 있으면 그
인자가 너희에게 있으리라 그렇지 않
으면 너도 찍히는 바 되리라
23 그들도 믿지 아니하는 데 머무르지
아니하면 접붙임을 받으리니 이는 그
들을 접붙이실 능력이 하나님께 있음
이라
24 네가 원 돌감람나무에서 찍힘을 받
고 본성을 거슬러 좋은 감람나무에
접붙임을 받았으니 원 가지인 이 사
람들이야 얼마나 더 자기 감람나무에
접붙이심을 받으랴

이스라엘의 구원

25 형제들아 너희가 스스로 지혜 있다
하면서 이 신비를 너희가 모르기를
내가 원하지 아니하노니 이 신비는
이방인의 충만한 수가 들어오기까지
이스라엘의 더러는 우둔하게 된 것이
라
26 그리하여 온 이스라엘이 구원을 받
으리라 기록된 바 구원자가 시온에서
오사 야곱에게서 경건하지 않은 것
을 돌이키시겠고
27 내가 그들의 죄를 없이 할 때에 그들
에게 이루어질 내 언약이 이것이라
함과 같으니라
28 복음으로 하면 그들이 너희로 말미
암아 원수 된 자요 택하심으로 하면
조상들로 말미암아 사랑을 입은 자
라

365묵상

좋은 소식을 전하는 자들의 발

바울은 이사야 선지자의 말을 인용하여 세상에서 가장 아름다운 발을 소개한다. 어떤 발일까? 유명한 모델의 발? 육상 스타의 발? 아니면 예쁜 아가의 발? 모두 아니다! 그 발은 다른 이들에게 복음을 전하는 자의 발이다(롬 10:13–15). 왜 그 발이 그토록 아름다운 것일까? 어쩌면 발 냄새가 날 수 있을 것 같은데. 그 발은 죽어가는 영혼을 살리는 발이기 때문이다. 오늘날 우리는 그런 발을 가져야 한다. 복음을 먼저 들은 우리가 우리의 발로 힘껏 달려가 복음을 듣지 못한 이들에게 복음을 들려주어야 하지 않겠는가!

29 하나님의 은사와 부르심에는 후회하
심이 없느니라
30 너희가 전에는 하나님께 순종하지 아
니하더니 이스라엘이 순종하지 아니
함으로 이제 긍휼을 입었는지라
31 이와 같이 이 사람들이 순종하지 아
니하니 이는 너희에게 베푸시는 긍휼
로 이제 그들도 긍휼을 얻게 하려
하심이라
32 하나님이 모든 사람을 순종하지 아
니하는 가운데 가두어 두심은 모든
사람에게 긍휼을 베풀려 하심이로다
33 깊도다 하나님의 지혜와 지식의 풍성
함이여, 그의 판단은 헤아리지 못할
것이며 그의 길은 찾지 못할 것이로
다
34 누가 주의 마음을 알았느냐 누가 그
의 모사가 되었느냐
35 누가 주께 먼저 드려서 갚으심을 받
겠느냐
36 이는 만물이 주에게서 나오고 주로
말미암고 주에게로 돌아감이라 그에
게 영광이 세세에 있을지어다 아멘

하나님의 뜻을 분별하는 새 생활

12 그러므로 형제들아 내가 하나
님의 모든 자비하심으로 너희를
권하노니 너희 몸을 하나님이 기뻐하
시는 거룩한 산 제물로 드리라 이는
너희가 드릴 영적 예배니라
2 너희는 이 세대를 본받지 말고 오직
마음을 새롭게 함으로 변화를 받아
하나님의 선하시고 기뻐하시고 온전
하신 뜻이 무엇인지 분별하도록 하라
3 내게 주신 은혜로 말미암아 너희 각
사람에게 말하노니 마땅히 생각할
그 이상의 생각을 품지 말고 오직 하
나님께서 각 사람에게 나누어 주신
믿음의 분량대로 지혜롭게 생각하라
4 우리가 한 몸에 많은 지체를 가졌으
나 모든 지체가 같은 기능을 가진 것
이 아니니
5 이와 같이 우리 많은 사람이 그리스
도 안에서 한 몸이 되어 서로 지체가
되었느니라
6 우리에게 주신 은혜대로 받은 은사
가 각각 다르니 혹 예언이면 믿음의
분수대로,
7 혹 섬기는 일이면 섬기는 일로, 혹 가
르치는 자면 가르치는 일로,
8 혹 위로하는 자면 위로하는 일로, 구
제하는 자는 성실함으로, 다스리는
자는 부지런함으로, 긍휼을 베푸는
자는 즐거움으로 할 것이니라
9 사랑에는 거짓이 없나니 악을 미워하
고 선에 속하라
10 형제를 사랑하여 서로 우애하고 존

경하기를 서로 먼저 하며
11 부지런하여 게으르지 말고 열심을 품
고 주를 섬기라
12 소망 중에 즐거워하며 환난 중에 참
으며 기도에 항상 힘쓰며
13 성도들의 쓸 것을 공급하며 손 대접
하기를 힘쓰라

그리스도인의 생활

14 너희를 박해하는 자를 축복하라 축
복하고 저주하지 말라
15 즐거워하는 자들과 함께 즐거워하고
우는 자들과 함께 울라
16 서로 마음을 같이하며 높은 데 마음
을 두지 말고 도리어 낮은 데 처하며
스스로 지혜 있는 체 하지 말라
17 아무에게도 악을 악으로 갚지 말고
모든 사람 앞에서 선한 일을 도모하
라
18 할 수 있거든 너희로서는 모든 사람
과 더불어 화목하라
19 내 사랑하는 자들아 너희가 친히 원
수를 갚지 말고 하나님의 진노하심에
맡기라 기록되었으되 원수 갚는 것이
내게 있으니 내가 갚으리라고 주께
서 말씀하시니라
20 네 원수가 주리거든 먹이고 목마르거
든 마시게 하라 그리함으로 네가 숯
불을 그 머리에 쌓아 놓으리라
21 악에게 지지 말고 선으로 악을 이기
라

그리스도인과 세상 권세

13 각 사람은 위에 있는 권세들에
게 복종하라 권세는 하나님으
로부터 나지 않음이 없나니 모든 권
세는 다 하나님께서 정하신 바라
2 그러므로 권세를 거스르는 자는 하
나님의 명을 거스름이니 거스르는 자
들은 심판을 자취하리라
3 다스리는 자들은 선한 일에 대하여
두려움이 되지 않고 악한 일에 대하
여 되나니 네가 권세를 두려워하지
아니하려느냐 선을 행하라 그리하면
그에게 칭찬을 받으리라
4 그는 하나님의 사역자가 되어 네게
선을 베푸는 자니라 그러나 네가 악
을 행하거든 두려워하라 그가 공연히
칼을 가지지 아니하였으니 곧 하나님
의 사역자가 되어 악을 행하는 자에
게 진노하심을 따라 보응하는 자니
라
5 그러므로 복종하지 아니할 수 없으
니 진노 때문에 할 것이 아니라 양심
을 따라 할 것이라
6 너희가 조세를 바치는 것도 이로 말
미암음이라 그들이 하나님의 일꾼이
되어 바로 이 일에 항상 힘쓰느니라

7 모든 자에게 줄 것을 주되 조세를
받을 자에게 조세를 바치고 관세를
받을 자에게 관세를 바치고 두려워
할 자를 두려워하며 존경할 자를 존
경하라

사랑은 율법의 완성

8 피차 사랑의 빚 외에는 아무에게든
지 아무 빚도 지지 말라 남을 사랑하
는 자는 율법을 다 이루었느니라
9 간음하지 말라, 살인하지 말라, 도둑
질하지 말라, 탐내지 말라 한 것과 그
외에 다른 계명이 있을지라도 네 이
웃을 네 자신과 같이 사랑하라 하신
그 말씀 가운데 다 들었느니라
10 사랑은 이웃에게 악을 행하지 아니
하나니 그러므로 사랑은 율법의 완
성이니라

구원의 때가 가까워졌다

11 또한 너희가 이 시기를 알거니와 자
다가 깰 때가 벌써 되었으니 이는 이
제 우리의 구원이 처음 믿을 때보다
가까웠음이라
12 밤이 깊고 낮이 가까웠으니 그러므로
우리가 어둠의 일을 벗고 빛의 갑옷
을 입자
13 낮에와 같이 단정히 행하고 방탕하거
나 술 취하지 말며 음란하거나 호색
하지 말며 다투거나 시기하지 말고
14 오직 주 예수 그리스도로 옷 입고 정
욕을 위하여 육신의 일을 도모하지
말라

형제를 비판하지 말라

14 믿음이 연약한 자를 너희가 받
되 그의 의견을 비판하지 말라
2 어떤 사람은 모든 것을 먹을 만한 믿
음이 있고 믿음이 연약한 자는 채소
만 먹느니라
3 먹는 자는 먹지 않는 자를 업신여기
지 말고 먹지 않는 자는 먹는 자를
비판하지 말라 이는 하나님이 그를
받으셨음이라
4 남의 하인을 비판하는 너는 누구냐
그가 서 있는 것이나 넘어지는 것이
자기 주인에게 있으매 그가 세움을
받으리니 이는 그를 세우시는 권능
이 주께 있음이라
5 어떤 사람은 이 날을 저 날보다 낫게
여기고 어떤 사람은 모든 날을 같게
여기나니 각각 자기 마음으로 확정할
지니라
6 날을 중히 여기는 자도 주를 위하여
중히 여기고 먹는 자도 주를 위하여
먹으니 이는 하나님께 감사함이요 먹
지 않는 자도 주를 위하여 먹지 아니
하며 하나님께 감사하느니라
7 우리 중에 누구든지 자기를 위하여

사는 자가 없고 자기를 위하여 죽는
자도 없도다
8 우리가 살아도 주를 위하여 살고 죽
어도 주를 위하여 죽나니 그러므로
사나 죽으나 우리가 주의 것이로다
9 이를 위하여 그리스도께서 죽었다가
다시 살아나셨으니 곧 죽은 자와 산
자의 주가 되려 하심이라
10 네가 어찌하여 네 형제를 비판하느
냐 어찌하여 네 형제를 업신여기느냐
우리가 다 하나님의 심판대 앞에 서
리라
11 기록되었으되 주께서 이르시되 내가
살았노니 모든 무릎이 내게 꿇을 것
이요 모든 혀가 하나님께 자백하리
라 하였느니라
12 이러므로 우리 각 사람이 자기 일을
하나님께 직고하리라

형제로 거리끼게 하지 말라

13 그런즉 우리가 다시는 서로 비판하지
말고 도리어 부딪칠 것이나 거칠 것
을 형제 앞에 두지 아니하도록 주의
하라
14 내가 주 예수 안에서 알고 확신하노
니 무엇이든지 스스로 속된 것이 없
으되 다만 속되게 여기는 그 사람에
게는 속되니라
15 만일 음식으로 말미암아 네 형제가
근심하게 되면 이는 네가 사랑으로
행하지 아니함이라 그리스도께서 대
신하여 죽으신 형제를 네 음식으로
망하게 하지 말라
16 그러므로 너희의 선한 것이 비방을
받지 않게 하라
17 하나님의 나라는 먹는 것과 마시는
것이 아니요 오직 성령 안에 있는 의
와 평강과 희락이라
18 이로써 그리스도를 섬기는 자는 하
나님을 기쁘시게 하며 사람에게도 칭
찬을 받느니라
19 그러므로 우리가 화평의 일과 서로
덕을 세우는 일을 힘쓰나니
20 음식으로 말미암아 하나님의 사업을
무너지게 하지 말라 만물이 다 깨끗
하되 거리낌으로 먹는 사람에게는 악
한 것이라
21 고기도 먹지 아니하고 포도주도 마
시지 아니하고 무엇이든지 네 형제로
거리끼게 하는 일을 아니함이 아름다
우니라
22 네게 있는 믿음을 하나님 앞에서 스
스로 가지고 있으라 자기가 옳다 하
는 바로 자기를 정죄하지 아니하는
자는 복이 있도다
23 의심하고 먹는 자는 정죄되었나니 이
는 믿음을 따라 하지 아니하였기 때

문이라 믿음을 따라 하지 아니하는
것은 다 죄니라

선을 이루고 덕을 세우라

15 믿음이 강한 우리는 마땅히 믿
음이 약한 자의 약점을 담당하
고 자기를 기쁘게 하지 아니할 것이
라
2 우리 각 사람이 이웃을 기쁘게 하되
선을 이루고 덕을 세우도록 할지니
라
3 그리스도께서도 자기를 기쁘게 하지
아니하셨나니 기록된 바 주를 비방하
는 자들의 비방이 내게 미쳤나이다
함과 같으니라
4 무엇이든지 전에 기록된 바는 우리의
교훈을 위하여 기록된 것이니 우리로
하여금 인내로 또는 성경의 위로로
소망을 가지게 함이니라
5 이제 인내와 위로의 하나님이 너희로
그리스도 예수를 본받아 서로 뜻이
같게 하여 주사
6 한마음과 한 입으로 하나님 곧 우리
주 예수 그리스도의 아버지께 영광
을 돌리게 하려 하노라
7 그러므로 그리스도께서 우리를 받아
하나님께 영광을 돌리심과 같이 너희
도 서로 받으라
8 내가 말하노니 그리스도께서 하나님
의 진실하심을 위하여 할례의 추종자
가 되셨으니 이는 조상들에게 주신
약속들을 견고하게 하시고
9 이방인들도 그 긍휼하심으로 말미암
아 하나님께 영광을 돌리게 하려 하
심이라 기록된 바 그러므로 내가 열
방 중에서 주께 감사하고 주의 이름
을 찬송하리로다 함과 같으니라
10 또 이르되 열방들아 주의 백성과 함
께 즐거워하라 하였으며
11 또 모든 열방들아 주를 찬양하며 모
든 백성들아 그를 찬송하라 하였으
며
12 또 이사야가 이르되 이새의 뿌리 곧
열방을 다스리기 위하여 일어나시는
이가 있으리니 열방이 그에게 소망을
두리라 하였느니라
13 소망의 하나님이 모든 기쁨과 평강
을 믿음 안에서 너희에게 충만하게
하사 성령의 능력으로 소망이 넘치게
하시기를 원하노라

하나님의 복음의 제사장 직분

14 내 형제들아 너희가 스스로 선함이
가득하고 모든 지식이 차서 능히 서
로 권하는 자임을 나도 확신하노라
15 그러나 내가 너희로 다시 생각나게
하려고 하나님께서 내게 주신 은혜
로 말미암아 더욱 담대히 대략 너희

에게 썼노니
16 이 은혜는 곧 나로 이방인을 위하여
그리스도 예수의 일꾼이 되어 하나님
의 복음의 제사장 직분을 하게 하사
이방인을 제물로 드리는 것이 성령
안에서 거룩하게 되어 받으실 만하게
하려 하심이라
17 그러므로 내가 그리스도 예수 안에
서 하나님의 일에 대하여 자랑하는
것이 있거니와
18 그리스도께서 이방인들을 순종하게
하기 위하여 나를 통하여 역사하신
것 외에는 내가 감히 말하지 아니하
노라 그 일은 말과 행위로
19 표적과 기사의 능력으로 성령의 능력
으로 이루어졌으며 그리하여 내가 예
루살렘으로부터 두루 행하여 일루리
곤까지 그리스도의 복음을 편만하게
전하였노라
20 또 내가 그리스도의 이름을 부르는
곳에는 복음을 전하지 않기를 힘썼
노니 이는 남의 터 위에 건축하지 아
니하려 함이라
21 기록된 바 주의 소식을 받지 못한 자
들이 볼 것이요 듣지 못한 자들이 깨
달으리라 함과 같으니라

바울의 로마 방문 계획

22 그러므로 또한 내가 너희에게 가려
하던 것이 여러 번 막혔더니
23 이제는 이 지방에 일할 곳이 없고 또
여러 해 전부터 언제든지 서바나로
갈 때에 너희에게 가기를 바라고 있
었으니
24 이는 지나가는 길에 너희를 보고 먼
저 너희와 사귐으로 얼마간 기쁨을
가진 후에 너희가 그리로 보내주기
를 바람이라
25 그러나 이제는 내가 성도를 섬기는
일로 예루살렘에 가노니
26 이는 마게도냐와 아가야 사람들이
예루살렘 성도 중 가난한 자들을 위
하여 기쁘게 얼마를 연보하였음이라
27 저희가 기뻐서 하였거니와 또한 저희
는 그들에게 빚진 자니 만일 이방인
들이 그들의 영적인 것을 나눠 가졌
으면 육적인 것으로 그들을 섬기는
것이 마땅하니라
28 그러므로 내가 이 일을 마치고 이 열
매를 그들에게 확증한 후에 너희에
게 들렀다가 서바나로 가리라

365묵상

소망의 두 친구 – 인내와 위로

성경이 기록된 목적은 성도들로 하여금 말씀을 통해 인내를 배우고 위로를 받음으로써 현세의 고난 중에서도 소망을 갖게 하려는 데 있다고 바울은 가르쳤다(롬 15:4-6). 따라서 인내와 위로라는 말 속에는 어려움과 슬픔의 삶이 전제되어 있다. 어쩌면 이 세상에서 성도들의 삶이 그런 것이다. 말씀을 좇아 살아가는 삶은 많은 어려움과 고통이 뒤따르고, 그래서 인내와 위로가 절실하게 필요하다. 이처럼 그 둘은 구원과 영생을 향한 소망의 소중한 친구들이다. 그러므로 인내와 위로를 통해 소망의 날들을 바라보라.

29 내가 너희에게 나아갈 때에 그리스
도의 충만한 복을 가지고 갈 줄을
아노라
30 형제들아 내가 우리 주 예수 그리스
도와 성령의 사랑으로 말미암아 너희
를 권하노니 너희 기도에 나와 힘을
같이하여 나를 위하여 하나님께 빌어
31 나로 유대에서 순종하지 아니하는
자들로부터 건짐을 받게 하고 또 예
루살렘에 대하여 내가 섬기는 일을
성도들이 받을 만하게 하고
32 나로 하나님의 뜻을 따라 기쁨으로
너희에게 나아가 너희와 함께 편히
쉬게 하라
33 평강의 하나님께서 너희 모든 사람과
함께 계실지어다 아멘

인사

16 내가 겐그레아 교회의 일꾼으
로 있는 우리 자매 뵈뵈를 너희
에게 추천하노니
2 너희는 주 안에서 성도들의 합당한
예절로 그를 영접하고 무엇이든지
그에게 소용되는 바를 도와 줄지니
이는 그가 여러 사람과 나의 보호자
가 되었음이라
3 너희는 그리스도 예수 안에서 나의
동역자들인 브리스가와 아굴라에게
문안하라
4 그들은 내 목숨을 위하여 자기들의
목까지도 내놓았나니 나뿐 아니라
이방인의 모든 교회도 그들에게 감
사하느니라
5 또 저의 집에 있는 교회에도 문안하
라 내가 사랑하는 에배네도에게 문
안하라 그는 아시아에서 그리스도께
처음 맺은 열매니라
6 너희를 위하여 많이 수고한 마리아에
게 문안하라
7 내 친척이요 나와 함께 갇혔던 안드
로니고와 유니아에게 문안하라 그들
은 사도들에게 존중히 여겨지고 또
한 나보다 먼저 그리스도 안에 있는
자라
8 또 주 안에서 내 사랑하는 암블리아
에게 문안하라
9 그리스도 안에서 우리의 동역자인 우
르바노와 나의 사랑하는 스다구에게
문안하라
10 그리스도 안에서 인정함을 받은 아
벨레에게 문안하라 아리스도불로의
권속에게 문안하라
11 내 친척 헤로디온에게 문안하라 나
깃수의 가족 중 주 안에 있는 자들
에게 문안하라
12 주 안에서 수고한 드루배나와 드루
보사에게 문안하라 주 안에서 많이

수고하고 사랑하는 버시에게 문안하
라
13 주 안에서 택하심을 입은 루포와 그
의 어머니에게 문안하라 그의 어머니
는 곧 내 어머니니라
14 아순그리도와 블레곤과 허메와 바드
로바와 허마와 및 그들과 함께 있는
형제들에게 문안하라
15 빌롤로고와 율리아와 또 네레오와
그의 자매와 올름바와 그들과 함께
있는 모든 성도에게 문안하라
16 너희가 거룩하게 입맞춤으로 서로
문안하라 그리스도의 모든 교회가
다 너희에게 문안하느니라
17 형제들아 내가 너희를 권하노니 너희
가 배운 교훈을 거슬러 분쟁을 일으
키거나 거치게 하는 자들을 살피고
그들에게서 떠나라
18 이같은 자들은 우리 주 그리스도를
섬기지 아니하고 다만 자기들의 배만
섬기나니 교활한 말과 아첨하는 말
로 순진한 자들의 마음을 미혹하느
니라
19 너희의 순종함이 모든 사람에게 들
리는지라 그러므로 내가 너희로 말미
암아 기뻐하노니 너희가 선한 데 지
혜롭고 악한 데 미련하기를 원하노
라
20 평강의 하나님께서 속히 사탄을 너희
발 아래에서 상하게 하시리라
우리 주 예수의 은혜가 너희에게 있을
지어다

문안과 찬양

21 나의 동역자 디모데와 나의 친척 누
기오와 야손과 소시바더가 너희에게
문안하느니라
22 이 편지를 기록하는 나 더디오도 주
안에서 너희에게 문안하노라
23 나와 온 교회를 돌보아 주는 가이오
도 너희에게 문안하고 이 성의 재무
관 에라스도와 형제 구아도도 너희
에게 문안하느니라
24 (없음)
25 나의 복음과 예수 그리스도를 전파
함은 영세 전부터 감추어졌다가
26 이제는 나타내신 바 되었으며 영원하
신 하나님의 명을 따라 선지자들의
글로 말미암아 모든 민족이 믿어 순
종하게 하시려고 알게 하신 바 그 신
비의 계시를 따라 된 것이니 이 복음
으로 너희를 능히 견고하게 하실
27 지혜로우신 하나님께 예수 그리스도
로 말미암아 영광이 세세무궁하도록
있을지어다 아멘

고린도전·후서 1·2 Corinthians

바울은 고린도 교회에 써 보낸 첫 번째 편지(고린도전서)에서, 당시 고린도 교회가 겪고 있는 여러 문제들(분파, 소송, 은사, 결혼, 성만찬, 부활 등)을 해결하기 위한 실제적인 지침서를 제공했다. 두 번째 편지(고린도후서)에서 바울은 자신의 가르침대로 순종하는 자들에게는 기쁨과 사랑을, 불순종하는 자들에게는 책망과 경고를 주었다.

제목 고린도전서는 '고린도인들에게 (보낸) 첫 번째 (편지)'(프로스 코린티우스 알파)라는 헬라어 원제목에서, 고린도후서는 '고린도인들에게 (보낸) 두 번째 (편지)'(프로스 코린티우스 베타)라는 헬라어 원제목에서 유래했다.

저자 사도 바울. 본서의 여러 내증들(고전 1:1–3; 3:4; 고후 1:1; 10:1) 및 바울의 다른 서신들과의 언어, 사상적 일치 그리고 초대 교부들의 증언이 뒷받침해 준다.

기록 연대 A.D. 55–56년경. 고린도전서는 제3차 전도 여행 중(A.D. 53–58년) 바울이 에베소에 머물렀을 때 썼고, 고린도후서는 그 해나 이듬해 가을쯤으로 추정된다.

기록 목적 ① 고린도 교회 내부의 갈등과 분쟁을 해결하고, 교리적 질문에 대한 답변을 통해 교훈을 주기 위해. ② 바울 자신의 사도직에 대한 오해를 풀어주면서, 전도자와 사도로서의 정당성을 변호하기 위해. ③ 기근을 당한 예루살렘 교회에 대해 구제 헌금을 호소하기 위해.

주제 그리스도에 대한 신앙의 능력(고린도전서) 및 바울의 사도직 변호(고린도후서). 복음의 진리를 지키기 위해서는 신앙의 능력을 갖춰야 한다. 또한 바울은 사도의 권위로서 고린도교회의 거짓 교사들을 경고했다.

특징 ① 실제적인 서신 – 교회 내의 여러 문제들(분파, 은사, 성찬식 등)에 대한 성경적인 해결 방법을 실제적으로 다루고 있다. ② 개인적인 서신 – 특히 고린도후서에는 바울의 자전적인 고백과 개인의 풍부한 감정이 나타난다. 금언적인 서신 – 신학적인 글이 아닌, 실제 생활과 관련된 교훈적인 내용이 많다.

본서의 내용

I. **교회 안의 분쟁**
(고전 1:1–4:21)

II. **교회 안의 타락상**
(고전 5:1–6:20)

III. **교회 안의 문제들**
(고전 7:1–15:58)

IV. **부탁과 인사말**
(고전 16:1–24)

V. **복음 사역의 변호**
(고후 1:1–7:16)

VI. **성도를 위한 구제 헌금**
(고후 8:1–9:15)

VII. **바울의 사도권 변증**
(고후 10:1–13:13)

연대표

A.D.	
30년	오순절 성령 강림 사건(행 2:1–4)
34년	바울의 다메섹 회심
45년	유대 땅의 대기근(글라우디오 치하)
47년	바울의 1차 전도 여행(47–49년)
49년	예루살렘 총회
50년	바울의 2차 전도 여행(50–52년)
51년	고린도 교회 설립(?)
53년	바울의 3차 전도 여행(53–58년)
55년	고린도전서 집필
56년	고린도후서 집필
57년	로마서 집필
58년	예루살렘 성전에서 체포된 바울 (행 21:30)
59년	바울의 로마여행
61년	바울의 로마 투옥
64년	로마시의 대화재
66년	유대인의 반란
67년	바울의 순교
70년	예루살렘 함락

· 고린도전·후서의 주요 무대

고린도전서 1 Corinthians

인사와 감사

1 하나님의 뜻을 따라 그리스도 예
수의 사도로 부르심을 받은 바울
과 형제 소스데네는
2 고린도에 있는 하나님의 교회 곧 그
리스도 예수 안에서 거룩하여지고 성
도라 부르심을 받은 자들과 또 각처
에서 우리의 주 곧 그들과 우리의 주
되신 예수 그리스도의 이름을 부르
는 모든 자들에게
3 하나님 우리 아버지와 주 예수 그리
스도로부터 은혜와 평강이 있기를
원하노라
4 그리스도 예수 안에서 너희에게 주
신 하나님의 은혜로 말미암아 내가
너희를 위하여 항상 하나님께 감사하
노니
5 이는 너희가 그 안에서 모든 일 곧
모든 언변과 모든 지식에 풍족하므
로
6 그리스도의 증거가 너희 중에 견고하
게 되어
7 너희가 모든 은사에 부족함이 없이
우리 주 예수 그리스도의 나타나심
을 기다림이라
8 주께서 너희를 우리 주 예수 그리스
도의 날에 책망할 것이 없는 자로 끝
까지 견고하게 하시리라
9 너희를 불러 그의 아들 예수 그리스
도 우리 주와 더불어 교제하게 하시
는 하나님은 미쁘시도다

고린도 교회의 분쟁

10 형제들아 내가 우리 주 예수 그리스
도의 이름으로 너희를 권하노니 모
두가 같은 말을 하고 너희 가운데
분쟁이 없이 같은 마음과 같은 뜻으
로 온전히 합하라
11 내 형제들아 글로에의 집 편으로 너
희에 대한 말이 내게 들리니 곧 너희
가운데 분쟁이 있다는 것이라
12 내가 이것을 말하거니와 너희가 각각
이르되 나는 바울에게, 나는 아볼로
에게, 나는 게바에게, 나는 그리스도
에게 속한 자라 한다는 것이니
13 그리스도께서 어찌 나뉘었느냐 바울
이 너희를 위하여 십자가에 못 박혔
으며 바울의 이름으로 너희가 세례
를 받았느냐
14 나는 그리스보와 가이오 외에는 너
희 중 아무에게도 내가 세례를 베풀
지 아니한 것을 감사하노니
15 이는 아무도 나의 이름으로 세례를

받았다 말하지 못하게 하려 함이라
16 내가 또한 스데바나 집 사람에게 세
례를 베풀었고 그 외에는 다른 누구
에게 세례를 베풀었는지 알지 못하
노라
17 그리스도께서 나를 보내심은 세례를
베풀게 하려 하심이 아니요 오직 복
음을 전하게 하려 하심이로되 말의
지혜로 하지 아니함은 그리스도의 십
자가가 헛되지 않게 하려 함이라
하나님의 능력과 지혜이신 그리스도
18 십자가의 도가 멸망하는 자들에게는
미련한 것이요 구원을 받는 우리에게
는 하나님의 능력이라
19 기록된 바 내가 지혜 있는 자들의 지
혜를 멸하고 총명한 자들의 총명을
폐하리라 하였으니
20 지혜 있는 자가 어디 있느냐 선비가
어디 있느냐 이 세대에 변론가가 어
디 있느냐 하나님께서 이 세상의 지
혜를 미련하게 하신 것이 아니냐
21 하나님의 지혜에 있어서는 이 세상이
자기 지혜로 하나님을 알지 못하므
로 하나님께서 전도의 미련한 것으로
믿는 자들을 구원하시기를 기뻐하셨
도다
22 유대인은 표적을 구하고 헬라인은
지혜를 찾으나
23 우리는 십자가에 못 박힌 그리스도
를 전하니 유대인에게는 거리끼는 것
이요 이방인에게는 미련한 것이로되
24 오직 부르심을 받은 자들에게는 유
대인이나 헬라인이나 그리스도는 하
나님의 능력이요 하나님의 지혜니라
25 하나님의 어리석음이 사람보다 지혜
롭고 하나님의 약하심이 사람보다 강
하니라
26 형제들아 너희를 부르심을 보라 육
체를 따라 지혜로운 자가 많지 아니
하며 능한 자가 많지 아니하며 문벌
좋은 자가 많지 아니하도다
27 그러나 하나님께서 세상의 미련한 것
들을 택하사 지혜 있는 자들을 부끄
럽게 하려 하시고 세상의 약한 것들
을 택하사 강한 것들을 부끄럽게 하
려 하시며
28 하나님께서 세상의 천한 것들과 멸시
받는 것들과 없는 것들을 택하사 있
는 것들을 폐하려 하시나니
29 이는 아무 육체도 하나님 앞에서 자
랑하지 못하게 하려 하심이라
30 너희는 하나님으로부터 나서 그리스
도 예수 안에 있고 예수는 하나님으
로부터 나와서 우리에게 지혜와 의
로움과 거룩함과 구원함이 되셨으니
31 기록된 바 자랑하는 자는 주 안에서

자랑하라 함과 같게 하려 함이라

십자가에 못 박히신 그리스도

2

형제들아 내가 너희에게 나아가
하나님의 증거를 전할 때에 말과
지혜의 아름다운 것으로 아니하였나
니
2 내가 너희 중에서 예수 그리스도와
그가 십자가에 못 박히신 것 외에는
아무 것도 알지 아니하기로 작정하였
음이라
3 내가 너희 가운데 거할 때에 약하고
두려워하고 심히 떨었노라
4 내 말과 내 전도함이 설득력 있는 지
혜의 말로 하지 아니하고 다만 성령
의 나타나심과 능력으로 하여
5 너희 믿음이 사람의 지혜에 있지 아니
하고 다만 하나님의 능력에 있게 하
려 하였노라

성령으로 보이셨다

6 그러나 우리가 온전한 자들 중에서
는 지혜를 말하노니 이는 이 세상의
지혜가 아니요 또 이 세상에서 없어
질 통치자들의 지혜도 아니요
7 오직 은밀한 가운데 있는 하나님의
지혜를 말하는 것으로서 곧 감추어
졌던 것인데 하나님이 우리의 영광을
위하여 만세 전에 미리 정하신 것이라
8 이 지혜는 이 세대의 통치자들이 한
사람도 알지 못하였나니 만일 알았더
라면 영광의 주를 십자가에 못 박지
아니하였으리라
9 기록된 바 하나님이 자기를 사랑하는
자들을 위하여 예비하신 모든 것은
눈으로 보지 못하고 귀로 듣지 못하
고 사람의 마음으로 생각하지도 못
하였다 함과 같으니라
10 오직 하나님이 성령으로 이것을 우리
에게 보이셨으니 성령은 모든 것 곧
하나님의 깊은 것까지도 통달하시느
니라
11 사람의 일을 사람의 속에 있는 영 외
에 누가 알리요 이와 같이 하나님의
일도 하나님의 영 외에는 아무도 알
지 못하느니라
12 우리가 세상의 영을 받지 아니하고
오직 하나님으로부터 온 영을 받았
으니 이는 우리로 하여금 하나님께서
우리에게 은혜로 주신 것들을 알게
하려 하심이라
13 우리가 이것을 말하거니와 사람의 지

365묵상

오직 예수 그리스도를 중심으로!

고린도 교회에 심각한 문제가 있었다. 그것은 교회 내의 신자들 간에 서로 다른 분파성을 드러내 보인 것이다. 그들은 각각 아볼로파, 바울파, 게바(베드로)파, 심지어 그리스도파로 나뉘어져 서로 다투고 있었다(고전 1:10-17). 사실, 신자들은 교회 지도자들을 추종하는 경향이 있다. 그래서 예수님에게서 자주 눈을 돌려 인간 지도자를 섬기곤 한다. 그러나 우리의 참 지도자는 예수님뿐이다. 교회가 예수 그리스도의 터 위에 서 있지 않으면 이미 그리스도의 교회가 아니다. 어디까지나 교회의 머리는 예수 그리스도시다!

혜가 가르친 말로 아니하고 오직 성
령께서 가르치신 것으로 하니 영적인
일은 영적인 것으로 분별하느니라
14 육에 속한 사람은 하나님의 성령의
일들을 받지 아니하나니 이는 그것들
이 그에게는 어리석게 보임이요, 또
그는 그것들을 알 수도 없나니 그러
한 일은 영적으로 분별되기 때문이라
15 신령한 자는 모든 것을 판단하나 자
기는 아무에게도 판단을 받지 아니
하느니라
16 누가 주의 마음을 알아서 주를 가르
치겠느냐 그러나 우리가 그리스도의
마음을 가졌느니라

하나님의 동역자들

3 형제들아 내가 신령한 자들을 대
함과 같이 너희에게 말할 수 없어
서 육신에 속한 자 곧 그리스도 안에
서 어린 아이들을 대함과 같이 하노
라
2 내가 너희를 젖으로 먹이고 밥으로
아니하였노니 이는 너희가 감당하지
못하였음이거니와 지금도 못하리라
3 너희는 아직도 육신에 속한 자로다
너희 가운데 시기와 분쟁이 있으니
어찌 육신에 속하여 사람을 따라 행
함이 아니리요
4 어떤 이는 말하되 나는 바울에게라
하고 다른 이는 나는 아볼로에게라
하니 너희가 육의 사람이 아니리요
5 그런즉 아볼로는 무엇이며 바울은
무엇이냐 그들은 주께서 각각 주신
대로 너희로 하여금 믿게 한 사역자
들이니라
6 나는 심었고 아볼로는 물을 주었으
되 오직 하나님께서 자라나게 하셨나
니
7 그런즉 심는 이나 물 주는 이는 아무
것도 아니로되 오직 자라게 하시는
이는 하나님뿐이니라
8 심는 이와 물 주는 이는 한가지이나
각각 자기가 일한 대로 자기의 상을
받으리라
9 우리는 하나님의 동역자들이요 너희
는 하나님의 밭이요 하나님의 집이니
라
10 내게 주신 하나님의 은혜를 따라 내
가 지혜로운 건축자와 같이 터를 닦
아 두매 다른 이가 그 위에 세우나
그러나 각각 어떻게 그 위에 세울까
를 조심할지니라
11 이 닦아 둔 것 외에 능히 다른 터를
닦아 둘 자가 없으니 이 터는 곧 예
수 그리스도라
12 만일 누구든지 금이나 은이나 보석이
나 나무나 풀이나 짚으로 이 터 위에

세우면
13 각 사람의 공적이 나타날 터인데 그
날이 공적을 밝히리니 이는 불로 나
타내고 그 불이 각 사람의 공적이 어
떠한 것을 시험할 것임이라
14 만일 누구든지 그 위에 세운 공적이
그대로 있으면 상을 받고
15 누구든지 그 공적이 불타면 해를 받
으리니 그러나 자신은 구원을 받되
불 가운데서 받은 것 같으리라
16 너희는 너희가 하나님의 성전인 것과
하나님의 성령이 너희 안에 계시는 것
을 알지 못하느냐
17 누구든지 하나님의 성전을 더럽히면
하나님이 그 사람을 멸하시리라 하나
님의 성전은 거룩하니 너희도 그러하
니라
18 아무도 자신을 속이지 말라 너희 중
에 누구든지 이 세상에서 지혜 있는
줄로 생각하거든 어리석은 자가 되라
그리하여야 지혜로운 자가 되리라
19 이 세상 지혜는 하나님께 어리석은
것이니 기록된 바 하나님은 지혜 있
는 자들로 하여금 자기 꾀에 빠지게
하시는 이라 하였고
20 또 주께서 지혜 있는 자들의 생각을
헛것으로 아신다 하셨느니라
21 그런즉 누구든지 사람을 자랑하지
말라 만물이 다 너희 것임이라
22 바울이나 아볼로나 게바나 세계나
생명이나 사망이나 지금 것이나 장래
것이나 다 너희의 것이요
23 너희는 그리스도의 것이요 그리스도
는 하나님의 것이니라

그리스도의 일꾼

4 사람이 마땅히 우리를 그리스도의
일꾼이요 하나님의 비밀을 맡은
자로 여길지어다
2 그리고 맡은 자들에게 구할 것은 충
성이니라
3 너희에게나 다른 사람에게나 판단
받는 것이 내게는 매우 작은 일이라
나도 나를 판단하지 아니하노니
4 내가 자책할 아무 것도 깨닫지 못하
나 이로 말미암아 의롭다 함을 얻지
못하노라 다만 나를 심판하실 이는
주시니라
5 그러므로 때가 이르기 전 곧 주께서
오시기까지 아무 것도 판단하지 말라
그가 어둠에 감추인 것들을 드러내
고 마음의 뜻을 나타내시리니 그 때
에 각 사람에게 하나님으로부터 칭
찬이 있으리라
6 형제들아 내가 너희를 위하여 이 일
에 나와 아볼로를 들어서 본을 보였
으니 이는 너희로 하여금 기록된 말

씀 밖으로 넘어가지 말라 한 것을 우
리에게서 배워 서로 대적하여 교만한
마음을 가지지 말게 하려 함이라
7 누가 너를 남달리 구별하였느냐 네
게 있는 것 중에 받지 아니한 것이
무엇이냐 네가 받았은즉 어찌하여
받지 아니한 것 같이 자랑하느냐
8 너희가 이미 배 부르며 이미 풍성하며
우리 없이도 왕이 되었도다 우리가
너희와 함께 왕 노릇 하기 위하여 참
으로 너희가 왕이 되기를 원하노라
9 내가 생각하건대 하나님이 사도인
우리를 죽이기로 작정된 자 같이 끄
트머리에 두셨으매 우리는 세계 곧
천사와 사람에게 구경거리가 되었노
라
10 우리는 그리스도 때문에 어리석으나
너희는 그리스도 안에서 지혜롭고
우리는 약하나 너희는 강하고 너희는
존귀하나 우리는 비천하여
11 바로 이 시각까지 우리가 주리고 목
마르며 헐벗고 매맞으며 정처가 없고
12 또 수고하여 친히 손으로 일을 하며
모욕을 당한즉 축복하고 박해를 받
은즉 참고
13 비방을 받은즉 권면하니 우리가 지금
까지 세상의 더러운 것과 만물의 찌
꺼기 같이 되었도다
14 내가 너희를 부끄럽게 하려고 이것을
쓰는 것이 아니라 오직 너희를 내 사
랑하는 자녀 같이 권하려 하는 것이
라
15 그리스도 안에서 일만 스승이 있으되
아버지는 많지 아니하니 그리스도 예
수 안에서 내가 복음으로써 너희를
낳았음이라
16 그러므로 내가 너희에게 권하노니 너
희는 나를 본받는 자가 되라
17 이로 말미암아 내가 주 안에서 내 사
랑하고 신실한 아들 디모데를 너희에
게 보내었으니 그가 너희로 하여금
그리스도 예수 안에서 나의 행사 곧
내가 각처 각 교회에서 가르치는 것
을 생각나게 하리라
18 어떤 이들은 내가 너희에게 나아가지
아니할 것 같이 스스로 교만하여졌
으나
19 주께서 허락하시면 내가 너희에게 속
히 나아가서 교만한 자들의 말이 아
니라 오직 그 능력을 알아보겠으니
20 하나님의 나라는 말에 있지 아니하고
오직 능력에 있음이라
21 너희가 무엇을 원하느냐 내가 매를
가지고 너희에게 나아가랴 사랑과
온유한 마음으로 나아가랴

음행한 자를 판단하다

5 너희 중에 심지어 음행이 있다 함
을 들으니 그런 음행은 이방인 중
에서도 없는 것이라 누가 그 아버지
의 아내를 취하였다 하는도다
2 그리하고도 너희가 오히려 교만하여
져서 어찌하여 통한히 여기지 아니하
고 그 일 행한 자를 너희 중에서 쫓
아내지 아니하였느냐
3 내가 실로 몸으로는 떠나 있으나 영
으로는 함께 있어서 거기 있는 것 같
이 이런 일 행한 자를 이미 판단하였
노라
4 주 예수의 이름으로 너희가 내 영과
함께 모여서 우리 주 예수의 능력으
로
5 이런 자를 사탄에게 내주었으니 이
는 육신은 멸하고 영은 주 예수의 날
에 구원을 받게 하려 함이라
6 너희가 자랑하는 것이 옳지 아니하도
다 적은 누룩이 온 덩어리에 퍼지는
것을 알지 못하느냐
7 너희는 누룩 없는 자인데 새 덩어리
가 되기 위하여 묵은 누룩을 내버리
라 우리의 유월절 양 곧 그리스도께
서 희생되셨느니라
8 이러므로 우리가 명절을 지키되 묵은
누룩으로도 말고 악하고 악의에 찬
누룩으로도 말고 누룩이 없이 오직
순전함과 진실함의 떡으로 하자
9 내가 너희에게 쓴 편지에 음행하는
자들을 사귀지 말라 하였거니와
10 이 말은 이 세상의 음행하는 자들이
나 탐하는 자들이나 속여 빼앗는 자
들이나 우상 숭배하는 자들을 도무
지 사귀지 말라 하는 것이 아니니 만
일 그리하려면 너희가 세상 밖으로
나가야 할 것이라
11 이제 내가 너희에게 쓴 것은 만일 어
떤 형제라 일컫는 자가 음행하거나
탐욕을 부리거나 우상 숭배를 하거
나 모욕하거나 술 취하거나 속여 빼
앗거든 사귀지도 말고 그런 자와는
함께 먹지도 말라 함이라
12 밖에 있는 사람들을 판단하는 것이
야 내게 무슨 상관이 있으리요마는
교회 안에 있는 사람들이야 너희가
판단하지 아니하랴
13 밖에 있는 사람들은 하나님이 심판
하시려니와 이 악한 사람은 너희 중
에서 내쫓으라

세상 법정에 송사하지 말라

6 너희 중에 누가 다른 이와 더불어
다툼이 있는데 구태여 불의한 자
들 앞에서 고발하고 성도 앞에서 하
지 아니하느냐
2 성도가 세상을 판단할 것을 너희가

알지 못하느냐 세상도 너희에게 판
단을 받겠거든 지극히 작은 일 판단
하기를 감당하지 못하겠느냐
3 우리가 천사를 판단할 것을 너희가
알지 못하느냐 그러하거든 하물며
세상 일이랴
4 그런즉 너희가 세상 사건이 있을 때
에 교회에서 경히 여김을 받는 자들
을 세우느냐
5 내가 너희를 부끄럽게 하려 하여 이
말을 하노니 너희 가운데 그 형제간
의 일을 판단할 만한 지혜 있는 자가
이같이 하나도 없느냐
6 형제가 형제와 더불어 고발할 뿐더러
믿지 아니하는 자들 앞에서 하느냐
7 너희가 피차 고발함으로 너희 가운
데 이미 뚜렷한 허물이 있나니 차라
리 불의를 당하는 것이 낫지 아니하
며 차라리 속는 것이 낫지 아니하냐
8 너희는 불의를 행하고 속이는구나
그는 너희 형제로다
9 불의한 자가 하나님의 나라를 유업
으로 받지 못할 줄을 알지 못하느냐
미혹을 받지 말라 음행하는 자나 우
상 숭배하는 자나 간음하는 자나 탐
색하는 자나 남색하는 자나
10 도적이나 탐욕을 부리는 자나 술 취
하는 자나 모욕하는 자나 속여 빼앗
는 자들은 하나님의 나라를 유업으
로 받지 못하리라
11 너희 중에 이와 같은 자들이 있더니
주 예수 그리스도의 이름과 우리 하
나님의 성령 안에서 씻음과 거룩함과
의롭다 하심을 받았느니라
몸으로 하나님께 영광을 돌리라
12 모든 것이 내게 가하나 다 유익한 것
이 아니요 모든 것이 내게 가하나 내
가 무엇에든지 얽매이지 아니하리라
13 음식은 배를 위하여 있고 배는 음식
을 위하여 있으나 하나님은 이것 저
것을 다 폐하시리라 몸은 음란을 위
하여 있지 않고 오직 주를 위하여 있
으며 주는 몸을 위하여 계시느니라
14 하나님이 주를 다시 살리셨고 또한
그의 권능으로 우리를 다시 살리시리
라
15 너희 몸이 그리스도의 지체인 줄을
알지 못하느냐 내가 그리스도의 지
체를 가지고 창녀의 지체를 만들겠
느냐 결코 그럴 수 없느니라
16 창녀와 합하는 자는 그와 한 몸인
줄을 알지 못하느냐 일렀으되 둘이
한 육체가 된다 하셨나니
17 주와 합하는 자는 한 영이니라
18 음행을 피하라 사람이 범하는 죄마
다 몸 밖에 있거니와 음행하는 자는

자기 몸에 죄를 범하느니라
19 너희 몸은 너희가 하나님께로부터 받
은 바 너희 가운데 계신 성령의 전인
줄을 알지 못하느냐 너희는 너희 자
신의 것이 아니라
20 값으로 산 것이 되었으니 그런즉 너
희 몸으로 하나님께 영광을 돌리라

결혼에 대하여 이르다

7 너희가 쓴 문제에 대하여 말하면
남자가 여자를 가까이 아니함이
좋으나
2 음행을 피하기 위하여 남자마다 자기
아내를 두고 여자마다 자기 남편을
두라
3 남편은 그 아내에 대한 의무를 다하
고 아내도 그 남편에게 그렇게 할지
라
4 아내는 자기 몸을 주장하지 못하고
오직 그 남편이 하며 남편도 그와 같
이 자기 몸을 주장하지 못하고 오직
그 아내가 하나니
5 서로 분방하지 말라 다만 기도할 틈
을 얻기 위하여 합의상 얼마 동안은
하되 다시 합하라 이는 너희가 절제
못함으로 말미암아 사탄이 너희를 시
험하지 못하게 하려 함이라
6 그러나 내가 이 말을 함은 허락이요
명령은 아니니라
7 나는 모든 사람이 나와 같기를 원하
노라 그러나 각각 하나님께 받은 자
기의 은사가 있으니 이 사람은 이러
하고 저 사람은 저러하니라
8 내가 결혼하지 아니한 자들과 과부
들에게 이르노니 나와 같이 그냥 지
내는 것이 좋으니라
9 만일 절제할 수 없거든 결혼하라 정
욕이 불 같이 타는 것보다 결혼하는
것이 나으니라
10 결혼한 자들에게 내가 명하노니 (명
하는 자는 내가 아니요 주시라) 여자
는 남편에게서 갈라서지 말고
11 (만일 갈라섰으면 그대로 지내든지
다시 그 남편과 화합하든지 하라) 남
편도 아내를 버리지 말라
12 그 나머지 사람들에게 내가 말하노
니 (이는 주의 명령이 아니라) 만일
어떤 형제에게 믿지 아니하는 아내가
있어 남편과 함께 살기를 좋아하거
든 그를 버리지 말며
13 어떤 여자에게 믿지 아니하는 남편이

365묵상

우리 몸을 잘 보살피자

하나님의 자녀들인 우리는 하나님을 기쁘게 해드리는 삶을 살아야 한다. 그런 일들 중 하나는 우리가 우리의 몸을 잘 보살피는 것도 포함된다. 그래서 하나님은 우리가 담배를 피거나 술을 마시는 것을 좋아하지 않으신다. 건강을 심각하게 해치기 때문이다. 우리가 몸을 건강하게 유지해야 하는 이유는 분명하다. 성경은, 우리 몸이 성령님이 머무는 집이라고 말하고 있기 때문이다(고전 6:19-20). 따라서 우리는 우리 몸을 잘 보살펴서 성령의 집인 우리의 몸이 성령님이 머무시기에 깨끗한 곳이 될 수 있도록 노력해야 한다.

있어 아내와 함께 살기를 좋아하거
든 그 남편을 버리지 말라
14 믿지 아니하는 남편이 아내로 말미암
아 거룩하게 되고 믿지 아니하는 아
내가 남편으로 말미암아 거룩하게
되나니 그렇지 아니하면 너희 자녀도
깨끗하지 못하니라 그러나 이제 거
룩하니라
15 혹 믿지 아니하는 자가 갈리거든 갈
리게 하라 형제나 자매나 이런 일에
구애될 것이 없느니라 그러나 하나님
은 화평 중에서 너희를 부르셨느니
라
16 아내 된 자여 네가 남편을 구원할는
지 어찌 알 수 있으며 남편 된 자여
네가 네 아내를 구원할는지 어찌 알
수 있으리요
17 오직 주께서 각 사람에게 나눠 주신
대로 하나님이 각 사람을 부르신 그
대로 행하라 내가 모든 교회에서 이
와 같이 명하노라
18 할례자로서 부르심을 받은 자가 있
느냐 무할례자가 되지 말며 무할례
자로 부르심을 받은 자가 있느냐 할
례를 받지 말라
19 할례 받는 것도 아무 것도 아니요 할
례 받지 아니하는 것도 아무 것도 아
니로되 오직 하나님의 계명을 지킬
따름이니라
20 각 사람은 부르심을 받은 그 부르심
그대로 지내라
21 네가 종으로 있을 때에 부르심을 받
았느냐 염려하지 말라 그러나 네가
자유롭게 될 수 있거든 그것을 이용
하라
22 주 안에서 부르심을 받은 자는 종이
라도 주께 속한 자유인이요 또 그와
같이 자유인으로 있을 때에 부르심
을 받은 자는 그리스도의 종이니라
23 너희는 값으로 사신 것이니 사람들의
종이 되지 말라
24 형제들아 너희는 각각 부르심을 받
은 그대로 하나님과 함께 거하라

처녀와 과부에게 주는 권면

25 처녀에 대하여는 내가 주께 받은 계
명이 없으되 주의 자비하심을 받아서
충성스러운 자가 된 내가 의견을 말
하노니
26 내 생각에는 이것이 좋으니 곧 임박
한 환난으로 말미암아 사람이 그냥
지내는 것이 좋으니라
27 네가 아내에게 매였느냐 놓이기를
구하지 말며 아내에게서 놓였느냐
아내를 구하지 말라
28 그러나 장가 가도 죄 짓는 것이 아니
요 처녀가 시집 가도 죄 짓는 것이 아

니로되 이런 이들은 육신에 고난이
있으리니 나는 너희를 아끼노라
29 형제들아 내가 이 말을 하노니 그 때
가 단축하여진 고로 이후부터 아내
있는 자들은 없는 자 같이 하며
30 우는 자들은 울지 않는 자 같이 하며
기쁜 자들은 기쁘지 않은 자 같이 하
며 매매하는 자들은 없는 자 같이 하
며
31 세상 물건을 쓰는 자들은 다 쓰지
못하는 자 같이 하라 이 세상의 외형
은 지나감이니라
32 너희가 염려 없기를 원하노라 장가
가지 않은 자는 주의 일을 염려하여
어찌하여야 주를 기쁘시게 할까 하되
33 장가 간 자는 세상 일을 염려하여 어
찌하여야 아내를 기쁘게 할까 하여
34 마음이 갈라지며 시집 가지 않은 자
와 처녀는 주의 일을 염려하여 몸과
영을 다 거룩하게 하려 하되 시집 간
자는 세상 일을 염려하여 어찌하여야
남편을 기쁘게 할까 하느니라
35 내가 이것을 말함은 너희의 유익을
위함이요 너희에게 올무를 놓으려
함이 아니니 오직 너희로 하여금 이
치에 합당하게 하여 흐트러짐이 없이
주를 섬기게 하려 함이라
36 그러므로 만일 누가 자기의 약혼녀
에 대한 행동이 합당하지 못한 줄로
생각할 때에 그 약혼녀의 혼기도 지
나고 그같이 할 필요가 있거든 원하
는 대로 하라 그것은 죄 짓는 것이
아니니 그들로 결혼하게 하라
37 그러나 그가 마음을 정하고 또 부득
이한 일도 없고 자기 뜻대로 할 권리
가 있어서 그 약혼녀를 그대로 두기
로 하여도 잘하는 것이니라
38 그러므로 결혼하는 자도 잘하거니와
결혼하지 아니하는 자는 더 잘하는
것이니라
39 아내는 그 남편이 살아 있는 동안에
매여 있다가 남편이 죽으면 자유로워
자기 뜻대로 시집 갈 것이나 주 안에
서만 할 것이니라
40 그러나 내 뜻에는 그냥 지내는 것이
더욱 복이 있으리로다 나도 또한 하
나님의 영을 받은 줄로 생각하노라

우상에게 바친 제물

8 우상의 제물에 대하여는 우리가
다 지식이 있는 줄을 아나 지식은
교만하게 하며 사랑은 덕을 세우나
니
2 만일 누구든지 무엇을 아는 줄로 생
각하면 아직도 마땅히 알 것을 알지
못하는 것이요
3 또 누구든지 하나님을 사랑하면 그

사람은 하나님도 알아 주시느니라
4 그러므로 우상의 제물을 먹는 일에
대하여는 우리가 우상은 세상에 아
무 것도 아니며 또한 하나님은 한 분
밖에 없는 줄 아노라
5 비록 하늘에나 땅에나 신이라 불리
는 자가 있어 많은 신과 많은 주가
있으나
6 그러나 우리에게는 한 하나님 곧 아
버지가 계시니 만물이 그에게서 났고
우리도 그를 위하여 있고 또한 한 주
예수 그리스도께서 계시니 만물이
그로 말미암고 우리도 그로 말미암
아 있느니라
7 그러나 이 지식은 모든 사람에게 있
는 것은 아니므로 어떤 이들은 지금
까지 우상에 대한 습관이 있어 우상
의 제물로 알고 먹는 고로 그들의
양심이 약하여지고 더러워지느니라
8 음식은 우리를 하나님 앞에 내세우
지 못하나니 우리가 먹지 않는다고
해서 더 못사는 것도 아니고 먹는다
고 해서 더 잘사는 것도 아니니라
9 그런즉 너희의 자유가 믿음이 약한
자들에게 걸려 넘어지게 하는 것이
되지 않도록 조심하라
10 지식 있는 네가 우상의 집에 앉아 먹
는 것을 누구든지 보면 그 믿음이 약
한 자들의 양심이 담력을 얻어 우상
의 제물을 먹게 되지 않겠느냐
11 그러면 네 지식으로 그 믿음이 약한
자가 멸망하나니 그는 그리스도께서
위하여 죽으신 형제라
12 이같이 너희가 형제에게 죄를 지어
그 약한 양심을 상하게 하는 것이 곧
그리스도에게 죄를 짓는 것이니라
13 그러므로 만일 음식이 내 형제를 실
족하게 한다면 나는 영원히 고기를
먹지 아니하여 내 형제를 실족하지
않게 하리라

사도의 권리

9 내가 자유인이 아니냐 사도가 아
니냐 예수 우리 주를 보지 못하였
느냐 주 안에서 행한 나의 일이 너희
가 아니냐
2 다른 사람들에게는 내가 사도가 아
닐지라도 너희에게는 사도이니 나의
사도 됨을 주 안에서 인친 것이 너희
라
3 나를 비판하는 자들에게 변명할 것
이 이것이니
4 우리가 먹고 마실 권리가 없겠느냐
5 우리가 다른 사도들과 주의 형제들
과 게바와 같이 믿음의 자매 된 아내
를 데리고 다닐 권리가 없겠느냐
6 어찌 나와 바나바만 일하지 아니할

권리가 없겠느냐
7 누가 자기 비용으로 군 복무를 하겠
느냐 누가 포도를 심고 그 열매를
먹지 않겠느냐 누가 양 떼를 기르고
그 양 떼의 젖을 먹지 않겠느냐
8 내가 사람의 예대로 이것을 말하느
냐 율법도 이것을 말하지 아니하느냐
9 모세의 율법에 곡식을 밟아 떠는 소
에게 망을 씌우지 말라 기록하였으
니 하나님께서 어찌 소들을 위하여
염려하심이냐
10 오로지 우리를 위하여 말씀하심이 아
니냐 과연 우리를 위하여 기록된 것
이니 밭 가는 자는 소망을 가지고 갈
며 곡식 떠는 자는 함께 얻을 소망을
가지고 떠는 것이라
11 우리가 너희에게 신령한 것을 뿌렸은
즉 너희의 육적인 것을 거두기로 과
하다 하겠느냐
12 다른 이들도 너희에게 이런 권리를
가졌거든 하물며 우리일까보냐 그러
나 우리가 이 권리를 쓰지 아니하고
범사에 참는 것은 그리스도의 복음
에 아무 장애가 없게 하려 함이로다
13 성전의 일을 하는 이들은 성전에서
나는 것을 먹으며 제단에서 섬기는
이들은 제단과 함께 나누는 것을 너
희가 알지 못하느냐
14 이와 같이 주께서도 복음 전하는 자
들이 복음으로 말미암아 살리라 명
하셨느니라
15 그러나 내가 이것을 하나도 쓰지 아
니하였고 또 이 말을 쓰는 것은 내게
이같이 하여 달라는 것이 아니라 내
가 차라리 죽을지언정 누구든지 내
자랑하는 것을 헛된 데로 돌리지 못
하게 하리라
16 내가 복음을 전할지라도 자랑할 것
이 없음은 내가 부득불 할 일임이라
만일 복음을 전하지 아니하면 내게
화가 있을 것이로다
17 내가 내 자의로 이것을 행하면 상을
얻으려니와 내가 자의로 아니한다 할
지라도 나는 사명을 받았노라
18 그런즉 내 상이 무엇이냐 내가 복음
을 전할 때에 값없이 전하고 복음으
로 말미암아 내게 있는 권리를 다 쓰
지 아니하는 이것이로다
19 내가 모든 사람에게서 자유로우나
스스로 모든 사람에게 종이 된 것은
더 많은 사람을 얻고자 함이라
20 유대인들에게 내가 유대인과 같이
된 것은 유대인들을 얻고자 함이요
율법 아래에 있는 자들에게는 내가
율법 아래에 있지 아니하나 율법 아
래에 있는 자 같이 된 것은 율법 아

래에 있는 자들을 얻고자 함이요
21 율법 없는 자에게는 내가 하나님께
는 율법 없는 자가 아니요 도리어 그
리스도의 율법 아래에 있는 자이나
율법 없는 자와 같이 된 것은 율법
없는 자들을 얻고자 함이라
22 약한 자들에게 내가 약한 자와 같이
된 것은 약한 자들을 얻고자 함이요
내가 여러 사람에게 여러 모습이 된
것은 아무쪼록 몇 사람이라도 구원
하고자 함이니
23 내가 복음을 위하여 모든 것을 행함
은 복음에 참여하고자 함이라
24 운동장에서 달음질하는 자들이 다
달릴지라도 오직 상을 받는 사람은
한 사람인 줄을 너희가 알지 못하느
냐 너희도 상을 받도록 이와 같이 달
음질하라
25 이기기를 다투는 자마다 모든 일에
절제하나니 그들은 썩을 승리자의
관을 얻고자 하되 우리는 썩지 아니
할 것을 얻고자 하노라
26 그러므로 나는 달음질하기를 향방
없는 것 같이 아니하고 싸우기를 허
공을 치는 것 같이 아니하며
27 내가 내 몸을 쳐 복종하게 함은 내
가 남에게 전파한 후에 자신이 도리
어 버림을 당할까 두려워함이로다

우상 숭배하는 일을 피하라

10 형제들아 나는 너희가 알지 못
하기를 원하지 아니하노니 우리
조상들이 다 구름 아래에 있고 바다
가운데로 지나며
2 모세에게 속하여 다 구름과 바다에
서 세례를 받고
3 다 같은 신령한 음식을 먹으며
4 다 같은 신령한 음료를 마셨으니 이
는 그들을 따르는 신령한 반석으로
부터 마셨으매 그 반석은 곧 그리스
도시라
5 그러나 그들의 다수를 하나님이 기
뻐하지 아니하셨으므로 그들이 광야
에서 멸망을 받았느니라
6 이러한 일은 우리의 본보기가 되어
우리로 하여금 그들이 악을 즐겨 한
것 같이 즐겨 하는 자가 되지 않게
하려 함이니
7 그들 가운데 어떤 사람들과 같이 너
희는 우상 숭배하는 자가 되지 말라
기록된 바 백성이 앉아서 먹고 마시
며 일어나서 뛰논다 함과 같으니라
8 그들 중의 어떤 사람들이 음행하다
가 하루에 이만 삼천 명이 죽었나니
우리는 그들과 같이 음행하지 말자
9 그들 가운데 어떤 사람들이 주를 시
험하다가 뱀에게 멸망하였나니 우리

는 그들과 같이 시험하지 말자
10 그들 가운데 어떤 사람들이 원망하
다가 멸망시키는 자에게 멸망하였나
니 너희는 그들과 같이 원망하지 말
라
11 그들에게 일어난 이런 일은 본보기가
되고 또한 말세를 만난 우리를 깨우
치기 위하여 기록되었느니라
12 그런즉 선 줄로 생각하는 자는 넘어
질까 조심하라
13 사람이 감당할 시험 밖에는 너희가
당한 것이 없나니 오직 하나님은 미
쁘사 너희가 감당하지 못할 시험 당
함을 허락하지 아니하시고 시험 당할
즈음에 또한 피할 길을 내사 너희로
능히 감당하게 하시느니라
14 그런즉 내 사랑하는 자들아 우상 숭
배하는 일을 피하라
15 나는 지혜 있는 자들에게 말함과 같
이 하노니 너희는 내가 이르는 말을
스스로 판단하라
16 우리가 축복하는 바 축복의 잔은 그
리스도의 피에 참여함이 아니며 우리
가 떼는 떡은 그리스도의 몸에 참여
함이 아니냐
17 떡이 하나요 많은 우리가 한 몸이니
이는 우리가 다 한 떡에 참여함이라
18 육신을 따라 난 이스라엘을 보라 제
물을 먹는 자들이 제단에 참여하는
자들이 아니냐
19 그런즉 내가 무엇을 말하느냐 우상
의 제물은 무엇이며 우상은 무엇이냐
20 무릇 이방인이 제사하는 것은 귀신에
게 하는 것이요 하나님께 제사하는
것이 아니니 나는 너희가 귀신과 교
제하는 자가 되기를 원하지 아니하노
라
21 너희가 주의 잔과 귀신의 잔을 겸하
여 마시지 못하고 주의 식탁과 귀신
의 식탁에 겸하여 참여하지 못하리라
22 그러면 우리가 주를 노여워하시게 하
겠느냐 우리가 주보다 강한 자냐

다 하나님의 영광을 위하여 하라

23 모든 것이 가하나 모든 것이 유익한
것은 아니요 모든 것이 가하나 모든
것이 덕을 세우는 것은 아니니
24 누구든지 자기의 유익을 구하지 말
고 남의 유익을 구하라
25 무릇 시장에서 파는 것은 양심을 위
하여 묻지 말고 먹으라

365묵상

감당치 못할 시험은 없다

성경은 신자들에게 시험이 닥친다는 사실을 인정한다. 그러므로 시험 당하는 것은 죄가 아니다. 단지 시험에 굴복하는 것이 죄다. 그런데 성경은 바울을 통해 우리를 안심시켜 주는 말씀을 들려준다. 감당치 못할 시험은 하나도 없다는 것이다(고전 10:13). 그렇다! 우리를 지으신 하나님은 누구보다 우리의 연약함을 가장 잘 아시고, 감당치 못할 큰 시험을 결코 주시지 않는다. 뿐만 아니다. 시험당할 때에 나의 주변을 돌아보면, 하나님은 거기에 나와 함께 계시며, 이길 힘을 제공해주시고, 피할 길까지 마련해주신다.

26 이는 땅과 거기 충만한 것이 주의 것
임이라
27 불신자 중 누가 너희를 청할 때에 너
희가 가고자 하거든 너희 앞에 차려
놓은 것은 무엇이든지 양심을 위하여
묻지 말고 먹으라
28 누가 너희에게 이것이 제물이라 말하
거든 알게 한 자와 그 양심을 위하여
먹지 말라
29 내가 말한 양심은 너희의 것이 아니
요 남의 것이니 어찌하여 내 자유가
남의 양심으로 말미암아 판단을 받
으리요
30 만일 내가 감사함으로 참여하면 어찌
하여 내가 감사하는 것에 대하여 비
방을 받으리요
31 그런즉 너희가 먹든지 마시든지 무엇
을 하든지 다 하나님의 영광을 위하
여 하라
32 유대인에게나 헬라인에게나 하나님
의 교회에나 거치는 자가 되지 말고
33 나와 같이 모든 일에 모든 사람을 기
쁘게 하여 자신의 유익을 구하지 아
니하고 많은 사람의 유익을 구하여
그들로 구원을 받게 하라

11 내가 그리스도를 본받는 자가
된 것 같이 너희는 나를 본받는
자가 되라

여자가 머리를 가리는 것

2 너희가 모든 일에 나를 기억하고 또
내가 너희에게 전하여 준 대로 그 전
통을 너희가 지키므로 너희를 칭찬하
노라
3 그러나 나는 너희가 알기를 원하노니
각 남자의 머리는 그리스도요 여자의
머리는 남자요 그리스도의 머리는 하
나님이시라
4 무릇 남자로서 머리에 무엇을 쓰고
기도나 예언을 하는 자는 그 머리를
욕되게 하는 것이요
5 무릇 여자로서 머리에 쓴 것을 벗고
기도나 예언을 하는 자는 그 머리를
욕되게 하는 것이니 이는 머리를 민
것과 다름이 없음이라
6 만일 여자가 머리를 가리지 않거든
깎을 것이요 만일 깎거나 미는 것이
여자에게 부끄러움이 되거든 가릴지
니라
7 남자는 하나님의 형상과 영광이니 그
머리를 마땅히 가리지 않거니와 여자
는 남자의 영광이니라
8 남자가 여자에게서 난 것이 아니요
여자가 남자에게서 났으며
9 또 남자가 여자를 위하여 지음을 받
지 아니하고 여자가 남자를 위하여
지음을 받은 것이니

10 그러므로 여자는 천사들로 말미암아
권세 아래에 있는 표를 그 머리 위에
둘지니라
11 그러나 주 안에는 남자 없이 여자만
있지 않고 여자 없이 남자만 있지 아
니하니라
12 이는 여자가 남자에게서 난 것 같이
남자도 여자로 말미암아 났음이라
그리고 모든 것은 하나님에게서 났
느니라
13 너희는 스스로 판단하라 여자가 머리
를 가리지 않고 하나님께 기도하는
것이 마땅하냐
14 만일 남자에게 긴 머리가 있으면 자
기에게 부끄러움이 되는 것을 본성이
너희에게 가르치지 아니하느냐
15 만일 여자가 긴 머리가 있으면 자기에
게 영광이 되나니 긴 머리는 가리는
것을 대신하여 주셨기 때문이니라
16 논쟁하려는 생각을 가진 자가 있을
지라도 우리에게나 하나님의 모든
교회에는 이런 관례가 없느니라

성만찬의 제정

17 내가 명하는 이 일에 너희를 칭찬하
지 아니하나니 이는 너희의 모임이
유익이 못되고 도리어 해로움이라
18 먼저 너희가 교회에 모일 때에 너희
중에 분쟁이 있다 함을 듣고 어느 정
도 믿거니와
19 너희 중에 파당이 있어야 너희 중에
옳다 인정함을 받은 자들이 나타나
게 되리라
20 그런즉 너희가 함께 모여서 주의 만
찬을 먹을 수 없으니
21 이는 먹을 때에 각각 자기의 만찬을
먼저 갖다 먹으므로 어떤 사람은 시
장하고 어떤 사람은 취함이라
22 너희가 먹고 마실 집이 없느냐 너희가
하나님의 교회를 업신여기고 빈궁한
자들을 부끄럽게 하느냐 내가 너희
에게 무슨 말을 하랴 너희를 칭찬하
랴 이것으로 칭찬하지 않노라
23 내가 너희에게 전한 것은 주께 받은
것이니 곧 주 예수께서 잡히시던 밤
에 떡을 가지사
24 축사하시고 떼어 이르시되 이것은 너
희를 위하는 내 몸이니 이것을 행하
여 나를 기념하라 하시고
25 식후에 또한 그와 같이 잔을 가지시
고 이르시되 이 잔은 내 피로 세운
새 언약이니 이것을 행하여 마실 때
마다 나를 기념하라 하셨으니
26 너희가 이 떡을 먹으며 이 잔을 마실
때마다 주의 죽으심을 그가 오실 때
까지 전하는 것이니라
27 그러므로 누구든지 주의 떡이나 잔

을 합당하지 않게 먹고 마시는 자는
주의 몸과 피에 대하여 죄를 짓는 것
이니라
28 사람이 자기를 살피고 그 후에야 이
떡을 먹고 이 잔을 마실지니
29 주의 몸을 분별하지 못하고 먹고 마
시는 자는 자기의 죄를 먹고 마시는
것이니라
30 그러므로 너희 중에 약한 자와 병든
자가 많고 잠자는 자도 적지 아니하
니
31 우리가 우리를 살폈으면 판단을 받
지 아니하려니와
32 우리가 판단을 받는 것은 주께 징계
를 받는 것이니 이는 우리로 세상과
함께 정죄함을 받지 않게 하려 하심
이라
33 그런즉 내 형제들아 먹으러 모일 때
에 서로 기다리라
34 만일 누구든지 시장하거든 집에서 먹
을지니 이는 너희의 모임이 판단 받
는 모임이 되지 않게 하려 함이라 그
밖의 일들은 내가 언제든지 갈 때에
바로잡으리라

성령의 은사

12 형제들아 신령한 것에 대하여
나는 너희가 알지 못하기를 원
하지 아니하노니
2 너희도 알거니와 너희가 이방인으로
있을 때에 말 못하는 우상에게로 끄
는 그대로 끌려 갔느니라
3 그러므로 내가 너희에게 알리노니 하
나님의 영으로 말하는 자는 누구든
지 예수를 저주할 자라 하지 아니하
고 또 성령으로 아니하고는 누구든
지 예수를 주시라 할 수 없느니라
4 은사는 여러 가지나 성령은 같고
5 직분은 여러 가지나 주는 같으며
6 또 사역은 여러 가지나 모든 것을 모
든 사람 가운데서 이루시는 하나님
은 같으니
7 각 사람에게 성령을 나타내심은 유
익하게 하려 하심이라
8 어떤 사람에게는 성령으로 말미암아
지혜의 말씀을, 어떤 사람에게는 같
은 성령을 따라 지식의 말씀을,
9 다른 사람에게는 같은 성령으로 믿
음을, 어떤 사람에게는 한 성령으로
병 고치는 은사를,
10 어떤 사람에게는 능력 행함을, 어떤
사람에게는 예언함을, 어떤 사람에
게는 영들 분별함을, 다른 사람에게
는 각종 방언 말함을, 어떤 사람에게
는 방언들 통역함을 주시나니
11 이 모든 일은 같은 한 성령이 행하사
그의 뜻대로 각 사람에게 나누어 주

시는 것이니라

하나의 몸과 많은 지체

12 몸은 하나인데 많은 지체가 있고 몸
의 지체가 많으나 한 몸임과 같이 그
리스도도 그러하니라
13 우리가 유대인이나 헬라인이나 종이
나 자유인이나 다 한 성령으로 세례
를 받아 한 몸이 되었고 또 다 한 성
령을 마시게 하셨느니라
14 몸은 한 지체뿐만 아니요 여럿이니
15 만일 발이 이르되 나는 손이 아니니
몸에 붙지 아니하였다 할지라도 이
로써 몸에 붙지 아니한 것이 아니요
16 또 귀가 이르되 나는 눈이 아니니 몸
에 붙지 아니하였다 할지라도 이로써
몸에 붙지 아니한 것이 아니니
17 만일 온 몸이 눈이면 듣는 곳은 어디
며 온 몸이 듣는 곳이면 냄새 맡는
곳은 어디냐
18 그러나 이제 하나님이 그 원하시는
대로 지체를 각각 몸에 두셨으니
19 만일 다 한 지체뿐이면 몸은 어디냐
20 이제 지체는 많으나 몸은 하나라
21 눈이 손더러 내가 너를 쓸 데가 없다
하거나 또한 머리가 발더러 내가 너
를 쓸 데가 없다 하지 못하리라
22 그뿐 아니라 더 약하게 보이는 몸의
지체가 도리어 요긴하고
23 우리가 몸의 덜 귀히 여기는 그것들
을 더욱 귀한 것들로 입혀 주며 우리
의 아름답지 못한 지체는 더욱 아름
다운 것을 얻느니라 그런즉
24 우리의 아름다운 지체는 그럴 필요
가 없느니라 오직 하나님이 몸을 고
르게 하여 부족한 지체에게 귀중함
을 더하사
25 몸 가운데서 분쟁이 없고 오직 여러
지체가 서로 같이 돌보게 하셨느니
라
26 만일 한 지체가 고통을 받으면 모든
지체가 함께 고통을 받고 한 지체가
영광을 얻으면 모든 지체가 함께 즐
거워하느니라
27 너희는 그리스도의 몸이요 지체의 각
부분이라
28 하나님이 교회 중에 몇을 세우셨으니
첫째는 사도요 둘째는 선지자요 셋
째는 교사요 그 다음은 능력을 행하
는 자요 그 다음은 병 고치는 은사
와 서로 돕는 것과 다스리는 것과 각
종 방언을 말하는 것이라
29 다 사도이겠느냐 다 선지자이겠느냐
다 교사이겠느냐 다 능력을 행하는
자이겠느냐
30 다 병 고치는 은사를 가진 자이겠느
냐 다 방언을 말하는 자이겠느냐 다

통역하는 자이겠느냐
31 너희는 더욱 큰 은사를 사모하라 내
가 또한 가장 좋은 길을 너희에게 보
이리라

사 랑

13 내가 사람의 방언과 천사의 말
을 할지라도 사랑이 없으면 소
리 나는 구리와 울리는 꽹과리가 되
고
2 내가 예언하는 능력이 있어 모든 비
밀과 모든 지식을 알고 또 산을 옮길
만한 모든 믿음이 있을지라도 사랑이
없으면 내가 아무 것도 아니요
3 내가 내게 있는 모든 것으로 구제하
고 또 내 몸을 불사르게 내줄지라도
사랑이 없으면 내게 아무 유익이 없
느니라
4 사랑은 오래 참고 사랑은 온유하며
시기하지 아니하며 사랑은 자랑하지
아니하며 교만하지 아니하며
5 무례히 행하지 아니하며 자기의 유익
을 구하지 아니하며 성내지 아니하며
악한 것을 생각하지 아니하며
6 불의를 기뻐하지 아니하며 진리와 함
께 기뻐하고
7 모든 것을 참으며 모든 것을 믿으며
모든 것을 바라며 모든 것을 견디느
니라
8 사랑은 언제까지나 떨어지지 아니하
되 예언도 폐하고 방언도 그치고 지
식도 폐하리라
9 우리는 부분적으로 알고 부분적으로
예언하니
10 온전한 것이 올 때에는 부분적으로
하던 것이 폐하리라
11 내가 어렸을 때에는 말하는 것이 어
린 아이와 같고 깨닫는 것이 어린 아
이와 같고 생각하는 것이 어린 아이
와 같다가 장성한 사람이 되어서는
어린 아이의 일을 버렸노라
12 우리가 지금은 거울로 보는 것 같이
희미하나 그 때에는 얼굴과 얼굴을
대하여 볼 것이요 지금은 내가 부분
적으로 아나 그 때에는 주께서 나를
아신 것 같이 내가 온전히 알리라
13 그런즉 믿음, 소망, 사랑, 이 세 가지
는 항상 있을 것인데 그 중의 제일은
사랑이라

방언과 예언

14 사랑을 추구하며 신령한 것들을
사모하되 특별히 예언을 하려고
하라
2 방언을 말하는 자는 사람에게 하지
아니하고 하나님께 하나니 이는 알
아 듣는 자가 없고 영으로 비밀을 말
함이라

3 그러나 예언하는 자는 사람에게 말
하여 덕을 세우며 권면하며 위로하는
것이요
4 방언을 말하는 자는 자기의 덕을 세
우고 예언하는 자는 교회의 덕을 세
우나니
5 나는 너희가 다 방언 말하기를 원하
나 특별히 예언하기를 원하노라 만일
방언을 말하는 자가 통역하여 교회의
덕을 세우지 아니하면 예언하는 자만
못하니라
6 그런즉 형제들아 내가 너희에게 나
아가서 방언으로 말하고 계시나 지식
이나 예언이나 가르치는 것으로 말하
지 아니하면 너희에게 무엇이 유익하
리요
7 혹 피리나 거문고와 같이 생명 없는
것이 소리를 낼 때에 그 음의 분별을
나타내지 아니하면 피리 부는 것인지
거문고 타는 것인지 어찌 알게 되리
요
8 만일 나팔이 분명하지 못한 소리를
내면 누가 전투를 준비하리요
9 이와 같이 너희도 혀로써 알아 듣기
쉬운 말을 하지 아니하면 그 말하는
것을 어찌 알리요 이는 허공에다 말
하는 것이라
10 이같이 세상에 소리의 종류가 많으
나 뜻 없는 소리는 없나니
11 그러므로 내가 그 소리의 뜻을 알지
못하면 내가 말하는 자에게 외국인
이 되고 말하는 자도 내게 외국인이
되리니
12 그러므로 너희도 영적인 것을 사모하
는 자인즉 교회의 덕을 세우기 위하
여 그것이 풍성하기를 구하라
13 그러므로 방언을 말하는 자는 통역
하기를 기도할지니
14 내가 만일 방언으로 기도하면 나의
영이 기도하거니와 나의 마음은 열매
를 맺지 못하리라
15 그러면 어떻게 할까 내가 영으로 기
도하고 또 마음으로 기도하며 내가
영으로 찬송하고 또 마음으로 찬송
하리라
16 그렇지 아니하면 네가 영으로 축복
할 때에 알지 못하는 처지에 있는 자
가 네가 무슨 말을 하는지 알지 못하
고 네 감사에 어찌 아멘 하리요
17 너는 감사를 잘하였으나 그러나 다

365묵상

그 중의 제일은 사랑

'사랑 장' 혹은 '사랑의 찬가'로 불리는 고린도전서 13장은 성경의 위대한 보석 중 하나다. 이 사랑의 시를 쓴 바울의 본래 의도는 고린도교회의 교인들로 하여금 누가 더 지혜롭고 더 영적이며 더 중요하냐는 소모적인 질문에서 벗어나게 하려는 데 있었다. 해답은 '사랑'이다. 사랑 없이는 모든 은사들이 그 의미와 가치를 잃는다. 사랑은 우리의 삶속에서 구체적으로 인내, 친절, 겸손, 이타심, 용서, 경건, 신뢰 등과 같은 여러 형태를 취한다. 그러므로 당신의 삶에 사랑의 특성들이 개발될 수 있도록 하나님께 간구하라.

른 사람은 덕 세움을 받지 못하리라
18 내가 너희 모든 사람보다 방언을 더
말하므로 하나님께 감사하노라
19 그러나 교회에서 내가 남을 가르치기
위하여 깨달은 마음으로 다섯 마디
말을 하는 것이 일만 마디 방언으로
말하는 것보다 나으니라
20 형제들아 지혜에는 아이가 되지 말고
악에는 어린 아이가 되라 지혜에는
장성한 사람이 되라
21 율법에 기록된 바 주께서 이르시되
내가 다른 방언을 말하는 자와 다른
입술로 이 백성에게 말할지라도 그
들이 여전히 듣지 아니하리라 하였으
니
22 그러므로 방언은 믿는 자들을 위하
지 아니하고 믿지 아니하는 자들을
위하는 표적이나 예언은 믿지 아니하
는 자들을 위하지 않고 믿는 자들을
위함이니라
23 그러므로 온 교회가 함께 모여 다
방언으로 말하면 알지 못하는 자들
이나 믿지 아니하는 자들이 들어와서
너희를 미쳤다 하지 아니하겠느냐
24 그러나 다 예언을 하면 믿지 아니하
는 자들이나 알지 못하는 자들이 들
어와서 모든 사람에게 책망을 들으
며 모든 사람에게 판단을 받고
25 그 마음의 숨은 일들이 드러나게 되
므로 엎드리어 하나님께 경배하며 하
나님이 참으로 너희 가운데 계신다
전파하리라

차례를 따라 하라

26 그런즉 형제들아 어찌할까 너희가
모일 때에 각각 찬송시도 있으며 가
르치는 말씀도 있으며 계시도 있으며
방언도 있으며 통역함도 있나니 모든
것을 덕을 세우기 위하여 하라
27 만일 누가 방언으로 말하거든 두 사
람이나 많아야 세 사람이 차례를 따
라 하고 한 사람이 통역할 것이요
28 만일 통역하는 자가 없으면 교회에서
는 잠잠하고 자기와 하나님께 말할
것이요
29 예언하는 자는 둘이나 셋이나 말하
고 다른 이들은 분별할 것이요
30 만일 곁에 앉아 있는 다른 이에게 계
시가 있으면 먼저 하던 자는 잠잠할
지니라
31 너희는 다 모든 사람으로 배우게 하
고 모든 사람으로 권면을 받게 하기
위하여 하나씩 하나씩 예언할 수 있
느니라
32 예언하는 자들의 영은 예언하는 자
들에게 제재를 받나니
33 하나님은 무질서의 하나님이 아니시

요 오직 화평의 하나님이시니라 모든
성도가 교회에서 함과 같이
34 여자는 교회에서 잠잠하라 그들에게
는 말하는 것을 허락함이 없나니 율
법에 이른 것 같이 오직 복종할 것이
요
35 만일 무엇을 배우려거든 집에서 자기
남편에게 물을지니 여자가 교회에서
말하는 것은 부끄러운 것이라
36 하나님의 말씀이 너희로부터 난 것이
냐 또는 너희에게만 임한 것이냐
37 만일 누구든지 자기를 선지자나 혹
은 신령한 자로 생각하거든 내가 너
희에게 편지하는 이 글이 주의 명령
인 줄 알라
38 만일 누구든지 알지 못하면 그는 알
지 못한 자니라
39 그런즉 내 형제들아 예언하기를 사
모하며 방언 말하기를 금하지 말라
40 모든 것을 품위 있게 하고 질서있게
하라

그리스도의 부활

15 형제들아 내가 너희에게 전한
복음을 너희에게 알게 하노니
이는 너희가 받은 것이요 또 그 가운
데 선 것이라
2 너희가 만일 내가 전한 그 말을 굳게
지키고 헛되이 믿지 아니하였으면 그
로 말미암아 구원을 받으리라
3 내가 받은 것을 먼저 너희에게 전하
였노니 이는 성경대로 그리스도께서
우리 죄를 위하여 죽으시고
4 장사 지낸 바 되셨다가 성경대로 사
흘 만에 다시 살아나사
5 게바에게 보이시고 후에 열두 제자
에게와
6 그 후에 오백여 형제에게 일시에 보
이셨나니 그 중에 지금까지 대다수
는 살아 있고 어떤 사람은 잠들었으
며
7 그 후에 야고보에게 보이셨으며 그
후에 모든 사도에게와
8 맨 나중에 만삭되지 못하여 난 자 같
은 내게도 보이셨느니라
9 나는 사도 중에 가장 작은 자라 나
는 하나님의 교회를 박해하였으므로
사도라 칭함 받기를 감당하지 못할
자니라
10 그러나 내가 나 된 것은 하나님의 은
혜로 된 것이니 내게 주신 그의 은혜
가 헛되지 아니하여 내가 모든 사도
보다 더 많이 수고하였으나 내가 한
것이 아니요 오직 나와 함께 하신 하
나님의 은혜로라
11 그러므로 나나 그들이나 이같이 전
파하매 너희도 이같이 믿었느니라

죽은 사람의 부활

12 그리스도께서 죽은 자 가운데서 다
시 살아나셨다 전파되었거늘 너희 중
에서 어떤 사람들은 어찌하여 죽은
자 가운데서 부활이 없다 하느냐
13 만일 죽은 자의 부활이 없으면 그리
스도도 다시 살아나지 못하셨으리라
14 그리스도께서 만일 다시 살아나지
못하셨으면 우리가 전파하는 것도 헛
것이요 또 너희 믿음도 헛것이며
15 또 우리가 하나님의 거짓 증인으로
발견되리니 우리가 하나님이 그리스
도를 다시 살리셨다고 증언하였음이
라 만일 죽은 자가 다시 살아나는 일
이 없으면 하나님이 그리스도를 다시
살리지 아니하셨으리라
16 만일 죽은 자가 다시 살아나는 일이
없으면 그리스도도 다시 살아나신 일
이 없었을 터이요
17 그리스도께서 다시 살아나신 일이 없
으면 너희의 믿음도 헛되고 너희가 여
전히 죄 가운데 있을 것이요
18 또한 그리스도 안에서 잠자는 자도
망하였으리니
19 만일 그리스도 안에서 우리가 바라
는 것이 다만 이 세상의 삶뿐이면 모
든 사람 가운데 우리가 더욱 불쌍한
자이리라
20 그러나 이제 그리스도께서 죽은 자
가운데서 다시 살아나사 잠자는 자
들의 첫 열매가 되셨도다
21 사망이 한 사람으로 말미암았으니
죽은 자의 부활도 한 사람으로 말미
암는도다
22 아담 안에서 모든 사람이 죽은 것 같
이 그리스도 안에서 모든 사람이 삶
을 얻으리라
23 그러나 각각 자기 차례대로 되리니
먼저는 첫 열매인 그리스도요 다음에
는 그가 강림하실 때에 그리스도에
게 속한 자요
24 그 후에는 마지막이니 그가 모든 통
치와 모든 권세와 능력을 멸하시고
나라를 아버지 하나님께 바칠 때라
25 그가 모든 원수를 그 발 아래에 둘
때까지 반드시 왕 노릇 하시리니
26 맨 나중에 멸망 받을 원수는 사망이
니라
27 만물을 그의 발 아래에 두셨다 하셨
으니 만물을 아래에 둔다 말씀하실
때에 만물을 그의 아래에 두신 이가
그 중에 들지 아니한 것이 분명하도
다
28 만물을 그에게 복종하게 하실 때에
는 아들 자신도 그 때에 만물을 자
기에게 복종하게 하신 이에게 복종

하게 되리니 이는 하나님이 만유의
주로서 만유 안에 계시려 하심이라
29 만일 죽은 자들이 도무지 다시 살아
나지 못하면 죽은 자들을 위하여 세
례를 받는 자들이 무엇을 하겠느냐
어찌하여 그들을 위하여 세례를 받
느냐
30 또 어찌하여 우리가 언제나 위험을
무릅쓰리요
31 형제들아 내가 그리스도 예수 우리
주 안에서 가진 바 너희에 대한 나의
자랑을 두고 단언하노니 나는 날마
다 죽노라
32 내가 사람의 방법으로 에베소에서
맹수와 더불어 싸웠다면 내게 무슨
유익이 있으리요 죽은 자가 다시 살
아나지 못한다면 내일 죽을 터이니
먹고 마시자 하리라
33 속지 말라 악한 동무들은 선한 행실
을 더럽히나니
34 깨어 의를 행하고 죄를 짓지 말라 하
나님을 알지 못하는 자가 있기로 내
가 너희를 부끄럽게 하기 위하여 말
하노라

몸의 부활

35 누가 묻기를 죽은 자들이 어떻게 다
시 살아나며 어떠한 몸으로 오느냐
하리니
36 어리석은 자여 네가 뿌리는 씨가 죽
지 않으면 살아나지 못하겠고
37 또 네가 뿌리는 것은 장래의 형체를
뿌리는 것이 아니요 다만 밀이나 다
른 것의 알맹이 뿐이로되
38 하나님이 그 뜻대로 그에게 형체를
주시되 각 종자에게 그 형체를 주시
느니라
39 육체는 다 같은 육체가 아니니 하나
는 사람의 육체요 하나는 짐승의 육
체요 하나는 새의 육체요 하나는 물
고기의 육체라
40 하늘에 속한 형체도 있고 땅에 속한
형체도 있으나 하늘에 속한 것의 영
광이 따로 있고 땅에 속한 것의 영광
이 따로 있으니
41 해의 영광이 다르고 달의 영광이 다
르며 별의 영광도 다른데 별과 별의
영광이 다르도다
42 죽은 자의 부활도 그와 같으니 썩을
것으로 심고 썩지 아니할 것으로 다
시 살아나며
43 욕된 것으로 심고 영광스러운 것으
로 다시 살아나며 약한 것으로 심고
강한 것으로 다시 살아나며
44 육의 몸으로 심고 신령한 몸으로 다
시 살아나나니 육의 몸이 있은즉 또
영의 몸도 있느니라

45 기록된 바 첫 사람 아담은 생령이 되
었다 함과 같이 마지막 아담은 살려
주는 영이 되었나니
46 그러나 먼저는 신령한 사람이 아니요
육의 사람이요 그 다음에 신령한 사
람이니라
47 첫 사람은 땅에서 났으니 흙에 속한
자이거니와 둘째 사람은 하늘에서
나셨느니라
48 무릇 흙에 속한 자들은 저 흙에 속
한 자와 같고 무릇 하늘에 속한 자
들은 저 하늘에 속한 이와 같으니
49 우리가 흙에 속한 자의 형상을 입은
것 같이 또한 하늘에 속한 이의 형상
을 입으리라
50 형제들아 내가 이것을 말하노니 혈과
육은 하나님 나라를 이어 받을 수 없
고 또한 썩는 것은 썩지 아니하는 것
을 유업으로 받지 못하느니라
51 보라 내가 너희에게 비밀을 말하노니
우리가 다 잠 잘 것이 아니요 마지막
나팔에 순식간에 홀연히 다 변화되리
니
52 나팔 소리가 나매 죽은 자들이 썩지
아니할 것으로 다시 살아나고 우리
도 변화되리라
53 이 썩을 것이 반드시 썩지 아니할 것
을 입겠고 이 죽을 것이 죽지 아니함
을 입으리로다
54 이 썩을 것이 썩지 아니함을 입고 이
죽을 것이 죽지 아니함을 입을 때에
는 사망을 삼키고 이기리라고 기록된
말씀이 이루어지리라
55 사망아 너의 승리가 어디 있느냐 사
망아 네가 쏘는 것이 어디 있느냐
56 사망이 쏘는 것은 죄요 죄의 권능은
율법이라
57 우리 주 예수 그리스도로 말미암아
우리에게 승리를 주시는 하나님께
감사하노니
58 그러므로 내 사랑하는 형제들아 견
실하며 흔들리지 말고 항상 주의 일
에 더욱 힘쓰는 자들이 되라 이는 너
희 수고가 주 안에서 헛되지 않은 줄
앎이라

성도를 위하는 연보

16 성도를 위하는 연보에 관하여
는 내가 갈라디아 교회들에게
명한 것 같이 너희도 그렇게 하라
2 매주 첫날에 너희 각 사람이 수입에
따라 모아 두어서 내가 갈 때에 연보
를 하지 않게 하라
3 내가 이를 때에 너희가 인정한 사람
에게 편지를 주어 너희의 은혜를 예
루살렘으로 가지고 가게 하리니
4 만일 나도 가는 것이 합당하면 그들

이 나와 함께 가리라
5 내가 마게도냐를 지날 터이니 마게
도냐를 지난 후에 너희에게 가서
6 혹 너희와 함께 머물며 겨울을 지낼
듯도 하니 이는 너희가 나를 내가 갈
곳으로 보내어 주게 하려 함이라
7 이제는 지나는 길에 너희 보기를 원
하지 아니하노니 이는 만일 주께서
허락하시면 얼마 동안 너희와 함께
머물기를 바람이라
8 내가 오순절까지 에베소에 머물려
함은
9 내게 광대하고 유효한 문이 열렸으
나 대적하는 자가 많음이라
10 디모데가 이르거든 너희는 조심하여
그로 두려움이 없이 너희 가운데 있
게 하라 이는 그도 나와 같이 주의
일을 힘쓰는 자임이라
11 그러므로 누구든지 그를 멸시하지
말고 평안히 보내어 내게로 오게 하
라 나는 그가 형제들과 함께 오기를
기다리노라
12 형제 아볼로에 대하여는 그에게 형
제들과 함께 너희에게 가라고 내가
많이 권하였으되 지금은 갈 뜻이 전
혀 없으나 기회가 있으면 가리라

권면과 끝 인사

13 깨어 믿음에 굳게 서서 남자답게 강
건하라
14 너희 모든 일을 사랑으로 행하라
15 형제들아 스데바나의 집은 곧 아가
야의 첫 열매요 또 성도 섬기기로 작
정한 줄을 너희가 아는지라 내가 너
희를 권하노니
16 이같은 사람들과 또 함께 일하며 수
고하는 모든 사람에게 순종하라
17 내가 스데바나와 브드나도와 아가이
고가 온 것을 기뻐하노니 그들이 너
희의 부족한 것을 채웠음이라
18 그들이 나와 너희 마음을 시원하게
하였으니 그러므로 너희는 이런 사람
들을 알아 주라
19 아시아의 교회들이 너희에게 문안하
고 아굴라와 브리스가와 그 집에 있
는 교회가 주 안에서 너희에게 간절
히 문안하고
20 모든 형제도 너희에게 문안하니 너희
는 거룩하게 입맞춤으로 서로 문안
하라
21 나 바울은 친필로 너희에게 문안하

365묵상

당신의 영적 건강은 강건한가?

사도 바울은 고린도교회의 성도들을 향해 권면한다. "깨어 믿음에 굳게 서서 남자답게 강건하라"(고전 16:13). 이 말은 특별히 영적인 건강에 관한 권면이다. 그렇다면 우리의 영적 건강은 어떻게 측정할 수 있을까? 운동을 통해 육체적 건강을 개발할 수 있다면, 영적으로도 영적 훈련을 통해 강건해질 수 있다. 어떻게 말인가? 매일 꾸준히 성경을 읽고 기도하라. 그런 후에, 말씀에 의지하여 세상의 악한 세력과 맞서 싸우라. 이런 식으로 스스로의 신앙을 꾸준히 단련한다면, 당신의 영적인 건강은 강건해질 것이다.

노니
22 만일 누구든지 주를 사랑하지 아니
하면 저주를 받을지어다 우리 주여
오시옵소서
23 주 예수 그리스도의 은혜가 너희와
함께 하고
24 나의 사랑이 그리스도 예수 안에서
너희 무리와 함께 할지어다

고린도후서 2 Corinthians

고난과 위로와 구원과 감사

1 하나님의 뜻으로 말미암아 그리스
도 예수의 사도 된 바울과 형제
디모데는 고린도에 있는 하나님의
교회와 또 온 아가야에 있는 모든
성도에게
2 하나님 우리 아버지와 주 예수 그리
스도로부터 은혜와 평강이 있기를
원하노라
3 찬송하리로다 그는 우리 주 예수 그
리스도의 하나님이시요 자비의 아버
지시요 모든 위로의 하나님이시며
4 우리의 모든 환난 중에서 우리를 위
로하사 우리로 하여금 하나님께 받
는 위로로써 모든 환난 중에 있는
자들을 능히 위로하게 하시는 이시
로다
5 그리스도의 고난이 우리에게 넘친 것
같이 우리가 받는 위로도 그리스도
로 말미암아 넘치는도다
6 우리가 환난 당하는 것도 너희가 위
로와 구원을 받게 하려는 것이요 우
리가 위로를 받는 것도 너희가 위로
를 받게 하려는 것이니 이 위로가 너
희 속에 역사하여 우리가 받는 것 같
은 고난을 너희도 견디게 하느니라
7 너희를 위한 우리의 소망이 견고함
은 너희가 고난에 참여하는 자가 된
것 같이 위로에도 그러할 줄을 앎이
라
8 형제들아 우리가 아시아에서 당한
환난을 너희가 모르기를 원하지 아니
하노니 힘에 겹도록 심한 고난을 당
하여 살 소망까지 끊어지고
9 우리는 우리 자신이 사형 선고를 받
은 줄 알았으니 이는 우리로 자기를
의지하지 말고 오직 죽은 자를 다시
살리시는 하나님만 의지하게 하심이
라
10 그가 이같이 큰 사망에서 우리를 건
지셨고 또 건지실 것이며 이후에도 건
지시기를 그에게 바라노라
11 너희도 우리를 위하여 간구함으로
도우라 이는 우리가 많은 사람의 기
도로 얻은 은사로 말미암아 많은 사
람이 우리를 위하여 감사하게 하려
함이라

고린도 교회 방문을 연기하다

12 우리가 세상에서 특별히 너희에 대하
여 하나님의 거룩함과 진실함으로 행
하되 육체의 지혜로 하지 아니하고
하나님의 은혜로 행함은 우리 양심이

증언하는 바니 이것이 우리의 자랑이
라
13 오직 너희가 읽고 아는 것 외에 우리
가 다른 것을 쓰지 아니하노니 너희
가 완전히 알기를 내가 바라는 것은
14 너희가 우리를 부분적으로 알았으나
우리 주 예수의 날에는 너희가 우리
의 자랑이 되고 우리가 너희의 자랑
이 되는 그것이라
15 내가 이 확신을 가지고 너희로 두 번
은혜를 얻게 하기 위하여 먼저 너희
에게 이르렀다가
16 너희를 지나 마게도냐로 갔다가 다시
마게도냐에서 너희에게 가서 너희의
도움으로 유대로 가기를 계획하였으
니
17 이렇게 계획할 때에 어찌 경솔히 하
였으리요 혹 계획하기를 육체를 따
라 계획하여 예 예 하면서 아니라 아
니라 하는 일이 내게 있겠느냐
18 하나님은 미쁘시니라 우리가 너희에
게 한 말은 예 하고 아니라 함이 없
노라
19 우리 곧 나와 실루아노와 디모데로
말미암아 너희 가운데 전파된 하나님
의 아들 예수 그리스도는 예 하고
아니라 함이 되지 아니하셨으니 그에
게는 예만 되었느니라
20 하나님의 약속은 얼마든지 그리스도
안에서 예가 되니 그런즉 그로 말미
암아 우리가 아멘 하여 하나님께 영
광을 돌리게 되느니라
21 우리를 너희와 함께 그리스도 안에
서 굳건하게 하시고 우리에게 기름
을 부으신 이는 하나님이시니
22 그가 또한 우리에게 인치시고 보증
으로 우리 마음에 성령을 주셨느니라
23 내가 내 목숨을 걸고 하나님을 불러
증언하시게 하노니 내가 다시 고린도
에 가지 아니한 것은 너희를 아끼려
함이라
24 우리가 너희 믿음을 주관하려는 것이
아니요 오직 너희 기쁨을 돕는 자가
되려 함이니 이는 너희가 믿음에 섰
음이라

2

내가 다시는 너희에게 근심 중에
나아가지 아니하기로 스스로 결심
하였노니
2 내가 너희를 근심하게 한다면 내가
근심하게 한 자 밖에 나를 기쁘게 할
자가 누구냐
3 내가 이같이 쓴 것은 내가 갈 때에
마땅히 나를 기쁘게 할 자로부터 도
리어 근심을 얻을까 염려함이요 또
너희 모두에 대한 나의 기쁨이 너희
모두의 기쁨인 줄 확신함이로라

4 내가 마음에 큰 눌림과 걱정이 있어
많은 눈물로 너희에게 썼노니 이는
너희로 근심하게 하려 한 것이 아니
요 오직 내가 너희를 향하여 넘치는
사랑이 있음을 너희로 알게 하려 함
이라

근심하게 한 사람을 용서하라

5 근심하게 한 자가 있었을지라도 나
를 근심하게 한 것이 아니요 어느 정
도 너희 모두를 근심하게 한 것이니
어느 정도라 함은 내가 너무 지나치
게 말하지 아니하려 함이라
6 이러한 사람은 많은 사람에게서 벌
받는 것이 마땅하도다
7 그런즉 너희는 차라리 그를 용서하
고 위로할 것이니 그가 너무 많은 근
심에 잠길까 두려워하노라
8 그러므로 너희를 권하노니 사랑을
그들에게 나타내라
9 너희가 범사에 순종하는지 그 증거
를 알고자 하여 내가 이것을 너희에
게 썼노라
10 너희가 무슨 일에든지 누구를 용서
하면 나도 그리하고 내가 만일 용서
한 일이 있으면 용서한 그것은 너희
를 위하여 그리스도 앞에서 한 것이
니
11 이는 우리로 사탄에게 속지 않게 하
려 함이라 우리는 그 계책을 알지 못
하는 바가 아니로라

그리스도의 향기

12 내가 그리스도의 복음을 위하여 드
로아에 이르매 주 안에서 문이 내게
열렸으되
13 내가 내 형제 디도를 만나지 못하므
로 내 심령이 편하지 못하여 그들을
작별하고 마게도냐로 갔노라
14 항상 우리를 그리스도 안에서 이기
게 하시고 우리로 말미암아 각처에서
그리스도를 아는 냄새를 나타내시는
하나님께 감사하노라
15 우리는 구원 받는 자들에게나 망하
는 자들에게나 하나님 앞에서 그리
스도의 향기니
16 이 사람에게는 사망으로부터 사망에
이르는 냄새요 저 사람에게는 생명
으로부터 생명에 이르는 냄새라 누
가 이 일을 감당하리요
17 우리는 수많은 사람들처럼 하나님의
말씀을 혼잡하게 하지 아니하고 곧
순전함으로 하나님께 받은 것 같이
하나님 앞에서와 그리스도 안에서
말하노라

새 언약의 일꾼들

3 우리가 다시 자천하기를 시작하겠
느냐 우리가 어찌 어떤 사람처럼

추천서를 너희에게 부치거나 혹은 너
희에게 받거나 할 필요가 있느냐
2 너희는 우리의 편지라 우리 마음에
썼고 뭇 사람이 알고 읽는 바라
3 너희는 우리로 말미암아 나타난 그리
스도의 편지니 이는 먹으로 쓴 것이
아니요 오직 살아 계신 하나님의 영
으로 쓴 것이며 또 돌판에 쓴 것이
아니요 오직 육의 마음판에 쓴 것이
라
4 우리가 그리스도로 말미암아 하나님
을 향하여 이같은 확신이 있으니
5 우리가 무슨 일이든지 우리에게서 난
것 같이 스스로 만족할 것이 아니니
우리의 만족은 오직 하나님으로부터
나느니라
6 그가 또한 우리를 새 언약의 일꾼 되
기에 만족하게 하셨으니 율법 조문
으로 하지 아니하고 오직 영으로 함
이니 율법 조문은 죽이는 것이요 영
은 살리는 것이니라
7 돌에 써서 새긴 죽게 하는 율법 조
문의 직분도 영광이 있어 이스라엘
자손들은 모세의 얼굴의 없어질 영광
때문에도 그 얼굴을 주목하지 못하
였거든
8 하물며 영의 직분은 더욱 영광이 있
지 아니하겠느냐
9 정죄의 직분도 영광이 있은즉 의의
직분은 영광이 더욱 넘치리라
10 영광되었던 것이 더 큰 영광으로 말
미암아 이에 영광될 것이 없으나
11 없어질 것도 영광으로 말미암았은즉
길이 있을 것은 더욱 영광 가운데 있
느니라
12 우리가 이같은 소망이 있으므로 담
대히 말하노니
13 우리는 모세가 이스라엘 자손들에게
장차 없어질 것의 결국을 주목하지
못하게 하려고 수건을 그 얼굴에 쓴
것 같이 아니하노라
14 그러나 그들의 마음이 완고하여 오
늘까지도 구약을 읽을 때에 그 수건
이 벗겨지지 아니하고 있으니 그 수
건은 그리스도 안에서 없어질 것이라
15 오늘까지 모세의 글을 읽을 때에 수
건이 그 마음을 덮었도다
16 그러나 언제든지 주께로 돌아가면
그 수건이 벗겨지리라
17 주는 영이시니 주의 영이 계신 곳에
는 자유가 있느니라
18 우리가 다 수건을 벗은 얼굴로 거울
을 보는 것 같이 주의 영광을 보매
그와 같은 형상으로 변화하여 영광
에서 영광에 이르니 곧 주의 영으로
말미암음이니라

질그릇에 담긴 보배

4 그러므로 우리가 이 직분을 받아
긍휼하심을 입은 대로 낙심하지
아니하고
2 이에 숨은 부끄러움의 일을 버리고
속임으로 행하지 아니하며 하나님의
말씀을 혼잡하게 하지 아니하고 오
직 진리를 나타냄으로 하나님 앞에서
각 사람의 양심에 대하여 스스로 추
천하노라
3 만일 우리의 복음이 가리었으면 망하
는 자들에게 가리어진 것이라
4 그 중에 이 세상의 신이 믿지 아니하
는 자들의 마음을 혼미하게 하여 그
리스도의 영광의 복음의 광채가 비치
지 못하게 함이니 그리스도는 하나님
의 형상이니라
5 우리는 우리를 전파하는 것이 아니라
오직 그리스도 예수의 주 되신 것과
또 예수를 위하여 우리가 너희의 종
된 것을 전파함이라
6 어두운 데에 빛이 비치라 말씀하셨던
그 하나님께서 예수 그리스도의 얼
굴에 있는 하나님의 영광을 아는 빛
을 우리 마음에 비추셨느니라
7 우리가 이 보배를 질그릇에 가졌으
니 이는 심히 큰 능력은 하나님께 있
고 우리에게 있지 아니함을 알게 하
려 함이라
8 우리가 사방으로 욱여쌈을 당하여도
싸이지 아니하며 답답한 일을 당하여
도 낙심하지 아니하며
9 박해를 받아도 버린 바 되지 아니하
며 거꾸러뜨림을 당하여도 망하지 아
니하고
10 우리가 항상 예수의 죽음을 몸에 짊
어짐은 예수의 생명이 또한 우리 몸
에 나타나게 하려 함이라
11 우리 살아 있는 자가 항상 예수를 위
하여 죽음에 넘겨짐은 예수의 생명이
또한 우리 죽을 육체에 나타나게 하
려 함이라
12 그런즉 사망은 우리 안에서 역사하
고 생명은 너희 안에서 역사하느니라
13 기록된 바 내가 믿었으므로 말하였다
한 것 같이 우리가 같은 믿음의 마음
을 가졌으니 우리도 믿었으므로 또
한 말하노라
14 주 예수를 다시 살리신 이가 예수와
함께 우리도 다시 살리사 너희와 함

365묵상

향기 풍기는 신자가 되기

바울은 신자들을 '그리스도의 향기'라고 묘사했다. 그러니까 신자들은 그리스도의 향기로운 생명과 구원의 복음을 전하는 그분의 향기인 것이다(고전 2:15). 원래 여기서 '향기'라는 말은 구약시대의 희생제사 때에 하나님께 드리는 번제물이 타는 냄새를 가리켰다(레 1:9). 이렇게 본다면, 우리의 향기는 복음 전도자의 삶을 살아가면서 자신을 날마다 매순간 희생시켜 불태우는 희생제물의 냄새이기도 하다. 오늘날 예수 그리스도의 향기 된 우리는 이런 자기희생의 향기를 주변에 널리, 그리고 부지런히 풍겨야 한다.

께 그 앞에 서게 하실 줄을 아노라
15 이는 모든 것이 너희를 위함이니 많
은 사람의 감사로 말미암아 은혜가
더하여 넘쳐서 하나님께 영광을 돌리
게 하려 함이라

겉사람과 속사람

16 그러므로 우리가 낙심하지 아니하노
니 우리의 겉사람은 낡아지나 우리의
속사람은 날로 새로워지도다
17 우리가 잠시 받는 환난의 경한 것이
지극히 크고 영원한 영광의 중한 것
을 우리에게 이루게 함이니
18 우리가 주목하는 것은 보이는 것이
아니요 보이지 않는 것이니 보이는
것은 잠깐이요 보이지 않는 것은 영
원함이라

5 만일 땅에 있는 우리의 장막 집이
무너지면 하나님께서 지으신 집 곧
손으로 지은 것이 아니요 하늘에 있
는 영원한 집이 우리에게 있는 줄 아
느니라
2 참으로 우리가 여기 있어 탄식하며
하늘로부터 오는 우리 처소로 덧입
기를 간절히 사모하노라
3 이렇게 입음은 우리가 벗은 자들로
발견되지 않으려 함이라
4 참으로 이 장막에 있는 우리가 짐진
것 같이 탄식하는 것은 벗고자 함이
아니요 오히려 덧입고자 함이니 죽을
것이 생명에 삼킨 바 되게 하려 함이
라
5 곧 이것을 우리에게 이루게 하시고
보증으로 성령을 우리에게 주신 이
는 하나님이시니라
6 그러므로 우리가 항상 담대하여 몸
으로 있을 때에는 주와 따로 있는
줄을 아노니
7 이는 우리가 믿음으로 행하고 보는
것으로 행하지 아니함이로라
8 우리가 담대하여 원하는 바는 차라
리 몸을 떠나 주와 함께 있는 그것이
라
9 그런즉 우리는 몸으로 있든지 떠나
든지 주를 기쁘시게 하는 자가 되기
를 힘쓰노라
10 이는 우리가 다 반드시 그리스도의
심판대 앞에 나타나게 되어 각각 선
악간에 그 몸으로 행한 것을 따라
받으려 함이라

화목하게 하는 직분

11 우리는 주의 두려우심을 알므로 사
람들을 권면하거니와 우리가 하나님
앞에 알리어졌으니 또 너희의 양심에
도 알리어지기를 바라노라
12 우리가 다시 너희에게 자천하는 것이
아니요 오직 우리로 말미암아 자랑

할 기회를 너희에게 주어 마음으로
하지 않고 외모로 자랑하는 자들에
게 대답하게 하려 하는 것이라
13 우리가 만일 미쳤어도 하나님을 위한
것이요 정신이 온전하여도 너희를 위
한 것이니
14 그리스도의 사랑이 우리를 강권하시
는도다 우리가 생각하건대 한 사람
이 모든 사람을 대신하여 죽었은즉
모든 사람이 죽은 것이라
15 그가 모든 사람을 대신하여 죽으심
은 살아 있는 자들로 하여금 다시는
그들 자신을 위하여 살지 않고 오직
그들을 대신하여 죽었다가 다시 살
아나신 이를 위하여 살게 하려 함이
라
16 그러므로 우리가 이제부터는 어떤 사
람도 육신을 따라 알지 아니하노라
비록 우리가 그리스도도 육신을 따
라 알았으나 이제부터는 그같이 알
지 아니하노라
17 그런즉 누구든지 그리스도 안에 있
으면 새로운 피조물이라 이전 것은
지나갔으니 보라 새 것이 되었도다
18 모든 것이 하나님께로서 났으며 그
가 그리스도로 말미암아 우리를 자
기와 화목하게 하시고 또 우리에게
화목하게 하는 직분을 주셨으니
19 곧 하나님께서 그리스도 안에 계시
사 세상을 자기와 화목하게 하시며
그들의 죄를 그들에게 돌리지 아니
하시고 화목하게 하는 말씀을 우리
에게 부탁하셨느니라
20 그러므로 우리가 그리스도를 대신하
여 사신이 되어 하나님이 우리를 통
하여 너희를 권면하시는 것 같이 그리
스도를 대신하여 간청하노니 너희는
하나님과 화목하라
21 하나님이 죄를 알지도 못하신 이를
우리를 대신하여 죄로 삼으신 것은
우리로 하여금 그 안에서 하나님의
의가 되게 하려 하심이라

6

우리가 하나님과 함께 일하는 자
로서 너희를 권하노니 하나님의 은
혜를 헛되이 받지 말라
2 이르시되 내가 은혜 베풀 때에 너에
게 듣고 구원의 날에 너를 도왔다 하
셨으니 보라 지금은 은혜 받을 만한
때요 보라 지금은 구원의 날이로다
3 우리가 이 직분이 비방을 받지 않게
하려고 무엇에든지 아무에게도 거리
끼지 않게 하고
4 오직 모든 일에 하나님의 일꾼으로
자천하여 많이 견디는 것과 환난과
궁핍과 고난과
5 매 맞음과 갇힘과 난동과 수고로움

과 자지 못함과 먹지 못함 가운데서
도
6 깨끗함과 지식과 오래 참음과 자비
함과 성령의 감화와 거짓이 없는 사
랑과
7 진리의 말씀과 하나님의 능력으로 의
의 무기를 좌우에 가지고
8 영광과 욕됨으로 그러했으며 악한
이름과 아름다운 이름으로 그러했느
니라 우리는 속이는 자 같으나 참되
고
9 무명한 자 같으나 유명한 자요 죽은
자 같으나 보라 우리가 살아 있고 징
계를 받는 자 같으나 죽임을 당하지
아니하고
10 근심하는 자 같으나 항상 기뻐하고
가난한 자 같으나 많은 사람을 부요
하게 하고 아무 것도 없는 자 같으
나 모든 것을 가진 자로다
11 고린도인들이여 너희를 향하여 우리
의 입이 열리고 우리의 마음이 넓어졌
으니
12 너희가 우리 안에서 좁아진 것이 아
니라 오직 너희 심정에서 좁아진 것이
니라
13 내가 자녀에게 말하듯 하노니 보답
하는 것으로 너희도 마음을 넓히라

우리는 살아 계신 하나님의 성전

14 너희는 믿지 않는 자와 멍에를 함께
메지 말라 의와 불법이 어찌 함께 하
며 빛과 어둠이 어찌 사귀며
15 그리스도와 벨리알이 어찌 조화되며
믿는 자와 믿지 않는 자가 어찌 상관
하며
16 하나님의 성전과 우상이 어찌 일치가
되리요 우리는 살아 계신 하나님의
성전이라 이와 같이 하나님께서 이르
시되 내가 그들 가운데 거하며 두루
행하여 나는 그들의 하나님이 되고
그들은 나의 백성이 되리라
17 그러므로 너희는 그들 중에서 나와
서 따로 있고 부정한 것을 만지지 말
라 내가 너희를 영접하여
18 너희에게 아버지가 되고 너희는 내게
자녀가 되리라 전능하신 주의 말씀이
니라 하셨느니라

7 그런즉 사랑하는 자들아 이 약속
을 가진 우리는 하나님을 두려워
하는 가운데서 거룩함을 온전히 이
루어 육과 영의 온갖 더러운 것에서
자신을 깨끗하게 하자

고린도 교회의 회개를 기뻐하다

2 마음으로 우리를 영접하라 우리는
아무에게도 불의를 행하지 않고 아
무에게도 해롭게 하지 않고 아무에
게서도 속여 빼앗은 일이 없노라

3 내가 이 말을 하는 것은 너희를 정죄
하려고 하는 것이 아니라 내가 이전
에 말하였거니와 너희가 우리 마음에
있어 함께 죽고 함께 살게 하고자
함이라
4 나는 너희를 향하여 담대한 것도 많
고 너희를 위하여 자랑하는 것도 많
으니 내가 우리의 모든 환난 가운데
서도 위로가 가득하고 기쁨이 넘치는
도다
5 우리가 마게도냐에 이르렀을 때에도
우리 육체가 편하지 못하였고 사방
으로 환난을 당하여 밖으로는 다툼
이요 안으로는 두려움이었노라
6 그러나 낙심한 자들을 위로하시는
하나님이 디도가 옴으로 우리를 위
로하셨으니
7 그가 온 것뿐 아니요 오직 그가 너희
에게서 받은 그 위로로 위로하고 너
희의 사모함과 애통함과 나를 위하
여 열심 있는 것을 우리에게 보고함
으로 나를 더욱 기쁘게 하였느니라
8 그러므로 내가 편지로 너희를 근심하
게 한 것을 후회하였으나 지금은 후
회하지 아니함은 그 편지가 너희로
잠시만 근심하게 한 줄을 앎이라
9 내가 지금 기뻐함은 너희로 근심하게
한 까닭이 아니요 도리어 너희가 근
심함으로 회개함에 이른 까닭이라 너
희가 하나님의 뜻대로 근심하게 된
것은 우리에게서 아무 해도 받지 않
게 하려 함이라
10 하나님의 뜻대로 하는 근심은 후회
할 것이 없는 구원에 이르게 하는 회
개를 이루는 것이요 세상 근심은 사
망을 이루는 것이니라
11 보라 하나님의 뜻대로 하게 된 이 근
심이 너희로 얼마나 간절하게 하며 얼
마나 변증하게 하며 얼마나 분하게
하며 얼마나 두렵게 하며 얼마나 사
모하게 하며 얼마나 열심 있게 하며
얼마나 벌하게 하였는가 너희가 그
일에 대하여 일체 너희 자신의 깨끗
함을 나타내었느니라
12 그런즉 내가 너희에게 쓴 것은 그 불
의를 행한 자를 위한 것도 아니요 그
불의를 당한 자를 위한 것도 아니요
오직 우리를 위한 너희의 간절함이
하나님 앞에서 너희에게 나타나게 하
려 함이로라
13 이로 말미암아 우리가 위로를 받았
고 우리가 받은 위로 위에 디도의 기
쁨으로 우리가 더욱 많이 기뻐함은
그의 마음이 너희 무리로 말미암아
안심함을 얻었음이라
14 내가 그에게 너희를 위하여 자랑한

것이 있더라도 부끄럽지 아니하니 우
리가 너희에게 이른 말이 다 참된 것
같이 디도 앞에서 우리가 자랑한 것
도 참되게 되었도다
15 그가 너희 모든 사람들이 두려움과
떪으로 자기를 영접하여 순종한 것을
생각하고 너희를 향하여 그의 심정이
더욱 깊었으니
16 내가 범사에 너희를 신뢰하게 된 것
을 기뻐하노라

풍성한 연보

8 형제들아 하나님께서 마게도냐
교회들에게 주신 은혜를 우리가
너희에게 알리노니
2 환난의 많은 시련 가운데서 그들의
넘치는 기쁨과 극심한 가난이 그들의
풍성한 연보를 넘치도록 하게 하였
느니라
3 내가 증언하노니 그들이 힘대로 할
뿐 아니라 힘에 지나도록 자원하여
4 이 은혜와 성도 섬기는 일에 참여함
에 대하여 우리에게 간절히 구하니
5 우리가 바라던 것뿐 아니라 그들이
먼저 자신을 주께 드리고 또 하나님
의 뜻을 따라 우리에게 주었도다
6 그러므로 우리가 디도를 권하여 그
가 이미 너희 가운데서 시작하였은즉
이 은혜를 그대로 성취하게 하라 하
였노라
7 오직 너희는 믿음과 말과 지식과 모
든 간절함과 우리를 사랑하는 이 모
든 일에 풍성한 것 같이 이 은혜에도
풍성하게 할지니라
8 내가 명령으로 하는 말이 아니요 오
직 다른 이들의 간절함을 가지고 너
희의 사랑의 진실함을 증명하고자 함
이로라
9 우리 주 예수 그리스도의 은혜를 너
희가 알거니와 부요하신 이로서 너희
를 위하여 가난하게 되심은 그의 가
난함으로 말미암아 너희를 부요하게
하려 하심이라
10 이 일에 관하여 나의 뜻을 알리노니
이 일은 너희에게 유익함이라 너희가
일 년 전에 행하기를 먼저 시작할 뿐
아니라 원하기도 하였은즉
11 이제는 하던 일을 성취할지니 마음에
원하던 것과 같이 완성하되 있는 대
로 하라
12 할 마음만 있으면 있는 대로 받으실
터이요 없는 것은 받지 아니하시리라
13 이는 다른 사람들은 평안하게 하고
너희는 곤고하게 하려는 것이 아니요
균등하게 하려 함이니
14 이제 너희의 넉넉한 것으로 그들의
부족한 것을 보충함은 후에 그들의

넉넉한 것으로 너희의 부족한 것을
보충하여 균등하게 하려 함이라
15 기록된 것 같이 많이 거둔 자도 남지
아니하였고 적게 거둔 자도 모자라지
아니하였느니라

디도와 그의 동역자

16 너희를 위하여 같은 간절함을 디도의
마음에도 주시는 하나님께 감사하노
니
17 그가 권함을 받고 더욱 간절함으로
자원하여 너희에게 나아갔고
18 또 그와 함께 그 형제를 보내었으니
이 사람은 복음으로써 모든 교회에
서 칭찬을 받는 자요
19 이뿐 아니라 그는 동일한 주의 영광
과 우리의 뜻을 나타내기 위하여 여
러 교회의 택함을 받아 우리가 맡은
은혜의 일로 우리와 동행하는 자라
20 이것을 조심함은 우리가 맡은 이 거
액의 연보에 대하여 아무도 우리를
비방하지 못하게 하려 함이니
21 이는 우리가 주 앞에서뿐 아니라 사
람 앞에서도 선한 일에 조심하려 함
이라
22 또 그들과 함께 우리의 한 형제를
보내었노니 우리는 그가 여러 가지
일에 간절한 것을 여러 번 확인하였거
니와 이제 그가 너희를 크게 믿으므
로 더욱 간절하니라
23 디도로 말하면 나의 동료요 너희를
위한 나의 동역자요 우리 형제들로
말하면 여러 교회의 사자들이요 그리
스도의 영광이니라
24 그러므로 너희는 여러 교회 앞에서
너희의 사랑과 너희에 대한 우리 자
랑의 증거를 그들에게 보이라

가난한 성도를 섬기는 연보

9 성도를 섬기는 일에 대하여는 내
가 너희에게 쓸 필요가 없나니
2 이는 내가 너희의 원함을 앎이라 내
가 너희를 위하여 마게도냐인들에게
아가야에서는 일 년 전부터 준비하였
다는 것을 자랑하였는데 과연 너희의
열심이 퍽 많은 사람들을 분발하게
하였느니라
3 그런데 이 형제들을 보낸 것은 이 일
에 너희를 위한 우리의 자랑이 헛되지
않고 내가 말한 것 같이 준비하게 하
려 함이라
4 혹 마게도냐인들이 나와 함께 가서

365묵상

우리를 위해 가난하게 되신 주님

예수님은 제자들에게 말로만 가르치지 않았다. 또한 제자들이 먼저 행동할 때까지 기다리지 않았다. 예수님은 먼저 행하심으로써 가르치셨다. 부요하고 존귀하신 예수님은 우리를 위해 가난하고 비천한 자가 되셨다. 따라서 당신이 그리스도 몸 된 교회 내에서 무엇인가를 하려 한다면, 먼저 모범을 보이는 사람이 되어야 한다. 예수님의 참 제자가 되고 싶은가? 그러면 말로만 감동을 주는 영적 엘리트들의 뒤를 따르지 말라. 세상의 모든 영예의 겉옷을 벗고, 예수님처럼 가난해져서 낮은 자리로 내려가라(고후 8:9).

너희가 준비하지 아니한 것을 보면
너희는 고사하고 우리가 이 믿던 것
에 부끄러움을 당할까 두려워하노라
5 그러므로 내가 이 형제들로 먼저 너
희에게 가서 너희가 전에 약속한 연
보를 미리 준비하게 하도록 권면하
는 것이 필요한 줄 생각하였노니 이
렇게 준비하여야 참 연보답고 억지가
아니니라
6 이것이 곧 적게 심는 자는 적게 거두
고 많이 심는 자는 많이 거둔다 하는
말이로다
7 각각 그 마음에 정한 대로 할 것이요
인색함으로나 억지로 하지 말지니 하
나님은 즐겨 내는 자를 사랑하시느
니라
8 하나님이 능히 모든 은혜를 너희에
게 넘치게 하시나니 이는 너희로 모
든 일에 항상 모든 것이 넉넉하여 모
든 착한 일을 넘치게 하게 하려 하심
이라
9 기록된 바 그가 흩어 가난한 자들에
게 주었으니 그의 의가 영원토록 있
느니라 함과 같으니라
10 심는 자에게 씨와 먹을 양식을 주시
는 이가 너희 심을 것을 주사 풍성하
게 하시고 너희 의의 열매를 더하게
하시리니
11 너희가 모든 일에 넉넉하여 너그럽게
연보를 함은 그들이 우리로 말미암
아 하나님께 감사하게 하는 것이라
12 이 봉사의 직무가 성도들의 부족한
것을 보충할 뿐 아니라 사람들이 하
나님께 드리는 많은 감사로 말미암
아 넘쳤느니라
13 이 직무로 증거를 삼아 너희가 그리
스도의 복음을 진실히 믿고 복종하
는 것과 그들과 모든 사람을 섬기는
너희의 후한 연보로 말미암아 하나님
께 영광을 돌리고
14 또 그들이 너희를 위하여 간구하며
하나님이 너희에게 주신 지극한 은혜
로 말미암아 너희를 사모하느니라
15 말할 수 없는 그의 은사로 말미암아
하나님께 감사하노라

바울이 자기의 사도직을 변호하다

10 너희를 대면하면 유순하고 떠나
있으면 너희에 대하여 담대한
나 바울은 이제 그리스도의 온유와
관용으로 친히 너희를 권하고
2 또한 우리를 육신에 따라 행하는 자
로 여기는 자들에 대하여 내가 담대
히 대하는 것 같이 너희와 함께 있을
때에 나로 하여금 이 담대한 태도로
대하지 않게 하기를 구하노라
3 우리가 육신으로 행하나 육신에 따

라 싸우지 아니하노니
4 우리의 싸우는 무기는 육신에 속한
것이 아니요 오직 어떤 견고한 진도
무너뜨리는 하나님의 능력이라 모든
이론을 무너뜨리며
5 하나님 아는 것을 대적하여 높아진
것을 다 무너뜨리고 모든 생각을 사
로잡아 그리스도에게 복종하게 하니
6 너희의 복종이 온전하게 될 때에 모
든 복종하지 않는 것을 벌하려고 준
비하는 중에 있노라
7 너희는 외모만 보는도다 만일 사람
이 자기가 그리스도에게 속한 줄을
믿을진대 자기가 그리스도에게 속한
것 같이 우리도 그러한 줄을 자기 속
으로 다시 생각할 것이라
8 주께서 주신 권세는 너희를 무너뜨리
려고 하신 것이 아니요 세우려고 하
신 것이니 내가 이에 대하여 지나치
게 자랑하여도 부끄럽지 아니하리라
9 이는 내가 편지들로 너희를 놀라게
하려는 것 같이 생각하지 않게 함이
라
10 그들의 말이 그의 편지들은 무게가
있고 힘이 있으나 그가 몸으로 대할
때는 약하고 그 말도 시원하지 않다
하니
11 이런 사람은 우리가 떠나 있을 때에
편지들로 말하는 것과 함께 있을 때
에 행하는 일이 같은 것임을 알지라
12 우리는 자기를 칭찬하는 어떤 자와
더불어 감히 짝하며 비교할 수 없노
라 그러나 그들이 자기로써 자기를
헤아리고 자기로써 자기를 비교하니
지혜가 없도다
13 그러나 우리는 분수 이상의 자랑을
하지 않고 오직 하나님이 우리에게
나누어 주신 그 범위의 한계를 따라
하노니 곧 너희에게까지 이른 것이라
14 우리가 너희에게 미치지 못할 자로서
스스로 지나쳐 나아간 것이 아니요
그리스도의 복음으로 너희에게까지
이른 것이라
15 우리는 남의 수고를 가지고 분수 이
상의 자랑을 하는 것이 아니라 오직
너희 믿음이 자랄수록 우리의 규범을
따라 너희 가운데서 더욱 풍성하여지
기를 바라노라
16 이는 남의 규범으로 이루어 놓은 것
으로 자랑하지 아니하고 너희 지역을
넘어 복음을 전하려 함이라
17 자랑하는 자는 주 안에서 자랑할지
니라
18 옳다 인정함을 받는 자는 자기를 칭
찬하는 자가 아니요 오직 주께서 칭
찬하시는 자니라

바울과 거짓 사도들

11 원하건대 너희는 나의 좀 어리석
은 것을 용납하라 청하건대 나
를 용납하라
2 내가 하나님의 열심으로 너희를 위하
여 열심을 내노니 내가 너희를 정결
한 처녀로 한 남편인 그리스도께 드
리려고 중매함이로다 그러나 나는
3 뱀이 그 간계로 하와를 미혹한 것 같
이 너희 마음이 그리스도를 향하는
진실함과 깨끗함에서 떠나 부패할까
두려워하노라
4 만일 누가 가서 우리가 전파하지 아
니한 다른 예수를 전파하거나 혹은
너희가 받지 아니한 다른 영을 받게
하거나 혹은 너희가 받지 아니한 다
른 복음을 받게 할 때에는 너희가
잘 용납하는구나
5 나는 지극히 크다는 사도들보다 부
족한 것이 조금도 없는 줄로 생각하
노라
6 내가 비록 말에는 부족하나 지식에
는 그렇지 아니하니 이것을 우리가
모든 사람 가운데서 모든 일로 너희
에게 나타내었노라
7 내가 너희를 높이려고 나를 낮추어
하나님의 복음을 값없이 너희에게 전
함으로 죄를 지었느냐
8 내가 너희를 섬기기 위하여 다른 여러
교회에서 비용을 받은 것은 탈취한
것이라
9 또 내가 너희와 함께 있을 때 비용이
부족하였으되 아무에게도 누를 끼치
지 아니하였음은 마게도냐에서 온
형제들이 나의 부족한 것을 보충하
였음이라 내가 모든 일에 너희에게
폐를 끼치지 않기 위하여 스스로 조
심하였고 또 조심하리라
10 그리스도의 진리가 내 속에 있으니
아가야 지방에서 나의 이 자랑이 막
히지 아니하리라
11 어떠한 까닭이냐 내가 너희를 사랑하
지 아니함이냐 하나님이 아시느니라
12 나는 내가 해 온 그대로 앞으로도
하리니 기회를 찾는 자들이 그 자랑
하는 일로 우리와 같이 인정 받으려
는 그 기회를 끊으려 함이라
13 그런 사람들은 거짓 사도요 속이는
일꾼이니 자기를 그리스도의 사도로
가장하는 자들이니라
14 이것은 이상한 일이 아니니라 사탄도
자기를 광명의 천사로 가장하나니
15 그러므로 사탄의 일꾼들도 자기를
의의 일꾼으로 가장하는 것이 또한
대단한 일이 아니니라 그들의 마지막
은 그 행위대로 되리라

바울의 참된 자랑

16 내가 다시 말하노니 누구든지 나를
어리석은 자로 여기지 말라 만일 그
러하더라도 내가 조금 자랑할 수 있
도록 어리석은 자로 받으라
17 내가 말하는 것은 주를 따라 하는
말이 아니요 오직 어리석은 자와 같
이 기탄 없이 자랑하노라
18 여러 사람이 육신을 따라 자랑하니
나도 자랑하겠노라
19 너희는 지혜로운 자로서 어리석은 자
들을 기쁘게 용납하는구나
20 누가 너희를 종으로 삼거나 잡아먹거
나 빼앗거나 스스로 높이거나 뺨을
칠지라도 너희가 용납하는도다
21 나는 우리가 약한 것 같이 욕되게 말
하노라 그러나 누가 무슨 일에 담대
하면 어리석은 말이나마 나도 담대하
리라
22 그들이 히브리인이냐 나도 그러하며
그들이 이스라엘인이냐 나도 그러하
며 그들이 아브라함의 후손이냐 나
도 그러하며
23 그들이 그리스도의 일꾼이냐 정신 없
는 말을 하거니와 나는 더욱 그러하
도다 내가 수고를 넘치도록 하고 옥
에 갇히기도 더 많이 하고 매도 수없
이 맞고 여러 번 죽을 뻔하였으니
24 유대인들에게 사십에서 하나 감한
매를 다섯 번 맞았으며
25 세 번 태장으로 맞고 한 번 돌로 맞
고 세 번 파선하고 일 주야를 깊은
바다에서 지냈으며
26 여러 번 여행하면서 강의 위험과 강도
의 위험과 동족의 위험과 이방인의 위
험과 시내의 위험과 광야의 위험과
바다의 위험과 거짓 형제 중의 위험
을 당하고
27 또 수고하며 애쓰고 여러 번 자지 못
하고 주리며 목마르고 여러 번 굶고
춥고 헐벗었노라
28 이 외의 일은 고사하고 아직도 날마
다 내 속에 눌리는 일이 있으니 곧
모든 교회를 위하여 염려하는 것이라
29 누가 약하면 내가 약하지 아니하며
누가 실족하게 되면 내가 애타지 아
니하더냐
30 내가 부득불 자랑할진대 내가 약한
것을 자랑하리라
31 주 예수의 아버지 영원히 찬송할 하
나님이 내가 거짓말 아니하는 것을
아시느니라
32 다메섹에서 아레다 왕의 고관이 나
를 잡으려고 다메섹 성을 지켰으나
33 나는 광주리를 타고 들창문으로 성
벽을 내려가 그 손에서 벗어났노라

주께서 보여 주신 환상과 계시

12 무익하나마 내가 부득불 자랑
하노니 주의 환상과 계시를 말
하리라
2 내가 그리스도 안에 있는 한 사람을
아노니 그는 십사 년 전에 셋째 하늘
에 이끌려 간 자라 (그가 몸 안에 있
었는지 몸 밖에 있었는지 나는 모르
거니와 하나님은 아시느니라)
3 내가 이런 사람을 아노니 (그가 몸
안에 있었는지 몸 밖에 있었는지 나
는 모르거니와 하나님은 아시느니
라)
4 그가 낙원으로 이끌려 가서 말로 표
현할 수 없는 말을 들었으니 사람이
가히 이르지 못할 말이로다
5 내가 이런 사람을 위하여 자랑하겠으
나 나를 위하여는 약한 것들 외에 자
랑하지 아니하리라
6 내가 만일 자랑하고자 하여도 어리석
은 자가 되지 아니할 것은 내가 참말
을 함이라 그러나 누가 나를 보는
바와 내게 듣는 바에 지나치게 생각
할까 두려워하여 그만두노라
7 여러 계시를 받은 것이 지극히 크므
로 너무 자만하지 않게 하시려고 내
육체에 가시 곧 사탄의 사자를 주셨
으니 이는 나를 쳐서 너무 자만하지
않게 하려 하심이라
8 이것이 내게서 떠나가게 하기 위하여
내가 세 번 주께 간구하였더니
9 나에게 이르시기를 내 은혜가 네게
족하도다 이는 내 능력이 약한 데서
온전하여짐이라 하신지라 그러므로
도리어 크게 기뻐함으로 나의 여러
약한 것들에 대하여 자랑하리니 이는
그리스도의 능력이 내게 머물게 하려
함이라
10 그러므로 내가 그리스도를 위하여
약한 것들과 능욕과 궁핍과 박해와
곤고를 기뻐하노니 이는 내가 약한
그 때에 강함이라

고린도 교회의 일을 염려하다

11 내가 어리석은 자가 되었으나 너희가
억지로 시킨 것이니 나는 너희에게 칭
찬을 받아야 마땅하도다 내가 아무
것도 아니나 지극히 크다는 사도들
보다 조금도 부족하지 아니하니라
12 사도의 표가 된 것은 내가 너희 가운
데서 모든 참음과 표적과 기사와 능
력을 행한 것이라
13 내 자신이 너희에게 폐를 끼치지 아
니한 일 밖에 다른 교회보다 부족하
게 한 것이 무엇이 있느냐 너희는 나
의 이 공평하지 못한 것을 용서하라
14 보라 내가 이제 세 번째 너희에게 가

기를 준비하였으나 너희에게 폐를
끼치지 아니하리라 내가 구하는 것은
너희의 재물이 아니요 오직 너희니라
어린 아이가 부모를 위하여 재물을
저축하는 것이 아니요 부모가 어린
아이를 위하여 하느니라
15 내가 너희 영혼을 위하여 크게 기뻐
하므로 재물을 사용하고 또 내 자
신까지도 내어 주리니 너희를 더욱
사랑할수록 나는 사랑을 덜 받겠느
냐
16 하여간 어떤 이의 말이 내가 너희에
게 짐을 지우지는 아니하였을지라도
교활한 자가 되어 너희를 속임수로
취하였다 하니
17 내가 너희에게 보낸 자 중에 누구로
너희의 이득을 취하더냐
18 내가 디도를 권하고 함께 한 형제를
보내었으니 디도가 너희의 이득을 취
하더냐 우리가 동일한 성령으로 행하
지 아니하더냐 동일한 보조로 하지
아니하더냐
19 너희는 이 때까지 우리가 자기 변명
을 하는 줄로 생각하는구나 우리는
그리스도 안에서 하나님 앞에 말하
노라 사랑하는 자들아 이 모든 것은
너희의 덕을 세우기 위함이니라
20 내가 갈 때에 너희를 내가 원하는 것
과 같이 보지 못하고 또 내가 너희에
게 너희가 원하지 않는 것과 같이 보
일까 두려워하며 또 다툼과 시기와
분냄과 당 짓는 것과 비방과 수군거
림과 거만함과 혼란이 있을까 두려워
하고
21 또 내가 다시 갈 때에 내 하나님이
나를 너희 앞에서 낮추실까 두려워하
고 또 내가 전에 죄를 지은 여러 사
람의 그 행한 바 더러움과 음란함과
호색함을 회개하지 아니함 때문에
슬퍼할까 두려워하노라

권면과 끝 인사

13 내가 이제 세 번째 너희에게 가
리니 두세 증인의 입으로 말마
다 확정하리라
2 내가 이미 말하였거니와 지금 떠나
있으나 두 번째 대면하였을 때와 같
이 전에 죄 지은 자들과 그 남은 모
든 사람에게 미리 말하노니 내가 다
시 가면 용서하지 아니하리라
3 이는 그리스도께서 내 안에서 말씀

365묵상

육체의 가시를 기뻐하기

바울은 놀라운 영적 체험을 많이 겪었다. 자칫 바울은 교만해질 수 있었다. 그래서 하나님은 그런 교만에 빠지지 않도록 바울에게 또 다른 자비를 베푸셨는데, 그것이 곧 바울이 '사탄의 사자'라 부른 '육체의 가시'였다. 그 육체의 가시로 큰 고통을 겪고 있었기에 바울은 그것을 없애달라고 간구했지만, 놀랍게도 하나님의 응답은 그것이 바울에게 도리어 유익하다는 것이었다(고후 12:1-10). 당신에게도 '육체의 가시'가 있는가? 그것은 하나님의 또 다른 은총의 선물일 수 있다. 그러므로 육체의 가시를 기뻐하고 자랑하라.

하시는 증거를 너희가 구함이니 그는
너희에게 대하여 약하지 않고 도리어
너희 안에서 강하시니라
4 그리스도께서 약하심으로 십자가에
못 박히셨으나 하나님의 능력으로 살
아 계시니 우리도 그 안에서 약하나
너희에게 대하여 하나님의 능력으로
그와 함께 살리라
5 너희는 믿음 안에 있는가 너희 자신
을 시험하고 너희 자신을 확증하라
예수 그리스도께서 너희 안에 계신
줄을 너희가 스스로 알지 못하느냐
그렇지 않으면 너희는 버림 받은 자
니라
6 우리가 버림 받은 자 되지 아니한 것
을 너희가 알기를 내가 바라고
7 우리가 하나님께서 너희로 악을 조
금도 행하지 않게 하시기를 구하노
니 이는 우리가 옳은 자임을 나타내
고자 함이 아니라 오직 우리는 버림
받은 자 같을지라도 너희는 선을 행
하게 하고자 함이라
8 우리는 진리를 거슬러 아무 것도 할
수 없고 오직 진리를 위할 뿐이니
9 우리가 약할 때에 너희가 강한 것을
기뻐하고 또 이것을 위하여 구하니
곧 너희가 온전하게 되는 것이라
10 그러므로 내가 떠나 있을 때에 이렇
게 쓰는 것은 대면할 때에 주께서 너
희를 넘어뜨리려 하지 않고 세우려
하여 내게 주신 그 권한을 따라 엄하
지 않게 하려 함이라
11 마지막으로 말하노니 형제들아 기뻐
하라 온전하게 되며 위로를 받으며
마음을 같이하며 평안할지어다 또 사
랑과 평강의 하나님이 너희와 함께
계시리라 거룩하게 입맞춤으로 서로
문안하라
12 모든 성도가 너희에게 문안하느니라
13 주 예수 그리스도의 은혜와 하나님
의 사랑과 성령의 교통하심이 너희
무리와 함께 있을지어다

갈라디아서 Galatians

'의문의 율법으로부터의 해방'을 주제로 삼고 있는 본서는 구약의 율법대로 행하면 구원을 얻을 수 있다고 믿고, 그런 교리를 가르치는 사람들에 대한 바울의 답변이다. 바울은 우리의 구원은 오직 그리스도를 믿는 믿음에 근거한 하나님의 선물임을 강조했다. 동시에 믿음으로 구원받은 자들은 성령의 열매를 맺어야 한다고 가르쳤다.

제목 '갈라디아인들에게 (보낸 편지)(프로스 갈라타스)'라는 헬라어 원제목에서 유래되었으며, 수신자들이 사는 지역을 반영한다.

저자 바울. 본서의 서두에 나오는 바울의 사도권 변증(1:1), 1인칭을 사용한 문장 전개(5:2), 그리고 로마서 · 고린도전후서가 갖는 사상적인 유사점 등이 그의 저작설을 뒷받침해 준다.

기록 연대 A.D. 53년경. 3차 전도 여행(A.D. 53–58년) 중에 기록했다.

기록 목적 ① 갈라디아 교회에서 활동하던 유대주의적 거짓 교사들의 허구적인 주장을 반박하기 위하여. ② 할례를 비롯한 율법의 행함이 아니라 오직 믿음으로 구원에 이름을 강조하기 위하여. ③ 사도권을 밝힘으로써 자신이 전한 복음의 정당성을 입증하기 위하여.

주제 믿음으로 의롭게 됨. 그리스도에 대한 믿음을 가짐으로써 의롭다 함을 얻으며 구원에 이른다는 진리가 선포된 본서는 구약적인 율법에 대한 기독교의 독립 선언서라 할 수 있다.

특징 ① 전투적 서신–잘못된 교리를 척결하기 위해 강경한 어조로 기록했다(1:1; 3:1; 6:17). ② 자서전적 서신–사도권을 변증하기 위해 자신의 과거와 초대교회 당시의 형편을 소상히 밝혔다(1:18–2:12). ③ 조직적 서신–기독교의 핵심 진리를 논리적으로 기술했다(2:16; 3:1; 5:16–26).

본서의 내용

I. **복음의 진리**
① 바울의 사도직(1:1–24)
② 바울의 권위(2:1–21)

II. **복음의 승리**
① 율법이냐 믿음이냐 (3:1–29)
② 은혜의 자유(4:1–31)

III. **복음의 자유**
① 복음의 적용(5:1–6:10)
② 훈계와 축복(6:11–18)

연대표

A.D.	
30년	예수의 부활과 승천
34년	바울의 다메섹 회심
	아라비아 체류(3년)
37년	바울의 1차 예루살렘 방문 (갈 1:18; 행9:26)
	다소 체류(10년)
45년	바울의 2차 예루살렘 방문(행 11:30)
47년	바울의 제 1차 전도 여행(47–49년)
49년	바울의 3차 예루살렘 방문(갈 2:1)
	예루살렘 총회(50년?)
50년	바울의 제 2차 전도 여행(50–52년)
53년	바울의 제 3차 전도 여행(53–58년)
	갈라디아서 기록
	바울의 로마 여행
61년	바울의 로마 도착과 연금(軟禁) 생활
64년	네로의 대박해
67년	바울의 순교

· 갈라디아서의 주요 무대

갈라디아서 Galatians

인 사

1 사람들에게서 난 것도 아니요 사
람으로 말미암은 것도 아니요 오
직 예수 그리스도와 그를 죽은 자
가운데서 살리신 하나님 아버지로 말
미암아 사도 된 바울은
2 함께 있는 모든 형제와 더불어 갈라
디아 여러 교회들에게
3 우리 하나님 아버지와 주 예수 그리
스도로부터 은혜와 평강이 있기를
원하노라
4 그리스도께서 하나님 곧 우리 아버지
의 뜻을 따라 이 악한 세대에서 우리
를 건지시려고 우리 죄를 대속하기
위하여 자기 몸을 주셨으니
5 영광이 그에게 세세토록 있을지어다
아멘

다른 복음은 없다

6 그리스도의 은혜로 너희를 부르신 이
를 이같이 속히 떠나 다른 복음을 따
르는 것을 내가 이상하게 여기노라
7 다른 복음은 없나니 다만 어떤 사람
들이 너희를 교란하여 그리스도의 복
음을 변하게 하려 함이라
8 그러나 우리나 혹은 하늘로부터 온
천사라도 우리가 너희에게 전한 복음
외에 다른 복음을 전하면 저주를 받
을지어다
9 우리가 전에 말하였거니와 내가 지금
다시 말하노니 만일 누구든지 너희가
받은 것 외에 다른 복음을 전하면 저
주를 받을지어다
10 이제 내가 사람들에게 좋게 하랴 하
나님께 좋게 하랴 사람들에게 기쁨
을 구하랴 내가 지금까지 사람들의
기쁨을 구하였다면 그리스도의 종이
아니니라

바울이 사도가 된 내력

11 형제들아 내가 너희에게 알게 하노
니 내가 전한 복음은 사람의 뜻을 따
라 된 것이 아니니라
12 이는 내가 사람에게서 받은 것도 아
니요 배운 것도 아니요 오직 예수 그
리스도의 계시로 말미암은 것이라
13 내가 이전에 유대교에 있을 때에 행
한 일을 너희가 들었거니와 하나님의
교회를 심히 박해하여 멸하고
14 내가 내 동족 중 여러 연갑자보다 유
대교를 지나치게 믿어 내 조상의 전
통에 대하여 더욱 열심이 있었으나
15 그러나 내 어머니의 태로부터 나를
택정하시고 그의 은혜로 나를 부르

신 이가
16 그의 아들을 이방에 전하기 위하여
그를 내 속에 나타내시기를 기뻐하
셨을 때에 내가 곧 혈육과 의논하지
아니하고
17 또 나보다 먼저 사도 된 자들을 만나
려고 예루살렘으로 가지 아니하고
아라비아로 갔다가 다시 다메섹으로
돌아갔노라
18 그 후 삼 년 만에 내가 게바를 방문
하려고 예루살렘에 올라가서 그와
함께 십오 일을 머무는 동안
19 주의 형제 야고보 외에 다른 사도들
을 보지 못하였노라
20 보라 내가 너희에게 쓰는 것은 하나
님 앞에서 거짓말이 아니로다
21 그 후에 내가 수리아와 길리기아 지
방에 이르렀으나
22 그리스도 안에 있는 유대의 교회들
이 나를 얼굴로는 알지 못하고
23 다만 우리를 박해하던 자가 전에 멸
하려던 그 믿음을 지금 전한다 함을
듣고
24 나로 말미암아 하나님께 영광을 돌
리니라

할례자의 사도와 이방인의 사도

2

십사 년 후에 내가 바나바와 함께
디도를 데리고 다시 예루살렘에
올라갔나니
2 계시를 따라 올라가 내가 이방 가운
데서 전파하는 복음을 그들에게 제
시하되 유력한 자들에게 사사로이
한 것은 내가 달음질하는 것이나 달
음질한 것이 헛되지 않게 하려 함이
라
3 그러나 나와 함께 있는 헬라인 디도
까지도 억지로 할례를 받게 하지 아
니하였으니
4 이는 가만히 들어온 거짓 형제들 때
문이라 그들이 가만히 들어온 것은
그리스도 예수 안에서 우리가 가진
자유를 엿보고 우리를 종으로 삼고
자 함이로되
5 그들에게 우리가 한시도 복종하지
아니하였으니 이는 복음의 진리가 항
상 너희 가운데 있게 하려 함이라
6 유력하다는 이들 중에 (본래 어떤 이
들이든지 내게 상관이 없으며 하나님
은 사람을 외모로 취하지 아니하시나
니) 저 유력한 이들은 내게 의무를
더하여 준 것이 없고
7 도리어 그들은 내가 무할례자에게
복음 전함을 맡은 것이 베드로가 할
례자에게 맡음과 같은 것을 보았고
8 베드로에게 역사하사 그를 할례자의
사도로 삼으신 이가 또한 내게 역사

하사 나를 이방인의 사도로 삼으셨
느니라
9 또 기둥 같이 여기는 야고보와 게바
와 요한도 내게 주신 은혜를 알므로
나와 바나바에게 친교의 악수를 하
였으니 우리는 이방인에게로, 그들
은 할례자에게로 가게 하려 함이라
10 다만 우리에게 가난한 자들을 기억
하도록 부탁하였으니 이것은 나도
본래부터 힘써 행하여 왔노라

믿음으로 의롭게 되다

11 게바가 안디옥에 이르렀을 때에 책
망 받을 일이 있기로 내가 그를 대면
하여 책망하였노라
12 야고보에게서 온 어떤 이들이 이르기
전에 게바가 이방인과 함께 먹다가
그들이 오매 그가 할례자들을 두려
워하여 떠나 물러가매
13 남은 유대인들도 그와 같이 외식하
므로 바나바도 그들의 외식에 유혹
되었느니라
14 그러므로 나는 그들이 복음의 진리
를 따라 바르게 행하지 아니함을 보
고 모든 자 앞에서 게바에게 이르되
네가 유대인으로서 이방인을 따르고
유대인답게 살지 아니하면서 어찌하
여 억지로 이방인을 유대인답게 살게
하려느냐 하였노라
15 우리는 본래 유대인이요 이방 죄인이
아니로되
16 사람이 의롭게 되는 것은 율법의 행
위로 말미암음이 아니요 오직 예수
그리스도를 믿음으로 말미암는 줄
알므로 우리도 그리스도 예수를 믿
나니 이는 우리가 율법의 행위로써가
아니고 그리스도를 믿음으로써 의롭
다 함을 얻으려 함이라 율법의 행위
로써는 의롭다 함을 얻을 육체가 없
느니라
17 만일 우리가 그리스도 안에서 의롭
게 되려 하다가 죄인으로 드러나면
그리스도께서 죄를 짓게 하는 자냐
결코 그럴 수 없느니라
18 만일 내가 헐었던 것을 다시 세우면
내가 나를 범법한 자로 만드는 것이
라
19 내가 율법으로 말미암아 율법에 대
하여 죽었나니 이는 하나님에 대하여
살려 함이라
20 내가 그리스도와 함께 십자가에 못
박혔나니 그런즉 이제는 내가 사는
것이 아니요 오직 내 안에 그리스도
께서 사시는 것이라 이제 내가 육체
가운데 사는 것은 나를 사랑하사 나
를 위하여 자기 자신을 버리신 하나
님의 아들을 믿는 믿음 안에서 사는

것이라
21 내가 하나님의 은혜를 폐하지 아니
하노니 만일 의롭게 되는 것이 율법
으로 말미암으면 그리스도께서 헛되
이 죽으셨느니라

갈라디아 사람들에게 호소하다

3 어리석도다 갈라디아 사람들아 예
수 그리스도께서 십자가에 못 박
히신 것이 너희 눈 앞에 밝히 보이거
늘 누가 너희를 꾀더냐
2 내가 너희에게서 다만 이것을 알려
하노니 너희가 성령을 받은 것이 율
법의 행위로냐 혹은 듣고 믿음으로
냐
3 너희가 이같이 어리석으냐 성령으로
시작하였다가 이제는 육체로 마치겠
느냐
4 너희가 이같이 많은 괴로움을 헛되이
받았느냐 과연 헛되냐
5 너희에게 성령을 주시고 너희 가운데
서 능력을 행하시는 이의 일이 율법
의 행위에서냐 혹은 듣고 믿음에서
냐
6 아브라함이 하나님을 믿으매 그것을
그에게 의로 정하셨다 함과 같으니
라
7 그런즉 믿음으로 말미암은 자들은
아브라함의 자손인 줄 알지어다
8 또 하나님이 이방을 믿음으로 말미
암아 의로 정하실 것을 성경이 미리
알고 먼저 아브라함에게 복음을 전
하되 모든 이방인이 너로 말미암아
복을 받으리라 하였느니라
9 그러므로 믿음으로 말미암은 자는
믿음이 있는 아브라함과 함께 복을
받느니라
10 무릇 율법 행위에 속한 자들은 저주
아래에 있나니 기록된 바 누구든지
율법 책에 기록된 대로 모든 일을 항
상 행하지 아니하는 자는 저주 아래
에 있는 자라 하였음이라
11 또 하나님 앞에서 아무도 율법으로
말미암아 의롭게 되지 못할 것이 분
명하니 이는 의인은 믿음으로 살리라
하였음이라
12 율법은 믿음에서 난 것이 아니니 율
법을 행하는 자는 그 가운데서 살리
라 하였느니라
13 그리스도께서 우리를 위하여 저주를
받은 바 되사 율법의 저주에서 우리

365묵상

오직 믿음으로 살리라!

마틴 루터는 수도사 시절에 철저하게 규칙을 지켰다. 하지만 기쁨과 평안은 없고 죄책감만 더해질 뿐이었다. 그러는 동안 루터는 로마서를 비롯한 바울의 서신들을 통해 성경연구를 계속 했다. 1510년, 로마에 간 루터는 성(聖) 베드로 사원의 거룩한 계단을 무릎으로 기어 올라갔다. 그때, 루터의 뇌리를 파고든 성경구절이 있었다. "오직 의인은 믿음으로 말미암아 살리라!"(롬 1:17). 이후 루터는 고행의 삶을 통해 의롭게 되기를 포기하고 "오직 믿음으로!"라는 기치 하에 종교개혁의 큰 발자국을 내딛었다(갈 3:11).

를 속량하셨으니 기록된 바 나무에
달린 자마다 저주 아래에 있는 자라
하였음이라
14 이는 그리스도 예수 안에서 아브라
함의 복이 이방인에게 미치게 하고
또 우리로 하여금 믿음으로 말미암
아 성령의 약속을 받게 하려 함이라

율법과 약속

15 형제들아 내가 사람의 예대로 말하
노니 사람의 언약이라도 정한 후에
는 아무도 폐하거나 더하거나 하지
못하느니라
16 이 약속들은 아브라함과 그 자손에
게 말씀하신 것인데 여럿을 가리켜
그 자손들이라 하지 아니하시고 오
직 한 사람을 가리켜 네 자손이라 하
셨으니 곧 그리스도라
17 내가 이것을 말하노니 하나님께서 미
리 정하신 언약을 사백삼십 년 후에
생긴 율법이 폐기하지 못하고 그 약
속을 헛되게 하지 못하리라
18 만일 그 유업이 율법에서 난 것이면
약속에서 난 것이 아니리라 그러나
하나님이 약속으로 말미암아 아브라
함에게 주신 것이라
19 그런즉 율법은 무엇이냐 범법하므로
더하여진 것이라 천사들을 통하여 한
중보자의 손으로 베푸신 것인데 약
속하신 자손이 오시기까지 있을 것이
라
20 그 중보자는 한 편만 위한 자가 아니
나 하나님은 한 분이시니라
21 그러면 율법이 하나님의 약속들과 반
대되는 것이냐 결코 그럴 수 없느니
라 만일 능히 살게 하는 율법을 주셨
더라면 의가 반드시 율법으로 말미암
았으리라
22 그러나 성경이 모든 것을 죄 아래에
가두었으니 이는 예수 그리스도를
믿음으로 말미암는 약속을 믿는 자
들에게 주려 함이라

하나님의 아들

23 믿음이 오기 전에 우리는 율법 아래
에 매인 바 되고 계시될 믿음의 때까
지 갇혔느니라
24 이같이 율법이 우리를 그리스도께로
인도하는 초등교사가 되어 우리로
하여금 믿음으로 말미암아 의롭다
함을 얻게 하려 함이라
25 믿음이 온 후로는 우리가 초등교사
아래에 있지 아니하도다
26 너희가 다 믿음으로 말미암아 그리스
도 예수 안에서 하나님의 아들이 되
었으니
27 누구든지 그리스도와 합하기 위하여
세례를 받은 자는 그리스도로 옷 입

었느니라
28 너희는 유대인이나 헬라인이나 종이
나 자유인이나 남자나 여자나 다 그
리스도 예수 안에서 하나이니라
29 너희가 그리스도의 것이면 곧 아브라
함의 자손이요 약속대로 유업을 이
을 자니라

4 내가 또 말하노니 유업을 이을 자
가 모든 것의 주인이나 어렸을 동
안에는 종과 다름이 없어서
2 그 아버지가 정한 때까지 후견인과
청지기 아래에 있나니
3 이와 같이 우리도 어렸을 때에 이 세
상의 초등학문 아래에 있어서 종 노
릇 하였더니
4 때가 차매 하나님이 그 아들을 보내
사 여자에게서 나게 하시고 율법 아
래에 나게 하신 것은
5 율법 아래에 있는 자들을 속량하시
고 우리로 아들의 명분을 얻게 하려
하심이라
6 너희가 아들이므로 하나님이 그 아
들의 영을 우리 마음 가운데 보내사
아빠 아버지라 부르게 하셨느니라
7 그러므로 네가 이후로는 종이 아니
요 아들이니 아들이면 하나님으로
말미암아 유업을 받을 자니라

바울이 갈라디아 교회를 염려하다

8 그러나 너희가 그 때에는 하나님을
알지 못하여 본질상 하나님이 아닌
자들에게 종 노릇 하였더니
9 이제는 너희가 하나님을 알 뿐 아니
라 더욱이 하나님이 아신 바 되었거
늘 어찌하여 다시 약하고 천박한 초
등학문으로 돌아가서 다시 그들에게
종 노릇 하려 하느냐
10 너희가 날과 달과 절기와 해를 삼가
지키니
11 내가 너희를 위하여 수고한 것이 헛
될까 두려워하노라
12 형제들아 내가 너희와 같이 되었은즉
너희도 나와 같이 되기를 구하노라
너희가 내게 해롭게 하지 아니하였느
니라
13 내가 처음에 육체의 약함으로 말미
암아 너희에게 복음을 전한 것을 너
희가 아는 바라
14 너희를 시험하는 것이 내 육체에 있
으되 이것을 너희가 업신여기지도 아
니하며 버리지도 아니하고 오직 나를
하나님의 천사와 같이 또는 그리스도
예수와 같이 영접하였도다
15 너희의 복이 지금 어디 있느냐 내가
너희에게 증언하노니 너희가 할 수만
있었더라면 너희의 눈이라도 빼어 나
에게 주었으리라

16 그런즉 내가 너희에게 참된 말을 하
므로 원수가 되었느냐
17 그들이 너희에게 대하여 열심 내는
것은 좋은 뜻이 아니요 오직 너희를
이간시켜 너희로 그들에게 대하여 열
심을 내게 하려 함이라
18 좋은 일에 대하여 열심으로 사모함
을 받음은 내가 너희를 대하였을 때
뿐 아니라 언제든지 좋으니라
19 나의 자녀들아 너희 속에 그리스도의
형상을 이루기까지 다시 너희를 위하
여 해산하는 수고를 하노니
20 내가 이제라도 너희와 함께 있어 내
언성을 높이려 함은 너희에 대하여
의혹이 있음이라

하갈과 사라

21 내게 말하라 율법 아래에 있고자 하
는 자들아 율법을 듣지 못하였느냐
22 기록된 바 아브라함에게 두 아들이
있으니 하나는 여종에게서, 하나는
자유 있는 여자에게서 났다 하였으며
23 여종에게서는 육체를 따라 났고 자
유 있는 여자에게서는 약속으로 말
미암았느니라
24 이것은 비유니 이 여자들은 두 언약
이라 하나는 시내 산으로부터 종을
낳은 자니 곧 하갈이라
25 이 하갈은 아라비아에 있는 시내 산
으로서 지금 있는 예루살렘과 같은
곳이니 그가 그 자녀들과 더불어 종
노릇 하고
26 오직 위에 있는 예루살렘은 자유자
니 곧 우리 어머니라
27 기록된 바 잉태하지 못한 자여 즐거
워하라 산고를 모르는 자여 소리 질
러 외치라 이는 홀로 사는 자의 자녀
가 남편 있는 자의 자녀보다 많음이
라 하였으니
28 형제들아 너희는 이삭과 같이 약속의
자녀라
29 그러나 그 때에 육체를 따라 난 자
가 성령을 따라 난 자를 박해한 것
같이 이제도 그러하도다
30 그러나 성경이 무엇을 말하느냐 여종
과 그 아들을 내쫓으라 여종의 아들
이 자유 있는 여자의 아들과 더불어
유업을 얻지 못하리라 하였느니라
31 그런즉 형제들아 우리는 여종의 자녀
가 아니요 자유 있는 여자의 자녀니
라

5 그리스도께서 우리를 자유롭게
하려고 자유를 주셨으니 그러므로
굳건하게 서서 다시는 종의 멍에를
메지 말라

그리스도인의 자유와 사랑

2 보라 나 바울은 너희에게 말하노니

너희가 만일 할례를 받으면 그리스도
께서 너희에게 아무 유익이 없으리라
3 내가 할례를 받는 각 사람에게 다시
증언하노니 그는 율법 전체를 행할
의무를 가진 자라
4 율법 안에서 의롭다 함을 얻으려 하
는 너희는 그리스도에게서 끊어지고
은혜에서 떨어진 자로다
5 우리가 성령으로 믿음을 따라 의의
소망을 기다리노니
6 그리스도 예수 안에서는 할례나 무
할례나 효력이 없으되 사랑으로써 역
사하는 믿음뿐이니라
7 너희가 달음질을 잘 하더니 누가 너
희를 막아 진리를 순종하지 못하게
하더냐
8 그 권면은 너희를 부르신 이에게서
난 것이 아니니라
9 적은 누룩이 온 덩이에 퍼지느니라
10 나는 너희가 아무 다른 마음을 품지
아니할 줄을 주 안에서 확신하노라
그러나 너희를 요동하게 하는 자는
누구든지 심판을 받으리라
11 형제들아 내가 지금까지 할례를 전
한다면 어찌하여 지금까지 박해를 받
으리요 그리하였으면 십자가의 걸림
돌이 제거되었으리니
12 너희를 어지럽게 하는 자들은 스스
로 베어 버리기를 원하노라
13 형제들아 너희가 자유를 위하여 부
르심을 입었으나 그러나 그 자유로
육체의 기회를 삼지 말고 오직 사랑
으로 서로 종 노릇 하라
14 온 율법은 네 이웃 사랑하기를 네 자
신 같이 하라 하신 한 말씀에서 이루
어졌나니
15 만일 서로 물고 먹으면 피차 멸망할
까 조심하라

육체의 일과 성령의 열매

16 내가 이르노니 너희는 성령을 따라
행하라 그리하면 육체의 욕심을 이루
지 아니하리라
17 육체의 소욕은 성령을 거스르고 성
령은 육체를 거스르나니 이 둘이 서
로 대적함으로 너희가 원하는 것을
하지 못하게 하려 함이니라
18 너희가 만일 성령의 인도하시는 바가
되면 율법 아래에 있지 아니하리라
19 육체의 일은 분명하니 곧 음행과 더
러운 것과 호색과
20 우상 숭배와 주술과 원수 맺는 것과
분쟁과 시기와 분냄과 당 짓는 것과
분열함과 이단과
21 투기와 술 취함과 방탕함과 또 그와
같은 것들이라 전에 너희에게 경계한
것 같이 경계하노니 이런 일을 하는

자들은 하나님의 나라를 유업으로
받지 못할 것이요
22 오직 성령의 열매는 사랑과 희락과
화평과 오래 참음과 자비와 양선과
충성과
23 온유와 절제니 이같은 것을 금지할
법이 없느니라
24 그리스도 예수의 사람들은 육체와
함께 그 정욕과 탐심을 십자가에 못
박았느니라
25 만일 우리가 성령으로 살면 또한 성
령으로 행할지니
26 헛된 영광을 구하여 서로 노엽게 하
거나 서로 투기하지 말지니라

짐을 서로 지라

6 형제들아 사람이 만일 무슨 범죄
한 일이 드러나거든 신령한 너희는
온유한 심령으로 그러한 자를 바로
잡고 너 자신을 살펴보아 너도 시험
을 받을까 두려워하라
2 너희가 짐을 서로 지라 그리하여 그
리스도의 법을 성취하라
3 만일 누가 아무 것도 되지 못하고 된
줄로 생각하면 스스로 속임이라
4 각각 자기의 일을 살피라 그리하면
자랑할 것이 자기에게는 있어도 남에
게는 있지 아니하리니
5 각각 자기의 짐을 질 것이라
6 가르침을 받는 자는 말씀을 가르치
는 자와 모든 좋은 것을 함께 하라
7 스스로 속이지 말라 하나님은 업신여
김을 받지 아니하시나니 사람이 무엇
으로 심든지 그대로 거두리라
8 자기의 육체를 위하여 심는 자는 육
체로부터 썩어질 것을 거두고 성령을
위하여 심는 자는 성령으로부터 영생
을 거두리라
9 우리가 선을 행하되 낙심하지 말지니
포기하지 아니하면 때가 이르매 거두
리라
10 그러므로 우리는 기회 있는 대로 모
든 이에게 착한 일을 하되 더욱 믿음
의 가정들에게 할지니라

할례와 그리스도의 십자가

11 내 손으로 너희에게 이렇게 큰 글자
로 쓴 것을 보라
12 무릇 육체의 모양을 내려 하는 자들
이 억지로 너희에게 할례를 받게 함
은 그들이 그리스도의 십자가로 말
미암아 박해를 면하려 함뿐이라
13 할례를 받은 그들이라도 스스로 율
법은 지키지 아니하고 너희에게 할례
를 받게 하려 하는 것은 그들이 너희
의 육체로 자랑하려 함이라
14 그러나 내게는 우리 주 예수 그리스
도의 십자가 외에 결코 자랑할 것이

없으니 그리스도로 말미암아 세상이
나를 대하여 십자가에 못 박히고 내
가 또한 세상을 대하여 그러하니라
15 할례나 무할례가 아무 것도 아니로
되 오직 새로 지으심을 받는 것만이
중요하니라
16 무릇 이 규례를 행하는 자에게와 하
나님의 이스라엘에게 평강과 긍휼이
있을지어다
17 이후로는 누구든지 나를 괴롭게 하
지 말라 내가 내 몸에 예수의 흔적을
지니고 있노라
18 형제들아 우리 주 예수 그리스도의
은혜가 너희 심령에 있을지어다 아멘

365묵상

성령의 열매를 주렁주렁!

과수원을 일구는 농부가 있다면, 그의 기쁨은 과수들의 풍성한 열매다. 즙이 풍부한 복숭아, 토실토실한 딸기, 빛깔 좋은 사과. 이 얼마나 맛좋고 신선한 열매들인가! 성령님도 우리의 신앙 삶 가운데서 열매를 맺게 하시는데, 그 열매는 하나님과 사람들을 기쁘게 한다(갈 5:22-23). 하지만 이 열매는 속성으로 맺혀지는 것이 아니다. 또한 열매 맺는 가지가 줄기로부터 잘려나가서는 결코 열매를 산출할 수 없다. 풍성한 열매를 주렁주렁 맺으려면, 성령님께서 우리 안에서 우리를 통하여 지속적으로 일하실 수 있게 해야 한다.

에베소서 Ephesians

이 책은 로마 감옥에 갇혀 있을 때 기록한 옥중 서신으로, 이 편지에서 바울은 그리스도 안에서 믿는 자들에게 주어진 하나님의 신령한 축복들과 교회를 향한 위대한 비밀에 관해 알려주었다. 바울은, 믿는 자들이 그리스도께서 세우신 하나의 큰 교회를 바라보아야 할 것과 또한 그리스도인의 삶이 어떠해야 할 것인지를 가르쳤다.

제목 '에베소인들에게 (보낸 편지)(프로스 에페시우스)'라는 헬라어 원제목에서 유래되었으며, 수신자들의 지역을 반영한다.

저자 바울. 본서의 내증(1:1)과 본문의 내용에서 엿보이는 영적 통찰력, 그리고 이레네우스, 테르툴리아누스 같은 교부의 외증이 그의 저작설을 뒷받침해 준다.

기록 연대 A.D. 62년경. 3:1 ; 4:1 등으로 보아 죄수의 신분에서 쓴 것이 명백하므로 A.D. 61년 봄에 바울이 로마에 도착한 후 2년간 감금 생활을 하는 도중, 다른 옥중 서신들과 함께 집필한 것으로 볼 수 있다.

기록 목적 ① 친히 설립, 양육한 교회이지만 옥에 갇혀 방문할 수 없으므로 서신으로 권면하기 위하여. ② 당시 에베소 교회의 심각한 문제였던 이방인과 유대인의 분열을 방지하기 위하여.

주제 그리스도의 몸된 교회. 하나님께서 창세 전에 성도들을 택하여 그리스도의 구속 사역을 통해 교회를 이루시고 머리이신 그리스도의 몸이 되게 하신 비밀을 깨닫게 하기 위하여 유기적 조직으로서 연합을 이루도록 가르쳤다.

특징 ① 교회론적 서신-그리스도의 몸으로서 유기적이며 생동적인 교회에 대한 비밀이 계시되었다(1:9, 23). ② 전 복음의 집약-구원의 계획, 실현, 미래의 완성까지 광범위한 내용을 간결하게 집약시켰다.

본서의 내용

I. 그리스도 안에 있는 교회
① 교회의 기원(1:1–23)
② 성도의 지위(2:1–3:13)
③ 바울의 기도(3:14–21)

II. 교회 안에 있는 성도
① 성도의 교회생활(4:1–16)
② 성도의 새 생활(4:17–5:21)
③ 성도의 가정생활(5:22–6:9)
④ 성도의 영적 싸움(6:10–24)

연대표

A.D.	
30년	예수의 부활과 승천
34년	바울의 다메섹 도상(道上) 회심(32살)
47년	바울의 제 1차 전도 여행(47–49년)
49년	예루살렘 총회
50년	바울의 제 2차 전도 여행(50–52년)
53년	바울의 제 3차 전도 여행(53–58년)
59년	바울의 로마 여행
61년	바울의 로마 도착과 연금(軟禁) 생활
	에베소서 기록(61–62년)
63년	바울의 재판과 석방
64년	로마의 대화재 사건
	네로의 대박해(1차)
67년	바울의 순교(참수)
70년	예루살렘 함락

· 에베소서의 주요 무대

에베소서 Ephesians

인 사

1 하나님의 뜻으로 말미암아 그리스
도 예수의 사도 된 바울은 에베소
에 있는 성도들과 그리스도 예수 안
에 있는 신실한 자들에게 편지하노니
2 하나님 우리 아버지와 주 예수 그리
스도로부터 은혜와 평강이 너희에게
있을지어다

하늘에 속한 신령한 복

3 찬송하리로다 하나님 곧 우리 주 예
수 그리스도의 아버지께서 그리스도
안에서 하늘에 속한 모든 신령한 복
을 우리에게 주시되
4 곧 창세 전에 그리스도 안에서 우리
를 택하사 우리로 사랑 안에서 그 앞
에 거룩하고 흠이 없게 하시려고
5 그 기쁘신 뜻대로 우리를 예정하사
예수 그리스도로 말미암아 자기의
아들들이 되게 하셨으니
6 이는 그가 사랑하시는 자 안에서 우
리에게 거저 주시는 바 그의 은혜의
영광을 찬송하게 하려는 것이라
7 우리는 그리스도 안에서 그의 은혜
의 풍성함을 따라 그의 피로 말미암
아 속량 곧 죄 사함을 받았느니라
8 이는 그가 모든 지혜와 총명을 우리
에게 넘치게 하사
9 그 뜻의 비밀을 우리에게 알리신 것
이요 그의 기뻐하심을 따라 그리스
도 안에서 때가 찬 경륜을 위하여 예
정하신 것이니
10 하늘에 있는 것이나 땅에 있는 것이
다 그리스도 안에서 통일되게 하려
하심이라
11 모든 일을 그의 뜻의 결정대로 일하
시는 이의 계획을 따라 우리가 예정
을 입어 그 안에서 기업이 되었으니
12 이는 우리가 그리스도 안에서 전부터
바라던 그의 영광의 찬송이 되게 하
려 하심이라
13 그 안에서 너희도 진리의 말씀 곧 너
희의 구원의 복음을 듣고 그 안에서
또한 믿어 약속의 성령으로 인치심을
받았으니
14 이는 우리 기업의 보증이 되사 그 얻
으신 것을 속량하시고 그의 영광을
찬송하게 하려 하심이라

바울의 기도

15 이로 말미암아 주 예수 안에서 너희
믿음과 모든 성도를 향한 사랑을 나
도 듣고
16 내가 기도할 때에 기억하며 너희로

말미암아 감사하기를 그치지 아니하
고
17 우리 주 예수 그리스도의 하나님, 영
광의 아버지께서 지혜와 계시의 영을
너희에게 주사 하나님을 알게 하시고
18 너희 마음의 눈을 밝히사 그의 부르
심의 소망이 무엇이며 성도 안에서
그 기업의 영광의 풍성함이 무엇이며
19 그의 힘의 위력으로 역사하심을 따라
믿는 우리에게 베푸신 능력의 지극히
크심이 어떠한 것을 너희로 알게 하
시기를 구하노라
20 그의 능력이 그리스도 안에서 역사하
사 죽은 자들 가운데서 다시 살리시
고 하늘에서 자기의 오른편에 앉히
사
21 모든 통치와 권세와 능력과 주권과
이 세상뿐 아니라 오는 세상에 일컫
는 모든 이름 위에 뛰어나게 하시고
22 또 만물을 그의 발 아래에 복종하게
하시고 그를 만물 위에 교회의 머리
로 삼으셨느니라
23 교회는 그의 몸이니 만물 안에서 만
물을 충만하게 하시는 이의 충만함
이니라

허물과 죄로 죽었던 너희를 살리셨다

2 그는 허물과 죄로 죽었던 너희를
살리셨도다
2 그 때에 너희는 그 가운데서 행하여
이 세상 풍조를 따르고 공중의 권세
잡은 자를 따랐으니 곧 지금 불순종
의 아들들 가운데서 역사하는 영이라
3 전에는 우리도 다 그 가운데서 우리
육체의 욕심을 따라 지내며 육체와
마음의 원하는 것을 하여 다른 이들
과 같이 본질상 진노의 자녀이었더니
4 긍휼이 풍성하신 하나님이 우리를 사
랑하신 그 큰 사랑을 인하여
5 허물로 죽은 우리를 그리스도와 함
께 살리셨고 (너희는 은혜로 구원을
받은 것이라)
6 또 함께 일으키사 그리스도 예수 안
에서 함께 하늘에 앉히시니
7 이는 그리스도 예수 안에서 우리에
게 자비하심으로써 그 은혜의 지극
히 풍성함을 오는 여러 세대에 나타
내려 하심이라
8 너희는 그 은혜에 의하여 믿음으로
말미암아 구원을 받았으니 이것은 너
희에게서 난 것이 아니요 하나님의
선물이라
9 행위에서 난 것이 아니니 이는 누구
든지 자랑하지 못하게 함이라
10 우리는 그가 만드신 바라 그리스도
예수 안에서 선한 일을 위하여 지으
심을 받은 자니 이 일은 하나님이 전

에 예비하사 우리로 그 가운데서 행
하게 하려 하심이니라

십자가로 화목하게 하시다

11 그러므로 생각하라 너희는 그 때에
육체로는 이방인이요 손으로 육체에
행한 할례를 받은 무리라 칭하는 자
들로부터 할례를 받지 않은 무리라
칭함을 받는 자들이라
12 그 때에 너희는 그리스도 밖에 있었
고 이스라엘 나라 밖의 사람이라 약
속의 언약들에 대하여는 외인이요
세상에서 소망이 없고 하나님도 없
는 자이더니
13 이제는 전에 멀리 있던 너희가 그리스
도 예수 안에서 그리스도의 피로 가
까워졌느니라
14 그는 우리의 화평이신지라 둘로 하나
를 만드사 원수 된 것 곧 중간에 막
힌 담을 자기 육체로 허시고
15 법조문으로 된 계명의 율법을 폐하
셨으니 이는 이 둘로 자기 안에서 한
새 사람을 지어 화평하게 하시고
16 또 십자가로 이 둘을 한 몸으로 하
나님과 화목하게 하려 하심이라 원수
된 것을 십자가로 소멸하시고
17 또 오셔서 먼 데 있는 너희에게 평안
을 전하시고 가까운 데 있는 자들에
게 평안을 전하셨으니
18 이는 그로 말미암아 우리 둘이 한 성
령 안에서 아버지께 나아감을 얻게
하려 하심이라
19 그러므로 이제부터 너희는 외인도 아
니요 나그네도 아니요 오직 성도들
과 동일한 시민이요 하나님의 권속이
라
20 너희는 사도들과 선지자들의 터 위에
세우심을 입은 자라 그리스도 예수
께서 친히 모퉁잇돌이 되셨느니라
21 그의 안에서 건물마다 서로 연결하여
주 안에서 성전이 되어 가고
22 너희도 성령 안에서 하나님이 거하실
처소가 되기 위하여 그리스도 예수
안에서 함께 지어져 가느니라

하나님의 구원의 경륜의 비밀

3 이러므로 그리스도 예수의 일로
너희 이방인을 위하여 갇힌 자 된
나 바울이 말하거니와
2 너희를 위하여 내게 주신 하나님의
그 은혜의 경륜을 너희가 들었을 터
이라
3 곧 계시로 내게 비밀을 알게 하신 것
은 내가 먼저 간단히 기록함과 같으
니
4 그것을 읽으면 내가 그리스도의 비밀
을 깨달은 것을 너희가 알 수 있으리
라

5 이제 그의 거룩한 사도들과 선지자
들에게 성령으로 나타내신 것 같이
다른 세대에서는 사람의 아들들에게
알리지 아니하셨으니
6 이는 이방인들이 복음으로 말미암아
그리스도 예수 안에서 함께 상속자
가 되고 함께 지체가 되고 함께 약속
에 참여하는 자가 됨이라
7 이 복음을 위하여 그의 능력이 역사
하시는 대로 내게 주신 하나님의 은
혜의 선물을 따라 내가 일꾼이 되었
노라
8 모든 성도 중에 지극히 작은 자보다
더 작은 나에게 이 은혜를 주신 것은
측량할 수 없는 그리스도의 풍성함
을 이방인에게 전하게 하시고
9 영원부터 만물을 창조하신 하나님 속
에 감추어졌던 비밀의 경륜이 어떠한
것을 드러내게 하려 하심이라
10 이는 이제 교회로 말미암아 하늘에
있는 통치자들과 권세들에게 하나님
의 각종 지혜를 알게 하려 하심이니
11 곧 영원부터 우리 주 그리스도 예수
안에서 예정하신 뜻대로 하신 것이
라
12 우리가 그 안에서 그를 믿음으로 말
미암아 담대함과 확신을 가지고 하
나님께 나아감을 얻느니라
13 그러므로 너희에게 구하노니 너희를
위한 나의 여러 환난에 대하여 낙심
하지 말라 이는 너희의 영광이니라

그리스도의 사랑을 알게 하시기를

14 이러므로 내가 하늘과 땅에 있는 각
족속에게
15 이름을 주신 아버지 앞에 무릎을 꿇
고 비노니
16 그의 영광의 풍성함을 따라 그의 성
령으로 말미암아 너희 속사람을 능력
으로 강건하게 하시오며
17 믿음으로 말미암아 그리스도께서 너
희 마음에 계시게 하시옵고 너희가
사랑 가운데서 뿌리가 박히고 터가
굳어져서
18 능히 모든 성도와 함께 지식에 넘치
는 그리스도의 사랑을 알고
19 그 너비와 길이와 높이와 깊이가 어
떠함을 깨달아 하나님의 모든 충만
하신 것으로 너희에게 충만하게 하시
기를 구하노라
20 우리 가운데서 역사하시는 능력대로
우리가 구하거나 생각하는 모든 것
에 더 넘치도록 능히 하실 이에게
21 교회 안에서와 그리스도 예수 안에
서 영광이 대대로 영원무궁하기를 원
하노라 아멘

성령이 하나되게 하신 것

4

그러므로 주 안에서 갇힌 내가 너
희를 권하노니 너희가 부르심을
받은 일에 합당하게 행하여
2 모든 겸손과 온유로 하고 오래 참음
으로 사랑 가운데서 서로 용납하고
3 평안의 매는 줄로 성령이 하나 되게
하신 것을 힘써 지키라
4 몸이 하나요 성령도 한 분이시니 이
와 같이 너희가 부르심의 한 소망 안
에서 부르심을 받았느니라
5 주도 한 분이시요 믿음도 하나요 세
례도 하나요
6 하나님도 한 분이시니 곧 만유의 아
버지시라 만유 위에 계시고 만유를
통일하시고 만유 가운데 계시도다
7 우리 각 사람에게 그리스도의 선물
의 분량대로 은혜를 주셨나니
8 그러므로 이르기를 그가 위로 올라
가실 때에 사로잡혔던 자들을 사로
잡으시고 그 사람들에게 선물을 주
셨다 하였도다
9 올라가셨다 하였은즉 땅 아래 낮은
곳으로 내리셨던 것이 아니면 무엇이
냐
10 내리셨던 그가 곧 모든 하늘 위에 오
르신 자니 이는 만물을 충만하게 하
려 하심이라
11 그가 어떤 사람은 사도로, 어떤 사람
은 선지자로, 어떤 사람은 복음 전하
는 자로, 어떤 사람은 목사와 교사로
삼으셨으니
12 이는 성도를 온전하게 하여 봉사의
일을 하게 하며 그리스도의 몸을 세
우려 하심이라
13 우리가 다 하나님의 아들을 믿는 것
과 아는 일에 하나가 되어 온전한 사
람을 이루어 그리스도의 장성한 분
량이 충만한 데까지 이르리니
14 이는 우리가 이제부터 어린 아이가
되지 아니하여 사람의 속임수와 간사
한 유혹에 빠져 온갖 교훈의 풍조에
밀려 요동하지 않게 하려 함이라
15 오직 사랑 안에서 참된 것을 하여 범
사에 그에게까지 자랄지라 그는 머
리니 곧 그리스도라
16 그에게서 온 몸이 각 마디를 통하여
도움을 받음으로 연결되고 결합되어
각 지체의 분량대로 역사하여 그 몸
을 자라게 하며 사랑 안에서 스스로
세우느니라

365묵상

측량할 수 없는 그리스도의 크신 사랑

누구를 사랑해본 적이 있는가? 얼마만큼 사랑했는가? 우리의 사랑은 한계가 있고, 어쩌면 이기적이기도 하다. 바울은 우리에게 가장 위대한 사랑을 소개해준다. 그 사랑의 너비와 길이와 높이와 깊이를 측량조차 할 수 없다고 말한다(엡 3:18–19). 누구의 사랑인가? 바로 '그리스도의 사랑'이다. 그 사랑은 죄인을 향한 십자가의 사랑이다. 그러므로 우리가 그리스도의 사랑을 깨닫게 되면, 더는 사랑에 굶주리지 않게 된다. 차고 넘치는 그 사랑으로 인해 정녕 기뻐하게 되고, 다른 사람들에게까지 그 사랑을 나누어줄 수 있다.

옛 사람과 새 사람

17 그러므로 내가 이것을 말하며 주 안
에서 증언하노니 이제부터 너희는 이
방인이 그 마음의 허망한 것으로 행
함 같이 행하지 말라
18 그들의 총명이 어두워지고 그들 가
운데 있는 무지함과 그들의 마음이
굳어짐으로 말미암아 하나님의 생명
에서 떠나 있도다
19 그들이 감각 없는 자가 되어 자신을
방탕에 방임하여 모든 더러운 것을
욕심으로 행하되
20 오직 너희는 그리스도를 그같이 배
우지 아니하였느니라
21 진리가 예수 안에 있는 것 같이 너희
가 참으로 그에게서 듣고 또한 그
안에서 가르침을 받았을진대
22 너희는 유혹의 욕심을 따라 썩어져
가는 구습을 따르는 옛 사람을 벗어
버리고
23 오직 너희의 심령이 새롭게 되어
24 하나님을 따라 의와 진리의 거룩함으
로 지으심을 받은 새 사람을 입으라

하나님을 본받는 생활

25 그런즉 거짓을 버리고 각각 그 이웃
과 더불어 참된 것을 말하라 이는 우
리가 서로 지체가 됨이라
26 분을 내어도 죄를 짓지 말며 해가 지
도록 분을 품지 말고
27 마귀에게 틈을 주지 말라
28 도둑질하는 자는 다시 도둑질하지
말고 돌이켜 가난한 자에게 구제할
수 있도록 자기 손으로 수고하여 선
한 일을 하라
29 무릇 더러운 말은 너희 입 밖에도 내
지 말고 오직 덕을 세우는 데 소용되
는 대로 선한 말을 하여 듣는 자들
에게 은혜를 끼치게 하라
30 하나님의 성령을 근심하게 하지 말라
그 안에서 너희가 구원의 날까지 인
치심을 받았느니라
31 너희는 모든 악독과 노함과 분냄과
떠드는 것과 비방하는 것을 모든 악
의와 함께 버리고
32 서로 친절하게 하며 불쌍히 여기며 서
로 용서하기를 하나님이 그리스도
안에서 너희를 용서하심과 같이 하라

5 그러므로 사랑을 받는 자녀 같이
너희는 하나님을 본받는 자가 되
고
2 그리스도께서 너희를 사랑하신 것 같
이 너희도 사랑 가운데서 행하라 그
는 우리를 위하여 자신을 버리사 향
기로운 제물과 희생제물로 하나님께
드리셨느니라
3 음행과 온갖 더러운 것과 탐욕은 너

희 중에서 그 이름조차도 부르지 말
라 이는 성도에게 마땅한 바니라
4 누추함과 어리석은 말이나 희롱의 말
이 마땅치 아니하니 오히려 감사하는
말을 하라
5 너희도 정녕 이것을 알거니와 음행하
는 자나 더러운 자나 탐하는 자 곧
우상 숭배자는 다 그리스도와 하나
님의 나라에서 기업을 얻지 못하리니
6 누구든지 헛된 말로 너희를 속이지
못하게 하라 이로 말미암아 하나님의
진노가 불순종의 아들들에게 임하나
니
7 그러므로 그들과 함께 하는 자가 되
지 말라
8 너희가 전에는 어둠이더니 이제는 주
안에서 빛이라 빛의 자녀들처럼 행하
라
9 빛의 열매는 모든 착함과 의로움과
진실함에 있느니라
10 주를 기쁘시게 할 것이 무엇인가 시
험하여 보라
11 너희는 열매 없는 어둠의 일에 참여
하지 말고 도리어 책망하라
12 그들이 은밀히 행하는 것들은 말하
기도 부끄러운 것들이라
13 그러나 책망을 받는 모든 것은 빛으
로 말미암아 드러나나니 드러나는 것
마다 빛이니라
14 그러므로 이르시기를 잠자는 자여
깨어서 죽은 자들 가운데서 일어나
라 그리스도께서 너에게 비추이시리
라 하셨느니라

그리스도의 이름으로 감사하라

15 그런즉 너희가 어떻게 행할지를 자세
히 주의하여 지혜 없는 자 같이 하지
말고 오직 지혜 있는 자 같이 하여
16 세월을 아끼라 때가 악하니라
17 그러므로 어리석은 자가 되지 말고
오직 주의 뜻이 무엇인가 이해하라
18 술 취하지 말라 이는 방탕한 것이니
오직 성령으로 충만함을 받으라
19 시와 찬송과 신령한 노래들로 서로
화답하며 너희의 마음으로 주께 노
래하며 찬송하며
20 범사에 우리 주 예수 그리스도의 이
름으로 항상 아버지 하나님께 감사
하며
21 그리스도를 경외함으로 피차 복종하
라

아내와 남편

22 아내들이여 자기 남편에게 복종하기
를 주께 하듯 하라
23 이는 남편이 아내의 머리 됨이 그리
스도께서 교회의 머리 됨과 같음이니
그가 바로 몸의 구주시니라

24 그러므로 교회가 그리스도에게 하듯
아내들도 범사에 자기 남편에게 복
종할지니라
25 남편들아 아내 사랑하기를 그리스도
께서 교회를 사랑하시고 그 교회를
위하여 자신을 주심 같이 하라
26 이는 곧 물로 씻어 말씀으로 깨끗하
게 하사 거룩하게 하시고
27 자기 앞에 영광스러운 교회로 세우
사 티나 주름 잡힌 것이나 이런 것들
이 없이 거룩하고 흠이 없게 하려 하
심이라
28 이와 같이 남편들도 자기 아내 사랑
하기를 자기 자신과 같이 할지니 자
기 아내를 사랑하는 자는 자기를 사
랑하는 것이라
29 누구든지 언제나 자기 육체를 미워
하지 않고 오직 양육하여 보호하기
를 그리스도께서 교회에게 함과 같
이 하나니
30 우리는 그 몸의 지체임이라
31 그러므로 사람이 부모를 떠나 그의
아내와 합하여 그 둘이 한 육체가 될
지니
32 이 비밀이 크도다 나는 그리스도와
교회에 대하여 말하노라
33 그러나 너희도 각각 자기의 아내 사
랑하기를 자신 같이 하고 아내도 자
기 남편을 존경하라

자녀와 부모

6 자녀들아 주 안에서 너희 부모에
게 순종하라 이것이 옳으니라
2 네 아버지와 어머니를 공경하라 이것
은 약속이 있는 첫 계명이니
3 이로써 네가 잘되고 땅에서 장수하
리라
4 또 아비들아 너희 자녀를 노엽게 하
지 말고 오직 주의 교훈과 훈계로
양육하라

종과 상전

5 종들아 두려워하고 떨며 성실한 마음
으로 육체의 상전에게 순종하기를
그리스도께 하듯 하라
6 눈가림만 하여 사람을 기쁘게 하는
자처럼 하지 말고 그리스도의 종들처
럼 마음으로 하나님의 뜻을 행하고
7 기쁜 마음으로 섬기기를 주께 하듯
하고 사람들에게 하듯 하지 말라
8 이는 각 사람이 무슨 선을 행하든지
종이나 자유인이나 주께로부터 그대
로 받을 줄을 앎이라
9 상전들아 너희도 그들에게 이와 같
이 하고 위협을 그치라 이는 그들과
너희의 상전이 하늘에 계시고 그에게
는 사람을 외모로 취하는 일이 없는
줄 너희가 앎이라

마귀를 대적하는 싸움

10 끝으로 너희가 주 안에서와 그 힘의
능력으로 강건하여지고
11 마귀의 간계를 능히 대적하기 위하여
하나님의 전신 갑주를 입으라
12 우리의 씨름은 혈과 육을 상대하는
것이 아니요 통치자들과 권세들과 이
어둠의 세상 주관자들과 하늘에 있
는 악의 영들을 상대함이라
13 그러므로 하나님의 전신 갑주를 취하
라 이는 악한 날에 너희가 능히 대적
하고 모든 일을 행한 후에 서기 위함
이라
14 그런즉 서서 진리로 너희 허리 띠를
띠고 의의 호심경을 붙이고
15 평안의 복음이 준비한 것으로 신을
신고
16 모든 것 위에 믿음의 방패를 가지고
이로써 능히 악한 자의 모든 불화살
을 소멸하고
17 구원의 투구와 성령의 검 곧 하나님
의 말씀을 가지라
18 모든 기도와 간구를 하되 항상 성령
안에서 기도하고 이를 위하여 깨어
구하기를 항상 힘쓰며 여러 성도를
위하여 구하라
19 또 나를 위하여 구할 것은 내게 말씀
을 주사 나로 입을 열어 복음의 비밀
을 담대히 알리게 하옵소서 할 것이
니
20 이 일을 위하여 내가 쇠사슬에 매인
사신이 된 것은 나로 이 일에 당연히
할 말을 담대히 하게 하려 하심이라

끝 인사

21 나의 사정 곧 내가 무엇을 하는지 너
희에게도 알리려 하노니 사랑을 받
은 형제요 주 안에서 진실한 일꾼인
두기고가 모든 일을 너희에게 알리리
라
22 우리 사정을 알리고 또 너희 마음을
위로하기 위하여 내가 특별히 그를
너희에게 보내었노라
23 아버지 하나님과 주 예수 그리스도
께로부터 평안과 믿음을 겸한 사랑
이 형제들에게 있을지어다
24 우리 주 예수 그리스도를 변함 없이
사랑하는 모든 자에게 은혜가 있을
지어다

빌립보서 Philippians

이 책은 바울이 로마의 옥중에 있을 때 쓴 4대 옥중 서신(에베소서, 빌립보서, 골로새서, 빌레몬서) 가운데 하나이다. 성격상 개인적인 편지로서, 바울은 빌립보 교회의 형제들에게 그들의 도움에 대해 감사를 전하고 있다. 아울러 바울은 이 편지를 통해 그리스도를 믿는 자들이 갖추어야 할 성숙한 신앙인의 자세를 제시하였다.

제목 '빌립보인들에게 (보낸 편지)(프로스 필립페시우스)'라는 헬라어 원제목에서 유래되었으며, 수신자들이 사는 지역을 반영한다.

저자 바울. 본서의 자체 진술(1:1)뿐 아니라 문체와 교훈에서 나타나는 바울의 특징들과 초대 교부들의 증언이 이를 뒷받침해 준다.

기록 연대 A.D. 62–63년경. 로마에서 1차로 수감되었다가 풀려나기 직전에 썼을 것이다.

기록 목적 ① 빌립보 교인들이 보내 준 헌금에 대해 감사하기 위하여(1:5; 4:10–19). ② 자신의 형편을 알림으로써 빌립보 교인들이 박해 중에도 힘을 얻게 하기 위하여(1:12–26). ③ 빌립보 교회의 분열을 막고 연합하게 하기 위하여(2:1–11). ④ 율법주의의 악영향을 깨우치기 위하여(3:3–11).

주제 그리스도 안에서의 일치와 기쁨. 그리스도를 삶의 중심에 모시는 자는 그리스도를 본받은 자기 희생과 사랑이 넘치는 교제와 서로를 섬기는 겸손과 박해 가운데서도 기뻐할 수 있는 믿음의 성숙함을 가진다.

특징 ① 개인적 서신–같은 옥중 서신인 에베소서(교회론)와 골로새서(기독론)가 교리적 내용을 보여 주는 데 반해, 빌립보서는 개인적 신앙 고백이 주를 이룬다. ② 사랑의 서신–그리스도 · 바울 · 빌립보 교인 간에 교차된 희생적 사랑이 두드러진다. ③ 기쁨의 서신–고난을 신앙으로 극복할 때 얻게 되는 기쁨이 강조된다.

본서의 내용

I. 그리스도와 동행 (1:1–30)	III. 그리스도의 지식 (3:1–21)
II. 그리스도의 겸손 (2:1–30)	IV. 그리스도의 평강 (4:1–23)

연대표

A.D.	
30년	예수의 부활과 승천
34년	바울의 다메섹 회심
47년	바울의 제 1차 전도 여행(47–49년)
49년	예루살렘 총회
50년	바울의 제 2차 전도 여행(50–52년)
	빌립보 교회 설립
53년	바울의 제 3차 전도 여행(53–58년)
58년	결박당한 바울(예루살렘 성전에서)
59년	바울의 로마 여행
61년	바울의 로마 도착과 연금(軟禁) 생활
63년	빌립보서 기록
64년	네로의 대박해(1차)
67년	바울의 순교
70년	예루살렘 멸망

· 빌립보서의 주요 무대

빌립보서 Philippians

인사

1 그리스도 예수의 종 바울과 디모
데는 그리스도 예수 안에서 빌립
보에 사는 모든 성도와 또한 감독들
과 집사들에게 편지하노니
2 하나님 우리 아버지와 주 예수 그리
스도로부터 은혜와 평강이 너희에게
있을지어다

빌립보 성도들을 생각하며 간구하다

3 내가 너희를 생각할 때마다 나의 하
나님께 감사하며
4 간구할 때마다 너희 무리를 위하여
기쁨으로 항상 간구함은
5 너희가 첫날부터 이제까지 복음을 위
한 일에 참여하고 있기 때문이라
6 너희 안에서 착한 일을 시작하신 이
가 그리스도 예수의 날까지 이루실
줄을 우리는 확신하노라
7 내가 너희 무리를 위하여 이와 같이
생각하는 것이 마땅하니 이는 너희가
내 마음에 있음이며 나의 매임과 복
음을 변명함과 확정함에 너희가 다
나와 함께 은혜에 참여한 자가 됨이
라
8 내가 예수 그리스도의 심장으로 너
희 무리를 얼마나 사모하는지 하나님
이 내 증인이시니라
9 내가 기도하노라 너희 사랑을 지식과
모든 총명으로 점점 더 풍성하게 하
사
10 너희로 지극히 선한 것을 분별하며
또 진실하여 허물 없이 그리스도의
날까지 이르고
11 예수 그리스도로 말미암아 의의 열
매가 가득하여 하나님의 영광과 찬송
이 되기를 원하노라

바울의 매임과 복음 전파

12 형제들아 내가 당한 일이 도리어 복
음 전파에 진전이 된 줄을 너희가 알
기를 원하노라
13 이러므로 나의 매임이 그리스도 안에
서 모든 시위대 안과 그 밖의 모든
사람에게 나타났으니
14 형제 중 다수가 나의 매임으로 말미
암아 주 안에서 신뢰함으로 겁 없이
하나님의 말씀을 더욱 담대히 전하게

365묵상

하나님의 뜻에 순종하기

바울은 누구보다 헌신적으로 주님의 일을 했지만 누구보다도 많은 고난을 겪었다. 하지만 그는 고난에 굴복하지 않았다. 그는 자신이 겪은 수많은 고난이 도리어 복음의 진보가 된 것을 알고 있었다(빌 1:12). 하나님은 바울의 고난을 통해 복음을 더 널리 확산시킬 계획을 갖고 계셨다. 바울도 이런 사실을 깨닫고, 하나님의 뜻 앞에 온전히 순종했다. 오늘날 우리도 하나님의 선한 계획을 믿고 그분의 뜻에 자신의 삶을 헌신해야 한다. 하나님은 우리 삶의 모든 것을 선하게 사용하셔서 자신의 영광스러운 목적을 이루신다.

되었느니라
15 어떤 이들은 투기와 분쟁으로, 어떤
이들은 착한 뜻으로 그리스도를 전
파하나니
16 이들은 내가 복음을 변증하기 위하
여 세우심을 받은 줄 알고 사랑으로
하나
17 그들은 나의 매임에 괴로움을 더하
게 할 줄로 생각하여 순수하지 못하
게 다툼으로 그리스도를 전파하느니
라
18 그러면 무엇이냐 겉치레로 하나 참으
로 하나 무슨 방도로 하든지 전파되
는 것은 그리스도니 이로써 나는 기
뻐하고 또한 기뻐하리라
19 이것이 너희의 간구와 예수 그리스도
의 성령의 도우심으로 나를 구원에
이르게 할 줄 아는 고로
20 나의 간절한 기대와 소망을 따라 아
무 일에든지 부끄러워하지 아니하고
지금도 전과 같이 온전히 담대하여
살든지 죽든지 내 몸에서 그리스도
가 존귀하게 되게 하려 하나니
21 이는 내게 사는 것이 그리스도니 죽
는 것도 유익함이라
22 그러나 만일 육신으로 사는 이것이
내 일의 열매일진대 무엇을 택해야
할는지 나는 알지 못하노라
23 내가 그 둘 사이에 끼었으니 차라리
세상을 떠나서 그리스도와 함께 있
는 것이 훨씬 더 좋은 일이라 그렇게
하고 싶으나
24 내가 육신으로 있는 것이 너희를 위
하여 더 유익하리라
25 내가 살 것과 너희 믿음의 진보와 기
쁨을 위하여 너희 무리와 함께 거할
이것을 확실히 아노니
26 내가 다시 너희와 같이 있음으로 그
리스도 예수 안에서 너희 자랑이 나
로 말미암아 풍성하게 하려 함이라
27 오직 너희는 그리스도의 복음에 합
당하게 생활하라 이는 내가 너희에
게 가 보나 떠나 있으나 너희가 한마
음으로 서서 한 뜻으로 복음의 신앙
을 위하여 협력하는 것과
28 무슨 일에든지 대적하는 자들 때문
에 두려워하지 아니하는 이 일을 듣
고자 함이라 이것이 그들에게는 멸망
의 증거요 너희에게는 구원의 증거니
이는 하나님께로부터 난 것이라
29 그리스도를 위하여 너희에게 은혜를
주신 것은 다만 그를 믿을 뿐 아니라
또한 그를 위하여 고난도 받게 하려
하심이라
30 너희에게도 그와 같은 싸움이 있으
니 너희가 내 안에서 본 바요 이제도

내 안에서 듣는 바니라

그리스도의 겸손

2 그러므로 그리스도 안에 무슨 권
면이나 사랑의 무슨 위로나 성령의
무슨 교제나 긍휼이나 자비가 있거
든
2 마음을 같이하여 같은 사랑을 가지
고 뜻을 합하며 한마음을 품어
3 아무 일에든지 다툼이나 허영으로
하지 말고 오직 겸손한 마음으로 각
각 자기보다 남을 낫게 여기고
4 각각 자기 일을 돌볼뿐더러 또한 각
각 다른 사람들의 일을 돌보아 나의
기쁨을 충만하게 하라
5 너희 안에 이 마음을 품으라 곧 그리
스도 예수의 마음이니
6 그는 근본 하나님의 본체시나 하나
님과 동등됨을 취할 것으로 여기지
아니하시고
7 오히려 자기를 비워 종의 형체를 가
지사 사람들과 같이 되셨고
8 사람의 모양으로 나타나사 자기를
낮추시고 죽기까지 복종하셨으니 곧
십자가에 죽으심이라
9 이러므로 하나님이 그를 지극히 높여
모든 이름 위에 뛰어난 이름을 주사
10 하늘에 있는 자들과 땅에 있는 자들
과 땅 아래에 있는 자들로 모든 무
릎을 예수의 이름에 꿇게 하시고
11 모든 입으로 예수 그리스도를 주라
시인하여 하나님 아버지께 영광을 돌
리게 하셨느니라

하나님의 흠 없는 자녀로 살라

12 그러므로 나의 사랑하는 자들아 너
희가 나 있을 때뿐 아니라 더욱 지금
나 없을 때에도 항상 복종하여 두렵
고 떨림으로 너희 구원을 이루라
13 너희 안에서 행하시는 이는 하나님이
시니 자기의 기쁘신 뜻을 위하여 너희
에게 소원을 두고 행하게 하시나니
14 모든 일을 원망과 시비가 없이 하라
15 이는 너희가 흠이 없고 순전하여 어
그러지고 거스르는 세대 가운데서
하나님의 흠 없는 자녀로 세상에서
그들 가운데 빛들로 나타내며
16 생명의 말씀을 밝혀 나의 달음질이
헛되지 아니하고 수고도 헛되지 아니
함으로 그리스도의 날에 내가 자랑
할 것이 있게 하려 함이라
17 만일 너희 믿음의 제물과 섬김 위에
내가 나를 전제로 드릴지라도 나는
기뻐하고 너희 무리와 함께 기뻐하리
니
18 이와 같이 너희도 기뻐하고 나와 함
께 기뻐하라

디모데와 에바브로디도

19 내가 디모데를 속히 너희에게 보내
기를 주 안에서 바람은 너희의 사정
을 앎으로 안위를 받으려 함이니
20 이는 뜻을 같이하여 너희 사정을 진
실히 생각할 자가 이밖에 내게 없음
이라
21 그들이 다 자기 일을 구하고 그리스
도 예수의 일을 구하지 아니하되
22 디모데의 연단을 너희가 아나니 자식
이 아버지에게 함같이 나와 함께 복
음을 위하여 수고하였느니라
23 그러므로 내가 내 일이 어떻게 될지
를 보아서 곧 이 사람을 보내기를 바
라고
24 나도 속히 가게 될 것을 주 안에서
확신하노라
25 그러나 에바브로디도를 너희에게 보
내는 것이 필요한 줄로 생각하노니
그는 나의 형제요 함께 수고하고 함
께 군사 된 자요 너희 사자로 내가
쓸 것을 돕는 자라
26 그가 너희 무리를 간절히 사모하고
자기가 병든 것을 너희가 들은 줄을
알고 심히 근심한지라
27 그가 병들어 죽게 되었으나 하나님이
그를 긍휼히 여기셨고 그뿐 아니라
또 나를 긍휼히 여기사 내 근심 위에
근심을 면하게 하셨느니라
28 그러므로 내가 더욱 급히 그를 보낸
것은 너희로 그를 다시 보고 기뻐하
게 하며 내 근심도 덜려 함이니라
29 이러므로 너희가 주 안에서 모든 기
쁨으로 그를 영접하고 또 이와 같은
자들을 존귀히 여기라
30 그가 그리스도의 일을 위하여 죽기에
이르러도 자기 목숨을 돌보지 아니
한 것은 나를 섬기는 너희의 일에 부
족함을 채우려 함이니라

하나님께로부터 난 의

3 끝으로 나의 형제들아 주 안에서
기뻐하라 너희에게 같은 말을 쓰
는 것이 내게는 수고로움이 없고 너
희에게는 안전하니라
2 개들을 삼가고 행악하는 자들을 삼
가고 몸을 상해하는 일을 삼가라
3 하나님의 성령으로 봉사하며 그리스
도 예수로 자랑하고 육체를 신뢰하
지 아니하는 우리가 곧 할례파라
4 그러나 나도 육체를 신뢰할 만하며
만일 누구든지 다른 이가 육체를 신
뢰할 것이 있는 줄로 생각하면 나는
더욱 그러하리니
5 나는 팔일 만에 할례를 받고 이스라
엘 족속이요 베냐민 지파요 히브리인
중의 히브리인이요 율법으로는 바리
새인이요

6 열심으로는 교회를 박해하고 율법의
의로는 흠이 없는 자라
7 그러나 무엇이든지 내게 유익하던 것
을 내가 그리스도를 위하여 다 해로
여길뿐더러
8 또한 모든 것을 해로 여김은 내 주
그리스도 예수를 아는 지식이 가장
고상하기 때문이라 내가 그를 위하
여 모든 것을 잃어버리고 배설물로
여김은 그리스도를 얻고
9 그 안에서 발견되려 함이니 내가 가
진 의는 율법에서 난 것이 아니요 오
직 그리스도를 믿음으로 말미암은
것이니 곧 믿음으로 하나님께로부터
난 의라
10 내가 그리스도와 그 부활의 권능과
그 고난에 참여함을 알고자 하여 그
의 죽으심을 본받아
11 어떻게 해서든지 죽은 자 가운데서
부활에 이르려 하노니
12 내가 이미 얻었다 함도 아니요 온전
히 이루었다 함도 아니라 오직 내가
그리스도 예수께 잡힌 바 된 그것을
잡으려고 달려가노라
13 형제들아 나는 아직 내가 잡은 줄로
여기지 아니하고 오직 한 일 즉 뒤에
있는 것은 잊어버리고 앞에 있는 것
을 잡으려고
14 푯대를 향하여 그리스도 예수 안에
서 하나님이 위에서 부르신 부름의
상을 위하여 달려가노라
15 그러므로 누구든지 우리 온전히 이
룬 자들은 이렇게 생각할지니 만일
어떤 일에 너희가 달리 생각하면 하
나님이 이것도 너희에게 나타내시리
라
16 오직 우리가 어디까지 이르렀든지 그
대로 행할 것이라

우리의 시민권은 하늘에

17 형제들아 너희는 함께 나를 본받으
라 그리고 너희가 우리를 본받은 것
처럼 그와 같이 행하는 자들을 눈여
겨 보라
18 내가 여러 번 너희에게 말하였거니와
이제도 눈물을 흘리며 말하노니 여러
사람들이 그리스도의 십자가의 원수
로 행하느니라
19 그들의 마침은 멸망이요 그들의 신은
배요 그 영광은 그들의 부끄러움에
있고 땅의 일을 생각하는 자라
20 그러나 우리의 시민권은 하늘에 있는
지라 거기로부터 구원하는 자 곧 주
예수 그리스도를 기다리노니
21 그는 만물을 자기에게 복종하게 하
실 수 있는 자의 역사로 우리의 낮은
몸을 자기 영광의 몸의 형체와 같이

변하게 하시리라

4 그러므로 나의 사랑하고 사모하
는 형제들, 나의 기쁨이요 면류관
인 사랑하는 자들아 이와 같이 주 안
에 서라

권 면

2 내가 유오디아를 권하고 순두게를
권하노니 주 안에서 같은 마음을 품
으라
3 또 참으로 나와 멍에를 같이한 네게
구하노니 복음에 나와 함께 힘쓰던
저 여인들을 돕고 또한 글레멘드와
그 외에 나의 동역자들을 도우라 그
이름들이 생명책에 있느니라
4 주 안에서 항상 기뻐하라 내가 다시
말하노니 기뻐하라
5 너희 관용을 모든 사람에게 알게 하
라 주께서 가까우시니라
6 아무 것도 염려하지 말고 다만 모든
일에 기도와 간구로, 너희 구할 것을
감사함으로 하나님께 아뢰라
7 그리하면 모든 지각에 뛰어난 하나님
의 평강이 그리스도 예수 안에서 너
희 마음과 생각을 지키시리라
8 끝으로 형제들아 무엇에든지 참되며
무엇에든지 경건하며 무엇에든지 옳
으며 무엇에든지 정결하며 무엇에든
지 사랑 받을 만하며 무엇에든지 칭
찬 받을 만하며 무슨 덕이 있든지 무
슨 기림이 있든지 이것들을 생각하라
9 너희는 내게 배우고 받고 듣고 본
바를 행하라 그리하면 평강의 하나님
이 너희와 함께 계시리라

빌립보 사람들의 선물

10 내가 주 안에서 크게 기뻐함은 너희
가 나를 생각하던 것이 이제 다시 싹
이 남이니 너희가 또한 이를 위하여
생각은 하였으나 기회가 없었느니라
11 내가 궁핍하므로 말하는 것이 아니
니라 어떠한 형편에든지 나는 자족하
기를 배웠노니
12 나는 비천에 처할 줄도 알고 풍부에
처할 줄도 알아 모든 일 곧 배부름
과 배고픔과 풍부와 궁핍에도 처할
줄 아는 일체의 비결을 배웠노라
13 내게 능력 주시는 자 안에서 내가 모
든 것을 할 수 있느니라
14 그러나 너희가 내 괴로움에 함께 참
여하였으니 잘하였도다
15 빌립보 사람들아 너희도 알거니와 복
음의 시초에 내가 마게도냐를 떠날
때에 주고 받는 내 일에 참여한 교회
가 너희 외에 아무도 없었느니라
16 데살로니가에 있을 때에도 너희가
한 번뿐 아니라 두 번이나 나의 쓸
것을 보내었도다

17 내가 선물을 구함이 아니요 오직 너
희에게 유익하도록 풍성한 열매를
구함이라
18 내게는 모든 것이 있고 또 풍부한지
라 에바브로디도 편에 너희가 준 것
을 받으므로 내가 풍족하니 이는 받
으실 만한 향기로운 제물이요 하나
님을 기쁘시게 한 것이라
19 나의 하나님이 그리스도 예수 안에
서 영광 가운데 그 풍성한 대로 너희
모든 쓸 것을 채우시리라
20 하나님 곧 우리 아버지께 세세 무궁
하도록 영광을 돌릴지어다 아멘

끝 인사

21 그리스도 예수 안에 있는 성도에게
각각 문안하라 나와 함께 있는 형제
들이 너희에게 문안하고
22 모든 성도들이 너희에게 문안하되
특히 가이사의 집 사람들 중 몇이니
라
23 주 예수 그리스도의 은혜가 너희 심
령에 있을지어다

365묵상

자족의 삶

성경은 자족(自足)의 가치를 강조한다. 바울은 '어떠한 형편에든지' 자족하기를 배웠다고 고백한다(빌 4:11-12). 그의 자족은 욕구의 충족에 있는 것이 아니라 욕구를 길들이는 데 있었다. 바울은 자기 자신보다 더 크고 더 위대한 어떤 것에 자신을 모두 바쳤다. 그의 삶은 자기 욕망을 뛰어넘는 영원한 목적을 지니고 있었다. 그는 인생의 염려나 고통에서 면제된 것이 아니었지만 자족의 삶을 누렸다. 그것은 염려나 고통 너머에 있는, 더 위대하고 영원한 가치를 발견했기 때문이다. 그것은 바로 '예수 그리스도'였다.

골로새서 Colossians

기독론(基督論)을 중점적으로 다루고 있는 본서는 예수 그리스도가 어떤 분인지를 설명하고 있다. 예수 그리스도는 하나님의 아들로서 만물의 중심이며 으뜸이고, 바로 그분에 의해서 우리가 죄와 사탄의 권세로부터 구원받았음을 알려준다. 또한 그런 믿음으로 믿는 자들이 어떻게 그리스도인의 삶을 살아가야 할지를 제시해 준다.

제목 '골로새인들에게 (보낸 편지)(프로스 콜로사에이스)'라는 헬라어 원제목에서 유래되었으며, 수신자들의 지역을 반영한다.

저자 바울. 본서의 자체 진술(1:1; 4:18)과 초대 교회의 저작물(마르키온 정경, 무라토리 단편) 및 이레네우스 같은 교부들의 증언이 바울 저작설을 뒷받침해 준다.

기록 연대 A.D. 62년경. 로마 1차 수감 중에(A.D. 61–63년) 썼으나 같은 옥중 서신인 에베소서보다 조금 이른 시기에 기록되었다.

기록 목적 ① 골로새 교회에 침투한 혼합주의적 이단을 배격하기 위하여. ② 하나님의 형상(1:15), 창조주(1:16), 보존자(1:7), 교회의 머리(1:18), 부활의 첫 열매(1:18), 신성과 인성을 지니신 분(2:9), 화목자(1:20–22)로서 이 세상에 오신 그리스도에 대해 가르치기 위하여.

주제 그리스도의 우월성과 충족성. 그리스도는 구원에 이르는 유일한 통로이다. 그에 대한 믿음 외에 율법, 천사 숭배, 금욕 등의 인위적인 인식이 필요 없으므로, 오직 하나님이시며 교회의 머리 되신 주 예수 그리스도에 대한 '믿음에 거하고 터 위에 굳게 서서'(1:23) 하나님의 뜻에 합당히 행하는 것만이 요구된다.

특징 같은 옥중 서신인 에베소서와는 그리스도와 교회 간의 관계를 설명한다는 점에서 유사하지만, 에베소서가 교회에 강조를 둔 반면, 본서는 그리스도를 강조하며, 또한 이단과의 투쟁을 위해 보다 강렬한 내용을 담고 있다는 특징을 지닌다.

본서의 내용

I. 그리스도의 영광과 탁월성
① 인사말과 서언(1:1–14)
② 그리스도의 탁월함 (1:15–29)
③ 기독교의 탁월함(2:1–23)

II. 그리스도에 대한 복종
① 성도의 새 지위(3:1–17)
② 성도의 새 삶(3:18–4:6)
③ 맺는 말(4:7–18)

연대표

A.D.	
30년	예수의 부활과 승천
34년	바울의 다메섹 회심 아라비아 3년 체재(34–37년, 갈 1:18)
37년	바울의 1차 예루살렘 방문(행 9:26)
38년	다소 10년 체재(38–48년)
45년	바울의 2차 예루살렘 방문(행 11:30)
47년	바울의 제 1차 전도 여행(47–49년)
49년	바울의 3차 예루살렘 방문(갈 2:11) 예루살렘 총회
50년	바울의 제 2차 전도 여행(50–52년)
53년	바울의 제 3차 전도 여행(53–58년)
58년	잡힘과 감금(59–61년)
59년	로마 여행(59년–61년)
61년	로마 도착과 옥중생활(61–63년) 골로새서, 빌레몬서 에베소서 기록(62년) 빌립보서(63년)

· 골로새서의 주요 무대

골로새서 Colossians

인 사

1 하나님의 뜻으로 말미암아 그리스
도 예수의 사도 된 바울과 형제
디모데는
2 골로새에 있는 성도들 곧 그리스도
안에서 신실한 형제들에게 편지하노
니 우리 아버지 하나님으로부터 은혜
와 평강이 너희에게 있을지어다

하나님께 감사를 드리다

3 우리가 너희를 위하여 기도할 때마다
하나님 곧 우리 주 예수 그리스도의
아버지께 감사하노라
4 이는 그리스도 예수 안에 너희의 믿
음과 모든 성도에 대한 사랑을 들었
음이요
5 너희를 위하여 하늘에 쌓아 둔 소망
으로 말미암음이니 곧 너희가 전에
복음 진리의 말씀을 들은 것이라
6 이 복음이 이미 너희에게 이르매 너
희가 듣고 참으로 하나님의 은혜를
깨달은 날부터 너희 중에서와 같이
또한 온 천하에서도 열매를 맺어 자
라는도다
7 이와 같이 우리와 함께 종 된 사랑하
는 에바브라에게 너희가 배웠나니
그는 너희를 위한 그리스도의 신실한
일꾼이요
8 성령 안에서 너희 사랑을 우리에게
알린 자니라

하나님의 형상이시요 교회의 머리시라

9 이로써 우리도 듣던 날부터 너희를
위하여 기도하기를 그치지 아니하고
구하노니 너희로 하여금 모든 신령한
지혜와 총명에 하나님의 뜻을 아는
것으로 채우게 하시고
10 주께 합당하게 행하여 범사에 기쁘
시게 하고 모든 선한 일에 열매를 맺
게 하시며 하나님을 아는 것에 자라
게 하시고
11 그의 영광의 힘을 따라 모든 능력으
로 능하게 하시며 기쁨으로 모든 견
딤과 오래 참음에 이르게 하시고
12 우리로 하여금 빛 가운데서 성도의
기업의 부분을 얻기에 합당하게 하신
아버지께 감사하게 하시기를 원하노
라
13 그가 우리를 흑암의 권세에서 건져내
사 그의 사랑의 아들의 나라로 옮기
셨으니
14 그 아들 안에서 우리가 속량 곧 죄
사함을 얻었도다
15 그는 보이지 아니하는 하나님의 형상

이시요 모든 피조물보다 먼저 나신
이시니
16 만물이 그에게서 창조되되 하늘과
땅에서 보이는 것들과 보이지 않는
것들과 혹은 왕권들이나 주권들이나
통치자들이나 권세들이나 만물이 다
그로 말미암고 그를 위하여 창조되
었고
17 또한 그가 만물보다 먼저 계시고 만
물이 그 안에 함께 섰느니라
18 그는 몸인 교회의 머리시라 그가 근
본이시요 죽은 자들 가운데서 먼저
나신 이시니 이는 친히 만물의 으뜸
이 되려 하심이요
19 아버지께서는 모든 충만으로 예수
안에 거하게 하시고
20 그의 십자가의 피로 화평을 이루사
만물 곧 땅에 있는 것들이나 하늘에
있는 것들이 그로 말미암아 자기와
화목하게 되기를 기뻐하심이라
21 전에 악한 행실로 멀리 떠나 마음으
로 원수가 되었던 너희를
22 이제는 그의 육체의 죽음으로 말미
암아 화목하게 하사 너희를 거룩하
고 흠 없고 책망할 것이 없는 자로
그 앞에 세우고자 하셨으니
23 만일 너희가 믿음에 거하고 터 위에
굳게 서서 너희 들은 바 복음의 소망
에서 흔들리지 아니하면 그리하리라
이 복음은 천하 만민에게 전파된 바
요 나 바울은 이 복음의 일꾼이 되었
노라

교회를 위하여 바울이 하는 일

24 나는 이제 너희를 위하여 받는 괴로
움을 기뻐하고 그리스도의 남은 고
난을 그의 몸된 교회를 위하여 내 육
체에 채우노라
25 내가 교회의 일꾼 된 것은 하나님이
너희를 위하여 내게 주신 직분을 따
라 하나님의 말씀을 이루려 함이니
라
26 이 비밀은 만세와 만대로부터 감추
어졌던 것인데 이제는 그의 성도들에
게 나타났고
27 하나님이 그들로 하여금 이 비밀의
영광이 이방인 가운데 얼마나 풍성한
지를 알게 하려 하심이라 이 비밀은
너희 안에 계신 그리스도시니 곧 영
광의 소망이니라
28 우리가 그를 전파하여 각 사람을 권
하고 모든 지혜로 각 사람을 가르침
은 각 사람을 그리스도 안에서 완전
한 자로 세우려 함이니
29 이를 위하여 나도 내 속에서 능력으
로 역사하시는 이의 역사를 따라 힘
을 다하여 수고하노라

2

내가 너희와 라오디게아에 있는
자들과 무릇 내 육신의 얼굴을 보
지 못한 자들을 위하여 얼마나 힘쓰
는지를 너희가 알기를 원하노니
2 이는 그들로 마음에 위안을 받고 사
랑 안에서 연합하여 확실한 이해의
모든 풍성함과 하나님의 비밀인 그리
스도를 깨닫게 하려 함이니
3 그 안에는 지혜와 지식의 모든 보화
가 감추어져 있느니라
4 내가 이것을 말함은 아무도 교묘한
말로 너희를 속이지 못하게 하려 함
이니
5 이는 내가 육신으로는 떠나 있으나
심령으로는 너희와 함께 있어 너희가
질서 있게 행함과 그리스도를 믿는
너희 믿음이 굳건한 것을 기쁘게 봄
이라

그리스도 안에서 행하라

6 그러므로 너희가 그리스도 예수를
주로 받았으니 그 안에서 행하되
7 그 안에 뿌리를 박으며 세움을 받아
교훈을 받은 대로 믿음에 굳게 서서
감사함을 넘치게 하라
8 누가 철학과 헛된 속임수로 너희를
사로잡을까 주의하라 이것은 사람의
전통과 세상의 초등학문을 따름이요
그리스도를 따름이 아니니라
9 그 안에는 신성의 모든 충만이 육체
로 거하시고
10 너희도 그 안에서 충만하여졌으니 그
는 모든 통치자와 권세의 머리시라
11 또 그 안에서 너희가 손으로 하지 아
니한 할례를 받았으니 곧 육의 몸을
벗는 것이요 그리스도의 할례니라
12 너희가 세례로 그리스도와 함께 장
사되고 또 죽은 자들 가운데서 그를
일으키신 하나님의 역사를 믿음으로
말미암아 그 안에서 함께 일으키심
을 받았느니라
13 또 범죄와 육체의 무할례로 죽었던
너희를 하나님이 그와 함께 살리시고
우리의 모든 죄를 사하시고
14 우리를 거스르고 불리하게 하는 법
조문으로 쓴 증서를 지우시고 제하
여 버리사 십자가에 못 박으시고
15 통치자들과 권세들을 무력화하여 드
러내어 구경거리로 삼으시고 십자가
로 그들을 이기셨느니라
16 그러므로 먹고 마시는 것과 절기나
초하루나 안식일을 이유로 누구든지
너희를 비판하지 못하게 하라
17 이것들은 장래 일의 그림자이나 몸은
그리스도의 것이니라
18 아무도 꾸며낸 겸손과 천사 숭배를
이유로 너희를 정죄하지 못하게 하라

그가 그 본 것에 의지하여 그 육신의
생각을 따라 헛되이 과장하고
19 머리를 붙들지 아니하는지라 온 몸이
머리로 말미암아 마디와 힘줄로 공급
함을 받고 연합하여 하나님이 자라게
하시므로 자라느니라

그리스도와 함께 하는 새 사람

20 너희가 세상의 초등학문에서 그리스
도와 함께 죽었거든 어찌하여 세상
에 사는 것과 같이 규례에 순종하느
냐
21 (곧 붙잡지도 말고 맛보지도 말고
만지지도 말라 하는 것이니
22 이 모든 것은 한때 쓰이고는 없어지
리라) 사람의 명령과 가르침을 따르
느냐
23 이런 것들은 자의적 숭배와 겸손과
몸을 괴롭게 하는 데는 지혜 있는
모양이나 오직 육체 따르는 것을 금
하는 데는 조금도 유익이 없느니라

3 그러므로 너희가 그리스도와 함
께 다시 살리심을 받았으면 위의
것을 찾으라 거기는 그리스도께서
하나님 우편에 앉아 계시느니라
2 위의 것을 생각하고 땅의 것을 생각
하지 말라
3 이는 너희가 죽었고 너희 생명이 그
리스도와 함께 하나님 안에 감추어
졌음이라
4 우리 생명이신 그리스도께서 나타나
실 그 때에 너희도 그와 함께 영광
중에 나타나리라
5 그러므로 땅에 있는 지체를 죽이라
곧 음란과 부정과 사욕과 악한 정욕
과 탐심이니 탐심은 우상 숭배니라
6 이것들로 말미암아 하나님의 진노가
임하느니라
7 너희도 전에 그 가운데 살 때에는 그
가운데서 행하였으나
8 이제는 너희가 이 모든 것을 벗어 버
리라 곧 분함과 노여움과 악의와 비
방과 너희 입의 부끄러운 말이라
9 너희가 서로 거짓말을 하지 말라 옛
사람과 그 행위를 벗어 버리고
10 새 사람을 입었으니 이는 자기를 창
조하신 이의 형상을 따라 지식에까지
새롭게 하심을 입은 자니라
11 거기에는 헬라인이나 유대인이나 할
례파나 무할례파나 야만인이나 스구
디아인이나 종이나 자유인이 차별이
있을 수 없나니 오직 그리스도는 만
유시요 만유 안에 계시니라
12 그러므로 너희는 하나님이 택하사 거
룩하고 사랑 받는 자처럼 긍휼과 자
비와 겸손과 온유와 오래 참음을 옷
입고

13 누가 누구에게 불만이 있거든 서로
용납하여 피차 용서하되 주께서 너희
를 용서하신 것 같이 너희도 그리하
고
14 이 모든 것 위에 사랑을 더하라 이는
온전하게 매는 띠니라
15 그리스도의 평강이 너희 마음을 주장
하게 하라 너희는 평강을 위하여 한
몸으로 부르심을 받았나니 너희는
또한 감사하는 자가 되라
16 그리스도의 말씀이 너희 속에 풍성히
거하여 모든 지혜로 피차 가르치며
권면하고 시와 찬송과 신령한 노래를
부르며 감사하는 마음으로 하나님을
찬양하고
17 또 무엇을 하든지 말에나 일에나 다
주 예수의 이름으로 하고 그를 힘입
어 하나님 아버지께 감사하라

주께 하듯 하라

18 아내들아 남편에게 복종하라 이는
주 안에서 마땅하니라
19 남편들아 아내를 사랑하며 괴롭게
하지 말라
20 자녀들아 모든 일에 부모에게 순종
하라 이는 주 안에서 기쁘게 하는 것
이니라
21 아비들아 너희 자녀를 노엽게 하지
말지니 낙심할까 함이라
22 종들아 모든 일에 육신의 상전들에
게 순종하되 사람을 기쁘게 하는 자
와 같이 눈가림만 하지 말고 오직 주
를 두려워하여 성실한 마음으로 하라
23 무슨 일을 하든지 마음을 다하여 주
께 하듯 하고 사람에게 하듯 하지
말라
24 이는 기업의 상을 주께 받을 줄 아나
니 너희는 주 그리스도를 섬기느니라
25 불의를 행하는 자는 불의의 보응을
받으리니 주는 사람을 외모로 취하
심이 없느니라

4 상전들아 의와 공평을 종들에게
베풀지니 너희에게도 하늘에 상전
이 계심을 알지어다

권면

2 기도를 계속하고 기도에 감사함으로
깨어 있으라
3 또한 우리를 위하여 기도하되 하나님
이 전도할 문을 우리에게 열어 주사
그리스도의 비밀을 말하게 하시기를
구하라 내가 이 일 때문에 매임을 당

365묵상

옛 사람을 벗고 새 사람을 입기

하나님은 우리가 썩어져 가는 옛 사람을 벗고 날로 새로워져 가는 새 사람을 입기를 원하신다(골 3:8-10). 그러므로 자신의 장점들을 발견하여 개발하는 한편, 하나님의 말씀에 근거하여 날마다 좋은 결정을 내리고 옳은 선택을 취하라. 거짓말, 게으름 같은 옛 사람의 나쁜 행태를 버리고, 하나님의 말씀에 따르는 훈련을 반복하라. 그러다 보면 하나님이 바라시는 자신의 새로운 자아상이 점차 확립될 것이다. 현재의 자신 못지않게 중요한 것은 앞으로 되어갈 새로운 자아다. 그리스도와 함께 멋진 자신의 모습을 만들어가라!

하였노라
4 그리하면 내가 마땅히 할 말로써 이
비밀을 나타내리라
5 외인에게 대해서는 지혜로 행하여
세월을 아끼라
6 너희 말을 항상 은혜 가운데서 소금
으로 맛을 냄과 같이 하라 그리하면
각 사람에게 마땅히 대답할 것을 알
리라

끝 인사

7 두기고가 내 사정을 다 너희에게 알
려 주리니 그는 사랑 받는 형제요 신
실한 일꾼이요 주 안에서 함께 종이
된 자니라
8 내가 그를 특별히 너희에게 보내는
것은 너희로 우리 사정을 알게 하고
너희 마음을 위로하게 하려 함이라
9 신실하고 사랑을 받는 형제 오네시
모를 함께 보내노니 그는 너희에게
서 온 사람이라 그들이 여기 일을 다
너희에게 알려 주리라
10 나와 함께 갇힌 아리스다고와 바나
바의 생질 마가와 (이 마가에 대하여
너희가 명을 받았으매 그가 이르거
든 영접하라)
11 유스도라 하는 예수도 너희에게 문
안하느니라 그들은 할례파이나 이들
만은 하나님의 나라를 위하여 함께
역사하는 자들이니 이런 사람들이 나
의 위로가 되었느니라
12 그리스도 예수의 종인 너희에게서
온 에바브라가 너희에게 문안하느니
라 그가 항상 너희를 위하여 애써 기
도하여 너희로 하나님의 모든 뜻 가
운데서 완전하고 확신 있게 서기를
구하나니
13 그가 너희와 라오디게아에 있는 자
들과 히에라볼리에 있는 자들을 위
하여 많이 수고하는 것을 내가 증언
하노라
14 사랑을 받는 의사 누가와 또 데마가
너희에게 문안하느니라
15 라오디게아에 있는 형제들과 눔바와
그 여자의 집에 있는 교회에 문안하
고
16 이 편지를 너희에게서 읽은 후에 라
오디게아인의 교회에서도 읽게 하고
또 라오디게아로부터 오는 편지를
너희도 읽으라
17 아킵보에게 이르기를 주 안에서 받
은 직분을 삼가 이루라고 하라
18 나 바울은 친필로 문안하노니 내가
매인 것을 생각하라 은혜가 너희에
게 있을지어다

데살로니가전·후서 1·2 Thessalonians

사도 바울은 데살로니가 교회에 써 보낸 첫 번째 편지(데살로니가전서)에서 자신이 가르쳤던 복음의 진리들을 기억할 것을 교인들에게 권면했고, 또한 당시 교회의 큰 관심사였던 예수의 재림과 성도의 부활 문제를 직접 다룸으로써 교회를 위로하고 격려했다. 두 번째 편지(데살로니가후서)에서 바울은 첫 번째 편지 내용을 오해한 자들에게 주의 재림에 관해 올바른 진리를 새삼 알려주었다.

제목 '데살로니가인들에게 (보낸) 첫 번째(편지)'(프로스 데살로니케이스 알파)란 헬라어 원제목에서 '데살로니가전서'라는 명칭이 유래했고, '데살로니가인들에게 (보낸) 두 번째(편지)'(프로스 데살로니케이스 베타)라는 헬라어 원제목에서 '데살로니가후서'라는 명칭이 유래했다.

저자 사도 바울. 본서의 여러 내증들(살전 1:1; 2:18; 살후 1:1; 3:17)과 바울이 쓴 다른 서신들 및 초대 교부들의 증언 등이 바울의 저작설을 뒷받침해 준다.

기록 연대 A.D. 50–52년경. 사도 바울의 제2차 전도 여행(A.D. 50–52년) 중에 기록된 것으로 추정된다. 두 번째 편지인 데살로니가후서는 첫 번째 편지(데살로니가전서)가 기록된 후, 5–6개월이 지난 때로 여겨진다.

기록 목적 ① 핍박 중에 있는 성도들을 위로하고 격려하며, 환난 중에서도 성결하고 성실한 삶을 살도록 장려하기 위해. ② 예수의 재림 이전에 죽은 자들의 장래를 밝히고, 재림이 임박했다는 잘못된 견해를 바로잡아 주기 위해. ③ 재림을 핑계로 일상생활을 등한시하는 자들의 잘못된 태도를 경고하기 위해 이 편지를 썼다.

주제 그리스도의 재림과 주의 날. 성도는 인내 중에 예수 재림을 소망하면서, 성결한 삶을 살아야 함.

특징 ① 재림의 서신 – 예수의 재림에 대한 초대교회 교인들의 궁금증을 풀어주고 있다. ② 성결의 서신 – 재림을 소망하는 성도들의 성결한 삶을 강조하고 있다.

본서의 내용

Ⅰ. 교회를 향한 칭찬과 격려
① 바울의 칭찬 살전(1:1–10)
② 바울의 기쁨 (살전 2:1–3:13)

Ⅱ. 교회에 대한 교훈과 권면
① 바울의 교훈 (살전 4:1–5:11)
② 권고와 인사 (살전 5:12–28)

Ⅲ. 주의 날을 바로 알라!
① 교회를 향한 격려 (살후 1:1–12)
② 주의 날에 대한 교훈 (살후 2:1–17)
③ 교회에 대한 권면 (살후 3:1–18)

연대표

A.D.	
30년	예수의 부활과 승천
34년	바울의 다메섹 회심
47년	바울의 제 1차 전도 여행(47–49년)
49년	예루살렘 사도 회의(50년?)
50년	바울의 제 2차 전도 여행(50–52년)
	데살로니가전후서 기록(51–52년경)
53년	바울의 제 3차 전도 여행(53–58년)
58년	잡힘(예루살렘)과 감금(가이사랴)
59년	바울의 로마 여행
61년	바울의 로마 도착과 옥중생활
	옥중서신 기록
63년	바울의 석방
64년	네로의 대박해(1차)
67년	바울의 순교(참수)
68년	베드로의 순교
70년	예루살렘 멸망

· 데살로니가전·후서의 주요 무대

데살로니가전서 1 Thessalonians

인사

1 바울과 실루아노와 디모데는 하
나님 아버지와 주 예수 그리스도
안에 있는 데살로니가인의 교회에 편
지하노니 은혜와 평강이 너희에게 있
을지어다

데살로니가 교인들의 믿음의 본

2 우리가 너희 모두로 말미암아 항상
하나님께 감사하며 기도할 때에 너희
를 기억함은
3 너희의 믿음의 역사와 사랑의 수고와
우리 주 예수 그리스도에 대한 소망
의 인내를 우리 하나님 아버지 앞에
서 끊임없이 기억함이니
4 하나님의 사랑하심을 받은 형제들아
너희를 택하심을 아노라
5 이는 우리 복음이 너희에게 말로만
이른 것이 아니라 또한 능력과 성령
과 큰 확신으로 된 것임이라 우리가
너희 가운데서 너희를 위하여 어떤 사
람이 된 것은 너희가 아는 바와 같으
니라
6 또 너희는 많은 환난 가운데서 성령
의 기쁨으로 말씀을 받아 우리와 주
를 본받은 자가 되었으니
7 그러므로 너희가 마게도냐와 아가야
에 있는 모든 믿는 자의 본이 되었느
니라
8 주의 말씀이 너희에게로부터 마게도
냐와 아가야에만 들릴 뿐 아니라 하
나님을 향하는 너희 믿음의 소문이
각처에 퍼졌으므로 우리는 아무 말
도 할 것이 없노라
9 그들이 우리에 대하여 스스로 말하
기를 우리가 어떻게 너희 가운데에
들어갔는지와 너희가 어떻게 우상을
버리고 하나님께로 돌아와서 살아
계시고 참되신 하나님을 섬기는지와
10 또 죽은 자들 가운데서 다시 살리신
그의 아들이 하늘로부터 강림하실 것
을 너희가 어떻게 기다리는지를 말하
니 이는 장래의 노하심에서 우리를
건지시는 예수시니라

데살로니가에서 벌인 바울의 사역

2 형제들아 우리가 너희 가운데 들
어간 것이 헛되지 않은 줄을 너희
가 친히 아나니
2 너희가 아는 바와 같이 우리가 먼저
빌립보에서 고난과 능욕을 당하였으
나 우리 하나님을 힘입어 많은 싸움
중에 하나님의 복음을 너희에게 전
하였노라

3 우리의 권면은 간사함이나 부정에서
난 것이 아니요 속임수로 하는 것도
아니라
4 오직 하나님께 옳게 여기심을 입어
복음을 위탁 받았으니 우리가 이와
같이 말함은 사람을 기쁘게 하려 함
이 아니요 오직 우리 마음을 감찰하
시는 하나님을 기쁘시게 하려 함이라
5 너희도 알거니와 우리가 아무 때에
도 아첨하는 말이나 탐심의 탈을 쓰
지 아니한 것을 하나님이 증언하시느
니라
6 또한 우리는 너희에게서든지 다른 이
에게서든지 사람에게서는 영광을 구
하지 아니하였노라
7 우리는 그리스도의 사도로서 마땅히
권위를 주장할 수 있으나 도리어 너
희 가운데서 유순한 자가 되어 유모
가 자기 자녀를 기름과 같이 하였으
니
8 우리가 이같이 너희를 사모하여 하나
님의 복음뿐 아니라 우리의 목숨까
지도 너희에게 주기를 기뻐함은 너희
가 우리의 사랑하는 자 됨이라
9 형제들아 우리의 수고와 애쓴 것을
너희가 기억하리니 너희 아무에게도
폐를 끼치지 아니하려고 밤낮으로 일
하면서 너희에게 하나님의 복음을 전
하였노라
10 우리가 너희 믿는 자들을 향하여 어
떻게 거룩하고 옳고 흠 없이 행하였
는지에 대하여 너희가 증인이요 하나
님도 그러하시도다
11 너희도 아는 바와 같이 우리가 너희
각 사람에게 아버지가 자기 자녀에게
하듯 권면하고 위로하고 경계하노니
12 이는 너희를 부르사 자기 나라와 영
광에 이르게 하시는 하나님께 합당
히 행하게 하려 함이라
13 이러므로 우리가 하나님께 끊임없이
감사함은 너희가 우리에게 들은 바
하나님의 말씀을 받을 때에 사람의
말로 받지 아니하고 하나님의 말씀
으로 받음이니 진실로 그러하도다 이
말씀이 또한 너희 믿는 자 가운데에
서 역사하느니라
14 형제들아 너희가 그리스도 예수 안
에서 유대에 있는 하나님의 교회들
을 본받은 자 되었으니 그들이 유대
인들에게 고난을 받음과 같이 너희
도 너희 동족에게서 동일한 고난을
받았느니라
15 유대인은 주 예수와 선지자들을 죽
이고 우리를 쫓아내고 하나님을 기
쁘시게 하지 아니하고 모든 사람에
게 대적이 되어

16 우리가 이방인에게 말하여 구원받게
함을 그들이 금하여 자기 죄를 항상
채우매 노하심이 끝까지 그들에게
임하였느니라

바울이 데살로니가에 다시 가기를 원하다

17 형제들아 우리가 잠시 너희를 떠난
것은 얼굴이요 마음은 아니니 너희
얼굴 보기를 열정으로 더욱 힘썼노라
18 그러므로 나 바울은 한번 두번 너희
에게 가고자 하였으나 사탄이 우리
를 막았도다
19 우리의 소망이나 기쁨이나 자랑의 면
류관이 무엇이냐 그가 강림하실 때
우리 주 예수 앞에 너희가 아니냐
20 너희는 우리의 영광이요 기쁨이니라

3

이러므로 우리가 참다 못하여 우
리만 아덴에 머물기를 좋게 생각
하고
2 우리 형제 곧 그리스도의 복음을 전
하는 하나님의 일꾼인 디모데를 보
내노니 이는 너희를 굳건하게 하고
너희 믿음에 대하여 위로함으로
3 아무도 이 여러 환난 중에 흔들리지
않게 하려 함이라 우리가 이것을 위
하여 세움 받은 줄을 너희가 친히 알
리라
4 우리가 너희와 함께 있을 때에 장차
받을 환난을 너희에게 미리 말하였는
데 과연 그렇게 된 것을 너희가 아느
니라
5 이러므로 나도 참다 못하여 너희 믿
음을 알기 위하여 그를 보내었노니
이는 혹 시험하는 자가 너희를 시험
하여 우리 수고를 헛되게 할까 함이
니
6 지금은 디모데가 너희에게로부터 와
서 너희 믿음과 사랑의 기쁜 소식을
우리에게 전하고 또 너희가 항상 우
리를 잘 생각하여 우리가 너희를 간
절히 보고자 함과 같이 너희도 우리
를 간절히 보고자 한다 하니
7 이러므로 형제들아 우리가 모든 궁
핍과 환난 가운데서 너희 믿음으로
말미암아 너희에게 위로를 받았노라
8 그러므로 너희가 주 안에 굳게 선즉
우리가 이제는 살리라
9 우리가 우리 하나님 앞에서 너희로
말미암아 모든 기쁨으로 기뻐하니
너희를 위하여 능히 어떠한 감사로
하나님께 보답할까
10 주야로 심히 간구함은 너희 얼굴을
보고 너희 믿음이 부족한 것을 보충
하게 하려 함이라
11 하나님 우리 아버지와 우리 주 예수
는 우리 길을 너희에게로 갈 수 있게
하시오며

12 또 주께서 우리가 너희를 사랑함과
같이 너희도 피차간과 모든 사람에
대한 사랑이 더욱 많아 넘치게 하사
13 너희 마음을 굳건하게 하시고 우리
주 예수께서 그의 모든 성도와 함께
강림하실 때에 하나님 우리 아버지
앞에서 거룩함에 흠이 없게 하시기를
원하노라

하나님을 기쁘시게 하는 생활

4 그러므로 형제들아 우리가 끝으
로 주 예수 안에서 너희에게 구하
고 권면하노니 너희가 마땅히 어떻게
행하며 하나님을 기쁘시게 할 수 있
는지를 우리에게 배웠으니 곧 너희가
행하는 바라 더욱 많이 힘쓰라
2 우리가 주 예수로 말미암아 너희에
게 무슨 명령으로 준 것을 너희가 아
느니라
3 하나님의 뜻은 이것이니 너희의 거룩
함이라 곧 음란을 버리고
4 각각 거룩함과 존귀함으로 자기의
아내 대할 줄을 알고
5 하나님을 모르는 이방인과 같이 색
욕을 따르지 말고
6 이 일에 분수를 넘어서 형제를 해하
지 말라 이는 우리가 너희에게 미리
말하고 증언한 것과 같이 이 모든 일
에 주께서 신원하여 주심이라
7 하나님이 우리를 부르심은 부정하게
하심이 아니요 거룩하게 하심이니
8 그러므로 저버리는 자는 사람을 저버
림이 아니요 너희에게 그의 성령을
주신 하나님을 저버림이니라
9 형제 사랑에 관하여는 너희에게 쓸
것이 없음은 너희들 자신이 하나님의
가르치심을 받아 서로 사랑함이라
10 너희가 온 마게도냐 모든 형제에 대
하여 과연 이것을 행하도다 형제들아
권하노니 더욱 그렇게 행하고
11 또 너희에게 명한 것 같이 조용히 자
기 일을 하고 너희 손으로 일하기를
힘쓰라
12 이는 외인에 대하여 단정히 행하고
또한 아무 궁핍함이 없게 하려 함이
라

주의 강림과 죽은 자들의 부활

13 형제들아 자는 자들에 관하여는 너
희가 알지 못함을 우리가 원하지 아
니하노니 이는 소망 없는 다른 이와
같이 슬퍼하지 않게 하려 함이라

365묵상

각 사람의 영혼에 관심을 갖기

많은 청중에게 복음을 전하는 것은 훌륭한 일지만 각 사람을 대상으로 권면하고 위로하는 일도 무척 중요하다. 소아시아 전역을 돌아다니면서 활동적으로 일하던 바울이 데살로니가 교인들에게 자신이 그들 한 사람 한 사람과 보낸 시간을 상기시켜 주었다는 것은 아주 인상 깊은 일이다(살전 2:11-12). 우리는 바쁘게 살아가느라 지인들은 물론이고, 심지어 가족과도 함께할 시간을 갖기 어렵다. 이런 때에 한 연약한 영혼을 위해 개인적으로 시간을 내서 "힘내요!"하면서 위로하고 권면하는 일은 얼마나 아름다운 일인가.

14 우리가 예수께서 죽으셨다가 다시
살아나심을 믿을진대 이와 같이 예수
안에서 자는 자들도 하나님이 그와
함께 데리고 오시리라
15 우리가 주의 말씀으로 너희에게 이것
을 말하노니 주께서 강림하실 때까지
우리 살아 남아 있는 자도 자는 자
보다 결코 앞서지 못하리라
16 주께서 호령과 천사장의 소리와 하나
님의 나팔 소리로 친히 하늘로부터
강림하시리니 그리스도 안에서 죽은
자들이 먼저 일어나고
17 그 후에 우리 살아 남은 자들도 그
들과 함께 구름 속으로 끌어 올려
공중에서 주를 영접하게 하시리니 그
리하여 우리가 항상 주와 함께 있으
리라
18 그러므로 이러한 말로 서로 위로하
라

5 형제들아 때와 시기에 관하여는
너희에게 쓸 것이 없음은
2 주의 날이 밤에 도둑 같이 이를 줄을
너희 자신이 자세히 알기 때문이라
3 그들이 평안하다, 안전하다 할 그 때
에 임신한 여자에게 해산의 고통이
이름과 같이 멸망이 갑자기 그들에게
이르리니 결코 피하지 못하리라
4 형제들아 너희는 어둠에 있지 아니하
매 그 날이 도둑 같이 너희에게 임하
지 못하리니
5 너희는 다 빛의 아들이요 낮의 아들
이라 우리가 밤이나 어둠에 속하지
아니하나니
6 그러므로 우리는 다른 이들과 같이
자지 말고 오직 깨어 정신을 차릴지
라
7 자는 자들은 밤에 자고 취하는 자들
은 밤에 취하되
8 우리는 낮에 속하였으니 정신을 차리
고 믿음과 사랑의 호심경을 붙이고
구원의 소망의 투구를 쓰자
9 하나님이 우리를 세우심은 노하심에
이르게 하심이 아니요 오직 우리 주
예수 그리스도로 말미암아 구원을
받게 하심이라
10 예수께서 우리를 위하여 죽으사 우
리로 하여금 깨어 있든지 자든지 자
기와 함께 살게 하려 하셨느니라
11 그러므로 피차 권면하고 서로 덕을
세우기를 너희가 하는 것 같이 하라

권면과 끝 인사

12 형제들아 우리가 너희에게 구하노니
너희 가운데서 수고하고 주 안에서
너희를 다스리며 권하는 자들을 너희
가 알고
13 그들의 역사로 말미암아 사랑 안에

서 가장 귀히 여기며 너희끼리 화목하
라
14 또 형제들아 너희를 권면하노니 게으
른 자들을 권계하며 마음이 약한 자
들을 격려하고 힘이 없는 자들을 붙
들어 주며 모든 사람에게 오래 참으
라
15 삼가 누가 누구에게든지 악으로 악
을 갚지 말게 하고 서로 대하든지 모
든 사람을 대하든지 항상 선을 따르
라
16 항상 기뻐하라
17 쉬지 말고 기도하라
18 범사에 감사하라 이것이 그리스도 예
수 안에서 너희를 향하신 하나님의
뜻이니라
19 성령을 소멸하지 말며
20 예언을 멸시하지 말고
21 범사에 헤아려 좋은 것을 취하고
22 악은 어떤 모양이라도 버리라
23 평강의 하나님이 친히 너희를 온전히
거룩하게 하시고 또 너희의 온 영과
혼과 몸이 우리 주 예수 그리스도께
서 강림하실 때에 흠 없게 보전되기
를 원하노라
24 너희를 부르시는 이는 미쁘시니 그가
또한 이루시리라
25 형제들아 우리를 위하여 기도하라
26 거룩하게 입맞춤으로 모든 형제에게
문안하라
27 내가 주를 힘입어 너희를 명하노니
모든 형제에게 이 편지를 읽어 주라
28 우리 주 예수 그리스도의 은혜가 너
희에게 있을지어다

데살로니가후서 2 Thessalonians

인사

1 바울과 실루아노와 디모데는 하나님 우리 아버지와 주 예수 그리스도 안에 있는 데살로니가인의 교회에 편지하노니

2 하나님 아버지와 주 예수 그리스도로부터 은혜와 평강이 너희에게 있을지어다

하나님의 공의로운 심판의 표

3 형제들아 우리가 너희를 위하여 항상 하나님께 감사할지니 이것이 당연함은 너희의 믿음이 더욱 자라고 너희가 다 각기 서로 사랑함이 풍성함이니

4 그러므로 너희가 견디고 있는 모든 박해와 환난 중에서 너희 인내와 믿음으로 말미암아 하나님의 여러 교회에서 우리가 친히 자랑하노라

5 이는 하나님의 공의로운 심판의 표요 너희로 하여금 하나님의 나라에 합당한 자로 여김을 받게 하려 함이니 그 나라를 위하여 너희가 또한 고난을 받느니라

6 너희로 환난을 받게 하는 자들에게는 환난으로 갚으시고

7 환난을 받는 너희에게는 우리와 함께 안식으로 갚으시는 것이 하나님의 공의시니 주 예수께서 자기의 능력의 천사들과 함께 하늘로부터 불꽃 가운데에 나타나실 때에

8 하나님을 모르는 자들과 우리 주 예수의 복음에 복종하지 않는 자들에게 형벌을 내리시리니

9 이런 자들은 주의 얼굴과 그의 힘의 영광을 떠나 영원한 멸망의 형벌을 받으리로다

10 그 날에 그가 강림하사 그의 성도들에게서 영광을 받으시고 모든 믿는 자들에게서 놀랍게 여김을 얻으시리니 이는 (우리의 증거가 너희에게 믿어졌음이라)

11 이러므로 우리도 항상 너희를 위하여 기도함은 우리 하나님이 너희를 그 부르심에 합당한 자로 여기시고 모든 선을 기뻐함과 믿음의 역사를 능력으로 이루게 하시고

12 우리 하나님과 주 예수 그리스도의 은혜대로 우리 주 예수의 이름이 너희 가운데서 영광을 받으시고 너희도 그 안에서 영광을 받게 하려 함이라

멸망하는 자들

2 형제들아 우리가 너희에게 구하는
것은 우리 주 예수 그리스도의 강
림하심과 우리가 그 앞에 모임에 관
하여
2 영으로나 또는 말로나 또는 우리에
게서 받았다 하는 편지로나 주의 날
이 이르렀다고 해서 쉽게 마음이 흔
들리거나 두려워하거나 하지 말아야
한다는 것이라
3 누가 어떻게 하여도 너희가 미혹되지
말라 먼저 배교하는 일이 있고 저 불
법의 사람 곧 멸망의 아들이 나타나
기 전에는 그 날이 이르지 아니하리
니
4 그는 대적하는 자라 신이라고 불리
는 모든 것과 숭배함을 받는 것에
대항하여 그 위에 자기를 높이고 하
나님의 성전에 앉아 자기를 하나님이
라고 내세우느니라
5 내가 너희와 함께 있을 때에 이 일을
너희에게 말한 것을 기억하지 못하느
냐
6 너희는 지금 그로 하여금 그의 때에
나타나게 하려 하여 막는 것이 있는
것을 아나니
7 불법의 비밀이 이미 활동하였으나 지
금은 그것을 막는 자가 있어 그 중
에서 옮겨질 때까지 하리라
8 그 때에 불법한 자가 나타나리니 주
예수께서 그 입의 기운으로 그를 죽
이시고 강림하여 나타나심으로 폐하
시리라
9 악한 자의 나타남은 사탄의 활동을
따라 모든 능력과 표적과 거짓 기적
과
10 불의의 모든 속임으로 멸망하는 자
들에게 있으리니 이는 그들이 진리의
사랑을 받지 아니하여 구원함을 받지
못함이라
11 이러므로 하나님이 미혹의 역사를 그
들에게 보내사 거짓 것을 믿게 하심
은
12 진리를 믿지 않고 불의를 좋아하는
모든 자들로 하여금 심판을 받게 하
려 하심이라

가르침을 받은 전통을 지키라

13 주께서 사랑하시는 형제들아 우리가
항상 너희에 관하여 마땅히 하나님께
감사할 것은 하나님이 처음부터 너희
를 택하사 성령의 거룩하게 하심과
진리를 믿음으로 구원을 받게 하심이
니
14 이를 위하여 우리의 복음으로 너희를
부르사 우리 주 예수 그리스도의 영
광을 얻게 하려 하심이니라
15 그러므로 형제들아 굳건하게 서서

말로나 우리의 편지로 가르침을 받
은 전통을 지키라
16 우리 주 예수 그리스도와 우리를 사
랑하시고 영원한 위로와 좋은 소망
을 은혜로 주신 하나님 우리 아버지
께서
17 너희 마음을 위로하시고 모든 선한
일과 말에 굳건하게 하시기를 원하노
라

우리를 위하여 기도하라

3 끝으로 형제들아 너희는 우리를
위하여 기도하기를 주의 말씀이 너
희 가운데서와 같이 퍼져 나가 영광
스럽게 되고
2 또한 우리를 부당하고 악한 사람들
에게서 건지시옵소서 하라 믿음은 모
든 사람의 것이 아니니라
3 주는 미쁘사 너희를 굳건하게 하시
고 악한 자에게서 지키시리라
4 너희에 대하여는 우리가 명한 것을
너희가 행하고 또 행할 줄을 우리가
주 안에서 확신하노니
5 주께서 너희 마음을 인도하여 하나님
의 사랑과 그리스도의 인내에 들어
가게 하시기를 원하노라

게으름을 경계하다

6 형제들아 우리 주 예수 그리스도의
이름으로 너희를 명하노니 게으르게
행하고 우리에게서 받은 전통대로
행하지 아니하는 모든 형제에게서 떠
나라
7 어떻게 우리를 본받아야 할지를 너희
가 스스로 아나니 우리가 너희 가운
데서 무질서하게 행하지 아니하며
8 누구에게서든지 음식을 값없이 먹지
않고 오직 수고하고 애써 주야로 일
함은 너희 아무에게도 폐를 끼치지
아니하려 함이니
9 우리에게 권리가 없는 것이 아니요
오직 스스로 너희에게 본을 보여 우
리를 본받게 하려 함이니라
10 우리가 너희와 함께 있을 때에도 너
희에게 명하기를 누구든지 일하기
싫어하거든 먹지도 말게 하라 하였더
니
11 우리가 들은즉 너희 가운데 게으르
게 행하여 도무지 일하지 아니하고
일을 만들기만 하는 자들이 있다 하
니
12 이런 자들에게 우리가 명하고 주 예
수 그리스도 안에서 권하기를 조용
히 일하여 자기 양식을 먹으라 하노
라
13 형제들아 너희는 선을 행하다가 낙심
하지 말라
14 누가 이 편지에 한 우리 말을 순종하

지 아니하거든 그 사람을 지목하여
사귀지 말고 그로 하여금 부끄럽게
하라
15 그러나 원수와 같이 생각하지 말고
형제 같이 권면하라

축 복

16 평강의 주께서 친히 때마다 일마다
너희에게 평강을 주시고 주께서 너희
모든 사람과 함께 하시기를 원하노
라
17 나 바울은 친필로 문안하노니 이는
편지마다 표시로서 이렇게 쓰노라
18 우리 주 예수 그리스도의 은혜가 너
희 무리에게 있을지어다

365묵상

조용히 일하여 자기 양식을 먹기

일하기 싫어하는 게으름의 문제는 옛적 데살로니가 교회의 문제였고, 오늘날에도 여전히 우리 교회의 문제다. 정말로 일하기를 싫어하는 사람들이 있다. 이처럼 게으른 자들을 향한 바울의 권면은 무척 단호했다. “누구든지 일하기 싫어하거든 먹지도 말게 하라” 하면서 “조용히 일하여 자기 양식을 먹으라”(살후 3:12)고 강조했다. 그렇게 함으로써 바울은 하나님의 백성은 일하기를 싫어하는 자들이 아니라, 맡은바 자기 일을 힘써 행하는 자들이며, 또한 자기 일에 조용히 최선을 다하는 자들이 되어야 함을 가르쳤다.

디모데전·후서 1·2 Timothy

사도 바울은 믿음의 아들 된 디모데에게 써 보낸 첫 번째 편지(디모데전서)에서 교회 감독, 이단, 직분자의 자격, 교인의 신앙 성숙 등 목회에 관한 제반 사항들을 알려줌으로써 디모데를 좋은 목회자의 길로 안내하였다. 두 번째로 써 보낸 편지(디모데후서)에서 바울은 복음의 동역자 된 디모데에게 장차 시련의 시기가 닥쳐온다는 사실을 알려 주면서 믿음의 반석 위에 굳게 설 것을 당부했다.

제목 '디모데에게 (보낸) 첫 번째(편지)'(프로스 티모테온 알파)라는 헬라어 원제목에서 '디모데전서'라는 명칭이, '디모데에게 (보낸) 두 번째(편지)'(프로스 티모테온 베타)라는 헬라어 원제목에서 '디모데후서'라는 명칭이 생겼다.

저자 사도 바울. 본서의 내증들(딤전 1:1; 딤후 1:1)과 바울이 쓴 다른 서신들과의 유사성 및 초대 교부들의 증언은 바울의 저작설을 뒷받침해 준다.

기록 연대 A.D. 63년경(디모데전서)과 A.D. 67년경(디모데후서). 디모데전서는 바울이 1차 로마 투옥에서 풀려난 후 재수감되기 이전에 기록했고, 디모데후서는 2차 로마 투옥 중에 기록했다.

기록 목적 ① 믿음의 아들인 디모데의 목회 사역을 조언하고 격려하기 위해. ② 당시 교회를 미혹하던 영지주의 이단 사상 및 각양 거짓 교사들의 가르침을 배격하도록 하기 위해. ③ 옥중 생활에 필요한 물건을 조달받기 위해 본서를 기록하였다.

주제 교회 사역자의 자세 및 그리스도의 좋은 군사.

특징 ① 목회 서신 – 목회 현장의 실제적인 문제들에 대해 지침을 주고 있다. ② 개인적인 서신 – 바울 자신의 회고담 및 디모데 개인에 대한 권면 등이 자주 등장한다. ③ 고난의 서신 – 교회 사역자 및 복음 전파자로서 각종 고난에 대처해야 할 굳센 믿음의 마음 자세를 강조한다.

본서의 내용

I. 목회의 원리
① 바른 교리(딤전 1:1–20)
② 공중예배(딤전 2:1–15)
③ 교회의 지도자 (딤전 3:1–16)

II. 목회의 실천
① 거짓 교사(딤전 4:1–16)
② 교회의 질서(딤전 5:1–25)
③ 목회자의 자격 (딤전 6:1–21)

III. 현재의 시련을 인내함
① 바른 교훈을 지키라 (딤후 1:1–18)
② 바른 교훈을 가르치라 (딤후 2:1–26)

IV. 장차의 시련을 인내함
① 바른 교훈에 거하라 (딤후 3:1–17)
② 바른 교훈을 전하라 (딤후 4:1–22)

연대표

A.D.	
30년	예수의 부활과 승천
34년	바울의 다메섹 회심
47년	바울의 제 1차 전도 여행(47–49년)
50년	바울의 제 2차 전도 여행(50–52년)
53년	바울의 제 3차 전도 여행(53–58년)
58년	매임(예루살렘)과 감금(가이사랴)
59년	로마에로의 호송
61년	바울의 로마 도착과 연금(軟禁) 생활 (61–63년)
63년	석방과 마지막 전도여행(63–67년)
	디모데전서 및 디도서 기록 (63–65년)
64년	로마 대화재 사건
	네로(54–68년)의 기독교인 대핍박
67년	바울의 잡힘과 감금
	디모데후서 기록
	바울의 순교–참수형
68년	베드로의 순교–십자가형

· 디모데전·후서의 주요 무대

디모데전서 1 Timothy

인사

1 우리 구주 하나님과 우리의 소망
이신 그리스도 예수의 명령을 따
라 그리스도 예수의 사도 된 바울은
2 믿음 안에서 참 아들 된 디모데에게
편지하노니 하나님 아버지와 그리스
도 예수 우리 주께로부터 은혜와 긍
휼과 평강이 네게 있을지어다

다른 교훈을 가르치지 말라

3 내가 마게도냐로 갈 때에 너를 권하
여 에베소에 머물라 한 것은 어떤 사
람들을 명하여 다른 교훈을 가르치
지 말며
4 신화와 족보에 끝없이 몰두하지 말
게 하려 함이라 이런 것은 믿음 안에
있는 하나님의 경륜을 이룸보다 도리
어 변론을 내는 것이라
5 이 교훈의 목적은 청결한 마음과 선
한 양심과 거짓이 없는 믿음에서 나
오는 사랑이거늘
6 사람들이 이에서 벗어나 헛된 말에
빠져
7 율법의 선생이 되려 하나 자기가 말
하는 것이나 자기가 확증하는 것도
깨닫지 못하는도다
8 그러나 율법은 사람이 그것을 적법하
게만 쓰면 선한 것임을 우리는 아노
라
9 알 것은 이것이니 율법은 옳은 사람
을 위하여 세운 것이 아니요 오직 불
법한 자와 복종하지 아니하는 자와
경건하지 아니한 자와 죄인과 거룩하
지 아니한 자와 망령된 자와 아버지
를 죽이는 자와 어머니를 죽이는 자
와 살인하는 자며
10 음행하는 자와 남색하는 자와 인신
매매를 하는 자와 거짓말하는 자와
거짓맹세하는 자와 기타 바른 교훈
을 거스르는 자를 위함이니
11 이 교훈은 내게 맡기신 바 복되신 하
나님의 영광의 복음을 따름이니라

은혜를 감사하다

12 나를 능하게 하신 그리스도 예수 우
리 주께 내가 감사함은 나를 충성되
이 여겨 내게 직분을 맡기심이니
13 내가 전에는 비방자요 박해자요 폭
행자였으나 도리어 긍휼을 입은 것
은 내가 믿지 아니할 때에 알지 못하
고 행하였음이라
14 우리 주의 은혜가 그리스도 예수 안
에 있는 믿음과 사랑과 함께 넘치도
록 풍성하였도다

15 미쁘다 모든 사람이 받을 만한 이 말
이여 그리스도 예수께서 죄인을 구원
하시려고 세상에 임하셨다 하였도다
죄인 중에 내가 괴수니라
16 그러나 내가 긍휼을 입은 까닭은 예
수 그리스도께서 내게 먼저 일체 오
래 참으심을 보이사 후에 주를 믿어
영생 얻는 자들에게 본이 되게 하려
하심이라
17 영원하신 왕 곧 썩지 아니하고 보이
지 아니하고 홀로 하나이신 하나님께
존귀와 영광이 영원무궁하도록 있을
지어다 아멘
18 아들 디모데야 내가 네게 이 교훈으
로써 명하노니 전에 너를 지도한 예
언을 따라 그것으로 선한 싸움을 싸
우며
19 믿음과 착한 양심을 가지라 어떤 이
들은 이 양심을 버렸고 그 믿음에 관
하여는 파선하였느니라
20 그 가운데 후메내오와 알렉산더가
있으니 내가 사탄에게 내준 것은 그
들로 훈계를 받아 신성을 모독하지
못하게 하려 함이라

기도에 대한 가르침

2 그러므로 내가 첫째로 권하노니
모든 사람을 위하여 간구와 기도
와 도고와 감사를 하되
2 임금들과 높은 지위에 있는 모든 사
람을 위하여 하라 이는 우리가 모든
경건과 단정함으로 고요하고 평안한
생활을 하려 함이라
3 이것이 우리 구주 하나님 앞에 선하
고 받으실 만한 것이니
4 하나님은 모든 사람이 구원을 받으
며 진리를 아는 데에 이르기를 원하
시느니라
5 하나님은 한 분이시요 또 하나님과
사람 사이에 중보자도 한 분이시니
곧 사람이신 그리스도 예수라
6 그가 모든 사람을 위하여 자기를 대
속물로 주셨으니 기약이 이르러 주신
증거니라
7 이를 위하여 내가 전파하는 자와 사
도로 세움을 입은 것은 참말이요 거
짓말이 아니니 믿음과 진리 안에서
내가 이방인의 스승이 되었노라
8 그러므로 각처에서 남자들이 분노와
다툼이 없이 거룩한 손을 들어 기도
하기를 원하노라
9 또 이와 같이 여자들도 단정하게 옷
을 입으며 소박함과 정절로써 자기
를 단장하고 땋은 머리와 금이나 진
주나 값진 옷으로 하지 말고
10 오직 선행으로 하기를 원하노라 이것
이 하나님을 경외한다 하는 자들에

게 마땅한 것이니라
11 여자는 일체 순종함으로 조용히 배
우라
12 여자가 가르치는 것과 남자를 주관
하는 것을 허락하지 아니하노니 오직
조용할지니라
13 이는 아담이 먼저 지음을 받고 하와
가 그 후며
14 아담이 속은 것이 아니고 여자가 속
아 죄에 빠졌음이라
15 그러나 여자들이 만일 정숙함으로써
믿음과 사랑과 거룩함에 거하면 그의
해산함으로 구원을 얻으리라

감독과 집사의 자격

3 미쁘다 이 말이여, 곧 사람이 감독
의 직분을 얻으려 함은 선한 일을
사모하는 것이라 함이로다
2 그러므로 감독은 책망할 것이 없으
며 한 아내의 남편이 되며 절제하며
신중하며 단정하며 나그네를 대접하
며 가르치기를 잘하며
3 술을 즐기지 아니하며 구타하지 아니
하며 오직 관용하며 다투지 아니하며
돈을 사랑하지 아니하며
4 자기 집을 잘 다스려 자녀들로 모든
공손함으로 복종하게 하는 자라야
할지며
5 (사람이 자기 집을 다스릴 줄 알지
못하면 어찌 하나님의 교회를 돌보리
요)
6 새로 입교한 자도 말지니 교만하여져
서 마귀를 정죄하는 그 정죄에 빠질
까 함이요
7 또한 외인에게서도 선한 증거를 얻은
자라야 할지니 비방과 마귀의 올무에
빠질까 염려하라
8 이와 같이 집사들도 정중하고 일구이
언을 하지 아니하고 술에 인박히지
아니하고 더러운 이를 탐하지 아니하
고
9 깨끗한 양심에 믿음의 비밀을 가진
자라야 할지니
10 이에 이 사람들을 먼저 시험하여 보
고 그 후에 책망할 것이 없으면 집사
의 직분을 맡게 할 것이요
11 여자들도 이와 같이 정숙하고 모함
하지 아니하며 절제하며 모든 일에
충성된 자라야 할지니라
12 집사들은 한 아내의 남편이 되어 자
녀와 자기 집을 잘 다스리는 자일지
니
13 집사의 직분을 잘한 자들은 아름다
운 지위와 그리스도 예수 안에 있는
믿음에 큰 담력을 얻느니라

경건의 비밀

14 내가 속히 네게 가기를 바라나 이것

을 네게 쓰는 것은
15 만일 내가 지체하면 너로 하여금 하
나님의 집에서 어떻게 행하여야 할지
를 알게 하려 함이니 이 집은 살아
계신 하나님의 교회요 진리의 기둥과
터니라
16 크도다 경건의 비밀이여, 그렇지 않다
하는 이 없도다 그는 육신으로 나타
난 바 되시고 영으로 의롭다 하심을
받으시고 천사들에게 보이시고 만국
에서 전파되시고 세상에서 믿은 바
되시고 영광 가운데서 올려지셨느니
라

거짓말하는 자들

4 그러나 성령이 밝히 말씀하시기를
후일에 어떤 사람들이 믿음에서 떠
나 미혹하는 영과 귀신의 가르침을
따르리라 하셨으니
2 자기 양심이 화인을 맞아서 외식함으
로 거짓말하는 자들이라
3 혼인을 금하고 어떤 음식물은 먹지
말라고 할 터이나 음식물은 하나님이
지으신 바니 믿는 자들과 진리를 아
는 자들이 감사함으로 받을 것이니
라
4 하나님께서 지으신 모든 것이 선하매
감사함으로 받으면 버릴 것이 없나니
5 하나님의 말씀과 기도로 거룩하여짐
이라

그리스도 예수의 좋은 일꾼

6 네가 이것으로 형제를 깨우치면 그리
스도 예수의 좋은 일꾼이 되어 믿음
의 말씀과 네가 따르는 좋은 교훈으
로 양육을 받으리라
7 망령되고 허탄한 신화를 버리고 경건
에 이르도록 네 자신을 연단하라
8 육체의 연단은 약간의 유익이 있으나
경건은 범사에 유익하니 금생과 내
생에 약속이 있느니라
9 미쁘다 이 말이여 모든 사람들이 받
을 만하도다
10 이를 위하여 우리가 수고하고 힘쓰
는 것은 우리 소망을 살아 계신 하나
님께 둠이니 곧 모든 사람 특히 믿는
자들의 구주시라
11 너는 이것들을 명하고 가르치라
12 누구든지 네 연소함을 업신여기지 못
하게 하고 오직 말과 행실과 사랑과
믿음과 정절에 있어서 믿는 자에게
본이 되어
13 내가 이를 때까지 읽는 것과 권하는
것과 가르치는 것에 전념하라
14 네 속에 있는 은사 곧 장로의 회에서
안수 받을 때에 예언을 통하여 받은
것을 가볍게 여기지 말며
15 이 모든 일에 전심 전력하여 너의 성

숙함을 모든 사람에게 나타나게 하
라
16 네가 네 자신과 가르침을 살펴 이 일
을 계속하라 이것을 행함으로 네 자
신과 네게 듣는 자를 구원하리라

성도를 대하는 태도

5 늙은이를 꾸짖지 말고 권하되 아
버지에게 하듯 하며 젊은이에게는
형제에게 하듯 하고
2 늙은 여자에게는 어머니에게 하듯
하며 젊은 여자에게는 온전히 깨끗
함으로 자매에게 하듯 하라
3 참 과부인 과부를 존대하라
4 만일 어떤 과부에게 자녀나 손자들이
있거든 그들로 먼저 자기 집에서 효
를 행하여 부모에게 보답하기를 배
우게 하라 이것이 하나님 앞에 받으
실 만한 것이니라
5 참 과부로서 외로운 자는 하나님께
소망을 두어 주야로 항상 간구와 기
도를 하거니와
6 향락을 좋아하는 자는 살았으나 죽
었느니라
7 네가 또한 이것을 명하여 그들로 책
망 받을 것이 없게 하라
8 누구든지 자기 친족 특히 자기 가족
을 돌보지 아니하면 믿음을 배반한
자요 불신자보다 더 악한 자니라
9 과부로 명부에 올릴 자는 나이가 육
십이 덜 되지 아니하고 한 남편의 아
내였던 자로서
10 선한 행실의 증거가 있어 혹은 자녀
를 양육하며 혹은 나그네를 대접하
며 혹은 성도들의 발을 씻으며 혹은
환난 당한 자들을 구제하며 혹은 모
든 선한 일을 행한 자라야 할 것이
요
11 젊은 과부는 올리지 말지니 이는 정
욕으로 그리스도를 배반할 때에 시
집 가고자 함이니
12 처음 믿음을 저버렸으므로 정죄를 받
느니라
13 또 그들은 게으름을 익혀 집집으로
돌아 다니고 게으를 뿐 아니라 쓸데
없는 말을 하며 일을 만들며 마땅히
아니할 말을 하나니
14 그러므로 젊은이는 시집 가서 아이를
낳고 집을 다스리고 대적에게 비방
할 기회를 조금도 주지 말기를 원하
노라

365묵상

참된 리더십의 비결

당시 젊은 디모데는 에베소 교회를 돌보고 있었다. 그런 디모데에게 바울은 참된 리더십의 비결을 알려주었다. 그 비결은 "오직 말과 행실과 사랑과 믿음과 정절에 있어서 믿는 자에게 본이 되라"(딤전 4:12)는 것이었다. 첫째, 말에 있어 참된 것만을 말한다. 둘째, 행실에 있어 모든 일에 하나님을 기쁘시게 해 드린다. 셋째, 사랑에 있어 다른 이들을 먼저 사랑하고 먼저 배려한다. 넷째, 믿음에 있어 매일 기도하기와 성경읽기를 쉬지 않고 꾸준히 계속한다. 다섯째, 정절에 있어 신앙양심에 따라 옳은 삶을 살아간다.

15 이미 사탄에게 돌아간 자들도 있도
다
16 만일 믿는 여자에게 과부 친척이 있
거든 자기가 도와 주고 교회가 짐지
지 않게 하라 이는 참 과부를 도와
주게 하려 함이라
17 잘 다스리는 장로들은 배나 존경할
자로 알되 말씀과 가르침에 수고하
는 이들에게는 더욱 그리할 것이니라
18 성경에 일렀으되 곡식을 밟아 떠는
소의 입에 망을 씌우지 말라 하였고
또 일꾼이 그 삯을 받는 것은 마땅하
다 하였느니라
19 장로에 대한 고발은 두세 증인이 없
으면 받지 말 것이요
20 범죄한 자들을 모든 사람 앞에서 꾸
짖어 나머지 사람들로 두려워하게 하
라
21 하나님과 그리스도 예수와 택하심을
받은 천사들 앞에서 내가 엄히 명하
노니 너는 편견이 없이 이것들을 지켜
아무 일도 불공평하게 하지 말며
22 아무에게나 경솔히 안수하지 말고
다른 사람의 죄에 간섭하지 말며 네
자신을 지켜 정결하게 하라
23 이제부터는 물만 마시지 말고 네 위
장과 자주 나는 병을 위하여는 포도
주를 조금씩 쓰라
24 어떤 사람들의 죄는 밝히 드러나 먼
저 심판에 나아가고 어떤 사람들의
죄는 그 뒤를 따르나니
25 이와 같이 선행도 밝히 드러나고 그
렇지 아니한 것도 숨길 수 없느니라

6 무릇 멍에 아래에 있는 종들은 자
기 상전들을 범사에 마땅히 공경
할 자로 알지니 이는 하나님의 이름
과 교훈으로 비방을 받지 않게 하려
함이라
2 믿는 상전이 있는 자들은 그 상전을
형제라고 가볍게 여기지 말고 더 잘
섬기게 하라 이는 유익을 받는 자들
이 믿는 자요 사랑을 받는 자임이라
너는 이것들을 가르치고 권하라

말씀과 경건에 관한 교훈

3 누구든지 다른 교훈을 하며 바른 말
곧 우리 주 예수 그리스도의 말씀과
경건에 관한 교훈을 따르지 아니하면
4 그는 교만하여 아무 것도 알지 못하
고 변론과 언쟁을 좋아하는 자니 이
로써 투기와 분쟁과 비방과 악한 생
각이 나며
5 마음이 부패하여지고 진리를 잃어 버
려 경건을 이익의 방도로 생각하는
자들의 다툼이 일어나느니라
6 그러나 자족하는 마음이 있으면 경건
은 큰 이익이 되느니라

7 우리가 세상에 아무 것도 가지고 온
것이 없으매 또한 아무 것도 가지고
가지 못하리니
8 우리가 먹을 것과 입을 것이 있은즉
족한 줄로 알 것이니라
9 부하려 하는 자들은 시험과 올무와
여러 가지 어리석고 해로운 욕심에
떨어지나니 곧 사람으로 파멸과 멸망
에 빠지게 하는 것이라
10 돈을 사랑함이 일만 악의 뿌리가 되
나니 이것을 탐내는 자들은 미혹을
받아 믿음에서 떠나 많은 근심으로
써 자기를 찔렀도다

믿음의 선한 싸움

11 오직 너 하나님의 사람아 이것들을
피하고 의와 경건과 믿음과 사랑과
인내와 온유를 따르며
12 믿음의 선한 싸움을 싸우라 영생을
취하라 이를 위하여 네가 부르심을
받았고 많은 증인 앞에서 선한 증언
을 하였도다
13 만물을 살게 하신 하나님 앞과 본디
오 빌라도를 향하여 선한 증언을 하
신 그리스도 예수 앞에서 내가 너를
명하노니
14 우리 주 예수 그리스도께서 나타나
실 때까지 흠도 없고 책망 받을 것도
없이 이 명령을 지키라
15 기약이 이르면 하나님이 그의 나타나
심을 보이시리니 하나님은 복되시고
유일하신 주권자이시며 만왕의 왕이
시며 만주의 주시요
16 오직 그에게만 죽지 아니함이 있고
가까이 가지 못할 빛에 거하시고 어
떤 사람도 보지 못하였고 또 볼 수
없는 이시니 그에게 존귀와 영원한
권능을 돌릴지어다 아멘
17 네가 이 세대에서 부한 자들을 명하
여 마음을 높이지 말고 정함이 없는
재물에 소망을 두지 말고 오직 우리
에게 모든 것을 후히 주사 누리게 하
시는 하나님께 두며
18 선을 행하고 선한 사업을 많이 하고
나누어 주기를 좋아하며 너그러운
자가 되게 하라
19 이것이 장래에 자기를 위하여 좋은
터를 쌓아 참된 생명을 취하는 것이
니라
20 디모데야 망령되고 헛된 말과 거짓된
지식의 반론을 피함으로 네게 부탁
한 것을 지키라
21 이것을 따르는 사람들이 있어 믿음에
서 벗어났느니라 은혜가 너희와 함께
있을지어다

디모데후서 2 Timothy

인사

1 하나님의 뜻으로 말미암아 그리스
도 예수 안에 있는 생명의 약속대
로 그리스도 예수의 사도 된 바울은
2 사랑하는 아들 디모데에게 편지하노
니 하나님 아버지와 그리스도 예수
우리 주께로부터 은혜와 긍휼과 평
강이 네게 있을지어다

복음과 함께 고난을 받으라

3 내가 밤낮 간구하는 가운데 쉬지 않
고 너를 생각하여 청결한 양심으로
조상적부터 섬겨 오는 하나님께 감사
하고
4 네 눈물을 생각하여 너 보기를 원함
은 내 기쁨이 가득하게 하려 함이니
5 이는 네 속에 거짓이 없는 믿음이 있
음을 생각함이라 이 믿음은 먼저 네
외조모 로이스와 네 어머니 유니게
속에 있더니 네 속에도 있는 줄을 확
신하노라
6 그러므로 내가 나의 안수함으로 네
속에 있는 하나님의 은사를 다시 불
일듯 하게 하기 위하여 너로 생각하
게 하노니
7 하나님이 우리에게 주신 것은 두려워
하는 마음이 아니요 오직 능력과 사
랑과 절제하는 마음이니
8 그러므로 너는 내가 우리 주를 증언
함과 또는 주를 위하여 갇힌 자 된
나를 부끄러워하지 말고 오직 하나님
의 능력을 따라 복음과 함께 고난을
받으라
9 하나님이 우리를 구원하사 거룩하신
소명으로 부르심은 우리의 행위대로
하심이 아니요 오직 자기의 뜻과 영
원 전부터 그리스도 예수 안에서 우
리에게 주신 은혜대로 하심이라
10 이제는 우리 구주 그리스도 예수의
나타나심으로 말미암아 나타났으니
그는 사망을 폐하시고 복음으로써
생명과 썩지 아니할 것을 드러내신지
라
11 내가 이 복음을 위하여 선포자와 사
도와 교사로 세우심을 입었노라
12 이로 말미암아 내가 또 이 고난을 받
되 부끄러워하지 아니함은 내가 믿는
자를 내가 알고 또한 내가 의탁한 것
을 그 날까지 그가 능히 지키실 줄을
확신함이라
13 너는 그리스도 예수 안에 있는 믿음
과 사랑으로써 내게 들은 바 바른
말을 본받아 지키고

14 우리 안에 거하시는 성령으로 말미암
아 네게 부탁한 아름다운 것을 지키
라
15 아시아에 있는 모든 사람이 나를 버
린 이 일을 네가 아나니 그 중에는
부겔로와 허모게네도 있느니라
16 원하건대 주께서 오네시보로의 집에
긍휼을 베푸시옵소서 그가 나를 자
주 격려해 주고 내가 사슬에 매인 것
을 부끄러워하지 아니하고
17 로마에 있을 때에 나를 부지런히 찾
아와 만났음이라
18 (원하건대 주께서 그로 하여금 그 날
에 주의 긍휼을 입게 하여 주옵소
서) 또 그가 에베소에서 많이 봉사
한 것을 네가 잘 아느니라

예수 그리스도의 좋은 병사

2 내 아들아 그러므로 너는 그리스
도 예수 안에 있는 은혜 가운데서
강하고
2 또 네가 많은 증인 앞에서 내게 들
은 바를 충성된 사람들에게 부탁하
라 그들이 또 다른 사람들을 가르칠
수 있으리라
3 너는 그리스도 예수의 좋은 병사로
나와 함께 고난을 받으라
4 병사로 복무하는 자는 자기 생활에
얽매이는 자가 하나도 없나니 이는
병사로 모집한 자를 기쁘게 하려 함
이라
5 경기하는 자가 법대로 경기하지 아니
하면 승리자의 관을 얻지 못할 것이
며
6 수고하는 농부가 곡식을 먼저 받는
것이 마땅하니라
7 내가 말하는 것을 생각해 보라 주께
서 범사에 네게 총명을 주시리라
8 내가 전한 복음대로 다윗의 씨로 죽
은 자 가운데서 다시 살아나신 예수
그리스도를 기억하라
9 복음으로 말미암아 내가 죄인과 같
이 매이는 데까지 고난을 받았으나
하나님의 말씀은 매이지 아니하니라
10 그러므로 내가 택함 받은 자들을 위
하여 모든 것을 참음은 그들도 그리
스도 예수 안에 있는 구원을 영원한
영광과 함께 받게 하려 함이라
11 미쁘다 이 말이여 우리가 주와 함께
죽었으면 또한 함께 살 것이요
12 참으면 또한 함께 왕 노릇 할 것이요
우리가 주를 부인하면 주도 우리를
부인하실 것이라
13 우리는 미쁨이 없을지라도 주는 항
상 미쁘시니 자기를 부인하실 수 없
으시리라

인정 받는 일꾼

14 너는 그들로 이 일을 기억하게 하여
말다툼을 하지 말라고 하나님 앞에
서 엄히 명하라 이는 유익이 하나도
없고 도리어 듣는 자들을 망하게 함
이라
15 너는 진리의 말씀을 옳게 분별하며
부끄러울 것이 없는 일꾼으로 인정된
자로 자신을 하나님 앞에 드리기를
힘쓰라
16 망령되고 헛된 말을 버리라 그들은
경건하지 아니함에 점점 나아가나니
17 그들의 말은 악성 종양이 퍼져나감
과 같은데 그 중에 후메내오와 빌레
도가 있느니라
18 진리에 관하여는 그들이 그릇되었도
다 부활이 이미 지나갔다 함으로 어
떤 사람들의 믿음을 무너뜨리느니라
19 그러나 하나님의 견고한 터는 섰으니
인침이 있어 일렀으되 주께서 자기 백
성을 아신다 하며 또 주의 이름을 부
르는 자마다 불의에서 떠날지어다 하
였느니라
20 큰 집에는 금 그릇과 은 그릇뿐 아
니라 나무 그릇과 질그릇도 있어 귀
하게 쓰는 것도 있고 천하게 쓰는 것
도 있나니
21 그러므로 누구든지 이런 것에서 자
기를 깨끗하게 하면 귀히 쓰는 그릇
이 되어 거룩하고 주인의 쓰심에 합
당하며 모든 선한 일에 준비함이 되
리라
22 또한 너는 청년의 정욕을 피하고 주
를 깨끗한 마음으로 부르는 자들과
함께 의와 믿음과 사랑과 화평을 따
르라
23 어리석고 무식한 변론을 버리라 이에
서 다툼이 나는 줄 앎이라
24 주의 종은 마땅히 다투지 아니하고
모든 사람에 대하여 온유하며 가르
치기를 잘하며 참으며
25 거역하는 자를 온유함으로 훈계할지
니 혹 하나님이 그들에게 회개함을
주사 진리를 알게 하실까 하며
26 그들로 깨어 마귀의 올무에서 벗어
나 하나님께 사로잡힌 바 되어 그 뜻
을 따르게 하실까 함이라

마지막 가르침

3 너는 이것을 알라 말세에 고통하
는 때가 이르러
2 사람들이 자기를 사랑하며 돈을 사
랑하며 자랑하며 교만하며 비방하며
부모를 거역하며 감사하지 아니하며
거룩하지 아니하며
3 무정하며 원통함을 풀지 아니하며 모
함하며 절제하지 못하며 사나우며 선
한 것을 좋아하지 아니하며

4 배신하며 조급하며 자만하며 쾌락을
사랑하기를 하나님 사랑하는 것보다
더하며
5 경건의 모양은 있으나 경건의 능력은
부인하니 이같은 자들에게서 네가
돌아서라
6 그들 중에 남의 집에 가만히 들어가
어리석은 여자를 유인하는 자들이 있
으니 그 여자는 죄를 중히 지고 여러
가지 욕심에 끌린 바 되어
7 항상 배우나 끝내 진리의 지식에 이
를 수 없느니라
8 얀네와 얌브레가 모세를 대적한 것
같이 그들도 진리를 대적하니 이 사
람들은 그 마음이 부패한 자요 믿음
에 관하여는 버림 받은 자들이라
9 그러나 그들이 더 나아가지 못할 것
은 저 두 사람이 된 것과 같이 그들
의 어리석음이 드러날 것임이라
10 나의 교훈과 행실과 의향과 믿음과
오래 참음과 사랑과 인내와
11 박해를 받음과 고난과 또한 안디옥
과 이고니온과 루스드라에서 당한
일과 어떠한 박해를 받은 것을 네가
과연 보고 알았거니와 주께서 이 모
든 것 가운데서 나를 건지셨느니라
12 무릇 그리스도 예수 안에서 경건하
게 살고자 하는 자는 박해를 받으리
라
13 악한 사람들과 속이는 자들은 더욱
악하여져서 속이기도 하고 속기도 하
나니
14 그러나 너는 배우고 확신한 일에 거
하라 너는 네가 누구에게서 배운 것
을 알며
15 또 어려서부터 성경을 알았나니 성경
은 능히 너로 하여금 그리스도 예수
안에 있는 믿음으로 말미암아 구원
에 이르는 지혜가 있게 하느니라
16 모든 성경은 하나님의 감동으로 된
것으로 교훈과 책망과 바르게 함과
의로 교육하기에 유익하니
17 이는 하나님의 사람으로 온전하게
하며 모든 선한 일을 행할 능력을 갖
추게 하려 함이라

4

하나님 앞과 살아 있는 자와 죽은
자를 심판하실 그리스도 예수 앞
에서 그가 나타나실 것과 그의 나라
를 두고 엄히 명하노니
2 너는 말씀을 전파하라 때를 얻든지

365묵상

모든 성경은 하나님의 감동으로 된 것!

사도 바울은 "모든 성경은 하나님의 감동으로 된 것"이라고 단언한다(딤후 3:16). 여기서 "감동"은 배의 돛에 불어 그 배를 앞으로 나가게 하는 '바람'이다. 따라서 성경 66권이 '하나님의 감동'으로 기록되었다는 말은, 하나님의 영이신 성령님이 성경의 필자들에게 신적 감화력을 불어넣어 그들로 성경을 기록해나가게 하셨다는 의미다. 따라서 각 성경은 각 필자의 독특한 문체나 특징을 유지하면서도, 전체적으로는 그들을 주관하신 성령님의 뜻에 따라 하나님이 본래 의도하셨던 메시지를 정확하게 전달하고 있다.

못 얻든지 항상 힘쓰라 범사에 오래
참음과 가르침으로 경책하며 경계하
며 권하라
3 때가 이르리니 사람이 바른 교훈을
받지 아니하며 귀가 가려워서 자기의
사욕을 따를 스승을 많이 두고
4 또 그 귀를 진리에서 돌이켜 허탄한
이야기를 따르리라
5 그러나 너는 모든 일에 신중하여 고
난을 받으며 전도자의 일을 하며 네
직무를 다하라
6 전제와 같이 내가 벌써 부어지고 나
의 떠날 시각이 가까웠도다
7 나는 선한 싸움을 싸우고 나의 달려
갈 길을 마치고 믿음을 지켰으니
8 이제 후로는 나를 위하여 의의 면류
관이 예비되었으므로 주 곧 의로우
신 재판장이 그 날에 내게 주실 것이
며 내게만 아니라 주의 나타나심을
사모하는 모든 자에게도니라

사사로운 부탁

9 너는 어서 속히 내게로 오라
10 데마는 이 세상을 사랑하여 나를 버
리고 데살로니가로 갔고 그레스게는
갈라디아로, 디도는 달마디아로 갔
고
11 누가만 나와 함께 있느니라 네가 올
때에 마가를 데리고 오라 그가 나의
일에 유익하니라
12 두기고는 에베소로 보내었노라
13 네가 올 때에 내가 드로아 가보의
집에 둔 겉옷을 가지고 오고 또 책
은 특별히 가죽 종이에 쓴 것을 가져
오라
14 구리 세공업자 알렉산더가 내게 해
를 많이 입혔으매 주께서 그 행한 대
로 그에게 갚으시리니
15 너도 그를 주의하라 그가 우리 말을
심히 대적하였느니라
16 내가 처음 변명할 때에 나와 함께 한
자가 하나도 없고 다 나를 버렸으나
그들에게 허물을 돌리지 않기를 원
하노라
17 주께서 내 곁에 서서 나에게 힘을 주
심은 나로 말미암아 선포된 말씀이
온전히 전파되어 모든 이방인이 듣게
하려 하심이니 내가 사자의 입에서 건
짐을 받았느니라
18 주께서 나를 모든 악한 일에서 건져
내시고 또 그의 천국에 들어가도록
구원하시리니 그에게 영광이 세세무
궁토록 있을지어다 아멘

끝 인사

19 브리스가와 아굴라와 및 오네시보로
의 집에 문안하라
20 에라스도는 고린도에 머물러 있고

드로비모는 병들어서 밀레도에 두었
노니
21 너는 겨울 전에 어서 오라 으불로와
부데와 리노와 글라우디아와 모든

형제가 다 네게 문안하느니라
22 나는 주께서 네 심령에 함께 계시기
를 바라노니 은혜가 너희와 함께 있
을지어다

디도서 Titus

이 책은 디모데전후서와 더불어 복음 사역자가 교회에서 양을 돌보는 일에 관해 다룬 목회서신(牧會書信)이다. 당시 디도는 지중해의 그레데라는 섬에서 교회를 돌보고 있었는데, 그곳의 교회는 미숙한 점이 많았다. 그래서 바울은 이 편지를 통해서 디도에게 어떻게 주님의 교회를 잘 돌볼 것인가에 대해서 실제적으로 말해 주었다.

제목 '디도에게 (보낸 편지)(프로스 티톤)'라는 헬라어 원제목에서 유래되었으며, 바울의 동역자 디도가 수신자임을 반영한다.

저자 바울. 본서의 내적 증거(1:1-4)와 디도에 대한 바울의 친밀성(고후 2:13;8:23) 및 본서에 나타난 바울적 문체와 사상으로 보아 바울 저작이 명확하다.

기록 연대 A.D. 66년 초. 사상의 전개로 보아 같은 목회 서신인 디모데전서(A.D. 63년경) 기록 이후, 디모데후서(A.D. 67년경) 기록 이전으로 추정된다.

기록 목적 ① 바울의 믿음의 아들이며(1:4) 동역자인(고후 8:23) 디도를 격려하기 위하여. ② 혼란에 빠진 그레데 교회를 바로잡고 올바른 신앙으로 인도하기 위하여.

주제 교회의 역할과 목회자의 책임. 교회 지도자와 성도에게 주어진 올바른 복음 전파의 사명을 고취시키며, 경건한 생활의 중요성을 강조함과 동시에 성도의 개인 생활에 필요한 선행과 사회인으로서 갖추어야 할 내력을 보여 준다.

특징 ① 교리적 서신-기독교 핵심 교리인 선택(1:1), 영생(1:2; 3:7), 그리스도의 신성(2:13), 보편적 구원(2:11), 재림(2:13), 속죄(2:14), 중생(3:5), 칭의(3:7) 등의 교리가 다른 목회 서신보다 강조되어 나타난다. ② 실천적 서신-하나님 은혜에서 비롯된 선행과 같은 실천적 신앙이 강조되었다(3:1-11). ③ 이방인 저술가의 글이 인용되었다(1:12).

연대표

A.D.	
30년	예수의 부활과 승천
34년	바울의 회심
47년	바울의 제 1차 전도 여행(47-49년)
49년	예루살렘 총회(50년?)
50년	바울의 제 2차 전도 여행(50-52년)
53년	바울의 제 3차 전도 여행(53-58년)
58년	바울의 잡힘과 감금(58-59년)
59년	바울의 로마 호송
61년	바울의 로마 도착과 연금(軟禁)(61-63년) 옥중서신 기록
63년	바울의 석방과 마지막 전도여행(63-67년)
64년	로마 대화재 사건과 네로의 대핍박 디도서 기록
67년	바울의 잡힘과 순교
68년	베드로의 순교-십자가형
70년	예루살렘 함락

본서의 내용

Ⅰ. 교회 행정에 대한 교훈 (1:1-16)
Ⅱ. 교회 교인에 대한 교훈 (2:1-15)
Ⅲ. 교인의 생활에 대한 교훈 (3:1-15)

· 디도서의 주요 무대

디도서 Titus

인사

1 하나님의 종이요 예수 그리스도의
사도인 나 바울이 사도 된 것은 하
나님이 택하신 자들의 믿음과 경건함
에 속한 진리의 지식과
2 영생의 소망을 위함이라 이 영생은
거짓이 없으신 하나님이 영원 전부터
약속하신 것인데
3 자기 때에 자기의 말씀을 전도로 나
타내셨으니 이 전도는 우리 구주 하
나님이 명하신 대로 내게 맡기신 것
이라
4 같은 믿음을 따라 나의 참 아들 된
디도에게 편지하노니 하나님 아버지
와 그리스도 예수 우리 구주로부터
은혜와 평강이 네게 있을지어다

그레데에서 해야 할 디도의 사역

5 내가 너를 그레데에 남겨 둔 이유는
남은 일을 정리하고 내가 명한 대로
각 성에 장로들을 세우게 하려 함이
니
6 책망할 것이 없고 한 아내의 남편이
며 방탕하다는 비난을 받거나 불순
종하는 일이 없는 믿는 자녀를 둔 자
라야 할지라
7 감독은 하나님의 청지기로서 책망할
것이 없고 제 고집대로 하지 아니하
며 급히 분내지 아니하며 술을 즐기
지 아니하며 구타하지 아니하며 더러
운 이득을 탐하지 아니하며
8 오직 나그네를 대접하며 선행을 좋
아하며 신중하며 의로우며 거룩하며
절제하며
9 미쁜 말씀의 가르침을 그대로 지켜
야 하리니 이는 능히 바른 교훈으로
권면하고 거슬러 말하는 자들을 책
망하게 하려 함이라
10 불순종하고 헛된 말을 하며 속이는
자가 많은 중 할례파 가운데 특히
그러하니
11 그들의 입을 막을 것이라 이런 자들
이 더러운 이득을 취하려고 마땅하지
아니한 것을 가르쳐 가정들을 온통
무너뜨리는도다
12 그레데인 중의 어떤 선지자가 말하되
그레데인들은 항상 거짓말쟁이며 악
한 짐승이며 배만 위하는 게으름뱅
이라 하니
13 이 증언이 참되도다 그러므로 네가
그들을 엄히 꾸짖으라 이는 그들로
하여금 믿음을 온전하게 하고
14 유대인의 허탄한 이야기와 진리를 배

반하는 사람들의 명령을 따르지 않
게 하려 함이라
15 깨끗한 자들에게는 모든 것이 깨끗
하나 더럽고 믿지 아니하는 자들에게
는 아무 것도 깨끗한 것이 없고 오직
그들의 마음과 양심이 더러운지라
16 그들이 하나님을 시인하나 행위로는
부인하니 가증한 자요 복종하지 아
니하는 자요 모든 선한 일을 버리는
자니라

교훈에 합당한 말

2 오직 너는 바른 교훈에 합당한 것
을 말하여
2 늙은 남자로는 절제하며 경건하며 신
중하며 믿음과 사랑과 인내함에 온
전하게 하고
3 늙은 여자로는 이와 같이 행실이 거
룩하며 모함하지 말며 많은 술의 종
이 되지 아니하며 선한 것을 가르치
는 자들이 되고
4 그들로 젊은 여자들을 교훈하되 그
남편과 자녀를 사랑하며
5 신중하며 순전하며 집안 일을 하며
선하며 자기 남편에게 복종하게 하
라 이는 하나님의 말씀이 비방을 받
지 않게 하려 함이라
6 너는 이와 같이 젊은 남자들을 신중
하도록 권면하되
7 범사에 네 자신이 선한 일의 본을 보
이며 교훈에 부패하지 아니함과 단
정함과
8 책망할 것이 없는 바른 말을 하게 하
라 이는 대적하는 자로 하여금 부끄
러워 우리를 악하다 할 것이 없게 하
려 함이라
9 종들은 자기 상전들에게 범사에 순
종하여 기쁘게 하고 거슬러 말하지
말며
10 훔치지 말고 오히려 모든 참된 신실
성을 나타내게 하라 이는 범사에 우
리 구주 하나님의 교훈을 빛나게 하
려 함이라
11 모든 사람에게 구원을 주시는 하나
님의 은혜가 나타나
12 우리를 양육하시되 경건하지 않은 것
과 이 세상 정욕을 다 버리고 신중함
과 의로움과 경건함으로 이 세상에
살고
13 복스러운 소망과 우리의 크신 하나
님 구주 예수 그리스도의 영광이 나
타나심을 기다리게 하셨으니
14 그가 우리를 대신하여 자신을 주심
은 모든 불법에서 우리를 속량하시
고 우리를 깨끗하게 하사 선한 일을
열심히 하는 자기 백성이 되게 하려
하심이라

선한 일을 가르치라

15 너는 이것을 말하고 권면하며 모든
권위로 책망하여 누구에게서든지 업
신여김을 받지 말라

3 너는 그들로 하여금 통치자들과
권세 잡은 자들에게 복종하며 순
종하며 모든 선한 일 행하기를 준비
하게 하며
2 아무도 비방하지 말며 다투지 말며
관용하며 범사에 온유함을 모든 사
람에게 나타낼 것을 기억하게 하라
3 우리도 전에는 어리석은 자요 순종
하지 아니한 자요 속은 자요 여러 가
지 정욕과 행락에 종 노릇 한 자요
악독과 투기를 일삼은 자요 가증스
러운 자요 피차 미워한 자였으나
4 우리 구주 하나님의 자비와 사람 사
랑하심이 나타날 때에
5 우리를 구원하시되 우리가 행한 바
의로운 행위로 말미암지 아니하고
오직 그의 긍휼하심을 따라 중생의
씻음과 성령의 새롭게 하심으로 하셨
나니
6 우리 구주 예수 그리스도로 말미암
아 우리에게 그 성령을 풍성히 부어
주사
7 우리로 그의 은혜를 힘입어 의롭다
하심을 얻어 영생의 소망을 따라 상
속자가 되게 하려 하심이라
8 이 말이 미쁘도다 원하건대 너는 이
여러 것에 대하여 굳세게 말하라 이
는 하나님을 믿는 자들로 하여금 조
심하여 선한 일을 힘쓰게 하려 함이
라 이것은 아름다우며 사람들에게
유익하니라
9 그러나 어리석은 변론과 족보 이야기
와 분쟁과 율법에 대한 다툼은 피하
라 이것은 무익한 것이요 헛된 것이니
라
10 이단에 속한 사람을 한두 번 훈계한
후에 멀리하라
11 이러한 사람은 네가 아는 바와 같이
부패하여 스스로 정죄한 자로서 죄
를 짓느니라

부탁과 끝 인사

12 내가 아데마나 두기고를 네게 보내
리니 그 때에 네가 급히 니고볼리로
내게 오라 내가 거기서 겨울을 지내
기로 작정하였노라
13 율법교사 세나와 및 아볼로를 급히

365묵상

열매 맺는 삶을 위해 좋은 일에 힘쓰기

사도 바울은 믿는 자들에게 매우 실제적인 충고를 했다. 그것은 열매 없는 자가 되지 않기 위해 좋은 일 하기를 힘써야 한다는 것이었다(딛 3:14). 그렇다면 '좋은 일'이란 무엇인가? 그것은 '올바르고 유익이 되는 일'을 말한다. 즉, 우리가 올바르게 행동함으로써 다른 이들에게 유익을 주는 선한 행동을 말한다. 물론, 좋은 일을 함으로써 구원을 얻는 것은 아니다. 구원은 오직 믿음으로 얻는 하나님의 은혜다. 하지만 하나님의 은혜로 구원을 받은 자들은 믿는 자답게 열매 맺는 삶을 위해 좋은 일 하기를 힘써야 한다.

먼저 보내어 그들로 부족함이 없게
하고
14 또 우리 사람들도 열매 없는 자가 되
지 않게 하기 위하여 필요한 것을 준
비하는 좋은 일에 힘 쓰기를 배우게
하라
15 나와 함께 있는 자가 다 네게 문안
하니 믿음 안에서 우리를 사랑하는
자들에게 너도 문안하라 은혜가 너
희 무리에게 있을지어다

빌레몬서 Philemon

로마 옥중에서 쓴 이 책은 바울이 자신의 친구인 빌레몬에게 개인적으로 써 보낸 매우 짧은 편지이다. 이 편지에서 바울은 빌레몬에게 한 가지 부탁을 했는데, 그것은 주인인 빌레몬에게서 도망친, 그러나 이제는 잘못을 깨닫고 다시 주인께로 돌아가려는 오네시모라는 노예를 용서해 주고 그를 믿음의 형제로 용납해 달라는 것이었다.

제목 '빌레몬에게 (보낸 편지) (프로스 필레모나)'라는 헬라어 원제목에서 유래되었으며, 수신자 이름을 반영한다.

저자 바울. 본서의 내증(1:1,19), 바울 생애와의 조화(1:1,9,10,13), 다른 바울 서신과의 유사점(1:22,23,24) 및 이그나티우스, 테르툴리아누스, 오리게네스와 같은 초대 교부들의 증언이 바울의 저작설을 뒷받침해 준다.

기록 연대 A.D. 62년경. 다른 옥중 서신과 마찬가지로 제1차 로마 투옥 중에 기록했다(A.D. 61–63년).

기록 목적 ① 빌레몬의 신앙을 칭찬하기 위하여(1:1–7). ② 빌레몬에게 오네시모를 용서할 것을 간구하기 위하여(1:8–14). ③ 오네시모로 하여금 복음 전파자가 되도록 여건을 조성하기 위하여(1:15–22).

주제 성도의 용서와 사랑. 원래 죄인이었으나 그리스도의 은혜로 하나님의 자녀가 된 성도는 그리스도께서 자신에게 보여 준 용서와 사랑을 실천해야 한다. 이러한 사랑은 신분과 혈연을 넘어선, 믿음 안에서 형제 된 자들과 나누는 숭고한 형제애다(1:16,17).

특징 ① 개인적 서신–주제가 개인과 관련되었을 뿐 아니라 바울의 부탁 속에는 개인의 인격, 성품 등이 잘 드러난다. ② 사랑의 서신–기독교 기본 진리인 사랑을 강조하며, 바울은 사랑의 실천을 위해 자신의 사도적 권위조차 주장하지 않는 겸손함을 보였다.

본서의 내용

I. 빌레몬에 대한 감사 (1:1–7)
II. 빌레몬에 대한 부탁 (1:8–16)
III. 빌레몬에 대한 약속 (1:17–25)

연대표

A.D.	
30년	예수의 부활과 승천
34년	바울의 회심
47년	바울의 제 1차 전도 여행(47–49년)
50년	바울의 제 2차 전도 여행(50–52년)
53년	바울의 제 3차 전도 여행(53–58년)
	빌레몬과 에바브라의 개종
58년	바울의 매임과 감금
59년	로마 호송
61년	바울의 로마 도착과 옥중 생활 (61~63년)
	옥중서신(골로새서, 빌립보서, 에베소서, 빌레몬서) 기록
63년	바울의 석방과 마지막 전도여행 (63~67년)
64년	로마 대화재 사건과 네로의 핍박
67년	바울의 구금과 순교
68년	베드로의 순교
70년	예루살렘 함락

· 빌레몬서의 주요 무대

빌레몬서 Philemon

인사

1 그리스도 예수를 위하여 갇힌 자
된 바울과 및 형제 디모데는 우리
의 사랑을 받는 자요 동역자인 빌레
몬과
2 자매 압비아와 우리와 함께 병사 된
아킵보와 네 집에 있는 교회에 편지
하노니
3 하나님 우리 아버지와 주 예수 그리
스도로부터 은혜와 평강이 너희에게
있을지어다

빌레몬의 믿음과 사랑

4 내가 항상 내 하나님께 감사하고 기
도할 때에 너를 말함은
5 주 예수와 및 모든 성도에 대한 네
사랑과 믿음이 있음을 들음이니
6 이로써 네 믿음의 교제가 우리 가운
데 있는 선을 알게 하고 그리스도께
이르도록 역사하느니라
7 형제여 성도들의 마음이 너로 말미암
아 평안함을 얻었으니 내가 너의 사
랑으로 많은 기쁨과 위로를 받았노
라

오네시모를 위하여 간구하다

8 이러므로 내가 그리스도 안에서 아
주 담대하게 네게 마땅한 일로 명할
수도 있으나
9 도리어 사랑으로써 간구하노라 나이
가 많은 나 바울은 지금 또 예수 그
리스도를 위하여 갇힌 자 되어
10 갇힌 중에서 낳은 아들 오네시모를
위하여 네게 간구하노라
11 그가 전에는 네게 무익하였으나 이
제는 나와 네게 유익하므로
12 네게 그를 돌려 보내노니 그는 내
심복이라
13 그를 내게 머물러 있게 하여 내 복음
을 위하여 갇힌 중에서 네 대신 나를
섬기게 하고자 하나
14 다만 네 승낙이 없이는 내가 아무 것
도 하기를 원하지 아니하노니 이는
너의 선한 일이 억지 같이 되지 아니
하고 자의로 되게 하려 함이라
15 아마 그가 잠시 떠나게 된 것은 너로
하여금 그를 영원히 두게 함이리니
16 이후로는 종과 같이 대하지 아니하
고 종 이상으로 곧 사랑 받는 형제
로 둘 자라 내게 특별히 그러하거든
하물며 육신과 주 안에서 상관된 네
게랴
17 그러므로 네가 나를 동역자로 알진
대 그를 영접하기를 내게 하듯 하고

18 그가 만일 네게 불의를 하였거나 네
게 빚진 것이 있으면 그것을 내 앞으
로 계산하라
19 나 바울이 친필로 쓰노니 내가 갚으
려니와 네가 이 외에 네 자신이 내게
빚진 것은 내가 말하지 아니하노라
20 오 형제여 나로 주 안에서 너로 말미
암아 기쁨을 얻게 하고 내 마음이 그
리스도 안에서 평안하게 하라
21 나는 네가 순종할 것을 확신하므로
네게 썼노니 네가 내가 말한 것보다
더 행할 줄을 아노라
22 오직 너는 나를 위하여 숙소를 마련
하라 너희 기도로 내가 너희에게 나
아갈 수 있기를 바라노라

끝 인사

23 그리스도 예수 안에서 나와 함께
갇힌 자 에바브라와
24 또한 나의 동역자 마가, 아리스다고,
데마, 누가가 문안하느니라
25 우리 주 예수 그리스도의 은혜가 너
희 심령과 함께 있을지어다

히브리서 Hebrews

'유대교에 대한 기독교의 변증서'라고 일컬어지는 본서는 구약적 사상에 근거하여 기독교 복음의 우월성을 강조한 책이다. 예수 그리스도는 본질상 하나님의 아들이기 때문에, 구약의 모든 선지자들과 제사장들보다 위대하신 분이므로, 우리가 구원을 얻기 위해서는 오직 예수 그리스도만을 믿고 그분께 순종해야 한다고 가르치고 있다.

제목 '히브리인들에게 (보낸 편지)(프로스 에브라이우스)'라는 헬라어 원제목에서 유래되었으며, 개종한 유대인이 수신자임을 반영한다.

저자 미상. 바울 서신과의 사상적인 유사점으로는 '바울 저작설'이, 구약 인용 및 제사 제도에 대한 정확한 파악으로는 '바나바 저작설'이, 유창한 헬라어 구사와 70인역을 통한 구약 인용으로는 '아볼로 저작설'이 제기된다.

기록 연대 A.D. 60년대 후반. 성도의 박해가 언급된 것으로 보아 네로 박해(A.D. 65년) 이후, 성전 파괴(A.D. 70년)가 언급되지 않은 것으로 보아 그 이전으로 추정된다.

기록 목적 ① 고난받는 유대인 개종자들의 흔들리는 신앙을 바로잡기 위하여(12:4). ② 그리스도의 구원자 되심을 변증하여 기독교의 우월성에 대한 확신을 갖게 하기 위하여(3:19).

주제 그리스도의 우월성과 믿음을 통한 구원. 창조주 그리스도께서는 피조물들과는 비교할 수 없이 뛰어나시다. 이 점을 인정하고 그에 대한 믿음을 굳게 할 때 어떠한 박해도 극복할 수 있다.

특징 ① 구약적 서신－구약의 직접 인용이 29회 이상, 정황적 인용이 53회 이상 발견된다. ② 믿음의 서신－구약 사건과 그리스도를 관련시킴으로써 그리스도께서 원천적인 믿음의 대상임을 밝힌다.

본서의 내용

I. 그리스도의 신적 속성
① 선지자들보다 탁월함 (1:1–3)
② 천사들보다 탁월함 (1:4–2:18)
③ 모세보다 탁월함 (3:1–4:13)

II. 그리스도의 신적 사역
① 영원한 대제사장직 (4:14–7:28)
② 새 언약의 중보자 예수 (8:1–13)
③ 그리스도의 완전한 속죄 (9:1–10:18)

III. 그리스도인의 믿음
① 믿음의 능력(10:19–11:40)
② 소망의 능력(12:1–29)
③ 사랑의 능력(13:1–25)

연대표

A.D.	
30년	예수의 죽음 부활 승천
34년	바울의 다메섹 회심
44년	사도 야고보의 순교
47년	바울의 제 1차 전도 여행 (행 13:1–14:28, ~49년)
49년	예루살렘 총회(사도회의)
50년	바울의 제 2차 전도 여행 (행 15:40–18:22, ~52년)
53년	바울의 제 3차 전도 여행 (행 18:23–21:19, ~58년)
58년	잡힘(예루살렘)과 감금(가이사랴)
59년	로마로 호송됨(~61년)
61년	로마 도착과 연금 생활 (~63년, 옥중 서신 기록)
63년	바울의 석방 마지막(제 4차) 전도 여행(~67년)
64년	로마 대화재 사건 네로의 대핍박(~68년)
67년	바울의 순교
68년	베드로의 순교
70년	예루살렘 성전 파괴

· 히브리서의 주요 무대

히브리서 Hebrews

하나님이 아들을 통하여 말씀하시다

1 옛적에 선지자들을 통하여 여러
부분과 여러 모양으로 우리 조상
들에게 말씀하신 하나님이
2 이 모든 날 마지막에는 아들을 통하
여 우리에게 말씀하셨으니 이 아들
을 만유의 상속자로 세우시고 또 그
로 말미암아 모든 세계를 지으셨느
니라
3 이는 하나님의 영광의 광채시요 그
본체의 형상이시라 그의 능력의 말씀
으로 만물을 붙드시며 죄를 정결하
게 하는 일을 하시고 높은 곳에 계신
지극히 크신 이의 우편에 앉으셨느니
라
4 그가 천사보다 훨씬 뛰어남은 그들
보다 더욱 아름다운 이름을 기업으
로 얻으심이니
5 하나님께서 어느 때에 천사 중 누구
에게 너는 내 아들이라 오늘 내가 너
를 낳았다 하셨으며 또 다시 나는 그
에게 아버지가 되고 그는 내게 아들
이 되리라 하셨느냐
6 또 그가 맏아들을 이끌어 세상에 다
시 들어오게 하실 때에 하나님의 모
든 천사들은 그에게 경배할지어다
말씀하시며
7 또 천사들에 관하여는 그는 그의 천
사들을 바람으로, 그의 사역자들을
불꽃으로 삼으시느니라 하셨으되
8 아들에 관하여는 하나님이여 주의
보좌는 영영하며 주의 나라의 규는
공평한 규이니이다
9 주께서 의를 사랑하시고 불법을 미워
하셨으니 그러므로 하나님 곧 주의
하나님이 즐거움의 기름을 주께 부
어 주를 동류들보다 뛰어나게 하셨
도다 하였고
10 또 주여 태초에 주께서 땅의 기초를
두셨으며 하늘도 주의 손으로 지으
신 바라
11 그것들은 멸망할 것이나 오직 주는
영존할 것이요 그것들은 다 옷과 같
이 낡아지리니
12 의복처럼 갈아입을 것이요 그것들은
옷과 같이 변할 것이나 주는 여전하

365묵상

예수님은 하나님이신가?

그렇다! 예수님은 본래 하나님이시다. 더 정확하게 말하면, 삼위일체 하나님 중 제2위이신 '성자 하나님'이시다. 그분이 바로 '예수 그리스도'이신데, 인간의 구원을 위해 사람의 몸을 입고 이 땅에 오셨다. 인간의 지식으로는 이런 사실을 결코 이해할 수 없지만, 분명한 것은 인간의 몸을 입고 이 땅에 오신 예수 그리스도는 온전한 하나님이신 동시에 온전한 인간이라는 사실이다. 두 개의 구별되는 본질이 한 분 예수님 안에서 온전히 연합하여 이 세상에 존재하셨던 것이다. 이것이 그리스도의 놀라운 비밀이다(히 1:3).

여 연대가 다함이 없으리라 하였으나
13 어느 때에 천사 중 누구에게 내가
네 원수로 네 발등상이 되게 하기까
지 너는 내 우편에 앉아 있으라 하셨
느냐
14 모든 천사들은 섬기는 영으로서 구
원 받을 상속자들을 위하여 섬기라
고 보내심이 아니냐

큰 구원

2 그러므로 우리는 들은 것에 더욱
유념함으로 우리가 흘러 떠내려가
지 않도록 함이 마땅하니라
2 천사들을 통하여 하신 말씀이 견고하
게 되어 모든 범죄함과 순종하지 아
니한 자들이 공정한 보응을 받았거
든
3 우리가 이같이 큰 구원을 등한히 여
기면 어찌 그 보응을 피하리요 이 구
원은 처음에 주로 말씀하신 바요 들
은 자들이 우리에게 확증한 바니
4 하나님도 표적들과 기사들과 여러 가
지 능력과 및 자기의 뜻을 따라 성령
이 나누어 주신 것으로써 그들과 함
께 증언하셨느니라

구원의 창시자

5 하나님이 우리가 말하는 바 장차 올
세상을 천사들에게 복종하게 하심이
아니니라
6 그러나 누구인가가 어디에서 증언하
여 이르되 사람이 무엇이기에 주께서
그를 생각하시며 인자가 무엇이기에
주께서 그를 돌보시나이까
7 그를 잠시 동안 천사보다 못하게 하
시며 영광과 존귀로 관을 씌우시며
8 만물을 그 발 아래에 복종하게 하셨
느니라 하였으니 만물로 그에게 복
종하게 하셨은즉 복종하지 않은 것
이 하나도 없어야 하겠으나 지금 우
리가 만물이 아직 그에게 복종하고
있는 것을 보지 못하고
9 오직 우리가 천사들보다 잠시 동안
못하게 하심을 입은 자 곧 죽음의
고난 받으심으로 말미암아 영광과
존귀로 관을 쓰신 예수를 보니 이를
행하심은 하나님의 은혜로 말미암아
모든 사람을 위하여 죽음을 맛보려
하심이라
10 그러므로 만물이 그를 위하고 또한
그로 말미암은 이가 많은 아들들을
이끌어 영광에 들어가게 하시는 일에
그들의 구원의 창시자를 고난을 통
하여 온전하게 하심이 합당하도다
11 거룩하게 하시는 이와 거룩하게 함
을 입은 자들이 다 한 근원에서 난지
라 그러므로 형제라 부르시기를 부
끄러워하지 아니하시고

12 이르시되 내가 주의 이름을 내 형제
들에게 선포하고 내가 주를 교회 중
에서 찬송하리라 하셨으며
13 또 다시 내가 그를 의지하리라 하시
고 또 다시 볼지어다 나와 및 하나님
께서 내게 주신 자녀라 하셨으니
14 자녀들은 혈과 육에 속하였으매 그
도 또한 같은 모양으로 혈과 육을
함께 지니심은 죽음을 통하여 죽음
의 세력을 잡은 자 곧 마귀를 멸하시
며
15 또 죽기를 무서워하므로 한평생 매
여 종 노릇 하는 모든 자들을 놓아
주려 하심이니
16 이는 확실히 천사들을 붙들어 주려
하심이 아니요 오직 아브라함의 자손
을 붙들어 주려 하심이라
17 그러므로 그가 범사에 형제들과 같
이 되심이 마땅하도다 이는 하나님의
일에 자비하고 신실한 대제사장이 되
어 백성의 죄를 속량하려 하심이라
18 그가 시험을 받아 고난을 당하셨은
즉 시험 받는 자들을 능히 도우실 수
있느니라

하나님이 주시는 안식

3 그러므로 함께 하늘의 부르심을
받은 거룩한 형제들아 우리가 믿
는 도리의 사도이시며 대제사장이신
예수를 깊이 생각하라
2 그는 자기를 세우신 이에게 신실하시
기를 모세가 하나님의 온 집에서 한
것과 같이 하셨으니
3 그는 모세보다 더욱 영광을 받을 만
한 것이 마치 집 지은 자가 그 집보다
더욱 존귀함 같으니라
4 집마다 지은 이가 있으니 만물을 지
으신 이는 하나님이시라
5 또한 모세는 장래에 말할 것을 증언
하기 위하여 하나님의 온 집에서 종
으로서 신실하였고
6 그리스도는 하나님의 집을 맡은 아
들로서 그와 같이 하셨으니 우리가
소망의 확신과 자랑을 끝까지 굳게
잡고 있으면 우리는 그의 집이라
7 그러므로 성령이 이르신 바와 같이
오늘 너희가 그의 음성을 듣거든
8 광야에서 시험하던 날에 거역하던 것
같이 너희 마음을 완고하게 하지 말
라
9 거기서 너희 열조가 나를 시험하여 증
험하고 사십 년 동안 나의 행사를 보
았느니라
10 그러므로 내가 이 세대에게 노하여
이르기를 그들이 항상 마음이 미혹되
어 내 길을 알지 못하는도다 하였고
11 내가 노하여 맹세한 바와 같이 그들

은 내 안식에 들어오지 못하리라 하
였다 하였느니라
12 형제들아 너희는 삼가 혹 너희 중에
누가 믿지 아니하는 악한 마음을 품
고 살아 계신 하나님에게서 떨어질까
조심할 것이요
13 오직 오늘이라 일컫는 동안에 매일
피차 권면하여 너희 중에 누구든지
죄의 유혹으로 완고하게 되지 않도
록 하라
14 우리가 시작할 때에 확신한 것을 끝
까지 견고히 잡고 있으면 그리스도와
함께 참여한 자가 되리라
15 성경에 일렀으되 오늘 너희가 그의
음성을 듣거든 격노하시게 하던 것
같이 너희 마음을 완고하게 하지 말
라 하였으니
16 듣고 격노하시게 하던 자가 누구냐
모세를 따라 애굽에서 나온 모든 사
람이 아니냐
17 또 하나님이 사십 년 동안 누구에게
노하셨느냐 그들의 시체가 광야에
엎드러진 범죄한 자들에게가 아니냐
18 또 하나님이 누구에게 맹세하사 그
의 안식에 들어오지 못하리라 하셨느
냐 곧 순종하지 아니하던 자들에게
가 아니냐
19 이로 보건대 그들이 믿지 아니하므로
능히 들어가지 못한 것이라

4

그러므로 우리는 두려워할지니 그
의 안식에 들어갈 약속이 남아 있
을지라도 너희 중에는 혹 이르지 못
할 자가 있을까 함이라
2 그들과 같이 우리도 복음 전함을 받
은 자이나 들은 바 그 말씀이 그들
에게 유익하지 못한 것은 듣는 자가
믿음과 결부시키지 아니함이라
3 이미 믿는 우리들은 저 안식에 들어
가는도다 그가 말씀하신 바와 같으
니 내가 노하여 맹세한 바와 같이 그
들이 내 안식에 들어오지 못하리라
하셨다 하였으나 세상을 창조할 때
부터 그 일이 이루어졌느니라
4 제칠일에 관하여는 어딘가에 이렇게
일렀으되 하나님은 제칠일에 그의 모
든 일을 쉬셨다 하였으며
5 또 다시 거기에 그들이 내 안식에 들
어오지 못하리라 하였으니
6 그러면 거기에 들어갈 자들이 남아
있거니와 복음 전함을 먼저 받은 자
들은 순종하지 아니함으로 말미암아
들어가지 못하였으므로
7 오랜 후에 다윗의 글에 다시 어느 날
을 정하여 오늘이라고 미리 이같이
일렀으되 오늘 너희가 그의 음성을
듣거든 너희 마음을 완고하게 하지

말라 하였나니
8 만일 여호수아가 그들에게 안식을
주었더라면 그 후에 다른 날을 말씀
하지 아니하셨으리라
9 그런즉 안식할 때가 하나님의 백성에
게 남아 있도다
10 이미 그의 안식에 들어간 자는 하나
님이 자기의 일을 쉬심과 같이 그도
자기의 일을 쉬느니라
11 그러므로 우리가 저 안식에 들어가기
를 힘쓸지니 이는 누구든지 저 순종
하지 아니하는 본에 빠지지 않게 하
려 함이라
12 하나님의 말씀은 살아 있고 활력이
있어 좌우에 날선 어떤 검보다도 예
리하여 혼과 영과 및 관절과 골수를
찔러 쪼개기까지 하며 또 마음의 생
각과 뜻을 판단하나니
13 지으신 것이 하나도 그 앞에 나타나
지 않음이 없고 우리의 결산을 받으
실 이의 눈 앞에 만물이 벌거벗은 것
같이 드러나느니라

큰 대제사장이신 예수

14 그러므로 우리에게 큰 대제사장이
계시니 승천하신 이 곧 하나님의 아
들 예수시라 우리가 믿는 도리를 굳
게 잡을지어다
15 우리에게 있는 대제사장은 우리의
연약함을 동정하지 못하실 이가 아니
요 모든 일에 우리와 똑같이 시험을
받으신 이로되 죄는 없으시니라
16 그러므로 우리는 긍휼하심을 받고
때를 따라 돕는 은혜를 얻기 위하여
은혜의 보좌 앞에 담대히 나아갈 것
이니라

5 대제사장마다 사람 가운데서 택한
자이므로 하나님께 속한 일에 사
람을 위하여 예물과 속죄하는 제사
를 드리게 하나니
2 그가 무식하고 미혹된 자를 능히 용
납할 수 있는 것은 자기도 연약에 휩
싸여 있음이라
3 그러므로 백성을 위하여 속죄제를
드림과 같이 또한 자신을 위하여도
드리는 것이 마땅하니라
4 이 존귀는 아무도 스스로 취하지 못
하고 오직 아론과 같이 하나님의 부
르심을 받은 자라야 할 것이니라
5 또한 이와 같이 그리스도께서 대제
사장 되심도 스스로 영광을 취하심이
아니요 오직 말씀하신 이가 그에게
이르시되 너는 내 아들이니 내가 오
늘 너를 낳았다 하셨고
6 또한 이와 같이 다른 데서 말씀하시
되 네가 영원히 멜기세덱의 반차를
따르는 제사장이라 하셨으니

7 그는 육체에 계실 때에 자기를 죽음
에서 능히 구원하실 이에게 심한 통
곡과 눈물로 간구와 소원을 올렸고
그의 경건하심으로 말미암아 들으심
을 얻었느니라
8 그가 아들이시면서도 받으신 고난으
로 순종함을 배워서
9 온전하게 되셨은즉 자기에게 순종하
는 모든 자에게 영원한 구원의 근원
이 되시고
10 하나님께 멜기세덱의 반차를 따른
대제사장이라 칭하심을 받으셨느니
라

변절을 경계하다

11 멜기세덱에 관하여는 우리가 할 말
이 많으나 너희가 듣는 것이 둔하므
로 설명하기 어려우니라
12 때가 오래 되었으므로 너희가 마땅히
선생이 되었을 터인데 너희가 다시 하
나님의 말씀의 초보에 대하여 누구
에게서 가르침을 받아야 할 처지이니
단단한 음식은 못 먹고 젖이나 먹어
야 할 자가 되었도다
13 이는 젖을 먹는 자마다 어린 아이니
의의 말씀을 경험하지 못한 자요
14 단단한 음식은 장성한 자의 것이니
그들은 지각을 사용함으로 연단을
받아 선악을 분별하는 자들이니라

6 그러므로 우리가 그리스도의 도의
초보를 버리고 죽은 행실을 회개
함과 하나님께 대한 신앙과
2 세례들과 안수와 죽은 자의 부활과
영원한 심판에 관한 교훈의 터를 다
시 닦지 말고 완전한 데로 나아갈지
니라
3 하나님께서 허락하시면 우리가 이것
을 하리라
4 한 번 빛을 받고 하늘의 은사를 맛
보고 성령에 참여한 바 되고
5 하나님의 선한 말씀과 내세의 능력을
맛보고도
6 타락한 자들은 다시 새롭게 하여 회
개하게 할 수 없나니 이는 그들이 하
나님의 아들을 다시 십자가에 못 박
아 드러내 놓고 욕되게 함이라
7 땅이 그 위에 자주 내리는 비를 흡수
하여 밭 가는 자들이 쓰기에 합당한
채소를 내면 하나님께 복을 받고
8 만일 가시와 엉겅퀴를 내면 버림을
당하고 저주함에 가까워 그 마지막
은 불사름이 되리라
9 사랑하는 자들아 우리가 이같이 말
하나 너희에게는 이보다 더 좋은 것
곧 구원에 속한 것이 있음을 확신하
노라
10 하나님은 불의하지 아니하사 너희 행

위와 그의 이름을 위하여 나타낸 사
랑으로 이미 성도를 섬긴 것과 이제
도 섬기고 있는 것을 잊어버리지 아니
하시느니라
11 우리가 간절히 원하는 것은 너희 각
사람이 동일한 부지런함을 나타내어
끝까지 소망의 풍성함에 이르러
12 게으르지 아니하고 믿음과 오래 참
음으로 말미암아 약속들을 기업으로
받는 자들을 본받는 자 되게 하려는
것이니라

하나님의 확실한 약속

13 하나님이 아브라함에게 약속하실 때
에 가리켜 맹세할 자가 자기보다 더
큰 이가 없으므로 자기를 가리켜 맹
세하여
14 이르시되 내가 반드시 너에게 복 주
고 복 주며 너를 번성하게 하고 번성
하게 하리라 하셨더니
15 그가 이같이 오래 참아 약속을 받았
느니라
16 사람들은 자기보다 더 큰 자를 가리
켜 맹세하나니 맹세는 그들이 다투
는 모든 일의 최후 확정이니라
17 하나님은 약속을 기업으로 받는 자
들에게 그 뜻이 변하지 아니함을 충
분히 나타내시려고 그 일을 맹세로
보증하셨나니
18 이는 하나님이 거짓말을 하실 수 없
는 이 두 가지 변하지 못할 사실로
말미암아 앞에 있는 소망을 얻으려
고 피난처를 찾은 우리에게 큰 안위
를 받게 하려 하심이라
19 우리가 이 소망을 가지고 있는 것은
영혼의 닻 같아서 튼튼하고 견고하
여 휘장 안에 들어 가나니
20 그리로 앞서 가신 예수께서 멜기세
덱의 반차를 따라 영원히 대제사장이
되어 우리를 위하여 들어 가셨느니라

멜기세덱

7 이 멜기세덱은 살렘 왕이요 지극
히 높으신 하나님의 제사장이라 여
러 왕을 쳐서 죽이고 돌아오는 아브
라함을 만나 복을 빈 자라
2 아브라함이 모든 것의 십분의 일을
그에게 나누어 주니라 그 이름을 해
석하면 먼저는 의의 왕이요 그 다음
은 살렘 왕이니 곧 평강의 왕이요
3 아버지도 없고 어머니도 없고 족보도
없고 시작한 날도 없고 생명의 끝도

365묵상

소망은 영혼의 닻

모든 배들은 '닻'을 갖고 있다. 닻은 배가 물에 휩쓸려 떠내려가지 않도록 지켜주는 역할을 한다. 세상의 거친 물결 가운데 살아가는 우리도 닻이 필요하다. 그 닻은 '소망'이다(히 6:19). 소망은 우리에게 생의 목표를 준다. 그 목표는 천국에서 주님과 함께 영원히 사는 것이다. 그러므로 지난날에 이 세상의 거센 물결에 휩쓸려 이리저리 떠밀리며 방황하던 나의 영혼에 견고한 소망의 닻을 제공해주신 주님께 감사해야 한다. 그 소망의 닻으로 인해 더는 표류하지 않고 천국의 항구에 안전하게 정박할 수 있게 된 것이다.

없어 하나님의 아들과 닮아서 항상
제사장으로 있느니라
4 이 사람이 얼마나 높은가를 생각해
보라 조상 아브라함도 노략물 중 십
분의 일을 그에게 주었느니라
5 레위의 아들들 가운데 제사장의 직
분을 받은 자들은 율법을 따라 아브
라함의 허리에서 난 자라도 자기 형
제인 백성에게서 십분의 일을 취하라
는 명령을 받았으나
6 레위 족보에 들지 아니한 멜기세덱
은 아브라함에게서 십분의 일을 취
하고 약속을 받은 그를 위하여 복을
빌었나니
7 논란의 여지 없이 낮은 자가 높은 자
에게서 축복을 받느니라
8 또 여기는 죽을 자들이 십분의 일을
받으나 저기는 산다고 증거를 얻은
자가 받았느니라
9 또한 십분의 일을 받는 레위도 아브
라함으로 말미암아 십분의 일을 바쳤
다고 할 수 있나니
10 이는 멜기세덱이 아브라함을 만날
때에 레위는 이미 자기 조상의 허리
에 있었음이라
11 레위 계통의 제사 직분으로 말미암
아 온전함을 얻을 수 있었으면 (백성
이 그 아래에서 율법을 받았으니) 어
찌하여 아론의 반차를 따르지 않고
멜기세덱의 반차를 따르는 다른 한
제사장을 세울 필요가 있느냐
12 제사 직분이 바꾸어졌은즉 율법도
반드시 바꾸어지리니
13 이것은 한 사람도 제단 일을 받들지
않는 다른 지파에 속한 자를 가리켜
말한 것이라
14 우리 주께서는 유다로부터 나신 것이
분명하도다 이 지파에는 모세가 제
사장들에 관하여 말한 것이 하나도
없고
15 멜기세덱과 같은 별다른 한 제사장
이 일어난 것을 보니 더욱 분명하도
다
16 그는 육신에 속한 한 계명의 법을 따
르지 아니하고 오직 불멸의 생명의
능력을 따라 되었으니
17 증언하기를 네가 영원히 멜기세덱의
반차를 따르는 제사장이라 하였도다
18 전에 있던 계명은 연약하고 무익하므
로 폐하고
19 (율법은 아무 것도 온전하게 못할지
라) 이에 더 좋은 소망이 생기니 이
것으로 우리가 하나님께 가까이 가
느니라
20 또 예수께서 제사장이 되신 것은 맹
세 없이 된 것이 아니니

21 (그들은 맹세 없이 제사장이 되었으
되 오직 예수는 자기에게 말씀하신
이로 말미암아 맹세로 되신 것이라
주께서 맹세하시고 뉘우치지 아니하
시리니 네가 영원히 제사장이라 하셨
도다)
22 이와 같이 예수는 더 좋은 언약의 보
증이 되셨느니라
23 제사장 된 그들의 수효가 많은 것은
죽음으로 말미암아 항상 있지 못함
이로되
24 예수는 영원히 계시므로 그 제사장
직분도 갈리지 아니하느니라
25 그러므로 자기를 힘입어 하나님께 나
아가는 자들을 온전히 구원하실 수
있으니 이는 그가 항상 살아 계셔서
그들을 위하여 간구하심이라
26 이러한 대제사장은 우리에게 합당하
니 거룩하고 악이 없고 더러움이 없
고 죄인에게서 떠나 계시고 하늘보
다 높이 되신 이라
27 그는 저 대제사장들이 먼저 자기 죄
를 위하고 다음에 백성의 죄를 위하
여 날마다 제사 드리는 것과 같이 할
필요가 없으니 이는 그가 단번에 자
기를 드려 이루셨음이라
28 율법은 약점을 가진 사람들을 제사
장으로 세웠거니와 율법 후에 하신
맹세의 말씀은 영원히 온전하게 되신
아들을 세우셨느니라

새 언약의 대제사장

8 지금 우리가 하는 말의 요점은 이
러한 대제사장이 우리에게 있다는
것이라 그는 하늘에서 지극히 크신
이의 보좌 우편에 앉으셨으니
2 성소와 참 장막에서 섬기는 이시라
이 장막은 주께서 세우신 것이요 사
람이 세운 것이 아니니라
3 대제사장마다 예물과 제사 드림을
위하여 세운 자니 그러므로 그도 무
엇인가 드릴 것이 있어야 할지니라
4 예수께서 만일 땅에 계셨더라면 제사
장이 되지 아니하셨을 것이니 이는
율법을 따라 예물을 드리는 제사장
이 있음이라
5 그들이 섬기는 것은 하늘에 있는 것
의 모형과 그림자라 모세가 장막을
지으려 할 때에 지시하심을 얻음과
같으니 이르시되 삼가 모든 것을 산
에서 네게 보이던 본을 따라 지으라
하셨느니라
6 그러나 이제 그는 더 아름다운 직분
을 얻으셨으니 그는 더 좋은 약속으
로 세우신 더 좋은 언약의 중보자시
라
7 저 첫 언약이 무흠하였더라면 둘째

것을 요구할 일이 없었으려니와
8 그들의 잘못을 지적하여 말씀하시되
주께서 이르시되 볼지어다 날이 이르
리니 내가 이스라엘 집과 유다 집과
더불어 새 언약을 맺으리라
9 또 주께서 이르시기를 이 언약은 내
가 그들의 열조의 손을 잡고 애굽
땅에서 인도하여 내던 날에 그들과
맺은 언약과 같지 아니하도다 그들
은 내 언약 안에 머물러 있지 아니하
므로 내가 그들을 돌보지 아니하였
노라
10 또 주께서 이르시되 그 날 후에 내가
이스라엘 집과 맺을 언약은 이것이니
내 법을 그들의 생각에 두고 그들의
마음에 이것을 기록하리라 나는 그
들에게 하나님이 되고 그들은 내게
백성이 되리라
11 또 각각 자기 나라 사람과 각각 자기
형제를 가르쳐 이르기를 주를 알라
하지 아니할 것은 그들이 작은 자로
부터 큰 자까지 다 나를 앎이라
12 내가 그들의 불의를 긍휼히 여기고
그들의 죄를 다시 기억하지 아니하리
라 하셨느니라
13 새 언약이라 말씀하셨으매 첫 것은
낡아지게 하신 것이니 낡아지고 쇠하
는 것은 없어져 가는 것이니라

손으로 지은 성소와 온전한 성소

9 첫 언약에도 섬기는 예법과 세상
에 속한 성소가 있더라
2 예비한 첫 장막이 있고 그 안에 등잔
대와 상과 진설병이 있으니 이는 성
소라 일컫고
3 또 둘째 휘장 뒤에 있는 장막을 지성
소라 일컫나니
4 금 향로와 사면을 금으로 싼 언약궤
가 있고 그 안에 만나를 담은 금 항
아리와 아론의 싹난 지팡이와 언약의
돌판들이 있고
5 그 위에 속죄소를 덮는 영광의 그룹
들이 있으니 이것들에 관하여는 이제
낱낱이 말할 수 없노라
6 이 모든 것을 이같이 예비하였으니
제사장들이 항상 첫 장막에 들어가
섬기는 예식을 행하고
7 오직 둘째 장막은 대제사장이 홀로
일 년에 한 번 들어가되 자기와 백성
의 허물을 위하여 드리는 피 없이는
아니하나니
8 성령이 이로써 보이신 것은 첫 장막이
서 있을 동안에는 성소에 들어가는
길이 아직 나타나지 아니한 것이라
9 이 장막은 현재까지의 비유니 이에
따라 드리는 예물과 제사는 섬기는
자를 그 양심상 온전하게 할 수 없나

니
10 이런 것은 먹고 마시는 것과 여러 가
지 씻는 것과 함께 육체의 예법일 뿐
이며 개혁할 때까지 맡겨 둔 것이니
라
11 그리스도께서는 장래 좋은 일의 대
제사장으로 오사 손으로 짓지 아니
한 것 곧 이 창조에 속하지 아니한
더 크고 온전한 장막으로 말미암아
12 염소와 송아지의 피로 하지 아니하고
오직 자기의 피로 영원한 속죄를 이
루사 단번에 성소에 들어가셨느니라
13 염소와 황소의 피와 및 암송아지의
재를 부정한 자에게 뿌려 그 육체를
정결하게 하여 거룩하게 하거든
14 하물며 영원하신 성령으로 말미암아
흠 없는 자기를 하나님께 드린 그리
스도의 피가 어찌 너희 양심을 죽은
행실에서 깨끗하게 하고 살아 계신
하나님을 섬기게 하지 못하겠느냐
15 이로 말미암아 그는 새 언약의 중보
자시니 이는 첫 언약 때에 범한 죄에
서 속량하려고 죽으사 부르심을 입
은 자로 하여금 영원한 기업의 약속
을 얻게 하려 하심이라
16 유언은 유언한 자가 죽어야 되나니
17 유언은 그 사람이 죽은 후에야 유효
한즉 유언한 자가 살아 있는 동안에
는 효력이 없느니라
18 이러므로 첫 언약도 피 없이 세운 것
이 아니니
19 모세가 율법대로 모든 계명을 온 백
성에게 말한 후에 송아지와 염소의
피 및 물과 붉은 양털과 우슬초를 취
하여 그 두루마리와 온 백성에게 뿌
리며
20 이르되 이는 하나님이 너희에게 명하
신 언약의 피라 하고
21 또한 이와 같이 피를 장막과 섬기는
일에 쓰는 모든 그릇에 뿌렸느니라
22 율법을 따라 거의 모든 물건이 피로
써 정결하게 되나니 피흘림이 없은즉
사함이 없느니라

그리스도의 희생으로 이루어진 속죄

23 그러므로 하늘에 있는 것들의 모형
은 이런 것들로써 정결하게 할 필요
가 있었으나 하늘에 있는 그것들은
이런 것들보다 더 좋은 제물로 할지
니라
24 그리스도께서는 참 것의 그림자인 손
으로 만든 성소에 들어가지 아니하
시고 바로 그 하늘에 들어가사 이제
우리를 위하여 하나님 앞에 나타나시
고
25 대제사장이 해마다 다른 것의 피로
써 성소에 들어가는 것 같이 자주 자

기를 드리려고 아니하실지니
26 그리하면 그가 세상을 창조한 때부
터 자주 고난을 받았어야 할 것이로
되 이제 자기를 단번에 제물로 드려
죄를 없이 하시려고 세상 끝에 나타
나셨느니라
27 한 번 죽는 것은 사람에게 정해진 것
이요 그 후에는 심판이 있으리니
28 이와 같이 그리스도도 많은 사람의
죄를 담당하시려고 단번에 드리신 바
되셨고 구원에 이르게 하기 위하여
죄와 상관 없이 자기를 바라는 자들
에게 두 번째 나타나시리라

10

율법은 장차 올 좋은 일의 그림
자일 뿐이요 참 형상이 아니므
로 해마다 늘 드리는 같은 제사로는
나아오는 자들을 언제나 온전하게
할 수 없느니라
2 그렇지 아니하면 섬기는 자들이 단번
에 정결하게 되어 다시 죄를 깨닫는
일이 없으리니 어찌 제사 드리는 일
을 그치지 아니하였으리요
3 그러나 이 제사들에는 해마다 죄를
기억하게 하는 것이 있나니
4 이는 황소와 염소의 피가 능히 죄를
없이 하지 못함이라
5 그러므로 주께서 세상에 임하실 때
에 이르시되 하나님이 제사와 예물
을 원하지 아니하시고 오직 나를 위
하여 한 몸을 예비하셨도다
6 번제와 속죄제는 기뻐하지 아니하시
나니
7 이에 내가 말하기를 하나님이여 보시
옵소서 두루마리 책에 나를 가리켜
기록된 것과 같이 하나님의 뜻을 행
하러 왔나이다 하셨느니라
8 위에 말씀하시기를 주께서는 제사와
예물과 번제와 속죄제는 원하지도
아니하고 기뻐하지도 아니하신다 하
셨고 (이는 다 율법을 따라 드리는
것이라)
9 그 후에 말씀하시기를 보시옵소서
내가 하나님의 뜻을 행하러 왔나이다
하셨으니 그 첫째 것을 폐하심은 둘
째 것을 세우려 하심이라
10 이 뜻을 따라 예수 그리스도의 몸을
단번에 드리심으로 말미암아 우리가
거룩함을 얻었노라
11 제사장마다 매일 서서 섬기며 자주
같은 제사를 드리되 이 제사는 언제
나 죄를 없게 하지 못하거니와
12 오직 그리스도는 죄를 위하여 한 영
원한 제사를 드리시고 하나님 우편
에 앉으사
13 그 후에 자기 원수들을 자기 발등상
이 되게 하실 때까지 기다리시나니

14 그가 거룩하게 된 자들을 한 번의 제
사로 영원히 온전하게 하셨느니라
15 또한 성령이 우리에게 증언하시되
16 주께서 이르시되 그 날 후로는 그들
과 맺을 언약이 이것이라 하시고 내
법을 그들의 마음에 두고 그들의 생
각에 기록하리라 하신 후에
17 또 그들의 죄와 그들의 불법을 내가
다시 기억하지 아니하리라 하셨으니
18 이것들을 사하셨은즉 다시 죄를 위하
여 제사 드릴 것이 없느니라

소망을 굳게 잡으라

19 그러므로 형제들아 우리가 예수의
피를 힘입어 성소에 들어갈 담력을
얻었나니
20 그 길은 우리를 위하여 휘장 가운데
로 열어 놓으신 새로운 살 길이요 휘
장은 곧 그의 육체니라
21 또 하나님의 집 다스리는 큰 제사장
이 계시매
22 우리가 마음에 뿌림을 받아 악한 양
심으로부터 벗어나고 몸은 맑은 물
로 씻음을 받았으니 참 마음과 온전
한 믿음으로 하나님께 나아가자
23 또 약속하신 이는 미쁘시니 우리가
믿는 도리의 소망을 움직이지 말며
굳게 잡고
24 서로 돌아보아 사랑과 선행을 격려
하며
25 모이기를 폐하는 어떤 사람들의 습
관과 같이 하지 말고 오직 권하여 그
날이 가까움을 볼수록 더욱 그리하
자
26 우리가 진리를 아는 지식을 받은 후
짐짓 죄를 범한즉 다시 속죄하는 제
사가 없고
27 오직 무서운 마음으로 심판을 기다
리는 것과 대적하는 자를 태울 맹렬
한 불만 있으리라
28 모세의 법을 폐한 자도 두세 증인으
로 말미암아 불쌍히 여김을 받지 못
하고 죽었거든
29 하물며 하나님의 아들을 짓밟고 자기
를 거룩하게 한 언약의 피를 부정한
것으로 여기고 은혜의 성령을 욕되게
하는 자가 당연히 받을 형벌은 얼마
나 더 무겁겠느냐 너희는 생각하라
30 원수 갚는 것이 내게 있으니 내가 갚
으리라 하시고 또 다시 주께서 그의
백성을 심판하리라 말씀하신 것을 우

365묵상

소심한 믿음을 굳세게!

크리스천 중에서 '소심한 믿음'이 문제가 되는 사람들이 있다. 그들의 믿음은 매우 연약한 것이어서 누군가가 관심을 갖고 계속 주의해서 돌봐주지 않으면 금방이라도 깨어질 것처럼 위태하게 보인다. 하지만 이 세상은 우는 사자들이 들끓고 있는 정글이다. 사탄의 세력이 배고픈 사자처럼 연약한 영혼을 사냥하러 돌아다닌다(벧전 5:8). 따라서 믿는 자들이 이 세상에서 안전하게 살아가는 방법은 믿음의 힘을 굳세게 기르는 것이다. 살아 있는 굳센 믿음은 세상에서 대적할 자가 없는 위대한 능력이다(히 10:19–31).

리가 아노니
31 살아 계신 하나님의 손에 빠져 들어
가는 것이 무서울진저
32 전날에 너희가 빛을 받은 후에 고난
의 큰 싸움을 견디어 낸 것을 생각하
라
33 혹은 비방과 환난으로써 사람에게
구경거리가 되고 혹은 이런 형편에
있는 자들과 사귀는 자가 되었으니
34 너희가 갇힌 자를 동정하고 너희 소
유를 빼앗기는 것도 기쁘게 당한 것
은 더 낫고 영구한 소유가 있는 줄
앎이라
35 그러므로 너희 담대함을 버리지 말라
이것이 큰 상을 얻게 하느니라
36 너희에게 인내가 필요함은 너희가 하
나님의 뜻을 행한 후에 약속하신 것
을 받기 위함이라
37 잠시 잠깐 후면 오실 이가 오시리니
지체하지 아니하시리라
38 나의 의인은 믿음으로 말미암아 살
리라 또한 뒤로 물러가면 내 마음이
그를 기뻐하지 아니하리라 하셨느니
라
39 우리는 뒤로 물러가 멸망할 자가 아
니요 오직 영혼을 구원함에 이르는
믿음을 가진 자니라

믿음

11 믿음은 바라는 것들의 실상이요
보이지 않는 것들의 증거니
2 선진들이 이로써 증거를 얻었느니라
3 믿음으로 모든 세계가 하나님의 말
씀으로 지어진 줄을 우리가 아나니
보이는 것은 나타난 것으로 말미암
아 된 것이 아니니라
4 믿음으로 아벨은 가인보다 더 나은
제사를 하나님께 드림으로 의로운
자라 하시는 증거를 얻었으니 하나님
이 그 예물에 대하여 증언하심이라
그가 죽었으나 그 믿음으로써 지금
도 말하느니라
5 믿음으로 에녹은 죽음을 보지 않고
옮겨졌으니 하나님이 그를 옮기심으
로 다시 보이지 아니하였느니라 그는
옮겨지기 전에 하나님을 기쁘시게 하
는 자라 하는 증거를 받았느니라
6 믿음이 없이는 하나님을 기쁘시게 하
지 못하나니 하나님께 나아가는 자
는 반드시 그가 계신 것과 또한 그가
자기를 찾는 자들에게 상 주시는 이
심을 믿어야 할지니라
7 믿음으로 노아는 아직 보이지 않는
일에 경고하심을 받아 경외함으로
방주를 준비하여 그 집을 구원하였
으니 이로 말미암아 세상을 정죄하고
믿음을 따르는 의의 상속자가 되었

느니라
8 믿음으로 아브라함은 부르심을 받았
을 때에 순종하여 장래의 유업으로
받을 땅에 나아갈새 갈 바를 알지
못하고 나아갔으며
9 믿음으로 그가 이방의 땅에 있는 것
같이 약속의 땅에 거류하여 동일한
약속을 유업으로 함께 받은 이삭 및
야곱과 더불어 장막에 거하였으니
10 이는 그가 하나님이 계획하시고 지으
실 터가 있는 성을 바랐음이라
11 믿음으로 사라 자신도 나이가 많아
단산하였으나 잉태할 수 있는 힘을
얻었으니 이는 약속하신 이를 미쁘신
줄 알았음이라
12 이러므로 죽은 자와 같은 한 사람으
로 말미암아 하늘의 허다한 별과 또
해변의 무수한 모래와 같이 많은 후
손이 생육하였느니라
13 이 사람들은 다 믿음을 따라 죽었으
며 약속을 받지 못하였으되 그것들
을 멀리서 보고 환영하며 또 땅에서
는 외국인과 나그네임을 증언하였으
니
14 그들이 이같이 말하는 것은 자기들이
본향 찾는 자임을 나타냄이라
15 그들이 나온 바 본향을 생각하였더
라면 돌아갈 기회가 있었으려니와
16 그들이 이제는 더 나은 본향을 사모
하니 곧 하늘에 있는 것이라 이러므
로 하나님이 그들의 하나님이라 일컬
음 받으심을 부끄러워하지 아니하시
고 그들을 위하여 한 성을 예비하셨
느니라
17 아브라함은 시험을 받을 때에 믿음
으로 이삭을 드렸으니 그는 약속들
을 받은 자로되 그 외아들을 드렸느
니라
18 그에게 이미 말씀하시기를 네 자손
이라 칭할 자는 이삭으로 말미암으리
라 하셨으니
19 그가 하나님이 능히 이삭을 죽은 자
가운데서 다시 살리실 줄로 생각한지
라 비유컨대 그를 죽은 자 가운데서
도로 받은 것이니라
20 믿음으로 이삭은 장차 있을 일에 대
하여 야곱과 에서에게 축복하였으며
21 믿음으로 야곱은 죽을 때에 요셉의
각 아들에게 축복하고 그 지팡이 머
리에 의지하여 경배하였으며
22 믿음으로 요셉은 임종시에 이스라엘
자손들이 떠날 것을 말하고 또 자기
뼈를 위하여 명하였으며
23 믿음으로 모세가 났을 때에 그 부모
가 아름다운 아이임을 보고 석 달 동
안 숨겨 왕의 명령을 무서워하지 아

니하였으며
24 믿음으로 모세는 장성하여 바로의
공주의 아들이라 칭함 받기를 거절하
고
25 도리어 하나님의 백성과 함께 고난
받기를 잠시 죄악의 낙을 누리는 것
보다 더 좋아하고
26 그리스도를 위하여 받는 수모를 애
굽의 모든 보화보다 더 큰 재물로
여겼으니 이는 상 주심을 바라봄이라
27 믿음으로 애굽을 떠나 왕의 노함을
무서워하지 아니하고 곧 보이지 아니
하는 자를 보는 것 같이 하여 참았으
며
28 믿음으로 유월절과 피 뿌리는 예식
을 정하였으니 이는 장자를 멸하는
자로 그들을 건드리지 않게 하려 한
것이며
29 믿음으로 그들은 홍해를 육지 같이
건넜으나 애굽 사람들은 이것을 시험
하다가 빠져 죽었으며
30 믿음으로 칠 일 동안 여리고를 도니
성이 무너졌으며
31 믿음으로 기생 라합은 정탐꾼을 평
안히 영접하였으므로 순종하지 아니
한 자와 함께 멸망하지 아니하였도다
32 내가 무슨 말을 더 하리요 기드온,
바락, 삼손, 입다, 다윗 및 사무엘과
선지자들의 일을 말하려면 내게 시간
이 부족하리로다
33 그들은 믿음으로 나라들을 이기기도
하며 의를 행하기도 하며 약속을 받
기도 하며 사자들의 입을 막기도 하
며
34 불의 세력을 멸하기도 하며 칼날을
피하기도 하며 연약한 가운데서 강하
게 되기도 하며 전쟁에 용감하게 되
어 이방 사람들의 진을 물리치기도
하며
35 여자들은 자기의 죽은 자들을 부활
로 받아들이기도 하며 또 어떤 이들
은 더 좋은 부활을 얻고자 하여 심한
고문을 받되 구차히 풀려나기를 원
하지 아니하였으며
36 또 어떤 이들은 조롱과 채찍질뿐 아
니라 결박과 옥에 갇히는 시련도 받
았으며
37 돌로 치는 것과 톱으로 켜는 것과 시
험과 칼로 죽임을 당하고 양과 염소
의 가죽을 입고 유리하여 궁핍과 환
난과 학대를 받았으니
38 (이런 사람은 세상이 감당하지 못하
느니라) 그들이 광야와 산과 동굴과
토굴에 유리하였느니라
39 이 사람들은 다 믿음으로 말미암아
증거를 받았으나 약속된 것을 받지

못하였으니
40 이는 하나님이 우리를 위하여 더 좋
은 것을 예비하셨은즉 우리가 아니면
그들로 온전함을 이루지 못하게 하
려 하심이라

주께서 주시는 징계

12 이러므로 우리에게 구름 같이
둘러싼 허다한 증인들이 있으니
모든 무거운 것과 얽매이기 쉬운 죄
를 벗어 버리고 인내로써 우리 앞에
당한 경주를 하며
2 믿음의 주요 또 온전하게 하시는 이
인 예수를 바라보자 그는 그 앞에
있는 기쁨을 위하여 십자가를 참으
사 부끄러움을 개의치 아니하시더니
하나님 보좌 우편에 앉으셨느니라
3 너희가 피곤하여 낙심하지 않기 위하
여 죄인들이 이같이 자기에게 거역한
일을 참으신 이를 생각하라
4 너희가 죄와 싸우되 아직 피흘리기까
지는 대항하지 아니하고
5 또 아들들에게 권하는 것 같이 너희
에게 권면하신 말씀도 잊었도다 일렀
으되 내 아들아 주의 징계하심을 경
히 여기지 말며 그에게 꾸지람을 받
을 때에 낙심하지 말라
6 주께서 그 사랑하시는 자를 징계하
시고 그가 받아들이시는 아들마다
채찍질하심이라 하였으니
7 너희가 참음은 징계를 받기 위함이라
하나님이 아들과 같이 너희를 대우하
시나니 어찌 아버지가 징계하지 않는
아들이 있으리요
8 징계는 다 받는 것이거늘 너희에게
없으면 사생자요 친아들이 아니니라
9 또 우리 육신의 아버지가 우리를 징
계하여도 공경하였거든 하물며 모든
영의 아버지께 더욱 복종하며 살려
하지 않겠느냐
10 그들은 잠시 자기의 뜻대로 우리를
징계하였거니와 오직 하나님은 우리
의 유익을 위하여 그의 거룩하심에
참여하게 하시느니라
11 무릇 징계가 당시에는 즐거워 보이지
않고 슬퍼 보이나 후에 그로 말미암
아 연단 받은 자들은 의와 평강의 열
매를 맺느니라
12 그러므로 피곤한 손과 연약한 무릎
을 일으켜 세우고
13 너희 발을 위하여 곧은 길을 만들어
저는 다리로 하여금 어그러지지 않고
고침을 받게 하라

하나님의 은혜를
거역한 자들에게 주는 경고

14 모든 사람과 더불어 화평함과 거룩
함을 따르라 이것이 없이는 아무도

주를 보지 못하리라
15 너희는 하나님의 은혜에 이르지 못하
는 자가 없도록 하고 또 쓴 뿌리가
나서 괴롭게 하여 많은 사람이 이로
말미암아 더럽게 되지 않게 하며
16 음행하는 자와 혹 한 그릇 음식을
위하여 장자의 명분을 판 에서와 같
이 망령된 자가 없도록 살피라
17 너희가 아는 바와 같이 그가 그 후에
축복을 이어받으려고 눈물을 흘리며
구하되 버린 바가 되어 회개할 기회
를 얻지 못하였느니라
18 너희는 만질 수 있고 불이 붙는 산과
침침함과 흑암과 폭풍과
19 나팔 소리와 말하는 소리가 있는 곳
에 이른 것이 아니라 그 소리를 듣는
자들은 더 말씀하지 아니하시기를 구
하였으니
20 이는 짐승이라도 그 산에 들어가면
돌로 침을 당하리라 하신 명령을 그
들이 견디지 못함이라
21 그 보이는 바가 이렇듯 무섭기로 모
세도 이르되 내가 심히 두렵고 떨린
다 하였느니라
22 그러나 너희가 이른 곳은 시온 산과
살아 계신 하나님의 도성인 하늘의
예루살렘과 천만 천사와
23 하늘에 기록된 장자들의 모임과 교
회와 만민의 심판자이신 하나님과 및
온전하게 된 의인의 영들과
24 새 언약의 중보자이신 예수와 및 아
벨의 피보다 더 나은 것을 말하는 뿌
린 피니라
25 너희는 삼가 말씀하신 이를 거역하지
말라 땅에서 경고하신 이를 거역한
그들이 피하지 못하였거든 하물며 하
늘로부터 경고하신 이를 배반하는
우리일까보냐
26 그 때에는 그 소리가 땅을 진동하였
거니와 이제는 약속하여 이르시되 내
가 또 한 번 땅만 아니라 하늘도 진
동하리라 하셨느니라
27 이 또 한 번이라 하심은 진동하지 아
니하는 것을 영존하게 하기 위하여
진동할 것들 곧 만드신 것들이 변동
될 것을 나타내심이라
28 그러므로 우리가 흔들리지 않는 나
라를 받았은즉 은혜를 받자 이로 말
미암아 경건함과 두려움으로 하나님
을 기쁘시게 섬길지니
29 우리 하나님은 소멸하는 불이심이라

하나님이 기뻐하시는 제사

13 형제 사랑하기를 계속하고
2 손님 대접하기를 잊지 말라 이
로써 부지중에 천사들을 대접한 이
들이 있었느니라

3 너희도 함께 갇힌 것 같이 갇힌 자를
생각하고 너희도 몸을 가졌은즉 학
대 받는 자를 생각하라
4 모든 사람은 결혼을 귀히 여기고 침
소를 더럽히지 않게 하라 음행하는
자들과 간음하는 자들을 하나님이
심판하시리라
5 돈을 사랑하지 말고 있는 바를 족한
줄로 알라 그가 친히 말씀하시기를
내가 결코 너희를 버리지 아니하고
너희를 떠나지 아니하리라 하셨느니
라
6 그러므로 우리가 담대히 말하되 주
는 나를 돕는 이시니 내가 무서워하
지 아니하겠노라 사람이 내게 어찌하
리요 하노라
7 하나님의 말씀을 너희에게 일러 주고
너희를 인도하던 자들을 생각하며 그
들의 행실의 결말을 주의하여 보고
그들의 믿음을 본받으라
8 예수 그리스도는 어제나 오늘이나
영원토록 동일하시니라
9 여러 가지 다른 교훈에 끌리지 말라
마음은 은혜로써 굳게 함이 아름답
고 음식으로써 할 것이 아니니 음식
으로 말미암아 행한 자는 유익을 얻
지 못하였느니라
10 우리에게 제단이 있는데 장막에서 섬
기는 자들은 그 제단에서 먹을 권한
이 없나니
11 이는 죄를 위한 짐승의 피는 대제사
장이 가지고 성소에 들어가고 그 육
체는 영문 밖에서 불사름이라
12 그러므로 예수도 자기 피로써 백성
을 거룩하게 하려고 성문 밖에서 고
난을 받으셨느니라
13 그런즉 우리도 그의 치욕을 짊어지고
영문 밖으로 그에게 나아가자
14 우리가 여기에는 영구한 도성이 없으
므로 장차 올 것을 찾나니
15 그러므로 우리는 예수로 말미암아
항상 찬송의 제사를 하나님께 드리
자 이는 그 이름을 증언하는 입술의
열매니라
16 오직 선을 행함과 서로 나누어 주기
를 잊지 말라 하나님은 이같은 제사
를 기뻐하시느니라
17 너희를 인도하는 자들에게 순종하고
복종하라 그들은 너희 영혼을 위하
여 경성하기를 자신들이 청산할 자인

365묵상

하나님의 징계를 옳게 받아들이기

징계가 좋을 리는 없지만, 신앙의 올바른 성장을 위해 때로 하나님은 징계를 가하신다(히 12:5-13). 그때 우리는 어떻게 징계를 받아들여야 할까? 첫째, 화내지 말라. 하나님의 징계에 반발하지 말고 자기발전의 기회로 삼으라. 둘째, 낙심하지 말라. 징계는 관심과 사랑의 표시다. 셋째, 징계의 목적을 잊지 말라. 하나님은 우리 각자를 위하여 위대한 계획을 가지고 계신다. 따라서 우리를 향한 그 계획이 온전히 성취되도록 하기 위해서 우리는 징계를 통해 좀 더 하나님의 계획에 합당한 인물로 성장할 필요가 있다.

것 같이 하느니라 그들로 하여금 즐
거움으로 이것을 하게 하고 근심으
로 하게 하지 말라 그렇지 않으면 너
희에게 유익이 없느니라
18 우리를 위하여 기도하라 우리가 모
든 일에 선하게 행하려 하므로 우리
에게 선한 양심이 있는 줄을 확신하
노니
19 내가 더 속히 너희에게 돌아가기 위
하여 너희가 기도하기를 더욱 원하노
라

축복과 끝 인사

20 양들의 큰 목자이신 우리 주 예수를
영원한 언약의 피로 죽은 자 가운데
서 이끌어 내신 평강의 하나님이
21 모든 선한 일에 너희를 온전하게 하
사 자기 뜻을 행하게 하시고 그 앞에
즐거운 것을 예수 그리스도로 말미
암아 우리 가운데서 이루시기를 원하
노라 영광이 그에게 세세무궁토록
있을지어다 아멘
22 형제들아 내가 너희를 권하노니 권면
의 말을 용납하라 내가 간단히 너희
에게 썼느니라
23 우리 형제 디모데가 놓인 것을 너희
가 알라 그가 속히 오면 내가 그와
함께 가서 너희를 보리라
24 너희를 인도하는 자들과 및 모든 성
도들에게 문안하라 이달리야에서 온
자들도 너희에게 문안하느니라
25 은혜가 너희 모든 사람에게 있을지
어다

야고보서 James

믿음과 행위의 조화를 훈계하고 있는 이 책은 우리가 무엇을 행하거나 말할 때, 즉 우리들 삶의 모든 부분에 있어서 그리스도인으로서 어떻게 살아가야 할지를 교훈해 주고 있는 편지이다. 말하자면 이 편지는, 그리스도를 믿어 구원받은 자들이 이 세상에서 믿는 자답게 살아가야 한다는 '행위를 통한 믿음의 실천'을 강조한 책이다.

제목 '야고보의 편지(이아코부 에피스톨레)'라는 헬라어 원제목에서 유래되었으며, 저자의 이름을 반영한다.

저자 야고보. 신약에 등장하는 네 사람의 야고보 가운데 예수의 형제 되는 야고보를 가리킨다(막 6:3).

기록 연대 A.D. 60~62년경. 본서의 기록 목적을 볼 때 로마서 집필(A.D. 57년경) 이후이며, 야고보가 순교하기 직전(A.D. 62년경)에 기록되었을 것이다.

기록 목적 ① 로마의 박해에 직면한 성도들을 격려하고, ② '이신득의' 사상의 오해에서 비롯된 폐단을 시정하며, ③ 성도간의 사랑의 회복을 촉구하기 위하여.

주제 믿음을 온전케 하는 행함. 믿음이란 입으로 시인하는 것만으로는 온전케 될 수 없고, 그 열매가 '행함'이라는 형태로 삶 속에 나타나야 된다는 사실을 일깨워 준다.

특징 ① 유대적 색채－윤리관, 예증 등에서 유대적인 표현이 많이 나타난다. ② 외경과의 유사점－지혜서, 집회서 등과 맥락을 같이하는 내용이 발견된다. ③ 강한 어투－명령형, 대화체 형식이 두드러진다. ④ 교리적인 면보다 실생활에서의 교훈적인 내용이 우세하다.

연대표

A.D.	
30년	예수의 죽음 부활 승천
34년	바울의 다메섹 회심
44년	사도 야고보의 순교(행12:2)
49년	예루살렘 총회
57년	로마서 기록
60년	야고보서 기록(~62년)
62년	주의 형제 야고보의 순교
64년	로마시의 대화재 사건과 네로 황제의 대핍박
67년	사도 바울의 순교
68년	사도 베드로의 순교
70년	예루살렘 성전 멸망

본서의 내용

I. 믿음의 시련
① 인사말(1:1)
② 시험의 목적(1:2–12)
③ 시험의 동기(1:13–18)

II. 믿음의 열매
① 말씀에 순종하는 자 (1:19–27)
② 차별과 편견을 경고함 (2:1–13)
③ 믿음과 행함의 관계 (2:14–26)
④ 혀의 절제에 관해(3:1–12)
⑤ 두 종류의 지혜(3:13–18)
⑥ 하나님께 순복하라(4:1–10)
⑦ 서로 비방하지 말라 (4:11–12)
⑧ 세상 자랑을 경고함 (4:13–17)
⑨ 세상 부자를 경고함 (5:1–6)

III. 믿음의 승리
① 소망 중에 인내하라 (5:7–11)
② 맹세하지 말라(5:12)
③ 믿음으로 기도하라 (5:13–18)
④ 타락한 형제를 구원하라 (5:19–20)

· 야고보서의 주요 무대

야고보서 James

인 사

1 하나님과 주 예수 그리스도의 종
야고보는 흩어져 있는 열두 지파
에게 문안하노라

믿음과 지혜

2 내 형제들아 너희가 여러 가지 시험
을 당하거든 온전히 기쁘게 여기라
3 이는 너희 믿음의 시련이 인내를 만
들어 내는 줄 너희가 앎이라
4 인내를 온전히 이루라 이는 너희로
온전하고 구비하여 조금도 부족함이
없게 하려 함이라
5 너희 중에 누구든지 지혜가 부족하
거든 모든 사람에게 후히 주시고 꾸
짖지 아니하시는 하나님께 구하라 그
리하면 주시리라
6 오직 믿음으로 구하고 조금도 의심
하지 말라 의심하는 자는 마치 바람
에 밀려 요동하는 바다 물결 같으니
7 이런 사람은 무엇이든지 주께 얻기를
생각하지 말라
8 두 마음을 품어 모든 일에 정함이 없
는 자로다

낮은 형제, 부한 자

9 낮은 형제는 자기의 높음을 자랑하
고
10 부한 자는 자기의 낮아짐을 자랑할지
니 이는 그가 풀의 꽃과 같이 지나감
이라
11 해가 돋고 뜨거운 바람이 불어 풀을
말리면 꽃이 떨어져 그 모양의 아름
다움이 없어지나니 부한 자도 그 행
하는 일에 이와 같이 쇠잔하리라

시험에 견디어 낸 자

12 시험을 참는 자는 복이 있나니 이는
시련을 견디어 낸 자가 주께서 자기
를 사랑하는 자들에게 약속하신 생
명의 면류관을 얻을 것이기 때문이라
13 사람이 시험을 받을 때에 내가 하나
님께 시험을 받는다 하지 말지니 하
나님은 악에게 시험을 받지도 아니하
시고 친히 아무도 시험하지 아니하시
느니라
14 오직 각 사람이 시험을 받는 것은 자
기 욕심에 끌려 미혹됨이니
15 욕심이 잉태한즉 죄를 낳고 죄가 장
성한즉 사망을 낳느니라
16 내 사랑하는 형제들아 속지 말라
17 온갖 좋은 은사와 온전한 선물이 다
위로부터 빛들의 아버지께로부터 내
려오나니 그는 변함도 없으시고 회전
하는 그림자도 없으시니라

18 그가 그 피조물 중에 우리로 한 첫
열매가 되게 하시려고 자기의 뜻을
따라 진리의 말씀으로 우리를 낳으
셨느니라

말씀을 들음과 행함

19 내 사랑하는 형제들아 너희가 알지니
사람마다 듣기는 속히 하고 말하기
는 더디 하며 성내기도 더디 하라
20 사람이 성내는 것이 하나님의 의를
이루지 못함이라
21 그러므로 모든 더러운 것과 넘치는
악을 내버리고 너희 영혼을 능히 구
원할 바 마음에 심어진 말씀을 온유
함으로 받으라
22 너희는 말씀을 행하는 자가 되고 듣
기만 하여 자신을 속이는 자가 되지
말라
23 누구든지 말씀을 듣고 행하지 아니
하면 그는 거울로 자기의 생긴 얼굴
을 보는 사람과 같아서
24 제 자신을 보고 가서 그 모습이 어떠
했는지를 곧 잊어버리거니와
25 자유롭게 하는 온전한 율법을 들여
다보고 있는 자는 듣고 잊어버리는
자가 아니요 실천하는 자니 이 사람
은 그 행하는 일에 복을 받으리라
26 누구든지 스스로 경건하다 생각하며
자기 혀를 재갈 물리지 아니하고 자
기 마음을 속이면 이 사람의 경건은
헛것이라
27 하나님 아버지 앞에서 정결하고 더러
움이 없는 경건은 곧 고아와 과부를
그 환난중에 돌보고 또 자기를 지켜
세속에 물들지 아니하는 그것이니라

차별하여 대하지 말라

2 내 형제들아 영광의 주 곧 우리
주 예수 그리스도에 대한 믿음을
너희가 가졌으니 사람을 차별하여 대
하지 말라
2 만일 너희 회당에 금 가락지를 끼고
아름다운 옷을 입은 사람이 들어오
고 또 남루한 옷을 입은 가난한 사
람이 들어올 때에
3 너희가 아름다운 옷을 입은 자를 눈
여겨 보고 말하되 여기 좋은 자리에
앉으소서 하고 또 가난한 자에게 말
하되 너는 거기 서 있든지 내 발등상
아래에 앉으라 하면
4 너희끼리 서로 차별하며 악한 생각으
로 판단하는 자가 되는 것이 아니냐
5 내 사랑하는 형제들아 들을지어다
하나님이 세상에서 가난한 자를 택
하사 믿음에 부요하게 하시고 또 자
기를 사랑하는 자들에게 약속하신
나라를 상속으로 받게 하지 아니하
셨느냐

6 너희는 도리어 가난한 자를 업신여겼
도다 부자는 너희를 억압하며 법정으
로 끌고 가지 아니하느냐
7 그들은 너희에게 대하여 일컫는 바
그 아름다운 이름을 비방하지 아니
하느냐
8 너희가 만일 성경에 기록된 대로 네
이웃 사랑하기를 네 몸과 같이 하라
하신 최고의 법을 지키면 잘하는 것이
거니와
9 만일 너희가 사람을 차별하여 대하면
죄를 짓는 것이니 율법이 너희를 범법
자로 정죄하리라
10 누구든지 온 율법을 지키다가 그 하
나를 범하면 모두 범한 자가 되나니
11 간음하지 말라 하신 이가 또한 살인
하지 말라 하셨은즉 네가 비록 간음
하지 아니하여도 살인하면 율법을 범
한 자가 되느니라
12 너희는 자유의 율법대로 심판 받을
자처럼 말도 하고 행하기도 하라
13 긍휼을 행하지 아니하는 자에게는
긍휼 없는 심판이 있으리라 긍휼은
심판을 이기고 자랑하느니라

행함이 없는 믿음은 죽은 것

14 내 형제들아 만일 사람이 믿음이 있
노라 하고 행함이 없으면 무슨 유익
이 있으리요 그 믿음이 능히 자기를
구원하겠느냐
15 만일 형제나 자매가 헐벗고 일용할
양식이 없는데
16 너희 중에 누구든지 그에게 이르되
평안히 가라, 덥게 하라, 배부르게
하라 하며 그 몸에 쓸 것을 주지 아
니하면 무슨 유익이 있으리요
17 이와 같이 행함이 없는 믿음은 그 자
체가 죽은 것이라
18 어떤 사람은 말하기를 너는 믿음이
있고 나는 행함이 있으니 행함이 없
는 네 믿음을 내게 보이라 나는 행
함으로 내 믿음을 네게 보이리라 하
리라
19 네가 하나님은 한 분이신 줄을 믿느
냐 잘하는도다 귀신들도 믿고 떠느
니라
20 아아 허탄한 사람아 행함이 없는 믿
음이 헛것인 줄을 알고자 하느냐
21 우리 조상 아브라함이 그 아들 이삭
을 제단에 바칠 때에 행함으로 의롭
다 하심을 받은 것이 아니냐
22 네가 보거니와 믿음이 그의 행함과
함께 일하고 행함으로 믿음이 온전
하게 되었느니라
23 이에 성경에 이른 바 아브라함이 하
나님을 믿으니 이것을 의로 여기셨다
는 말씀이 이루어졌고 그는 하나님의

벗이라 칭함을 받았나니
24 이로 보건대 사람이 행함으로 의롭
다 하심을 받고 믿음으로만은 아니
니라
25 또 이와 같이 기생 라합이 사자들을
접대하여 다른 길로 나가게 할 때에
행함으로 의롭다 하심을 받은 것이
아니냐
26 영혼 없는 몸이 죽은 것 같이 행함이
없는 믿음은 죽은 것이니라

말에 실수가 없도록 하라

3 내 형제들아 너희는 선생된 우리
가 더 큰 심판을 받을 줄 알고 선
생이 많이 되지 말라
2 우리가 다 실수가 많으니 만일 말에
실수가 없는 자라면 곧 온전한 사람
이라 능히 온 몸도 굴레 씌우리라
3 우리가 말들의 입에 재갈 물리는 것
은 우리에게 순종하게 하려고 그 온
몸을 제어하는 것이라
4 또 배를 보라 그렇게 크고 광풍에
밀려가는 것들을 지극히 작은 키로써
사공의 뜻대로 운행하나니
5 이와 같이 혀도 작은 지체로되 큰 것
을 자랑하도다 보라 얼마나 작은 불
이 얼마나 많은 나무를 태우는가
6 혀는 곧 불이요 불의의 세계라 혀는
우리 지체 중에서 온 몸을 더럽히고
삶의 수레바퀴를 불사르나니 그 사
르는 것이 지옥 불에서 나느니라
7 여러 종류의 짐승과 새와 벌레와 바
다의 생물은 다 사람이 길들일 수 있
고 길들여 왔거니와
8 혀는 능히 길들일 사람이 없나니 쉬지
아니하는 악이요 죽이는 독이 가득
한 것이라
9 이것으로 우리가 주 아버지를 찬송
하고 또 이것으로 하나님의 형상대
로 지음을 받은 사람을 저주하나니
10 한 입에서 찬송과 저주가 나오는도
다 내 형제들아 이것이 마땅하지 아
니하니라
11 샘이 한 구멍으로 어찌 단 물과 쓴
물을 내겠느냐
12 내 형제들아 어찌 무화과나무가 감
람 열매를, 포도나무가 무화과를 맺
겠느냐 이와 같이 짠 물이 단 물을
내지 못하느니라

위로부터 난 지혜

13 너희 중에 지혜와 총명이 있는 자가

365묵상

혀를 잘 길들이기

작은 크기에 비해 엄청난 영향력을 행사하는 것이 있다면, 그것은 단연코 사람의 '혀'다. 하지만 혀는 무척 다루기 힘들다. 사람은 거의 모든 동물을 길들일 수 있지만 혀는 제대로 길들이지 못한다. 혀를 잘못 사용하면 모든 것을 허망하게 태우는 지옥불과 같다(약 3:1-12). 입을 통해 내뱉은 말을 거두어들이고 싶었던 경우가 얼마나 많은가? 이제 믿는 자들은 부단한 훈련을 통해 이 혀를 잘 길들여야 한다. 하나님께 찬양을 드리는 혀로, 믿음의 형제를 격려하는 혀로, 주변 이웃을 위로하는 그런 혀로 길들여야 한다.

누구냐 그는 선행으로 말미암아 지
혜의 온유함으로 그 행함을 보일지
니라
14 그러나 너희 마음 속에 독한 시기와
다툼이 있으면 자랑하지 말라 진리를
거슬러 거짓말하지 말라
15 이러한 지혜는 위로부터 내려온 것이
아니요 땅 위의 것이요 정욕의 것이
요 귀신의 것이니
16 시기와 다툼이 있는 곳에는 혼란과
모든 악한 일이 있음이라
17 오직 위로부터 난 지혜는 첫째 성결
하고 다음에 화평하고 관용하고 양
순하며 긍휼과 선한 열매가 가득하
고 편견과 거짓이 없나니
18 화평하게 하는 자들은 화평으로 심
어 의의 열매를 거두느니라

세상과 벗하지 말라

4 너희 중에 싸움이 어디로부터 다
툼이 어디로부터 나느냐 너희 지체
중에서 싸우는 정욕으로부터 나는
것이 아니냐
2 너희는 욕심을 내어도 얻지 못하여
살인하며 시기하여도 능히 취하지 못
하므로 다투고 싸우는도다 너희가
얻지 못함은 구하지 아니하기 때문이
요
3 구하여도 받지 못함은 정욕으로 쓰
려고 잘못 구하기 때문이라
4 간음한 여인들아 세상과 벗된 것이
하나님과 원수 됨을 알지 못하느냐
그런즉 누구든지 세상과 벗이 되고
자 하는 자는 스스로 하나님과 원수
되는 것이니라
5 너희는 하나님이 우리 속에 거하게
하신 성령이 시기하기까지 사모한다
하신 말씀을 헛된 줄로 생각하느냐
6 그러나 더욱 큰 은혜를 주시나니 그
러므로 일렀으되 하나님이 교만한 자
를 물리치시고 겸손한 자에게 은혜
를 주신다 하였느니라
7 그런즉 너희는 하나님께 복종할지어
다 마귀를 대적하라 그리하면 너희를
피하리라
8 하나님을 가까이하라 그리하면 너희
를 가까이하시리라 죄인들아 손을
깨끗이 하라 두 마음을 품은 자들아
마음을 성결하게 하라
9 슬퍼하며 애통하며 울지어다 너희 웃
음을 애통으로, 너희 즐거움을 근심
으로 바꿀지어다
10 주 앞에서 낮추라 그리하면 주께서
너희를 높이시리라

서로 비방하지 말라

11 형제들아 서로 비방하지 말라 형제를
비방하는 자나 형제를 판단하는 자

는 곧 율법을 비방하고 율법을 판단
하는 것이라 네가 만일 율법을 판단
하면 율법의 준행자가 아니요 재판
관이로다
12 입법자와 재판관은 오직 한 분이시니
능히 구원하기도 하시며 멸하기도 하
시느니라 너는 누구이기에 이웃을
판단하느냐

허탄한 생각을 경고하다

13 들으라 너희 중에 말하기를 오늘이
나 내일이나 우리가 어떤 도시에 가
서 거기서 일 년을 머물며 장사하여
이익을 보리라 하는 자들아
14 내일 일을 너희가 알지 못하는도다
너희 생명이 무엇이냐 너희는 잠깐
보이다가 없어지는 안개니라
15 너희가 도리어 말하기를 주의 뜻이면
우리가 살기도 하고 이것이나 저것을
하리라 할 것이거늘
16 이제도 너희가 허탄한 자랑을 하니
그러한 자랑은 다 악한 것이라
17 그러므로 사람이 선을 행할 줄 알고
도 행하지 아니하면 죄니라

부한 자에게 주는 경고

5 들으라 부한 자들아 너희에게 임
할 고생으로 말미암아 울고 통곡
하라
2 너희 재물은 썩었고 너희 옷은 좀먹
었으며
3 너희 금과 은은 녹이 슬었으니 이 녹
이 너희에게 증거가 되며 불 같이 너
희 살을 먹으리라 너희가 말세에 재
물을 쌓았도다
4 보라 너희 밭에서 추수한 품꾼에게
주지 아니한 삯이 소리 지르며 그 추
수한 자의 우는 소리가 만군의 주의
귀에 들렸느니라
5 너희가 땅에서 사치하고 방종하여 살
륙의 날에 너희 마음을 살찌게 하였
도다
6 너희는 의인을 정죄하고 죽였으나 그
는 너희에게 대항하지 아니하였느니
라

인내와 기도

7 그러므로 형제들아 주께서 강림하시
기까지 길이 참으라 보라 농부가 땅
에서 나는 귀한 열매를 바라고 길이
참아 이른 비와 늦은 비를 기다리나
니
8 너희도 길이 참고 마음을 굳건하게
하라 주의 강림이 가까우니라
9 형제들아 서로 원망하지 말라 그리하
여야 심판을 면하리라 보라 심판주가
문 밖에 서 계시니라
10 형제들아 주의 이름으로 말한 선지
자들을 고난과 오래 참음의 본으로

삼으라
11 보라 인내하는 자를 우리가 복되다
하나니 너희가 욥의 인내를 들었고
주께서 주신 결말을 보았거니와 주
는 가장 자비하시고 긍휼히 여기시는
이시니라
12 내 형제들아 무엇보다도 맹세하지
말지니 하늘로나 땅으로나 아무 다
른 것으로도 맹세하지 말고 오직 너
희가 그렇다고 생각하는 것은 그렇
다 하고 아니라고 생각하는 것은 아
니라 하여 정죄 받음을 면하라
13 너희 중에 고난 당하는 자가 있느냐
그는 기도할 것이요 즐거워하는 자
가 있느냐 그는 찬송할지니라
14 너희 중에 병든 자가 있느냐 그는 교
회의 장로들을 청할 것이요 그들은
주의 이름으로 기름을 바르며 그를
위하여 기도할지니라
15 믿음의 기도는 병든 자를 구원하리니
주께서 그를 일으키시리라 혹시 죄를
범하였을지라도 사하심을 받으리라
16 그러므로 너희 죄를 서로 고백하며
병이 낫기를 위하여 서로 기도하라
의인의 간구는 역사하는 힘이 큼이니
라
17 엘리야는 우리와 성정이 같은 사람이
로되 그가 비가 오지 않기를 간절히
기도한즉 삼 년 육 개월 동안 땅에
비가 오지 아니하고
18 다시 기도하니 하늘이 비를 주고 땅
이 열매를 맺었느니라
19 내 형제들아 너희 중에 미혹되어 진
리를 떠난 자를 누가 돌아서게 하면
20 너희가 알 것은 죄인을 미혹된 길에
서 돌아서게 하는 자가 그의 영혼을
사망에서 구원할 것이며 허다한 죄를
덮을 것임이라

베드로전·후서 1·2 Peter

사도 베드로는 첫 번째 편지(베드로전서)에서 로마 제국 각처에서 현재 당하고 있는 성도들의 고난과 핍박을 위로함과 동시에, 앞으로 닥쳐올 불같은 시련과 핍박을 잘 견디도록 여러 가지 소망의 말로 위로하며 격려하고 있다. 그리고 두 번째 편지(베드로후서)에서 베드로는 교회 속으로 파고든 거짓 교사들의 위험성을 알리고, 그들의 미혹에 대해서 어떻게 대처해야 할 것인가를 훈계하였다.

제목 '베드로의 첫 번째 (편지)'(페트루 알파)라는 헬라어 원제목에서 '베드로전서'라는 명칭이 유래했고, '베드로의 두 번째 (편지)'(페트루 베타)라는 헬라어 원제목에서 '베드로후서'라는 명칭이 유래했다.

저자 사도 베드로. 본서 자체의 내증(벧전 1:1; 벧후 1:1)과 그리스도의 영광스런 변모를 목격한 제자라는 점(벧후 1:17) 등이 본서의 베드로 저작설을 뒷받침해 준다.

기록 연대 A.D. 64년경(베드로전서)과 66년경(베드로후서). 베드로전서는 로마 황제 네로의 기독교 박해(B.C. 64년) 직전 혹은 직후로 추정되고, 베드로후서는 베드로의 순교 이전에 기록된 것으로 추정된다.

기록 목적 ① 환난 가운데 있는 성도들을 위로하면서 다가올 핍박을 극복하도록 격려하기 위해. ② 산 소망 가운데서 재림에 대한 확신을 갖도록 하기 위해. ③ 영지주의 이단 및 유대주의 거짓 교사들을 경계하도록 하기 위해.

주제 핍박을 견디는 산 소망 및 그리스도 안에서의 성숙. 불같은 핍박을 견디는 길은 오직 산 소망이신 그리스도를 굳게 부여잡는 것이고, 각종 이단 사상 및 거짓 가르침을 이기는 길은 오직 그리스도를 아는 지식이다.

특징 ① 소망의 서신 – 핍박을 견딘 이후의 영광된 미래를 제시하는 소망의 서신이다. ② 경계의 서신 – 영지주의 이단 사상 및 유대주의 거짓 가르침을 엄중히 경계할 것을 촉구하는 서신이다. ③ 교리의 서신 – 창조, 기독론, 속죄론, 삼위일체, 종말론 등 많은 교리들이 수록되었다.

본서의 내용

I. 산 소망으로 고난을 이기자!	II. 그리스도를 아는 지식에서 자라가라!
① 성도의 구원 (벧전 1:1–2:12)	① 그리스도인의 신앙 성숙 (벧후 1:1–21)
② 성도의 복종 (벧전 2:13–3:12)	② 거짓 교사에 대한 경고와 정죄(벧후 2:1–22)
③ 성도의 고난 (벧전 3:13–5:14)	③ 재림에 대한 소망과 확신 (벧후 3:1–18)

연대표

A.D.	
30년	오순절 성령 강림
34년	사울의 회심(回心)
45년	대기근(글라우디오 치하, 41–54년)
47년	바울의 1차 전도 여행(47–49년)
49년	예루살렘 총회
50년	바울의 2차 전도 여행(50–52년)
53년	바울의 3차 전도 여행(53–58년)
57년	로마서 기록(3차 전도 여행 말엽)
58년	결박당한 바울
59년	바울의 로마여행
61년	바울의 로마 투옥
63년	바울의 석방
64년	로마 대화재 사건
	네로의 대박해
67년	바울의 순교
70년	예루살렘 함락

· 베드로전·후서의 주요 무대

베드로전서 1 Peter

인사

1 예수 그리스도의 사도 베드로는
본도, 갈라디아, 갑바도기아, 아시
아와 비두니아에 흩어진 나그네
2 곧 하나님 아버지의 미리 아심을 따
라 성령이 거룩하게 하심으로 순종하
고 예수 그리스도의 피 뿌림을 얻기
위하여 택하심을 받은 자들에게 편
지하노니 은혜와 평강이 너희에게 더
욱 많을지어다

산 소망

3 우리 주 예수 그리스도의 아버지 하
나님을 찬송하리로다 그의 많으신
긍휼대로 예수 그리스도를 죽은 자
가운데서 부활하게 하심으로 말미암
아 우리를 거듭나게 하사 산 소망이
있게 하시며
4 썩지 않고 더럽지 않고 쇠하지 아니
하는 유업을 잇게 하시나니 곧 너희
를 위하여 하늘에 간직하신 것이라
5 너희는 말세에 나타내기로 예비하신
구원을 얻기 위하여 믿음으로 말미암
아 하나님의 능력으로 보호하심을
받았느니라
6 그러므로 너희가 이제 여러 가지 시험
으로 말미암아 잠깐 근심하게 되지
않을 수 없으나 오히려 크게 기뻐하
는도다
7 너희 믿음의 확실함은 불로 연단하여
도 없어질 금보다 더 귀하여 예수 그
리스도께서 나타나실 때에 칭찬과 영
광과 존귀를 얻게 할 것이니라
8 예수를 너희가 보지 못하였으나 사
랑하는도다 이제도 보지 못하나 믿
고 말할 수 없는 영광스러운 즐거움
으로 기뻐하니
9 믿음의 결국 곧 영혼의 구원을 받음
이라
10 이 구원에 대하여는 너희에게 임할
은혜를 예언하던 선지자들이 연구하
고 부지런히 살펴서
11 자기 속에 계신 그리스도의 영이 그
받으실 고난과 후에 받으실 영광을
미리 증언하여 누구를 또는 어떠한
때를 지시하시는지 상고하니라
12 이 섬긴 바가 자기를 위한 것이 아니
요 너희를 위한 것임이 계시로 알게
되었으니 이것은 하늘로부터 보내신
성령을 힘입어 복음을 전하는 자들로
이제 너희에게 알린 것이요 천사들도
살펴 보기를 원하는 것이니라

모든 행실에 거룩한 자가 되라

13 그러므로 너희 마음의 허리를 동이고
근신하여 예수 그리스도께서 나타나
실 때에 너희에게 가져다 주실 은혜
를 온전히 바랄지어다
14 너희가 순종하는 자식처럼 전에 알지
못할 때에 따르던 너희 사욕을 본받
지 말고
15 오직 너희를 부르신 거룩한 이처럼
너희도 모든 행실에 거룩한 자가 되
라
16 기록되었으되 내가 거룩하니 너희도
거룩할지어다 하셨느니라
17 외모로 보시지 않고 각 사람의 행위
대로 심판하시는 이를 너희가 아버지
라 부른즉 너희가 나그네로 있을 때
를 두려움으로 지내라
18 너희가 알거니와 너희 조상이 물려
준 헛된 행실에서 대속함을 받은 것
은 은이나 금 같이 없어질 것으로 된
것이 아니요
19 오직 흠 없고 점 없는 어린 양 같은
그리스도의 보배로운 피로 된 것이니
라
20 그는 창세 전부터 미리 알린 바 되신
이나 이 말세에 너희를 위하여 나타
내신 바 되었으니
21 너희는 그를 죽은 자 가운데서 살리
시고 영광을 주신 하나님을 그리스
도로 말미암아 믿는 자니 너희 믿음
과 소망이 하나님께 있게 하셨느니
라
22 너희가 진리를 순종함으로 너희 영혼
을 깨끗하게 하여 거짓이 없이 형제
를 사랑하기에 이르렀으니 마음으로
뜨겁게 서로 사랑하라
23 너희가 거듭난 것은 썩어질 씨로 된
것이 아니요 썩지 아니할 씨로 된 것
이니 살아 있고 항상 있는 하나님의
말씀으로 되었느니라
24 그러므로 모든 육체는 풀과 같고 그
모든 영광은 풀의 꽃과 같으니 풀은
마르고 꽃은 떨어지되
25 오직 주의 말씀은 세세토록 있도다
하였으니 너희에게 전한 복음이 곧
이 말씀이니라

산 돌과 하나님의 백성

2 그러므로 모든 악독과 모든 기만
과 외식과 시기와 모든 비방하는
말을 버리고
2 갓난 아기들 같이 순전하고 신령한

365묵상 마음으로 뜨겁게 서로 사랑하라

베드로가 소아시아 전역에 흩어져 살던 믿음의 형제들에게 보낸 이 서신은 잔인한 폭군 네로(Nero)에 의한 환난의 시기에 기록된 것이다(주후 64년경). 이런 환난의 시기에 베드로는 믿음의 형제들에게 "마음으로 뜨겁게 서로 사랑하라"(벧전 1:22)고 특별히 권면했다. 믿음의 형제들 간에 오가는 뜨거운 사랑만이 어려운 시기를 잘 견뎌내도록 할 것이기 때문이었다. 예수님도 십자가를 지시기 전날 밤에 제자들에게 "서로 사랑하라"고 말씀하셨다. 진실로 사랑만이 어떤 환난과 핍박일지라도 능히 극복할 수 있게 한다.

젓을 사모하라 이는 그로 말미암아
너희로 구원에 이르도록 자라게 하
려 함이라
3 너희가 주의 인자하심을 맛보았으면
그리하라
4 사람에게는 버린 바가 되었으나 하
나님께는 택하심을 입은 보배로운
산 돌이신 예수께 나아가
5 너희도 산 돌 같이 신령한 집으로 세
워지고 예수 그리스도로 말미암아
하나님이 기쁘게 받으실 신령한 제사
를 드릴 거룩한 제사장이 될지니라
6 성경에 기록되었으되 보라 내가 택한
보배로운 모퉁잇돌을 시온에 두노
니 그를 믿는 자는 부끄러움을 당하
지 아니하리라 하였으니
7 그러므로 믿는 너희에게는 보배이나
믿지 아니하는 자에게는 건축자들이
버린 그 돌이 모퉁이의 머릿돌이 되
고
8 또한 부딪치는 돌과 걸려 넘어지게
하는 바위가 되었다 하였느니라 그들
이 말씀을 순종하지 아니하므로 넘
어지나니 이는 그들을 이렇게 정하신
것이라
9 그러나 너희는 택하신 족속이요 왕
같은 제사장들이요 거룩한 나라요
그의 소유가 된 백성이니 이는 너희
를 어두운 데서 불러 내어 그의 기이
한 빛에 들어가게 하신 이의 아름다
운 덕을 선포하게 하려 하심이라
10 너희가 전에는 백성이 아니더니 이제
는 하나님의 백성이요 전에는 긍휼
을 얻지 못하였더니 이제는 긍휼을
얻은 자니라

하나님의 종과 같이 하라

11 사랑하는 자들아 거류민과 나그네
같은 너희를 권하노니 영혼을 거슬러
싸우는 육체의 정욕을 제어하라
12 너희가 이방인 중에서 행실을 선하게
가져 너희를 악행한다고 비방하는
자들로 하여금 너희 선한 일을 보고
오시는 날에 하나님께 영광을 돌리
게 하려 함이라
13 인간의 모든 제도를 주를 위하여 순
종하되 혹은 위에 있는 왕이나
14 혹은 그가 악행하는 자를 징벌하고
선행하는 자를 포상하기 위하여 보
낸 총독에게 하라
15 곧 선행으로 어리석은 사람들의 무식
한 말을 막으시는 것이라
16 너희는 자유가 있으나 그 자유로 악
을 가리는 데 쓰지 말고 오직 하나님
의 종과 같이 하라
17 뭇 사람을 공경하며 형제를 사랑하며
하나님을 두려워하며 왕을 존대하라

그리스도의 고난

18 사환들아 범사에 두려워함으로 주인
들에게 순종하되 선하고 관용하는
자들에게만 아니라 또한 까다로운
자들에게도 그리하라
19 부당하게 고난을 받아도 하나님을
생각함으로 슬픔을 참으면 이는 아
름다우나
20 죄가 있어 매를 맞고 참으면 무슨 칭
찬이 있으리요 그러나 선을 행함으
로 고난을 받고 참으면 이는 하나님
앞에 아름다우니라
21 이를 위하여 너희가 부르심을 받았으
니 그리스도도 너희를 위하여 고난을
받으사 너희에게 본을 끼쳐 그 자취
를 따라오게 하려 하셨느니라
22 그는 죄를 범하지 아니하시고 그 입
에 거짓도 없으시며
23 욕을 당하시되 맞대어 욕하지 아니하
시고 고난을 당하시되 위협하지 아니
하시고 오직 공의로 심판하시는 이에
게 부탁하시며
24 친히 나무에 달려 그 몸으로 우리 죄
를 담당하셨으니 이는 우리로 죄에
대하여 죽고 의에 대하여 살게 하려
하심이라 그가 채찍에 맞음으로 너
희는 나음을 얻었나니
25 너희가 전에는 양과 같이 길을 잃었
더니 이제는 너희 영혼의 목자와 감
독 되신 이에게 돌아왔느니라

아내와 남편

3 아내들아 이와 같이 자기 남편에
게 순종하라 이는 혹 말씀을 순종
하지 않는 자라도 말로 말미암지 않
고 그 아내의 행실로 말미암아 구원
을 받게 하려 함이니
2 너희의 두려워하며 정결한 행실을 봄
이라
3 너희의 단장은 머리를 꾸미고 금을
차고 아름다운 옷을 입는 외모로 하
지 말고
4 오직 마음에 숨은 사람을 온유하고
안정한 심령의 썩지 아니할 것으로
하라 이는 하나님 앞에 값진 것이니
라
5 전에 하나님께 소망을 두었던 거룩
한 부녀들도 이와 같이 자기 남편에
게 순종함으로 자기를 단장하였나
니
6 사라가 아브라함을 주라 칭하여 순
종한 것 같이 너희는 선을 행하고 아
무 두려운 일에도 놀라지 아니하면
그의 딸이 된 것이니라
7 남편들아 이와 같이 지식을 따라 너
희 아내와 동거하고 그를 더 연약한
그릇이요 또 생명의 은혜를 함께 이

어받을 자로 알아 귀히 여기라 이는
너희 기도가 막히지 아니하게 하려
함이라

선을 위한 고난

8 마지막으로 말하노니 너희가 다 마
음을 같이하여 동정하며 형제를 사랑
하며 불쌍히 여기며 겸손하며
9 악을 악으로, 욕을 욕으로 갚지 말
고 도리어 복을 빌라 이를 위하여 너
희가 부르심을 받았으니 이는 복을
이어받게 하려 하심이라
10 그러므로 생명을 사랑하고 좋은 날
보기를 원하는 자는 혀를 금하여 악
한 말을 그치며 그 입술로 거짓을 말
하지 말고
11 악에서 떠나 선을 행하고 화평을 구
하며 그것을 따르라
12 주의 눈은 의인을 향하시고 그의 귀
는 의인의 간구에 기울이시되 주의
얼굴은 악행하는 자들을 대하시느니
라 하였느니라
13 또 너희가 열심으로 선을 행하면 누
가 너희를 해하리요
14 그러나 의를 위하여 고난을 받으면
복 있는 자니 그들이 두려워하는 것
을 두려워하지 말며 근심하지 말고
15 너희 마음에 그리스도를 주로 삼아
거룩하게 하고 너희 속에 있는 소망
에 관한 이유를 묻는 자에게는 대답
할 것을 항상 준비하되 온유와 두려
움으로 하고
16 선한 양심을 가지라 이는 그리스도
안에 있는 너희의 선행을 욕하는 자
들로 그 비방하는 일에 부끄러움을
당하게 하려 함이라
17 선을 행함으로 고난 받는 것이 하나
님의 뜻일진대 악을 행함으로 고난
받는 것보다 나으니라
18 그리스도께서도 단번에 죄를 위하여
죽으사 의인으로서 불의한 자를 대
신하셨으니 이는 우리를 하나님 앞으
로 인도하려 하심이라 육체로는 죽
임을 당하시고 영으로는 살리심을
받으셨으니
19 그가 또한 영으로 가서 옥에 있는 영
들에게 선포하시니라
20 그들은 전에 노아의 날 방주를 준비
할 동안 하나님이 오래 참고 기다리
실 때에 복종하지 아니하던 자들이라
방주에서 물로 말미암아 구원을 얻
은 자가 몇 명뿐이니 겨우 여덟 명이
라
21 물은 예수 그리스도께서 부활하심으
로 말미암아 이제 너희를 구원하는
표니 곧 세례라 이는 육체의 더러운
것을 제하여 버림이 아니요 하나님을

향한 선한 양심의 간구니라
22 그는 하늘에 오르사 하나님 우편에
계시니 천사들과 권세들과 능력들이
그에게 복종하느니라

하나님의 은혜를 맡은 선한 청지기

4 그리스도께서 이미 육체의 고난을
받으셨으니 너희도 같은 마음으로
갑옷을 삼으라 이는 육체의 고난을
받은 자는 죄를 그쳤음이니
2 그 후로는 다시 사람의 정욕을 따르
지 않고 하나님의 뜻을 따라 육체의
남은 때를 살게 하려 함이라
3 너희가 음란과 정욕과 술취함과 방
탕과 향락과 무법한 우상 숭배를 하
여 이방인의 뜻을 따라 행한 것은 지
나간 때로 족하도다
4 이러므로 너희가 그들과 함께 그런
극한 방탕에 달음질하지 아니하는
것을 그들이 이상히 여겨 비방하나
5 그들이 산 자와 죽은 자를 심판하기
로 예비하신 이에게 사실대로 고하
리라
6 이를 위하여 죽은 자들에게도 복음
이 전파되었으니 이는 육체로는 사람
으로 심판을 받으나 영으로는 하나
님을 따라 살게 하려 함이라
7 만물의 마지막이 가까이 왔으니 그러
므로 너희는 정신을 차리고 근신하여
기도하라
8 무엇보다도 뜨겁게 서로 사랑할지니
사랑은 허다한 죄를 덮느니라
9 서로 대접하기를 원망 없이 하고
10 각각 은사를 받은 대로 하나님의 여
러 가지 은혜를 맡은 선한 청지기 같
이 서로 봉사하라
11 만일 누가 말하려면 하나님의 말씀을
하는 것 같이 하고 누가 봉사하려면
하나님이 공급하시는 힘으로 하는
것 같이 하라 이는 범사에 예수 그리
스도로 말미암아 하나님이 영광을
받으시게 하려 함이니 그에게 영광과
권능이 세세에 무궁하도록 있느니라
아멘

그리스도인이 받을 고난

12 사랑하는 자들아 너희를 연단하려고
오는 불 시험을 이상한 일 당하는 것
같이 이상히 여기지 말고
13 오히려 너희가 그리스도의 고난에 참
여하는 것으로 즐거워하라 이는 그의
영광을 나타내실 때에 너희로 즐거워
하고 기뻐하게 하려 함이라
14 너희가 그리스도의 이름으로 치욕을
당하면 복 있는 자로다 영광의 영 곧
하나님의 영이 너희 위에 계심이라
15 너희 중에 누구든지 살인이나 도둑질
이나 악행이나 남의 일을 간섭하는

자로 고난을 받지 말려니와
16 만일 그리스도인으로 고난을 받으면
부끄러워하지 말고 도리어 그 이름으
로 하나님께 영광을 돌리라
17 하나님의 집에서 심판을 시작할 때가
되었나니 만일 우리에게 먼저 하면 하
나님의 복음을 순종하지 아니하는
자들의 그 마지막은 어떠하며
18 또 의인이 겨우 구원을 받으면 경건
하지 아니한 자와 죄인은 어디에 서
리요
19 그러므로 하나님의 뜻대로 고난을
받는 자들은 또한 선을 행하는 가운
데에 그 영혼을 미쁘신 창조주께 의
탁할지어다

하나님의 양 무리를 치라

5 너희 중 장로들에게 권하노니 나
는 함께 장로 된 자요 그리스도의
고난의 증인이요 나타날 영광에 참여
할 자니라
2 너희 중에 있는 하나님의 양 무리를
치되 억지로 하지 말고 하나님의 뜻
을 따라 자원함으로 하며 더러운 이
득을 위하여 하지 말고 기꺼이 하며
3 맡은 자들에게 주장하는 자세를 하
지 말고 양 무리의 본이 되라
4 그리하면 목자장이 나타나실 때에
시들지 아니하는 영광의 관을 얻으리
라
5 젊은 자들아 이와 같이 장로들에게
순종하고 다 서로 겸손으로 허리를
동이라 하나님은 교만한 자를 대적
하시되 겸손한 자들에게는 은혜를
주시느니라
6 그러므로 하나님의 능하신 손 아래
에서 겸손하라 때가 되면 너희를 높
이시리라
7 너희 염려를 다 주께 맡기라 이는 그
가 너희를 돌보심이라
8 근신하라 깨어라 너희 대적 마귀가
우는 사자 같이 두루 다니며 삼킬 자
를 찾나니
9 너희는 믿음을 굳건하게 하여 그를
대적하라 이는 세상에 있는 너희 형
제들도 동일한 고난을 당하는 줄을
앎이라
10 모든 은혜의 하나님 곧 그리스도 안
에서 너희를 부르사 자기의 영원한
영광에 들어가게 하신 이가 잠깐 고
난을 당한 너희를 친히 온전하게 하
시며 굳건하게 하시며 강하게 하시며
터를 견고하게 하시리라
11 권능이 세세무궁하도록 그에게 있을
지어다 아멘

끝 인사

12 내가 신실한 형제로 아는 실루아노

로 말미암아 너희에게 간단히 써서
권하고 이것이 하나님의 참된 은혜임
을 증언하노니 너희는 이 은혜에 굳
게 서라
13 택하심을 함께 받은 바벨론에 있는
교회가 너희에게 문안하고 내 아들
마가도 그리하느니라
14 너희는 사랑의 입맞춤으로 서로 문
안하라 그리스도 안에 있는 너희 모
든 이에게 평강이 있을지어다

365묵상

깨어 근신하라

삶의 근신과 믿음의 각성을 위해 베드로는 마귀 곧 사탄을 '배고픈 사자'에 비유했다(벧전 5:8). 밀림의 수풀에 가만히 숨어 사냥할 먹잇감을 노리고 있는 사자를 보라! 소리 없이 다가가는 발자취, 먹잇감에 온통 집중하는 눈, 가까이에서도 눈치 챌 수 없는 은밀한 잠복, 덮칠 때를 노리는 끈질긴 기다림. 그러다가 마침내 행동을 개시할 때 그 신속성은 놀랍다. 순식간에 먹잇감을 향해 달려들어 그것을 덮쳐 물고는 찢어발긴다. 그런 사탄이 오늘 내 영혼을 덮치기 위해 숨어서 노리고 있는지 모른다. 깨어 근신하자!

베드로후서 2 Peter

부르심과 택하심

1 예수 그리스도의 종이며 사도인
시몬 베드로는 우리 하나님과 구
주 예수 그리스도의 의를 힘입어 동
일하게 보배로운 믿음을 우리와 함
께 받은 자들에게 편지하노니
2 하나님과 우리 주 예수를 앎으로 은
혜와 평강이 너희에게 더욱 많을지어
다
3 그의 신기한 능력으로 생명과 경건에
속한 모든 것을 우리에게 주셨으니
이는 자기의 영광과 덕으로써 우리를
부르신 이를 앎으로 말미암음이라
4 이로써 그 보배롭고 지극히 큰 약속
을 우리에게 주사 이 약속으로 말미
암아 너희가 정욕 때문에 세상에서
썩어질 것을 피하여 신성한 성품에
참여하는 자가 되게 하려 하셨느니
라
5 그러므로 너희가 더욱 힘써 너희 믿
음에 덕을, 덕에 지식을,
6 지식에 절제를, 절제에 인내를, 인내
에 경건을,
7 경건에 형제 우애를, 형제 우애에 사
랑을 더하라
8 이런 것이 너희에게 있어 흡족한즉
너희로 우리 주 예수 그리스도를 알
기에 게으르지 않고 열매 없는 자가
되지 않게 하려니와
9 이런 것이 없는 자는 맹인이라 멀리
보지 못하고 그의 옛 죄가 깨끗하게
된 것을 잊었느니라
10 그러므로 형제들아 더욱 힘써 너희
부르심과 택하심을 굳게 하라 너희
가 이것을 행한즉 언제든지 실족하지
아니하리라
11 이같이 하면 우리 주 곧 구주 예수
그리스도의 영원한 나라에 들어감을
넉넉히 너희에게 주시리라

그리스도의 영광과 성경의 예언

12 그러므로 너희가 이것을 알고 이미
있는 진리에 서 있으나 내가 항상 너
희에게 생각나게 하려 하노라
13 내가 이 장막에 있을 동안에 너희를
일깨워 생각나게 함이 옳은 줄로 여
기노니
14 이는 우리 주 예수 그리스도께서 내
게 지시하신 것 같이 나도 나의 장막
을 벗어날 것이 임박한 줄을 앎이라
15 내가 힘써 너희로 하여금 내가 떠난
후에라도 어느 때나 이런 것을 생각
나게 하려 하노라

16 우리 주 예수 그리스도의 능력과 강
림하심을 너희에게 알게 한 것이 교
묘히 만든 이야기를 따른 것이 아니
요 우리는 그의 크신 위엄을 친히 본
자라
17 지극히 큰 영광 중에서 이러한 소리
가 그에게 나기를 이는 내 사랑하는
아들이요 내 기뻐하는 자라 하실 때
에 그가 하나님 아버지께 존귀와 영
광을 받으셨느니라
18 이 소리는 우리가 그와 함께 거룩한
산에 있을 때에 하늘로부터 난 것을
들은 것이라
19 또 우리에게는 더 확실한 예언이 있
어 어두운 데를 비추는 등불과 같으
니 날이 새어 샛별이 너희 마음에 떠
오르기까지 너희가 이것을 주의하는
것이 옳으니라
20 먼저 알 것은 성경의 모든 예언은 사
사로이 풀 것이 아니니
21 예언은 언제든지 사람의 뜻으로 낸
것이 아니요 오직 성령의 감동하심을
받은 사람들이 하나님께 받아 말한
것임이라

거짓 선지자들과 거짓 선생들

2 그러나 백성 가운데 또한 거짓 선
지자들이 일어났었나니 이와 같이
너희 중에도 거짓 선생들이 있으리라
그들은 멸망하게 할 이단을 가만히
끌어들여 자기들을 사신 주를 부인
하고 임박한 멸망을 스스로 취하는
자들이라
2 여럿이 그들의 호색하는 것을 따르리
니 이로 말미암아 진리의 도가 비방
을 받을 것이요
3 그들이 탐심으로써 지어낸 말을 가
지고 너희로 이득을 삼으니 그들의
심판은 옛적부터 지체하지 아니하며
그들의 멸망은 잠들지 아니하느니라
4 하나님이 범죄한 천사들을 용서하지
아니하시고 지옥에 던져 어두운 구덩
이에 두어 심판 때까지 지키게 하셨
으며
5 옛 세상을 용서하지 아니하시고 오
직 의를 전파하는 노아와 그 일곱 식
구를 보존하시고 경건하지 아니한 자
들의 세상에 홍수를 내리셨으며
6 소돔과 고모라 성을 멸망하기로 정
하여 재가 되게 하사 후세에 경건하
지 아니할 자들에게 본을 삼으셨으
며
7 무법한 자들의 음란한 행실로 말미
암아 고통 당하는 의로운 롯을 건지
셨으니
8 (이는 이 의인이 그들 중에 거하여
날마다 저 불법한 행실을 보고 들음

으로 그 의로운 심령이 상함이라)
9 주께서 경건한 자는 시험에서 건지실
줄 아시고 불의한 자는 형벌 아래에
두어 심판 날까지 지키시며
10 특별히 육체를 따라 더러운 정욕 가
운데서 행하며 주관하는 이를 멸시하
는 자들에게는 형벌할 줄 아시느니
라 이들은 당돌하고 자긍하며 떨지
않고 영광 있는 자들을 비방하거니
와
11 더 큰 힘과 능력을 가진 천사들도 주
앞에서 그들을 거슬러 비방하는 고
발을 하지 아니하느니라
12 그러나 이 사람들은 본래 잡혀 죽기
위하여 난 이성 없는 짐승 같아서 그
알지 못하는 것을 비방하고 그들의
멸망 가운데서 멸망을 당하며
13 불의의 값으로 불의를 당하며 낮에
즐기고 노는 것을 기쁘게 여기는 자
들이니 점과 흠이라 너희와 함께 연
회할 때에 그들의 속임수로 즐기고
놀며
14 음심이 가득한 눈을 가지고 범죄하
기를 그치지 아니하고 굳세지 못한
영혼들을 유혹하며 탐욕에 연단된
마음을 가진 자들이니 저주의 자식이
라
15 그들이 바른 길을 떠나 미혹되어 브
올의 아들 발람의 길을 따르는도다
그는 불의의 삯을 사랑하다가
16 자기의 불법으로 말미암아 책망을
받되 말하지 못하는 나귀가 사람의
소리로 말하여 이 선지자의 미친 행
동을 저지하였느니라
17 이 사람들은 물 없는 샘이요 광풍에
밀려 가는 안개니 그들을 위하여 캄
캄한 어둠이 예비되어 있나니
18 그들이 허탄한 자랑의 말을 토하며
그릇되게 행하는 사람들에게서 겨우
피한 자들을 음란으로써 육체의 정
욕 중에서 유혹하는도다
19 그들에게 자유를 준다 하여도 자신
들은 멸망의 종들이니 누구든지 진
자는 이긴 자의 종이 됨이라
20 만일 그들이 우리 주 되신 구주 예수
그리스도를 앎으로 세상의 더러움을
피한 후에 다시 그 중에 얽매이고 지
면 그 나중 형편이 처음보다 더 심하
리니
21 의의 도를 안 후에 받은 거룩한 명령
을 저버리는 것보다 알지 못하는 것
이 도리어 그들에게 나으니라
22 참된 속담에 이르기를 개가 그 토하
였던 것에 돌아가고 돼지가 씻었다가
더러운 구덩이에 도로 누웠다 하는
말이 그들에게 응하였도다

하나님의 날

3 사랑하는 자들아 내가 이제 이 둘
째 편지를 너희에게 쓰노니 이 두
편지로 너희의 진실한 마음을 일깨워
생각나게 하여
2 곧 거룩한 선지자들이 예언한 말씀과
주 되신 구주께서 너희의 사도들로
말미암아 명하신 것을 기억하게 하려
하노라
3 먼저 이것을 알지니 말세에 조롱하는
자들이 와서 자기의 정욕을 따라 행
하며 조롱하여
4 이르되 주께서 강림하신다는 약속이
어디 있느냐 조상들이 잔 후로부터
만물이 처음 창조될 때와 같이 그냥
있다 하니
5 이는 하늘이 옛적부터 있는 것과 땅
이 물에서 나와 물로 성립된 것도 하
나님의 말씀으로 된 것을 그들이 일
부러 잊으려 함이로다
6 이로 말미암아 그 때에 세상은 물이
넘침으로 멸망하였으되
7 이제 하늘과 땅은 그 동일한 말씀으
로 불사르기 위하여 보호하신 바 되
어 경건하지 아니한 사람들의 심판과
멸망의 날까지 보존하여 두신 것이니
라
8 사랑하는 자들아 주께는 하루가 천
년 같고 천 년이 하루 같다는 이 한
가지를 잊지 말라
9 주의 약속은 어떤 이들이 더디다고
생각하는 것 같이 더딘 것이 아니라
오직 주께서는 너희를 대하여 오래
참으사 아무도 멸망하지 아니하고
다 회개하기에 이르기를 원하시느니
라
10 그러나 주의 날이 도둑 같이 오리니
그 날에는 하늘이 큰 소리로 떠나가
고 물질이 뜨거운 불에 풀어지고 땅
과 그 중에 있는 모든 일이 드러나리
로다
11 이 모든 것이 이렇게 풀어지리니 너희
가 어떠한 사람이 되어야 마땅하냐
거룩한 행실과 경건함으로
12 하나님의 날이 임하기를 바라보고 간
절히 사모하라 그 날에 하늘이 불에
타서 풀어지고 물질이 뜨거운 불에
녹아지려니와
13 우리는 그의 약속대로 의가 있는 곳
인 새 하늘과 새 땅을 바라보도다
14 그러므로 사랑하는 자들아 너희가
이것을 바라보나니 주 앞에서 점도
없고 흠도 없이 평강 가운데서 나타
나기를 힘쓰라
15 또 우리 주의 오래 참으심이 구원이
될 줄로 여기라 우리가 사랑하는 형

제 바울도 그 받은 지혜대로 너희에
게 이같이 썼고
16 또 그 모든 편지에도 이런 일에 관하
여 말하였으되 그 중에 알기 어려운
것이 더러 있으니 무식한 자들과 굳
세지 못한 자들이 다른 성경과 같이
그것도 억지로 풀다가 스스로 멸망
에 이르느니라
17 그러므로 사랑하는 자들아 너희가
이것을 미리 알았은즉 무법한 자들의
미혹에 이끌려 너희가 굳센 데서 떨
어질까 삼가라
18 오직 우리 주 곧 구주 예수 그리스
도의 은혜와 그를 아는 지식에서 자
라 가라 영광이 이제와 영원한 날까
지 그에게 있을지어다

365묵상

재림의 날을 준비하기

부활하신 예수님이 승천하실 때 장차 다시 오실 것이라고 분명히 약속하셨다. 하지만 언제 오실 것인지에 대해서는 알려주지 않았다. 따라서 우리는 예수님의 재림 때를 알지 못한다. 예수님의 재림 때와 관련하여 베드로는 세상 종말의 광경에 대해 아주 생생하게 충격적으로 묘사했다(벧후 3:10-14). 이제 우리는 재림의 때에 관심을 둘 것이 아니라 그 때를 맞는 우리의 합당한 모습에 초점을 두어야 한다. 그렇게 잘 준비된 상태라면, 언제 어떤 방식으로 재림이 이루어지든 우리는 "아멘!"으로 기쁘게 맞이할 것이다.

요한일·이·삼서 1·2·3 John

사도 요한의 첫 번째 편지(요한일서)는 당시 교회를 혼란에 빠뜨리고 있던 '영지주의' 이단 사상을 배격하면서, 하나님의 사랑의 정신이야말로 거짓 지식을 물리치는 참된 지식임을 가르쳤다. 두 번째 편지(요한이서)는 이단 사상에 대한 철저한 경계와 성도 간의 뜨거운 사랑을 주제로 삼고 있다. 세 번째 편지(요한삼서)는 순회 전도자의 접대를 통해 진리를 삶 속에서 실천할 것을 가르쳤다.

제목 '요한의 첫 번째 (편지)'(요안누 알파)라는 헬라어 원제목에서 '요한일서'가, '요한의 두 번째 (편지)'(요안누 베타)라는 원제목에서 '요한이서'가, '요한의 세 번째 (편지)'(요안누 감마)라는 원제목에서 '요한삼서'가 생겼다.

저자 사도 요한.

기록 연대 A.D. 95–96년경. 요한복음의 기록(A.D. 85–90년경) 이후, 요한계시록의 기록(주후 96년경) 이전.

기록 목적 ① 당시 교회를 미혹하던 영지주의 이단 사상 및 그리스도를 거슬러 맞서는 적그리스도를 경계하도록 하기 위해. ② 하나님의 '참 사랑' 되심을 일깨워주면서, 성도들 서로 간에 실천적 사랑을 행하도록 하기 위해. ③ 순회 전도자들을 잘 영접할 것을 권면하기 위해.

주제 사랑을 실천하고, 진리 안에 거할 것. 성도는 참 사랑이신 하나님을 본받아 삶속에서 사랑을 실천해야 하며, 또한 모든 이단 사상을 배격해야 한다.

특징 ① 사랑의 편지 – 예수님의 큰 사랑을 받은 자답게 요한은 사랑의 실천을 내내 강조했다. ② 개인적인 서신 – 요한이,삼서의 경우는 특정인에게 보낸 개인적인 서신이다. ③ 서간 형식 – 송신자 소개 및 수신자 거명 등 당시의 편지 양식을 충실히 따랐다.

연대표

A.D.	
30년	예수의 죽음 부활 승천
34년	바울의 다메섹 회심
44년	사도 야고보의 순교
49년	예루살렘 총회(50년?)
58년	바울의 체포와 구금
59년	유다 총독 베스도의 부임
	바울의 로마 호송
61년	바울의 옥중 생활(~63년)
62년	주의 형제 야고보의 순교
63년	바울의 석방
64년	로마시의 대화재 사건
	네로의 기독교 대핍박
66년	바울의 2차 투옥
67년	바울의 순교–참수형
68년	베드로의 순교–십자가형
	네로의 자살
70년	예루살렘 함락
	산헤드린 공회 폐지
79년	디도 황제 즉위(~81년)
81년	도미티안 황제(81–96년)의
	기독교 대박해
95년	사도 요한의 밧모섬 유배
98년	트라얀 황제의 박해(~117년)
100년	사도 요한의 죽음

본서의 내용

I. 그리스도 안에서 하나님과 함께하는 교제
① 교제의 근거 (요일 1:1–2:14)
② 교제의 권면(요일 2:15–27)
③ 교제의 특성 (요일 2:28–5:5)
④ 교제의 결과(요일 5:6–21)

II. 거짓 교사들을 경계하라!
① 진리의 교훈 안에 거하라 (요이 1:1–6)
② 거짓 교사들을 멀리하라 (요이 1:7–13)

III. 악을 버리고 선을 본받으라!
① 가이오를 칭찬함 (요삼 1:1–8)
② 디오드레베를 책망함 (요삼 1:9–11)
③ 데메드리오를 추천함 (요삼 1:12–15)

· 요한일·이·삼서의 주요 무대

요한일서 1 John

생명의 말씀

1 태초부터 있는 생명의 말씀에 관
하여는 우리가 들은 바요 눈으로
본 바요 자세히 보고 우리의 손으로
만진 바라
2 이 생명이 나타내신 바 된지라 이 영
원한 생명을 우리가 보았고 증언하
여 너희에게 전하노니 이는 아버지와
함께 계시다가 우리에게 나타내신
바 된 이시니라
3 우리가 보고 들은 바를 너희에게도
전함은 너희로 우리와 사귐이 있게
하려 함이니 우리의 사귐은 아버지와
그의 아들 예수 그리스도와 더불어
누림이라
4 우리가 이것을 씀은 우리의 기쁨이
충만하게 하려 함이라

하나님은 빛이시다

5 우리가 그에게서 듣고 너희에게 전
하는 소식은 이것이니 곧 하나님은
빛이시라 그에게는 어둠이 조금도
없으시다는 것이니라
6 만일 우리가 하나님과 사귐이 있다
하고 어둠에 행하면 거짓말을 하고
진리를 행하지 아니함이거니와
7 그가 빛 가운데 계신 것 같이 우리도
빛 가운데 행하면 우리가 서로 사귐
이 있고 그 아들 예수의 피가 우리를
모든 죄에서 깨끗하게 하실 것이요
8 만일 우리가 죄가 없다고 말하면 스
스로 속이고 또 진리가 우리 속에 있
지 아니할 것이요
9 만일 우리가 우리 죄를 자백하면 그
는 미쁘시고 의로우사 우리 죄를 사
하시며 우리를 모든 불의에서 깨끗
하게 하실 것이요
10 만일 우리가 범죄하지 아니하였다 하
면 하나님을 거짓말하는 이로 만드는
것이니 또한 그의 말씀이 우리 속에
있지 아니하니라

대언자이신 예수 그리스도

2 나의 자녀들아 내가 이것을 너희
에게 씀은 너희로 죄를 범하지 않
게 하려 함이라 만일 누가 죄를 범하
여도 아버지 앞에서 우리에게 대언자
가 있으니 곧 의로우신 예수 그리스
도시라
2 그는 우리 죄를 위한 화목 제물이니
우리만 위할 뿐 아니요 온 세상의 죄
를 위하심이라
3 우리가 그의 계명을 지키면 이로써
우리가 그를 아는 줄로 알 것이요

4 그를 아노라 하고 그의 계명을 지키
지 아니하는 자는 거짓말하는 자요
진리가 그 속에 있지 아니하되
5 누구든지 그의 말씀을 지키는 자는
하나님의 사랑이 참으로 그 속에서
온전하게 되었나니 이로써 우리가 그
의 안에 있는 줄을 아노라
6 그의 안에 산다고 하는 자는 그가
행하시는 대로 자기도 행할지니라

옛 계명과 새 계명

7 사랑하는 자들아 내가 새 계명을 너
희에게 쓰는 것이 아니라 너희가 처
음부터 가진 옛 계명이니 이 옛 계명
은 너희가 들은 바 말씀이거니와
8 다시 내가 너희에게 새 계명을 쓰노
니 그에게와 너희에게도 참된 것이라
이는 어둠이 지나가고 참빛이 벌써
비침이니라
9 빛 가운데 있다 하면서 그 형제를 미
워하는 자는 지금까지 어둠에 있는
자요
10 그의 형제를 사랑하는 자는 빛 가운
데 거하여 자기 속에 거리낌이 없으
나
11 그의 형제를 미워하는 자는 어둠에
있고 또 어둠에 행하며 갈 곳을 알지
못하나니 이는 그 어둠이 그의 눈을
멀게 하였음이라
12 자녀들아 내가 너희에게 쓰는 것은
너희 죄가 그의 이름으로 말미암아
사함을 받았음이요
13 아비들아 내가 너희에게 쓰는 것은
너희가 태초부터 계신 이를 알았음이
요 청년들아 내가 너희에게 쓰는 것
은 너희가 악한 자를 이기었음이라
14 아이들아 내가 너희에게 쓴 것은 너
희가 아버지를 알았음이요 아비들아
내가 너희에게 쓴 것은 너희가 태초
부터 계신 이를 알았음이요 청년들아
내가 너희에게 쓴 것은 너희가 강하
고 하나님의 말씀이 너희 안에 거하
시며 너희가 흉악한 자를 이기었음이
라
15 이 세상이나 세상에 있는 것들을 사
랑하지 말라 누구든지 세상을 사랑
하면 아버지의 사랑이 그 안에 있지
아니하니
16 이는 세상에 있는 모든 것이 육신의
정욕과 안목의 정욕과 이생의 자랑이
니 다 아버지께로부터 온 것이 아니

365묵상

참 빛의 가르침을 좇아

우리가 참으로 예수님을 사랑한다면, 우리는 주께서 십자가 보혈로 값 주고 사신 영혼들, 곧 믿음의 형제를 사랑하게 될 것이다. 예수님이 살아계셨을 때, 그분은 새 계명을 주시면서 서로 사랑할 것을 신신당부했다. 젊은 시절의 요한은 예수님의 이 가르침에 깊은 감화를 받았다. 그래서 이제 나이든 요한은 '형제 사랑'을 유독 강조했다. 참 빛이신 예수님을 사랑하는 자는 그도 역시 빛 가운데 거하는 자로서, 이런 자는 예수님의 가르침을 좇아 그 형제를 사랑한다고 강조했다(요일 2:7-11). 지금 당신은 빛의 자녀인가?

요 세상으로부터 온 것이라
17 이 세상도, 그 정욕도 지나가되 오직
하나님의 뜻을 행하는 자는 영원히
거하느니라

적그리스도와 하나님의 자녀

18 아이들아 지금은 마지막 때라 적그리
스도가 오리라는 말을 너희가 들은
것과 같이 지금도 많은 적그리스도
가 일어났으니 그러므로 우리가 마지
막 때인 줄 아노라
19 그들이 우리에게서 나갔으나 우리에
게 속하지 아니하였나니 만일 우리에
게 속하였더라면 우리와 함께 거하였
으려니와 그들이 나간 것은 다 우리
에게 속하지 아니함을 나타내려 함
이니라
20 너희는 거룩하신 자에게서 기름 부음
을 받고 모든 것을 아느니라
21 내가 너희에게 쓰는 것은 너희가 진
리를 알지 못하기 때문이 아니라 알
기 때문이요 또 모든 거짓은 진리에
서 나지 않기 때문이라
22 거짓말하는 자가 누구냐 예수께서
그리스도이심을 부인하는 자가 아니
냐 아버지와 아들을 부인하는 그가
적그리스도니
23 아들을 부인하는 자에게는 또한 아
버지가 없으되 아들을 시인하는 자에
게는 아버지도 있느니라
24 너희는 처음부터 들은 것을 너희 안
에 거하게 하라 처음부터 들은 것이
너희 안에 거하면 너희가 아들과 아
버지 안에 거하리라
25 그가 우리에게 약속하신 것은 이것이
니 곧 영원한 생명이니라
26 너희를 미혹하는 자들에 관하여 내
가 이것을 너희에게 썼노라
27 너희는 주께 받은 바 기름 부음이 너
희 안에 거하나니 아무도 너희를 가
르칠 필요가 없고 오직 그의 기름 부
음이 모든 것을 너희에게 가르치며
또 참되고 거짓이 없으니 너희를 가
르치신 그대로 주 안에 거하라
28 자녀들아 이제 그의 안에 거하라 이
는 주께서 나타내신 바 되면 그가 강
림하실 때에 우리로 담대함을 얻어
그 앞에서 부끄럽지 않게 하려 함이
라
29 너희가 그가 의로우신 줄을 알면 의
를 행하는 자마다 그에게서 난 줄을
알리라

3 보라 아버지께서 어떠한 사랑을
우리에게 베푸사 하나님의 자녀라
일컬음을 받게 하셨는가, 우리가 그
러하도다 그러므로 세상이 우리를
알지 못함은 그를 알지 못함이라

2 사랑하는 자들아 우리가 지금은 하
나님의 자녀라 장래에 어떻게 될지는
아직 나타나지 아니하였으나 그가 나
타나시면 우리가 그와 같을 줄을 아
는 것은 그의 참모습 그대로 볼 것이
기 때문이니
3 주를 향하여 이 소망을 가진 자마다
그의 깨끗하심과 같이 자기를 깨끗
하게 하느니라
4 죄를 짓는 자마다 불법을 행하나니
죄는 불법이라
5 그가 우리 죄를 없애려고 나타나신
것을 너희가 아나니 그에게는 죄가
없느니라
6 그 안에 거하는 자마다 범죄하지 아
니하나니 범죄하는 자마다 그를 보지
도 못하였고 그를 알지도 못하였느
니라
7 자녀들아 아무도 너희를 미혹하지
못하게 하라 의를 행하는 자는 그의
의로우심과 같이 의롭고
8 죄를 짓는 자는 마귀에게 속하나니
마귀는 처음부터 범죄함이라 하나님
의 아들이 나타나신 것은 마귀의 일
을 멸하려 하심이라
9 하나님께로부터 난 자마다 죄를 짓지
아니하나니 이는 하나님의 씨가 그의
속에 거함이요 그도 범죄하지 못하
는 것은 하나님께로부터 났음이라
10 이러므로 하나님의 자녀들과 마귀의
자녀들이 드러나나니 무릇 의를 행
하지 아니하는 자나 또는 그 형제를
사랑하지 아니하는 자는 하나님께
속하지 아니하니라
11 우리는 서로 사랑할지니 이는 너희가
처음부터 들은 소식이라
12 가인 같이 하지 말라 그는 악한 자에
게 속하여 그 아우를 죽였으니 어떤
이유로 죽였느냐 자기의 행위는 악
하고 그의 아우의 행위는 의로움이
라

행함과 진실함으로 사랑하자

13 형제들아 세상이 너희를 미워하여도
이상히 여기지 말라
14 우리는 형제를 사랑함으로 사망에서
옮겨 생명으로 들어간 줄을 알거니
와 사랑하지 아니하는 자는 사망에
머물러 있느니라
15 그 형제를 미워하는 자마다 살인하
는 자니 살인하는 자마다 영생이 그
속에 거하지 아니하는 것을 너희가
아는 바라
16 그가 우리를 위하여 목숨을 버리셨으
니 우리가 이로써 사랑을 알고 우리
도 형제들을 위하여 목숨을 버리는
것이 마땅하니라

17 누가 이 세상의 재물을 가지고 형제
의 궁핍함을 보고도 도와 줄 마음을
닫으면 하나님의 사랑이 어찌 그 속
에 거하겠느냐
18 자녀들아 우리가 말과 혀로만 사랑
하지 말고 행함과 진실함으로 하자
19 이로써 우리가 진리에 속한 줄을 알
고 또 우리 마음을 주 앞에서 굳세
게 하리니
20 이는 우리 마음이 혹 우리를 책망할
일이 있어도 하나님은 우리 마음보다
크시고 모든 것을 아시기 때문이라
21 사랑하는 자들아 만일 우리 마음이
우리를 책망할 것이 없으면 하나님
앞에서 담대함을 얻고
22 무엇이든지 구하는 바를 그에게서
받나니 이는 우리가 그의 계명을 지
키고 그 앞에서 기뻐하시는 것을 행
함이라
23 그의 계명은 이것이니 곧 그 아들 예
수 그리스도의 이름을 믿고 그가 우
리에게 주신 계명대로 서로 사랑할
것이니라
24 그의 계명을 지키는 자는 주 안에 거
하고 주는 그의 안에 거하시나니 우
리에게 주신 성령으로 말미암아 그가
우리 안에 거하시는 줄을 우리가 아
느니라

하나님의 영과 적그리스도의 영

4 사랑하는 자들아 영을 다 믿지 말
고 오직 영들이 하나님께 속하였
나 분별하라 많은 거짓 선지자가 세
상에 나왔음이라
2 이로써 너희가 하나님의 영을 알지니
곧 예수 그리스도께서 육체로 오신
것을 시인하는 영마다 하나님께 속한
것이요
3 예수를 시인하지 아니하는 영마다 하
나님께 속한 것이 아니니 이것이 곧
적그리스도의 영이니라 오리라 한 말
을 너희가 들었거니와 지금 벌써 세
상에 있느니라
4 자녀들아 너희는 하나님께 속하였고
또 그들을 이기었나니 이는 너희 안
에 계신 이가 세상에 있는 자보다 크
심이라
5 그들은 세상에 속한 고로 세상에 속
한 말을 하매 세상이 그들의 말을
듣느니라
6 우리는 하나님께 속하였으니 하나님
을 아는 자는 우리의 말을 듣고 하
나님께 속하지 아니한 자는 우리의
말을 듣지 아니하나니 진리의 영과
미혹의 영을 이로써 아느니라

하나님은 사랑이시다

7 사랑하는 자들아 우리가 서로 사랑

하자 사랑은 하나님께 속한 것이니
사랑하는 자마다 하나님으로부터 나
서 하나님을 알고
8 사랑하지 아니하는 자는 하나님을
알지 못하나니 이는 하나님은 사랑이
심이라
9 하나님의 사랑이 우리에게 이렇게 나
타난 바 되었으니 하나님이 자기의
독생자를 세상에 보내심은 그로 말
미암아 우리를 살리려 하심이라
10 사랑은 여기 있으니 우리가 하나님을
사랑한 것이 아니요 하나님이 우리를
사랑하사 우리 죄를 속하기 위하여
화목 제물로 그 아들을 보내셨음이
라
11 사랑하는 자들아 하나님이 이같이
우리를 사랑하셨은즉 우리도 서로
사랑하는 것이 마땅하도다
12 어느 때나 하나님을 본 사람이 없으
되 만일 우리가 서로 사랑하면 하나
님이 우리 안에 거하시고 그의 사랑
이 우리 안에 온전히 이루어지느니라
13 그의 성령을 우리에게 주시므로 우
리가 그 안에 거하고 그가 우리 안에
거하시는 줄을 아느니라
14 아버지가 아들을 세상의 구주로 보
내신 것을 우리가 보았고 또 증언하
노니
15 누구든지 예수를 하나님의 아들이라
시인하면 하나님이 그의 안에 거하시
고 그도 하나님 안에 거하느니라
16 하나님이 우리를 사랑하시는 사랑을
우리가 알고 믿었노니 하나님은 사랑
이시라 사랑 안에 거하는 자는 하나
님 안에 거하고 하나님도 그의 안에
거하시느니라
17 이로써 사랑이 우리에게 온전히 이루
어진 것은 우리로 심판 날에 담대함
을 가지게 하려 함이니 주께서 그러
하심과 같이 우리도 이 세상에서 그
러하니라
18 사랑 안에 두려움이 없고 온전한 사
랑이 두려움을 내쫓나니 두려움에는
형벌이 있음이라 두려워하는 자는 사
랑 안에서 온전히 이루지 못하였느니
라
19 우리가 사랑함은 그가 먼저 우리를
사랑하셨음이라
20 누구든지 하나님을 사랑하노라 하고
그 형제를 미워하면 이는 거짓말하는
자니 보는 바 그 형제를 사랑하지 아
니하는 자는 보지 못하는 바 하나님
을 사랑할 수 없느니라
21 우리가 이 계명을 주께 받았나니 하
나님을 사랑하는 자는 또한 그 형제
를 사랑할지니라

세상을 이기는 믿음

5 예수께서 그리스도이심을 믿는 자
마다 하나님께로부터 난 자니 또
한 낳으신 이를 사랑하는 자마다 그
에게서 난 자를 사랑하느니라
2 우리가 하나님을 사랑하고 그의 계
명들을 지킬 때에 이로써 우리가 하
나님의 자녀를 사랑하는 줄을 아느
니라
3 하나님을 사랑하는 것은 이것이니 우
리가 그의 계명들을 지키는 것이라
그의 계명들은 무거운 것이 아니로
다
4 무릇 하나님께로부터 난 자마다 세
상을 이기느니라 세상을 이기는 승리
는 이것이니 우리의 믿음이니라
5 예수께서 하나님의 아들이심을 믿는
자가 아니면 세상을 이기는 자가 누
구냐
6 이는 물과 피로 임하신 이시니 곧 예
수 그리스도시라 물로만 아니요 물
과 피로 임하셨고 증언하는 이는 성
령이시니 성령은 진리니라
7 증언하는 이가 셋이니
8 성령과 물과 피라 또한 이 셋은 합하
여 하나이니라
9 만일 우리가 사람들의 증언을 받을
진대 하나님의 증거는 더욱 크도다
하나님의 증거는 이것이니 그의 아들
에 대하여 증언하신 것이니라
10 하나님의 아들을 믿는 자는 자기 안
에 증거가 있고 하나님을 믿지 아니
하는 자는 하나님을 거짓말하는 자
로 만드나니 이는 하나님께서 그 아
들에 대하여 증언하신 증거를 믿지
아니하였음이라
11 또 증거는 이것이니 하나님이 우리에
게 영생을 주신 것과 이 생명이 그의
아들 안에 있는 그것이니라
12 아들이 있는 자에게는 생명이 있고
하나님의 아들이 없는 자에게는 생
명이 없느니라

영생을 알게 하려 함이라

13 내가 하나님의 아들의 이름을 믿는
너희에게 이것을 쓰는 것은 너희로
하여금 너희에게 영생이 있음을 알게
하려 함이라
14 그를 향하여 우리가 가진 바 담대함
이 이것이니 그의 뜻대로 무엇을 구
하면 들으심이라
15 우리가 무엇이든지 구하는 바를 들
으시는 줄을 안즉 우리가 그에게 구
한 그것을 얻은 줄을 또한 아느니라
16 누구든지 형제가 사망에 이르지 아
니하는 죄 범하는 것을 보거든 구하
라 그리하면 사망에 이르지 아니하는

범죄자들을 위하여 그에게 생명을
주시리라 사망에 이르는 죄가 있으니
이에 관하여 나는 구하라 하지 않노
라
17 모든 불의가 죄로되 사망에 이르지
아니하는 죄도 있도다
18 하나님께로부터 난 자는 다 범죄하지
아니하는 줄을 우리가 아노라 하나
님께로부터 나신 자가 그를 지키시매
악한 자가 그를 만지지도 못하느니
라
19 또 아는 것은 우리는 하나님께 속하
고 온 세상은 악한 자 안에 처한 것
이며
20 또 아는 것은 하나님의 아들이 이르
러 우리에게 지각을 주사 우리로 참
된 자를 알게 하신 것과 또한 우리가
참된 자 곧 그의 아들 예수 그리스
도 안에 있는 것이니 그는 참 하나님
이시요 영생이시라
21 자녀들아 너희 자신을 지켜 우상에게
서 멀리하라

365묵상

세상을 이기는 능력

사도 요한은 세상을 능히 이길 수 있는 능력에 관해 말한다. 그런 능력은 우리 스스로의 힘이나 의지에서 비롯되지 않고 오직 하나님에게서 나는 것인데, 하나님의 자녀 된 우리는 믿음 안에서 그런 능력을 가질 수 있다. 그런 능력을 가질 때, 우리는 실제적으로 세상과 싸워 이길 수 있다. 하나님의 자녀 된 당신은 믿음을 가졌고, 믿음 안에서 세상을 이길 능력을 하나님께 이미 부여받았다. 그 능력을 썩히지 말고, 당신의 삶 속에서 마음껏 발휘하라. 분명 당신은 세상을 이기는 승리의 삶을 살게 될 것이다(요일 5:4).

요한이서 2 John

인 사

1 장로인 나는 택하심을 받은 부녀
와 그의 자녀들에게 편지하노니
내가 참으로 사랑하는 자요 나뿐 아
니라 진리를 아는 모든 자도 그리하
는 것은
2 우리 안에 거하여 영원히 우리와 함
께 할 진리로 말미암음이로다
3 은혜와 긍휼과 평강이 하나님 아버
지와 아버지의 아들 예수 그리스도
께로부터 진리와 사랑 가운데서 우리
와 함께 있으리라

진리와 사랑

4 너의 자녀들 중에 우리가 아버지께
받은 계명대로 진리를 행하는 자를
내가 보니 심히 기쁘도다
5 부녀여, 내가 이제 네게 구하노니 서
로 사랑하자 이는 새 계명 같이 네게
쓰는 것이 아니요 처음부터 우리가
가진 것이라
6 또 사랑은 이것이니 우리가 그 계명
을 따라 행하는 것이요 계명은 이것
이니 너희가 처음부터 들은 바와 같
이 그 가운데서 행하라 하심이라
7 미혹하는 자가 세상에 많이 나왔나
니 이는 예수 그리스도께서 육체로
오심을 부인하는 자라 이런 자가 미
혹하는 자요 적그리스도니
8 너희는 스스로 삼가 우리가 일한 것
을 잃지 말고 오직 온전한 상을 받으
라
9 지나쳐 그리스도의 교훈 안에 거하지
아니하는 자는 다 하나님을 모시지
못하되 교훈 안에 거하는 그 사람은
아버지와 아들을 모시느니라
10 누구든지 이 교훈을 가지지 않고 너
희에게 나아가거든 그를 집에 들이
지도 말고 인사도 하지 말라
11 그에게 인사하는 자는 그 악한 일에
참여하는 자임이라

끝 인사

12 내가 너희에게 쓸 것이 많으나 종이
와 먹으로 쓰기를 원하지 아니하고
오히려 너희에게 가서 대면하여 말하
려 하니 이는 너희 기쁨을 충만하게
하려 함이라
13 택하심을 받은 네 자매의 자녀들이
네게 문안하느니라

요한삼서 3 John

인 사

1 장로인 나는 사랑하는 가이오 곧
내가 참으로 사랑하는 자에게 편
지하노라
2 사랑하는 자여 네 영혼이 잘됨 같이
네가 범사에 잘되고 강건하기를 내
가 간구하노라
3 형제들이 와서 네게 있는 진리를 증
언하되 네가 진리 안에서 행한다 하
니 내가 심히 기뻐하노라
4 내가 내 자녀들이 진리 안에서 행한
다 함을 듣는 것보다 더 기쁜 일이
없도다

영접함과 내쫓음

5 사랑하는 자여 네가 무엇이든지 형제
곧 나그네 된 자들에게 행하는 것은
신실한 일이니
6 그들이 교회 앞에서 너의 사랑을 증
언하였느니라 네가 하나님께 합당하
게 그들을 전송하면 좋으리로다
7 이는 그들이 주의 이름을 위하여 나
가서 이방인에게 아무 것도 받지 아
니함이라
8 그러므로 우리가 이같은 자들을 영
접하는 것이 마땅하니 이는 우리로
진리를 위하여 함께 일하는 자가 되
게 하려 함이라
9 내가 두어 자를 교회에 썼으나 그들
중에 으뜸되기를 좋아하는 디오드레
베가 우리를 맞아들이지 아니하니
10 그러므로 내가 가면 그 행한 일을 잊
지 아니하리라 그가 악한 말로 우리
를 비방하고도 오히려 부족하여 형
제들을 맞아들이지도 아니하고 맞아
들이고자 하는 자를 금하여 교회에
서 내쫓는도다
11 사랑하는 자여 악한 것을 본받지 말
고 선한 것을 본받으라 선을 행하는
자는 하나님께 속하고 악을 행하는
자는 하나님을 뵈옵지 못하였느니라
12 데메드리오는 뭇 사람에게도, 진리
에게서도 증거를 받았으매 우리도
증언하노니 너는 우리의 증언이 참된
줄을 아느니라

끝 인사

13 내가 네게 쓸 것이 많으나 먹과 붓으
로 쓰기를 원하지 아니하고
14 속히 보기를 바라노니 또한 우리가
대면하여 말하리라
15 평강이 네게 있을지어다 여러 친구가
네게 문안하느니라 너는 친구들의
이름을 들어 문안하라

유다서 Jude

'이단에 대한 투쟁적인 변증서'라고 불리우는 이 책은 잘못된 가르침으로 교회를 혼란케 하고 파괴하는 거짓 교사들에 대해서 아주 강하게 꾸짖고 있는 편지이다. 야고보의 형제인 유다는 이렇게 거짓된 가르침의 위험성을 지적하는 가운데, 믿는 자들에게 올바른 진리의 터 위에 굳게 서서 경건한 신앙의 삶을 살아가도록 당부했다.

제목 '유다의 (편지)(이오다)'라는 헬라어 원제목에서 유래되었으며, 저자의 이름을 반영한다.

저자 예수의 동생 유다. 예수의 형제인 야고보의 막내 동생(마 13:55)으로, 초기에는 예수를 그리스도로 믿지 않았으나(요 7:3-8) 이 서신을 쓸 당시는 초대 교회의 지도자이며 복음 전도자였다(행 1:14;고전 9:5). 본서의 내적 증거(1:1)와 헤르마스, 폴리캅, 아우구스티누스 같은 교부들의 지지가 그의 저작설을 뒷받침해 준다.

기록 연대 A.D. 70-80년경. 예루살렘 함락(A.D. 70년)이 기록되지 않은 점으로 보아 그 이전(A.D. 65년)으로 보기도 하나, 본서에 나타난 영지주의 이단의 형태로 보아 70년 이후가 유력하다.

기록 목적 기독교의 일반 교리(구원론)를 기록하려 했으나 당시 영지주의의 폐해가 컸으므로 이에 대한 변증서를 쓰기 위하여(1:3).

주제 믿음을 위한 싸움. 예수가 믿음의 대상인 그리스도이며 성육신하신 하나님임을 부인하거나, 그를 따르는 삶이 성결해야 함에도 이를 저버린 도덕 폐기론에 대하여, 전투적 교회의 일원인 주의 군사 된 자들은 미약한 성도를 보호하며 진리를 수호하기 위해 힘써 싸워야 한다.

특징 ① 강경한 서신-배도하는 자에게 임할 징벌을 선언한 준엄한 문체로 기록되었다. ② 유대적 서신-가인, 발람, 고라 등 구약 인물 외에도 모세의 시신에 대한 변론(1:9), 에녹의 예언(1:14,15) 등 외경 내용이 기록되어 있다.

본서의 내용

I. 서론
① 문안 인사(1:1-2)
② 기록 동기(1:3-4)

II. 거짓교사들에 대한 정죄
① 과거의 교훈(1:5-7)
② 거짓교사들의 특성(1:8-13)
③ 거짓교사들에 대한 심판(1:14-16)

III. 성도들에 대한 훈계
① 삼가 자신을 지키라(1:17-23)
② 송영(1:24-25)

연대표

A.D.	
30년	예수의 죽음 부활 승천
34년	바울의 회심
44년	사도 야고보의 순교
49년	예루살렘 총회(50년?)
59년	유다 총독 베스도의 부임
61년	바울의 로마 연금(軟禁) 생활(61~63년)
62년	주의 형제 야고보의 순교-유다의 형
63년	바울의 석방
64년	로마시의 대화재 사건 네로의 기독교 대핍박
66년	바울의 2차 투옥
67년	바울의 순교(66세?)
68년	베드로의 순교-십자가형
70년	예루살렘 함락/성전 파괴/ 산헤드린 공회 폐지 유다서 기록(~80년?)
81년	도미티안 황제(81-96년)의 기독교 대박해
95년	사도 요한의 밧모섬 유배(18개월?)
98년	트라얀 황제의 박해
100년	사도 요한의 죽음

· 유다서의 주요 무대

유다서 Jude

인 사

1 예수 그리스도의 종이요 야고보
의 형제인 유다는 부르심을 받은
자 곧 하나님 아버지 안에서 사랑을
얻고 예수 그리스도를 위하여 지키심
을 받은 자들에게 편지하노라
2 긍휼과 평강과 사랑이 너희에게 더
욱 많을지어다

거짓 교사들에게 내릴 심판

3 사랑하는 자들아 우리가 일반으로
받은 구원에 관하여 내가 너희에게
편지하려는 생각이 간절하던 차에 성
도에게 단번에 주신 믿음의 도를 위
하여 힘써 싸우라는 편지로 너희를
권하여야 할 필요를 느꼈노니
4 이는 가만히 들어온 사람 몇이 있음
이라 그들은 옛적부터 이 판결을 받
기로 미리 기록된 자니 경건하지 아니
하여 우리 하나님의 은혜를 도리어
방탕한 것으로 바꾸고 홀로 하나이
신 주재 곧 우리 주 예수 그리스도
를 부인하는 자니라
5 너희가 본래 모든 사실을 알고 있으
나 내가 너희로 다시 생각나게 하고
자 하노라 주께서 백성을 애굽에서
구원하여 내시고 후에 믿지 아니하는
자들을 멸하셨으며
6 또 자기 지위를 지키지 아니하고 자
기 처소를 떠난 천사들을 큰 날의 심
판까지 영원한 결박으로 흑암에 가
두셨으며
7 소돔과 고모라와 그 이웃 도시들도
그들과 같은 행동으로 음란하며 다
른 육체를 따라 가다가 영원한 불의
형벌을 받음으로 거울이 되었느니라
8 그러한데 꿈꾸는 이 사람들도 그와
같이 육체를 더럽히며 권위를 업신여
기며 영광을 비방하는도다
9 천사장 미가엘이 모세의 시체에 관하
여 마귀와 다투어 변론할 때에 감히
비방하는 판결을 내리지 못하고 다
만 말하되 주께서 너를 꾸짖으시기를
원하노라 하였거늘
10 이 사람들은 무엇이든지 그 알지 못
하는 것을 비방하는도다 또 그들은
이성 없는 짐승 같이 본능으로 아는
그것으로 멸망하느니라
11 화 있을진저 이 사람들이여, 가인의
길에 행하였으며 삯을 위하여 발람의
어그러진 길로 몰려 갔으며 고라의
패역을 따라 멸망을 받았도다
12 그들은 기탄 없이 너희와 함께 먹으

니 너희의 애찬에 암초요 자기 몸만
기르는 목자요 바람에 불려가는 물
없는 구름이요 죽고 또 죽어 뿌리까
지 뽑힌 열매 없는 가을 나무요
13 자기 수치의 거품을 뿜는 바다의 거
친 물결이요 영원히 예비된 캄캄한
흑암으로 돌아갈 유리하는 별들이
라
14 아담의 칠대 손 에녹이 이 사람들에
대하여도 예언하여 이르되 보라 주
께서 그 수만의 거룩한 자와 함께 임
하셨나니
15 이는 뭇 사람을 심판하사 모든 경건
하지 않은 자가 경건하지 않게 행한
모든 경건하지 않은 일과 또 경건하
지 않은 죄인들이 주를 거슬러 한 모
든 완악한 말로 말미암아 그들을 정
죄하려 하심이라 하였느니라
16 이 사람들은 원망하는 자며 불만을
토하는 자며 그 정욕대로 행하는 자
라 그 입으로 자랑하는 말을 하며 이
익을 위하여 아첨하느니라

훈계와 권면

17 사랑하는 자들아 너희는 우리 주 예
수 그리스도의 사도들이 미리 한 말
을 기억하라
18 그들이 너희에게 말하기를 마지막 때
에 자기의 경건하지 않은 정욕대로
행하며 조롱하는 자들이 있으리라
하였나니
19 이 사람들은 분열을 일으키는 자며
육에 속한 자며 성령이 없는 자니라
20 사랑하는 자들아 너희는 너희의 지극
히 거룩한 믿음 위에 자신을 세우며
성령으로 기도하며
21 하나님의 사랑 안에서 자신을 지키며
영생에 이르도록 우리 주 예수 그리
스도의 긍휼을 기다리라
22 어떤 의심하는 자들을 긍휼히 여기라
23 또 어떤 자를 불에서 끌어내어 구원
하라 또 어떤 자를 그 육체로 더럽힌
옷까지도 미워하되 두려움으로 긍휼
히 여기라

축복

24 능히 너희를 보호하사 거침이 없게
하시고 너희로 그 영광 앞에 흠이 없
이 기쁨으로 서게 하실 이
25 곧 우리 구주 홀로 하나이신 하나님
께 우리 주 예수 그리스도로 말미암
아 영광과 위엄과 권력과 권세가 영
원 전부터 이제와 영원토록 있을지어
다 아멘

요한계시록 Revelation

묵시문학적인 필치와 어휘로써 서술된 이 책은 예수 그리스도께서 소아시아에 있는 일곱 교회에게 메시지를 전달하는 것으로 시작한다. 그런 후에 이 책은 세상의 종말에 하늘과 땅에서 무슨 일이 일어날 것인지를 많은 상징적인 숫자들과 환상적인 개념들로 묘사하고 있다. 그 요점은 '교회의 승리와 믿는 자들의 최종 구원'이다.

제목 '요한의 계시(아포칼뤼프시스 요안누)'라는 헬라어 원제목에서 유래되었다. 저자의 이름과 '아포칼뤼프시스(감추어진 것을 드러낸다)'라는 용어를 통하여 본서의 성격을 보여 준다.

저자 사도 요한. 본서의 내증(1:1;1:4)과 이레네우스, 테르툴리아누스, 오리게네스 같은 교부들의 지지가 그의 저작설을 뒷받침해 준다.

기록 연대 A.D. 95–96년경. 도미티안 황제 말기에 기독교 박해가 확산되었고, 요한이 이때 유배되었다는 유세비우스의 증언과, 13장의 짐승 묘사가 자기 숭배를 강요하는 황제의 특징과 일치한다는 점이 이를 뒷받침한다.

기록 목적 ① 로마의 박해로 배교의 위험에 있는 교회들에게 용기를 주기 위하여. ② 하나님의 보호하심을 확실케 하여 그리스도의 재림을 대망하게 하기 위하여.

주제 종말의 대환난과 그리스도의 궁극적 승리. 종말에 하나님을 대적하는 무리가 크게 일어나 성도를 핍박하지만, 끝내 그리스도께서 승리하시고 믿음을 배반하지 않은 성도들을 신부로 삼아 혼인 예식을 치른다.

특징 ① 묵시문학–많은 상징과 환상, 숫자들로 엮어진 묵시문학의 장르에 속한다. ② 유대적 색채–헬라어로 기록되었으나 문체와 문자들에서 유대적인 요소가 나타난다. ③ 내세적 종말관–다른 묵시문학이나 신약의 여러 책들에 비해 구체적인 종말의 모습을 그렸다.

본서의 내용

I. 요한이 본 것
① 서언(1:1–3)
② 인사와 송영(1:4–8)
③ 인자 같은 이(1:9–20)

II. 이제 있는 일
① 에베소 교회(2:1–7)
② 서머나 교회(2:8–11)
③ 버가모 교회(2:12–17)
④ 두아디라 교회(2:18–29)
⑤ 사데 교회(3:1–6)
⑥ 빌라델비아 교회(3:7–13)
⑦ 라오디게아 교회(3:14–22)

III. 장차 마땅히 될 일
① 심판과 환난(4:1–18:24)
② 그리스도의 승리(19:1–21)
③ 천년왕국(20:1–15)
④ 영원한 신천신지(21:1–22:21)

연대표

A.D.	
30년	예수의 죽음 부활 승천
34년	바울의 다메섹 회심
44년	사도 야고보의 순교–사도 요한의 형제
49년	예루살렘 총회(50년?)
61년	바울의 로마 연금(軟禁)(~63년)
62년	야고보의 순교
63년	바울의석방/마지막 전도여행
64년	로마시의 대화재 사건
	네로의 1차 기독교 대핍박
66년	바울의 2차 투옥
67년	바울의 순교
68년	베드로의 순교
70년	예루살렘 함락/성전 파괴
	유대인과 유대 기독교인들의 대분산
81년	도미티안 황제(81–96년)의 2차 기독교 대박해
95년	소아시아 교회의 대박해
	– 에베소의 사도 요한이 밧모섬으로 유배됨(18개월?)
98년	트라얀 황제(98–117년)의 3차 기독교 대박해
100년	사도 요한의 사망

· 요한계시록의 주요 무대

요한계시록 Revelation

표제와 인사

1 예수 그리스도의 계시라 이는 하
나님이 그에게 주사 반드시 속히
일어날 일들을 그 종들에게 보이시
려고 그의 천사를 그 종 요한에게
보내어 알게 하신 것이라
2 요한은 하나님의 말씀과 예수 그리
스도의 증거 곧 자기가 본 것을 다
증언하였느니라
3 이 예언의 말씀을 읽는 자와 듣는 자
와 그 가운데에 기록한 것을 지키는
자는 복이 있나니 때가 가까움이라
4 요한은 아시아에 있는 일곱 교회에
편지하노니 이제도 계시고 전에도 계
셨고 장차 오실 이시며 그의 보좌 앞
에 있는 일곱 영과
5 또 충성된 증인으로 죽은 자들 가운
데에서 먼저 나시고 땅의 임금들의
머리가 되신 예수 그리스도로 말미암
아 은혜와 평강이 너희에게 있기를
원하노라 우리를 사랑하사 그의 피
로 우리 죄에서 우리를 해방하시고
6 그의 아버지 하나님을 위하여 우리를
나라와 제사장으로 삼으신 그에게
영광과 능력이 세세토록 있기를 원하
노라 아멘
7 볼지어다 그가 구름을 타고 오시리
라 각 사람의 눈이 그를 보겠고 그
를 찌른 자들도 볼 것이요 땅에 있
는 모든 족속이 그로 말미암아 애곡
하리니 그러하리라 아멘
8 주 하나님이 이르시되 나는 알파와
오메가라 이제도 있고 전에도 있었
고 장차 올 자요 전능한 자라 하시더
라

그리스도의 명령

9 나 요한은 너희 형제요 예수의 환난
과 나라와 참음에 동참하는 자라 하
나님의 말씀과 예수를 증언하였음으
로 말미암아 밧모라 하는 섬에 있었
더니
10 주의 날에 내가 성령에 감동되어 내
뒤에서 나는 나팔 소리 같은 큰 음성
을 들으니
11 이르되 네가 보는 것을 두루마리에
써서 에베소, 서머나, 버가모, 두아디
라, 사데, 빌라델비아, 라오디게아
등 일곱 교회에 보내라 하시기로
12 몸을 돌이켜 나에게 말한 음성을 알
아 보려고 돌이킬 때에 일곱 금 촛대
를 보았는데
13 촛대 사이에 인자 같은 이가 발에

끌리는 옷을 입고 가슴에 금띠를 띠
고
14 그의 머리와 털의 희기가 흰 양털 같
고 눈 같으며 그의 눈은 불꽃 같고
15 그의 발은 풀무불에 단련한 빛난 주
석 같고 그의 음성은 많은 물 소리와
같으며
16 그의 오른손에 일곱 별이 있고 그의
입에서 좌우에 날선 검이 나오고 그
얼굴은 해가 힘있게 비치는 것 같더
라
17 내가 볼 때에 그의 발 앞에 엎드러져
죽은 자 같이 되매 그가 오른손을
내게 얹고 이르시되 두려워하지 말라
나는 처음이요 마지막이니
18 곧 살아 있는 자라 내가 전에 죽었었
노라 볼지어다 이제 세세토록 살아
있어 사망과 음부의 열쇠를 가졌노니
19 그러므로 네가 본 것과 지금 있는 일
과 장차 될 일을 기록하라
20 네가 본 것은 내 오른손의 일곱 별의
비밀과 또 일곱 금 촛대라 일곱 별은
일곱 교회의 사자요 일곱 촛대는 일
곱 교회니라

에베소 교회에 보내는 말씀

2 에베소 교회의 사자에게 편지하라
오른손에 있는 일곱 별을 붙잡고
일곱 금 촛대 사이를 거니시는 이가
이르시되
2 내가 네 행위와 수고와 네 인내를
알고 또 악한 자들을 용납하지 아니
한 것과 자칭 사도라 하되 아닌 자들
을 시험하여 그의 거짓된 것을 네가
드러낸 것과
3 또 네가 참고 내 이름을 위하여 견디
고 게으르지 아니한 것을 아노라
4 그러나 너를 책망할 것이 있나니 너
의 처음 사랑을 버렸느니라
5 그러므로 어디서 떨어졌는지를 생각
하고 회개하여 처음 행위를 가지라
만일 그리하지 아니하고 회개하지 아
니하면 내가 네게 가서 네 촛대를 그
자리에서 옮기리라
6 오직 네게 이것이 있으니 네가 니골
라 당의 행위를 미워하는도다 나도
이것을 미워하노라
7 귀 있는 자는 성령이 교회들에게 하
시는 말씀을 들을지어다 이기는 그
에게는 내가 하나님의 낙원에 있는
생명나무의 열매를 주어 먹게 하리라

365묵상

주님은 알파와 오메가

주님은 환상 가운데서 요한에게 스스로를 계시했다. "나는 알파와 오메가라"(계 1:8). 헬라어 알파벳의 첫 글자인 알파와 마지막 글자인 오메가는 모든 피조물과 인류역사에 대한 주님의 통치와 권세를 나타내는 말이다. 지금 당신에게 가장 소중한 것들은 무엇인가? 그 모든 것들이 알파와 오메가이신 주님에 의해 창조되었고 또한 다스려진다. 그러므로 당신과 당신의 소중한 것들을 주관하시는 주님을 전적으로 의뢰하라. 그리고 당신에게 주어진 모든 소중한 것들로 인하여 주님께 영광 돌리는 삶을 살아가라.

서머나 교회에 보내는 말씀

8 서머나 교회의 사자에게 편지하라 처
음이며 마지막이요 죽었다가 살아나
신 이가 이르시되
9 내가 네 환난과 궁핍을 알거니와 실
상은 네가 부요한 자니라 자칭 유대
인이라 하는 자들의 비방도 알거니와
실상은 유대인이 아니요 사탄의 회당
이라
10 너는 장차 받을 고난을 두려워하지
말라 볼지어다 마귀가 장차 너희 가
운데에서 몇 사람을 옥에 던져 시험
을 받게 하리니 너희가 십 일 동안 환
난을 받으리라 네가 죽도록 충성하
라 그리하면 내가 생명의 관을 네게
주리라
11 귀 있는 자는 성령이 교회들에게 하
시는 말씀을 들을지어다 이기는 자
는 둘째 사망의 해를 받지 아니하리
라

버가모 교회에 보내는 말씀

12 버가모 교회의 사자에게 편지하라 좌
우에 날선 검을 가지신 이가 이르시
되
13 네가 어디에 사는지를 내가 아노니
거기는 사탄의 권좌가 있는 데라 네
가 내 이름을 굳게 잡아서 내 충성된
증인 안디바가 너희 가운데 곧 사탄
이 사는 곳에서 죽임을 당할 때에도
나를 믿는 믿음을 저버리지 아니하였
도다
14 그러나 네게 두어 가지 책망할 것이
있나니 거기 네게 발람의 교훈을 지
키는 자들이 있도다 발람이 발락을
가르쳐 이스라엘 자손 앞에 걸림돌
을 놓아 우상의 제물을 먹게 하였고
또 행음하게 하였느니라
15 이와 같이 네게도 니골라 당의 교훈
을 지키는 자들이 있도다
16 그러므로 회개하라 그리하지 아니하
면 내가 네게 속히 가서 내 입의 검으
로 그들과 싸우리라
17 귀 있는 자는 성령이 교회들에게 하
시는 말씀을 들을지어다 이기는 그
에게는 내가 감추었던 만나를 주고
또 흰 돌을 줄 터인데 그 돌 위에 새
이름을 기록한 것이 있나니 받는 자
밖에는 그 이름을 알 사람이 없느니
라

두아디라 교회에 보내는 말씀

18 두아디라 교회의 사자에게 편지하라
그 눈이 불꽃 같고 그 발이 빛난 주
석과 같은 하나님의 아들이 이르시되
19 내가 네 사업과 사랑과 믿음과 섬김
과 인내를 아노니 네 나중 행위가 처
음 것보다 많도다

20 그러나 네게 책망할 일이 있노라 자
칭 선지자라 하는 여자 이세벨을 네
가 용납함이니 그가 내 종들을 가르
쳐 꾀어 행음하게 하고 우상의 제물
을 먹게 하는도다
21 또 내가 그에게 회개할 기회를 주었
으되 자기의 음행을 회개하고자 하지
아니하는도다
22 볼지어다 내가 그를 침상에 던질 터
이요 또 그와 더불어 간음하는 자들
도 만일 그의 행위를 회개하지 아니
하면 큰 환난 가운데에 던지고
23 또 내가 사망으로 그의 자녀를 죽이
리니 모든 교회가 나는 사람의 뜻과
마음을 살피는 자인 줄 알지라 내가
너희 각 사람의 행위대로 갚아 주리
라
24 두아디라에 남아 있어 이 교훈을 받
지 아니하고 소위 사탄의 깊은 것을
알지 못하는 너희에게 말하노니 다
른 짐으로 너희에게 지울 것은 없노
라
25 다만 너희에게 있는 것을 내가 올 때
까지 굳게 잡으라
26 이기는 자와 끝까지 내 일을 지키는
그에게 만국을 다스리는 권세를 주
리니
27 그가 철장을 가지고 그들을 다스려
질그릇 깨뜨리는 것과 같이 하리라
나도 내 아버지께 받은 것이 그러하
니라
28 내가 또 그에게 새벽 별을 주리라
29 귀 있는 자는 성령이 교회들에게 하
시는 말씀을 들을지어다

사데 교회에 보내는 말씀

3 사데 교회의 사자에게 편지하라
하나님의 일곱 영과 일곱 별을 가
지신 이가 이르시되 내가 네 행위를
아노니 네가 살았다 하는 이름은 가
졌으나 죽은 자로다
2 너는 일깨어 그 남은 바 죽게 된 것
을 굳건하게 하라 내 하나님 앞에 네
행위의 온전한 것을 찾지 못하였노니
3 그러므로 네가 어떻게 받았으며 어떻
게 들었는지 생각하고 지켜 회개하라
만일 일깨지 아니하면 내가 도둑 같
이 이르리니 어느 때에 네게 이를는
지 네가 알지 못하리라
4 그러나 사데에 그 옷을 더럽히지 아
니한 자 몇 명이 네게 있어 흰 옷을
입고 나와 함께 다니리니 그들은 합
당한 자인 연고라
5 이기는 자는 이와 같이 흰 옷을 입을
것이요 내가 그 이름을 생명책에서
결코 지우지 아니하고 그 이름을 내
아버지 앞과 그의 천사들 앞에서 시

인하리라
6 귀 있는 자는 성령이 교회들에게 하
시는 말씀을 들을지어다

빌라델비아 교회에 보내는 말씀

7 빌라델비아 교회의 사자에게 편지하
라 거룩하고 진실하사 다윗의 열쇠를
가지신 이 곧 열면 닫을 사람이 없고
닫으면 열 사람이 없는 그가 이르시
되
8 볼지어다 내가 네 앞에 열린 문을 두
었으되 능히 닫을 사람이 없으리라
내가 네 행위를 아노니 네가 작은
능력을 가지고서도 내 말을 지키며
내 이름을 배반하지 아니하였도다
9 보라 사탄의 회당 곧 자칭 유대인이
라 하나 그렇지 아니하고 거짓말 하
는 자들 중에서 몇을 네게 주어 그
들로 와서 네 발 앞에 절하게 하고
내가 너를 사랑하는 줄을 알게 하리
라
10 네가 나의 인내의 말씀을 지켰은즉
내가 또한 너를 지켜 시험의 때를 면
하게 하리니 이는 장차 온 세상에 임
하여 땅에 거하는 자들을 시험할 때
라
11 내가 속히 오리니 네가 가진 것을 굳
게 잡아 아무도 네 면류관을 빼앗지
못하게 하라
12 이기는 자는 내 하나님 성전에 기둥
이 되게 하리니 그가 결코 다시 나가
지 아니하리라 내가 하나님의 이름과
하나님의 성 곧 하늘에서 내 하나님
께로부터 내려오는 새 예루살렘의
이름과 나의 새 이름을 그이 위에 기
록하리라
13 귀 있는 자는 성령이 교회들에게 하
시는 말씀을 들을지어다

라오디게아 교회에 보내는 말씀

14 라오디게아 교회의 사자에게 편지하
라 아멘이시요 충성되고 참된 증인이
시요 하나님의 창조의 근본이신 이가
이르시되
15 내가 네 행위를 아노니 네가 차지도
아니하고 뜨겁지도 아니하도다 네가
차든지 뜨겁든지 하기를 원하노라
16 네가 이같이 미지근하여 뜨겁지도 아
니하고 차지도 아니하니 내 입에서
너를 토하여 버리리라
17 네가 말하기를 나는 부자라 부요하
여 부족한 것이 없다 하나 네 곤고한
것과 가련한 것과 가난한 것과 눈 먼
것과 벌거벗은 것을 알지 못하는도다
18 내가 너를 권하노니 내게서 불로 연
단한 금을 사서 부요하게 하고 흰
옷을 사서 입어 벌거벗은 수치를 보
이지 않게 하고 안약을 사서 눈에 발

라 보게 하라
19 무릇 내가 사랑하는 자를 책망하여
징계하노니 그러므로 네가 열심을
내라 회개하라
20 볼지어다 내가 문 밖에 서서 두드리
노니 누구든지 내 음성을 듣고 문을
열면 내가 그에게로 들어가 그와 더
불어 먹고 그는 나와 더불어 먹으리
라
21 이기는 그에게는 내가 내 보좌에 함
께 앉게 하여 주기를 내가 이기고 아
버지 보좌에 함께 앉은 것과 같이 하
리라
22 귀 있는 자는 성령이 교회들에게 하
시는 말씀을 들을지어다

하늘의 예배

4 이 일 후에 내가 보니 하늘에 열린
문이 있는데 내가 들은 바 처음에
내게 말하던 나팔 소리 같은 그 음성
이 이르되 이리로 올라오라 이 후에
마땅히 일어날 일들을 내가 네게 보
이리라 하시더라
2 내가 곧 성령에 감동되었더니 보라
하늘에 보좌를 베풀었고 그 보좌 위
에 앉으신 이가 있는데
3 앉으신 이의 모양이 벽옥과 홍보석
같고 또 무지개가 있어 보좌에 둘렸
는데 그 모양이 녹보석 같더라
4 또 보좌에 둘려 이십사 보좌들이 있
고 그 보좌들 위에 이십사 장로들이
흰 옷을 입고 머리에 금관을 쓰고 앉
았더라
5 보좌로부터 번개와 음성과 우렛소리
가 나고 보좌 앞에 켠 등불 일곱이
있으니 이는 하나님의 일곱 영이라
6 보좌 앞에 수정과 같은 유리 바다가
있고 보좌 가운데와 보좌 주위에 네
생물이 있는데 앞뒤에 눈들이 가득
하더라
7 그 첫째 생물은 사자 같고 그 둘째
생물은 송아지 같고 그 셋째 생물은
얼굴이 사람 같고 그 넷째 생물은
날아가는 독수리 같은데
8 네 생물은 각각 여섯 날개를 가졌고
그 안과 주위에는 눈들이 가득하더
라 그들이 밤낮 쉬지 않고 이르기를
거룩하다 거룩하다 거룩하다 주 하
나님 곧 전능하신 이여 전에도 계셨
고 이제도 계시고 장차 오실 이시라
하고
9 그 생물들이 보좌에 앉으사 세세토
록 살아 계시는 이에게 영광과 존귀
와 감사를 돌릴 때에
10 이십사 장로들이 보좌에 앉으신 이
앞에 엎드려 세세토록 살아 계시는
이에게 경배하고 자기의 관을 보좌

앞에 드리며 이르되
11 우리 주 하나님이여 영광과 존귀와
권능을 받으시는 것이 합당하오니
주께서 만물을 지으신지라 만물이
주의 뜻대로 있었고 또 지으심을 받
았나이다 하더라

책과 어린 양

5 내가 보매 보좌에 앉으신 이의 오
른손에 두루마리가 있으니 안팎
으로 썼고 일곱 인으로 봉하였더라
2 또 보매 힘있는 천사가 큰 음성으로
외치기를 누가 그 두루마리를 펴며
그 인을 떼기에 합당하냐 하나
3 하늘 위에나 땅 위에나 땅 아래에 능
히 그 두루마리를 펴거나 보거나 할
자가 없더라
4 그 두루마리를 펴거나 보거나 하기
에 합당한 자가 보이지 아니하기로
내가 크게 울었더니
5 장로 중의 한 사람이 내게 말하되 울
지 말라 유대 지파의 사자 다윗의 뿌
리가 이겼으니 그 두루마리와 그 일
곱 인을 떼시리라 하더라
6 내가 또 보니 보좌와 네 생물과 장
로들 사이에 한 어린 양이 서 있는데
일찍이 죽임을 당한 것 같더라 그에
게 일곱 뿔과 일곱 눈이 있으니 이
눈들은 온 땅에 보내심을 받은 하나
님의 일곱 영이더라
7 그 어린 양이 나아와서 보좌에 앉으
신 이의 오른손에서 두루마리를 취하
시니라
8 그 두루마리를 취하시매 네 생물과
이십사 장로들이 그 어린 양 앞에 엎
드려 각각 거문고와 향이 가득한 금
대접을 가졌으니 이 향은 성도의 기
도들이라
9 그들이 새 노래를 불러 이르되 두루
마리를 가지시고 그 인봉을 떼기에
합당하시도다 일찍이 죽임을 당하사
각 족속과 방언과 백성과 나라 가운
데에서 사람들을 피로 사서 하나님
께 드리시고
10 그들로 우리 하나님 앞에서 나라와
제사장들을 삼으셨으니 그들이 땅에
서 왕 노릇 하리로다 하더라
11 내가 또 보고 들으매 보좌와 생물들
과 장로들을 둘러 선 많은 천사의 음
성이 있으니 그 수가 만만이요 천천
이라
12 큰 음성으로 이르되 죽임을 당하신
어린 양은 능력과 부와 지혜와 힘과
존귀와 영광과 찬송을 받으시기에
합당하도다 하더라
13 내가 또 들으니 하늘 위에와 땅 위에
와 땅 아래와 바다 위에와 또 그 가

운데 모든 피조물이 이르되 보좌에
앉으신 이와 어린 양에게 찬송과 존
귀와 영광과 권능을 세세토록 돌릴
지어다 하니
14 네 생물이 이르되 아멘 하고 장로들
은 엎드려 경배하더라

일곱 봉인에 담긴 심판

6 내가 보매 어린 양이 일곱 인 중의
하나를 떼시는데 그 때에 내가 들
으니 네 생물 중의 하나가 우렛소리
같이 말하되 오라 하기로
2 이에 내가 보니 흰 말이 있는데 그
탄 자가 활을 가졌고 면류관을 받고
나아가서 이기고 또 이기려고 하더라
3 둘째 인을 떼실 때에 내가 들으니
둘째 생물이 말하되 오라 하니
4 이에 다른 붉은 말이 나오더라 그 탄
자가 허락을 받아 땅에서 화평을 제
하여 버리며 서로 죽이게 하고 또 큰
칼을 받았더라
5 셋째 인을 떼실 때에 내가 들으니
셋째 생물이 말하되 오라 하기로 내
가 보니 검은 말이 나오는데 그 탄
자가 손에 저울을 가졌더라
6 내가 네 생물 사이로부터 나는 듯한
음성을 들으니 이르되 한 데나리온
에 밀 한 되요 한 데나리온에 보리
석 되로다 또 감람유와 포도주는 해
치지 말라 하더라
7 넷째 인을 떼실 때에 내가 넷째 생
물의 음성을 들으니 말하되 오라 하
기로
8 내가 보매 청황색 말이 나오는데 그
탄 자의 이름은 사망이니 음부가 그
뒤를 따르더라 그들이 땅 사분의 일
의 권세를 얻어 검과 흉년과 사망과
땅의 짐승들로써 죽이더라
9 다섯째 인을 떼실 때에 내가 보니 하
나님의 말씀과 그들이 가진 증거로
말미암아 죽임을 당한 영혼들이 제
단 아래에 있어
10 큰 소리로 불러 이르되 거룩하고 참
되신 대주재여 땅에 거하는 자들을
심판하여 우리 피를 갚아 주지 아니
하시기를 어느 때까지 하시려 하나이
까 하니
11 각각 그들에게 흰 두루마기를 주시
며 이르시되 아직 잠시 동안 쉬되 그
들의 동무 종들과 형제들도 자기처
럼 죽임을 당하여 그 수가 차기까지

365묵상

참된 예배의 모습

사도 요한은 구원받은 백성이 천사들과 더불어 하나님께 예배드리고 있는 모습을 환상 중에 보았다(계 4:1-11). 영광스러운 보좌에 앉으신 주님께 대한 그토록 웅장한 찬양과 완전한 부복의 모습은 참된 예배의 광경을 보여준다. 본질상 모든 예배는 하나님을 높이는 것이며, 그분의 성호와 성품과 사역에 대해 찬양하는 것이다. 오늘날 우리가 하나님께 드리는 예배가 영광스러운 하늘예배에 비해 조촐하고 불완전하다고 해도, 하나님께 대한 감사와 찬양의 마음이 가득하다면, 하나님이 기뻐 받으시는 예배가 될 것이다.

하라 하시더라
12 내가 보니 여섯째 인을 떼실 때에 큰
지진이 나며 해가 검은 털로 짠 상복
같이 검어지고 달은 온통 피 같이 되
며
13 하늘의 별들이 무화과나무가 대풍에
흔들려 설익은 열매가 떨어지는 것
같이 땅에 떨어지며
14 하늘은 두루마리가 말리는 것 같이
떠나가고 각 산과 섬이 제 자리에서
옮겨지매
15 땅의 임금들과 왕족들과 장군들과
부자들과 강한 자들과 모든 종과 자
유인이 굴과 산들의 바위 틈에 숨어
16 산들과 바위에게 말하되 우리 위에
떨어져 보좌에 앉으신 이의 얼굴에서
와 그 어린 양의 진노에서 우리를 가
리라
17 그들의 진노의 큰 날이 이르렀으니
누가 능히 서리요 하더라

인치심을 받은 십사만 사천 명

7 이 일 후에 내가 네 천사가 땅 네
모퉁이에 선 것을 보니 땅의 사방
의 바람을 붙잡아 바람으로 하여금
땅에나 바다에나 각종 나무에 불지
못하게 하더라
2 또 보매 다른 천사가 살아 계신 하나
님의 인을 가지고 해 돋는 데로부터
올라와서 땅과 바다를 해롭게 할 권
세를 받은 네 천사를 향하여 큰 소리
로 외쳐
3 이르되 우리가 우리 하나님의 종들의
이마에 인치기까지 땅이나 바다나 나
무들을 해하지 말라 하더라
4 내가 인침을 받은 자의 수를 들으니
이스라엘 자손의 각 지파 중에서 인
침을 받은 자들이 십사만 사천이니

각 나라에서 온 무리

5 유다 지파 중에 인침을 받은 자가 일
만 이천이요 르우벤 지파 중에 일만
이천이요 갓 지파 중에 일만 이천이
요
6 아셀 지파 중에 일만 이천이요 납달
리 지파 중에 일만 이천이요 므낫세
지파 중에 일만 이천이요
7 시므온 지파 중에 일만 이천이요 레
위 지파 중에 일만 이천이요 잇사갈
지파 중에 일만 이천이요
8 스불론 지파 중에 일만 이천이요 요
셉 지파 중에 일만 이천이요 베냐민
지파 중에 인침을 받은 자가 일만 이
천이라
9 이 일 후에 내가 보니 각 나라와 족
속과 백성과 방언에서 아무도 능히
셀 수 없는 큰 무리가 나와 흰 옷을
입고 손에 종려 가지를 들고 보좌

앞과 어린 양 앞에 서서
10 큰 소리로 외쳐 이르되 구원하심이
보좌에 앉으신 우리 하나님과 어린
양에게 있도다 하니
11 모든 천사가 보좌와 장로들과 네 생
물의 주위에 서 있다가 보좌 앞에 엎
드려 얼굴을 대고 하나님께 경배하
여
12 이르되 아멘 찬송과 영광과 지혜와
감사와 존귀와 권능과 힘이 우리 하
나님께 세세토록 있을지어다 아멘
하더라
13 장로 중 하나가 응답하여 나에게 이
르되 이 흰 옷 입은 자들이 누구며
또 어디서 왔느냐
14 내가 말하기를 내 주여 당신이 아시
나이다 하니 그가 나에게 이르되 이
는 큰 환난에서 나오는 자들인데 어
린 양의 피에 그 옷을 씻어 희게 하
였느니라
15 그러므로 그들이 하나님의 보좌 앞
에 있고 또 그의 성전에서 밤낮 하나
님을 섬기매 보좌에 앉으신 이가 그
들 위에 장막을 치시리니
16 그들이 다시는 주리지도 아니하며 목
마르지도 아니하고 해나 아무 뜨거
운 기운에 상하지도 아니하리니
17 이는 보좌 가운데에 계신 어린 양이
그들의 목자가 되사 생명수 샘으로
인도하시고 하나님께서 그들의 눈에
서 모든 눈물을 씻어 주실 것임이라

일곱째 봉인과 금 향로

8 일곱째 인을 떼실 때에 하늘이 반
시간쯤 고요하더니
2 내가 보매 하나님 앞에 일곱 천사가
서 있어 일곱 나팔을 받았더라
3 또 다른 천사가 와서 제단 곁에 서서
금 향로를 가지고 많은 향을 받았으
니 이는 모든 성도의 기도와 합하여
보좌 앞 금 제단에 드리고자 함이라
4 향연이 성도의 기도와 함께 천사의
손으로부터 하나님 앞으로 올라가는
지라
5 천사가 향로를 가지고 제단의 불을
담아다가 땅에 쏟으매 우레와 음성
과 번개와 지진이 나더라

나팔 소리

6 일곱 나팔을 가진 일곱 천사가 나팔
불기를 준비하더라
7 첫째 천사가 나팔을 부니 피 섞인 우
박과 불이 나와서 땅에 쏟아지매 땅
의 삼분의 일이 타 버리고 수목의 삼
분의 일도 타 버리고 각종 푸른 풀도
타 버렸더라
8 둘째 천사가 나팔을 부니 불 붙는
큰 산과 같은 것이 바다에 던져지매

바다의 삼분의 일이 피가 되고
9 바다 가운데 생명 가진 피조물들의
삼분의 일이 죽고 배들의 삼분의 일
이 깨지더라
10 셋째 천사가 나팔을 부니 횃불 같이
타는 큰 별이 하늘에서 떨어져 강들
의 삼분의 일과 여러 물샘에 떨어지
니
11 이 별 이름은 쓴 쑥이라 물의 삼분의
일이 쓴 쑥이 되매 그 물이 쓴 물이
되므로 많은 사람이 죽더라
12 넷째 천사가 나팔을 부니 해 삼분의
일과 달 삼분의 일과 별들의 삼분의
일이 타격을 받아 그 삼분의 일이 어
두워지니 낮 삼분의 일은 비추임이
없고 밤도 그러하더라
13 내가 또 보고 들으니 공중에 날아가
는 독수리가 큰 소리로 이르되 땅에
사는 자들에게 화, 화, 화가 있으리
니 이는 세 천사들이 불어야 할 나팔
소리가 남아 있음이로다 하더라

9 다섯째 천사가 나팔을 불매 내가
보니 하늘에서 땅에 떨어진 별 하
나가 있는데 그가 무저갱의 열쇠를
받았더라
2 그가 무저갱을 여니 그 구멍에서 큰
화덕의 연기 같은 연기가 올라오매
해와 공기가 그 구멍의 연기로 말미
암아 어두워지며
3 또 황충이 연기 가운데로부터 땅 위
에 나오매 그들이 땅에 있는 전갈의
권세와 같은 권세를 받았더라
4 그들에게 이르시되 땅의 풀이나 푸
른 것이나 각종 수목은 해하지 말고
오직 이마에 하나님의 인침을 받지
아니한 사람들만 해하라 하시더라
5 그러나 그들을 죽이지는 못하게 하
시고 다섯 달 동안 괴롭게만 하게 하
시는데 그 괴롭게 함은 전갈이 사람
을 쏠 때에 괴롭게 함과 같더라
6 그 날에는 사람들이 죽기를 구하여
도 죽지 못하고 죽고 싶으나 죽음이
그들을 피하리로다
7 황충들의 모양은 전쟁을 위하여 준
비한 말들 같고 그 머리에 금 같은
관 비슷한 것을 썼으며 그 얼굴은 사
람의 얼굴 같고
8 또 여자의 머리털 같은 머리털이 있고
그 이빨은 사자의 이빨 같으며
9 또 철 호심경 같은 호심경이 있고 그
날개들의 소리는 병거와 많은 말들
이 전쟁터로 달려 들어가는 소리 같
으며
10 또 전갈과 같은 꼬리와 쏘는 살이 있
어 그 꼬리에는 다섯 달 동안 사람들
을 해하는 권세가 있더라

11 그들에게 왕이 있으니 무저갱의 사
자라 히브리어로는 그 이름이 아바
돈이요 헬라어로는 그 이름이 아볼
루온이더라
12 첫째 화는 지나갔으나 보라 아직도
이후에 화 둘이 이르리로다
13 여섯째 천사가 나팔을 불매 내가 들
으니 하나님 앞 금 제단 네 뿔에서
한 음성이 나서
14 나팔 가진 여섯째 천사에게 말하기를
큰 강 유브라데에 결박한 네 천사를
놓아 주라 하매
15 네 천사가 놓였으니 그들은 그 년 월
일 시에 이르러 사람 삼분의 일을 죽
이기로 준비된 자들이더라
16 마병대의 수는 이만 만이니 내가 그
들의 수를 들었노라
17 이같은 환상 가운데 그 말들과 그
위에 탄 자들을 보니 불빛과 자줏빛
과 유황빛 호심경이 있고 또 말들의
머리는 사자 머리 같고 그 입에서는
불과 연기와 유황이 나오더라
18 이 세 재앙 곧 자기들의 입에서 나오
는 불과 연기와 유황으로 말미암아
사람 삼분의 일이 죽임을 당하니라
19 이 말들의 힘은 입과 꼬리에 있으니
꼬리는 뱀 같고 또 꼬리에 머리가 있
어 이것으로 해하더라
20 이 재앙에 죽지 않고 남은 사람들은
손으로 행한 일을 회개하지 아니하
고 오히려 여러 귀신과 또는 보거나
듣거나 다니거나 하지 못하는 금,
은, 동과 목석의 우상에게 절하고
21 또 그 살인과 복술과 음행과 도둑질
을 회개하지 아니하더라

천사와 작은 책

10 내가 또 보니 힘 센 다른 천사
가 구름을 입고 하늘에서 내려
오는데 그 머리 위에 무지개가 있고
그 얼굴은 해 같고 그 발은 불기둥
같으며
2 그 손에는 펴 놓인 작은 두루마리를
들고 그 오른 발은 바다를 밟고 왼
발은 땅을 밟고
3 사자가 부르짖는 것 같이 큰 소리로
외치니 그가 외칠 때에 일곱 우레가
그 소리를 내어 말하더라
4 일곱 우레가 말을 할 때에 내가 기
록하려고 하다가 곧 들으니 하늘에
서 소리가 나서 말하기를 일곱 우레
가 말한 것을 인봉하고 기록하지 말
라 하더라
5 내가 본 바 바다와 땅을 밟고 서 있
는 천사가 하늘을 향하여 오른손을
들고
6 세세토록 살아 계신 이 곧 하늘과

그 가운데에 있는 물건이며 땅과 그
가운데에 있는 물건이며 바다와 그
가운데에 있는 물건을 창조하신 이
를 가리켜 맹세하여 이르되 지체하지
아니하리니
7 일곱째 천사가 소리 내는 날 그의 나
팔을 불려고 할 때에 하나님이 그의
종 선지자들에게 전하신 복음과 같
이 하나님의 그 비밀이 이루어지리라
하더라
8 하늘에서 나서 내게 들리던 음성이
또 내게 말하여 이르되 네가 가서 바
다와 땅을 밟고 서 있는 천사의 손에
펴 놓인 두루마리를 가지라 하기로
9 내가 천사에게 나아가 작은 두루마
리를 달라 한즉 천사가 이르되 갖다
먹어 버리라 네 배에는 쓰나 네 입에
는 꿀 같이 달리라 하거늘
10 내가 천사의 손에서 작은 두루마리
를 갖다 먹어 버리니 내 입에는 꿀
같이 다나 먹은 후에 내 배에서는 쓰
게 되더라
11 그가 내게 말하기를 네가 많은 백성
과 나라와 방언과 임금에게 다시 예
언하여야 하리라 하더라

두 증인

11 또 내게 지팡이 같은 갈대를 주
며 말하기를 일어나서 하나님의
성전과 제단과 그 안에서 경배하는
자들을 측량하되
2 성전 바깥 마당은 측량하지 말고 그
냥 두라 이것은 이방인에게 주었은
즉 그들이 거룩한 성을 마흔두 달
동안 짓밟으리라
3 내가 나의 두 증인에게 권세를 주리
니 그들이 굵은 베옷을 입고 천이백
육십 일을 예언하리라
4 그들은 이 땅의 주 앞에 서 있는 두
감람나무와 두 촛대니
5 만일 누구든지 그들을 해하고자 하
면 그들의 입에서 불이 나와서 그들
의 원수를 삼켜 버릴 것이요 누구든
지 그들을 해하고자 하면 반드시 그
와 같이 죽임을 당하리라
6 그들이 권능을 가지고 하늘을 닫아
그 예언을 하는 날 동안 비가 오지
못하게 하고 또 권능을 가지고 물을
피로 변하게 하고 아무 때든지 원하
는 대로 여러 가지 재앙으로 땅을 치
리로다
7 그들이 그 증언을 마칠 때에 무저갱
으로부터 올라오는 짐승이 그들과
더불어 전쟁을 일으켜 그들을 이기고
그들을 죽일 터인즉
8 그들의 시체가 큰 성 길에 있으리니
그 성은 영적으로 하면 소돔이라고

도 하고 애굽이라고도 하니 곧 그들
의 주께서 십자가에 못 박히신 곳이
라
9 백성들과 족속과 방언과 나라 중에
서 사람들이 그 시체를 사흘 반 동안
을 보며 무덤에 장사하지 못하게 하
리로다
10 이 두 선지자가 땅에 사는 자들을 괴
롭게 한 고로 땅에 사는 자들이 그
들의 죽음을 즐거워하고 기뻐하여 서
로 예물을 보내리라 하더라
11 삼 일 반 후에 하나님께로부터 생기
가 그들 속에 들어가매 그들이 발로
일어서니 구경하는 자들이 크게 두려
워하더라
12 하늘로부터 큰 음성이 있어 이리로
올라오라 함을 그들이 듣고 구름을
타고 하늘로 올라가니 그들의 원수
들도 구경하더라
13 그 때에 큰 지진이 나서 성 십분의 일
이 무너지고 지진에 죽은 사람이 칠
천이라 그 남은 자들이 두려워하여
영광을 하늘의 하나님께 돌리더라
14 둘째 화는 지나갔으나 보라 셋째 화
가 속히 이르는도다

일곱째 나팔 소리

15 일곱째 천사가 나팔을 불매 하늘에
큰 음성들이 나서 이르되 세상 나라
가 우리 주와 그의 그리스도의 나라
가 되어 그가 세세토록 왕 노릇 하시
리로다 하니
16 하나님 앞에서 자기 보좌에 앉아 있
던 이십사 장로가 엎드려 얼굴을 땅
에 대고 하나님께 경배하여
17 이르되 감사하옵나니 옛적에도 계셨
고 지금도 계신 주 하나님 곧 전능하
신 이여 친히 큰 권능을 잡으시고 왕
노릇 하시도다
18 이방들이 분노하매 주의 진노가 내
려 죽은 자를 심판하시며 종 선지자
들과 성도들과 또 작은 자든지 큰
자든지 주의 이름을 경외하는 자들
에게 상 주시며 또 땅을 망하게 하는
자들을 멸망시키실 때로소이다 하더
라
19 이에 하늘에 있는 하나님의 성전이
열리니 성전 안에 하나님의 언약궤가
보이며 또 번개와 음성들과 우레와
지진과 큰 우박이 있더라

여자와 용

365묵상

눈을 들어 하늘을 보라!

인류역사의 종말에 대한 요한계시록의 극적인 묘사는 지상과 하늘 무대에서 동시에 진행된다. 지상의 무대는 참으로 무시무시하고 끔직하다. 무서운 핏빛 심판이 진행된다. 이와 반대로 하늘 무대는 찬란하고도 밝게 빛난다. 하나님께 대한 영광스러운 예배와 찬양이 넘쳐난다(계 11:15-18). 그리고 때가 이르면, 마침내 하나님은 모든 일들을 최종적으로 정리하신다. 죄는 심판받고, 의는 보상받는다. 악인은 지옥에, 의인은 천국에 들어간다. 그러므로 지상에 있는 우리는 언제나 믿음의 눈을 들어 하늘을 바라보아야 한다.

12 하늘에 큰 이적이 보이니 해를
옷 입은 한 여자가 있는데 그
발 아래에는 달이 있고 그 머리에는
열두 별의 관을 썼더라
2 이 여자가 아이를 배어 해산하게 되
매 아파서 애를 쓰며 부르짖더라
3 하늘에 또 다른 이적이 보이니 보라
한 큰 붉은 용이 있어 머리가 일곱이
요 뿔이 열이라 그 여러 머리에 일곱
왕관이 있는데
4 그 꼬리가 하늘의 별 삼분의 일을 끌
어다가 땅에 던지더라 용이 해산하려
는 여자 앞에서 그가 해산하면 그 아
이를 삼키고자 하더니
5 여자가 아들을 낳으니 이는 장차 철
장으로 만국을 다스릴 남자라 그 아
이를 하나님 앞과 그 보좌 앞으로
올려가더라
6 그 여자가 광야로 도망하매 거기서
천이백육십 일 동안 그를 양육하기
위하여 하나님께서 예비하신 곳이 있
더라
7 하늘에 전쟁이 있으니 미가엘과 그의
사자들이 용과 더불어 싸울새 용과
그의 사자들도 싸우나
8 이기지 못하여 다시 하늘에서 그들이
있을 곳을 얻지 못한지라
9 큰 용이 내쫓기니 옛 뱀 곧 마귀라고
도 하고 사탄이라고도 하며 온 천하
를 꾀는 자라 그가 땅으로 내쫓기니
그의 사자들도 그와 함께 내쫓기니
라
10 내가 또 들으니 하늘에 큰 음성이 있
어 이르되 이제 우리 하나님의 구원
과 능력과 나라와 또 그의 그리스도
의 권세가 나타났으니 우리 형제들을
참소하던 자 곧 우리 하나님 앞에서
밤낮 참소하던 자가 쫓겨났고
11 또 우리 형제들이 어린 양의 피와 자
기들이 증언하는 말씀으로써 그를
이겼으니 그들은 죽기까지 자기들의
생명을 아끼지 아니하였도다
12 그러므로 하늘과 그 가운데에 거하
는 자들은 즐거워하라 그러나 땅과
바다는 화 있을진저 이는 마귀가 자
기의 때가 얼마 남지 않은 줄을 알므
로 크게 분내어 너희에게 내려갔음
이라 하더라
13 용이 자기가 땅으로 내쫓긴 것을 보
고 남자를 낳은 여자를 박해하는지
라
14 그 여자가 큰 독수리의 두 날개를 받
아 광야 자기 곳으로 날아가 거기서
그 뱀의 낯을 피하여 한 때와 두 때
와 반 때를 양육 받으매
15 여자의 뒤에서 뱀이 그 입으로 물을

강 같이 토하여 여자를 물에 떠내려
가게 하려 하되
16 땅이 여자를 도와 그 입을 벌려 용의
입에서 토한 강물을 삼키니
17 용이 여자에게 분노하여 돌아가서
그 여자의 남은 자손 곧 하나님의 계
명을 지키며 예수의 증거를 가진 자
들과 더불어 싸우려고 바다 모래 위
에 서 있더라

짐승 두 마리

13 내가 보니 바다에서 한 짐승이
나오는데 뿔이 열이요 머리가
일곱이라 그 뿔에는 열 왕관이 있고
그 머리들에는 신성 모독 하는 이름
들이 있더라
2 내가 본 짐승은 표범과 비슷하고 그
발은 곰의 발 같고 그 입은 사자의
입 같은데 용이 자기의 능력과 보좌
와 큰 권세를 그에게 주었더라
3 그의 머리 하나가 상하여 죽게 된 것
같더니 그 죽게 되었던 상처가 나으
매 온 땅이 놀랍게 여겨 짐승을 따르
고
4 용이 짐승에게 권세를 주므로 용에
게 경배하며 짐승에게 경배하여 이르
되 누가 이 짐승과 같으냐 누가 능히
이와 더불어 싸우리요 하더라
5 또 짐승이 과장되고 신성 모독을 말
하는 입을 받고 또 마흔두 달 동안
일할 권세를 받으니라
6 짐승이 입을 벌려 하나님을 향하여
비방하되 그의 이름과 그의 장막 곧
하늘에 사는 자들을 비방하더라
7 또 권세를 받아 성도들과 싸워 이기
게 되고 각 족속과 백성과 방언과 나
라를 다스리는 권세를 받으니
8 죽임을 당한 어린 양의 생명책에 창
세 이후로 이름이 기록되지 못하고
이 땅에 사는 자들은 다 그 짐승에
게 경배하리라
9 누구든지 귀가 있거든 들을지어다
10 사로잡힐 자는 사로잡혀 갈 것이요
칼에 죽을 자는 마땅히 칼에 죽을
것이니 성도들의 인내와 믿음이 여기
있느니라
11 내가 보매 또 다른 짐승이 땅에서 올
라오니 어린 양 같이 두 뿔이 있고
용처럼 말을 하더라
12 그가 먼저 나온 짐승의 모든 권세를
그 앞에서 행하고 땅과 땅에 사는
자들을 처음 짐승에게 경배하게 하
니 곧 죽게 되었던 상처가 나은 자니
라
13 큰 이적을 행하되 심지어 사람들 앞
에서 불이 하늘로부터 땅에 내려오
게 하고

14 짐승 앞에서 받은 바 이적을 행함으
로 땅에 거하는 자들을 미혹하며 땅
에 거하는 자들에게 이르기를 칼에
상하였다가 살아난 짐승을 위하여
우상을 만들라 하더라
15 그가 권세를 받아 그 짐승의 우상에
게 생기를 주어 그 짐승의 우상으로
말하게 하고 또 짐승의 우상에게 경
배하지 아니하는 자는 몇이든지 다
죽이게 하더라
16 그가 모든 자 곧 작은 자나 큰 자나
부자나 가난한 자나 자유인이나 종
들에게 그 오른손에나 이마에 표를
받게 하고
17 누구든지 이 표를 가진 자 외에는 매
매를 못하게 하니 이 표는 곧 짐승의
이름이나 그 이름의 수라
18 지혜가 여기 있으니 총명한 자는 그
짐승의 수를 세어 보라 그것은 사람
의 수니 그의 수는 육백육십육이니
라

십사만 사천 명이 부르는 노래

14 또 내가 보니 보라 어린 양이 시
온 산에 섰고 그와 함께 십사만
사천이 서 있는데 그들의 이마에는
어린 양의 이름과 그 아버지의 이름
을 쓴 것이 있더라
2 내가 하늘에서 나는 소리를 들으니
많은 물 소리와도 같고 큰 우렛소리
와도 같은데 내가 들은 소리는 거문
고 타는 자들이 그 거문고를 타는
것 같더라
3 그들이 보좌 앞과 네 생물과 장로들
앞에서 새 노래를 부르니 땅에서 속
량함을 받은 십사만 사천 밖에는 능
히 이 노래를 배울 자가 없더라
4 이 사람들은 여자와 더불어 더럽히지
아니하고 순결한 자라 어린 양이 어
디로 인도하든지 따라가는 자며 사
람 가운데에서 속량함을 받아 처음
익은 열매로 하나님과 어린 양에게
속한 자들이니
5 그 입에 거짓말이 없고 흠이 없는 자
들이더라

세 천사가 전하는 말

6 또 보니 다른 천사가 공중에 날아가
는데 땅에 거주하는 자들 곧 모든
민족과 종족과 방언과 백성에게 전
할 영원한 복음을 가졌더라
7 그가 큰 음성으로 이르되 하나님을
두려워하며 그에게 영광을 돌리라 이
는 그의 심판의 시간이 이르렀음이니
하늘과 땅과 바다와 물들의 근원을
만드신 이를 경배하라 하더라
8 또 다른 천사 곧 둘째가 그 뒤를 따
라 말하되 무너졌도다 무너졌도다 큰

성 바벨론이여 모든 나라에게 그의
음행으로 말미암아 진노의 포도주를
먹이던 자로다 하더라
9 또 다른 천사 곧 셋째가 그 뒤를 따
라 큰 음성으로 이르되 만일 누구든
지 짐승과 그의 우상에게 경배하고
이마에나 손에 표를 받으면
10 그도 하나님의 진노의 포도주를 마
시리니 그 진노의 잔에 섞인 것이 없
이 부은 포도주라 거룩한 천사들 앞
과 어린 양 앞에서 불과 유황으로 고
난을 받으리니
11 그 고난의 연기가 세세토록 올라가
리로다 짐승과 그의 우상에게 경배
하고 그의 이름 표를 받는 자는 누
구든지 밤낮 쉼을 얻지 못하리라 하
더라
12 성도들의 인내가 여기 있나니 그들은
하나님의 계명과 예수에 대한 믿음
을 지키는 자니라
13 또 내가 들으니 하늘에서 음성이 나
서 이르되 기록하라 지금 이후로 주
안에서 죽는 자들은 복이 있도다 하
시매 성령이 이르시되 그러하다 그들
이 수고를 그치고 쉬리니 이는 그들
의 행한 일이 따름이라 하시더라

마지막 수확

14 또 내가 보니 흰 구름이 있고 구름
위에 인자와 같은 이가 앉으셨는데
그 머리에는 금 면류관이 있고 그 손
에는 예리한 낫을 가졌더라
15 또 다른 천사가 성전으로부터 나와
구름 위에 앉은 이를 향하여 큰 음성
으로 외쳐 이르되 당신의 낫을 휘둘
러 거두소서 땅의 곡식이 다 익어 거
둘 때가 이르렀음이니이다 하니
16 구름 위에 앉으신 이가 낫을 땅에 휘
두르매 땅의 곡식이 거두어지니라

마지막 재난을 가지고 온 천사

17 또 다른 천사가 하늘에 있는 성전에
서 나오는데 역시 예리한 낫을 가졌
더라
18 또 불을 다스리는 다른 천사가 제단
으로부터 나와 예리한 낫 가진 자를
향하여 큰 음성으로 불러 이르되 네
예리한 낫을 휘둘러 땅의 포도송이
를 거두라 그 포도가 익었느니라 하
더라
19 천사가 낫을 땅에 휘둘러 땅의 포도
를 거두어 하나님의 진노의 큰 포도
주 틀에 던지매
20 성 밖에서 그 틀이 밟히니 틀에서 피
가 나서 말 굴레에까지 닿았고 천육
백 스다디온에 퍼졌더라

15 또 하늘에 크고 이상한 다른 이
적을 보매 일곱 천사가 일곱 재

앙을 가졌으니 곧 마지막 재앙이라
하나님의 진노가 이것으로 마치리로
다
2 또 내가 보니 불이 섞인 유리 바다
같은 것이 있고 짐승과 그의 우상과
그의 이름의 수를 이기고 벗어난 자
들이 유리 바다 가에 서서 하나님의
거문고를 가지고
3 하나님의 종 모세의 노래, 어린 양의
노래를 불러 이르되 주 하나님 곧 전
능하신 이시여 하시는 일이 크고 놀
라우시도다 만국의 왕이시여 주의 길
이 의롭고 참되시도다
4 주여 누가 주의 이름을 두려워하지
아니하며 영화롭게 하지 아니하오리
이까 오직 주만 거룩하시니이다 주의
의로우신 일이 나타났으매 만국이 와
서 주께 경배하리이다 하더라
5 또 이 일 후에 내가 보니 하늘에 증
거 장막의 성전이 열리며
6 일곱 재앙을 가진 일곱 천사가 성전
으로부터 나와 맑고 빛난 세마포 옷
을 입고 가슴에 금 띠를 띠고
7 네 생물 중의 하나가 영원토록 살아
계신 하나님의 진노를 가득히 담은
금 대접 일곱을 그 일곱 천사들에게
주니
8 하나님의 영광과 능력으로 말미암아
성전에 연기가 가득 차매 일곱 천사
의 일곱 재앙이 마치기까지는 성전에
능히 들어갈 자가 없더라

진노의 일곱 대접

16 또 내가 들으니 성전에서 큰 음
성이 나서 일곱 천사에게 말하
되 너희는 가서 하나님의 진노의 일곱
대접을 땅에 쏟으라 하더라
2 첫째 천사가 가서 그 대접을 땅에 쏟
으매 짐승의 표를 받은 사람들과 그
우상에게 경배하는 자들에게 악하고
독한 종기가 나더라
3 둘째 천사가 그 대접을 바다에 쏟으
매 바다가 곧 죽은 자의 피 같이 되
니 바다 가운데 모든 생물이 죽더라
4 셋째 천사가 그 대접을 강과 물 근원
에 쏟으매 피가 되더라
5 내가 들으니 물을 차지한 천사가 이
르되 전에도 계셨고 지금도 계신 거
룩하신 이여 이렇게 심판하시니 의로
우시도다
6 그들이 성도들과 선지자들의 피를
흘렸으므로 그들에게 피를 마시게
하신 것이 합당하니이다 하더라
7 또 내가 들으니 제단이 말하기를 그
러하다 주 하나님 곧 전능하신 이시
여 심판하시는 것이 참되시고 의로우
시도다 하더라

8 넷째 천사가 그 대접을 해에 쏟으매
해가 권세를 받아 불로 사람들을 태
우니
9 사람들이 크게 태움에 태워진지라
이 재앙들을 행하는 권세를 가지신
하나님의 이름을 비방하며 또 회개하
지 아니하고 주께 영광을 돌리지 아
니하더라
10 또 다섯째 천사가 그 대접을 짐승의
왕좌에 쏟으니 그 나라가 곧 어두워
지며 사람들이 아파서 자기 혀를 깨
물고
11 아픈 것과 종기로 말미암아 하늘의
하나님을 비방하고 그들의 행위를
회개하지 아니하더라
12 또 여섯째 천사가 그 대접을 큰 강
유브라데에 쏟으매 강물이 말라서
동방에서 오는 왕들의 길이 예비되었
더라
13 또 내가 보매 개구리 같은 세 더러운
영이 용의 입과 짐승의 입과 거짓 선
지자의 입에서 나오니
14 그들은 귀신의 영이라 이적을 행하여
온 천하 왕들에게 가서 하나님 곧 전
능하신 이의 큰 날에 있을 전쟁을 위
하여 그들을 모으더라
15 보라 내가 도둑 같이 오리니 누구든
지 깨어 자기 옷을 지켜 벌거벗고 다
니지 아니하며 자기의 부끄러움을 보
이지 아니하는 자는 복이 있도다
16 세 영이 히브리어로 아마겟돈이라 하
는 곳으로 왕들을 모으더라
17 일곱째 천사가 그 대접을 공중에 쏟
으매 큰 음성이 성전에서 보좌로부터
나서 이르되 되었다 하시니
18 번개와 음성들과 우렛소리가 있고
또 큰 지진이 있어 얼마나 큰지 사람
이 땅에 있어 온 이래로 이같이 큰 지
진이 없었더라
19 큰 성이 세 갈래로 갈라지고 만국의
성들도 무너지니 큰 성 바벨론이 하
나님 앞에 기억하신 바 되어 그의 맹
렬한 진노의 포도주 잔을 받으매
20 각 섬도 없어지고 산악도 간 데 없더
라
21 또 무게가 한 달란트나 되는 큰 우
박이 하늘로부터 사람들에게 내리매
사람들이 그 우박의 재앙 때문에 하
나님을 비방하니 그 재앙이 심히 큼
이러라

365묵상

하나님께 어린양의 노래를!

어린양의 노래는 어린양이신 예수 그리스도의 능력으로 환난을 이긴 성도가 하나님의 보좌 앞에서 부르는 승리의 찬양이다. 따라서 이 어린양의 노래는 하나님께 돌려지는 기쁨과 감사의 찬양이다. 정녕 하나님이야말로 우리의 찬양을 마땅히 받으실 만한 분이시다(계 15:3-4). 찬양의 내용은 하나님의 속성에 관한 것이다. 그분의 거룩하심, 선하심, 인자하심, 전능하심, 신실하심 등. 또한 우리를 향한 하나님의 구원 은총에 관한 것이 될 수도 있다. 믿는 자들은 찬양을 통해 하나님에게서 참된 기쁨을 찾는 법을 배워야 한다.

큰 음녀에게 내릴 심판

17 또 일곱 대접을 가진 일곱 천사
중 하나가 와서 내게 말하여 이
르되 이리로 오라 많은 물 위에 앉은
큰 음녀가 받을 심판을 네게 보이리
라
2 땅의 임금들도 그와 더불어 음행하
였고 땅에 사는 자들도 그 음행의
포도주에 취하였다 하고
3 곧 성령으로 나를 데리고 광야로 가
니라 내가 보니 여자가 붉은 빛 짐승
을 탔는데 그 짐승의 몸에 하나님을
모독하는 이름들이 가득하고 일곱
머리와 열 뿔이 있으며
4 그 여자는 자주 빛과 붉은 빛 옷을
입고 금과 보석과 진주로 꾸미고 손
에 금 잔을 가졌는데 가증한 물건과
그의 음행의 더러운 것들이 가득하더
라
5 그의 이마에 이름이 기록되었으니 비
밀이라, 큰 바벨론이라, 땅의 음녀들
과 가증한 것들의 어미라 하였더라
6 또 내가 보매 이 여자가 성도들의 피
와 예수의 증인들의 피에 취한지라
내가 그 여자를 보고 놀랍게 여기고
크게 놀랍게 여기니
7 천사가 이르되 왜 놀랍게 여기느냐
내가 여자와 그가 탄 일곱 머리와 열
뿔 가진 짐승의 비밀을 네게 이르리
라
8 네가 본 짐승은 전에 있었다가 지금
은 없으나 장차 무저갱으로부터 올
라와 멸망으로 들어갈 자니 땅에 사
는 자들로서 창세 이후로 그 이름이
생명책에 기록되지 못한 자들이 이전
에 있었다가 지금은 없으나 장차 나
올 짐승을 보고 놀랍게 여기리라
9 지혜 있는 뜻이 여기 있으니 그 일곱
머리는 여자가 앉은 일곱 산이요
10 또 일곱 왕이라 다섯은 망하였고 하
나는 있고 다른 하나는 아직 이르지
아니하였으나 이르면 반드시 잠시 동
안 머무르리라
11 전에 있었다가 지금 없어진 짐승은
여덟째 왕이니 일곱 중에 속한 자라
그가 멸망으로 들어가리라
12 네가 보던 열 뿔은 열 왕이니 아직
나라를 얻지 못하였으나 다만 짐승
과 더불어 임금처럼 한동안 권세를
받으리라
13 그들이 한 뜻을 가지고 자기의 능력
과 권세를 짐승에게 주더라
14 그들이 어린 양과 더불어 싸우려니와
어린 양은 만주의 주시요 만왕의 왕
이시므로 그들을 이기실 터이요 또
그와 함께 있는 자들 곧 부르심을

받고 택하심을 받은 진실한 자들도
이기리로다
15 또 천사가 내게 말하되 네가 본 바
음녀가 앉아 있는 물은 백성과 무리
와 열국과 방언들이니라
16 네가 본 바 이 열 뿔과 짐승은 음녀
를 미워하여 망하게 하고 벌거벗게
하고 그의 살을 먹고 불로 아주 사
르리라
17 이는 하나님이 자기 뜻대로 할 마음
을 그들에게 주사 한 뜻을 이루게
하시고 그들의 나라를 그 짐승에게
주게 하시되 하나님의 말씀이 응하기
까지 하심이라
18 또 네가 본 그 여자는 땅의 왕들을
다스리는 큰 성이라 하더라

바벨론의 패망

18 이 일 후에 다른 천사가 하늘에
서 내려 오는 것을 보니 큰 권
세를 가졌는데 그의 영광으로 땅이
환하여지더라
2 힘찬 음성으로 외쳐 이르되 무너졌도
다 무너졌도다 큰 성 바벨론이여 귀
신의 처소와 각종 더러운 영이 모이
는 곳과 각종 더럽고 가증한 새들이
모이는 곳이 되었도다
3 그 음행의 진노의 포도주로 말미암
아 만국이 무너졌으며 또 땅의 왕들
이 그와 더불어 음행하였으며 땅의
상인들도 그 사치의 세력으로 치부
하였도다 하더라
4 또 내가 들으니 하늘로부터 다른 음
성이 나서 이르되 내 백성아, 거기서
나와 그의 죄에 참여하지 말고 그가
받을 재앙들을 받지 말라
5 그의 죄는 하늘에 사무쳤으며 하나
님은 그의 불의한 일을 기억하신지라
6 그가 준 그대로 그에게 주고 그의
행위대로 갑절을 갚아 주고 그가 섞
은 잔에도 갑절이나 섞어 그에게 주
라
7 그가 얼마나 자기를 영화롭게 하였
으며 사치하였든지 그만큼 고통과
애통함으로 갚아 주라 그가 마음에
말하기를 나는 여왕으로 앉은 자요
과부가 아니라 결단코 애통함을 당
하지 아니하리라 하니
8 그러므로 하루 동안에 그 재앙들이
이르리니 곧 사망과 애통함과 흉년
이라 그가 또한 불에 살라지리니 그
를 심판하시는 주 하나님은 강하신
자이심이라
9 그와 함께 음행하고 사치하던 땅의
왕들이 그가 불타는 연기를 보고 위
하여 울고 가슴을 치며
10 그의 고통을 무서워하여 멀리 서서

이르되 화 있도다 화 있도다 큰 성,
견고한 성 바벨론이여 한 시간에 네
심판이 이르렀다 하리로다
11 땅의 상인들이 그를 위하여 울고 애
통하는 것은 다시 그들의 상품을 사
는 자가 없음이라
12 그 상품은 금과 은과 보석과 진주와
세마포와 자주 옷감과 비단과 붉은
옷감이요 각종 향목과 각종 상아 그
릇이요 값진 나무와 구리와 철과 대
리석으로 만든 각종 그릇이요
13 계피와 향료와 향과 향유와 유향과
포도주와 감람유와 고운 밀가루와
밀이요 소와 양과 말과 수레와 종들
과 사람의 영혼들이라
14 바벨론아 네 영혼이 탐하던 과일이
네게서 떠났으며 맛있는 것들과 빛난
것들이 다 없어졌으니 사람들이 결코
이것들을 다시 보지 못하리로다
15 바벨론으로 말미암아 치부한 이 상
품의 상인들이 그의 고통을 무서워
하여 멀리 서서 울고 애통하여
16 이르되 화 있도다 화 있도다 큰 성이
여 세마포 옷과 자주 옷과 붉은 옷
을 입고 금과 보석과 진주로 꾸민 것
인데
17 그러한 부가 한 시간에 망하였도다
모든 선장과 각처를 다니는 선객들
과 선원들과 바다에서 일하는 자들
이 멀리 서서
18 그가 불타는 연기를 보고 외쳐 이르
되 이 큰 성과 같은 성이 어디 있느냐
하며
19 티끌을 자기 머리에 뿌리고 울며 애
통하여 외쳐 이르되 화 있도다 화 있
도다 이 큰 성이여 바다에서 배 부리
는 모든 자들이 너의 보배로운 상품
으로 치부하였더니 한 시간에 망하였
도다
20 하늘과 성도들과 사도들과 선지자들
아, 그로 말미암아 즐거워하라 하나
님이 너희를 위하여 그에게 심판을
행하셨음이라 하더라
21 이에 한 힘 센 천사가 큰 맷돌 같은
돌을 들어 바다에 던져 이르되 큰 성
바벨론이 이같이 비참하게 던져져 결
코 다시 보이지 아니하리로다
22 또 거문고 타는 자와 풍류하는 자와
퉁소 부는 자와 나팔 부는 자들의
소리가 결코 다시 네 안에서 들리지
아니하고 어떠한 세공업자든지 결코
다시 네 안에서 보이지 아니하고 또
맷돌 소리가 결코 다시 네 안에서 들
리지 아니하고
23 등불 빛이 결코 다시 네 안에서 비치
지 아니하고 신랑과 신부의 음성이

결코 다시 네 안에서 들리지 아니하
리로다 너의 상인들은 땅의 왕족들이
라 네 복술로 말미암아 만국이 미혹
되었도다
24 선지자들과 성도들과 및 땅 위에서
죽임을 당한 모든 자의 피가 그 성
중에서 발견되었느니라 하더라

어린 양의 혼인 잔치

19
이 일 후에 내가 들으니 하늘에
허다한 무리의 큰 음성 같은 것
이 있어 이르되 할렐루야 구원과 영
광과 능력이 우리 하나님께 있도다
2 그의 심판은 참되고 의로운지라 음
행으로 땅을 더럽게 한 큰 음녀를 심
판하사 자기 종들의 피를 그 음녀의
손에 갚으셨도다 하고
3 두 번째로 할렐루야 하니 그 연기가
세세토록 올라가더라
4 또 이십사 장로와 네 생물이 엎드려
보좌에 앉으신 하나님께 경배하여
이르되 아멘 할렐루야 하니
5 보좌에서 음성이 나서 이르시되 하나
님의 종들 곧 그를 경외하는 너희들
아 작은 자나 큰 자나 다 우리 하나
님께 찬송하라 하더라
6 또 내가 들으니 허다한 무리의 음성
과도 같고 많은 물 소리와도 같고
큰 우렛소리와도 같은 소리로 이르
되 할렐루야 주 우리 하나님 곧 전능
하신 이가 통치하시도다
7 우리가 즐거워하고 크게 기뻐하며 그
에게 영광을 돌리세 어린 양의 혼인
기약이 이르렀고 그의 아내가 자신을
준비하였으므로
8 그에게 빛나고 깨끗한 세마포 옷을
입도록 허락하셨으니 이 세마포 옷
은 성도들의 옳은 행실이로다 하더
라
9 천사가 내게 말하기를 기록하라 어린
양의 혼인 잔치에 청함을 받은 자들
은 복이 있도다 하고 또 내게 말하되
이것은 하나님의 참되신 말씀이라 하
기로
10 내가 그 발 앞에 엎드려 경배하려 하
니 그가 나에게 말하기를 나는 너와
및 예수의 증언을 받은 네 형제들과
같이 된 종이니 삼가 그리하지 말고
오직 하나님께 경배하라 예수의 증
언은 예언의 영이라 하더라

백마를 탄 자

11 또 내가 하늘이 열린 것을 보니 보라
백마와 그것을 탄 자가 있으니 그 이
름은 충신과 진실이라 그가 공의로
심판하며 싸우더라
12 그 눈은 불꽃 같고 그 머리에는 많
은 관들이 있고 또 이름 쓴 것 하나

가 있으니 자기밖에 아는 자가 없고
13 또 그가 피 뿌린 옷을 입었는데 그
이름은 하나님의 말씀이라 칭하더라
14 하늘에 있는 군대들이 희고 깨끗한
세마포 옷을 입고 백마를 타고 그를
따르더라
15 그의 입에서 예리한 검이 나오니 그
것으로 만국을 치겠고 친히 그들을
철장으로 다스리며 또 친히 하나님
곧 전능하신 이의 맹렬한 진노의 포
도주 틀을 밟겠고
16 그 옷과 그 다리에 이름을 쓴 것이
있으니 만왕의 왕이요 만주의 주라
하였더라
17 또 내가 보니 한 천사가 태양 안에
서서 공중에 나는 모든 새를 향하여
큰 음성으로 외쳐 이르되 와서 하나
님의 큰 잔치에 모여
18 왕들의 살과 장군들의 살과 장사들
의 살과 말들과 그것을 탄 자들의 살
과 자유인들이나 종들이나 작은 자
나 큰 자나 모든 자의 살을 먹으라
하더라
19 또 내가 보매 그 짐승과 땅의 임금들
과 그들의 군대들이 모여 그 말 탄
자와 그의 군대와 더불어 전쟁을 일
으키다가
20 짐승이 잡히고 그 앞에서 표적을 행
하던 거짓 선지자도 함께 잡혔으니
이는 짐승의 표를 받고 그의 우상에
게 경배하던 자들을 표적으로 미혹
하던 자라 이 둘이 산 채로 유황불
붙는 못에 던져지고
21 그 나머지는 말 탄 자의 입으로부터
나오는 검에 죽으매 모든 새가 그들
의 살로 배불리더라

천 년 왕국

20 또 내가 보매 천사가 무저갱의
열쇠와 큰 쇠사슬을 그의 손에
가지고 하늘로부터 내려와서
2 용을 잡으니 곧 옛 뱀이요 마귀요
사탄이라 잡아서 천 년 동안 결박하
여
3 무저갱에 던져 넣어 잠그고 그 위에
인봉하여 천 년이 차도록 다시는 만
국을 미혹하지 못하게 하였는데 그
후에는 반드시 잠깐 놓이리라
4 또 내가 보좌들을 보니 거기에 앉은
자들이 있어 심판하는 권세를 받았더
라 또 내가 보니 예수를 증언함과
하나님의 말씀 때문에 목 베임을 당
한 자들의 영혼들과 또 짐승과 그의
우상에게 경배하지 아니하고 그들의
이마와 손에 그의 표를 받지 아니한
자들이 살아서 그리스도와 더불어 천
년 동안 왕 노릇 하니

5 (그 나머지 죽은 자들은 그 천 년이
차기까지 살지 못하더라) 이는 첫째
부활이라
6 이 첫째 부활에 참여하는 자들은 복
이 있고 거룩하도다 둘째 사망이 그
들을 다스리는 권세가 없고 도리어
그들이 하나님과 그리스도의 제사장
이 되어 천 년 동안 그리스도와 더불
어 왕 노릇 하리라

사탄의 패망

7 천 년이 차매 사탄이 그 옥에서 놓여
8 나와서 땅의 사방 백성 곧 곡과 마곡
을 미혹하고 모아 싸움을 붙이리니
그 수가 바다의 모래 같으리라
9 그들이 지면에 널리 퍼져 성도들의 진
과 사랑하시는 성을 두르매 하늘에
서 불이 내려와 그들을 태워버리고
10 또 그들을 미혹하는 마귀가 불과 유
황 못에 던져지니 거기는 그 짐승과
거짓 선지자도 있어 세세토록 밤낮
괴로움을 받으리라

크고 흰 보좌에서 심판을 내리시다

11 또 내가 크고 흰 보좌와 그 위에 앉
으신 이를 보니 땅과 하늘이 그 앞에
서 피하여 간 데 없더라
12 또 내가 보니 죽은 자들이 큰 자나
작은 자나 그 보좌 앞에 서 있는데
책들이 펴 있고 또 다른 책이 펴졌으
니 곧 생명책이라 죽은 자들이 자기
행위를 따라 책들에 기록된 대로 심
판을 받으니
13 바다가 그 가운데에서 죽은 자들을
내주고 또 사망과 음부도 그 가운데
에서 죽은 자들을 내주매 각 사람이
자기의 행위대로 심판을 받고
14 사망과 음부도 불못에 던져지니 이것
은 둘째 사망 곧 불못이라
15 누구든지 생명책에 기록되지 못한
자는 불못에 던져지더라

새 하늘과 새 땅

21 또 내가 새 하늘과 새 땅을 보
니 처음 하늘과 처음 땅이 없어
졌고 바다도 다시 있지 않더라
2 또 내가 보매 거룩한 성 새 예루살
렘이 하나님께로부터 하늘에서 내려
오니 그 준비한 것이 신부가 남편을
위하여 단장한 것 같더라
3 내가 들으니 보좌에서 큰 음성이 나
서 이르되 보라 하나님의 장막이 사
람들과 함께 있으매 하나님이 그들

365묵상

새 하늘과 새 땅

사도 요한은 하늘나라(천국)의 모습을 가장 선명하게 묘사했다. 그 나라의 수도인 새 예루살렘은 모두 보석으로 치장된 빛나는 도성이다. 또한 새 땅인 그곳에는 생명수 강이 길 가운데 흐르고, 온갖 과수에 열매들이 주렁주렁 매달려 있다. 그 예루살렘 도성의 중앙에는 하나님과 어린양의 보좌가 있는데, 그로 인해 너무도 밝고 영광스러워서 해나 달이 전혀 필요 없다. 그리고 구원받은 성도들은 거기서 하나님과 더불어 영원토록 왕 노릇을 하게 된다(계 21:1-22:5). 얼마나 설레는 광경인가? 모두 그곳을 소망하자!

과 함께 계시리니 그들은 하나님의
백성이 되고 하나님은 친히 그들과
함께 계셔서
4 모든 눈물을 그 눈에서 닦아 주시니
다시는 사망이 없고 애통하는 것이나
곡하는 것이나 아픈 것이 다시 있지
아니하리니 처음 것들이 다 지나갔음
이러라
5 보좌에 앉으신 이가 이르시되 보라
내가 만물을 새롭게 하노라 하시고
또 이르시되 이 말은 신실하고 참되
니 기록하라 하시고
6 또 내게 말씀하시되 이루었도다 나
는 알파와 오메가요 처음과 마지막
이라 내가 생명수 샘물을 목마른 자
에게 값없이 주리니
7 이기는 자는 이것들을 상속으로 받
으리라 나는 그의 하나님이 되고 그
는 내 아들이 되리라
8 그러나 두려워하는 자들과 믿지 아니
하는 자들과 흉악한 자들과 살인자
들과 음행하는 자들과 점술가들과
우상 숭배자들과 거짓말하는 모든
자들은 불과 유황으로 타는 못에 던
져지리니 이것이 둘째 사망이라

새 예루살렘

9 일곱 대접을 가지고 마지막 일곱 재
앙을 담은 일곱 천사 중 하나가 나아
와서 내게 말하여 이르되 이리 오라
내가 신부 곧 어린 양의 아내를 네게
보이리라 하고
10 성령으로 나를 데리고 크고 높은 산
으로 올라가 하나님께로부터 하늘에
서 내려오는 거룩한 성 예루살렘을
보이니
11 하나님의 영광이 있어 그 성의 빛이
지극히 귀한 보석 같고 벽옥과 수정
같이 맑더라
12 크고 높은 성곽이 있고 열두 문이 있
는데 문에 열두 천사가 있고 그 문
들 위에 이름을 썼으니 이스라엘 자
손 열두 지파의 이름들이라
13 동쪽에 세 문, 북쪽에 세 문, 남쪽에
세 문, 서쪽에 세 문이니
14 그 성의 성곽에는 열두 기초석이 있
고 그 위에는 어린 양의 열두 사도의
열두 이름이 있더라
15 내게 말하는 자가 그 성과 그 문들
과 성곽을 측량하려고 금 갈대 자를
가졌더라
16 그 성은 네모가 반듯하여 길이와 너
비가 같은지라 그 갈대 자로 그 성을
측량하니 만 이천 스다디온이요 길이
와 너비와 높이가 같더라
17 그 성곽을 측량하매 백사십사 규빗
이니 사람의 측량 곧 천사의 측량이

라
18 그 성곽은 벽옥으로 쌓였고 그 성은
정금인데 맑은 유리 같더라
19 그 성의 성곽의 기초석은 각색 보석
으로 꾸몄는데 첫째 기초석은 벽옥
이요 둘째는 남보석이요 셋째는 옥
수요 넷째는 녹보석이요
20 다섯째는 홍마노요 여섯째는 홍보석
이요 일곱째는 황옥이요 여덟째는
녹옥이요 아홉째는 담황옥이요 열
째는 비취옥이요 열한째는 청옥이요
열두째는 자수정이라
21 그 열두 문은 열두 진주니 각 문마다
한 개의 진주로 되어 있고 성의 길은
맑은 유리 같은 정금이더라
22 성 안에서 내가 성전을 보지 못하였
으니 이는 주 하나님 곧 전능하신 이
와 및 어린 양이 그 성전이심이라
23 그 성은 해나 달의 비침이 쓸 데 없
으니 이는 하나님의 영광이 비치고
어린 양이 그 등불이 되심이라
24 만국이 그 빛 가운데로 다니고 땅의
왕들이 자기 영광을 가지고 그리로
들어가리라
25 낮에 성문들을 도무지 닫지 아니하
리니 거기에는 밤이 없음이라
26 사람들이 만국의 영광과 존귀를 가지
고 그리로 들어가겠고
27 무엇이든지 속된 것이나 가증한 일
또는 거짓말하는 자는 결코 그리로
들어가지 못하되 오직 어린 양의 생
명책에 기록된 자들만 들어가리라

22 또 그가 수정 같이 맑은 생명수
의 강을 내게 보이니 하나님과
및 어린 양의 보좌로부터 나와서
2 길 가운데로 흐르더라 강 좌우에 생
명나무가 있어 열두 가지 열매를 맺
되 달마다 그 열매를 맺고 그 나무
잎사귀들은 만국을 치료하기 위하여
있더라
3 다시 저주가 없으며 하나님과 그 어
린 양의 보좌가 그 가운데에 있으리
니 그의 종들이 그를 섬기며
4 그의 얼굴을 볼 터이요 그의 이름도
그들의 이마에 있으리라
5 다시 밤이 없겠고 등불과 햇빛이 쓸
데 없으니 이는 주 하나님이 그들에
게 비치심이라 그들이 세세토록 왕
노릇 하리로다

주 예수여 오시옵소서

6 또 그가 내게 말하기를 이 말은 신실
하고 참된지라 주 곧 선지자들의 영
의 하나님이 그의 종들에게 반드시
속히 되어질 일을 보이시려고 그의
천사를 보내셨도다
7 보라 내가 속히 오리니 이 두루마리

의 예언의 말씀을 지키는 자는 복이
있으리라 하더라
8 이것들을 보고 들은 자는 나 요한이
니 내가 듣고 볼 때에 이 일을 내게
보이던 천사의 발 앞에 경배하려고
엎드렸더니
9 그가 내게 말하기를 나는 너와 네 형
제 선지자들과 또 이 두루마리의 말
을 지키는 자들과 함께 된 종이니 그
리하지 말고 하나님께 경배하라 하더
라
10 또 내게 말하되 이 두루마리의 예언
의 말씀을 인봉하지 말라 때가 가까
우니라
11 불의를 행하는 자는 그대로 불의를
행하고 더러운 자는 그대로 더럽고
의로운 자는 그대로 의를 행하고 거
룩한 자는 그대로 거룩하게 하라
12 보라 내가 속히 오리니 내가 줄 상이
내게 있어 각 사람에게 그가 행한 대
로 갚아 주리라
13 나는 알파와 오메가요 처음과 마지
막이요 시작과 마침이라
14 자기 두루마기를 빠는 자들은 복이
있으니 이는 그들이 생명나무에 나
아가며 문들을 통하여 성에 들어갈
권세를 받으려 함이로다
15 개들과 점술가들과 음행하는 자들
과 살인자들과 우상 숭배자들과 및
거짓말을 좋아하며 지어내는 자는 다
성 밖에 있으리라
16 나 예수는 교회들을 위하여 내 사자
를 보내어 이것들을 너희에게 증언하
게 하였노라 나는 다윗의 뿌리요 자
손이니 곧 광명한 새벽 별이라 하시
더라
17 성령과 신부가 말씀하시기를 오라
하시는도다 듣는 자도 오라 할 것이
요 목마른 자도 올 것이요 또 원하
는 자는 값없이 생명수를 받으라 하
시더라
18 내가 이 두루마리의 예언의 말씀을
듣는 모든 사람에게 증언하노니 만
일 누구든지 이것들 외에 더하면 하
나님이 이 두루마리에 기록된 재앙들
을 그에게 더하실 것이요
19 만일 누구든지 이 두루마리의 예언의
말씀에서 제하여 버리면 하나님이 이
두루마리에 기록된 생명나무와 및 거
룩한 성에 참여함을 제하여 버리시리
라
20 이것들을 증언하신 이가 이르시되 내
가 진실로 속히 오리라 하시거늘 아
멘 주 예수여 오시옵소서
21 주 예수의 은혜가 모든 자들에게 있
을지어다 아멘

Memo

Memo

Memo

Memo

Memo

십계명

하나님이 이 모든 말씀으로 말씀하여 이르시되
나는 너를 애굽 땅, 종 되었던 집에서 인도하여 낸
네 하나님 여호와니라

제일은, 너는 나 외에는 다른 신들을 네게 두지 말라

제이는, 너를 위하여 새긴 우상을 만들지 말고
또 위로 하늘에 있는 것이나 아래로 땅에 있는 것이나
땅 아래 물 속에 있는 것의 어떤 형상도 만들지 말며
그것들에게 절하지 말며, 그것들을 섬기지 말라

나 네 하나님 여호와는 질투하는 하나님인즉
나를 미워하는 자의 죄를 갚되 아버지로부터 아들에게로
삼사 대까지 이르게 하거니와 나를 사랑하고
내 계명을 지키는 자에게는 천 대까지 은혜를 베푸느니라

제삼은, 너는 네 하나님 여호와의 이름을
망령되게 부르지 말라

여호와는 그의 이름을 망령되게 부르는 자를
죄 없다 하지 아니하리라

제사는, 안식일을 기억하여 거룩하게 지키라

엿새 동안은 힘써 네 모든 일을 행할 것이나
일곱째 날은 네 하나님 여호와의 안식일인즉
너나 네 아들이나 네 딸이나 네 남종이나 네 여종이나 네 가축이나
네 문안에 머무는 객이라도 아무 일도 하지 말라
이는 엿새 동안에 나 여호와가 하늘과 땅과 바다와 그 가운데